中国新闻传播学
自主知识体系建设工程

| 当代中国新闻理论研究 |

新闻活动论
（新修版）

On Journalistic Activities

杨保军◎著

中国人民大学出版社

·北京·

本书系中国人民大学科学研究基金项目

"当代中国新闻理论研究"

（批准号：18XNLG06）成果

总　序

2022 年 4 月 25 日，习近平总书记来到中国人民大学考察调研时指出，加快构建中国特色哲学社会科学，归根结底是建构中国自主的知识体系。没有知识体系这个内涵，三大体系就如无本之木。习总书记的这一重要论述，为中国特色新闻传播学学科体系、学术体系、话语体系建设指明了方向。当前，面向新时代的使命任务、面向新媒体的变革、面向全球化背景下人类文明交往的新形势，新闻传播学科面临转型升级的迫切要求，需要在回答中国之问、世界之问、人民之问、时代之问中实现学科的系统性重组与结构性再造，新闻传播学的知识体系也需要以此来锚定坐标、厘清内涵外延。

中国人民大学新闻学院是中国共产党亲手创办的第一所高等新闻教育机构，是新闻传播学科"双一流"建设单位，主动布局和积极开展自主知识体系建设是我们应有的使命担当。为此，学院开展了"中国新闻传播学自主知识体系建设工程"重大攻关行动，组建了十六个科研创新团队，以有组织科研的形式开展专项工作，寄望以此产生一批重大基础性、原创性系列成果，这些成果将在中国人民大学出版社的支持下陆续出版。

中国新闻传播学自主知识体系建设，首先要解决这一体系的逻辑性问题。这需要回到学科发展的历史纵深处，从元问题出发，厘清基本逻辑。在过去的一百多年中，报纸、杂志、广播、电视、通讯社等风起云涌，推动了以大众传播为主体的职业新闻传播事业的迅猛发展。这种实践层面的动向也必然会反映到理论层面，催生和促进新闻传播学的发展。如果从1918年北京大学新闻学研究会成立算起，新闻学在中国的发展逾百年，传播学全面进入中国学界的视野已超过四十年，从1997年正式成为一级学科，新闻传播学在我国的发展则有二十多年。在长期的发展过程中，新闻传播学形成了以史、论、业务三大板块为支柱的知识图谱，并在各专门领域垂直深耕，形成了蔚为壮观的学科阵列。应该说，已有的发展为构建中国新闻传播学自主知识体系提供了良好的基础，但离自主知识体系的要求尚存在不小的差距。主要表现在：长期跑马圈地扩张而以添砖加瓦方式累积形成的知识碎片如何成为有逻辑的知识图谱？主要面向大众传播而形成的知识概念何以适应新媒体时代传媒业结构性变革的新要求？多源流汇聚、面向多学科开放而形成的知识框架如何彰显本学科的主体性？马克思主义新闻观作为"中国特色"的灵魂如何全面融通进入知识体系？这些问题的解决必须超越各种表层因素，从元问题出发并以其作为逻辑起点展开整个知识体系的构建。新闻传播学的一个重要特质就是关注"对话与沟通"及由此对"共识与秩序"的促成，进而推进人类文明和文化的理解与融合。在今天的社会语境下，对于新闻传播学的这一本质意义的认识是重建学科逻辑的关键。在当今的新兴技术革命中，新闻活动从职业语境走向社会化语境，立足于职业新闻活动的新闻学也必须实现根本性转换，将目光投向更广阔的人类传播实践，将新闻学建立在作为人之存在方式、与人之生活世界紧密相连的"新闻"基础之上，建立在新闻、人、事实和生活世界之间相互交错的深厚土壤中。

中国新闻传播学自主知识体系建设，必须要处理好中国特色与世界普遍意义的关系问题。中国的历史、中国的新闻传播实践赋予知识概念以特殊含义，如何将这种"中国特色"阐述清楚，是新闻传播学理论首先要解决的问题。"中国特色"强调对中国问题、中国历史传统和现实特征的观照，但这绝不是自我封闭的目光向内，而是要处理好中国经验与世界理论的关系。建构自主的知识体系应该是一个对话的过程。马克思主义基本原理同中国具体实际相结合、同中华优秀传统文化相结合的过程，是吸收、转化、融入的过程，从学术上讲，实际上是马克思主义与中国传统对话、与中国现实对话的过程。建构自主的知识体系应该关切、关怀人类共同的问题和命运，这就要以产出中国知识、提供全球方案、彰显世界意义为目的，在古今中西的十字路口展开对照和对话。换言之，我们构建自主的知识体系不是自说自话，而是要通过知识创新彰显中国贡献，使中国的新闻传播学屹立于世界学术之林，这是一个艰难而复杂的进程。如果以此为目标做战术层面进一步细分的话，自主知识体系的构建大体可以分为三个向度：

其一，能够与世界同行开展实质有效的深层对话。

这部分主要是指那些具有特别鲜明的中国特色、短期内难以达成共识的内容，比如中国新闻学，从概念到理论逻辑均与西方学术话语有着较大的差异和分歧。对于这部分内容，我们至少在短期内可以以能够开展实质有效的对话为目标，不一定能够达成共识，但至少应努力做到和而不同。这需要我们首先建立一套系统的、在学术上能够逻辑自洽的中国新闻学理论体系。作为中国新闻学的灵魂，马克思主义新闻观不能成为被表面尊崇实则割裂的"特区""飞地"，而应"脱虚向实"，真正贯穿本学科的知识图谱。这就需要将马列关于新闻传播的经典论述与中国共产党从其领导下的百年新闻事业中不断总结提炼的新闻理论相结合，与中国历史传统特别是优秀传统文化相结合。当前，特别要立足于马克思主义新闻观与新时代中国新闻传播事业，加强对习近平文化思想、习近平关于新闻舆论工作重要论述的系统性理论阐释，全面梳理互联网环境下新闻实践的基本理念、原则、方式方法，充实和完善新闻学的本体论、认识论、方法论，构建较为系统完整的知识地图。这既是中国新闻学理论链条的最新一环，也将实现理论创新的层级跨越。

其二，能够与世界同行开展实质有效的交流合作。

这部分主要是指那些与西方学术话语有相通之处、面临共同的问题和挑战的内容，比如一直面临着基础理论创新乏力的传播学，我们可以在实质有效的合作交流中共同发展，做出中国贡献，形成中国学派。要实现这一愿景，中国的传播学必须坚持问题导向，立足中国现实问题，开展基础理论研究和应用对策研究：一方面，扎根中国大地，形成具有中国特色、世界意义的原创性理论；另一方面，面向中国实践，形成一套有解释力的观念体系。从国家加强国际传播能力建设的重大使命任务出发，当前尤其要加强国际传播基础理论建设，尽快构建中国的国际传播理论体系，推动与国际同行的学术交流和对话，加强国际学术话语权。

其三，能够为世界同行做出实质有效的独特贡献。

这部分主要是指那些新兴领域或者中国具有独特资源的领域，我们与世界同行基本处于同一起跑线，甚至有些还有一定的先发可能，要把握历史主动、抓住难得的机遇期。当前中国社会正处于转型期，呈现出大量西方社会较少见到的现象，这给中国新闻传播学研究在理论建构上做出世界贡献提供了机会。同时，要利用好中国在新媒体方面的技术优势和实践优势，提早布局、快速产生重大成果，为未来传播的新时代实现中国新闻传播学科建设的"弯道超车"创造条件。比如，目前各种人工智能技术已被广泛运用到新闻领域乃至整个传媒产业，带来了智媒化发展的大趋向，我们需要通过跨学科的视野梳理智能传播的基本架构以及知识体系，并在此基础上深入探究智能传播中的焦点问题：智能化媒体应用趋势、规律与影响，人工智能时代的算法，智能环境中的人与人机关系等。

自主知识体系建设是新闻传播学科在新的历史阶段开展"双一流"建设的重要历史机遇。如果说第一轮"双一流"建设是在筑基与蓄力，那么从第二轮"双一流"建设开始，我们的重要任务就是真正开启面向全球场域、建设世界一流，全面提升学科的国际对话能力，实现从一般性国际交往到知识创造、从理论互动到以学科的力量介入全球行动、从场景型合作到平台构建的"转向和超越"。在走出建设中国特色、世界一流大学新路的过程中，自主知识体系建设将起到至关重要的赋能作用，通过知识创新实现中国经验与世界贡献的有机融通，为中国的新闻传播学科屹立于世界学术之林夯实基础。这当然不是一所学院所能胜任的事情，需要整个学科共同体的努力。2023 年 11 月 4 日，中国人民大学新闻学院联合国内四十多所兄弟高校新闻传播学院共同发起成立"中国新闻传播学自主知识体系联盟"并发布倡议，希望以学科的集体力量和智慧推进这一重大行动，我们有理由期待未来更多高质量相关成果的推出。

新时代给新闻传播学科的发展赋予了无限动能与想象空间，这是我们的幸运，也是我们的责任。我们坚信，中国新闻传播学自主知识体系构建要锚定的基点，在于"以中国为根本，以世界为面向"，要充分了解、辩证看待世界，在广泛吸收人类文明优秀成果的基础上，回到本学科、本领域事业发展的历史和现状，回到中国的历史和优秀文化传统，以中国问题、中国现实为观照来构建自主知识体系，为推动中国更好地走向世界服务，为构建人类命运共同体做出贡献。

是为序。

2023 年 11 月 16 日

于中国人民大学明德新闻楼

写在前面的话

"新闻十论"的来龙去脉

"新闻十论"就要集纳成十卷本出版了，这对我来说，是对过去20多年来新闻学研究的一个主要总结，估计也是最重要的总结了。至于我关于其他领域一些问题的思考和研究，还得等待另外的机会进行总结。

"新闻十论"就要以新的"完整"的面貌与读者见面了，不再是过去的零散样式，想象到那像模像样的十卷，不仅感到欣慰，内心还有点兴奋和激动。对于一个研究者或思想者来说，能给社会、他人的最大贡献莫过于自己的著述了。这自然也是作为研究者、思想者精神生命中最具意义的部分。

关于"新闻十论"写作的来龙去脉，没有多少生动鲜活的故事，也没有什么摇摆不定的曲折起伏，就像一个研究者或思想者的生活一样，四季流转、朴素平淡。但毕竟是20多年才做成的一件事，总得给读者交代一下大致的过程和相关的情况。

当初写第一论《新闻事实论》时，我只是个"大龄"的博士研究生。1998年9月，我36岁，来到中国人民大学新闻学院跟随童兵教授读博士，面试时就大致确定攻读博士期间主要研究"新闻事实"问题。

2001年10月，新华出版社出版了我的博士学位论文《新闻事实论》。写作《新闻事实论》时，没想着要写那么多论，但出版后，就有了新的写作计划，当时只是想写"新闻三论"，即除了《新闻事实论》之外，再写《新闻价值论》和《新闻自由论》两论。

我的导师童兵先生在给《新闻事实论》写的序言中，做出了这样一个判断："'三部曲'搞成了，是对中国新闻传播学基础研究的一个贡献。"这大大鼓舞了我的士气，也增强了我做基础研究的信心。

写"十论"的想法产生于 2001 年年底，当时《新闻事实论》已经出版，我开始着手写《新闻价值论》了。写作过程中，我产生了一个想法，那就是能否在全国范围内找一些年富力强的学者，就新闻基础理论问题做个系列研究，三五年内撰写出版一批专著，为新闻理论研究做一些铺垫性的工作，也可以从根本上回击"新闻无学"的喧嚣。我当时博士毕业留到中国人民大学新闻学院任教不到一年，没有这样的组织号召能力，于是就把自己的想法告诉了童兵先生，渴望童先生通过自己的影响力组建一个团队来做这件事情（童先生当时担任国务院学位委员会新闻传播学学科评议组组长）。童先生说他先联系一下看看如何。大概过了半年多，童先生从上海来北京（童先生 2001 年年底从中国人民大学新闻学院调往复旦大学新闻学院工作）开会，我去看望先生，谈及前说组建写作团队一事，先生说找过一些人，但大都"面露难色"，此事不好做，随后话锋一转对我说："你若情愿，就一个人慢慢做吧。"我也没敢答应，此事就此搁浅了。

契机出现于 2003 年。当年，我出版了《新闻价值论》，《新闻自由论》两三万字的写作大纲也基本完成，想着再用两三年时间，写完《新闻自由论》，"三部曲"就结束了，然后再做其他问题的研究。记得是 11 月前后，有一天晚上快 11 点了（具体日子已经记不清了），有人给我家里打来电话，我拿起电话刚想问是谁，对方不紧不慢，"笑眯眯"地说（那语调、声气让人完全可以想象出来）："祝贺你，保军，你这个小老鼠掉到大米缸里啦，你的论文《新闻事实论》入围全国百篇优秀博士学位论文啦！"电话是方汉奇先生打来的。听到这样的好消息我当然高兴。老人家又鼓励了我几句，我表达了深深的感谢，并告诉方先生我自己会继续努力，好好做学问。

获得全国百篇优秀博士学位论文奖不仅名声听起来不错，而且还是件比较实惠的事情，可以申报特别科研资助基金。我申报了"新闻理论基础系列专论"研究的课题，承诺写三部专著——《新闻本体论》《新闻真实论》《新闻道德论》。这一下子等于自己把自己给逼上梁山了。但也正是从此开始，我正式规划"新闻十论"的写作。

"十论"具体写哪"十论"，其间有过精心筹划，也有过犹豫、选择和调整，现在的"十论"，与最初的设想还是不完全一致的，比如，《新闻自由论》转换成了《新闻精神论》，当初想写的《新闻文化论》也最终变成了《新闻观念论》，而想写的《新闻媒介论》最终没有写。但说老实话，转换、调整的根本原因是《新闻自由论》和《新闻文化论》太难写了，自己的积淀、功力远远不足，只好选择自己相对有能力驾驭的题目，那些难啃的硬骨头留给"铜牙铁齿"的硬汉们吧。

如果从 1999 年《新闻事实论》的写作算起，到 2019 年《新闻规律论》画上句号为止，"新闻十论"整整用了 20 年时间。这个时间，说长不长，说短不短，但它用去了我整个的中年时代。回头望去，就如我在《新闻规律论》后记中说的，二十多年过去了，我由青年、中年开始进入老年，黑发变成了"二毛"、白发，但当年的愿望也由头脑中的想象一步一步变成了摆在面前的文本，思想变成了可触可摸的感性事实，说实话，也是相当欣慰的。做了一件自己想做的事，并且在自己的能力、水平范围内做完了、做成了，也算给自己有个交代了。

不过，不管是起初设想的"三部曲"，还是最终写成的"十论"，这些著作只是对既往劳动心血的奖赏，一经面世，便是过去时了，对自己其实也就不那么重要了。至于这些著作对学术研究的意义和价值，对相关社会实践的作用和影响，就不是我自己能够评判的事情，只能留给他人和历史。我想做的是眼下与未来的新事情，继续自己的观察分析、读书思考、写作出版，争取对新闻学研究做出一些新的贡献。当然，我也会抽出一些时间，整理自己其他方面积累的一些文字，并争取出版面世的机会。

"新闻十论"能以十卷本聚合在一起的方式与读者见面，必须感谢中国人民大学。2018年4月，"新闻十论"以"当代中国新闻理论研究"课题方式，列入中国人民大学重大规划项目。有了项目资金的资助，出版也就可以变成现实了。

2019年，"新闻十论"的最后一论《新闻规律论》由中国人民大学出版社出版后，我便着手整理过往出版的"九论"——其中，《新闻事实论》于2001年由新华出版社出版，随后的《新闻价值论》（2003）、《新闻真实论》（2006）、《新闻活动论》（2006）、《新闻精神论》（2007）、《新闻本体论》（2008）、《新闻道德论》（2010）皆由中国人民大学出版社出版，2014年《新闻观念论》由复旦大学出版社出版，2016年《新闻主体论》由人民日报出版社出版。这些专著，除了新近出版的《新闻规律论》《新闻主体论》和《新闻观念论》，其他在市场上已经见不到了。有些朋友曾向我"索要"其中的一些书，我手头也没有。

尽管"十论"的结构方式、写作风格是统一的，大部分著作的篇幅差别不是很大，但有几本之间还是有一定差异的，比如作为博士学位论文的《新闻事实论》只有16万字左右，而2014年出版的《新闻观念论》超出70万字，面对这种情况，或增或减都是不大合适的，保留历史原貌可能是最好的办法。因而，这次集纳出版时，我并没有为了薄厚统一"好看"去做什么再加工的事情。顺其自然，薄就薄点，厚就厚些。

根据出版社编辑建议，"新闻十论"集纳出版之际，我专门撰写了《中国新闻学基础理论研究》，从一定意义上说，这本书是"十论"的"总论"，也是对"新闻十论"的总结。为了方便读者的阅读，我把原来分散在各单行本著作中的"前言"或"导论"集纳在一起，构成了该书的第二编。需要说明的是，有几本当初没有写类似"前言"或"导论"的文字，或者是写得过于简单，比如《新闻价值论》《新闻真实论》，为了形成一个比较完整的结构，我特意为这几本书补写了相当于"导论"的文字。由于是补写，就不可能回到当初的写作状态，但我尽可能以原来的文本为根据，去呈现原来著作的内容，类似于内容介绍，而不是站在现在的角度展开阐释。每一本书的"导论"，如果原来有题目，我就保留原来的，如果没有，我便从原作中找一句代表性的话作为题目；同时，为了阅读方便，我也特意提炼了各部分的小标题。总的来说，一个大原则就是尽可能完整保留原作的面貌，不用"后见"改变"前见"。

"总论"《中国新闻学基础理论研究》与"十论"合在一起，总字数超出 400 万字。

"新闻十论"在过往十几年中，得到了新闻学界的普遍肯定。一些学者撰写了评价文章，给予不少溢美之词；有些专著被一些新闻传播学院列为研究生、博士生必读书目或参考书目。"十论"中的多半著作获得了不同类型、层级的奖项，比如，《新闻事实论》获得了全国百篇优秀博士学位论文奖，《新闻价值论》《新闻活动论》《新闻道德论》《新闻观念论》分别获得了第四届、第五届、第六届、第八届中国高校人文社会科学研究优秀成果奖三等奖、二等奖、三等奖、一等奖，《新闻观念论》还获得了第七届吴玉章人文社会科学优秀奖，《新闻规律论》获得了北京市第十六届哲学社会科学优秀成果奖二等奖，《新闻精神论》《新闻规律论》等也曾获得中国人民大学优秀科研成果奖。但这些著作到底价值几何，获奖并不能完全说明问题，还是要交给未来的时间去说话。

伴随"新闻十论"的出版，我还撰写了数量不少的研究论文，这些论文大都是围绕"十论"主题的后续研究成果，可以说是相关主题研究的不断扩展和深化。如果借着本次出版机会把这些论文作为附录编辑在相关著作后面一起出版，也许有利于读者更好地了解我的研究进展情况，但这将使"新闻十论"显得过于庞大或"膨胀"，同时也会给编辑工作带来更多的繁重劳动。出于这些考虑，我放弃了编辑"附录"的想法，等将来有了机会，我再专门编辑出版相关研究论文。但这里需要稍微多说几句的是，"新闻十论"中的每一本著作都有其历史性，这也决定了它们对相关主题的研究成果不可能完全反映当下的实际情况。尽管"新闻十论"专注于基础问题，所得出的研究结论具有一定的稳定性和长久性，但对日新月异的新闻领域来说，这些著作中的一些见解、观点、看法还是需要补充、调整和修正的，我们需要根据新的现象、新的事实、新的发展做出持续的探索。新闻研究的本体对象在持续变化，新闻认识论、价值论、方法论等当然也要跟着变化。

由于"新闻十论"的写作前前后后长达约 20 年，每一本书的写作，都有当时的时代背景、环境特点，都是当时自己认识水平、思想水平和学术水平、表达水平的产物。因而，本次集纳出版时，出于对历史的尊重，也是对自己的尊重，更重要的是对读者的尊重，基本保持了每本书当年出版时的文字原貌。但在这次集纳出版时，按照中国人民大学出版社最新出版编辑规范的要求，调整、订正了注释方式以及参考文献的排列方式，对发现了的写作上或编辑上的个别明显问题，当然都做了必要的修正。

还需要特别说明的是，尽管"新闻十论"的每一论都是围绕某一个核心问题（范畴、概念、观念）展开论述，但这些核心问题之间有着内在的关系，自然也会存在共同的或交叉性的问题。因而，在论述过程中，一些内容就难免必要的重复。在"十论"集纳出版时，如果把这样的文字删掉，可能会影响相关论述的完整性。因此，为了使每一论都能自成体系、保持完整，我保留了各本著作出版时的原貌。

"新闻十论"不是一次性规划的作品，而是在研究、写作中逐步构想、形成的一个具有内在统一性的系列。"十论"中的每一论都是对一个新闻理论基础概念、基本观念的成体系的研究，完全可以独立成篇。而它们组合在一起，就初步形成了对新闻理论基础概念、基本观念的系统化研究。可以说，"新闻十论"为整体的新闻理论体系构建做出了初步的但确实重要的铺垫工作。

正是因为"新闻十论"不是先做整体策划，之后逐步写作，而是写了几本后才有的规划，因而，"十论"之间并没有形成明晰的先后或历史逻辑关系。但现在要集纳在一起出版，为了方便读者阅读，我把作为"总论"的《中国新闻学基础理论研究》一并纳入考虑，主要依据内容构成特点，将"总论"与"十论"分成几个单元，并按照内容之间大致的逻辑关系做了个排序：

（1）《中国新闻学基础理论研究》（总论）

（2）《新闻活动论》

（3）《新闻主体论》，《新闻本体论》《新闻事实论》

（4）《新闻精神论》《新闻道德论》《新闻观念论》，《新闻真实论》《新闻价值论》

（5）《新闻规律论》

这五个单元之间的关系，图示如下：

这五个单元之间的关系，可以大致这样理解：第一，《中国新闻学基础理论研究》是"新闻十论"提纲挈领的总介绍，具有统领的也是"导论"性质的地位与作用。第二，《新闻活动论》是"新闻十论"逻辑上的一个总纲，设定了"新闻十论"的宏观范围或问题领域。第三，新闻活动是人的活动，是人与人之间以交流新闻信息为主、为基础的活动，因而，人与新闻的关系问题是新闻活动的总关系，也是新闻学的总问题，这样，《新闻活动论》大致就可分为《新闻主体论》与《新闻事实论》《新闻本体论》两个单元：《新闻主体论》重点讨论的是新闻活动中的"人"的问题

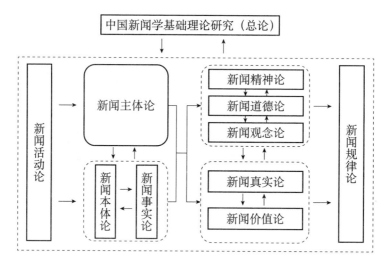

或"新闻活动主体"的问题；《新闻事实论》《新闻本体论》重点讨论的是
"事实"问题、"新闻"问题，而"事实与新闻的关系问题"构成了新闻理
论的基本问题。第四个单元可以看作第三单元的逻辑延伸：《新闻精神论》
《新闻道德论》《新闻观念论》主要是关于"新闻活动主体""精神世界"
的讨论，《新闻真实论》《新闻价值论》是在新闻认识论、新闻价值论视野
中关于新闻与事实、新闻与主体价值关系的讨论。这两个小单元之间的关
系，依然可以看作关于"人与新闻关系总问题"的进一步延伸。第五个单
元是在规律层面上对新闻活动内在关系的揭示，也可以看作在前述各个单
元基础上的总结。

需要再次说明的是，上面关于"新闻十论"逻辑关系的梳理，只是写
作完成后对"十论"内在基本关系的一个反思性认识，并不是一开始的
"顶层设计"。事实上，要建构比较完整的新闻基础理论研究大厦，不是这
"十论"能够完成的，诸如关于新闻媒介、新闻语言（符号）、新闻技术、
新闻制度、新闻文化等都需要以专论的方式展开系统深入的研究，这自然
是一个长期的过程，也不是某一个人或几个人可以完成的任务，而是需要
整个新闻学界展开持续的研究和探索。

致　谢

　　对于一个读书人、教书人、写书人来说，出版几本书是分内的事情，也是生命、生活过程的自然呈现，没有什么过多值得说的东西，但在自己的背后，却有许许多多要感谢的人，要感谢的单位，也有许许多多想说的事。这里不可能大篇幅展开叙说，但有些话还是要留下历史性文字的，一定要让它们成为美好的记忆。

　　读书、思考、研究、写作需要时间，需要安宁、清净，但自己有了时间，有了安宁、清净，有些人就得为你忙起来、跑起来。人们容易看到台前的人，很难看见幕后的人，但没有幕后人的辛劳，台前的人是表演不好的。

　　我从1998年读博开始，应该说正式步入了自己独立自主的思想探索、学术人生。经过几十年的慢慢前行，现在有一些被称作"成果"的文字放在那里。回头去看，这一路走来，在自己成长的道路上，需要感谢的人实在太多。我在已经出版的每一本著作的后记中，都有真真切切的记录，也一再表达了自己真诚的感谢，我愿在"新闻十论"出版之际，再次表达对他们的深深谢意。

　　感谢我的硕士生导师郭云鹏、赵馥洁、王陆元、伍步云诸位先生，是他们将我带进了学术的殿堂，让我初步懂得了学问的真谛、思想的珍贵，给我涂抹上了学术人生的底色。他们中有的已经驾鹤西去，但影响却深深留在了我的身上和心里。

感谢我的博士生导师童兵先生，是他指点我、引导我迈上了学术的台阶，开始了真正的攀登。如今他虽已年过八十，但依然与时俱进、笔耕不辍，活跃在中国新闻研究、新闻教育教学的前沿阵地，是我学习的榜样。感谢我的师母林涵教授，她敏锐智慧、性格耿直，无论在学术上还是在生活中都给我以特别的启示。导师和师母塑造了传奇式的"林中童话"，成为我们晚辈经常阅读、传说、交流的美好故事。

感谢我的博士后合作导师曹璐教授，她是那种充满母爱式的导师，温和宽容，不管是学术指导还是生活交流，总是一副慈祥的样子，让人感到放松和温暖。在跟从曹老师的学习过程中，我不仅得到了学术的滋养，也学到和体会到了一些如何与学生、与晚辈、与他人交往的真经。

感谢我的著作的出版者、编辑者，我的论文的审阅者、刊发者，是他们把我一步步扶上了学术的阶梯，帮助我不断向上攀爬，能够看到更高、更远的风景。感谢新华出版社的王纪林女士，中国人民大学出版社的司马兰女士、陈泽春女士、李学伟先生、王宏霞女士，复旦大学出版社的姜华先生，人民日报出版社的梁雪云女士，还有众多学术刊物的编辑们。他们中的一些人可能已经不在原出版单位工作了，但不管他们是退休了，还是另有高就，我都会一直记得他们，感谢他们。

感谢新闻传播学界的前辈学者刘建明教授、罗以澄教授、董广安教授、杨秀国教授、白贵教授……他们在我的学术道路上，以各种方式关注过我、帮助过我、提携过我，对我的学术工作、研究成果予以鼓励和肯定；感谢所有关心过我、帮助过我的同行朋友们，恕我不再一一列名。

感谢所有帮助过我、支持过我的朋友们。我要特别感谢樊九龄、朱达仁、李东升、栾肇东、党朝晖、郑瑜、杨武、李刚、刘吉发、任莉娟、贾玉峰……你们在我人生道路的一些关键节点上给予我不同方式的重要帮助，使我充满信心，克服了各种各样的困难，向着自己的目标前进。

感谢我所有的学生，包括我教过的中学生、本科生、研究生、博士生，是你们与我一起塑造、构建了我人生的主要场景，描绘了我人生的主要画面。与和你们一起成长相比，"新闻十论"不过是"副产品"，当然也是我与你们一起学习、共同进步的"正产品"。你们中的每个人，都以各自的方式在为社会服务的同时展开自己的生活、成就自己的人生，很多人都已成长为不同领域的佼佼者，这使我感到相当欣慰。你们中的一些人也常常与我联系、交谈，这使我获得了另一种特别美好的感受。

一个人的人生，不是一个人单独行走的过程，更不是独自默默绽开，而是所有相关者共同绘制、编织的结果。记得马克思说过这样的话，一个人的发展取决于和他直接或间接交往的其他一切人的发展。是的，我们是交往、交流中的存在，所有交往、交流中的人都是我们得以成长的不同助力者。在我们的人生道路上，会不断得到"贵人"相助，这是幸运的事、快乐的事、幸福的事。凡是以各种方式帮助过、支持过我的人，都会永远留在我美好的记忆之中，会成为我不时"念叨"的人……

感谢我的母校渭南师范学院（原来的渭南师专），我在那里读的是大专，学的是物理专业，但正是在那里，我阅读了大量的文学艺术作品和人文社会科学著作，奠定了后来成长的基础。

感谢我的母校西北政法大学（原来的西北政法学院），我在那里读的是硕士研究生，学的是哲学专业，方向是哲学认识论。正是在那里，我开始真正研读哲学史上、思想史上的一些经典著作，真正开始以学术的方式、独立自主的方式思考一些有意义、有价值的问题。

感谢我的母校中国人民大学，我在这里读的是博士研究生，学的是新闻学专业，专注于新闻基础理论研究，2001年毕业后留校任教。正是从步入中国人民大学新闻学院开始，我进入了新闻专业研究领域，开启了具有自身特点和风格的学术研究活动，并逐步形成了自己对研究领域比较系统成型的看法，"新闻十论"便是我在中国人民大学新闻学院20多年来学习、教学、科研工作成绩的重要组成部分。

感谢中国人民大学新闻学院的所有同事们，我们一起创造了一个学术环境宽松、人际关系和谐的学院，在这里我感到了难得的温暖和美好。20多年来，我得到了前辈老师们学术上的指点、扶持和提携，感谢甘惜分先生、方汉奇先生、郑兴东先生、何梓华先生……。20多年来，我在这里得到了更多老师在教学、科研、生活方面的关心和关照，感谢涂光晋老师、陈力丹老师、张征老师、倪宁老师、郭庆光老师、喻国明老师……。我还要特别感谢在我遇到特殊困难时安慰我帮助我的陈绚老师（她不幸英年早逝）、钟新老师、彭兰老师、赵永华老师、王润泽老师、赵云泽老师……

感谢我曾经工作过的陕西省耀县（今铜川市耀州区）柳林中学（它坐落在深山里，背靠大山，面临小河，如今它已不在了，变成了山中一座像模像样的宾馆），感谢我曾经工作过的西安市第六十六中学，感谢我曾经工作过的陕西日报社。在这些不同的地方、不同的工作岗位上，我能以不同的视野、不同的方式并在不同层次上经验中国社会、了解中国社会、理解中国社会。特别是在陕西日报社近八年的新闻工作中，我真正开始了解中国新闻、经验中国新闻、实践中国新闻、理解中国新闻，并初步思考和研究中国新闻。陕西日报社的工作经历，是我最终走上新闻研究之路的"动力源"。我看到的事实、我亲历的实践、我遇到的问题与困惑，促使我踏上了新闻研究的征程，从一个新闻一线的工作者转变成了一个新闻理论研究者。

在"新闻十论"出版之际，我要再次特别感谢我所在的中国人民大学，正是学校经费的支持，才使"新闻十论"以这样"风光"的形式与读者见面。在此，我要特意感谢中国人民大学科研处的侯新立老师，他不仅为"新闻十论"的出版协调各种关系，还对我如何安排"新闻十论"的结构提出了很好的建议。我要特别感谢我所在的新闻学院前任执行院长胡百精教授（现在为团中央书记处书记），现任院长周勇教授，主管科研工作的副院长王润泽教授。他们为了"新闻十论"的出版，专门与我商谈并在不同场合推介"新闻十论"以扩大它的影响，让我感到特别的欣慰。

　　我要特别感谢中国人民大学出版社，特别感谢人文分社，感谢人文分社的总编辑翟江虹女士，为了"新闻十论"的顺利出版，她上下左右协调各种关系，不辞劳苦、到处奔波，不厌其烦地回答我的各种问题，耐心细致地指导我如何按照相关规范修订、编辑书稿，组织编辑力量保证出版工作顺利进行。我要特别感谢"新闻十论"的责任编辑田淑香、李颜、汤慧芸、黄超、徐德霞、陈希。

　　我要特别感谢中国人民大学新闻学院十多位博士研究生，他们组成了一个工作团队，帮助我解决书稿编辑中的技术问题，他们是樊攀（他是这个博士生团队的组织者、协调者）、杜辉、王敏、刘泽溪、孙新、潘璐、张博、曾林浩、刘少白、余跃宏、李静、吴洁等，感谢他们帮助我调整、订正注释和参考文献的编排方式，感谢他们帮我查阅一些文献的新版表述，有些文献经斟酌还要保留旧版表述，这都是琐细繁杂、劳心费力又很费时的工作，要是没有他们的倾力相助，"新闻十论"的出版速度就会大大放慢。需要特别感谢的是我的博士生樊攀和刘泽溪两位，在校订书稿的过程中，他们随时都在帮助我解决遇到的各种技术问题。

　　"新闻十论"的出版，让我再次深切感受到一个学者的成长，一个研究者和思想者的学术成果的传播，绝不仅仅是一个学者、研究者、思想者自己可以单打独斗的事情，而是需要各种组织、机构的支持，需要个人的努力和别人的帮助。其实，所有的精神产品都不可能是某一个人独立的产品，而是一些组织、一些机构、一些人共同努力的结果。

最后，我要特别感谢自己的亲人们。感谢我的父母、岳父母，老人家们其实并不完全知道我整天为什么要读那么多书、要写那么多文字，但他们似乎都知道我在做"大事"。因而，每每与他们通话或见面时，总是要我做好自己的事，不要太挂念他们。天底下的父母，最爱的就是他们的孩子，孩子们好了，他们就觉得一切都好了。感谢我的兄弟姐妹，他们大都在父母身边或离得比较近，在赡养、关照父母的事情上付出了更多的辛劳。每次通电话，他们也总是让我放心，老人们有他们照顾。其实，我总感问心有愧，没有抽出更多的时间看望父母、陪伴父母。

对于她来说，"感谢"一词就过于轻淡了，即使给前面加上各种各样的修饰词，也增加不了任何分量。语言的能量其实太有限了，只能表达能表达的，却表达不了不能表达的，而那些不能表达的、难以表达的，才往往是最深沉的东西。

我从学物理转到学哲学，从学哲学转到学法律，再转到学新闻，这一转再转，需要读书，需要思考，需要时间，需要安静……我从这个学校的中学老师转成那个学校的中学老师，又从中学老师转成研究生，又从研究生转成新闻工作者，又从新闻工作者转成博士研究生，又从博士研究生转成大学教师，这一转再转，越来越需要时间，越来越需要读书、思考、写作，越来越需要更多比较安静的时间……

给我时间的，让我安心的，有许多人，但所有的其他人，都不能胜过她，所有的其他人，都不能代替她，因为所有的其他人，都不是她。她是唯一的。她就是那个平凡得不能再平凡、朴素得不能再朴素的人——我的爱人——成茹。不需要说她为我、为父母、为孩子、为兄弟姐妹、为亲朋好友、为我的老师、为我的学生做了什么，因为太多、太琐细、太婆婆妈妈，我说不完，更说不过来，但所有这一切却是我行走的背景，而没有背景又哪来的前景呢？谢谢你，成茹，辛苦了！

杨保军

2023 年 10 月 9 日

于北京世纪城

目　录

前　言

这是我从新闻活动视角对新闻基础理论问题的一次"新的描述"。之所以用"描述"这样一个显得多少有些肤浅的词语，是因为我觉得自己的阐释、论述还是初步的，还主要是对自己一些既有研究成果相对比较系统的一次整理。这些成果主要有《新闻事实论》（新华出版社，2001 年版）、《新闻价值论》（中国人民大学出版社，2003 年版）、《新闻理论教程》（中国人民大学出版社，2005 年版）和《新闻真实论》（中国人民大学出版社，2006 年版）。之所以还敢于在"描述"之前加一定语"新的"，有几个方面的理由：一是，我以为从"新闻活动"这个视角建构新闻理论，尽管不是全新的，但必定还没有人以如此系统的方式做过撰述，因而它对如何建构新闻理论体系可能会产生一定的促进作用，也可能会对感兴趣的研究者产生一些启发；二是，我在过去思考、研究的基础上，对一些问题有了新的体会、新的认识、新的阐释，说了几句别人还没有说过的话，既换了一些汤，也换了一些药；三是，我在书中以各种方式，提出了一些新的值得考察、研究的问题。记得有位学者说过一句很朴素但很有味道的话："所谓'学问'者，学习提问也！"一边学，一边问，一边思考，一边写作，也是我基本的风格。不过，说老实话，由于各种各样的原因（主要是主观原因），这两年思考的时间少了点，写作的时间多了点，而正常的情况在我看来应该恰好相反。当然，这些大都是"自以为是"的评判，也许自己已经做了对不起"自知之明"一词的事情。果真如此，就请读者原谅，也请读者批评指教。

以新闻活动范畴为贯穿始终的主线，以新闻本体论、新闻业态论、新闻关系论为基本内容，以专业或者职业新闻工作者的新闻传播活动为核心，是这本书的基本架构方式。我最初想把各章的名目结构成如下样式：

导　论　理论新闻学解读

第一章　新闻活动自身——本质与结构

第二章　新闻活动主体——传者与收者

第三章　新闻活动对象——事实与文本

第四章　新闻活动媒介——技术与符号

第五章　新闻活动原则——一般与特殊（上）

第六章　新闻活动原则——一般与特殊（下）

第七章　新闻活动规律——构成与作用

第八章　新闻活动界限——自由与控制

第九章　新闻活动环境——关系与生态

这样，在正式章节前有一个比较长的"导论"，主要目的是阐释新闻学，特别是理论新闻学在当代中国面临的处境和基本的发展状况。其中，提出了我自己对一些长期存在争论的问题的粗略看法，并对我国现有的主要新闻理论体系做了初步的分析和简要的评论。同时，我也原则性地提出了研究新闻理论应该具有的基本姿态和方法，以及自己目前的一些思考和设想。其实，这些东西我在多次学术会议上已经简明扼要地说过，算不上什么新货色。但变成相对比较系统的文字，这还是第一次。有些方面，限于手头资料和时间，没有充分展开，也可能没有提到有些人的重要成果，但我以为这不是什么大问题，因为我不是在做成果总结和展示，只是就有些问题在必要时举例说明而已。

全书的主体内容有九章，每章名称的前半部分，既反映了各章之间的基本结构方式，也反映了全书的总体内容及逻辑关系，破折号后面的关键词则可显示各章讨论的核心问题。但回头一看，各章破折号后面的用词并不那么工整，很大程度上失去了形式之美，也不能完全反映各章的主要内容，逻辑关系也不十分清楚、一致，有点弄巧成拙。因而，在最终的正式章名中，又将破折号后面的文字统统删掉。现在在前言中将其列出，加以说明，目的是让读者更好地理解我的一些想法。

从形式上说，这本书是对新闻基础理论问题比较系统的思考和研究，属于我所说的广义性的新闻理论，结构上也有点类教材化，但略去了一些过于基础的问题，因而可以作为新闻学专业研究生的教材或者参考书。如上所言，书中不仅阐释了、深化了一些已经具有基本定论的东西，而且提出了很多新的问题，进行了一些新的论述。还有不少问题，只是作为问题提了出来，有待进一步的研究。因而，对有志于新闻基础理论研究的人来说，特别是对青年学子来说，我想还是比较有用的。

读者可以发现，我在写作过程中用了不少非直接引文性的注释和说明，它们并不都是简单的对正文的进一步解释，而是包含一些新的内容、新的问题，因而，真诚希望读者阅读时不要跳过它们。这些以注释方式出现的文字，是整体内容的有机构成部分，有些可能会对读者产生更大的启发。之所以用这样的方式来表达，是因为将它们置于正文之中，逻辑上会有点不连贯，行文上也不通畅。但将它们统统割舍去，我自己又有点不忍。

作者

初稿于 2006 年 2 月

重审于 2022 年 2 月

导论：理论新闻学解析

新闻传播对于当今人类生存发展的重大意义已经成为自明的事实。新闻不仅在记录历史，也在创造历史。新闻活动不仅是人类认识世界的活动，进行信息交流、精神交往的活动，也是人类本体化的生存发展方式。新闻传收不仅是社会成员个体的需要，也是整个社会自我调控的必需。信息时代、知识社会，已经把新闻学推向了闪亮甚至是辉煌的舞台。新闻学研究者无疑是这个舞台上不可缺少的表演者。如何编写、上演我们的剧目，是每个优秀演员都应该思考的迫切问题。

一、新闻学科的地位与性质

拥有比较完备的基础理论是任何一门学科成熟的重要标志。新闻学在世界范围内来看，已经有一百五六十年的历史了，在中国，也有一百余年的春秋了。然而，时至今日人们对新闻学的学科地位、学术或科学品位仍然持有怀疑的态度。① 其中，最为突出的表现就是，不少人认为新闻学还没有坚实的理论基础，没有令人满意的、自成逻辑的理论体系。因此，对当前的理论新闻学状况做出解析，有利于人们对整个新闻学的认识，当然也多多少少会有利于新闻学作为一门学科的成长和发展。不过，我这里的一些分析和说明，仍是蜻蜓点水式的，属于自己的一些浅见和体会。

人类对现有的科学领域有一些大的宏观的分类——自然科学、人文科学和社会科学，那么，新闻学到底是一门什么样的学科？归属于哪类科学？具有什么样的学科地位与性质？对此，既有的研究只是在一些新闻理论教材的前言或绪论中作为附带性问题加以简单说明，专门的深入的研究很少见。这无疑影响了人们对新闻学的准确认知。因此，确实很有必要就新闻学科本身的一些问题做一些阐释。

（一）"新闻有学"的一点说明

新闻学到底有学还是无学？一再提出这样老掉牙的问题，似乎有点可笑，然而这确实是新闻学界面对的一种现象，面对的一个不大不小的问题。② 如果不做出严肃认真的回答，不仅会影响新闻学学科的建设，也会影响新闻教育的顺利进行。但我也不想在此进行系统的阐释，只是大略谈一点自己的看法。

就当前的现象来看，新闻学界似乎是一派热闹非凡的气象，学术著述连篇累牍，学术会议此落彼起。我国著名新闻史学家方汉奇先生说："中

---

① "在中国，'社会科学'和'学术'这两个概念几乎是相同的，但'学术'更属于中国固有的，'社会科学'则更是从西方传来的。"王富仁. 由法布尔《昆虫记》引发的思考［M］//王文章，侯样祥. 中国学者心中的科学·人文：科学人文关系卷. 昆明：云南教育出版社，2002：40.

② 这一问题的不时提出，本身说明它始终是一些人心中的一个"情结"，说明新闻学的学术地位和品位始终受到一些人的怀疑，同时也说明新闻学既有的研究成果在人们心目中还缺乏足够的分量。比如有学者撰文指出："'新闻无学论'的影响还没有完全肃清。"参见郑保卫. 试论我国新闻学的学科地位及学科发展［J］. 中国人民大学学报，2005（2）：129-136。

国的新闻传播学已经由被某些业界人士妄自菲薄的'无学'，变成了'显学'。"① 确实，几乎没有人会在公开场合说新闻无学。但这只是事情的一面，在"显学"的背后，还依然存在着否定新闻学作为独立学科的"暗流"。人们很容易看到，不少人就像在政治表态中那样，扮演着"多面人"的角色，公开场合振振有词，慷慨激昂地论述新闻学的科学性、独立性，但在私下里，在小圈子里，仍然认为新闻学是没有什么实质性学问的，称不上是一门学科。甚至一些长期从事新闻学研究的知名学者，也在小范围内否认新闻学的科学性和独立性，嘲笑新闻学的学术品位。顺便说一句，这种学问上的"两面派"或者"多面派"行为，不只是显得滑稽，也有辱一个学者的精神，是一种缺乏学者风范的表现。

关于新闻学到底是否有"学"的争论，我以为可以概括为两个具有内在关系的基本问题：第一，"学"与"术"的关系问题。有人认为，新闻学只有"术"，没有"学"，这就是所谓的新闻无学论，它的实质含义是新闻学没有自己相对独立的理论体系；有人认为新闻学既有学，又有术，这就是有学论，或"学""术"统一论。第二，学术品位问题。对无学论者来说，当然不存在这一问题。对有学论者来说，在坚持新闻有学上底气不足，自认为新闻学即使有"学"，其学术品位也太低，无法与其他社会科学或人文科学的学术成就相比，因此，是一门表面上有学、实质上无学或至少是学问不足的学科。

我是新闻有学论者，并且认为新闻学的学问很深、很广。② 新闻学不

① 童兵. 童兵自选集 [M]. 上海：复旦大学出版社，2004：序 1.

② 据我国新闻史学家、复旦大学新闻学院教授丁淦林先生说，中国最早提出需要研究新闻学的人是郑贯公（1880—1906），当 1903 年商务印书馆出版了日本学者松本君平的《新闻学》中译本（这是我国出版的第一本新闻学著作）时，郑贯公就认为，由此书"足见办报一业，须有一种学问"，"夫学问既无，眼光何有？"这本书与 1913 年上海广学会出版的美国记者休曼的《实用新闻学》的中译本一起，预示着中国新闻学研究将进入系统化的理论探讨阶段。1918 年蔡元培为会长的北京大学新闻研究会成立，标志着中国新闻学研究的开端。当 1919 年徐宝璜的《新闻学》出版时，时任北京大学校长的蔡元培先生在为这部书写的序中不仅称它是"破天荒"之作，而且明确指出新闻学是一门值得研究的学科。参见丁淦林. 丁淦林文集 [M]. 上海：复旦大学出版社，2005：122，129。

仅具有自己独立的研究对象——人类的新闻传播现象或新闻传播活动，也有自己相对独立的研究方法和话语方式①，已经有了一定的学术积累和学术成果，并且在以较快的速度增长②。另外，研究新闻传播现象、新闻传播活动的学者队伍也在日益壮大。我们可以预料，新闻学在未来的一段时间里会有较大的发展，科研的质量和水平也会得到较快的、全面的提升。

新闻学是既有学又有术的一门完整的学科或者学问。梁启超在1911年写过一篇名为《学与术》的文章，其中这样写道："学也者，观察事物而发明其真理者也；术也者，取所发明之真理而致用者也。例如以石投水则沉，投以木则浮。观察此事实以证明水之有浮力，此物理也。应用此真理以驾驭船舶，则航海术也。研究人体之组织，辨别各器官之机能，此生

---

① 所谓相对独立的研究方法，主要是指新闻学拥有一些针对自身研究对象特征、问题特征的思考方法、解释方法。这里需要说明的是，作为研究工具、思维工具的科学研究方法其实总是具有一定的普遍性，在不同学科之间往往是可以互用的，也就是说，方法，特别是人文社会科学方法，更多的时候是一种跨学科的存在。一些学科最先创造、使用的研究方法常常在形式上归属于这些学科，其实，作为方法它们是普遍的，不是某个或某些学科专有、专用的。比如，在新闻学研究中完全可以使用几乎所有学科都能使用的哲学方法（逻辑思辨为主的方法、反思的方法等），系统科学提供的整体思维（系统思维）方法，社会学、传播学等学科提供的内容分析法、田野调查法，等等。至于比较方法、文献方法、文本分析方法等，我以为更是一些公用的方法。只要新闻学中存在着类似其他学科的问题，就可以采用相关的方法。一些人批评新闻学没有自己独立的研究方法，是因为他们对方法本身的理解就有偏误，有时把方法神秘化了。所谓新闻学有自己相对独立的话语方式，主要是指新闻学已经形成了自己比较系统的、科学的概念或范畴体系。新闻学是通过自己的概念范畴体系来论述、阐释本学科的各种问题的。有人说新闻理论运用的语言都是政治学的语汇，没有自己独立的话语概念和方式，这种批评是不符合实际的。在我们的研究队伍中，确实存在一些实质上的语录派和政治跟风派，但从整体上说，新闻学研究者已经把新闻学当作一门求是的科学，已经用科学的概念和话语方式阐释相关的理论。同样需要指出的是，不同学科之间是可以进行概念互用的，只要相互之间的转换合理、准确。一些人对新闻学借用其他学科的概念范畴也颇有微词。我以为要具体问题具体分析。学科之间的互借互用，总有一个"生硬"的阶段，等到转化成熟了，人们看着也就顺眼了。问题的关键不在于借用多少，而在于是否合适、恰当。

② 有人认为，新闻学的科研成果从"量"上看确实不少，但"质"大都不高。对这种现象也要做实事求是的分析。其实，对任何一门学科而言，高质量的科研成果都是少数，但高质量的科研成果往往要依托于一般质量的研究。如果没有整体良好的、勃兴的研究环境和气氛，一门学科很难产生高质量的研究成果。事实上，在我个人看来，这些年来，新闻学界已经创造了先前历史无法比拟的一大批科研成果，一些人硬是睁着眼睛也不愿意看这些成果，只是想当然地指手画脚批评一通，这本身就是不科学的态度。

理学也。应用此真理以疗治疾病，则医术也。学与术之区分及其相关系，凡百皆准此。"严复对学与术的关系也做过精到的论述，他说："盖学与术异。学者考自然之理，立必然之例。术者据既知之理，求可成之功。学主知，术主行。"我国当代著名学者刘梦溪说："学的内涵在于能够揭示出研究对象的因果联系，形成建立在累积知识基础上的理性认知，在学理上有所发明；术则是这种理性认知的具体应用。"① 以这样一些基本的标准，衡量新闻学的学与术，谁能证明、谁又敢说新闻无学呢？

现在一些人认为新闻无学，并不是真的认为新闻学无学，而是认为新闻学现有的"成果"还很难够得上有学。假如这一判断是正确的，我们还要提请这些人注意，现在够不上有学和新闻本身有学不能混为一谈。因此，我常常以为，"新闻无学"有时是一个虚假的命题，没有实质的所指。如果人们问，新闻无学到底是什么意思，似乎没有什么人能够做出像样的回答。一些人只是人云亦云而已，并没有认真思考过相关的问题。说新闻无学的人，往往是不负责任的无学论者。果真都能说得头头是道，让人信服，新闻学研究者们也就可以扬长而去、万事大吉了。

一些人认为新闻学没有多少学问，是觉得新闻学是一门应用性很强的学科，没有像哲学、文学、史学那样系统的基础理论，这其实是一种误会或者偏见。人文社会科学的任何一门学科都有自己的基础理论，也都有自己的应用性，都既有自己"形而上"的抽象，也有自己"形而下"的实证，新闻学并不例外。任何学问，本质上都不是象牙塔中的玄学，任何学问，一旦离开社会便失去了根基，离开社会的学问是没有生命力的，"社会变化终将使理论走出经院，不仅进入市场，而且甚至进入战场"②。不

① 刘梦溪. 论中国现代学术 [M] // 王文章，侯样祥. 中国学者心中的科学·人文：人文卷. 昆明：云南教育出版社，2002：196. 前面梁启超、严复语也转引自此文。

② 麦金太尔. 伦理学简史 [M]. 龚群，译. 北京：商务印书馆，2003：150.

同学问间的差别在于不同学问关注的对象不一样，或者关注同一现象、对象的角度和层次不一样。任何一门学科，都是人类的创造，都有一定的应用性，没有应用性的学问，人类也不会创造出来。即使是被普通人看得玄乎其玄的哲学，也有其应用的层面。因此，以应用性的强弱界定一门学科是否能够成为一门学问、是否有学，显然找错了标准。另外，我们不能因为自己还没有创造、总结、提炼、概括出本学科的基本理论体系，就说本学科无学、没有理论。何况，新闻学事实上已经有了自己的基础理论体系（我在下文还有具体说明）。而且，就我现有的认识水平来看，既有的新闻理论并不像有些人所说的那样不成体统，缺乏广度和深度；也不像有些人说得那样，高高在上，脱离实际，或者根本就跟不上实际的发展变化。想当然地批评几句是非常容易的，但这不是建设性的态度，而是隔靴搔痒。说严重点，这是不负责任的态度，是一种逃避的表现，甚至是哗众取宠。事实上，今日中国的新闻学者，大都比较关注国内新闻传播实际的最新变化，一些学者的眼界还相当开阔，他们高度关注国外的新闻实践和新闻研究，并能够比较及时地进行理论思考，提出一些很有价值的看法和观点。

任何一门学科追求的都是关于学科领域的正确认识或真理，新闻学也是如此，它追求的是关于人类新闻活动领域的正确认识，它无疑也是一门科学、一种学问。一些人说新闻无学，我想他们并不是否认新闻学作为一门学科能够实现科学的认识，也不是否认新闻学是一门学科。很多人之所以认为或者感觉到新闻无学，主要是因为他们看到现存的一些自称为科学的新闻学说其实缺乏科学性，不能说服人，不符合客观实际，只是一些断言断论，或者只是一些缺乏充分科学根据的价值判断。面对这种所谓的新闻无学论，我们需要说明的是，某种或者某些新闻学说不具有科学性，并不能否定新闻学的科学性，也不能由此断定新闻学没有学问。我们不能因为某一位研究者提出的某一物理学说是错误的，缺乏足够的事实根据，就否认整个物理学的科学性。

新闻学是一门独立的学科，它认识研究的对象是人类的新闻活动领域。为了使新闻学科得到建设和发展，研究者们可以自由地提出自己的学说。从原则上说，只要研究者抱着科学的态度，不管他们提出的是正确的学说，还是错误的学说，都会对学科的发展和完善起到促进作用。学科就是通过学科领域中不同学说的相互交流、争鸣不断进步完善的。那些正确的学说将成为学科的砖瓦基石，而那些错误的学说也会变成人们提出新学说或提出正确学说的铺路砂石。

有学无学常常是一个自发的过程。任何一门学科，都是从无到有的过程，由不完善到比较完善的过程。因此，心态平和一点，心灵自由一点，让学术自由成长，到一定时候，一门学科、一种理论就会成长起来，或者销声而去。在新闻有学还是无学的问题上，我的看法，如上所说，是新闻有学，新闻学是一门独立的学科。但对关于新闻有学还是无学的争论，我的基本态度是：有人愿意没完没了地争论，就让他去争论，有人愿意埋头做具体的探讨，就让他去探讨，谁想指手画脚那是他的自由，也有利于发现问题，强化学术的自觉。现在的关键问题是，作为新闻学领域的研究者，我们应该努力做出赢人的学问、令人信服的成果。新闻学是不是学问，应该不应该成为学问，其实是不难论证的，但能不能成为学问，能不能成为人们普遍认可、信赖的学问，恐怕主要不是如何论证的问题，而是如何进行学术实践、学术创造的问题。

（二）新闻学科的基本性质

按照现在比较通行的科学分类方法，整个科学世界常常被一分为三：自然科学、人文科学和社会科学。自然科学以人类面对的自然世界为研究对象，目的在于获取关于自然世界的真理性认识，即把握自然事物的本质及其运动变化的规律；人文科学则以人本身的知情意行和人的生存处境、生存状况为对象，做出认知主体的探索和思考；社会科学以整个社会以及社会各个领域为基本对象，研究社会及其各个领域的变化特点和发展规律。自然科学与人文社会科学之间的区别比较明显，人文科学与社会科学之间的界限则相对比较模糊，互有渗透，但二者之间还是有所不同的。有人以人文科学与社会科学在当前市场经济社会中的遭遇为背景，半开玩笑地说："文科中凡是不那么实用，因而也不那么赚钱，趋于冷门的学科大致就是'人文学科'了；而比较实用、赚钱和热门的学科，例如经济学、法学，则大致属于'社会科学'。"[1] 按照这样的划分方式，我估计新闻学一定会被划入社会科学的，这实质上也没有什么错误。[2]

严肃一点讲，社会科学是对一定社会现象、社会领域、社会活动之"是"的探索和求取，严格意义上要求研究者以价值中立或者价值无涉的态度对待自己的研究对象和结论，因而，它更靠近自然科学的特点。人文科学，也就是人们传统上所说的文史哲学科，通过对各自研究对象的认识反映，为人们提供相关的事实判断，因而人文科学也是一个认识体系、知识体系，但文史哲在为人们提供与反映对象相符合的真知的同时，也为人们提供理想性的、应该如何的价值判断和伦理评判。这些判断或者评判不是对事实本身的反映，而是基于事实判断甚至是超越事实判断的某种价值表达，是研究者对情感态度和价值取向的阐释，这也正是人文科学的特征所在。

新闻学是对人类新闻传播现象、新闻活动特征及其规律的探求和揭

① 何怀宏. 我的人文观 [M] //王文章，侯样祥. 中国学者心中的科学·人文：人文卷. 昆明：云南教育出版社，2002：342.

② 我国新闻学界的学者大都把新闻学归入社会科学领域。可参阅童兵、刘建明、郑保卫、李良荣等人的相关新闻理论教材的前言或者绪论，以及他们撰写的相关文章。

示。按照上面对人文科学和社会科学的一般理解与基本区分，新闻学作为一门学科，属于社会科学。但是，在新闻学研究中，人们同样会在相关的理论著述中看到"必须如何""应该如何"等一些价值判断，我们总是不时看到，在一些事实性的叙述之后，常常有一个"响尾蛇"式的尾巴——价值判断，表达着作者的某种新闻理想与新闻意愿。这在中外学者的新闻理论著作中都有所表现，在中国一些学者的著述中尤为明显直白。这首先从经验事实上说明，新闻学不是单纯的社会科学，它还包含着人文的思想和论述，价值性的评价与判断，也就是说，新闻学包含着人文科学的内容和特点。因而，就学科性质而言，在一定程度上可以说，新闻学是一门以社会科学性质为主，但同时兼有一定人文科学性质的学科。

实际上，所有的社会科学学科，甚至包括自然科学，都很难排除人文性的价值思考，有时也很难把这种价值思考与关于对象的事实陈述一刀两断式地分割开来。科学研究理应追求真理，追求客观对象的本相真实，但人类在追求真理的过程中，很难排除自身的利益诉求。当自己的价值追求渗透进研究成果之中时，真理就不再那么纯粹，就不再只是关于对象之"是"的阐释和陈述。即使研究方法，诚如有学者指出的那样，也包含着一定的价值性，"在人文社会科学领域采取何种研究方式，有时事实上表达了研究者的主观价值倾向，并客观上是在为一定社会利益全体辩护"，因此，"人文社会科学领域中的研究方法较之自然科学领域的研究方法具有更强的价值性"①。比如，在中国的新闻学研究中（其他学科也类似），人们总是强调用马克思主义的立场、观点和方法分析新闻传播现象，研究新闻传播中的各种矛盾关系，其中就蕴含着一定的价值取向和价值追求。从总体上说，社会科学既是对社会发展客观规律的科学解释，又不可避免

① 高兆明. 伦理学理论与方法 [M]. 北京：人民出版社，2005：149.

地包含着对人的社会性思考和对社会的人学考察，社会科学既包含着人文之思，又浸润着科学之思。① 新闻学当然无法例外，甚至在人文科学与社会科学的融合上表现得更为强烈和复杂。

二、新闻学的独立性

按照我们上面的分析，新闻学是一门兼有一定人文科学特征的独立的社会科学。然而，正是在新闻学科的独立性上，一些人对新闻学的品格表示怀疑（这种怀疑实质上也是新闻无学论的一种重要表现）。就目前来看，我以为有两大主要问题需要做出回答：一是新闻学与传播学的关系问题；二是新闻学与政治意识形态的关系问题（或者说是新闻学研究与政治的关系问题）。第一个问题关系到新闻学作为一门独立学科存在的根据问题，以及它与主要相关学科的关系，属于比较纯粹的学术问题；第二个问题关系到新闻学的科学性、客观性问题，直接关系到新闻学，特别是新闻理论还是不是科学理论的问题。这两个问题的核心是新闻学有无独立的学术或者科学品格。

我们先来分析第一个问题。尽管传播学诞生已经六七十年了，但对于什么是传播学这样的问题，人们并没有统一的看法。传播学者潘忠党在为华夏出版社出版的"传播·文化·社会"译丛撰写的《总序》中说道："'传播学'在教育部认定的学科分类中被安放在了'新闻传播学'之下，但它的学科面貌仍然不甚清晰。即使在被认为是'传播学'发生地的美国，它也是一片混沌。""大众传播研究是一个综合研究领域，而尚不成为

---

① 冯宪光. 当代马克思主义美学的人文之思与科学之思［M］//王文章，侯样祥. 中国学者心中的科学·人文：人文卷. 昆明：云南教育出版社，2002：97.

一个制度化了的独立学科。"① 中国人民大学的郭庆光教授在分析了诸多关于传播学的定义之后认为，"传播学是研究社会信息系统及其运行规律的科学"②，传播学在学科性质上属于社会科学。社会信息系统的庞大和复杂，决定了传播学具体研究领域、对象的多样和多层。传播学有自己的诸多分支和不同的学科方向。传播理论、传播史、传播业务构成了传播学的基本板块结构，在每一个板块内部还有不同的层级结构。传播学可以说是传播领域的哲学，各种具体领域的传播研究在逻辑上是从传播学中分离出来的具体科学。

在我看来，传播学这个学科名称，就像当年哲学与科学还没有分离时的哲学名称一样，在逻辑上包罗了众多潜在的具体学科，当自然科学、社会科学、人文科学等一个个从传统的哲学中分离出去之后，它们实质上都获得了独立的学科地位，而哲学仍然存在，但它的内涵已经发生了巨大的变化。现在的传播学与此也有点类似，人们可以在原则上把所有具体领域的传播研究都归属在传播学的名下，但在实质上，每一具体学科都有了自己相对独立的地位，留给传播学的其实就是一般的传播理论、传播学说史、传播思想史和普遍的传播方法（论）的东西。这些东西对于所有具体领域的传播研究都有一定的指导作用，正像哲学理论（原理），对于所有具体的哲学领域（实质上已经成为一些具体的学科）都有一定的指导作用一样。同时，一般传播理论自身的发展，也依赖于具体传播领域的研究成果，这也像一般哲学理论的创造需要具体哲学领域（包括自然科学领域）的成果一样。我所理解的传播学大致就是这样，实际的事实也基本如此。

---

① 阿什德. 传播生态学：控制的文化范式 [M]. 邵志择，译. 北京：华夏出版社，2003：总序 2，4.

② 郭庆光. 传播学教程 [M]. 北京：中国人民大学出版社，1999：5-8.

新闻学研究的是整个社会信息系统中的一个子系统——新闻信息系统，因此，说新闻学是传播学大系统中的一部分，从逻辑上说并没有什么错误，人们也可以接受。但这并不意味着新闻学消亡了、没有了，这种极端的判断既不合乎事实，也不完全合乎逻辑。如上所说，传播学对各门具体的有关信息传播的学科来说，有点像古代的哲学，它的门下包罗万象，但随着时间的推移、学科自身的不断发展，传播学留下的大致只有传播理论和传播史等，一方面提供的是传播思想，另一方面提供的是传播思想史和经验史。正像哲学不可能代替从其母体中不断分离出来的具体科学或者具体的哲学部门一样①，传播学也不可能代替在逻辑上从其母体中分离出来的各种具体传播学科。何况，从学科发展的经验历史看，人们普遍认为新闻学是传播学的"起始"性学科。依我之见，传播学与新闻学的学科关系其实没有那么复杂，也没有那么多争论不休的问题，有些问题是人为制造出来的，大可不必劳神费力纠缠其中。正因为新闻学研究的新闻信息传播现象，也是信息传播中的一类、一支，所以，传播学的一般原理、方法等，才可以顺理成章地被运用到新闻学研究中，传播学创造的一些概念、范畴等才能比较顺利地转化成为新闻学中的概念、范畴。反过来说，正是因为新闻信息传播是传播领域的重要组成部分，所以它才能成为传播学研究的一个重要领地，传播学经常会把新闻传播现象作为自己的案例对象。②

但新闻学和传播学毕竟是两门不同的学科，致思的方向、方法确实存在一定的差别。新闻理论专门研究新闻传播现象、新闻传播活动的特征和规律，以及新闻传播、新闻事业与社会之间的基本关系，目的在于实现更

---

① 比如，美学、伦理学、政治哲学、社会哲学等，原则上都可以说是哲学的分支，但人们并不把它们归属于一般意义上的哲学。

② 传播学在研究新闻传播现象时，目的是揭示某种传播现象的特征或者内在机制，而不是揭示新闻传播的特征。

好的新闻实践，为社会的良性运行提供知识与智力支持。直到目前为止，尽管新闻学研究不断采用实证的、经验的方法，但新闻理论主要的致思方法仍然是定性的、思辨的。事实上，有些东西是不可量化的，只能依赖于人们的理性认知和反思，我们不能把实证的方法、量化的方法神化。理论研究的魅力就在于为人们提供鲜活的创见和思想。对人文社会科学来说，这样的创见和思想，更多的时候来自基于客观事实的思考、思辨，甚至是直觉和顿悟。起源于美国的传播学在方法论上受到了社会学、（社会）心理学的强烈影响，因而其传播学研究具有突出的实证科学特色；而起源于欧洲大陆的传播学批判学派，在学术观念和方法论上更多受到哲学、政治经济学、语言学、符号学、解释学等的影响，因而其传播学研究具有突出的思辨色彩。尽管欧美之间一度在方法论上互贬互抑，但到头来却是互相借鉴、相互融合，这本身就说明，在研究方法问题上，我们不能从一个极端走向另一个极端。

现在来看第二个问题。所有的人文社会科学研究都涉及与政治意识形态的关系问题。由于新闻理论研究的对象——新闻传播现象和新闻传播业——与现实政治活动有着十分密切的关系，因此新闻学与政治意识形态的关系问题更加突出，人们也更加关注。

有人说，新闻业是上层建筑，属于意识形态领域，相应的新闻学也就是一种意识形态学说，或者严格点说，新闻学，特别是新闻理论不可能没有意识形态的色彩和特点。这一说法似乎合情合理，也符合一些新闻理论的实际表现。但在我看来，这种观点本质上是错误的，对象有政治性，就说关于对象的学说、研究也有政治性，这种逻辑是难以成立的。如果习惯于说新闻理论是一种意识形态，那也应该是像龚育之先生说的那样："我以为我们共产党人，我们无产阶级的思想界，的确应当努力去建立真正是

以科学为基础的、真正服从科学真理的，因而应当称之为科学的意识
形态。"①

在我看来，一切科学都有自己独立的品格，不管是自然科学，还是人
文科学、社会科学。科学的核心是求实、求是或者求真，科学的权威是其
得出的结论与实际对象的符合，凡是背离这一基本目标的所谓科学都是伪
科学。一切干扰获取对象本来面目信息的行为，对科学研究来说，都是不
当的干涉。人类对一些领域的研究或研究方法做出一定的限制，那是一种
无奈，本质上是人类对自身智力或者道德能力缺乏足够自觉、自信的表现
（另一方面，这也恰好说明人类对自身有限性有着一定的自觉）。

作为社会科学的新闻学，是一门科学，而科学就不能等同于政治。
"真正的社会科学研究不能引进政治的权力和经济的压迫，政治的权力和
经济的压迫是用物质的力量战胜对方的方式，而不是在理性上战胜对方的
方式。"② 把社会科学等同于政治宣传，既影响了社会科学作为科学的品
质，也歪曲了政治宣传作为政治力量与社会进行交流的功能。

研究新闻传播现象、新闻活动的人，都有自己或强或弱、或明或暗的
政治立场、政治理想、政治信念、政治利益，这些东西很可能会影响他的
研究活动与研究结论，特别是在评价一些事实、评价一些结论的时候，表
现出比较明显的政治利益倾向。将自己的政治立场、情感倾向渗透到科学
研究中是难以避免的，这是不可否认的事实性存在，客观地说，也往往是
学术研究的重要动力之一。但作为科学研究者，需要自觉的是，将自己的
政治意愿、意志情感渗透到研究成果之中，可能会影响科学认识结果的客
观性和正确性。科学毕竟是科学，目的在于说明对象是什么，对象为什么

① 龚育之. 对科学技术发展的人文思考 [M] //王文章，侯样祥. 中国学者心中的科学·人文:
科学卷. 昆明: 云南教育出版社，2002: 代前言8.
② 王富仁. 由法布尔《昆虫记》引发的思考 [M] //王文章，侯样祥. 中国学者心中的科学·
人文: 科学人文关系卷. 昆明: 云南教育出版社，2002: 45.

是这样而不是那样。科学不是研究者情感的宣泄，不是研究者信仰的表达，也不是研究者政治理想的诉说。科学不能被政治权力所左右。只用政治标准来评判科学（学术）成果，划分学者阵营在过去似乎成了见怪不怪、习以为常的事情，然而这是不符合科学本性、科学精神的。科学的传统，是将文艺复兴运动以来的近代自然科学方法运用于人类社会的研究，即运用在自然科学基础上形成的科学方法来观察、思考社会和人生现象。（这样的观念、方法在我看来，首先是正确的，然后才是有局限的。）科学是以求实、求真为目的的。不管持有哪种政治立场的科学家，其研究成果都应该是对社会事实的正确反映，不然就不能被称为科学成果或科学认识。政治要尊重科学，并且只有在尊重科学的条件下，才有可能取得良好的政治效果。当一种政治不再讲科学了，它离失败也就不远了。[①]

三、理论新闻学的体系与结构

一门完整的学科，应该具有比较完备的学科结构。新闻学已经建构起稳定的，并且得到人们普遍认可的学科结构框架（这也标志着新闻学已经成为一门相对成熟的学科）。一般认为，新闻学包括三大部分：理论新闻学、历史新闻学和应用新闻学。当然，随着时代的发展、新闻传播实践的进步、新闻学科自身的演变，新闻学的学科结构方式一定会出现一些新的变化，一些新的内容会不断地被吸纳到既有的体系中，甚或对既有的体系进行革新和改造。但现有的这三大板块是最基本的，不可缺失的。一门学科的基础理论，通常被认为最能代表这门学科的发展水平，它凝结着一门学科最基本的研究成果。因此，我将在下文中着重阐释理论新闻学的体系

---

① 当然，讲科学的政治并不一定永远能够胜利，因为政治上的胜利还要依赖其他诸多的条件。

与结构问题。

（一）体系的追求与舍弃

对一门学科来说，到底应该不应该追求自己的理论体系建构，在什么时候追求体系建构，以及（如果建构的话）建构什么样的体系等问题，人们对此的看法并不一致。但不管学者们的看法是什么，如何争论，我们看到的经验事实是：整个学科的体系建构（学科不同方向、分支的建构方式），特别是学科基础理论的体系建构，是任何一门学科发展过程中的规律性现象，是一个客观存在的事实，不是谁愿意不愿意的问题，谁认为应该不应该的问题。每当一个学科发展到一定程度、一定阶段、一定水平的时候（这一定程度、一定阶段、一定水平具体是什么，标志是什么，确实需要人们进行细致的研究），就会有人自觉地追求体系、建构体系，甚至会形成学科发展的一个重要阶段。① 因此，我自己以为，争论应该不应该建构新闻理论体系的问题，实质上是没有意义的（因为建构体系是学科发展中客观的、规律性的现象），是一个虚假的问题。有意义的问题是：学科发展到什么样的阶段和水平才应该有意识地追求基础理论体系的建构，以及如何建构基础理论体系的问题。讨论这两个问题的目的在于建构高质量的理论体系。当然，高质量是相对的，因为没有永恒不变的、一劳永逸的理论体系。这样看来，任何一门学科，包括新闻学，都不能舍弃理论体系的建构，也不能盲目追求完整的、完美的理论体系。任何一门学科的基础理论体系尽管有着基本的框架，有一系列基本的概念、范畴和相关的一系列基本问题，但作为科学的体系，永远都是开放的，都在不断发展、变

---

① 在实际中，学科基础理论体系的确立，往往标志着一门学科的发展进入到一个新的阶段，并且常常是划时代的阶段。人们一般认为，只有一门学科具备了比较稳定的、公认的相对比较成熟的基础理论体系，才标志着这门学科的相对成熟。

化和更新之中。

理论体系是对学科基本研究成果的重要凝结，也是对学科水平的集中展示和表现。一门学科的基础理论体系，对这门学科以及学习这门学科的人们来说，都有着特别重要的意义。我国著名的社会心理学者沙莲香曾说："理论体系的逻辑性能使人具有严格的思维方式，从已有的知识系统推出相关的知识；理论体系的深刻性，能使人具有提纲挈领、抓住本质的能力；理论体系的整体性，能使人具有把握个别与一般的能力，有高瞻远瞩的眼光；理论体系最后凝聚成的科学世界观和人生观，能够胸怀全局，有着眼于人类解放的大度。"① 因此，建构高质量的理论体系是基础理论研究者们的重要职责。对任何一门人文科学、社会科学来说，都不应该放弃、舍弃对基础理论体系的建构。

就新闻学科来说，理论新闻学在整个学科中处于统帅的地位，具有领头羊的作用。因此，我认为，新闻理论研究者理应担负起建构新闻理论体系的重任，要用一定的概念、范畴、判断、推理、原理、规律有机联系的方式，建构起理论新闻学的体系，使其成为新闻学大厦上的"王冠"。但理论研究者始终都要明白：新闻理论的根基在于新闻史和新闻传播现实提供的事实，论从"史"出，论从"今"出，实事求是，永远是建构理论体系的出发点，也是理论能够说服人、能够透彻、能够有用、能够获得召唤力的根本。

还需重复说明的是，在我看来，一门学科发展到一定的水平，确实会产生比较好的理论体系，但并不会存在标准的理论体系。学术在本质上是自由的，是富有个性的，这正是人文社会科学的突出特点之一。一旦只有一种学术、一种思想、一种体系，学术的生命就会枯萎，思想的源泉就会

---

① 沙莲香. 社会心理学 ［M］. 北京：中国人民大学出版社，1987：244.

枯竭，体系的魅力就会消亡。"如果一个社会只有一种学术思想，这种学术思想也就失去了存在的理由。"① 学术对于整个社会是这样，对于任何一门具体的学科也是这样。因此，不同的理论体系之间可以展开竞争、批评，可以互相借鉴、学习。理论体系多了，哪个优秀、哪个拙劣也才有了比较的基础和参照。如果试图通过某种权威的力量建构一种标准的体系，实践上也许是可能的，但这样的思路有悖于科学精神，不会为学术发展带来真正的促进。

（二）几类体系结构模式

最能代表理论新闻学体系结构的是新闻理论教材。教材是研究成果的累积与凝结。进入新时期以来，据不完全统计，国内出版的新闻理论教材大概有六七十种，我们不可能一一对所有教材进行分析。我想选出几本具有一定代表性的教材，以管中窥豹、以点带面的方式，看看新闻学界对新闻理论体系结构模式的理解和探索。② 对选择出来的具有代表性的几种模式，我基本上是加以客观的描述、说明和陈述，不做过多的评价。

1. 拉斯韦尔模式下的体系结构

所谓拉斯韦尔模式下的体系结构，是指按照美国政治学家和传播学家拉斯韦尔提出的"5W"模式（谁，说了什么，通过什么渠道，对谁，取得了什么效果）建构的新闻理论体系。这种体系的典型代表是复旦大学新闻学院的教授童兵先生，代表作品则是他的《理论新闻传播学导论》（中国人民大学出版社，2000）。在这部著作的绪论中，童兵先生为新闻学做了"正名"，他说："本书将唤了数十年的新闻学，改为新闻传播学，应该

---

① 刘梦溪. 论中国现代学术［M］//王文章，侯样祥. 中国学者心中的科学·人文：人文卷. 昆明：云南教育出版社，2002：201.
② 如果选择中未能把新的体系探索成果收纳进来，还请读者原谅我的寡闻。

说是还人类传播活动的真面目，以及对于所进行研究的学科以名副其实的称谓。"[1] 显然，他的这一"正名"受到了传播学在我国勃兴势头的强烈影响。他认为，从学科体系看，新闻传播学应是传播学的一部分，是研究人类新闻传播行为、活动及其规律的科学。在这样一些基本认识的指导下，童兵先生指出："由这五个问题（指拉斯韦尔模式中的'5W'——引者注）组成的'拉斯韦尔公式'，犹如一支通红的火把，把理论新闻传播学应该阐述的基本范畴，照得清清楚楚，明明白白。""作为《理论新闻传播学导论》的作者，我的使命是沿着这一公式指点的路径，逐一说明新闻传播系统中各个子系统的相应位置、功能及其相互间的有机联系。"[2]

在如此自觉的理论体系意识的指导下，童兵先生的《理论新闻传播学导论》形成了这样的基本架构：（从第一章到第十章的标题依次是）新闻传播行为，新闻传播者，新闻传播内容，新闻传播过程，新闻传播要求，新闻传播媒介，新闻传播事业，新闻传播受众，新闻传播效果，新闻传播调控。显而易见的是，童兵先生并不是十分严格地按照拉斯韦尔模式建构体系的，而是做了一定的改造。

新闻传播无疑是大传播中的一种，因而用传播学（特别是大众传播学）的理念和方法，指导建构新闻理论体系，原则上不会有什么不妥。但新闻学毕竟有自身特定的研究对象，有自身特定的问题领域，也有本学科特有的传统和话语方式，因此，怎样借鉴传播学的研究成果，建构新闻理论体系，还是非常值得进一步研究的问题。

2. 一分为二的体系结构模式

这是我对黄旦教授《新闻传播学》[3] 一书体系结构的概括或描述。黄

---

[1] 童兵. 理论新闻传播学导论 [M]. 北京：中国人民大学出版社，2000：3.

[2] 同[1]1-2.

[3] 黄旦. 新闻传播学：修订版 [M]. 2版. 杭州：浙江大学出版社，1997.

旦先生以马克思的人学理论为理论基础①，并在有关心理学著作的启发下②，从新闻传播的社会性与人际性出发，构架了《新闻传播学》的基本框架。黄旦说："本书（指《新闻传播学》——引者注）分为上、下两编。上编主要着眼于作为社会交往的新闻传播活动，试图勾勒出其起源、演变、发展以及与社会之关系、作用等。下编则把新闻传播置于传、收双方获取新闻、达到共享的过程中加以认识，逐次讨论构成新闻传播的诸个要素，力图尽力突出新闻传播过程中的人与人交往的特点和规律。"③ 为了观照中国新闻传播的特色，黄旦先生在书末加了一个附编，并做了这样的解释："本书附编的设置，看起来似与全书体例不谐，因为其内容本都完全可以纳入上、下编之中。之所以如此安排，乃是考虑到这几个问题（指'新闻真实理论''我国社会主义新闻事业的党性原则'和'新闻传播的指导性'——引者注）不仅颇具中国特色，而且无论是对于理论本身抑或实践工作，均具重要意义，不可使之淹没于其他内容之中，以此突出其特殊重要性。"④

黄旦先生"一分为二"的体系结构模式，看起来比较明晰，也易于为人所把握，但上、下两编之间的内在关系还有待进一步的阐释，上、下两编之间通过什么来贯通，也仍然是有待进一步思考的问题，而书末附编的设置对一个完整的理论体系来说其实是没有必要的，正如黄旦先生自己所说，这些内容（指附编中的内容）是可以被容纳到上、下编的相关章节中去的。如果按照"颇具中国特色"的理由设置附编，那上、下编的诸多内

---

① 马克思关于人的本质的核心观点是："人的本质不是单个人所固有的抽象物，在其现实性上，它是一切社会关系的总和。"
② 透过《新闻传播学》可以发现，黄旦受到安德烈耶娃所著的《社会心理学》的强烈影响。参见安德烈耶娃. 社会心理学 [M]. 李钊，等译. 上海：上海翻译出版公司，1984。
③ 黄旦. 新闻传播学：修订版 [M]. 2版. 杭州：浙江大学出版社，1997：前言2.
④ 同③前言3-4.

容中，还有很多是必须单列论述的，因为有中国特色的问题实在是太多了。果真如此，整个理论体系的结构将会显得不大和谐。

3. 板块结构模式

就现有的大多数教材来看，最基本的体系结构方式可以概括为"板块结构模式"，这也是比较传统的、惯用的新闻理论结构方式，大致分为三块：新闻（本体论）、新闻事业论和新闻工作论。我们可以把郑保卫先生撰写出版的《当代新闻理论》（新华出版社，2003）当作这种结构模式的典型代表。他说："本书（指《当代新闻理论》——引者注）的框架结构是按照新闻理论所涉及的几个基本问题布局的。"郑保卫先生按照自己对新闻理论应该包括的基本问题的理解，将整个理论体系结构为四个部分："第一部分为'新闻'，主要阐释什么是新闻。""第二部分为'新闻事业'，主要阐释新闻事业是做什么的。""第三部分为'新闻工作'，主要阐释怎样才能做好新闻工作。""第四部分为'新闻从业者'，主要阐释新闻从业者应当是怎样的人。"[1] 郑先生结构的新闻理论体系板块分割清晰、一目了然，容易把握，是对传统的三板块结构的提升和深化。但贯穿整个体系的基本逻辑红线是什么，似乎不大清楚，这在一定程度上影响了新闻理论体系的内在统一性。

就目前来看，国内关于新闻理论体系的探讨，从原则上说，还没有冲破板块结构的基本模式。板块结构模式仍然是新闻理论体系的主导模式，不同研究者关于理论体系的板块建构大同小异，但贯通式的理论体系探索已经开始。

4. 不大追求体系的结构模式

就国内出版的新闻理论教材、专著来看，还有一些著述似乎不刻意追

---

① 郑保卫. 当代新闻理论 [M]. 北京：新华出版社，2003：9 - 10.

求什么体系，只是大致把新闻理论应该讨论的基本问题按照一定的顺序做了排列。一些侧重新闻理论的概论性著作大都如此，因为它的任务不在于构建什么体系，而在于介绍基本的新闻学知识、概念和观点。①

还有一些作者可能在构架新闻理论内容时，有自己对理论体系的特别设想和理解，但呈现出来的作品却很难让人看到内容之间的内在联系，对此，我们也只能将其归入无体系的结构模式中去。

（三）一种新的建构设想

我于 2005 年 3 月出版了一部《新闻理论教程》②，尽管书中没有明确说明结构基本内容的方式（模式），但在写作过程中有一个基本的姿态和理念，也贯彻了自己对新闻理论体系结构的一些想法。这里，我想把这些东西明确讲出来，也算是我对新闻理论体系结构模式的一种设想。③

1. 建构的理念与姿态

立足于当代，对理论新闻学到底应该以一种什么样的理念和姿态去对待，不同的人自然会有不同的思考。我目前的基本理念和姿态，可以用这样几句话来概括：以中国实际为根基，以世界眼光为境界，以人文社会科学最新成果为借鉴（或为基点），以原创精神为动力，全面提升理论新闻学的研究水平。

新闻学主要是一门社会科学，但包含着强烈的人文气息和色彩，因而

---

① 比如，李良荣先生在《新闻学概论》的绪论中就说："《新闻学概论》主要介绍了新闻学的基本知识、基本概念、基本观点，为今后进一步探索新闻理论、研究新闻史、掌握新闻业务和媒介管理经营打下基础。"参见李良荣. 新闻学概论 [M]. 上海：复旦大学出版社，2001。

② 杨保军. 新闻理论教程 [M]. 北京：中国人民大学出版社，2005.

③ 实际上，这些年来，关于新闻理论的体系问题，我并没有做过专门的研究。我自己的基本打算是，先对新闻理论涉及的一些核心范畴、重要问题做一些专题式研究，从中慢慢体味、理解新闻理论中诸多核心概念、范畴及其问题的内在关系，这样下来，一旦时机成熟，拿出来的体系就有一个坚实的基础。

它一方面是对新闻传播普遍特点和规律的探讨，另一方面又不可能超越特定文化环境的强烈影响，也不可能超越各种社会意识形态的或强或弱的影响。我们的世界，是一个具有差异性的多元文化的世界，这是一种文化事实。人文科学、社会科学不可能无视这样的文化事实，而应重视和尊重这样的事实。因此，在中国做新闻学研究，也像做其他社会科学研究一样，必须把中国实际、中国经验作为自己的学科背景，作为自己研究的重要出发根基。中国的新闻学研究，不可能脱离中国宏观的社会背景，更不能脱离中国新闻传播业的历史与现实，也很难彻底超越中国新闻思想的传统。科学的根本原则与精神，就是实事求是，离开中国这个"实事"，即使能够构建出一套完整的新闻学体系，即使能够建构出世界性的理论，那也基本上是理论家们自娱自乐，对指导、变革、改造中国新闻传播业的实际不会有什么真正的作用。但需要我们注意的问题是：中国的实际在变，并且是在发生剧烈的变革。因此，以中国的实际为根基，是一个动态的概念，学术研究要以不断变化的中国实际为根基，以最新的中国实际为根基，甚至要以可能的中国实际为根基，不然，我们研究出的所谓学术成果只能是明日黄花、过眼烟云。对理论研究来说，还有更为重要的一面，那就是在研究实际的基础上，不断提出具有前瞻性的观点和看法。与现实亦步亦趋的理论，只是跟在现实之后做出不断解释的理论，是没有多少价值的。只有那些基于现实并且能够把握住对象本质的理论，揭示了对象运行规律的理论，才有理论的稳定性、普遍性，只有进行敢于批判现实、超越现实的理论探索，才能提出具有目标性、理想性的理论，而具有理想性的理论才有足够的召唤力，才能引导勇于探索的人们追求新的境界。

今天的世界已经进入一个全球化的时代，在人文社会科学领域内，尽管文化差异是事实性的存在，意识形态的争端也是不可否认的现实，各国的现实状况也有或大或小的不同，但人类面对的诸多共同问题，也促使共识变得越来越多。生活在不同历史传统、不同社会形态、不同社会制度下的人们，展开了越来越广泛的对话、交流和合作，生活在地球不同地方、不同角落的人们，尽管冲突不断增加，但共识越来越多。今天的世界是一个在冲突中融合、在融合中冲突的世界。全球化带来的世界一体化趋势似乎势不可当①，因此，任何一个国家、民族，如果总是仅以自己的眼光审视自己的事情，迟早会被整个人类淘汰的。以世界的眼光审视、研究每一个领域的发展变化，是时代的一种要求。以世界的眼光为境界，就是要求每个民族都要吸收人类的共同文明成果，吸收和借鉴其他民族的优秀文化成果，站在整个人类未来发展的高度，思考一些问题，解决一些问题，那种固守自我"一亩三分地"的姿态与理念，不符合时代的精神。新闻传播在全球化的潮流中更是处于前沿阵地，对于各国之间、各民族之间的相互了解、相互理解具有重要的作用和影响，因而，新闻学研究必须放眼全球，关注、探索世界新闻传播的新秩序、新景象。每一国家的新闻学研究者都应该以国际化的视野，观照和探究其他国家人民的新闻文化、新闻观念、新闻思维，以及新闻传播的方式方法；每一国家的新闻学研究者都应该积极展开与他国同行的对话和交流，积极关注、研究对方国家的新闻事业，唯有如此，各国之间、各民族之间，才能在新闻传播领域形成真正的交流互动。② 但对一个中国学者来说，他的核心目的仍然是以世界眼光提出中国问题和解决中国问题，有几位学者的几句话，也很能表达我的意

---

① 就目前来看，最为强劲的一体化趋势是全球经济的一体化。经济的一体化是否必然导致全球文化的一体化，是一个争论激烈、见解分歧的大问题。主要有两种意见：一是认为经济的一体化，必然带来文化的一体化，"不同传统的文化在各民族、各国家虽然仍会起作用，但将被肢解，其民族的成分将逐渐被削弱，以至于民族文化最终将消亡，而形成文化的全球一体化"；二是认为经济的一体化不仅不会带来文化的一体化，相反会加强各民族发展自身文化的要求。参见汤一介. 序［M］// 万俊人. 寻求普世伦理. 北京：商务印书馆，2001：序 6。

② 这里只是学术视野的论说，国家之间、民族之间的新闻交流，主要依赖的是政治、经济和文化整体的互动。但应该特别注意的是，如今的新闻传播，已经成为进行国际交流的普遍手段甚至是先行手段，新闻语言正在成为普遍的理想交流语言之一。新闻语言正在普遍化。

思，录于此处。潘忠党说："我们的落脚点只是中国，分析的是中国问题，以期建构的是解答中国问题的理论和话语。"秦晖说："主义可拿来，问题须土产，理论应自立。"①

新闻学与其他人文社会科学相比，是一门比较年轻的学科，还没有多少值得自豪的知识积累和方法创新。因此，积极学习借鉴其他人文社会科学的最新研究成果（当然也包括自然科学、横断学科的最新成果），特别是合适的方法，是新闻学研究应该具有的一种基本姿态。理论新闻学必须研究的诸多重要问题（也是诸多难题），如新闻真实、新闻价值、新闻规律、新闻自由、新闻伦理等，首先有赖于对一般真实、价值、规律、自由、伦理等的理解，而关于这些问题的研究，其他人文社会科学可以为新闻学提供宝贵的知识和方法；理论新闻学关于新闻信息、新闻文本（作品）、新闻生态（媒介生态）、新闻受众、传播效果等问题的探讨，若能借鉴信息科学、符号学、解释学、生态学、（社会）心理学、传播学等学科的研究成果和方法，一定会别开生面，取得一些意想不到的成果。事实上，对于任何一门人文社会科学的研究，只要达到一定层次，就会发现，不同学科之间是融会贯通的，一些问题的解决，只有通过多学科整合的方式才有可能。新闻学研究者如果只是把眼光停留在新闻学范围内，在我看来是很难有所突破、有所创新的。就目前来看，新闻理论研究中几乎任何一个理论难题的解决，都不是新闻学自身能够完全办得到的。因而，作为新闻学研究者，我们只有敞开胸怀，虚心学习，才有可能尽快取得进步。

向其他学科学习，并不是要泯灭新闻学的原创性和独立性。毫无疑问，原创精神对于任何一门学科的发展都是最重要的事情。每门学科都有自己独有的研究对象或者特有的观照研究一定对象的方法。这就意味着每

---

① 阿什德. 传播生态学：控制的文化范式 [M]. 邵志择，译. 北京：华夏出版社，2003：总序 6.

门学科都应该有自己相对独立的话语系统或话语方式，应该具有自成逻辑的概念、范畴体系，这些东西标志着一门学科的独立身份。麦金太尔说："只有通过概念的阐明和重建，才能构造理论。"① 一门学科要发展、进步，当然离不开实践的创新、理论的创新，这就要求必须有一种创新的精神，敢于和善于发现新问题，提出新看法，创造新成果。中国新闻传播业及其生存发展环境的迅速变革，使学者们也像其他普通人一样，面对着一个与往昔不一样的陌生世界。如果谁还试图仅用传统的思维、理念、语言方式解释解剖今天的新闻现象，那么他一定会捉襟见肘的。这是一个新的时代，人们面对的是新的事实、新的景象，需要的是不同于往常的原创性思维。过去的思维方式、知识观念、意识形态看起来很宏大，但在实质上已经变得软弱乏力。那种把新问题归结为老问题的历史还原主义做法只会给未来埋下"祸根"。原创精神既是时代的需要，也是时代精神的体现。我们要敢于也应该在深入研究实际的基础上改造老概念，提出新概念，创建符合新的实际的新闻理论。当然，任何新的创造都要以既有的成果为基础。提倡原创精神，并不是历史虚无主义，并不是要彻底放弃传统。历史是割不断的血脉，不是谁想放弃就能够放弃的。对每一个研究者来说，只有把相关领域的历史积累熟谙、吃透，才有足够的底气提出新的建设性的看法、观点和理论。有位哲人讲得好："一个对哲学史无知的人注定仅能重复哲学史上所发现的论点。"② 在理论研究中不可轻言创新，更不可轻言填补空白。有些填补是无意义的，让空白留下来倒是一种美；有些创新不过是用了几个新的语汇，没有实质性的意义。我们首先应该做的是对自己的研究领域进行一番清理，力求把既有仓库中的东西翻腾一遍、晾晒一下，在阳光下你会对过去的东西看得更清楚一些。看清过去是今天研究的

① 麦金太尔. 伦理学简史 [M]. 龚群，译. 北京：商务印书馆，2003：21.
② 同①23.

起点，任何创新都不可能是绝对的白手起家。

2. 新闻理论体系结构的设想

新闻理论研究的范围是十分广泛的，并且在不断地变化、扩展，我们不大可能划分一个十分明晰的界限来。但它的主要研究对象还是相对稳定的，也是比较明确的，这就是新闻、新闻传播和运行新闻传播的新闻业，能够将它们统一起来的概念是新闻活动。因而，新闻理论的研究对象可以简单地描述为人类的新闻活动，研究目的在于发现和揭示新闻活动的特征和规律。

在我看来，可以对新闻理论关涉的范围进一步做狭义、广义的区分。狭义的新闻理论就是关于"新闻"和"新闻传播"的理论，可以称之为新闻本体论；广义的新闻理论则不仅包括新闻本体论，还包括新闻事业理论（可简称为"新闻业态论"）以及新闻关系理论（指新闻业、新闻传播与整个社会环境、社会主要子系统关系的理论）。因此，从区分的意义上说，广义新闻理论由新闻本体论、新闻业态论和新闻关系论三大板块构成。学界目前理解的新闻理论，主要是广义上的新闻理论。事实上，就目前的各种新闻体系来说，不管具体的体系如何结构，讨论的问题基本上都可以划归到这三大板块中去。

新闻本体论的主要研究对象是新闻和新闻传播。围绕"新闻是什么"需要阐释的主要问题包括新闻的本源（新闻事实），新闻的本质、特征、功能，新闻价值，等等。围绕"新闻传播是什么"需要阐释的主要问题有：新闻传播（现象或者活动）的起源，新闻传播的构成，新闻传收（受）主体，新闻传收客体（内容或对象），新闻传收媒介，等等。最后，则在最为抽象（具体的抽象）的层次上概括出新闻传播的基本规律。依我之见，这一部分是新闻理论的核心，可以说是比较纯粹的新闻理论。

新闻业态论的主要研究对象是新闻业。以历史的眼光看，新闻业是人类新闻活动发展到一定阶段的产物，标志着人类新闻活动进入了新的历史时代，发生了质的变化，达到了高级形式。新闻业态论需要阐释的主要问题是：新闻业的产生与演变（还会涉及新闻职业的诞生与演变问题、新闻职业的特点问题等），新闻业的构成（主要分为实体构成和活动构成，亦有狭义、广义之分），新闻业的性质与功能，新闻业在不同社会制度、社会形态下的不同表现，等等。最后，通过总结、抽象和概括，对新闻业发展变化的基本趋势及规律做出揭示。

新闻关系论是对诸多新闻关系的研究，它围绕新闻业、新闻传播与社会、政治、经济、文化、技术等的关系是什么这些基本问题而展开，形成新闻环境论（新闻生态或媒介生态论）、新闻自由论、新闻控制论等。然后，在最宏观的层面上，新闻关系论将阐释新闻符号世界与新闻事实世界以及整个事实世界的基本关系，揭示新闻世界与事实世界相互作用的基本方式和内在机制。

广义新闻理论的三大板块中每一板块自身的体系结构是比较容易理顺的，各自的逻辑起点也是比较容易发现的。因而，现在的问题是，如果我们认为并确信新闻理论就是（就应该是）广义上的新闻理论[1]，那么，如何在逻辑上结构三大板块的内容，能否找到一个贯通整个广义新闻理论体系的恰当范畴？如果找得到，我们就可以形成统一的、具有内在联系的广义新闻理论体系。

从历史与逻辑相统一的角度出发，我认为我们可以找到贯通广义新闻理论的那个范畴，它就是"新闻活动"。人类的新闻活动是从人类诞生起就有的活动，这种活动一直持续到今天，并将伴随人类的存在而持续下去。变化的不是新闻活动，而是新闻活动的具体内容和具体方式。因此，

---

[1] 关于新闻理论本身应该由哪些具体的理论板块构成，我以为并不是已经解决了的问题，学界还可以展开进一步的讨论。如果仅从本科教学的角度考虑，新闻理论当然至少应该包括上述三大块。

新闻活动既具有历史起点的意义，又具有历史终点的意义。从逻辑上看，三大板块涉及的所有新闻实践问题都是新闻活动的具体表现，三大板块涉及的所有新闻理论问题都可以从新闻活动范畴生发出来。① 这样，我们可以把统一三大板块的广义新闻理论体系从新闻活动的角度建构为以下这种基本样式（只是基本的逻辑结构顺序，并不是每章的具体安排）：

导论

——主要说明和阐释新闻学学科，特别是理论新闻学方向自身的一些基本问题。关涉的主要问题有新闻学的发展、理论新闻学的演变与发展、新闻理论在整个新闻学中的地位与作用，以及新闻理论的学习目的与方法，等等。

新闻活动自身

——主要论述和阐释新闻活动自身的起源，以及新闻活动自身的构成。关涉的主要问题还有新闻活动的构成要素、新闻活动的基本环节、新闻活动基本矛盾、新闻活动的基本方式、新闻活动的基本模式等。

新闻活动者（主体）

——主要论述和阐释新闻传播主体和收受主体，以及二者的基本关系，并适当阐释新闻源主体和新闻控制主体。

新闻活动对象（客体）

——主要论述和阐释新闻事实和新闻文本，以及二者的基本关系。关涉的主要问题还有新闻及其本源，新闻的形态，新闻传播内容

———————————

① 这里的结论性判断，本身是对研究结果的叙述，而不是断论。实际上，国内出版的众多新闻理论教材及其相关研究成果已经或者实质上把"新闻活动"范畴作为广义新闻理论的逻辑起点范畴了。比如，童兵. 理论新闻传播学导论［M］. 北京：中国人民大学出版社，2000；李良荣. 新闻学概论［M］. 上海：复旦大学出版社，2001；黄旦. 新闻传播学：修订版［M］. 2版. 杭州：浙江大学出版社，1997；刘建明. 宏观新闻学［M］. 北京：中国人民大学出版社，1991；杨保军. 新闻理论教程［M］. 北京：中国人民大学出版社，2005；等等。但确实还没有看到自觉地、有意识地将新闻活动作为贯穿新闻理论体系始终的一个范畴，并以它来统摄所有理论内容的探索。

的确定标准、确定过程、确定机制，等等。

新闻活动工具（媒介）

——主要论述和阐释大众化新闻媒介的性质、特征、功能、作用，以及不同大众化新闻媒介之间的相互关系和媒介生态结构，不同媒介形态个性在新闻传播中的表现。对非大众化媒介在新闻传播中的作用等进行适当的描述和阐释。对新闻符号系统、思维方式等软媒介做出必要的说明和论述。

新闻活动原则

——主要论述和阐释新闻传播过程中必须和应该遵守的基本原则或内在要求，诸如真实、客观、公正、全面、及时、公开等。另外，根据新闻活动在不同社会形态、社会制度下的具体特点，阐释新闻活动的一些特殊原则和要求。

新闻活动规律

——主要针对新闻传播过程，抽象、概括、总结出新闻传播的基本规律，在本质层面上认识、把握新闻活动中的主要活动——新闻传收活动——的内在的、稳定的关系。

新闻活动界限

——主要论述和阐释新闻传播活动中必须和应该遵守的基本规范，诸如法律规范、政策规范、道德规范等。关涉的主要问题有新闻自由、新闻控制、新闻伦理等。

新闻活动环境

——主要论述和阐释新闻生态环境的构成及特点，新闻业、新闻传播与社会宏观环境的互动关系，重点阐释新闻传播与政治、经济、文化等社会子系统的关系。从宏观层面上说明新闻符号世界与新闻事实世界、整个事实世界的基本关系。

需要说明的是，广义的新闻理论体系在本质上是开放的，每一具体板块也是开放的，可以不断吸纳新的内容。当然，更需要说明的是，我在此处的设想，只是我自己的设想①，并且只是粗线条的勾勒，只是向读者、向学界提供了一种思路（完全可以有另外的思路和建构方式）。如何把这条思路进一步具体化为体系的章节结构，还需要艰苦的探索和研究。

四、新闻理论研究的变化与趋势

进入 21 世纪，新闻学研究一如既往，保持了改革开放以来一直具有的比较强劲的势头，继续在社会科学领域中作为"显学"处于勃发的态势。理论新闻学的研究同样呈现出一派繁荣景象，成果在不断增加，队伍在不断扩大。下面，我将就当前新闻理论研究的总体表现和趋势做一些简要的分析。需要预先说明的是，我的分析并非面面俱到式的总结和预测，而是挑拣了几个在我看来比较重要的、具有一定"新意"的方面。

（一）齐头并进的新时代

近些年来，新闻理论研究在各个具体领域、具体方向上具有齐头并进的特点，传统研究领域继续受到研究者们的关注，同时，开辟了一系列新的研究领域、研究方向，使新闻理论研究表现出整体推进的强劲态势②，主要表现是：

1. 马克思主义新闻思想研究继续深入

国内在马克思主义新闻思想研究领域内的几位知名学者，近些年来都

---

① 参见杨保军. 新闻理论教程［M］. 北京：中国人民大学出版社，2005。

② 不能忽视的是，一些学者认为，这些年的新闻学研究并没有实质性的进步，他们对近些年来的一些学术成果做出了悲观的评价。

有新的著作面世。如现为复旦大学新闻学院教授的童兵先生在 1989 年出版了《马克思主义新闻思想史稿》（中国人民大学出版社）之后，2002 年又出版了《马克思主义新闻经典教程》（复旦大学出版社）；陈力丹先生在 1993 年撰写出版《精神交往论》（开明出版社）之后，2003年撰写出版了《马克思主义新闻思想概论》（复旦大学出版社），2006年又撰写出版了《马克思主义新闻观思想体系》（中国人民大学出版社）；郑保卫先生在 2003 年编著出版了《马克思恩格斯报刊活动与新闻思想研究》（高等教育出版社），2004 年主编出版了《中国共产党新闻思想史》（福建人民出版社）[①]；由中国人民大学新闻学院教授何梓华先生担当第一首席专家的新闻理论教材正在撰写当中（该教材是"马克思主义理论研究和建设工程"重点项目之一）。另外，还有不少研究马克思主义经典作家以及邓小平、江泽民等人新闻思想的论文不断发表在各种学术刊物上，一些研究马克思主义新闻思想的中青年学者也有不少作品面世。[②]

2. 新闻理论教科书不断更新，一批质量较高的理论教材面世

自从 1982 年甘惜分先生撰写的《新闻理论基础》[③] 出版以来，国内出版的新闻理论教材（包括翻译出版的）大概有六七十种。在各种研究成果的基础上，一些相对比较成熟、具有一定个性特色的理论教材从 20 世纪 90 年代后期开始面世。比如，黄旦撰写的《新闻传播学》（浙江大学出版社，1997）；童兵撰写的《理论新闻传播学导论》（中国人民大学出版社，2000）；李良荣撰写的《新闻学概论》（复旦大学出版社，2001）；刘建明

① 该书是教育部普通高校人文社会科学重点研究基地——中国人民大学新闻与社会发展研究中心——所承担的重大课题"中国共产党 80 周年新闻思想研究"的最终成果。

② 比如，陈富清. 江泽民舆论导向思想研究 [M]. 北京：新华出版社，2003。

③ 这是中华人民共和国成立以来我们出版的第一本新闻学专著，也是第一部被全国广泛使用的理论新闻学教科书。

撰写的《当代新闻学原理》（清华大学出版社，2003）；郑保卫撰写的《当代新闻理论》（新华出版社，2003）；我本人撰写的《新闻理论教程》（中国人民大学出版社，2005）；等等。尽管很难说这些教材已经对传统新闻学体系有了突破性的更新，但可以看到的事实是，作者们都在以各自的方式进行着艰苦的探索。我们相信，一批更好的既有普适性、又有个性的教材将会逐渐面世。

3. 基础理论研究重新升温，诸多基本理论问题受到新的关注

新闻理论研究中，真正具有长久生命力的东西乃是基础研究。各种应用研究的成果除会以独立的方式存在之外，常常会以大浪淘沙的方式，凝结在新闻史论之中。[①] 我在《新闻理论教程》（中国人民大学出版社，2005）的前言中曾经写过这样几句话："理论建设比起其他研究要难得多，它不仅要整理分析经验事实，还要抽象、概括出一系列的概念范畴，总结出具有本质意义的原理和规律。因此，学习理论的人、研究理论的人，一开始就要下定决心，既不脱离火热的新闻传播实际，又能耐得住寂寞，愿意把冷板凳坐热。"尽管人们一再批评现在的学术研究过于浮躁，但我们看到，近些年来新闻理论的基础研究还是出了不少成果，有人对新闻理论体系本身的结构问题进行了专门的探讨，比如丁柏铨撰写出版了《中国新闻理论体系研究》（新华出版社，2002）；一些基本理论问题成为学术讨论中新的热点，比如关于新闻事实、新闻真实、新闻价值、新闻自由、新闻伦理等的研究，不仅有不少论文发表在学术刊物上，而且一些专门性的研究著作也陆续出版。比如杨保军撰写的《新闻事实论》（新华出版社，2001）、《新闻价值论》（中国人民大学出版社，2003）、《新闻真实论》（中国人民大学出版社，2006）先后出版；邓利平撰写的《负面新闻信息传播

---

① 这也正是史论研究往往能够成为一门学科学术成就标志的原因所在。但我要立即说明的是，史论的成果在很大程度上要依赖于实证的、应用的研究成果。

的多维视野》（新华出版社，2001），陈绚撰写的《数字化时代的新闻理论与实践》（新华出版社，2002）、《新闻道德与法规——对媒介行为规范的思考》（中国大百科全书出版社，2005），刘行芳撰写的《西方传媒与西方新闻理论》（新华出版社，2004）等一大批专门性的研究著作不断面世。

4. 跨学科研究、多维学术视野中的研究进一步扩展和深化

跨学科研究、多维学术视野中的研究或者说交叉新闻学研究，以新闻传播与其他社会活动行为形成的交叉地带为主要研究对象，运用的主要研究工具是新闻学和其他学科的知识与方法。跨学科研究、多维学术视野中的研究，开辟了新闻学研究的新领域，打破了就新闻论新闻的狭隘局面，开阔了人们充分认识新闻传播的视野，产生了诸多与众不同的研究成果。事实上，"每门科学都需要向其他科学开放，并在相互作用中复生和重组"[①]。跨学科研究，不仅能够生发诸多新的研究方向和领域，更重要的是它能够使人们进一步认识到各学科之间的紧密关系，求得科学的共同发展。我们已经看到，近些年来，在中国就有 30 多门跨学科的新闻学诞生。[②] 在新闻学与哲学、新闻学与传播学、新闻学与政治学、新闻学与社会学、新闻学与文化学、新闻学与心理学、新闻学与语言学等方面的交互研究中，已有一批成果诞生。但从总体上看，跨学科研究仍然处于初级阶段。

在跨学科研究中，还有一些不良的苗头需要注意，有些动不动就自称"某某新闻学"或"新闻某某学"的著作，不过是把其他学科的一些概念、范畴生搬硬套在新闻学上，或把新闻学的一些概念、范畴浮皮潦草地运用到其他学科上而已。这种"食他不化"的所谓跨学科研究，尽管在起步阶段难以完全避免，但是不值得提倡。

---

① 黄小寒.《"自然之书"读解：科学诠释学 [M]. 上海：上海译文出版社，2002：51.
② 童兵，林涵.20 世纪中国新闻学与传播学 [M]. 上海：复旦大学出版社，2001：408-410.

5. 其他相关研究

改革开放的国家发展大战略带来了中国社会整体上的大转型，带来了前所未有的观念大变革，生发了大量新现象、新问题、新观念、新思想、新冲突、新矛盾，这种景象同样出现在新闻传播领域。从学术研究的角度看，这是一个黄金时代，充满了千载难逢的机会，研究者们有了施展才华之地，但同时也经受着勇气、智慧、毅力的考验。就当前的新闻学界来看，我自己的判断是，理论研究者们总体上没有辜负时代的期望，在社会大变革的宏观背景下，不仅做出了紧跟时代的考察和分析、阐释和说明，也在一定程度上进行了大胆的探索和前瞻。学者们以敏锐的判断力，不断创新的学术勇气，开辟了诸多新的研究领域、研究方向，提出了不少既有学术价值、理论意义，同时又具有实践指导作用的看法和见解，甚至是理论和学说。我们不可能把所有的新探索一一在此列举，以下的说明是极其简明的提要。

（1）诸多重要研究领域已经形成。社会主义市场经济体制在新闻传播领域的初步实行，促生了大量的新现象和新问题，引起了新闻学界的高度重视。诸如报业、广播电视业的集团化问题，中国加入世界贸易组织（WTO）后新闻业面临的机遇与挑战问题，中国传媒业的国际竞争力问题，中国的传媒生态、传播环境问题，传媒业的经营与管理问题，等等。对这些问题的关注，既有理论层次的深入探讨，又有紧随新闻业发展最新步伐的前瞻性研究。[①] 战略性研究越来越多，新技术条件下新闻传播的发展战略研究（包括关于网络新闻传播的各种问题）、全球化背景下新闻传播的发展战略研究、不同媒介行业发展的战略研究等受到了学者和业界的

---

① 比如，唐绪军. 报业经济与报业经营 [M]. 北京：新华出版社，1999；丁柏铨. 中国当代理论新闻学 [M]. 上海：复旦大学出版社，2002；喻国明. 传媒影响力 [M]. 广州：南方日报出版社，2003；等等。

普遍重视。

（2）新的研究方法不断引入。新闻学是一门开放性极强的学科，与其他人文社会科学有着密切的联系。这些年来，新闻学研究从其他学科借鉴、吸收了大量的知识和方法，开阔了新闻学术视野，深化了对诸多问题的探讨。将传播学（主要是经验学派的研究方法）、社会学、心理学等学科的实证研究方法引入新闻学研究的做法在近些年来显示出了强劲的势头，已经有不少的成果面世。

（3）比较研究不断升温。世界经济一体化的进程加快了，特别是中国加入世界贸易组织之后，比较新闻学的研究质量进一步提升，表现为比较研究的范围与对象在进一步拓展，比较研究的方法有所更新，并且出版了一些新的研究成果[①]；大陆与台港澳新闻学术交流和合作研究深入发展，与国外新闻传播学界的交往、交流日益增多，引进出版的西方新闻学新成果也有所增多（对此，我们下面还要专门说明）。

（二）批评反思的新气象

学术繁荣、进步的重要动力之一是学界内部的不断批评和反思。缺乏学术争论、缺乏学术批评，是近些年来整个中国学界经常被诟病的现象。新闻学界在整体上应该说也同样缺乏足够的学术批评和反思，也很难说形成了一个良好的学术批评交流环境和氛围。但我们也应该看到，新闻学界确实有一些学者，还是能够及时、自觉地反思、批评有关学术现象和学术成果的（比如，陈力丹、喻国明等教授每年年初都要对上一年的学术研究进行回顾、总结），并且，我们已经感觉到，随着中国新闻传播业实践中各

---

① 比如，童兵. 比较新闻传播学 [M]. 北京：中国人民大学出版社，2002；张威. 比较新闻学：方法与考证 [M]. 广州：南方日报出版社，2003；薛中军. 中美新闻传媒比较：生态·产业·实务 [M]. 上海：复旦大学出版社，2005；等等。

种问题、矛盾的凸显，学界内部批评和反思的力度、强度、频度都会增加。下面，我侧重从理论研究的方面，说明这种批评和反思的几种主要表现。

1. 对传统以及新生新闻观念的反思

近些年来，理论新闻界不仅对一些传统新闻观念进行了不断的批评和反思，而且对伴随市场经济新生的一些新闻观念进行了（进行着）及时的批评和反思。这种批评和反思，既表现出理论研究特有的深刻性和反思性，也在一定程度上批判了新闻实践中的一些偏误。而对新闻理论研究自身来说，这种做法有着更为重要的校正作用。下面，我们撷其要者，加以说明。

（1）新闻传播本位观念的变革。新时期以来，伴随中国改革开放的前进步伐，新闻传播观念革命性的变化，就是由传播者本位观念向收受者本位（受众本位）观念的转变①，进而向传收（受）共同本位观念的转变。在这一革命性的转变过程中，理论研究者们从新闻理论最基本的问题入手，从根源上说明过去对新闻（传播）本身理解的片面性。比如，国内新闻理论界发表了大量的研究论文，对"新闻""新闻价值""新闻真实""媒介功能"等基础问题进行探讨，表明新闻传播的根本动力来自收受者的新闻需求，来自社会的新闻需求，新闻传播最基本的目标（或者说新闻传播最基本的功能）就是满足收受者的新闻需要。这些看起来非常朴素的认识，使人们从根本上转变了对新闻（传播）的看法，比较充分地认识到一些传统的新闻观念、新闻价值观念、新闻功能观念等是片面的，甚至是

---

① 我国著名媒介学者喻国明先生在一篇文章中这样写道："进入20世纪90年代以后，人们逐渐地发现，中国的大众传媒正在发生着一场'静悄悄的革命'，这场'革命'的一个突出表现就是媒体说话的语气变得谦逊了，有商量了，不再需要人们仰着脖子聆听了；媒体的面孔也变得平易近人了——多了一点宽容和笑容，少了一点颐指气使；同时，传播模式也转型为以受传者为本位了，价值取向的杂色和兼容变得日渐常态化了，那种定于一尊的意见一律和论据呈现的单一与纯粹已经变得越来越不受欢迎。所有这一切的变化，归根到底一句话，就是我国的大众传媒已经告别了精英文化时代，开始步入大众文化时代。"参见喻国明. 解析传媒变局：来自中国传媒业第一现场的报告 [M]. 广州：南方日报出版社，2002：3。

错误的。现在，收受者本位观念已经成为人们普遍认可的传播观念。当然，在新闻实践中，是否真正贯彻了这样的观念，还有待进一步的研究。并且，收受者本位观念是否就是新闻传播应该永久确立的正当合理观念，也是有待进一步研究的问题。

（2）对精英主义新闻传播观念的批评和反思。精英主义新闻传播观念是伴随媒介产业化而兴起的一种重要的、影响面比较广泛的观念。精英主义新闻传播观念认为，新闻传播（包括其他媒介传播）必须努力去影响那些有影响力的人群，只有影响了有影响力的人群，媒体才能成为有影响力的媒体，才能赢得政治地位、社会地位和经济利益。而所谓有影响力的人群（精英人群或者社会强势人群），主要是指那些握有一定社会权力、拥有一定经济资本、富有一定知识资本和技术资本的人群，也就是普通百姓所说的"有权、有钱、有知"的人群。他们在新闻媒介面前表现出的最大特点就是拥有比较充分的话语权力和话语机会。在市场经济条件下，一些媒体坚持精英化的传播观念并没有什么错误，有其一定的合理性——政治逻辑、商业逻辑的合理性。但这样的传播观念，不应该成为新闻传播界普遍持有的观念。因为，它在很大程度上背离了新闻媒介作为社会公器的价值追求，背离了新闻传播承担的维护社会平等、社会正义的舆论天职、道德天职。新闻媒介在关注"富人"的同时，更应该关注"穷人"，至少要注意二者之间的平衡。

（3）对新闻报道平民化观念的反思。针对精英主义新闻传播观念，社会和新闻界一并发出了另一种声音，这就是要求新闻传播要重视平民、关注社会弱势群体，确立平民化的新闻传播理念、民生新闻观念。平民化的新闻传播观念，核心是关注普通百姓的平常事，用新闻的眼光发现常态生存中不平常的事情，以细致、深入、朴素为突出特征，因而受到了人们的普遍欢迎。但是，一些媒体以平民化的名义走向了另一个极端（实质上是走上了歧路），把新闻报道搞成了事无巨细的家长里短，把新闻搞成了街道居委会式的广播站。一些广播电视新闻栏目，甚至给新闻配上音乐、加上台词，显得滑稽可笑，新闻不再是新闻，变成了戏剧表演，新闻成了一种娱乐的方式。新闻毕竟是新闻，它有其内在的规定性和基本要求，并不是所有的事实都可以被作为新闻事实去报道，并不是所有的形式都可以用来"包装"新闻。

（4）对新闻娱乐化观念的批评和反思。娱乐化新闻和新闻的娱乐化是近些年来的一股潮流，其背后有一种观念：新闻不过是讲故事的一种特有方式，一种艺术，目的是满足人们的兴趣和好奇，使人们获得轻松和愉悦。谁能把故事讲得引人入胜，谁就是赢家。于是，人们看到新闻界有两种突出的表现：一是娱乐新闻铺天盖地，各种娱乐明星的新闻连篇累牍，并且充满了煽情和媚俗，当然，人们并不一概否认娱乐新闻的普遍健康性；二是传统意义上所说的硬新闻、严肃新闻的娱乐化。人们看到，一些媒体报道重大事件（包括重大的天灾人祸类事件）时，重点并不在事件的核心上，而是在边边角角上，往往会把事件拆解成可以娱乐的片段（用尽娱乐化的视角和娱乐化的手段），或者直接以非人道的方式、缺乏基本人文关怀的方式剪裁新闻事实。这样的新闻报道方式及其背后的新闻价值观念，受到了学界的不断批判和指责，学者们也在积极探究产生这种现象的根源，以及防止这种现象进一步恶化的途径和方法。

2. 对各种新兴研究领域、研究方法的反思

伴随新闻传播业和整个媒介产业的迅猛发展，新闻学、传播学研究也得到了飞速发展，各种新兴研究领域、研究方向、研究方式方法如雨后春笋，遍地发芽，到处生长。从总体上说，这是一派生机勃勃的景象，有利于学术进步、学科发展，确实令人高兴。但是，与此同时也出现了杂草滋生、良莠不齐的现象，这引起了一些学者的担心和反思，主要表现在这样几个方面：

（1）对心浮气躁的学术心态表示担忧。新闻传播业的勃兴，给学者们创造了充分的学术研究机遇和施展才华之地，而新闻学本身的开放性、与其他学科天然就有的广泛联系性，更是给研究者们开辟了广阔的研究领域。有些人充满激情，到处跑马占地，插旗立牌。今天提出这个学，明天创造那个学，真是"学术林立"。可一旦接触实质性的内容，就会发现，所谓的"某某新闻学"或者"新闻某某学"，如此等等，很少有"夜明珠"，大多是"驴粪蛋"。心浮气躁、走马观花，仍然是当前新闻学界普遍存在的不良现象。更为令人担心的是，批评这种现象的人（也许包括我自己在内），也往往是被批评的一分子。写得快、出版快，甚至写得少、出版多，已经成为新闻学界的普遍现象。就连一些功成名就的学者，也很难平心静气地做学问，深入研究问题，而是与急于评职称、忙于养家糊口的年轻学者们一起，到处奔忙，四处作秀。大家似乎钻进了一种恶性的怪圈，逃脱不出来。这种现象本身就是值得研究的大问题。

（2）对一些研究领域的学科定位、归属提出不同看法，表达各种质疑。已往研究中存在的一些空白，特别是实践发展的迫切需要，促生了不少新的研究领域和研究方向，使新闻学的地盘在不断扩大，边界在不断扩张，内容在不断增多。对新出现的研究领域、研究方向的归属问题，学者们的看法并不完全一致。比如，一些学者或者撰文，或者在重要的学术会议上发言指出，媒介经济研究是理所应当的，但把它作为新闻学院的课程和教学内容是否合适是需要考虑的，它更适合商学院或者经济学院；又如，一些学者公开或私下里对将培养新闻发言人的课程、公共关系课程甚至广告课程等置于新闻学院表示了一定的质疑和担心；再如，一些新闻学研究者对传播学研究者的有关看法提出质疑，"将'媒介经济'和'传媒业经营与管理'仅仅视为传播学的研究内容是欠妥当的，新闻学同样应当把它列入自己的研究范畴之中，这是新闻业发展的需要，也是新闻学科发展的需要"①。其实，有些研究领域本身就是交叉的，说绝对点，在人文社会科学领域，不存在绝对的只有一门学科在研究的独立领域，学科间研究的不同在于不同的学科总有一些自己特有的理念、视角和方法。我不赞成研究领域上的"地方保护主义"。但从教学上考虑（实际上是从培养人才的目标考虑），有些课程到底应该放在哪些学科、哪些学院，是可以进行争论、探讨的。

（3）对学术研究方法本身的反思。我国新闻学者们比较熟悉传统的研究方法——理性的逻辑思辨，定性的描述和论证。这些方法主要是哲学方法、解释学方法，也是人文、社会科学通用的基本方法。对此，不断有学者提出批评，认为这样的方法缺乏科学性和客观性，得出的结论多是论断性的、感悟性的、直觉性的，没有足够的、普遍的说服力，与真理的品性不相符合。在经验传播学、社会学等实证方法的影响下，一些学者极力强调新闻理论研究也应该采用实证的、量化的方法，少用甚至放弃传统的方法。但就总的情况来看，学者们普遍认为，在研究方法上，不能从一个极端走向另一个极端，思辨不是万能的，数字（代表实证方法）同样不是万能的，世界上根本就不存在能够解决所有问题的万能方法。我们不能把任何一种方法神圣化。新闻学面对的理论问题，不可能通过单一的方法解决。不同的方法可以解决不同的问题，只有把不同方法整合起来，才有可能解决大问题和难题。

（4）对伪学术现象的批评和反思。人们发现，尽管现在的学术研究有非理性的一面，但同时也看到，学术研究的自觉性在增强，特别是前提批判意识、问题意识得到了明显的强化。在展开具体的研究之前，对研究问

---

① 郑保卫. 试论我国新闻学的学科地位及学科发展 [J]. 中国人民大学学报，2005（2）：133.

题本身进行意义审问，已经成为学者们的自觉行为。但不可否认的是，一些人所研究的问题，往往是实际上不存在的问题，或者从学术上说无意义的问题，是一些伪问题，他们所进行的研究也就变成了伪研究。对于这种现象，学者们已经开始进行公开批评。人们看到，学术交流、对话的气氛和环境正在变得宽松，学者们也变得越来越大度、宽容，不同观点的正面交锋，包括在学术会议上的直接的、面对面的批评与辩论也在增多。这实在是难得的好事。事实上，尽管学术研究的规范性仍然难以令人满意，但人们发现，加强规范、遵守规范的呼吁越来越受到学者们的重视。

3. 对学术研究政治化、宣传化的批评和反思

学术研究，特别是新闻学术研究的宣传化倾向、政治化倾向，一直是我国人文社会科学研究中的一种突出表现，人们对这种现象的看法也是很不一致。对新闻学界来说，与以往不同的是，学者们对学术研究的宣传化、政治化现象不再熟视无睹，不再认为理所当然，而是开始了认真的批评和反思，开始比较自觉地讨论新闻学与现实政治的关系。

学术研究不是政治宣传，但学术研究必然会受到政治权力的影响，这几乎是学界公认的事实。但在学术研究中如何对待和处理学术与政治的关系，却是仁者见仁，智者见智。

理论研究可以研究政策，也应该研究、评价政策，但不能把研究混同于宣传，那样，新闻理论研究将失去其学术意义。对政府、政党新闻政策（路线、方针等）进行研究，得把它作为科学研究的对象，作为一种客观存在。首先弄清楚政策是什么，然后搞明白政策针对的实际情况是什么，进而发现问题，追究问题背后的根源。这样的研究首先不能带着功利色彩，不能怀着价值追求，而是要以客观和价值无涉的态度展开。如此，得出的结论才不会有预先价值偏向。只有没有预先价值偏向的研究成果，才有可能为制定政策、修订政策的人提供科学的、真实的智力支持。宣传的任务是让人们理解政策，接受政策，按照政策办事。宣传性的文章主要是通过一定的艺术、技巧和方法阐释既定的内容，这与学术研究追求内容上的创新、言他人所未言有一定的不同。因此，学术研究和宣传不是一回事。个别学术研究论著、论文，主要是一些语录的堆积、政策条款的罗列，加上几句感想式的解释，还有对自己信念的表达，洋洋洒洒数千言、上万语，并没有研究任何问题，这当然得不到人们的认可。学术研究还是应该保持它必要的独立性、客观性和科学性。

（三）国际交流的新发展

进入新时期以来，特别是近些年来，随着整个中国对外开放程度的进一步扩大，新闻学研究中的国际交流也得到了迅猛的发展，各种形式的学术交流活动明显增加，国内众多新闻院系，特别是比较著名的新闻院系已经与国外的一些知名新闻院系或者新闻媒体展开了实质性的合作。合作的主要领域有教学、科研和对新闻业界人员进行各种培训。有人说，中国的新闻教育、新闻学研究已经出现了国际化的现象。[①] 主要表现在以下几个方面：

1. 翻译浪潮滚滚而来

自从改革开放以来，国内众多学者、译者以及众多出版社都投入很大精力从事新闻与传播学著作的翻译和出版。长期致力于新闻与传播学著作翻译事业的展江教授说，中国关于西方新闻与传播学著作的翻译已经出现两次高潮，它们都产生在改革开放的新时期。[②] 第一次高潮大致始于1980

---

① 关于新闻教育国际化的问题，已经引起了教育界、学界的高度关注。到底什么是"国际化"，应该不应该"国际化"，都还处于争论之中。人们对国内一些新闻院系直接采用国外（主要是美国）的教材展开教学，以国外的一些新闻报道作为范例，持有不同的看法。

② 埃默里 M，埃默里 E. 美国新闻史：大众传播媒介解释史：第 8 版 [M]. 展江，殷文，译. 北京：新华出版社，2001：858.

年，出现了一批很有影响的著作。比如《美国新闻史》（1982）、《当代新闻学》（1986）、《怎样当好新闻记者》（1980）、《传播学概论》（1984）、《报刊的四种理论》（1980）、《新闻写作教程》（1986）等。在这一翻译高潮中，新华出版社独占鳌头，其他一些出版社零星参与。从总体上说，译者相对来说较少，出版形式大多也是单本为主，没有形成规模化的翻译态势，总量在四五十部左右。第二次高潮大致始于1992年，持续至今。"大致自1998年新华出版社推出'新闻传播学名著译丛'以来，第二次移译高潮已经随着中国新闻与大众传播教育的发展和新闻媒介的市场化运作进程而形成了空前之势。"[1] 在目前还在持续的第二次浪潮中，中国人民大学出版社推出了"新闻与传播学译丛"，包括"大师经典系列"和"国外经典教材系列"两个系列；清华大学出版社推出了"新闻与传播系列教材"和"清华传播译丛"；北京大学出版社推出了"世界传播学经典教材中文版"（其中有影印本）；新华出版社推出了"西方新闻传播学经典文库"；华夏出版社推出了"高校经典教材译丛·传播学"；商务印书馆推出了"文化和传播译丛"。此外，还有一些出版社推出了一些新闻学和传播学的翻译著作，比如南京大学出版社、复旦大学出版社、中国传媒大学出版社（原北京广播学院出版社）等。从总的翻译量上来看，大概有一百二三十部。看得出，参与这次浪潮的"弄潮儿"——翻译者与出版社——人多势众，著作的出版形式也多是规模化的。

这些著作的翻译出版，对中国的新闻理论研究产生了相当大的影响（对传播学的影响更大，这些著作大多是传播学的著作），其中最为突出的表现就是，我们看到，在越来越多国内学者出版的学术著作、发表的学术论文中，引用、参考翻译或者原版影印著作的总量在不断增加，一些新闻

---

① 埃默里M，埃默里E. 美国新闻史：大众传播媒介解释史：第8版[M]. 展江，殷文，译. 北京：新华出版社，2001：858.

学、传播学专业的博士甚至硕士学位论文，所列的参考书目多半是上述两次翻译浪潮中"进口"的书目。

其实，不仅是翻译浪潮滚滚而来，而且原版、原文图书也被引入。国内一些出版社已经出版了世界上一些著名的新闻学和传播学著作。①

2. 国际会议频频举行

重视国际学术交流是改革开放以来中国新闻学界表现出的重要特点之一，而随着我国开放程度的不断提高，特别是伴随着我国新闻传播事业的迅猛发展，新闻学术交流的国际化已经形成了一种看得见的潮流。世界范围内新的新闻文化景象、新闻文化秩序正在形成之中，中国新闻传播学界已经和正在成长起一批新生代学者、研究者，他们既对中国的现实比较了解，又具有比较好的国际学术交流能力。全球一体化的进程在各种冲突中不断加快，更是为新闻传播学的国际交流创造了前所未有的条件和机会，其重要表现之一就是各种形式的国际学术会议此起彼伏、频频举行。

目前，新闻学界的国际学术会议已经开始打破惯有的模式——只是国内请国外的模式。人们看到，不仅是中国的新闻院系、专家学者邀请国外的著名学者教授到中国来参加学术会议，发表学术讲演，讨论学术问题，而且不少中国新闻传播学界的专家、教授、学者，已经凭借他们自己的学术实力和水平，受邀走出国门，登上了国外举办的各种学术论坛，参加各种学术会议，发出了中国研究者的声音。他们介绍中国新闻传播业的发展状况，阐释中国学者眼中的世界新闻传播业，比较不同国家之间新闻观

---

① 比如清华大学出版社推出的"新闻与传播系列教材"中不少就是外语原文影印本。中国人民大学出版社从2003年开始推出"新闻传播学英文原版教材系列"，这些教材选取了美国著名大学新闻传播学院长期选用的经典教材，它们均由美国新闻传播界有影响的大学教授所著，内容涵盖了新闻传播学的各个重要领域，全面反映了美国新闻传播学领域的理论水平和实践探索水平（参见该套丛书的"出版说明"）。中国政法大学出版社2003年影印出版了"剑桥政治思想史原著系列"，这套丛书对新闻理论研究，特别是新闻传播与民主政治的关系研究有着重要的影响。

念、新闻实践的异同，发表自己对诸多重要问题的见解和看法。可以说，近些年来，中国新闻学界与世界同行开始形成有效互动的双向国际学术交流局面。

更为重要的，也更为可喜的是，国际上已经有一大批学者积极关注中国新闻业的发展与变化，他们不只是到中国的学术会议上介绍他们国内的有关问题或者有关研究成果，还把对中国新闻业的研究（特别是各种比较研究的成果）展示在人们面前，从而使中国学者能够直接了解国外研究者们对中国问题的各种看法，在一定程度上弥补了中国学者身在庐山难知庐山真面目的不足，促进了学术交流的广度和深度。

还有非常值得注意的一个现象是，在国内新闻学界、教育界具有重要影响的一些新闻院系，以长远的目光、国际化的境界，探索国际交流的新途径，试图在国际新闻学界、教育界发出具有一定影响力的中国声音。比如，早在 2005 年 11 月中国人民大学新闻学院 50 周年院庆之际，该院即举办了"首届新闻传播学院院长国际论坛"，并在论坛期间签署了具有重要影响、得到广泛好评的《北京共识》①。

---

① "首届新闻传播学院院长国际论坛"于 2005 年 11 月 19 日至 20 日在中国人民大学举行。来自世界各地的 70 多家新闻传播学院（系）的院长、系主任出席，就新闻传播事业与新闻传播教育的发展充分交流了意见。与会者一致认为，本次论坛是世界传播教育界的领导者的一次具有重要意义的聚会，为新闻传播教育国际交流翻开了新的一页。与会者签署的《北京共识》内容如下："一、新闻传播事业是推动人类文明进程的重要力量。新闻传播工作者为社会进步和人类幸福担负着神圣职责。二、现代新闻传播事业的迅猛发展，不仅对新闻传播教育提出了全新要求，而且为新闻传播教育提供了丰富的教育资源和广阔的人才市场。三、新闻传播教育的核心任务是培养具有神圣的职业良知、宽广的国际视野、深厚的文化修养、科学的思维方法和精湛的专业技能的新闻传播工作者。新闻传播教育工作者应当以神圣的使命感和强烈的自豪感担负起培养新闻传播人才的责任。四、世界各国新闻传播教育工作者需要进行多种方式的交流和合作，以扩充自身知识、丰富自身经验、提高自身能力，为培养新闻传播专业人才做出贡献。五、建立新闻传播学院院长国际论坛定期举行制度。当届论坛承办者组织各学院协商确定下届论坛承办学院。承办当届国际论坛的新闻传播学院为当届论坛执行主席学院。"参见刘小燕，费杨生，张红玲，等. 春风桃李七千树 群贤毕至论新闻：中国人民大学新闻学院50 周年庆典暨"首届新闻传播学院院长国际论坛""新闻与社会发展论坛"综述 [J]. 国际新闻界，2005（6）：10-11。

3. 合作研究迈出步伐

在国际交流的新发展中，还有一个重要的表现就是：中国一些比较著名的新闻与传播院系已经与国外比较著名的新闻院系展开了教学、科研、培训等方面的实质性合作。

据了解，中国人民大学新闻学院、复旦大学新闻学院、中国传媒大学新闻学院、武汉大学新闻与传播学院、清华大学新闻与传播学院、北京大学新闻与传播学院等，都已经和正在与世界各国（主要是美国、英国、日本、澳大利亚、俄罗斯、韩国等）著名的新闻学院进行了和进行着各种形式的合作。国内外新闻院系之间、有关的研究机构之间，已经建立起各种比较亲密的关系，比如姊妹或者兄弟院系关系等（比如，中国人民大学新闻学院已经与美国的密苏里新闻学院、北卡罗来纳大学新闻传播学院以及韩国高丽大学新闻学院建立了姊妹学院关系）。在人员往来常态化（包括教师交流和学生交流）的基础上，展开了许多具体科学研究项目上的合作。有些研究项目主要针对中国问题，有些项目则是中外的比较研究，具有重要的学术意义和实践价值。

第一章　新闻活动自身

　　只有通过概念的阐明和重建，才能构造理论。

——麦金太尔

　　我们是传播的动物，传播渗透到我们所做的一切事物中。它是形成人类的材料。它是流经人类全部历史的水流，不断延伸我们的感觉和我们的信息渠道。

——威尔伯·施拉姆、威廉·波特

　　新闻信息是始终存在的，只是在人类活动的早期，融于一般信息的传播之中，难以以一种绝对的标准予以辨别。

——陈力丹

　　"新闻活动"是理论新闻学体系的逻辑起点性范畴，是最为抽象的、一般的新闻学概念。因此，我们把"新闻活动"作为第一个核心问题进行探讨。但人所共知，"越是起初的东西，若是追究起来，越是困难"①。我

---

　　① 王文章，侯样祥. 中国学者心中的科学·人文：科学卷 [M]. 昆明：云南教育出版社，2002：24.

们下面关于新闻活动的阐释，是以新闻传收活动为中心的阐释，并不是对所有新闻活动内涵的系统讨论。这种讨论，既有宏观的哲学性阐释，也有针对新闻传收具体过程的仔细分析。

一、新闻活动的本质

人类是能动的生命存在。人类的活动大致可以分为认识活动和实践活动，或者是物质活动和精神活动。在实际生活中，人的认识活动与实践活动往往是融合在一起的。据新闻史家们的考证、推测和研究，新闻活动是相伴人类而生的人类活动之一。它与人类同生，与一般的传播活动同步。那么，新闻活动到底是一种什么样的活动？主要内容有哪些？如此等等问题，是我们进行新闻理论研究首先应该弄清楚的问题。这里，我们将以历史与逻辑相统一的方法，对这些基本问题做出一些初步的阐释。

（一）新闻活动的基本内涵

"活动"一词是个内涵极为丰富但也相当繁杂的概念，既可以指生命主体的物质行动，也可以指生命主体的精神运动。当"活动"一词与人的存在与发展联系在一起时，其主要是指人的物质活动或精神活动。人们可以按照不同的标准，将人的物质活动和精神活动细分为各种各样具体的活动类型或活动方式。

根据目的性标准，人的活动大致可以分为目的性活动和非目的性活动。人作为人的活动，本质上是目的性的，这是人区别于其他动物的根本所在。新闻活动是一种目的性活动，是人的自觉的、有意识的一种行动。即使在人类还没有新闻意识，即没有把新闻信息与其他信息自觉区别开来的情况下，客观上也已经存在自觉意识支配下的被今天的人们称之为新闻活动的活动。

作为新闻学的一个概念或范畴，"新闻活动"有着丰富的历史的和现实的内容，其内涵与外延都是发展变化的。从总体上说，新闻活动的实践内容是一个不断丰富、增加的过程，活动规模是一个不断扩大的过程，活动水平是一个不断提升的过程。与此相应，新闻活动概念是一个内涵不断丰富、外延不断扩展的过程。新闻活动的历史实践演变，形成了新闻学自身的演变基础和生长的动力源泉。对此，我们将在下文中进行专门的阐释。这里，我们先从一般层面上对新闻活动的含义加以初步界定，为进一步的讨论设定一个必要的前提。

从广义上说，与新闻有关的一切人类活动，都可以叫作新闻活动。所谓与新闻有关，是指与新闻的传送和收受有关的活动。新闻传送与收受活动①是新闻活动的当然核心，这一点是自明的，属于第一原理问题，没有必要去从理论上证明。"有关"是一个既清楚又模糊的概念。从原则上说，人类所有活动之间都是有关的或相关的，差别只在于"有关"的直接或间接、紧密或松散的程度。因而，什么是有关的，什么是无关的，回答起来并不是一个容易的问题。从当代新闻传播实践出发，与新闻传播直接有关的活动，主要有这样一些：新闻媒体的管理与经营活动，社会通过各种力量从新闻媒体或整个新闻传播业之外施加的对新闻传播的各种调控活动，为新闻传播提供人才培养和智力支持的新闻教育、新闻学研究活动，等等。所有这些相关活动，与作为新闻活动核心的新闻传播活动整合在一起，就是广义的新闻活动。从新闻学的角度看，这些活动构成了新闻学研究的主要对象，对不同新闻活动领域的研究构成了新闻学的不同领域或者不同分支。

从狭义上说，人们只是把新闻传送与收受活动叫作新闻活动，并且，

---

① 人们通常将传送（或传递）活动与收受活动一并简称为新闻传播活动。需要注意的是，新闻传播活动有时仅指新闻传播者的传送活动。

在新闻传播业日渐制度化、规模化、职业化的大背景下，人们甚至只是把新闻职业工作者的职业传播活动（主要指报道新闻、评论新闻的活动，或者说就是采写编评播的活动）称为新闻活动。由于其他活动都是围绕新闻传播活动进行的，或者说是为新闻传播活动服务的，因而，新闻传播活动不仅是所有新闻活动的核心，也是整个新闻学研究关注的核心对象，构成了新闻学的主体。但随着新闻传播业的发展和传播时代的到来，往日人们不大关注的"有关"活动，正在成为新闻活动的重要组成部分，正在成为新闻学以及其他学科关注研究的重要对象。本书主要是在狭义的范围内研究新闻活动。

关于新闻活动的内涵，其实还有一个更为复杂的问题，这就是：新闻活动并不是纯粹的新闻活动，它和好多其他的活动"搅和""纠缠"在一起，或者说，其他一些活动是通过新闻活动方式来进行的、实现的。

所有这些所谓的新闻活动，并不是以新闻为本位的活动，即它们的直接目的和最终目的都不在于报道新闻，不在于向社会、向大众报告客观环境的最新变化。因此，我们可以把这些依赖于、依托于新闻活动而进行的活动做两个角度的理解：其一，这些活动把新闻活动当成了手段，即它们通过新闻传收活动实现自身的目的；其二，如果仍然把新闻传收活动视作本位活动的话，就可以把其他活动看作新闻活动的功能性活动，即通过新闻活动可以实现其他一些活动的目的。

对于作为宣传活动的新闻活动、作为政治活动的新闻活动、作为经济活动的新闻活动、作为文化活动的新闻活动等，由于它们不是以新闻为本位的活动，因此我们将不做专门的、细致的讨论，只是在涉及相关问题时加以必要的论述和阐释。

（二）新闻活动的本质

如上所说，传送与收受新闻信息是新闻活动的核心，这是新闻传播活动"应该的"内在规定性。任何偏离这一核心的信息传收活动都不能被认定为新闻传播活动。但我们可以从不同角度、不同层次对新闻传播活动进行观照和解读。新闻传播活动并不是单一的目的性活动、单一层次的活动，只有对其做出全面的、不同角度的、不同层次的分析，才能充分认识新闻传播活动的本质。

1. 作为认识活动的新闻活动

如果把新闻传播活动看作整个人类的一种活动类型和方式，就可以发现，新闻传播活动是反映事实世界最新变动情况的活动，它的直接任务是说明事实世界的变动情况是什么。因而，从人类的整体层面上观察，我们可以说，新闻传播活动本质上属于人类认识事实世界（自然事实与社会事实世界）的活动，是人类把握客观世界众多精神的方式中的一种。从新闻传播现象的原始产生，到今天高度发达的新闻传播业，这一点并没有发生根本性的变化，它是新闻传播活动的稳定表现。并且，新闻传播活动还会继续成为人类认识世界、把握世界的一种有效的精神方式。

作为人类对事实世界的一种认识活动，从原初时代到现在，新闻认识的直接目的是基本稳定的（当然，先民们不会有文明时代的人们具有的新闻意识）：把握生存发展环境的最新变动情况。对周围环境的及时认知和把握，是人类生存和发展的基本需要。这就使得新闻认识具有了永恒的客观基础和根本动力；同时，也使新闻认识成为人类认识世界的一种基本方式，成为人类生存方式的基本组成部分。正因为如此，我们不仅可以说，人类的生存与发展必然依赖于新闻认识，我们还可以说，新闻认识与生俱来就是人类生存的本体性活动。并且，只要人类生存与发展的环境变得越来越复杂，越来越难以琢磨，新闻认识的重要性和必要性就会越来越大、越来越强；只要人们越来越想把握自己的当下命运和未来可能，新闻认识就会变得越来越须臾不可缺少。这正是今天人们在信息时代看到的真实景象。当人类的生存环境主要是自然环境时，他们只需要关注自然环境的最新变化就可以了，当人类的生存环境主要依赖社会环境时（不可能脱离自然环境），他们需要关注的环境变化就更加复杂了。环境的复杂化、多重化，从客观上促成了新闻认识水平的不断提高，认识方式的不断更新，认识规模的不断扩大。新闻活动作为一种社会认识形式的价值与作用，作为人类把握环境的一种基本方式，以现在的情况做推测，其范畴只能是越来越大。

新闻认识活动具有自己特殊的内容与形式，与一般的认识活动有很大不同。正是内容与形式上的特殊性，使新闻认识与其他认识世界的方式区别开来。（当然，作为人类认识事实世界的方式之一，新闻认识与其他认识一定具有一些共同的特点。）在最抽象的层次上，新闻认识内容的突出特点就是它的事实性和新鲜性，新闻认识形式上的突出特点就是它的及时性和公开性。新闻认识是对"最新的实事"的认识和反映，是对最新的实事的及时、公开的认识和反映，它以在最短的时间内认识反映最新的实事标示自己的认识特征。环境的永恒变动性，使得对环境的认知具有持久的客观的新鲜内容。为了获得关于环境内容新鲜性的认识结果，及时认识就成了时间上的内在要求；而要使整个社会都能获知环境的变动信息，公开性就成为新闻认识的另一重要内在要求。毫无疑问，新闻认识内容上的真实新鲜、方式上的及时公开，必然具有历史的具体内涵，但在抽象的意义上它们可以超越历史的差别，成为新闻认识具有的绝对意义的特征。因而，无论新闻传播发展到怎样的水平和规模，以何种媒介形态传递和收受新闻信息，确保新闻之为新闻、新闻传播之为新闻传播的几个核心要素是基本稳定的：一是内容的真实性和新鲜性，二是传播形式上的及时性和公开性。不能提供真实的、新内容的认识活动，在认识论上是无意义的，新闻认识也不能例外；不能将新内容及时告知世人的认识，其结果的价值就会大打折扣，这对新闻认识来说更是至关重要。所有新闻认识的其他可能特点，都依赖于上述最基本的几个特点。这是我们思考新闻活动作为一种认识活动的基本结论，也是基本出发点。

作为一种社会认识活动，新闻认识从一开始就是以实用性为主的认识活动，它始终追求认识的生活意义和实践价值，追求对日常生活的效用性和参考性，具有强烈的主体目的性和选择性。新闻认识不是为知而知的纯粹认识，而是为用而知的功利性认识活动，是人类常识水平的认识活动。因此，它与那些声称为艺术而艺术的认识活动，为科学而科学的认识活动，始终保持一定的距离，它强调的是认识的相关性、有用性和趣味性。新闻认识与人们的社会活动、实际生活直接相关，作为普通大众的人们可以直接理解新闻认识的成果，不需要什么过渡的中介或桥梁。新闻认识离社会最近，离生活最近，与生命的直接存在和活动最近（这也正是新闻报道需要"贴近实际、贴近生活、贴近群众"的根本原因），它与生活、社会同步变化发展。因此，作为认识活动的新闻活动，对社会人群常常有着更为直接、更为广泛、更为实用的意义和价值。新闻认识，不是把日常的、简单的事物深刻化、玄化，而是把深奥的东西、难理解的事物简单化、通俗化、大众化。新闻认识使事实世界的最新变化在普通人面前变得可读、可见、可听，易于理解。作为认识活动的新闻活动，在它的历史发展过程中，始终都在追求大众性和公共性，因而，新闻认识始终具有大众认识、公共认识的突出特点。新闻认识的社会职责，主要不是提供普遍的真理，而是提供具体的真知；不是提供认识原理，而是呈现事实真相。即使在今天这样人类认识水平普遍提高的大背景下，新闻认识提供的仍然是最容易被理解的认识结果。如果新闻传播者向社会提供的新闻认识结果，是人们普遍不能理解的结果，那么失败的将不是社会大众，而是新闻传播者。

　　新闻活动作为一种社会认识活动的定位，决定了新闻活动的基本规律和基本精神。这就是新闻认识必须遵循认识活动的一般规律，抓住新闻认识的特点，以求真、求实为基本目的。真实是新闻的生命，正是基于新闻活动作为社会认识活动的特性而言的。任何时候、任何地方，新闻活动一旦偏离了事实认识的主线，忘记了反映事实世界真相的主要职责，就会受到历史的惩罚（实质上是受到认识规律的惩罚）。任何形式的新闻异化现象，扭曲的不只是新闻，还有社会的精神，从而损害社会正常的信息秩序，破坏社会的和谐景象。当然，新闻认识并不限于事实性的信息，它同样提供意见性的信息。但新闻意见必须基于新闻事实、新闻现象，这是新闻意见不同于其他一般意见的特点，也是新闻意见能够充分发挥社会作用的基础。新闻意见始终要以新闻事实的真实为前提。新闻认识的事实性，使其成为整个社会都不会拒绝的认识；新闻认识的意见性，在理想性上使新闻媒介成为社会人群之间进行精神交流的平台（对此，下文还有专门的论述）。需要特别说明的一点是，有人认为当今的新闻传播越来越意见化、观点化，"新闻纸"越来越应该成为"意见纸""观点纸"，因而，成功的新闻传播就是要为人们提供前瞻性的看法，充当普通大众的引路人。我在总体上不赞成这样的观点，并且认为这种观念不是新闻观念，会把新闻活动引向歧路。新闻传播、新闻活动，作为一种认识活动，如上所说，最重要的职责是报道事实，反映社会中不同群体的意见，而不是传播者自己的意见，也不是只反映一些人、一些群体的意见。报道新闻事实是反映事实，反映社会大众的各种意见也是反映事实，新闻活动的这一基本方向不能改变，否则就不是新闻认识，而是其他认识。

　　新闻认识活动是在与各种社会关系的纠缠中展开的，并不存在纯粹的新闻认识活动，因而，以新闻方式认识到、把握到的事实世界，并不是完整的事实世界，大多数情况下是一个支离破碎的事实世界。人们通过各种不同性质、类型的新闻媒介看到的事实世界，也基本上是媒介所有者眼中的事实世界，或者说是媒介所有者愿意看到的事实世界。新闻认识所用的眼光绝不是单一的，而是复合的；绝不是单色的，而是多色的。透过新闻认识看到的世界并不是纯粹的事实世界，而是事态世界、情态世界、意态世界的混合体或者统一体。

作为一种社会认识活动，新闻活动在总体上必然受到整个社会发展水平的限制，受到社会政治、经济、文化、技术等方面的规范和约束。这正是新闻传播现象在客观上形成不同历史阶段的根本原因，也是新闻传播表现为诸多不同样式、形态的根本原因，还是新闻认识在不同时空中的功能作用的发挥有所差别的重要原因。新闻认识的目的不是自律的，而是他律的，新闻认识不是为了新闻自身，而是为了新闻认识以外的政治、经济、文化，以及人们的交流、交往和社会生活。因而，从总体上看，我们也可以说，对人类来说，新闻认识本质上是手段性的，不是目的性的。新闻认识实际表现如何，主要是由社会的政治、经济、文化等实际状况决定的，而不是由新闻自身决定的（对此，我们在"新闻活动环境"一章中还将进行比较详细的论述）。正因为如此，人们可以通过新闻活动的实际规模、水平、自由度等，认识一定社会的环境质量，新闻活动的状况已经成为衡量现代文明社会的重要尺度。

作为认识活动的新闻活动，会受到社会权力，特别是政治权力直接的或间接的控制，从而具有较为强烈的政治意识形态色彩，在一些社会环境中，甚至成为政治意识形态的有机组成部分。这时的"新闻认识"，就不再是纯粹的新闻认识，它的目的也不再是人类创造新闻认识的目的。任何背离新闻认识本性、应当性的新闻认识，都是虚假的新闻认识。通过新闻活动，人类可以做许许多多的事情，但这不等于说所做的事情都是合理的、都是应该的。人类对任何工具的应用都有正当性的问题，背离正当性的运用本身自然是不正当的。人类对自己创造的不同活动方式、不同认识形式，都有一定的期待和定位，这不仅是人类的约定，也是历史发展的结果。

2. 作为信息交流活动的新闻活动

人类的所有活动都是在自发与自觉中逐步形成的。人类的新闻传播活动根源于人性的内在需要，根源于人类生存发展过程中的各种信息需求。社会性的信息需求，实质上就是人类每个个体的信息需求。历史提供给我们的经验事实是：交往是人类生存的基本方式，信息交流活动是人类最基本的交往方式之一，并且是实现其他交往方式的桥梁。当人类迈进信息时代、知识社会，作为信息交流活动的新闻活动，无疑对人类的生存与发展具有了更加重大的意义。[①]

不论何种层次、何种具体方式的新闻活动，都首先是一种直接的或间接的信息交流活动。作为认识活动的新闻活动不仅是信息交流活动的逻辑前提（即没有新闻认识，就没有关于新闻信息的交流活动），也是信息交流活动逻辑上和实践上的目的（即进行新闻认识，直接目的就是与他人和社会群体进行信息交流，间接目的则可能是实现其他方面的需要）。作为信息交流活动的新闻活动的内容，就是作为认识活动的对象的信息。将新闻活动看作认识活动，就是从人类与其生存发展环境之间的整体认识关系来审视新闻活动，也可以说是把新闻活动看作整个人类与客观事实世界之间的一种以现象性为主的信息交流活动[②]，这是一种"我（主体）—它

---

① 新闻信息到底对人们的实际生活、工作、学习具有多大作用，对整个社会的实际运行具有什么样的价值和作用，并不是我们这里要讨论的问题。但我们必须认识到：新闻活动，甚至可以说"新闻生活"，已经成为人们实际生活的普遍组成部分，成为整个社会运行的实际组成部分。这一认识也许对生活在发展中国家的人们而言没有十分普及，但新闻生活成为生活的一部分是必然的趋势。新闻信息也许对人们的一些具体观念、具体行为影响不大，但新闻信息对人们的整体生活的影响将越来越大，这已经是自明的事实。

② 事实上，在哲学界和信息科学界，早已有人用信息论的知识和方法，对人类认识事实世界的内在机制进行了探讨，认为认识活动的实质就是获取、整理、加工认识对象信息的过程，不同具体认识方式的区别主要在于它们认识事物的具体目的不同，认识层次不同，认识方式也有一定的差别。

（客体）"模式的信息交流方式。将新闻活动看作信息交流活动，主要是从人类内部人际、人群间的相互关系来审视新闻活动，也就是说把新闻活动看作人与人之间的以新闻信息为内容的交往互动过程，这是一种"我（主体）—你（主体）"模式的信息交流方式。在总体上、逻辑上，对新闻活动来说，"我（主体）—它（客体）"模式的信息交流，是为了更好地实现"我（主体）—你（主体）"模式的信息交流。作为信息交流的新闻活动，本质上是人与人之间，或者说主体与主体之间（主体间）的信息交流活动。当然，在这种信息交流活动中，也实现着生态伦理意义上的人类与自然之间的对话与交流。

新闻活动作为信息交流活动的一种，首先是社会活动，是人们之间的一种社会交往活动。新闻活动主要不是内向的信息传播活动，即不是人内的信息传播（intra-personal communication）活动①，而是广义的人际信息交流活动②。"新闻活动是群体活动，历来是在社会全体生活中进行的"③，因而，诚如我在上面所说，它是人类社会生活的本体性组成部分，是所有人生命、生活中的不可缺少的一部分。离开人际信息交流、新闻信息交流活动，人将不再是人的存在，人的生活将不再是人的生活，人类世界也将失去生气，变得一片死寂。作为信息交流活动的新闻活动，信息交流的主要内容就是人们社会生活的内容，"人类的社会活动是新闻活动产生的基床，新闻活动的内容也正是对社会生活的反映"④。人类社会生活的所有内容，都会以一定的方式转化为新闻交流的内容。所有进入新闻交

---

① 所谓"人内传播"或"内向传播"，是指个人接受外部信息并在人体内部进行信息处理的活动。参见郭庆光. 传播学教程［M］. 北京：中国人民大学出版社，1999：73。

② 所谓广义的"人际"，是指个人之间、个人与群体之间、个人与社会之间以及群体与群体之间的各种信息交流活动。

③ 刘建明. 宏观新闻学［M］. 北京：中国人民大学出版社，1991：18.

④ 同③.

流中的信息，都是社会化了的信息。因此，作为信息交流活动的新闻活动，实质上是人们之间的生活交流、生命交流，并且由于新闻传播收受自身的特点，作为信息交流活动的新闻活动成为一种最为鲜活的、生动的人类生活、生命交流方式。每一种不同类型的新闻传播方式（比如人际传播方式、组织传播方式、大众传播方式等），每一种不同媒介形态（比如印刷媒介形态、电子媒介形态、网络媒介形态等）的新闻传播，每一种不同空间范围内的新闻传播（比如地方传播、地域传播、全球传播等），都在一定程度上反映着生活、生命交往、交流方式的不同样式和特点，反映着主体所处的生活、生命状态；每一次新闻传播方式、新闻媒介形态的变革，都会引发一个新的传播时代的到来，而这些变革的实质乃是人类通过新闻活动（当然不仅仅是新闻活动）实现着生活、生命之间的新的交往方式，也就是实现着一种新的生存发展方式。这足以说明作为信息交流活动的新闻活动对于人类生存发展的至关重要性。

交往、交流是人与人之间的社会活动。交往、交流就意味着共享或者分享。① 作为信息交流活动的新闻活动，本质上是人们之间分享生存发展所必需的新闻信息的社会活动。从现代文明社会的角度看，特别是在人类开始步入信息社会后，分享新闻信息是人类每个成员的基本权利（知情权是最基本的人权）。因而，在今天这样的时代，作为信息交流活动的新闻活动对于整个社会、对于每个社会成员有着更加重要的意义。事实一再证明，作为信息交流活动的新闻活动，在新闻信息的共享与分享中，容易使社会生成共同的注意力中心，使一定范围的社会成员容易生成相对比较一致的社会议题。这就意味着，新闻活动已经成为一种凝聚社会注意力资

---

① 美国传播学家威尔伯·施拉姆（又译斯拉姆）把传播（传播就是一种交往）直接界定为与他人共享信息。他的"传播"概念是广义的，既包含传递、传送活动，也包含收受活动。传播的本义就是双向互动的信息交流、分享活动。

源、动员社会力量（特别是精神力量，进而转化为某种物质力量）、影响一定社会现实状态变动和未来发展的重要方式。同样，也会出现一些相反的景象，即作为信息交流活动的新闻活动，会分散一定的社会注意力，会激发诸多的冲突和矛盾，会导致社会的动荡和不安。因此，不管从哪个向度上看，新闻活动都不只是简单的最新事实信息的交流活动。理想情况下，新闻交流应该成为人们之间平等的交流，新闻媒介应该成为社会公众进行新闻交流的平台。然而，面对现实，人们看到的是，以事实信息为内容的交流，往往是各种话语权力之间较量的结果，新闻选择的标准并不是人们想象的纯粹的新闻价值标准，而是"一丛"标准，新闻价值标准只是基础。在这种交流活动的背后，隐藏着各种社会力量的相互作用（这种相互作用有些是正常的，有些是不正常的；有些有利于维护社会公共利益，有些则不利于社会公共利益），反映着不同社会主体间的实际关系。这种交流活动的结果，也会体现在各种社会力量的变化发展之中，体现在不同社会主体之间相互关系的变动之中。

在信息交流的视野中，新闻活动是人际交往、交流活动。如上所言，人与人之间的关系应该是"我—你"模式的主体间关系，而不是"我—它"模式的主客间关系。这里的实质性要求是，人与人之间的交流，要求人与人的平等[1]。平等的交流才可能是民主、自由的交流。人们知道，只有实质上平等的主体间关系才能实现真实的、真正的平等交往，这一点，不仅适用于物质交往或者一般的利益交往，也同样适用于一般的信息交流和新闻信息交流。然而，人们同样知道，现实世界是一个充满不平等的世界，国家与国家之间、民族与民族之间、社群与社群之间、个人与个人之间，在各个领域都还存在着严重的不平等现象。仅就信息领域而言，世界

---

[1] 这种人与人之间的平等关系，并不限于个体之间的关系，也包括不同层次主体之间的关系。

新闻传播的新秩序还没有建立起来（旧秩序首先是一个世界人民不能平等分享新闻信息的秩序），不同人群之间的信息不对称现象还十分严重，"信息鸿沟"变得越来越宽、越来越深[①]，信息不平等现象已经成为人类必须关注的重要问题。如此等等都说明，现实的新闻信息交流还是在不平等中进行的。但是，任何平等只能在不平等中逐步建立起来。而在不平等中进行的各种信息交流又是减少甚至是消除不平等交流的唯一途径和方法，这就是事实，这就是矛盾，这就是世界的辩证法。人类只能在不平等中解决不平等，在矛盾中解决矛盾。新闻活动是人们彼此之间完成交流、实现理解的渠道。真实的交流，及时的交流，往往易于消除人们之间新生的矛盾。因而，在当今这样纷繁复杂的信息时代，新闻活动对于人类不同层次主体之间的相互理解而言，变得越来越重要，作为信息交流活动的新闻活动，已经成为构筑和谐社会的有效手段。

在当今全球化的背景下，作为信息交流的新闻交流更是具有了特别的意义。如今的世界变得越来越小，偌大的地球已经被人们形象地描绘成了"地球村"，似乎人们之间的距离在缩短，关系的亲密度在加强，世界变得越来越简单朴素，变得越来越和谐美好。可这些景象基本上还是人类的理想。我们的世界充满矛盾，全球化进程中的利益冲突、意识形态冲突、文明冲突、文化冲突等，并没有减弱，而是在不断升级。然而，我们不能走向任何一个极端，人类既没有因全球化而进入仙境，也没有因全球化而掉入地狱。实事求是地看，全球化为人类之间的全球化交流、全球化理解开辟了新的时代、开创了新的机会，而搭建交流平台的一个既重要又有效的手段就是新闻传播，就是新闻信息交流。全球化的世界是一个需要和应该进行理性对话的世界，需要和应该开展理性协商的世界。信息交流是对话

---

① 关于"知沟"和"信息沟"理论，可参阅郭庆光.传播学教程［M］.北京：中国人民大学出版社，1999：230-234。

的途径，也是协商的基础，而新闻交流是最新鲜、最快捷的信息交流方式，它已经成为地区与地区之间、国家与国家之间重要的沟通桥梁。新闻交流，主要是事实信息的交流，尽管很难排除意识形态的干扰和偏见，但事实性的根本特征使其容易成为各主体共同交流、对话、理解的基础。更为重要的是，新闻交流以日积月累的方式为不同国家之间、民族之间的实质性对话铺垫基础。普通民众之间的相互理解，一般百姓对世界各国的了解，现实地看，最主要的渠道就是新闻渠道①，而人民之间的相互了解、理解才是真正的交流。

3. 作为精神交往活动的新闻活动

新闻活动是人类认识生存发展环境的手段，新闻活动是人类之间实现信息交流的手段，但我以为，更为重要的是，新闻活动是人类用来建构共同精神家园的手段，新闻活动是人类用来建立精神关系、实现精神交往的手段。精神交往是新闻认识、新闻交流的结果，这是对新闻活动更深层次的理解。

虽然新闻活动是一种相对比较简单的关于最新事实信息的交流活动，但透过新闻信息交流活动，我们可以看到一个时代的特点、一个民族的特点、一个人的人性特征，它反映着一定时代、一定主体深层的精神世界。当新闻媒介成为谎言的载体，现实世界必然是撒谎的"天堂"；当新闻媒介充满政治的喧嚣，现实世界中的人们一定盘旋在政治漩涡之中；当新闻媒介成为煽情消息、黄色新闻的天下，人们的精神世界一定荒芜空虚、精神生活一定百无聊赖……我们不能过分夸大新闻活动在人们精神生活中的

---

① 曾经在国外做较长时期访问的一位学者这样写道："这些普通的居民（指美国普通的居民——引者注）其实对美国以外的世界了解很少，对中国的历史、文化、社会、人权以及中国人了解更少。他们通常没有出国的机会，也不愿认认真真地出国，有限的新闻媒体似乎是他们了解和判断外界是非、臧否人物、表达情感的主要渠道……"参见夏勇. 中国民权哲学［M］. 北京：三联书店，2004：6。

比例和分量，但通过新闻活动，我们确实可以管窥到一个时代、一个社会的整体精神交往水平。一个精神错乱的疯狂时代，绝对不会有理智的新闻活动方式。相反，一个思想解放、政治开明、经济繁荣、文化勃发的时代，一定会有繁荣昌盛的新闻传播业。新闻活动的方式、新闻活动的质量、新闻活动的景象，是一个时代、一个社会以及这个时代主体、这个社会主体精神世界、心灵世界的呈现。新闻活动不仅是人类精神生活的一部分，更是展示人类其他精神活动的媒介，这正如新闻文化不仅是人类文化的有机组成部分，更是文化的文化，是文化的中介，是所有其他文化得以传播的重要渠道一样。

新闻活动不仅展现着职业化的新闻活动者的精神面貌，也展现着一个时代、一个社会的精神面貌和精神追求。新闻活动有其自身的精神定位与精神追求。求实为本的科学精神，正义至上的人文精神，和谐为美的自由精神，是新闻精神的基本内涵。以这样的精神追求，实现通过新闻方式进行的精神交往，是新闻活动的深层目标。新闻活动编织的不只是信息之网，更重要的是人们之间进行相互交流的精神之网。

处于传播状态的新闻，是人们进行精神交往的中介。传播中的新闻，是经过人们主观反映、加工过的事实信息，是经过诸多程序"包装"了的信息。关于它的传播不仅包含着传播者的态度和价值取向，也包含着传播者所代表的利益群体的追求和取向。[①] 人们收受相关信息时，实质上已经开始与传播者对话交流了，已经开始与新闻中的人或者新闻中关涉到的人开始对话交流了，这不只是简单的信息交流，也是一种精神的对话和交流。在收受新闻的过程中，人们的精神世界里也在进行着丰富多彩的活

---

① 理想化的新闻不应该包含除事实信息外的其他信息，事实上，职业化的新闻工作者也在以专业的态度努力这样做，但就整体的新闻传播来说，一定是有价值取向的。新闻传播中的价值取向可以说也是新闻传播中的一种本体性存在，是不可避免的存在。对此，我在后文还有相关论述。

动，人们的感情与理智或者暗暗地活动着，或者会以外在的形式表现出来。人是以自己的整个精神世界来面对世界的，面对他所面对的新闻的。通常情况下，人们在新闻活动中直接感受到的是对新闻信息的认知和新闻信息的交流，常常体会不到与传播者或与其他人的精神共鸣或者矛盾冲突，但深层的精神交流其实是存在的，只是比较弱、没有那么明显。可在一些特殊情况下，比如，当收受者遇到令自己心灵震撼的新闻报道时，就会强烈地感受到自己与传播者的精神交流，与相关当事人的精神碰撞和交流。这时，人们可以明显地感受到，与新闻的交流，已经超越了简单的新闻认知和新闻信息交流，而进入了更深层次的精神交流。

我在上文有过一个比喻：新闻活动不仅建立了一个信息交流之网，更重要的是为社会建立了一个精神交流之网。① 从原则上说，每个社会组织、每个社会群体、每个个人都是网上的一个节点，任何一个节点的信息震动，都会对整个网的运行产生或强或弱的影响和作用，都会受到其他节点某种程度的关注。这个网既是有形之网，通过不同的新闻媒介、信息媒介实际地将人们连接起来，也是无形之网，通过信息流、精神流将人们沟通起来。通过信息流、精神流，人们感受着事实世界、信息世界、精神世界的变化。毫无疑义，从精神交往层面上看，新闻活动已经成为精神交往的一种手段和方式。

二、新闻活动内容分析

新闻活动作为人类的一种活动方式，具有丰富的活动内容。我们只有

---

① 当然，社会的信息交流之网、精神交流之网还可以通过其他途径、方式来建构，这种网络在现实社会中是多重的，不是单一的。到底通过什么方式建构信息交流之网、精神交流之网是最重要的问题，有没有一个最重要的信息交流之网、精神交流之网是需要专门研究的。但就整个社会来说，必须通过多种交往方式来建构精神交流之网。

认识清楚新闻活动的实际内容，才能真正理解新闻活动。新闻活动的内容也像人类其他活动内容一样，在不同的历史时代有着不同的具体内涵和表现，因此，为了系统把握新闻活动的内容，我们将在历史的视野中对新闻活动的内容做出大致的描述，我们将重点从现实出发，对新闻活动的内容做出比较细致的分析。

（一）新闻活动内容的历史构成

新闻活动的历史，既构成了新闻活动的基本内容，也构成了新闻史学的基本对象。其实，新闻史就是新闻活动史。新闻活动是人类的历史性活动，因而，伴随着历史的演进，新闻活动的内容也在不断变化。就已经形成的历史事实来看，新闻活动在整个人类活动系统中不仅是有机的构成部分，而且是地位越来越重要、作用越来越大的部分。新闻活动在人类历史的发展过程中不断复杂化、多样化，活动内容不断丰富、增加。我们通过人类的新闻活动史，大致可以描述出人类历史活动的一些面貌。

人们可以从不同的角度出发反映人类新闻活动内容的历史构成（各种不同类型、不同视角的新闻史就是对人类新闻活动内容的不同反映）。我们这里的描述，不是对新闻活动历史经验事实的反映，而主要是一种依据历史经验事实的逻辑描述和抽象。这种抽象和概括多少有一点大而化之的味道，但还是可以用理论逻辑的方式，为人们提供一条理解新闻活动内容的历史路径。当然，要真正将这条路径铺垫起来，还需要新闻史学家的深入研究和历史探索。每一种新的活动领域、活动方式的出现，都有它自身的历史演变过程。要弄清这些过程的实际面貌，仅仅凭借逻辑推理或者思维想象是不可能的，还必须依赖对历史事实的发掘和研究。

人类最初的新闻活动，如果用当代人的眼光观察，可能只是自发的、自在的信息交流活动，可能只是简单的、相对比较单一的新闻信息传收活动。也就是说，人类最初的新闻活动并不是具有新闻意识的活动，在直接的表现上，则只是由"传递（传送）活动"与"收受活动"构成的，除此之外，再没有其他活动方式和活动内容。这可能是一个非常漫长的历史阶段。在这一阶段，由于人类还没有自觉的新闻意识，新闻传播活动与其他一般的信息传播活动实际上是融合在一起的，新闻信息与其他信息同样融合在一起，混沌不分。新闻活动实质上是人类生活活动、生命活动的直接组成部分，并不存在独立的、自觉的、专门的传递新闻信息或者收受新闻信息的活动。传递和收受新闻信息的方式与其他信息一样，主要是直接的面对面的人际交流。

当人类的新闻信息传收活动发展到一定历史阶段，自觉的新闻意识开始慢慢萌发，关于新闻信息的传播也开始从其他一般信息的传播活动中分离出来。也就是说，新闻传收活动逐步进入自觉的时代。可以想象和推断，当相对比较独立的新闻活动对社会发展造成比较大的影响时，对其他社会子系统，特别是政治、经济系统的运作具有不可忽视的作用力时，来自新闻传播活动之外的（对新闻传播活动进行的）控制活动也就随之而生了。① 这样，新闻活动就不再是单一的新闻传递与收受活动，而是增加了新的内容——新闻控制活动。专门的新闻控制活动的出现，标志着人类的新闻活动进入了一个新的历史阶段。它一方面说明新闻活动对社会生活形成了明显的实际的作用和影响（有了控制的必要性），另一方面说明人类已经明确意识到了新闻传播活动的影响、作用和价值（有了进行自觉控制的意识）。进一步说，新闻控制活动的出现，标志着新闻活动领域的实质性扩展，或者说是性质上的变化。新闻控制活动的诞生，意味着新闻活动本质上已经超越了私人交流、交往的范围，转变成了社会性的公共活动，

---

① 在人类新闻活动史上，什么时候、在什么地方开始出现专门的新闻控制活动或准新闻控制活动，需要从史学角度进行专门的探究。

新闻活动开始具有社会公共领域活动的性质。新闻信息的传播与收受不仅是社会成员的个人行为，同时也是一种公共行为，涉及整个社会或者一定社会范围的公共利益。这显然表明新闻活动水平达到了一个新的历史高度。新闻控制活动的出现，同时意味着自发、自在的新闻传收行为开始受到限制和约束，这既意味着自觉时代的真正到来，也意味着新闻自由与新闻控制之间矛盾斗争的真正开启。新闻控制活动的出现，还意味着新闻学研究活动的真正开始，因为从逻辑上说，要想对新闻传收活动进行社会控制，首先必须认识新闻传收活动的特征和影响，然后才能寻找到有效的控制途径和方法。

近代新闻传播业的诞生，即新闻传播机构和新闻职业的出现，标志着人类的新闻活动进入一个划时代的新阶段。大众新闻传播时代的真正到来，则标志着人类新闻意识的独立和成熟[①]，也使人类新闻活动的范畴得到了进一步的扩展，形成了新的比较完整的新闻活动体系。随着新闻活动

---

① 新闻意识从模糊到清晰有一个漫长的演变过程，中西方学者对"新闻"一词的词源学考察足以说明这一点。中国学者经过考证，认为"新闻"一词最早出现于唐朝，美国新闻学者约斯特对"新闻"一词在西方的起源也做过考证，认为"新闻"一词在上古时代的语言中就有根源。据《牛津辞典》的解释，将"新闻"解释为"新鲜报道"则是 1423 年的事情（郑保卫. 当代新闻理论［M］. 北京：新华出版社，2003：40-41.）。即使在"新闻"这一词语产生之前，相对比较自觉的、带有分离性质的新闻传播也已经开始，比如，在中国，有早在公元前 2 世纪汉武帝时代出现的"府报"（陈力丹. 发现"府报"：我国古代报纸的历史前推 800 年［J］. 当代传播，2004（1）：27.），唐代的邸报，等等；在国外，早在公元前 59 年，有"可以看作世界上最早的日报"的罗马《每日纪事》，以及公元 2 世纪产生直到 18 世纪还在流行的"新闻信"，等等（甘惜分. 新闻学大辞典［M］. 郑州：河南人民出版社，1993：668.）。但是，人们通常将西方近代报纸的产生，也就是新闻传播业的诞生，作为新闻传播从一般信息传播中相对分离出来的起始时间。比如，有学者说："关于传播信息中的一类——新闻，能够从一般信息传播中分离出来，仅是最近几百年的事情。"（陈力丹. 世界新闻传播史［M］. 上海：上海交通大学出版社，2002：1.）这在一般意义上是可以接受的论断。因为明确的、普遍的新闻意识，是与西方近代报纸相伴而生的，直到 19 世纪三四十年代大众化、商业化的报纸真正勃兴起来，人们才将新闻信息与意见信息、广告信息等自觉地区分开来，与其他信息相分离的新闻传播观念才得以逐步形成和确立，人们对什么应该是新闻、什么不应该是新闻才有了比较稳定的标准。由商业化报纸带来的这场报业革命，"奠定的是整个现代新闻事业的基础"（李良荣. 当代世界新闻事业［M］. 北京：中国人民大学出版社，2002：143.），它真正确立了具有现代意义的"新闻"观念，从而使新闻有了独立于其他信息的形态。

事业化（产业化）、规模化程度的提高，制度化、职业化的加强，人类的新闻活动水平不断提升。而新闻活动整体规模、水平的迅速扩大和提升，一方面促进了新的新闻活动领域的产生，另一方面使已往的新闻活动内容以新的面貌登上历史舞台，有了新的内涵，其中最典型的表现是：第一，新闻媒体的经营与管理活动成为新闻活动极为重要的组成部分。第二，新闻教育活动迅速成长起来，为新闻传播业培养人才。第三，对新闻传播现象、新闻传播活动、新闻传播业的研究成为专门的科学领域、学术领域，为新闻传播业的发展提供智力支持。

如果我们以历史的、开放的眼光观察、审视、分析新闻活动的内容，可以做出这样的判断：在未来的新闻活动中，完全可能出现新的内容。这种新的内容既可能是全新的新闻活动领域，也可能是既有活动领域内容的变化。目前既有的具体新闻活动内容，会随着时代的发展不断产生一些新的变化。但可以预料的是，既有的新闻活动领域不可能消亡，只能以新的符合时代的形式出现。比如，传收新闻的方式会随着媒介技术的变化而变化；控制新闻传播的方式会随着社会文明的不断进步而舍弃一些不合理的手段；新闻教育活动会不断探索新的有效方式，以适应新闻传播业自身发展的需求；研究活动会不断创造新的形式、运用新的方法，扩展自己的广度和深度，不断提高人类对新闻传播现象本质、特征、规律的认识水平，为新闻传播业整体的健康发展做出贡献。

（二）新闻活动内容的现实构成

新闻活动的横向展开，构成了每一历史阶段新闻活动的基本内容。人类新闻活动的历史积淀，构成了今天现实的新闻活动内容。这些内容构成了新闻活动的不同实践领域，同时也是新闻学研究、反思的主要对象。可以这样说，今天所有的具体新闻学研究领域，根基就是不同新闻活动领域的内容。

　　新闻活动在我们的时代，已经是一个非常庞大的社会活动系统，由一系列子系统构成。此处，我们主要根据人们的习惯性理解（也可以看作传统的看法），把现实的新闻活动内容分为三个相互关联的类型，对它们的内涵及其相互关系加以简要的描述和说明。

　　第一，微观范围的新闻活动。微观范围的新闻活动，仅指新闻职业工作者的新闻职业行为，也就是人们平常所说的采写编评播等业务活动。人们平常所说的新闻活动，主要就是指这样的职业活动，并且人们会习以为常地称之为"新闻传播活动"。职业活动构成了新闻活动的核心，因而也是新闻学研究的核心。历史新闻学主要研究的是职业新闻活动者的活动史（注意是"主要"，并不是"全部"）；应用新闻学主要研究的是职业新闻活动者在具体业务领域中的活动；理论新闻学则主要把新闻传播现象作为研究对象，在历史新闻学与应用新闻学的基础上，进一步探究新闻活动的本质、特征和规律，以及新闻活动与整个社会环境的基本关系。

　　第二，中观范围的新闻活动。中观范围的新闻活动，是在微观范围的新闻活动的基础之上，加入新闻收受者的收受活动。完整的新闻传播活动，是由传送活动和收受活动共同构成的，离开任何一方都难以完成一次完整的新闻传播。因此，不管从实践角度看，还是从新闻学研究的角度看，收受活动都是新闻活动不可缺少、不可分割的组成部分。新闻传播的根本动力源于人们的新闻信息需求；新闻传播的正常运作，有赖于收受者的信赖和支持；新闻传播最基本的矛盾，就是传播与收受之间的矛盾。因此，新闻收受活动是新闻活动固有的组成部分，也是新闻学研究应该和必须重视的重要对象。过去，在"传者本位"观念的支配下，人们往往只把新闻职业工作者采集、加工、制作、传送新闻信息的活动看作新闻活动，并不把收受者的收受活动看作新闻活动的有机组成部分，这显然是不符合客观实际的。如今，随着"受众本位"观念，或者说随着"传受共同本位"观念的确立，受众的新闻收受活动，不仅已经被人们普遍认为是新闻活动的构成部分，而且收受活动的地位与作用越来越受到人们的重视。关于受众的各种研究已经成为新闻学研究的一个热门领域。

第三，宏观范围的新闻活动。宏观范围的新闻活动包括新闻传收活动和其他一系列的相关活动。毫无疑问，新闻活动的核心是新闻传收活动，从新闻活动产生的那一天起事实就是如此。但随着新闻传播成为人类的一种事业，成为现代社会的重要信息系统，要使新闻传收活动在现代文明社会正常地运作起来，还需要一些"外围"活动的支持和约束。新闻控制活动、新闻媒体的经营与管理活动、新闻教育活动、新闻学研究活动等[1]，正是伴随着新闻传播业的发展诞生的，也是新闻传播业的需要，是新闻核心活动——新闻传收活动——的需要。我们看到，现在的一些新闻理论教材，正是从广义上理解新闻活动的，因而把这里所列的几乎所有新闻活动都容纳在教材之中（可参阅李良荣、刘建明、郑保卫等撰写的新闻理论教材）。

三、新闻传收活动的系统考察[2]

如上所说，新闻传收活动是新闻活动的核心组成部分，也是新闻学研

---

[1] 　新闻教育活动是使受教育者获取专业知识，确立职业理念、职业精神、职业意识形态的过程。但同时，新闻教育也是使受教育者被当下处于统治地位的意识形态洗礼，确立一种职业背后的政治信念的过程。总而言之，在我看来——也是实际的事实，新闻教育不仅是使受教育者专业知识化的过程，也是使教育者观念价值化的过程。对新闻学研究活动来说，其实不仅是求实、求是的过程，也是为某种新闻制度、新闻理念辩护的过程。任何一名研究者，往往在说明了"是什么"之后，都要表达"应该是什么"的设想。作为研究者，最重要的是首先能够真正说明白"是什么"。

[2] 　本书在同等意义上使用"传收""传受"这两个概念。在下文中，"新闻传播"与"新闻传收（受）"的意义也是同等的。

究的重点。因此，我们将对新闻传收活动展开系统的考察。我们先从新闻传播的现实状况出发，以静态观照的方式对新闻传收活动的类型构成、方式构成做出宏观的说明，以静态解剖的视角对具体新闻传播的要素构成做出分析；然后以动态的眼光，审视具体新闻传收活动的环节构成；最后，静动合一，以历史与逻辑相统一的方式，对新闻传收活动的基本矛盾构成做出揭示，从而在整体上把握新闻传收活动的根本运行机制和动力。

（一）新闻传收的方式或类型

迄今为止的人类传播史表明，人类基本上没有因为新的传播方式的出现而彻底放弃以往的传播方式，传播方式正如传播媒介一样以叠加的方式向前发展。原则上说，人类用来进行信息交流的方式都可用来传播新闻。因此，对新闻传播类型的划分与对人类信息交流方式类型的划分在本质上是一致的。下面，我们从不同的角度对新闻传播的类型或方式做出简要的阐释。需要预先说明的是，我们提出的几种划分方法（标准）是各自独立的，没有特别注意它们之间的逻辑关系。相信每一种划分方法，都会为读者提供观察、分析新闻传收活动的一个角度。

1. 新闻传收活动的事业化与非事业化方式

人类传收新闻信息的方式，可以从最宏观的层面上分为两种：一种是事业化的方式（也可以称之为业态方式）；另一种是非事业化的方式（也可以称之为非业态方式）。历史地看，非事业化的方式是先生的，事业化的方式是后生的，但自从事业化方式诞生后，两种方式就是并存的。

新闻传收活动的事业化方式，主要是指传送新闻的活动是一种职业化的活动，通过社会分工，由专业化的人员来承担。为了高质量、高速率、大规模的传播新闻信息，适应人们对新闻信息的不断增长的需要，人类创造了一定的制度体系，建立了专门的新闻传播组织机构，设定了比较严格的、秩序化的新闻产品创制方式等，逐渐创造了事业化的新闻活动方式。事业化的新闻活动方式，严格说来主要指新闻传送方式。但是，一旦事业化的新闻传送方式诞生，人们收受新闻的方式也就准制度化了，人们的收受活动被纳入了制度化的程序之中，因而，人们不得不按照新闻传送的周期来收受新闻。这在当今社会表现得尤为明显。如果不按照新闻传播的周期收受新闻信息，那么，收受者获得的新闻也就不再是新闻，而是旧闻。在这种意义上，新闻收受行为也变成了一种制度化的行为。顺便说一句，这也正是新闻传播者能够为收受者设置社会议题的根本原因之一。事业化的新闻活动方式，是西方世界进入现代性社会的产物，事业化的新闻活动方式以印刷新闻的出现为标志，19世纪三四十年代大众化报纸在欧美各国的普遍出现，代表事业化的新闻活动初步成熟。发展到今天，事业化方式已经成为人类新闻活动的主导性方式。新闻学的研究对象主要集中在事业化的新闻活动上。然而，这在我看来是有一定偏颇的，或者说是有遗漏的。理由就是我们下文将要论及的人类拥有的另一种新闻活动方式——非事业化方式。

所谓非事业化方式，就是事业化方式之外的所有新闻活动方式。明确一点说，凡是职业化新闻活动之外的新闻活动，都可以归属到非事业化新闻活动的范围之内。非事业化的新闻活动方式，是非专门的、非职业化的方式，因而也是最古老、最长久、最自由并且会永远存在下去的方式。自从人类诞生，原始的新闻活动就诞生了，人们就开始通过最原始的信息交流方式——人际交往——交流被现代人称为"新闻"的信息了。伴随人类的文明步伐，人类交流新闻信息的活动水平越来越高，从口语传播到文字传播，从文字传播到印刷传播，从印刷传播到电子传播，从电子传播到网络传播，从网络传播到后网络传播……一路走来，更新换代，光辉灿烂。然而，非事业化的方式尽管地位、作用在不断地发生变化，却世代延传，始终是人类交流新闻信息的基本方式。可惜的是，今天的新闻学研究很少关注非事业化的新闻活动。从某种意义上说，这等于丢掉了一半的新闻学研究对象。这恐怕也是我们将新闻活动方式分为事业化方式和非事业化方式的实质意义所在。它使我们十分清楚地看到了当前新闻学研究中的一个重大缺陷。我自己在这里也仅是从一个小小的角度提出问题，并没有进行任何研究。关于非事业化的新闻活动，我相信它将很快成为新闻学研究的一块热土。事实上，传播学的诸多研究早已进入这一领域，我们应该从中获取启发，尽快探索非事业化的新闻活动方式。

2. 传播学视野中的新闻传播类型

在传播学视野中，人们通常将传播的基本类型划分为人内传播、人际传播、群体传播和大众传播。① 这些传播方式或类型也是人类实际用来传收新闻信息的方式。但人内传播属于个体系统内的传播，更多的是一种自我内部的理解活动，因此，尽管它是"一切社会传播活动的基础"②，但并不构成人与人之间的传收形式，我们不将其列入新闻传播的类型之中。这样，在传播学视野中，新闻传收的方式可以分为以下三种。

（1）人际传播。

人际传播是指人类个体之间的信息交流活动。人际传播可以说是人类最古老的信息交流方式，也是人类最古老的新闻交流方式。即使到了大众传播时代，它依然是最普通、最常见、能够传递最丰富信息的新闻信息交流方式，也是多级信息传播中的"终级"形式。③ 与其他类型的传播相比，

---

① 关于从传播学角度进行的传播类型划分，可参阅传播学方面的教科书，比如郭庆光.传播学教程［M］.北京：中国人民大学出版社，1999。

② 郭庆光.传播学教程［M］.北京：中国人民大学出版社，1999：73.

③ 在大众传播中，信息流动会形成"传播流"，即由大众传媒发出的信息，经过各种中间环节，"流"向传播对象。参见郭庆光.传播学教程［M］.北京：中国人民大学出版社，1999：195－201。这样就可能形成所谓的"一级传播""二级传播"以至"多级传播"。对任何一家大众传媒来说，在其多级信息传播中，最终的一级主要是人际传播。

人际传播的特点在于传播内容丰富多彩，一切信息都可以通过人际交流进行传收；传播渠道、样式、方法灵活多样；传播效率较高、互动性强。

就新闻传播来说，在事业化新闻传播活动产生之前，人类主要通过人际方式传收新闻信息；在事业化新闻传播活动诞生之后，人际传播方式仍然是新闻传收的重要方式，这主要表现为两个方面：其一，经验事实告诉人们（这样的经验事实完全可以通过读者自身的体验和观察得到证实），通过大众传媒刊播的新闻，大多是通过多级传播才形成规模化传播的，在此情境下，人们根本离不开人际传播；其二，即使在大众传播语境下，还有大量新闻没有进入大众传媒渠道，只能通过人际交流的方式得到传收。①

（2）群体传播或者组织传播。

群体传播是指群体成员之间、群体与群体之间进行的信息交流活动。群体可以分为一般群体和组织群体，组织群体就是通常所说的组织。"组织是人们为了高效率地完成分散的个人或松散的群体所不能承担的生产或社会活动而结成的协作体。"② 组织内部成员之间、组织与组织之间的信息交流活动，就是组织传播。以组织方式传播新闻信息，在人类的新闻活动中是经常的事情、现实的事实。如果从组织角度观察，新闻媒体是一种典型的组织，整个社会是由各种各样的组织组成的，新闻媒体传播出来的新闻信息因而是组织化的决策结果，而非个人化的决策结果。同样，一些新闻收受者也会以组织主体的方式对待收受到的新闻，而不是以个人的方式对待收受到的新闻。因此，在常态的新闻传播活动中，必然存在着新闻传媒组织与一般社会组织之间的新闻信息传收活动。但是，这里需要注意的问题是，新闻媒体的新闻传播活动，直接指向的主要是作为社会成员的

---

① 这里涉及一个非常重要的问题：没有得到大众传媒报道的事实是不是新闻事实。我认为，一件事实是否是新闻事实，是由事实自身的属性决定的；但一件事实是否能被当作新闻事实来反映和报道，还要看新闻传播者的传播价值取向。

② 郭庆光. 传播学教程［M］. 北京：中国人民大学出版社，1999：99.

大众个体或者大众全体（对具体的新闻媒体来说，它的大众全体表现为一定的目标收受者），而非特定的社会组织。并且，社会组织之间的信息交流，主要不是新闻信息的交流，而是其他信息的交流。我们这里所强调的是，人类可以通过组织方式、群体方式来传收新闻信息，进行新闻活动。

组织传播的突出特点是传收关系比较清晰、稳定，传收界限也比较明确，比如传收存在的空间范围、内容定位等都是相对固定的。这是因为，组织一旦形成、确定，组织之间的基本关系（比如上下级关系、平行级关系或者领导与被领导的关系等）、组织内部的基本关系也就确定了。在一定的组织内部，比如比较严格的事业组织、企业组织内部或者比较松散的社区组织内部，会有相对比较封闭的新闻传播活动。事业组织、企业组织的新闻媒体和社区性的新闻媒体等，它们采集、制作、传递的新闻信息，主要是产生于组织内部的新闻信息，收受者也主要是组织内部成员，因此，传收关系往往非常紧密。顺便指出一点，组织内的新闻传播活动，是非常普遍的一种新闻传收现象，并且是对组织内部成员具有直接的、较大影响的新闻传播活动，但新闻学界对这一领域的研究既不广泛也不深入。而在我看来，随着社会民主自治的发展，一定群体内部、组织内部的信息交流，包括新闻信息交流，可能会得到进一步加强，因此，作为新闻学研究者，积极关注、考察、研究群体传播、组织传播中的新闻活动具有重要的意义。

（3）大众传播。

所谓大众传播，"就是专业化的媒介组织运用先进的传播技术和产业化手段，以社会上一般大众为对象而进行的大规模的信息生产和传播活动"[①]。尽管以大众传播方式进行的新闻传收活动诞生于 17 世纪前后的欧

---

① 郭庆光．传播学教程［M］．北京：中国人民大学出版社，1999：111．

洲，但真正称得上大众传播的新闻传播，还是 19 世纪三四十年代以后才出现的。有人甚至认为广播电视传播诞生之后，大众传播时代才算到来了。一般来说，进入 20 世纪以后，大众传播才逐渐成为人类新闻传收活动的主导方式。

大众传播的基本特点是传播活动的事业化，传播机构的制度化、组织化，传播方式的系统化、规模化，传播手段的现代化，影响的社会化，传播人员的职业化、专业化，收受者的大众化和不确定化，等等。我们现在构建的新闻理论，基本上是以大众化的新闻传播活动为根据的。

3. 不同媒介形态构成的传收类型

由于传播媒介具有不同的媒介形态，因而我们也可以从媒介形态的角度来划分新闻传收活动的具体类型。从媒介形态构成特征划分新闻传收活动的类型，有利于人们认知不同媒介的传播特点和优劣短长（对此，本书在"新闻活动媒介"一章会有专门的论述）。就类型划分而言，我们根据媒介形态的差异及其历史关系，可以粗略地将新闻传收活动分为这样几种：通过印刷媒介进行的新闻传收活动，可以简称为"印刷媒介形态的传播"（主要包括新闻杂志和新闻报纸）；通过电子媒介进行的新闻传收活动，可以简称为"电子媒介形态的传播"（主要包括新闻广播和新闻电视）；通过网络媒介进行的新闻传收活动，可以简称为"网络媒介形态的传播"（主要包括新闻网站等）；通过整合媒介进行的新闻传收活动，可以简称为"整合媒介形态的传播"，整合媒介是指几种媒介形态整合在一起形成的媒介形态，它已经出现，并有可能成为未来媒介形态的主导形态。

对于这种类型划分结果，有两点需要加以说明：第一，这种划分是以传播技术媒介为基本根据的，这样，它就把不以技术媒介为中介手段的新闻传收活动类型排除在外了。但实际上，在人类创造出传播技术媒介之前和之后，人类还依赖自身的身体媒介（通过感觉器官和心智能力）和大自然提供的自然媒介（比如空气等）进行着新闻传收活动，这是一种直接的新闻信息传收、交流活动。第二，除了既有的媒介形态之外，人类未来很有可能创造出新的、我们现在还难以想象的媒介形态开展新闻传收活动。因此，媒介形态范畴或空间应该是永远开放的。

人类的新闻传播史告诉我们，不同的媒介形态带来了不同的新闻传播方式，塑造了不同的新闻传播图景，因此，我们有充分的理由相信，不同媒介形态的整合（已经成为现实）传播，以及可能出现的新的媒介形态创造的新闻传播，将很有可能塑造一个全新的新闻传收景象。

4. 新闻传收的直接方式与间接方式

对上面几种划分方法加以综合和提升，我们就可以将人类的新闻传收方式分为两种：一种是直接传收，它以人体及其感觉器官为直接媒介进行信息传播，主要发生在面对面的人际传播和群体传播之中；另一种是间接传收，是指在人与人之间、群体之间插入物理中介的传收，最典型的就是通过大众传播媒介所进行的各种传收活动。通过物理中介进行的人际传播、群体传播也属于间接传收。

人类传播最初只有直接传播，不同的信息载体被创造发明出来之后，人类才有了间接传播。从直接传播向间接传播的转变与发展，也是人类信息传播方式的进步、信息传播水平的提高。直接传播与间接传播是人类最基本的两种信息传播方式。值得我们注意的是，建立在不同媒介形态整合传播基础上的多媒体（即我上文所说的整合媒介形态）传播，已经把人类的信息传播（包括新闻信息传收）带入了一个新的时代。直接传播方式与间接传播方式之间出现了一些有趣的景象。整合媒介形态的间接传播，在内容和形式上都具有了面对面进行的直接传播的诸多特点。信息交流双方或者多方可以通过媒介界面相互接收对方的体态语言，这与直接的面对面的信息交流何其相似。这样的间接传播，已经与传统意义上的间接传播有很大的不同，当然也不能等同于传统的面对面的直接信息传收、交流。传播方式的变化到底会给人类之间的关系带来什么样的影响，是一个需要我们深入思考的问题。

（二）新闻传收要素的构成

在具体介绍各种要素构成观点之前，先简单对"要素"本身加以说明。要素，顾名思义，就是必要的、必不可少的因素，每一个都很重要。"要素，大致可译为英文的 element，其含义较为严格，它有最基础素质的意思，即多一个不能、少一个不可。"① "要素的基本特征就在于，它们是各个离散的。但是只有就它们参与整体性联系或就它们结合起来构成整体或总体而言，它们才是要素。"② 也就是说，构成一个系统的结构要素应该是异质的，具有相对的独立性，它们是在一个系统的结构中发生有机联系的。

1. 几种要素说

新闻传收系统到底由哪些要素构成，学界的看法并不完全一致，但实质性的差别不是很大。从表现形式上看，主要有以下几种。

（1）三要素说。

三要素说认为，构成新闻传收行为的要素有三个：作为传播内容的事实（信息）、新闻传播者和新闻收受者。三要素说得到了我国新闻学界的普遍认可和接受。

甘惜分先生在他的《新闻理论基础》中指出，新闻传播实质上由"事

---

① 郑杭生. 社会学概论新修 [M]. 3 版. 北京：中国人民大学出版社，2003：28.
② 夏澍，李嘉南. 系统和要素 [M] //阳作华，黄金南. 唯物辩证法范畴研究. 武昌：华中工学院出版社，1984：49.

实—新闻报道者—新闻接受者"构成。他把新闻报道者看作连接事实与新闻接受者的中介,这个中介"可能是一个了解内情的个人(他用和人通信的方式向他的亲友报告新闻),但在现代社会生活中,充当这个新闻报道者的最大最经常的角色的是专门的新闻机构——报纸、通讯社、广播电台和电视台"①。显然,甘先生所理解的新闻报道者实质上指的是新闻媒体,其中包括从事新闻传播工作的人和传播工具。何梓华、成美教授在他们主编的《新闻理论教程》中写道:"现代社会的新闻传播是一个有机的系统。在这个系统中,新闻传播者、新闻事实和新闻收受者是三个最基本的要素,这些要素的相互影响和作用,构成了现代社会生生不息的新闻传播过程。"② 与甘惜分先生有所区别的是,他们把新闻传播者主要限定为作为人的新闻报道者。③ 项德生、郑保卫先生在他们主编的《新闻学概论》中也写道:"只要'传、受、信息'三要素齐全,新闻传播行为就能随之而生。"他们完全赞同甘先生的看法,并进而指出:"把新闻传播要素设定为'事实—新闻报道者—新闻接受者',有两个明显的优点:一则既符合传播学原理,又突出了新闻传播的特点;二则把'事实'作为新闻传播的起始点,鲜明地坚持了事实是新闻本源的立场和观点。"④

(2)四要素说。

四要素说是在三要素的基础上,加入了"媒介"要素。比如,黄旦先生在他的《新闻传播学》中写道:"构成新闻传播必须具备四个基本因素,即传播者、传播内容、传播媒介、接收者,缺一不可。新闻传播就是在这四个基本要素组成的结构内进行的。"⑤

---

① 甘惜分. 新闻理论基础 [M]. 北京:中国人民大学出版社,1982:39.
② 何梓华,成美. 新闻理论教程 [M]. 北京:高等教育出版社,1999:34.
③ 同②34-35.
④ 项德生,郑保卫. 新闻学概论 [M]. 武汉:武汉大学出版社,2000:68.
⑤ 黄旦. 新闻传播学:修订版 [M]. 2版. 杭州:浙江大学出版社,1997:131.

（3）五要素、七要素说。

郭庆光教授认为，在传播学中，一个完整的传播过程应该由五个要素构成，它们是传播者、受传者、讯息（讯息指的是由一组相互关联的有意义的符号组成，能够表达某种完整意义的信息）、媒介、反馈。"这五种要素是传播过程得以成立的基本条件，在任何一种人类传播活动中，它们都是缺一不可的。"[①] 我国社会心理学者沙莲香曾经把构成大众传播的主要因素分为七个：发信者——把一定的知识、感情、意志等传送出去的组织（由个人或集合体作为代表）；符号化——把准备传送的内容变为有意义的符号群；信息——用来进行传递的符号群；通道——大众传媒，媒体是信息的载体，信息通过媒体传播；符号读解——受信者给予接收过来的符号群一种解释，恢复其原意；受信者——接受信息，对复原了的信息内容给予反应；反馈——把受信者的反应再送回去。[②]

上面介绍了几种关于新闻传收要素构成的观点，我更倾向于四要素说。主要理由有这样几点：其一，三要素说认为，传播媒介在"新闻传播中所起的作用只是'扩大范围''加快速度''提高质量''改善效果'，那它对于构成传播行为就不是必不可少的因素"[③]。其实，问题的关键在于，三要素说把作为传播者的人和作为传播工具的媒介合为一体，称其为传播者，这显然忽视了媒介本身在传播系统中的相对独立性，忽视了人与物的差别，这当然不利于人们对不同媒介形态传播特点的把握，也在一定程度上忽视了大众传播时代新闻传播主要是通过大众传媒进行的。我们知道，正是由于媒介的不同，才形成了不同形态的新闻传播，传播媒介是独立的传播系统构成要素。其二，五要素说将传播过程中的反馈行为作为一个独

---

① 郭庆光. 传播学教程 [M]. 北京：中国人民大学出版社，1999：57-59.
② 沙莲香. 社会心理学 [M]. 北京：中国人民大学出版社，1987：322-323.
③ 项德生，郑保卫. 新闻学概论 [M]. 武汉：武汉大学出版社，2000：68.

立的要素也是不恰当的，因为反馈不过是新闻信息收受者收受信息之后的反应或是对所收受信息做出的评价，完全依赖收受者，并不具有独立的特点，因此，五要素说不能成立。五要素说实质上是把传播过程的一个环节——反馈环节——看成了传播系统的一个要素，混淆了环节与要素之间的差别。其三，七要素说严格意义上来说并不是要素说，而是将要素和环节整合在一起以后对传播过程的描述。"符号化"和"符号读解"显然不是要素，而是传播者和收受者在信息传播过程的编码和解码行为。

2. 各要素的基本含义

由于我倾向于四要素说，因此这里主要对传播内容（事实信息）、传播者、传播媒介和收受者四个要素的含义做出简要的说明。关于它们各自的具体内容及其相互关系的详细讨论，将在本书后面各章中展开，因为各个要素的具体内容及其相互关系，既构成了新闻传播的实践内容，也构成了新闻理论需要研究的中心内容。

传播内容是指新闻传播的对象，即新闻报道的对象、信息或内容。它是新闻传播实践和逻辑上的源头，所谓新闻事实在先，新闻报道在后。不过，需要说明的是，从整个新闻传收过程的系统性出发，传播内容既是传播者报道的对象，也是收受者收受的对象，只是本源状态的新闻事实是潜在的收受对象而已。

传播者是指进行新闻传播活动的人，即指那些在新闻传播活动中主要从事采写编评、制作主持的职业工作者。或者更一般地说，传播者就是指发出新闻信息的人。需要注意的是，一些人已经习惯于用"传播者"或"传者"指称整个新闻媒体，因此，不管是研究者还是读者，都要注意这一概念在相关论述中的实际所指。另外，传播者在仅指人时，也有广义和狭义之分。传播者的内部构成是双重的，有"高位主体"与"本位主体"的区别。人们通常是在狭义的、本位主体的意义上理解、应用传播者概念的，即如上面所说，传播者指那些在新闻传播活动中主要从事采写编评、制作主持等业务工作的职业工作者。对此，我们将在下一章展开阐释。

传播媒介是指制作、传送和收受新闻信息的通道或载体，即传播者用来制作、传送新闻文本，收受者用来收受新闻信息的物质实体、物理工具、技术设备等。如果更一般地讲，其则是指用来制作、传送和收受新闻信息的一切中介工具。人们通常所说的传播媒介，主要是指承载信息的载体。

收受者是指收受新闻信息的人，即人们通常所说的报纸的读者、广播的听众、电视的观众、网络新闻信息的浏览者和手机新闻信息的接收者。关于收受者，这些年来人们应用和创造了不少概念，比如受众、接受者、接收者、受传者、收受者等，不同学者似乎也有各自的偏好。但就实际应用来看，只是形式语词的差别，不同用词下概念的实质含义基本一致。当然，还有个别学者认为，"受众"之类的概念已经不符合新的传播实际，应该被彻底淘汰、抛弃。

（三）动态考察中的环节结构

描述新闻传收活动的环节构成，是指以新闻信息的实际流动过程为观察对象，根据新闻信息流动过程在不同阶段所表现出来的相互差异性，将传播过程划分为几个具有相对独立性的阶段。由于各阶段相互组合连接共同完成着新闻信息传收的任务，因此相对于全程性的信息流动，各个不同阶段便构成了新闻传播的不同环节。

1. 新闻传收活动的基本流程

流程是指从源头到终结的程序，比如生产流程是指从采购原料到制作成品的各项工作的程序。所谓传播流程是指信息从信源流向信宿的程序或过程。新闻传播的流程则是指新闻信息从新闻源流向新闻收受者的程序或过程。新闻传收活动的基本流程就是针对各种新闻传播类型的新闻传播过程，抽象、概括、描绘出它们共同具有的基本逻辑程序。

从远古的新闻传播现象到现在高度发达的大众化新闻传播活动，新闻信息在人与人之间流动的基本逻辑程序并没有发生根本的变化。任何新闻信息的宏观流动过程，不管是通过什么样的中介展开，都是从信源向信宿流动的过程。信源是事实，信宿是收受者，将信源信息与收受者连接起来的中介是各种各样的信息载体。它既可能是人自身，也可能是大自然提供的自然物，还可能是人类创造出来的可以负载信息的其他类型的载体。这样，在省去反馈环节的条件下，就可以描述出新闻活动过程的基本流程。

基本流程一：新闻信源→新闻传播者（传播者自身就是信息载体）→新闻收受者。这是人际传播中新闻传收活动的基本流程。这一流程的实质意义是：传播者从信源直接获取新闻信息，然后再直接告知收受者。在传播者与收受者之间，这是一种直接的传收方式，也是传收环节最少的传收方式，同时也是信息损失、失真最小的传收方式。

基本流程二：新闻信源→新闻传播者→新闻传播媒介→新闻收受者。这是以一定的传播媒介（最典型的就是大众传媒）作为新闻信息载体的传播流程。这一流程的实质意义是：传播者从信源直接获取新闻信息，然后将信息加工、制作并负载于一定的物质媒介之上，再将负载信息的媒介传递给收受者，最后收受者从媒介上解读新闻信息。媒介在传播者与收受者之间。这是一种间接的传收方式，也是传收环节较多的传收方式，同时也是容易引起信息损失、信息失真的传收方式。

以上两种关于新闻传收活动流程的描述，是高度简化的、模式化的描述，而在实际的新闻传收活动中，每两个要素之间的相互作用过程，都包含着一系列具体的环节，正是它们构成了新闻传收活动运行的实际机制。因此，只有弄清楚各个传播要素之间的相互的、具体的关系，才能真正把握新闻传收活动的实际状况。如前文所说，就新闻传播系统内部而言，新闻学需要探究的重要问题就是各个要素之间稳定的、本质的、规律性的关系。

2. 新闻传收的基本环节构成

我们将以当代大众传媒的新闻传播活动为直接参照，讨论新闻传收的基本环节构成。新闻传播活动是一个前后相继的连续过程，但在这一不间断的流程中，不同阶段有着不同的任务，因而我们能够将完整的传播流程划分为环环相扣的不同环节。从新闻传播的实践逻辑出发，可以将新闻传收的环节描述如下。

第一，采选新闻信息的环节。采选新闻信息环节，顾名思义，就是发现新闻信息、获取新闻信息、选择新闻信息的环节，该环节的最终目的就是初步确定新闻报道的内容。显然，采选新闻信息环节，是新闻传播源头性的环节，是第一环节，同时也具有首要意义，即它为后续环节提供了基本的作业对象，具有奠基性的作用。采选新闻信息环节的核心任务是发现新闻事实（信息），认识、评价不同事实或同一事实不同部分、侧面的新闻价值，从而确定基本的报道内容。

第二，创制新闻文本（作品）的环节。创制新闻文本（作品）的过程，就是将采选到的新闻信息进行加工制作的过程，其核心是将选定的新闻信息进行符号化，该环节的最终成果表现为新闻作品和完成的新闻产品。创制新闻文本（作品）的环节，对现实的新闻传播活动来说，包括两个主要阶段：一是作品化阶段，二是产品化阶段。所谓作品化是指通过思维加工和符号再现的方式，将采选来的新闻信息加工成可以传播的新闻文本，这主要是一个精神劳动过程。所谓产品化是指通过一定的物质手段（比如报纸的排版印刷等）将已经可以传播的新闻文本进一步制作成可以向收受主体直接出售的新闻产品，这主要是一个体力劳动过程，当然也包含一定的精神劳动成分。

第三，传递新闻文本的环节。传递新闻文本的环节，就是将已经制作好的新闻作品或产品，通过不同形态的媒介通道传送到收受者那里，这标志着新闻传播活动"传"的任务的基本完成。对传统新闻媒介来说，传送新闻信息的方式就是将新闻文本直接推送到收受者的面前。但对网络新闻传播来说，传播新闻文本的方式，并不是直接的"推式"传送，而是一种信息储备或提供，是为收受者建设一个庞大无比的信息资源库，等待他们的"拉式"提取。

第四，收受新闻文本的环节。收受者以不同的方式从不同的媒介获取新闻的活动，构成了新闻传播的收受环节，它标志着新闻传播活动从"传送"到"收受"整个周期的基本完成。收受新闻文本环节由两个小的环节构成：一是"收"的环节，它的主要活动是接收新闻文本的外在形式与基本内容；二是"受"的环节，它是一种对收到的新闻文本内容进一步做出是否接受或接受到什么程度的决定的精神活动。收受新闻文本的这两个内在环节，主要是逻辑上的划分，在实际的收受活动中它们是交织在一起的。但"收"与"受"的划分有着实际的意义，因为收到信息，并不必然意味着接受信息。

第五，信息反馈环节。反馈是双向传播或互动传播的基本构成环节，这里的反馈主要是指新闻传播主体与收受主体之间的一种信息活动，不包括新闻传播机构内部不同主体之间的内反馈活动。反馈的基本含义是从讯息产生的回流。"反馈活动和其他任何传播过程一样：它仅仅是一种倒流，是使传播者很快地对由他们已发出的符号而引起的符号做出反应的机会。"[①]"反馈是通过有关一个系统过去行为的信息来控制这个系统的未来

---

① 施拉姆，波特. 传播学概论 [M]. 陈亮，李启，周立方，译. 北京：新华出版社，1984：58.

行为。因此，它是借助于重新插入一个系统过去行为的结果来控制该系统的一种手段。在一个传播系统中，反馈是一个接受者（信宿）对信源（传播者）从前信息的回应，表明它的效果。"① 新闻传播中的反馈（可称之为新闻反馈），就是用新闻传播的结果信息调整后续新闻传播活动的过程。新闻反馈的真意在于传播者通过对收受实际情况的有效把握，调整后继的新闻传播内容、方式，甚至重新从整体上定位媒体的新闻传播。②

从以上对新闻传收环节的简要分析中可以看出，前三个环节所要完成的任务是由传播者承担的，第四个环节则是由收受者来完成的，第五个环节实质上是由传播者和收受者共同完成的。这一简单的分析总结给我们这样一些启示：其一，新闻传收活动，确实是由传播者和收受者共同完成的，他们都是新闻传播过程的主体，他们之间的关系是一种主体间关系，而非简单的对象性关系，二者是互为目的和手段的平等关系。其二，传播者显然在新闻传收活动中承担着更为重要的职责，处于更为主动的地位，是整个新闻传收活动直接的发动者和运作者。能否实现高质量、高效率的新闻传播，直接依赖的就是新闻传播者的素质和水平。其三，收受者作为

---

① 罗杰斯．传播学史：一种传记式的方法［M］．殷晓蓉，译．上海：上海译文出版社，2002：419.

② 反馈信息的来源与获取大致有这样几种途径和方式：一是收受者自发的、比较零散的对媒体新闻传播行为发表的各种看法、意见、建议等，通常以信件（包括电子信件）、电话、上访等方式进行；二是媒体主管部门对媒体新闻传播行为的监测与评估；三是有关学术研究机构对媒体新闻传播行为的分析和评价；四是新闻媒体自己的信息调查部门或委托专门的信息咨询机构、舆论（民意）调查机构通过科学手段获取的系统化、规模化的反馈信息。就中国当前的新闻传播实际来看，对第四种方式的使用越来越多，但其他三种比较传统的方式仍然是获取反馈信息的重要途径。获取反馈信息的目的是提高传播的效率、完善传播的效果，更好地满足收受者的新闻需求。然而，反馈信息的构成比较复杂，对传播者来说，需要特别注意的是反馈信息的真实性问题。有些反馈信息是真实的，是收受者对新闻传播活动的真实看法和反应，属于真性反馈；有些反馈信息是虚假的，并没有反映收受者对新闻传播活动的真实看法和意见，属于假性反馈。不管通过哪种渠道、方式获得的反馈信息，都有可能出假、出错。如果按照假性反馈信息调整媒体后续的新闻传播活动，就会把传播者导向歧途，偏离新闻传播的目标。关于新闻传收过程的反馈问题，读者还可参阅童兵．理论新闻传播学导论［M］．北京：中国人民大学出版社，2000：68-70。

整个传收活动的目标性主体，从根本上决定了新闻传播的根本动力源于收受者的信息需要。因此，一定时代、社会人们的整体素质，从根本上决定着新闻传播可能达到的整体水平。关于这些问题，我们在"新闻活动主体"一章中还要进行论述。

（四）新闻传收模式的基本构成

模式"是科学研究中以图形或程式的方式阐释对象事物的一种方法"①。模式是对现实对象的简化，与现实事物完全一样的模式无助于我们对实际的了解。新闻传收模式，就是运用一定的图形、符号、程式对现实新闻传收活动情况的抽象、概括和反映。

1. 新闻传收的基本模式

依照新闻传播类型的宏观构成，可以将人际传播、群体传播和大众传播的模式概括为以下两种基本样式。

第一，"点—点"模式。在"点—点"传播模式中，"点"是对新闻传播者和收受者在同一量化标准下的几何抽象，这种抽象的前提是新闻传播者和收受者必须具有基本的对等性。比如，个体对个体，群体对群体，组织对组织。因此，人与人之间、群体之间（包括严格的群体——组织）的新闻传收模式，可以说是典型的"点—点"传播模式。需要提醒的一点是，在群体（组织）传播中，群体（组织）内成员之间的传播是个体与个体之间的点到点传播，群体之间的传播是以群体为单元的点到点传播。

第二，"点—面"模式。在"点—面"传播模式中，"点"和"面"同样是对传播者和收受者的一种抽象，将传播者抽象为"点"，将收受者抽象为"面"，其基本根据是传播者与收受者在量上的巨大差别和在质上的

---

① 郭庆光. 传播学教程［M］. 北京：中国人民大学出版社，1999：59.

不同存在方式。比如，通过大众传媒进行的新闻传播，媒体是一种组织化的存在。职业的新闻传播者，在任何一个具体的媒体中都是严格的组织群体，相对于收受者来说，是由少量的人员构成的。而媒体的传播对象是一种大众化的存在，是边界模糊、身份不确定的存在，社会大众通常不会以严格的组织方式去收受媒体的新闻信息。因此，"点—面"传播模式是大众传播的典型模式。

历史地看，新闻传播活动是由"点—点"模式向"点—面"模式演化、发展的一个过程。在事业化新闻传播活动形成之前，新闻传收模式主要是"点—点"模式，是一种"民间化"的传收方式。由"点—点"模式向"点—面"模式的转化，或者准确点说，"点—面"模式的诞生，标志着人类新闻传播进入了一个新的时代，即从非事业化新闻传播时代进入了事业化新闻传播时代。从此，新闻传收不仅成为人们的普遍权利，也意味着新闻传播活动对人类自身的进步与发展具有越来越重要的作用和影响。"点—面"模式一经诞生，便与"点—点"模式一起，成为人类传收新闻的两种基本模式。它们之间并不存在互相取代的问题，可以说，"点—面"模式使"点—点"模式变得更加普遍、有效。

现实地看，"点—点"模式与"点—面"模式共同存在于新闻传播之中。从原则上说，任何一条具有一定新闻价值的新闻，都可能以这两种模式在社会大众中传播。一些新闻的传播，会体现出两种基本模式的相互转化。一些新闻先是在民间以"点—点"模式传播，一旦引起新闻媒体足够多的关注和兴趣，就有可能转化为"点—面"传播模式，而"点—面"化的传播，又会促生新的"点—点"化传播；同样，一些新闻首先是由职业化的传播者发现的，并以"点—面"模式进行传播，如果新闻内容具有足够的激发性，"点—面"化的传播就会催生出众多的、规模化的"点—点"传播。总而言之，一些高质量的新闻（能够引起人们普遍兴趣的新闻，或者说与人们具有普遍相关性的新闻）总是同时以两种模式进行传播的。

2. "点—面"传播模式的具体构成

当代新闻传播的主导模式是"点—面"传播模式，但在这一总模式中，又有诸多不同的具体模式类型，只有把握这些具体类型才能对传播模式形成比较真切的了解。更为重要的是，只有理解了不同传播模式的特点，才能比较有效地将其运用到实际传播之中。

（1）从传收关系上看，"点—面"传播模式可以划分为单向传播模式和双向传播模式。单向传播模式就是无反馈环节的传播模式，信息以线性的方式单向流动；双向传播模式就是有反馈环节的传播模式，信息以非线性的方式在传收双方之间双向流动。

就新闻信息的传收来说，人类拥有的最古老也最常用的传播模式是双向传播模式，只是在印刷媒介诞生之后，也即大众化传播现象诞生之后，传播媒介才从根本上将传播者和收受者明晰地分为两个群体，使他们难以在传收信息过程中进行直接的互动交流，这样就形成了单向的传播方式。直到现在，单向性仍然是大众传播的突出特点，尽管人们采取各种各样的办法力求使传播者与收受者实现双向互动。

像我们在前文中所说的那样，各种信息（包括新闻信息）传收的基本目的，是实现人与人之间的有效交流，实现人们精神层面的交往，实现传收者之间的心灵接近，因而，双向或者多向互动是各种信息交流的内在要求，是传收过程中存在的规律性关系（参见第七章"新闻传播规律"中的相关内容）。当由其他社会条件和传播技术进步共同促生的大众传播诞生以后，它把人们之间的信息交流模式在很大程度上单向化了，将传播者与收受者之间的直接交流关系变成了间接交流关系，从形式上使人与人之间的距离远了，而不是近了。直接交流关系的间接化，往往既降低了信息交往、交流的有效程度，也影响了人与人之间的相互理解。显然，这与人们试图通过信息交流实现精神交往的目标具有一定的矛盾性。有效的交流，能使人与人接近的交流，必然是双向互动或者多向互动的交流，因而，无论传播技术如何进步，向原始双向、多向互动传收模式的复归，是人类之间各种信息传收模式的必然发展方向，是一种规律性的要求，是否定之否定的一个必然过程。因此，传播技术、传播媒介发展的方向，必然是能够使人们之间进行充分互动传收的方向。这正是新闻传播为什么（事实上也不得不）越来越追求传收双向互动模式的根本原因。

（2）从传播目标收受者的数量规模上看，"点—面"传播模式可以划分为小众化传播模式、大众化传播模式、小众化与大众化相融合的传播模式。这是对"点—面"传播模式所做的进一步的精细理解。已往人们只是在大众传媒的意义上理解点到面的大众传播模式，即只要是通过大众传媒进行的传播，就是以大众传播模式进行的传播。这当然没有什么原则性错误，但过于笼统、宽泛，对人们把握现实中不同大众传播的"变形"模式缺乏足够的理论指导性。因此，对大众传播模式加以具体分析是很有必要的。

第一，小众化传播模式。我们处在大众传播占据主导地位的新闻传播时代，小众化传播是已往没有的概念。小众化传播概念本质上是网络时代的产物。网络使小众化的新闻，甚至是个性化的新闻成为可能和可行的事情，"由于因特网能够提供应需媒体，并满足不同观众群体的需求，因而它允许观众和新闻机构提供更为个性化的新闻"①。由网络传播而生的小众化概念和小众化传播模式，迅速影响到传统媒体的传播方式，它们也适应时代的潮流，纷纷以专业化的新闻传播方式建构具有自身特色的小众化传播模式。因此，人们现在谈论新闻传播的小众化传播模式时，在整体上

---

① 帕夫里克．新媒体，新规则［M］//张穗华．媒介的变迁．北京：中国对外翻译出版公司，2002：124.

是以大众传播模式为背景的，这是应该明确的前提。

我以为，小众化传播模式的内涵，是指某类新闻传播的目标收受者在规模上是少量的，但到底少到多少才叫小众化传播，并没有一个统一的标准。哪类新闻媒体和哪些新闻版面、栏目属于小众媒体、版面、栏目，人们并没有一个清晰的概念。小众化传播，实质上是为小范围社会公众提供新闻服务的一种模式。这里的"小范围"有两个意思：一是指一定空间范围内的社会人群或者社会公众。比如，社区报纸指向的新闻目标受众，就是一定社区空间范围内的受众。二是指特定的人群范围，他们往往并不生活在相对比较集中的一定空间范围内，而是分散在整个社会的各个角落。他们通过一定的身份特征、职业特征、素质特征等与其他人群区分开来。比如，现在的一些报纸，声称他们是办给年收入不少于多少万、在某某行业、年龄在多少到多少的人看的。这样的人群就是特定的人群，针对特定人群进行的传播就是人们所说的小众化传播。

这里有一些值得注意的问题，比如：过于小众化的新闻还是不是新闻？只满足个别群体的新闻，特别是只满足个别人的新闻还是否是新闻？这样的新闻传播，是新闻传播的发展表现，还是新闻传播的退化迹象？有人指出："个性化的新闻从某种意义上说，会给社会带来很大的负面影响。个性化的新闻传播使人们之间可以分享的共同观念、话题和兴趣逐渐丧失，未来的人们在公共场合可能很难与别人找到共同的谈资。在精神上，人们可能生活得比现在更自由，更丰富多样，但也更孤单。"[①]

在我看来，小众化的、个性化的新闻仍然是新闻，不过，这样的新闻只能是一定范围内的新闻。新闻具有一定的相对性，对一些人是新闻的新闻，对另一些人来说，很可能就不是新闻。但这并不意味着我们要否认新

---

① 王纬．镜头里的"第四势力"：美国电视新闻节目［M］．北京：北京广播学院出版社，1999：51.

闻的绝对性，只有具备一定特点的信息才能构成新闻。如果连新闻的基本特征都不具备，那就失去了谈论相对性的前提或基础。目前，新闻传播的发展变化，既使得新闻的信息化趋势越来越明显，也使得新闻的相对性特征越来越强。这是值得我们认真思考的新现象，涉及我们对新闻的界定问题。关于个性化新闻问题，我以为这是个假命题，只有个别人感兴趣的新闻其实不会成为大众传媒传播的新闻，因为任何新闻媒体都有选择新闻的标准，但它不会为某个人的需要而选择新闻，至少是按照一部分人（小众）的需要选择新闻。至于个别人在网上定制新闻，他所获取的新闻事实上是许多人都感兴趣的新闻。至于担心个性化新闻会使人们失去共同的谈资，我想是大可不必的，人性是复杂的，人的需要不是单一的，世界上只吃一种食物的动物是有的，但只吃一种食物的人是几乎不存在的。坐在书斋中的一些想象往往是庸人自扰。

第二，大众化传播模式。大众化传播模式是以大规模的社会普通大众为目标收受者的新闻传播模式。在这种传播模式下，传播者选择的主要新闻传播内容，是社会大众普遍关注的、普遍感兴趣的并且能够普遍理解的东西，而不只是大众中某一小部分收受者关注的、感兴趣的、能够理解的东西。这是大众化传播在 19 世纪三四十年代兴起时的基本表现，也可以说是大众化传播的内在特点和要求。就现实来看，时事新闻、社会新闻、体育新闻、娱乐新闻等，是当前大众化传播的主要内容。事实上，大众化传播模式也是事业化新闻传播方式实际得以运行的主导模式。

"点—面"传播模式之所以能够成为新闻传播的主导模式，主要取决于这样几点：其一，社会大众在事实上有着共同的生活经验和生活环境，每个人为了生存和发展，都有了解、把握环境变动，特别是最新变动信息的必要，因而他们一定会有一些共同的新闻信息需求，这是大众传播模式能够稳定运行的根本原因。如果人们没有普遍共同的某种信息需要，大众传播模式就不会稳定存在。其二，事业化的新闻传播活动，担负着通过新闻方式维护社会良性运行的社会职责，担负着通过新闻方式使整个社会不同系统之间、组织之间、人员之间相互沟通、相互理解的职责，因此，充当社会公器的新闻媒体都会自觉对社会公共事务、涉及社会公共利益的事件等进行报道。也就是说，新闻传播的社会公共服务功能决定了它有一种追求大众传播模式的内在动力。

第三，小众化与大众化相融合的传播模式。信息时代、网络时代的到来，迅速将新闻传播中的小众化传播模式与大众化传播模式融合在一起，造就、形成了一种融合性的新闻传播模式。[①] 我的意思是说，大众化传播媒介同时也是小众化传播媒介、个众传播媒介，它既可以满足人们共同的、普遍的新闻需求，又可以同时满足人们特殊的甚至是个别的新闻需求，这种情况典型地体现在一些综合性的新闻媒介中。曾以《数字化生存》红遍中国的美国人尼葛洛庞帝指出，在信息时代，大众传播媒介的覆盖面一方面变得越来越大，另一方面又变得越来越小[②]，这将是一个"随选信息"的时代。[③] 人们确实发现，在如今的综合性新闻媒介上，既有能够满足各色人等共同需要的新闻信息，也有能够满足特定人群新闻需要的相关报道。在网络新闻媒介上，甚至可以定购能够满足个性化需求的各种信息。

（3）在逻辑上，如果将传播的方向性（单向和双向）和收受者的数量

---

　　① 这里需要说明的是：网络时代的到来，使小众化传播的概念得以明了化和普遍化。但实际上，传统的报纸、广播、电视媒介，也是大众化内容与小众化内容的统一体。也就是说，小众化传播本来就是存在的，并不是因为有了网络传播才有了小众化传播，但传统的小众化传播是没有足够自觉的小众化传播。另外，小众化概念的兴起和勃发，在我看来，更根本的原因乃是市场经济体制在新闻业实行的必然结果。当市场细分的观念和实际操作进入新闻传播领域后，必然的产物就是分众——分众其实就是分割传播受众市场，有了对统一的、模糊的大众化的新闻市场的分众，小众化传播模式自然就诞生了。

　　② 尼葛洛庞帝. 数字化生存［M］. 胡泳，范海燕，译. 海口：海南出版社，1997：192.

　　③ 郭湛. 主体性哲学：人的存在及其意义［M］. 昆明：云南人民出版社，2002：267.

规模特征结合起来，即把我们上面讨论的两种模式结合起来，就可以将点到面的大众传播模式进一步分为单向性（小众化与大众化）融合模式和双向性（小众化与大众化）融合模式。单向性融合模式，就是没有反馈机制或反馈环节的融合传播模式；双向性融合模式，就是有反馈机制或反馈环节的融合传播模式。

把上面的各种具体模式用统一的模式图表示出来，如图 1-1 所示。

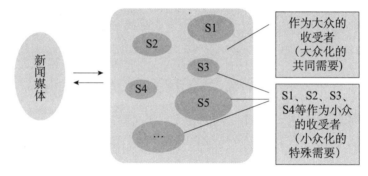

图 1-1　点到面的传播模式图

在图中，左边的大椭圆代表媒体或者传播者（是传播模式中的"点"），右边的矩形图代表收受者（是传播模式中的"面"），它们之间的双向箭头线，代表新闻媒体作为传播者与收受者之间的互动关系。在右边的矩形图中，外围的阴影部分代表作为大众的收受者，矩形内的小椭圆 S1、S2 等代表作为小众的收受者。在现实中，作为大众的收受者和作为小众的收受者往往是一体化的，即人们既有一般性的大众化的新闻需要，也有相对的具有一定个性色彩的小众化或者分众化的（甚至是个众化的）新闻需要（见上文解释）。

从上面的模式分析中可以看出，大众传播背景下的小众化和大众化的区分，本质上是传播内容的定位区分，或者说是目标受众的定位区分，这二者之间是一种互为前提的关系。在这种区分的背后，乃是对人们新闻需要的仔细区分。需要的差异性，是传播小众化的根源；需要的共同性，是大众化传播能够存在的根据。由于人们永远具有一些共同的新闻需要，同时又始终存在着新闻需要上的一定差异，因此，我们现在可以做出的一个断言是：在大众传播产生之后，小众化传播模式和大众化传播模式将一直共同存在下去，构成新闻传播的双重基本传播模式。

还需要说明的是，上面关于大众传播模式的具体划分，主要是理论逻辑上的一种清理。在现实中，从总体上说，新闻传播不可能以某种单一的传播模式进行，也就是说，新闻传播模式一定是多样的，不可能是单一的。大多数新闻传播都是以某种模式为主导，兼及其他传播模式的特征。在当代新闻传播现实中，几乎不存在单向性的新闻传播，新闻媒体间的差别主要在于谁的双向传播做得更好，谁能更有效地获得反馈信息，更及时地调整后继的新闻传播内容和方式。

另外，还有一个经常被人们与大众、小众一起提到的概念——分众。它到底是什么意思呢？这里，我想从理论新闻学的角度，对其做一点说明。分众，顾名思义，就是把"众"分割开来，即把"大众"分为不同的"小众"，进而实行差异化的传播，这也就是分众化的传播策略和方法。由此我们也可以看出，小众化传播乃是分众化的结果。将大众分为小众是为了提高传播的针对性和效率，分众的根据可能有许多，但最根本的是收受者的需要。市场营销策略中的市场细分，体现在新闻传播领域就是受众的细分，受众需要的细分。

四、新闻传收活动矛盾探究

新闻传收活动是新闻活动中最主要的构成部分，可以说是新闻活动的核心。从原则上说，其他活动都是为传收活动服务的。新闻传收活动在历史时空中的展开，离不开社会环境的影响，更离不开新闻传收活动内部矛盾的作用。把握新闻传收活动中的矛盾，是我们从总体上、根本上认识新闻传收活动的重要路径。已往的新闻理论研究没有给予新闻传收活动的矛盾问题足够的重视，在已经出版的大部分新闻理论教材中，甚至没有专门论述新闻传收活动矛盾的内容，这显然是不应该的。[①] 但必须声明的是，我在这里的论述也是初步的、简要的。

（一）新闻传播内在与外在矛盾的构成

讨论新闻传播或者传收（受）过程的内在和外在矛盾构成，首先是把新闻传播过程看成一个相对独立的系统，并从此出发界定内外矛盾的基本范围。新闻传播的内在矛盾，是指新闻传播系统内部的矛盾；新闻传播的外在矛盾，是指新闻传播系统与其外在传播环境之间的矛盾。所有新闻传播现象、传播活动，都是在新闻传播系统的内在矛盾与外在矛盾的相互作用中展开的。

1. 新闻传播的内在矛盾

新闻传播系统是由新闻传播基本要素构成的有机系统，系统内各个要素之间的相互作用关系，就是系统内在的诸多具体矛盾。因此传播主体与新闻事实间的矛盾、传播主体与传播媒介间的矛盾、收受主体与新闻事实间的矛盾、收受主体与传播媒介间的矛盾、传播媒介与新闻事实间的矛盾等，共同构成了新闻传播的内在矛盾。这些具体的内在矛盾的展开，便是新闻传播的实现过程，而新闻传播的实现过程，构成了我们上文描述的传播的具体流程和各个不同的环节。

如果以前面所说的"三要素说"和"四要素说"为例，我们可以把新

[①] 需要读者注意的是，当我说在已往的大多数新闻理论教材中没有专门论述新闻传收活动矛盾的内容时，仅仅是说没有"专门"的论述，而不是说没有关于新闻传收活动矛盾的论述。因为就整个新闻理论体系来说，任何一部教材论述阐释的都是新闻传播活动中的各种问题和矛盾。

闻传播内在矛盾的具体构成描绘如下（见图1-2）。

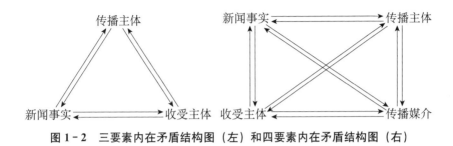

图1-2　三要素内在矛盾结构图（左）和四要素内在矛盾结构图（右）

以系统内的眼光审视，新闻传播过程就是由系统内双重主体要素——新闻传播主体和新闻收受主体（第二章将专门讨论）——在一定的新闻传播环境中解决这些具体内在矛盾的过程。对这些内在具体矛盾的不同解决观念、方式方法，将产生不同的新闻传播样式；解决这些具体内在矛盾的水平和质量，将决定新闻传播的实际效率和效果。

在新闻传播系统内或传播过程中，以谁为主导（传播主体、收受主体或者传收双方共同）来解决这些具体的内在矛盾，即以谁的需要和利益为主导来解决这些具体矛盾，将从根本上决定形成以谁为主导或以谁为本位的新闻传播理念，将决定新闻传播基本的价值取向。在我看来，虽然新闻传播永远都是以传播主体的需要和利益为主导来解决这些矛盾的，但在实际表现上，却以满足收受主体信息需求、新闻需求的方式来解决各种矛盾。也就是说，传播主体始终是以"为己利他"的方式运作新闻传播系统的。当然，理想的新闻传播是以"为我们利我们"的观念来解决新闻传播系统的各种矛盾的，这里的"我们"指由传播主体和收受主体构成的整个社会利益共同体。

不同时代具有的解决这些内在矛盾的方式，将决定该时代基本的、主导的新闻传播模式。在事业化新闻传播方式诞生之前，人类新闻活动在整体上是零散的、无组织的，主要依赖不同社会个体解决新闻传播过程中的内在矛盾，因而形成的主导性的传播模式便是人际模式。当事业化的新闻传播方式产生之后，特别是发展到一定程度以后，传播主体和收受主体之间有了明确的界限，人类创造发明的传播媒介在新闻传播过程中具有了举足轻重的作用，因而造就了点到面的大众传播主导模式。可见，新闻传播自身发展演变的过程，从新闻传播系统内部来看，正是这些内在矛盾不断以新的方式解决的过程。但这些内在矛盾的抽象形式、抽象关系始终都是稳定不变的，人类今天在新闻传播活动中所要解决的内在矛盾在纯粹形式上与过去几百年没有什么不同。

2. 新闻传播的外在矛盾

新闻传播的外在矛盾是指新闻传播系统与新闻传播所处的社会环境的相互关系。这种关系主要表现为两大方面或两个层次：一是新闻传播作为社会有机系统的一个子系统与整体的社会系统的相互关系；二是新闻传播系统与社会其他子系统，诸如政治、经济、文化、技术等系统的相互关系。

新闻传播系统与社会系统的相互关系，是社会系统内部整体与部分的关系、大系统与小系统的关系，因为新闻传播系统是社会整体系统中的一个部分、一个子系统。因此，当我们讨论社会系统与新闻传播系统的关系时，实质讨论的问题是，整合了新闻传播系统之外的其他社会子系统的新闻传播的社会大环境与新闻传播系统的关系。如果把新闻传播系统作为观察这种关系的出发点，即把新闻传播系统视作"内"部，那么，构成其传播环境的就是"外"部，我们把这种"内"与"外"的关系、矛盾，叫作新闻传播的外在关系、外在矛盾，以示与上面讨论的内在矛盾的区别。

新闻传播系统的这种外在矛盾，落实在现实中，就是新闻传播系统与社会各个子系统的相互关系、相互矛盾。社会环境并不是空壳式的存在，而是由实实在在的社会子系统整合、融合而成的。因此，当我们要分析新闻传播系统与社会环境的基本关系、基本矛盾时，就不得不具体探究新闻传播系统与政治、经济、文化、科技、社会心理等诸多社会子系统的实际关系。这也就是说，新闻传播的外在矛盾，落实在具体问题层面，就是要讨论新闻传播与政治、新闻传播与经济、新闻传播与文化、新闻传播与技术、新闻传播与社会心理等的矛盾，而这正是广义新闻理论体系的重要组成部分——新闻关系论——所要研究的核心问题。事实上，如果从新闻矛盾论的角度看，新闻理论体系无非是由内在矛盾论、外在矛盾论和内在矛盾与外在矛盾关系论构成的。

3. 内在矛盾与外在矛盾的基本关系

新闻传播内在矛盾与外在矛盾的区分，既是对新闻传播中客观实在矛盾类型的一种划分，也是一种理论逻辑上为了研究问题方便的划分。内在矛盾的内在性，强调的是内在矛盾存在于新闻传播系统内部，外在矛盾的外在性，强调的是外在矛盾存在于新闻传播系统与社会大环境以及其他社会子系统之间。

新闻传播系统是一个开放的系统，依赖新闻传播环境生存和发展，因而在新闻传播实践中，传播的内在矛盾与外在矛盾交织在一起，共同决定着新闻传播的实际运行和现实面目。新闻传播需要同时解决这两类矛盾。在非事业化的新闻传播活动中，不存在十分清晰的内在矛盾和外在矛盾，新闻活动就是在综合的矛盾关系中展开的；在事业化的新闻传播方式中，新闻传播系统的相对独立化，使得内外矛盾在客观实际和理论逻辑中都能够被比较清晰地区分开来，但新闻传播活动的展开，仍然是在双重矛盾的共同作用下进行的。

新闻传播内在矛盾的具体构成和具体表现，依赖于社会系统提供的各种各样的条件，即新闻传播内在矛盾的具体表现形式，依赖于一定社会的政治、经济、文化、技术等的实际状况，依赖于它与外在矛盾的关系。尽管如上文所言，新闻传播内在矛盾的构成形式是稳定的，即在具有新闻传播的情况下，其总是表现为传播主体与新闻事实间的矛盾、传播主体与传播媒介间的矛盾、收受主体与新闻事实间的矛盾、收受主体与传播媒介间的矛盾、传播媒介与新闻事实间的矛盾；但在不同的传播环境下，构成每一种内在矛盾的各个要素内涵是有时代差异的，每一种内在矛盾的具体表现也是有时代差异的。比如，就构成内在矛盾的要素——传播媒介和新闻传播内容——来说，在不同的时代，其内涵的丰富性是有很大不同的。传播媒介在不同社会历史阶段，有着巨大的、质的差别。而随着社会大环境的变动，新闻传播内容在整体上更是发生着巨大的变化，每个时代、每个历史时期、每个时段，一定环境中的新闻传播都会有不同的主体内容。又如，就构成新闻传播内在矛盾之一的传播主体与收受主体之间的关系来说，它在不同社会环境下的具体表现具有很大的差别，在集权政治、计划经济的社会环境中，传播主体往往高高在上，收受主体只是充当着各种政治信息的容器，而在民主政治、市场经济的社会环境中，传播主体与收受主体的关系不断走向平等，在一些浪漫主义者的眼中，收受主体甚至成了传播主体的"情人"和"上帝"。

由上面的分析我们可以看出，新闻传播的外在矛盾状况，将决定社会系统和其他社会子系统对新闻传播的作用方式和程度。新闻传播系统与社会系统的整体相互关系，将决定新闻传播在社会系统中的总体地位和作用。新闻传播离不开社会整体环境，也离不开社会其他子系统的影响和作用。通常情况下，新闻传播外在矛盾的解决，将通过内在矛盾的解决来实现。也就是说，外在矛盾的解决最终要落实在内在矛盾的解决上。比如，政治系统与新闻传播系统一旦发生矛盾冲突，政治力量往往是通过控制、调整传播主体与收受主体的关系，或者是调整传播主体与传播内容的关系（实际上就是对传播主体的传播选择做出某种限制）来协调、解决二者的矛盾。

新闻传播系统内在矛盾的种种表现，总在一定程度上折射着新闻传播系统的外在矛盾状况，因为新闻传播反映的对象主要不是自身的变化，而是社会环境的最新变动情况，各个社会子系统的最新变动情况。透过这种反映，人们自然可以发现新闻传播系统与其他社会子系统的关系。新闻传播的内容，作为一种信息力量、舆论力量、精神力量，始终会对环境形成一定的作用和影响，当各种条件配合默契时，新闻传播也会对整个社会系统或者某个子系统产生巨大的作用。

透过人类新闻传播发展史，大致可以看到，新闻传播内在矛盾与外在矛盾的分野不断清晰化，这是因为随着社会和新闻传播自身的发展，新闻传播系统的独立性和自主性不断得到加强。在新闻传播内在矛盾和外在矛盾的解决过程中，越来越显示出新闻传播系统自身的主动性，人们越来越根据新闻传播自身的本性、活动规律，越来越依据新闻传播应该发挥的社会功能，来解决新闻传播的内在矛盾和外在矛盾。

（二）新闻传播内在矛盾的层次性

在新闻传播系统的诸多内在矛盾中，有的矛盾具有总矛盾的性质，包含着其他的矛盾；有的矛盾只是新闻传播系统中某一侧面或某一环节的具体矛盾。因此，要充分掌握新闻传播的内在矛盾，还需要在不同的层次上加以分析。

1. 宏观层次的总矛盾[①]

不管是从新闻传播现象的历史演变过程，还是从当代高度发达的新闻传播业现实中，人们都能够比较容易地发现，新闻传播解决的总矛盾始终

———————————

① 新闻传播的总矛盾，也可以称作新闻传播或者新闻传收（受）、新闻活动的基本矛盾、核心矛盾，我在概念用词上并没有严格统一，但表达的意思是一样的。

是如何通过新闻传播满足人们或社会的新闻信息需求，即新闻传播主体的传播行为与新闻收受主体新闻需求之间的矛盾是新闻传播的总矛盾，是新闻传播的基本矛盾。简单点说，新闻传播主体与收受主体之间的矛盾就是新闻传播的总矛盾，或者说是基本矛盾、核心矛盾。

人们在探究人类传播现象的发生与起源时，已经达成了基本的共识：信息传播、新闻信息传播源于人类生存与发展的需要，源于人类信息交往的需要，信息交往面对的基本问题便是传播与收受的矛盾问题。这就从新闻传播的源头上决定了新闻传播的总矛盾、基本矛盾必然是传播与收受之间的矛盾，体现在人身上，就是传播者与收受者之间的矛盾。这同时也意味着，只要新闻传播存在，传收（受）之间的矛盾——新闻传播内在的总矛盾——就不会消亡，它具有永恒的性质。

人类新闻传播活动已经经历了不同的时代，还会产生新的传播时代[1]，但不管在哪个时代，新闻传播活动解决的核心矛盾不可能偏离传与受的相互作用关系。人类只是在不同的历史时代、时期、阶段，以不同的方式解决这一矛盾，使新闻传播表现出不同的具体形象。新闻传播的发展过程，正是人类以不断更新的方式解决这一基本矛盾的过程。

在传播与收受这一总矛盾中，从总体上说，收受主体的新闻需要从根本上决定着传播主体的传播行为，即收受主体的新闻需要是新闻传播的根本动力。在一定时代、一定社会环境中，新闻收受主体的总体精神文化追求、精神文化趣味，决定着一定时代、一定社会新闻传播的总体追求。[2]

---

[1] 根据人类新闻传播的历史和可能发展，我把人类新闻传播演变、发展的过程分为三个大的时代：前新闻传播业时代、新闻传播业时代、后新闻传播业时代。我在后面有关章节还将专门论述。

[2] 所谓一定社会新闻收受主体的精神文化追求、精神文化趣味，也就是一定社会的总体精神文化追求和精神文化趣味。一定时代、一定社会的总体精神文化价值理念、精神文化气息必然体现在其社会成员身上，表现在他们作为新闻收受者的选择行为之中。一定时代、一定社会的精神文化必然会反映在其媒介文化、新闻文化之中，会以最广泛、最迅速的形式传播、弥漫于一定的时代和社会中。

当一定时代、一定社会被一种强烈的政治文化笼罩时，政治新闻必然成为新闻媒介中铺天盖地的喧嚣；当一定时代、一定社会处于市场经济的浪潮中时，经济新闻必然成为新闻媒介中独占鳌头的信息；当一定时代、一定社会被商业气息浸染到每个毛孔时，一切媚俗的、煽情的、黄色的、虚假的、有偿的变异性新闻，会成为新闻媒介中抛头露面的常客。如此等等，我们想要说明的是，一定时代、一定社会的总体状况，也就是人们作为新闻收受者的总体需求，决定着新闻传播的总体景象，决定性地影响着传播者的总体新闻传播行为。但我们也注意到，在任何社会条件下，特别是新闻传播发展到事业化传播方式之后，传播者并不是收受者的奴隶，也不只是一定时代、一定社会总体精神文化的推波助澜者。相反，在很大程度上，传播者是收受者信息需求、意见需求（表达）的引导者，是一定时代、一定社会新的精神追求的引领者，他们通过报道新闻、传播信息、反映意见、表达看法的方式，创造着新的时代精神。传播者不只是满足、适应收受者的信息需求，也在引导、创造着收受者的新闻需求。客观地讲，传播者与收受者确实始终处在一种相互作用、相互交流的状态。只是他们之间的互动有时是良性的，有时是恶性的，有时是和谐的，有时是错位的。

新闻传播与收受的矛盾关系，在传收实践中具有丰富多彩的表现。在任何一个时代、一个社会，尽管某种具体的传收关系可能是占主导地位的，但系统地、仔细地观察分析就会发现，在主导性的关系之外，还有各种各样的其他关系存在。不管是主导性的传收关系，还是非主导性的传收关系，都是新闻传收总矛盾的体现。新闻传播的多样性、多层次性，是一定时代、一定社会精神文化的多元性、多层次性的反映和表现，从根本上说则是由收受主体新闻需要的多样性和多层次性决定的。在一个比较自由、民主的社会里，人们的新闻需要一定是多元的、多层次的，新闻传播内容也必然是多元的、多层次的。如果人们在一个社会中只有一类新闻需要，新闻媒介也只能向人们提供一类新闻，那就可以毫无疑义地说，这是一个扭曲的社会，新闻传播与收受之间的关系也必然是一种扭曲变形的关系。

总而言之，传收双方是互动的，是在矛盾中互动的，互动是新闻传播与收受能够实际展开、运行的根本动力。尽管从直接的外在表现上看，传播主体创造着新闻传播的整体景象，但在传播主体的背后，时时刻刻都有收受主体的身影。从根本上说，收受主体是新闻传收总矛盾中主要的一方，左右着新闻传播的总体图景。

2. 微观层次的具体矛盾

新闻传播主体与收受主体之间的总矛盾，在传播实践中表现为一些具体的矛盾，因而，传收总矛盾的解决，首先需要解决一系列具体矛盾。这些矛盾贯穿在所有新闻传播的具体过程之中。这些具体矛盾的解决结果，将以累积效应的方式，决定新闻传播的整体水平和质量，决定传播者与收受者之间互动的性质和效果。

（1）传播主体与新闻事实间的矛盾。在新闻传播系统内部，首先要解决的具体矛盾就是传播主体与新闻事实之间的矛盾，其核心在于解决传播什么内容的问题。传播者要从一般事实世界中，选择出新闻事实；要从新闻事实中，确定出最终可以被转化成为新闻的新闻事实。传播内容的确立，对于整个新闻传播过程具有决定性的意义。这一矛盾的解决，直接影响着传播过程后续其他具体矛盾的解决。① 在传播者与事实之间，事实的存在是客观的、先在的，传播者是积极的、主动的，可以发现事实、选择

---

① 有的研究者甚至把这一矛盾看作和传收矛盾同等重要的新闻传播矛盾。"新闻传播的基本矛盾是什么呢？就是传播者的传播行为与受众和社会需求之间的矛盾，传播者的传播行为与反映对象即客观事实之间的矛盾"。参见项德生，郑保卫. 新闻学概论［M］. 武汉：武汉大学出版社，2000：85。

事实，但传播者并不能任意妄为，新闻事实的客观存在是其发现、选择的前提，按照事实本来面目来确定报道内容是其必须遵守的基本规范，而一些事实特有的非常性将以客观的力量促成相关的报道行为。可见，传播者与事实之间是一种主动与被动交织的相互作用、相互制约关系。

（2）传播主体与传播媒介间的矛盾。在新闻传播活动中，传播主体与传播媒介之间的矛盾是时时刻刻都存在的。传播主体与传播媒介之间的矛盾，在具体的业务层面上，主要强调的是不同的传播媒介形态具有自身的特点，每一种具体的传播媒介形态，都要依赖一定的媒介技术和一定的传播符号系统，传播主体在传播内容的选择、传播方式的选择上，不能主观任意，不能超越媒介的技术规律，也不能超越符号系统的信息、意义传播规律。不同的媒介形态对于传播主体也有不同的专业知识和专业技术要求。作为传播者，必须要注意不同媒介形态各自的优劣短长，只有这样，才能以一定传播媒介最适合的方式去报道它最适合报道的内容。如果超越具体的业务层面，对传播主体与传播媒介的关系在宏观层面上做进一步的思考，就会发现，传播媒介作为一种技术性的产物，一方面扩大了传播的规模，加快了传播的速度，提高了传播的效率，增强了传播的社会影响，从根本上说，就是增强和提高了传播主体的传播能力，但另一方面也存在着一种隐隐约约的危险，这就是传播主体正被传播技术所"驾驭"、所"异化"。对技术的过度看重，正在使一些传播者脱离他们应该直接接触的新闻事实、新闻事件；对技术的过度依赖（为了适应技术的要求），正在使一些传播者改变对事实观察的方法和角度，甚至改变事实本身的自然表现方式；对技术的过度使用，正在使一些传播者坐在编辑室里通过电脑塑造事实的形象……当然，导致这些现象产生的原因，不只是传播主体与传播媒介之间的二元关系，还涉及其他的要素，但传播主体在传播媒介技术面前在一定程度上失去主导性是重要的原因之一。

（3）收受主体与新闻事实间的矛盾。收受主体与新闻事实之间的矛盾，是新闻传播现象背后的矛盾，新闻传播活动实质上解决的就是这一矛盾。收受主体想知道什么样的事实、应该知道什么样的事实、已经知道什么样的事实、还不知道什么样的事实，始终是新闻传播活动面临的基本问题。对这一矛盾的把握是否准确到位，直接决定着新闻传播的效率与效果。任何新闻媒介定位的核心，就是在解决收受主体与新闻事实之间的矛盾，即什么样的人想知道或应该知道什么样的事实。传播主体在解决自身与新闻事实之间的矛盾时，始终都要考虑准备作为报道对象的事实与收受主体之间到底是一种什么样的关系。

（4）收受主体与传播媒介间的矛盾。收受主体与传播媒介之间的矛盾主要是指收受者与接收媒介之间的矛盾。传播媒介是制作媒介、传送媒介和接收媒介共同构成的媒介系统。不同媒介形态对收受者有着不同的能力要求、知识要求、技术要求，不识字的人不可能去读报刊上的新闻，不会操作计算机的人不可能浏览网上新闻，这就使收受者与接收媒介之间的关系构成了新闻传播活动的一种子矛盾。因而，新闻传播的内容、方式，都必须考虑到收受者与接收媒介之间的关系问题；对收受者来说，则必须培养、提高自己接触媒介、理解媒介的素养和能力。与我们上面讨论传播主体与传播媒介之间的关系一样，如果从宏观层面考察收受主体与传播媒介之间的关系，我们也能发现收受主体被媒介技术异化的现象。比如，上网浏览信息者，常常在不知不觉中被网络的超级链接引入一个消耗精力、浪费时间的无底洞而不能自拔，他被技术带来的美妙牵引着漫无目的地奔跑、游荡，从网上攀爬出来后，便开始自责自控能力的软弱。一些收受者一次又一次遭受着如此的苦痛和烦恼，一些收受者已经变成了技术的奴隶，失却了对自己的精神自主和身体自主，因而一个意想不到的悖论出现了：在目前来说最自由的网络世界中，收受者却失去了自由——一个不能自主的人是没有资格谈论自由的。

（5）传播媒介与新闻事实间的矛盾。传播媒介与新闻事实之间的矛盾也是客观存在的，有些事实只适合于或更适合于有些媒介来反映报道。有些事实是在电视镜头中永远看不到的，有些事实是文字难以表达的，有些事实是声音难以传递的，有些事实只有将不同的媒介形态整合起来才能进行较好的反映。因此，传播媒介与新闻事实之间的矛盾，是一种客观的存在。当然，解决这一矛盾的只能是新闻活动主体（主要是传播主体）。传播媒介与新闻事实之间的矛盾，也是不同媒介在报道方式上能够展开互动互补、展开合作竞争的客观根据。

第二章　新闻活动主体

真正的主体只有在主体间的交往关系中，即在主体与主体相互承认和尊重对方的主体身份时才可能存在。

——郭湛

新闻报道者不是简单的传播者，他们的作用远不是纯然被动的，相反倒是有决定意义的。

——贝尔纳·瓦耶纳

在后信息时代，大众传播的受众往往只是单独一人。所有商品都可以订购，信息变得极端个人化。人们普遍认为，个人化是窄播的延伸，其受众从大众到较小和更小的群体，最后终于只针对个人。

——尼葛洛庞帝

新闻传收活动是新闻活动的核心，直接从事新闻传收活动的主体自然就是新闻活动的核心主体。围绕新闻传收活动，从区分意义上看，存在着四种类型的主体：作为新闻传播者的传播主体，作为新闻收受者的收受主体，控制新闻传播活动的控制主体，还有作为新闻信息拥有者和提供者的新闻源主体（可简称为源主体或信源主体）。这些主体的不同活动，共同塑造着现实新闻活动的完整景象。① 根据新闻活动的实际情况，传播主体和收受主体是最主要的新闻活动主体，因此，我们关于新闻活动主体的论述，将把重点放在传播主体和收受主体上，对其他活动主体，只做一些初步的说明和阐释。

一、新闻活动主体的界定标准

如何界定新闻活动者或新闻活动主体，并不是一件十分容易的事情。这里的关键是界定标准的设定问题。标准不同，划定的人群范围或者主体范围就会出现一定的甚至是相当大的差别。如果依据广义的、现实的、不同的新闻活动领域来界定，那就至少应该把新闻传播主体、收受主体、管理经营主体、控制主体、教育研究主体等都列入新闻活动主体范围内。但正如我们在前文多次所说的那样，新闻传收活动是新闻活动的核心，因此，在新闻活动主体论中，我们也将围绕这一核心活动来讨论新闻活动主体的问题。这样做，对我来说，既能较好地以理论新闻学的眼光抓住中心问题，又能在一定程度上避免自己力不从心的尴尬。基于这样的考虑，并根据新闻传收活动的客观实际，我们将在两个基本标准下来界定和理解新闻活动主体的内涵：一个是比较严格的职业活动标准；另一个是比较宽泛的介入性或参与性标准。

---

① 新闻教育活动主体、研究活动主体，并不直接参与新闻传收活动，因此不列入我们的讨论范围。但是，新闻教育者和研究者，对新闻传收活动有着实质性的重要影响。教育者通过培养新闻人才，从根本上影响着新闻传播者的基本素质；研究者，通过他们的研究成果，以理论的方式影响着新闻传收活动的实际进行。新闻教育者与研究者对新闻传收活动到底有多大的影响，以怎样的具体方式发挥影响，等等，需要进行专门的研究。

（一）按照职业活动标准的界定

这是一种最为狭义的、严格意义上的，同时也比较简单明了的界定方法。从事新闻工作的人，是严格意义上的新闻活动主体，除此之外的其他人，即使参与了新闻活动，也不能称为新闻活动主体。从直接的形式上看，拥有国家有关部门核发的记者证的人，才是新闻活动者或新闻活动主体。这就是说，只有那些直接从事新闻传播业务的职业工作者，也就是从事新闻采写、新闻编辑等工作的业务人员，才是新闻活动主体。这就意味着，新闻媒体中的工作人员，并不都是新闻活动主体，因为许多人从事的并不是严格意义上的新闻工作。只有他们介入、参与到实际的新闻报道活动中，对新闻报道的内容和形式构成一定的影响，他们此时的角色、身份才可以转变为新闻活动主体。在人们的日常用语、新闻传播实践以及通常的新闻学研究中，新闻活动主体指的正是（也往往仅是）新闻职业工作者。

直接的事实经验告诉人们，新闻职业工作者一定是新闻活动主体的核心人群，因而，关于新闻活动主体的研究，理所应当集中在他们身上。事实上，整个新闻学关注的对象，也主要是职业工作者的职业行为。新闻史主要研究的是职业工作者的历史，新闻实务主要研究的是职业工作者的采写编评播等业务活动，新闻理论主要研究的是职业工作者从事的新闻活动的特征和规律。当然，我们这样说，并不是无视新闻学研究的其他对象。但实事求是地讲，国内外的新闻学研究，主要是围绕职业工作者的新闻活动而展开的。进一步说，所有的新闻学研究，除了从认识论的角度为人类自身塑造新闻传播的景象，其最直接的目的就是为新闻职业工作者如何做好新闻传播工作服务。

（二）按照参与性标准的界定

这是一个比较宽松的标准。但比较宽松，并不等于没有标准。参与性标准的基本含义是说，只要参与到新闻传收活动中的人，就可以看作新闻活动者或新闻活动主体。这里需要解析的具体问题是：以什么样的形式参与新闻活动，参与者才能被界定为新闻活动主体？我们尝试做出以下解释。

需要预先说明的是，在参与性标准下所说的新闻活动主体，与新闻工作者并不是等同的概念。如果我们比较笼统地把所有的新闻职业工作者看作新闻活动主体，这里的问题就变为：除了他们，还有哪些人可以被界定为新闻活动主体？新闻职业工作者以外的社会成员，会以不同的方式介入或参与新闻传收活动，即他们介入或参与新闻活动的程度会有所不同，因而，他们在客观上必然构成不同类型的新闻活动主体。

首先，在最宽泛的意义上，所有社会成员，一定程度上都可以被看作现实的或潜在的新闻活动主体，因为在当今这样的信息时代，几乎所有的社会成员都至少会收受新闻，成为新闻收受者或者收受主体。离开收受活动的新闻活动是不完整的，离开收受环节的传播是"半传播"，因而，仅从新闻活动的系统构成来说，新闻受众也是事实上的、天然的新闻活动主体。新闻收受活动构成了新闻传收活动的一极，收受主体自然是与传播主体对应的一极主体。所有新闻活动，在最终意义上，都是要解决传播主体与收受主体之间的矛盾，通过新闻手段促成整个社会良性的、和谐的发展。

当然，尽管收受主体构成了新闻传收过程之一极的主体，但收受者毕竟不是新闻职业工作者。也就是说，我们这里关于新闻活动主体的讨论，不是在职业活动意义上的讨论，而是在认识论意义上的讨论，是把新闻活动视为一种人类社会活动现象，看其实际的运作主要是由哪些人共同完成的。

其次，专门从事新闻传播控制的人。他们的活动对象主要是新闻传播主体及其新闻报道行为，直接影响着新闻传播的实际运作，关系到新闻传播的内容和形式，因此，控制主体可以看作新闻活动主体（这里所说的控制，是指来自新闻媒体以外主体的控制，不包括传播主体的自我控制）。将控制主体视为新闻活动主体，是从新闻业和新闻学角度出发所做的界定。如果从其他角度看，新闻控制者，就可能是行政管理者或其他社会角色和职业角色。应该注意的是，我们所说的新闻控制者，是国家法律或相关政策界定的合法的控制者①，不包括同样能够对新闻传收活动形成影响的其他社会力量，比如一些经济利益集团、社会团体甚或个人等［国家法律没有赋予这些组织（群体）主体或个人主体控制新闻报道内容与形式的权力］，虽然其可以通过各种手段（主要是广告或其他权力、力量）制约和影响新闻报道的内容和形式。这些实质上能够影响新闻传收活动的主体可以称为"准控制主体"，以示与法律规定的控制主体的区别。② 我们在下文还要对控制主体本身进行专门的讨论。

最后，新闻职业工作者以外的向新闻媒体提供新闻信息的人，包括个人主体和组织（群体）主体，可以统称为"新闻源主体"，也可简称为"源主体"。在每一次具体的新闻报道活动中，原则上都会有相应的新闻信息提供者（新闻源），新闻源在事实上直接介入了或者参加了新闻报道得以形成的活动，对于新闻本身的内容甚至有着决定性的作用，媒体能够知

---

① 实质上就是国家，但国家的控制总是要通过一定的政府机构、组织、部门及其相关的专门工作人员来实施。那些具体的实施者就是实实在在的新闻控制者。

② 在国内出版的理论新闻学教材中，包括我本人的《新闻理论教程》（杨保军．新闻理论教程［M］．北京：中国人民大学出版社，2005．），对"控制主体"和"准控制主体"未加以区别，我以为这存在一定的问题。首先，在现实社会中，他们确实是两类不同的能够对新闻传播构成实质影响的主体，但控制主体的控制权力是法律赋予的，体现了社会的普遍意志，因而，控制主体的控制原则上是合理的、应该的、必要的；而准控制主体的控制可以说从原则上是不应该的，它以不恰当的方式（可能是违法的、犯罪的，可能是不道德的，等等）干涉了新闻媒体新闻报道活动的独立性。其次，如果我们能够在理论上对控制主体和准控制主体加以区分的话，那将有利于我们分析不同控制力量的特征，有利于人们认清不同控制的合法性和合理性。

道的限度往往就是新闻源的所知。因此，新闻源主体，在实际的新闻报道活动中，往往是对具体新闻报道具有实质性影响的主体。

对新闻活动主体的界定，无论从实践上还是从理论上来说都是一个很重要的问题。明确了活动主体，也就等于进一步明确了新闻学的研究对象。新闻学就是要研究这些主体及其相互关系，研究这些主体的不同活动及其相互关系，这实际上构成了新闻学研究的所有内容。不同研究方向所做的探讨，只是从不同角度、不同层面对这些问题的研究而已。活动主体的明确，在实践上意味着权利、义务、职责的明确。哪些人必须按照新闻传播原则进行新闻报道，哪些人应该在参与新闻活动时遵守基本的社会道德，哪些人不仅应该遵守一般的社会道德，还必须遵循新闻职业道德规范，哪些人在新闻传播过程中享有一些特殊的权利，如此等等问题，只有在明确了新闻活动主体的具体构成后，才能进行条分缕析的详细讨论。

如上所述，被界定为（当然必须是事实上"是"）新闻活动主体的人，并不是一个共同的人群，他们在新闻活动中的具体角色有着很大的差异。我们之所以给予他们一个共同的名称——新闻活动主体或新闻活动者，是因为他们都参与了新闻活动。我之所以强调这一点，是想提醒读者：不要因为不同活动者有一个共同的、统一的名称而将他们理解为同样的新闻活动者。

二、新闻传收活动中的四类主体

新闻传收活动的实际展开，离不开新闻源主体、新闻传播主体、新闻收受主体的直接参与，超越不了控制主体的直接或间接调控。现实的新闻传收图景，就是由这些主体通过各自不同的活动内容、活动方式共同塑造的。因此，对四类主体（活动）及其相互关系的深入研究，是理解人类新闻传播活动实质的重要途径之一。

（一）新闻源主体

事实是新闻的本源，但新闻事实包含的新闻信息要想被转化成为能够传播收受的新闻作品（包括人际传播的口头作品），就必须有人发现新闻事实、获得和拥有新闻信息。拥有新闻信息并且实际介入或参与到新闻报道中的个人或组织（群体）主体，就是我们所说的新闻源主体。简单一些说：在新闻报道活动中，实际充当了新闻报道者（或是新闻传播本位主体）之新闻信息来源的主体，就是新闻源主体。已往的新闻学研究主要是在新闻业务（采写编范围）层面上探讨关于新闻源和新闻源主体的问题，理论新闻学则很少专门关注新闻源主体问题[1]，更没有把新闻源主体作为新闻活动主体来对待。我认为这是研究上的一个缺陷，应该补足。

1. 新闻源主体的构成

如上所说，新闻源主体，是指新闻信息资源的拥有者，即了解、掌握一定新闻事实真实情况的人。这种"人"可以是个体、群体，也可以是一定的组织机构。[2] 就实际情况而言，新闻源主体可以粗略地分为组织主体和非组织主体。组织主体主要包括政府组织、政党组织、企业组织和其他民间组织、团体等；非组织主体主要指以个体形式存在的主体。组织主体拥有的新闻信息，一般也是通过组织成员中一些个体（代表）在形式上直

---

① 过去关于"新闻本源"的论述，大多只是一般性地指出并论证客观事实是新闻的本源，并不阐释其作为新闻本源的具体表现，以及事实本源到传播形态新闻的具体转换机制。我们从理论新闻学的角度探讨新闻源主体的问题，实质上是在探究从事实到新闻的转换机制问题。事实信息往往只有通过一定的信息拥有者与新闻传播者的相互交往，才能最终与社会公众见面。因此，弄清新闻信息拥有者即新闻源主体的构成、特征、职责、地位、作用等问题，在理论与实践上都有重要的意义。

② 需要说明的是，新闻职业工作者同样可以以普通社会成员的身份充当新闻源主体，新闻媒体作为组织主体也可以成为新闻源主体。但在我们的讨论中，不把某一新闻媒体本身及其从业人员看作该媒体自己的新闻源主体。

接占有信息的方式与外界进行交往的。比如，各个组织一般都有自己的新闻发言人或类似新闻发言人的角色。记者在采访过程中，尽管获取的新闻信息属一定的组织所有，但直接面对的是实实在在的个人，而非整个组织。因此，如果仅仅从操作层面上看，新闻源主体只能是个体性主体。

上面是对新闻源主体构成情况的一种总的描述，但在具体的新闻媒介生态环境中，不同的新闻媒体由于其性质、地位、定位、风格以及媒介形态等等的差异，会拥有不同的新闻源主体资源，即不同的源主体构成。比如，一家国际化的大型新闻媒体（集团）与一家地方新闻小报相比，它的新闻源主体的实际构成情况一定会有巨大的差别，二者新闻源主体资源的质与量都会有明显不同。对任何一家新闻媒体来说，搞清和把握自己主要的信息来源，具有十分重要的意义，它直接关系到媒体的生存与发展，关系到媒体能否开展正常的新闻传播活动。媒体之间的竞争，从直接的表现上来看，是新闻传播内容、传播方式的竞争，而如果再追问一步，就会立即发现，媒体之间新闻竞争的"后方战场"其实是对新闻源主体的争夺。虽然"前方战场"表现为对受众的争夺，但前方战场的胜败，显然有赖于后方战场的战况。"内容为王"的实质，就是对新闻信息资源的发现和开发。因而，从一般意义上说，谁拥有高质量的新闻源主体，谁就可以报道高质量的新闻、有影响力的新闻，从而在新闻竞争中取得相对优势。因此，对那些想有所作为的新闻媒体来说，积极建构和维护自己有效的新闻源主体网络，是始终应该重视的大事。再说一句比喻性的话：只有后方稳固，前方才能勇往直前。

在常态情况下，一家新闻媒体（以报纸为例）的新闻源主体主要由两部分构成：一是组织化和群体化主体，比如通讯社、有关政府机构、有关政党组织、企业组织、民间团体等；二是个体性主体，比如各种类型的公众人物，偶然事件造就的各种类型、各种层次的新闻人物，以及其他新闻事实的当事人、知情者或目击者，等等。如果从新闻报道活动的直接性上看，新闻媒体（仍以报纸为例）拥有的新闻源主体主要是由通讯社组织主体和通讯员、各种类型的宣传人员、新闻公关人员以及一般社会自由新闻作者①构成的。从可操作性上看，新闻源主体最终要落实到个体身上，因此，任何一家新闻媒体，在建构自己常态的新闻源主体网络时，网络的节点应该是随时可以"询问"或者"传唤"的个人，随时可以为媒体直接提供新闻信息或新闻稿件的个人。可见，新闻源主体问题是一个非常实在的问题，任何一家新闻媒体的新闻报道活动都会直接受制于新闻源主体的质量情况。

对很多新闻媒体来说，总会不时出现一些特殊的新闻源主体，其中，最典型的现象就是有一些新闻源主体不愿透露自己的身份。对待这类新闻源主体，从媒体角度说，首先要充分认识到他们是宝贵的、特殊的新闻源主体资源，可能会提供一些特别具有新闻价值和社会价值的新闻信息，因而不可轻易放弃或忽视他们的特殊作用。其次，要慎重对待匿名性新闻源主体提供的各种信息。匿名新闻源主体提供的信息在绝大多数情况下属于"话语新闻"②，其话语背后到底有没有客观事实根据，是需要媒体进一步去证明的。如果没有充分的事实根据，就将有关所谓的新闻话语信息加以报道，那是很危险的，完全有可能给报道对象和媒体自身带来难以预料的伤害。

---

① 通讯员、各种类型的宣传人员、新闻公关人员以及一般社会自由新闻作者，已经成为所有新闻媒体的重要新闻源主体，他们（特别是新闻通讯员）可以说是准职业性的新闻工作者。

② 在新闻传播实际中，人们常常面对两类不同的新闻：一种是"话语新闻"，即新闻陈述、再现的只是某人说了某些"话语"，至于这些"话语"描述的事实是否真实存在，从新闻中无法得知；另一种是"实事新闻"，即新闻陈述、再现的事实在客观世界中实实在在地存在着。当然，绝大多数新闻报道，都属于我们所说的"话语新闻"与"实事新闻"的混合体或统一体。参见杨保军.简论话语新闻及其真实性［J］.今传媒，2005（7）：18。

2. 新闻源主体的特征

作为新闻活动主体的新闻源主体，虽然不是职业化的新闻工作者，但在具体的新闻报道活动中充当着极为重要的角色，因此，了解、把握新闻源主体的特征，对于提高新闻传收活动的效率具有重要的意义。我们依据实际情况，把新闻源主体的主要特征概括为以下几个方面：

第一，新闻源主体的自然生成性。新闻源主体主要是社会运行过程、社会生活展开过程自然造就的、自然生成的，不是由新闻媒体造就的。某一社会主体能否充当新闻源主体，决定权并不在媒体的手中。一些政府部门，一些党政组织，一些企事业单位，一些社会民间团体，等等，之所以能够充当新闻源主体，并不是新闻媒体为了让它们成为新闻源主体而有意为之，而是社会运行、社会生活展开过程的需要，是自然生成品。一些信息发布机构的建立，主要的动机不是仅仅为了发布新闻，而是为了相关工作的顺利进行，成为新闻源主体和发布新闻不是目的，而是手段。一些事件、事实的偶然发生，会使一些当事人、知情人、旁观者可以作为新闻源主体介入和参与到新闻传收活动之中。社会公众人物能够成为新闻源主体的主要根源，首先也在于他们自己的所作所为。

但应当注意的是，新闻源主体的人为性，在今天这样的信息社会正在增强，新闻报道特有的社会影响力，使制造、塑造、捏造新闻源主体成为一种相当普遍的现象。一些新闻职业工作者，一些新闻媒体，会从自己的利益出发，有意制造新闻事件、新闻事实、新闻源主体，使新闻源主体与新闻报道对象实现重合。至于那些为了吸引新闻媒体的注意力，试图将自己制造成新闻源主体的个人或组织，仍然可以被看作自生的可能的新闻源主体。我们只把新闻媒体或新闻传播者违背新闻传播规律、人为制造的新闻源主体归结为不正当的新闻源主体。自造的试图成为新闻源主体和报道对象的主体能否被报道，还有赖于新闻传播者从新闻传播角度出发的事实判断和价值判断。

第二，空间分布的广泛性。广泛性是说新闻源主体广泛地生成和存在于社会各个领域之中。如果不考虑具体新闻媒体的特殊性，我们就可以说，新闻源主体生成和存在于世界的角角落落、社会生活的方方面面。如果考虑到具体新闻媒体的特殊性（主要是不同的读者定位和相应的内容定位），考虑到不同新闻媒体具有特殊的目标报道领域①，我们就应该说，每一家新闻媒体的新闻源主体，都有自己相对比较稳定的生成和存在领域。了解这一点其实是很重要的事情，传播者想要知道应该从哪里发现新闻，到哪里寻找新闻信息拥有者，首先得明确自己的目标报道领域。目标报道领域中的活动主体更容易在一定条件下转化成为新闻源主体。新闻报道之所以要贴近实际、贴近生活、贴近群众，就是因为这些贴近的根本就是贴近人，贴近活动主体。新闻传播者只有贴近目标报道领域中的活动主体，才能发现真正的新闻事实，发现真正的新闻源主体。

第三，身份的随机性或偶然性。哪些社会主体能够成为新闻源主体是随机的，不是固定不变的。没有永恒的新闻源主体。新闻源主体不过是社会主体偶尔扮演的一种临时角色。就像演员一样，只有在台上表演的时候才是剧中的角色，走下舞台便成了生活中的角色。这就是说，社会主体成为新闻源主体是"随时""随地""随事"的，其身份是偶然的。从现实性上看，只有在具体新闻报道活动中充当了新闻源的主体才是现实的新闻源主体；从潜在性上看，存在于一定社会中的所有组织、群体和个人，都是可能的新闻源主体。一个组织、一个个人，能够成为新闻源主体，是偶然

---

① 所谓目标报道领域，是指新闻媒体编辑方针所确定的主要报道范围或内容。比如，《人民日报》的一个目标报道领域是党和政府的路线、方针和政策；《经济日报》的目标报道领域是中国经济发展、变化的宏观情况。一家新闻媒体的目标报道领域通常是单一的，但对一些比较大的综合性媒体来说，新闻报道范围常常是多领域的。相对报道的目标领域来说，新闻媒体的报道范围也会包括一些非目标领域，对非目标领域的报道，通常是偶然的和零碎的。

的，不是必然的。但是，对不同的社会主体来说，他们（它们）成为新闻源主体具有必然性和偶然性上的差别，具有概率高和概率低的不同。不同主体成为新闻源主体的基本素质和机会是不一样的。

第四，不平衡性。如上所说，尽管不同社会主体能够成为新闻源主体都是随机的、偶然的，但成为新闻源主体的概率是不一样的，这就造成了新闻源主体在不同社会主体身上生成的不平衡性。人们看到，有些组织化主体，有些个体性主体，几乎是必然的新闻源主体，而大多数社会组织、个人则可能永远遇不到成为新闻源主体的机会。这里既有社会分工的原因，也有不同主体自身素质差异造成的不同。对新闻媒体来说，自觉到这一问题是非常重要的，新闻源主体，表面上看来只是充当了新闻信息的提供者，但同时它也意味着一种话语权利主体的形成。总是充当新闻源主体的主体，就有比较充分的机会反映自己所关注的事实，表达自己认为重要的意见；相反，那些不易成为新闻源主体的人们，就很难有机会反映他们所关注的事实，表达他们对事实世界中各种现象的看法（新闻意见或者新闻评论）。新闻源主体的不平衡性，本质上意味着新闻报道范围的不平衡性，也意味着新闻整体真实上的偏向性，深层上则反映了一个社会或新闻传播者对待不同社会主体的态度。这也正是一些不合理的新闻传播现象（比如歧视新闻、片面新闻等）形成的重要原因。比如，精英化的新闻传播观念，很可能忽视巨大的社会弱势群体的话语权利。

3. 新闻源主体的地位与作用

新闻源主体，是新闻信息之源，是新闻信息的拥有者和提供者。这一简单的顾名思义的解释，就足以说明新闻源主体在整个新闻传收活动中具有不可替代、不可忽视的重要地位与作用。在这一总的判断之下，我们可做出以下具体的解释。

首先，新闻源主体，用一句俗语说，"生在头，长在先"，是新闻传收活动逻辑上的"主体"起点。通常情况下，人们看到的新闻传播活动是由传播者发动的，因而似乎传播者是新闻传收活动逻辑上的"主体"起点。但事实上，"事实在先，新闻在后"的唯物主义新闻本源观告诉我们，新闻传收活动逻辑上的起点是新闻事实，而能够使"死"的事实变成"活"的事实的人，就是对新闻事实有所知情的新闻源主体。在大多数情况下，真正能够将新闻事实与新闻传播者连接起来的中介是新闻源主体，而不是新闻传播者自己。就新闻传播实践来看，不通过任何新闻源主体的新闻报道几乎是不存在的，因此，将新闻源主体视为新闻传收活动实际上的逻辑起点"主体"是站得住脚的，是有实践根据的。

其次，新闻源主体所提供的新闻信息，在一定程度上限制了新闻报道与收受的内容范围。在常态的新闻采访活动中，新闻源主体对记者来说，总是特别重要。记者能否获得新闻信息，能否获得真实、全面的新闻信息，主要依赖于新闻源主体的告知。"在记者和信息源之间有一种天然的交换关系。而且，对那些记者本身无法亲自观察的新闻事件，或新闻事件本身很复杂很专业化时，记者对信息源的依赖程度就越高，并为此承担职业风险。"[①] 新闻传播者与新闻源主体的这种关系，直接约束和限制着新闻报道内容的实际构成。新闻传播者可以超越某一新闻源主体的限制，但不可能超越所有新闻源主体的限制。因此，很多新闻内容的实际把关人或决定者，在某种意义上可以说是新闻源主体，而非新闻传播者。新闻传播者与新闻源主体的这种关系，可以延伸到新闻收受者的收受行为中，即收受者能够收受到什么样的新闻内容，同样要受到新闻源主体的限制，这是一种连续的、连环的效应。新闻源主体、传播主体、收受主体之间的关系，是贯通的、环环相扣的关系。

---

① 陈卫星.传播的观念［M］.北京：人民出版社，2004：203.

　　最后，新闻的诸多主要特性，都会受到新闻源主体的影响。新闻内容的客观性、真实性、全面性、公正性等，会受到新闻源主体自身素质、利益以及新闻意识等的深刻影响。新闻报道的真实性、客观性、全面性、公正性等，不仅取决于新闻传播者的各种素养，不仅取决于事实向新闻转换过程中的各种主观因素、客观条件等的影响，也取决于新闻源主体与客观事实的关系、新闻源主体与新闻传播者的关系，从根本上说，还取决于新闻源主体的各种素质及其所处的环境。对此，我们在下文中还要进行专门的阐释。

　　新闻源主体在新闻传播流程中的特殊地位与作用，也提醒新闻传播者应该特别注意新闻源主体对新闻信息可能的遮蔽、隐瞒和歪曲。[①] 新闻采访过程，就是新闻传播主体与新闻源主体既有"配合"又有"较量"的过程，传播者要想获得全面的、真实的新闻信息，就必须能够发现和揭露新闻源主体的种种遮蔽、隐瞒和歪曲事实的行为。

　　证实、证明新闻源主体提供的信息的真实性，识破其对真实信息的有意遮蔽，对媒体或记者提出了很高的要求。对一些不得已的暗访方法的使用，往往就是迫于这样的情景。从客观结果上说，新闻源主体对真实信息的有意遮蔽或故意歪曲，是记者获取真实信息和证实新闻信息的难题之一。并且，这种难题将伴随新闻传播的存在而存在，伴随新闻职业的存在而存在。新闻传播者与新闻源主体之间的矛盾，是新闻传播活动中的基本矛盾之一，也是整个新闻传播活动中首先要处理的矛盾。这一矛盾的解决水平在一定意义上直接影响和决定着媒体新闻报道的真实程度和整体质量。

　　新闻源主体遮蔽事实真相、歪曲事实本来面目的具体动机可能多种多样，但新闻源主体遮蔽、掩盖真实信息，总的说来是基于自己各种利益的

---

　　① 一般情况下，当新闻源主体有意遮蔽有关新闻信息时，他本身也是被报道的对象，或者是与报道对象具有一定利益关系的对象。

考虑。一些别有用心的新闻源主体会故意说谎、造假，以迷惑传播者。一旦传播者不能及时识破新闻源主体说的假话、制造的假象，虚假新闻就有可能被传布天下。新闻源主体构建假象的手段从大的方面看可以归为两种：一是掩饰。掩饰的要害是把"有"的东西隐蔽、遮盖起来，目的在于不让人发现或看到事实的真实面目。掩饰所用的"遮盖物"就是假象，因为由此"遮盖物"分析不出被遮盖的东西，分析出的应该有的那个本质实际上却不存在。二是假装。假装就是把"没有"的东西装扮成"有"，目的在于误导人们形成错觉，把背后没有的东西推想为有。假装出来的现象自然也是假象。

新闻源主体如果觉得将事实真相毫无遮蔽地告知媒体、记者，告知社会公众，可能会给自己的一些利益带来损害，或者带来一些不必要的麻烦，就会遮蔽一些他们认为不能告知记者的信息。在接受采访时，不少新闻源主体会根据自己的判断过滤有关的新闻信息。只有那些在新闻源主体看来不会损害自身利益的信息，才会透过他们的信息网眼流到记者那里。新闻实践一再告诉人们，如果记者以第一手资料，也就是自己直接观察获得的信息为根据进行报道，失实的危险性是存在的，但必定是比较低的。如果记者获得的有关新闻事实的信息，是经过其他新闻源主体过滤的，那就要格外小心，因为经过过滤的信息，变形失真的可能性就比较大。并且，过滤的环节越多，失真的可能性就越大。因此，记者对获得的任何间接性的新闻信息，都要采取一定的方法加以核实，尽量提高新闻的可靠性。对于任何经过过滤的信息，都要力求以溯源的方式加以证实。如果各种条件制约记者无法在截稿时间内证实，那就至少在写作技巧上要十分清楚地交代间接信息的来源，即说明新闻信息的提供者是谁。只有这样，才能增加新闻的可信度，新闻收受者也才有机会根据记者提供的新闻源的权威性、可信度，决定自己是否相信某条新闻。

在记者需要专门证实某些信息的采访中，新闻源主体往往会变得更加谨慎小心，对有关信息的准确性、真实性更是闪烁其词、遮遮掩掩。一些极度敏感的组织性的新闻源主体，甚至会预先做好各种各样"迎接"记者采访的准备，让记者看到的、听到的一律变成新闻源主体想让记者看到的和听到的。这无疑会给记者全面真实把握有关事实的本来面目带来极大的困难。越是新闻价值高的事实，越是涉及社会公共利益的事实，越是矛盾重重的事实，越是撞击到社会丑恶、腐败的事实，采访的难度越大，证实的难度也越大。记得美国著名新闻人普利策说过这样的话：没有一桩罪行，没有一次逃税，没有一个诡计，没有一起诈骗不是靠秘而不宣才得以存活的。秘而不宣者正是事实信息的拥有者。这些拥有者总是千方百计掩盖事实信息，更不可能主动告诉记者有关的信息。即使在万不得已的情况下，这类新闻源主体也会绞尽脑汁、想尽办法来遮蔽和歪曲事实的本来面目，他们会以捏造、撒谎的伎俩欺骗媒体和记者。这时，记者与新闻源主体之间实质上在进行着一场"信息大战"。一方在挖掘信息，证实信息，一方则在掩盖信息，扰乱视线。如何识破新闻源主体对有关信息的遮蔽，永远是记者的一项艰巨任务。

由上面的论述可以清楚地看到，媒体、记者是否能够获得真实的、全面的事实信息，是否能够证实已经获得的信息，相当程度上依赖于新闻源主体道德上的真诚（当然还依赖其他一些必要的条件），即讲真话、告实情的道德品质。新闻源主体说到底其实就是所有的社会成员，以及由社会成员组成的各种群体。一个国家、一个民族能够为整个世界、整个人类群体提供怎样的新闻，能够给自己的历史和世界的历史留下怎样的基本材料，从宏观上看，最主要的已经不是这个国家、民族拥有怎样的新闻工作者队伍，而是这个国家、民族拥有什么样的国民，拥有什么样的社会制度和新闻制度。

4. 新闻源主体的责任

从应然的角度讲，不管是一定的组织还是个人，如果其拥有的新闻信息，与社会公共利益相关（是否相关，在实践上必须通过一定的法律法规进行界定），并且不属于国家法律禁止公开传播的信息，那么，任何组织和个人都有向新闻媒体告知（准确讲是向社会告知）新闻信息的义务，更不能以"无可奉告"的方式拒绝记者的采访。由公民通过一定法律程序授权的社会组织，则必须向社会真实告知与公共利益相关的信息。如今的社会是越来越依赖信息交流的社会，信息公开是保障公民知情权的基础。信息公开，并不是要公开公民所拥有的与社会公共利益无关或没有什么重要关系的私人信息，而是指有关社会组织，特别是政府组织、执政的政党组织要向社会及时公布公共信息，以及个人拥有的与公共利益相关的信息。

在新闻传收活动中充当新闻源主体的组织或个人，承担着真实告知新闻信息的一般道德责任。作为一个社会的公民，应该遵守社会公德，以诚实的品质对待新闻记者的采访，至少不对新闻媒体（社会公众）讲假话。新闻源主体一旦以有意欺骗的手段对待新闻媒体，则不仅应该承担道德责任，在一定条件下还要承担法律责任。一般社会主体一旦充当了新闻源主体，就意味着他或它直接介入或参与了新闻传播活动，这时，他或它理应承担道德责任和法律责任。

新闻源主体真实告知新闻信息，既是公正对待其他社会成员的义务，也是自己获得相应对待的前提条件，即任何其他社会成员在充当新闻源主体时，也应该向你（通过新闻媒体）真实告知有关事实信息。这既是一种道德权利，也可能是一种法律权利。只有在别人能够对新闻媒体讲真话、告实情的情况下，你才有可能通过新闻媒体的报道得到获得真实信息的好处。在充当新闻源主体时不讲真话、不告实情，对别人显然是不公正的、不道德的。因此，作为社会成员的每一个公民都有讲真话、告实情的道德义务。这样做是应该的，是实现和保持社会公正所必需的。

（二）新闻传播主体

在事业化的新闻传播方式产生之后（我们下面关于新闻传播主体的讨论也是在这一前提下的讨论），新闻传播者就转化成了职业化的新闻活动者，即新闻传播活动中最主动、最积极的一类主体。在一定的社会政治、经济、文化、技术等条件下，新闻传播业的整体景象可以说主要是由新闻传播者塑造的，他们对新闻传收活动的实际运行具有举足轻重的作用。因而，在新闻活动主体论中，传播者理所应当是最为核心的研究对象。①

1. 传播主体的构成及作用

怎样界定新闻传播主体？在整个新闻传播业中，谁是新闻传播主体？在一家具体的新闻媒体之中，谁是新闻传播主体？这些人们习以为常的问题，并不像看起来那么简单，要在理论逻辑上将其明确界定，需要仔细分析。

就整个新闻传播业来说，构成新闻传播主体的是各个具体的新闻媒体或者新闻组织，它们是组织性的传播主体，是实际运行新闻报道活动的实体机构，具体表现为通讯社、报社、电台、电视台，还有大量的新闻网站②

---

① 需要说明的是，我们关于新闻传播主体的讨论，是以新闻传播业的存在为前提的。也就是说，我们讨论的新闻传播者，针对的主要是当前存在的职业化的新闻传播者，不包括非职业化的新闻传播者。新闻传播者的历史存在是非常古老久远的事情，应该说，只要有新闻传播现象发生和存在，就有新闻传播者。关于新闻传播者的历史存在和演变过程，我们在此不做讨论。但新闻传播者的历史演变过程确实是一个很有学术价值的问题，值得研究。它与新闻职业的诞生以及新闻职业活动规范的形成等都密切相关。至于非职业化的新闻传播者问题，我以为更是一个有趣的、有意义的问题，特别是在传播技术（尤其是网络传播技术）日益发达的当代，即人人在一定程度上都可以充当新闻发布者的情况下，非职业化的新闻传播活动，对整个社会生活的影响越来越大，因而非职业化的新闻传播者也必将引起人们的重视。我个人以为，它已经并将继续成为人们关注、研究的重要现象和问题。

② 所有的新闻媒体，都不是纯粹的"只报道新闻"的新闻媒体，它们都在从事许多新闻报道之外的活动。之所以称之为新闻媒体，是因为它们把报道新闻作为第一要务或立社（台、站）之本。另外，一些没有新闻媒体名头的信息传播机构，也在传播新闻信息，它们常常充当着"准新闻媒体"的角色。需要指出的是，要想成为准新闻媒体，在传播新闻信息时，就必须遵循新闻报道的基本原则，遵守有关的法律法规，恪守新闻职业道德准则。

等。从媒介生态学的角度看，它们是媒介生物，是媒介生态系统的主体，共同营造着新闻传播业的宏观态势。

但是，人们通常并不在"媒体主体"或者组织主体的意义上使用新闻传播主体这一概念。① 在已往的新闻传播主体理论中，学界主要用新闻传播者（主体）这个概念指称那些在具体新闻媒体中直接从事新闻报道活动的人——记者和编辑。我们承继这一界定，并在这一基本意义上使用新闻传播者（主体）概念，但也必须指出，这个看似清楚的界定，其实并不那么明确，对它在实际中的所指，还有必要进行认真的剖析。只有这样，才能深化对新闻活动主体的研究。

根据新闻媒体中活动主体的实际地位、作用及其行为方式，我们认为，在理论新闻学的视野里，新闻传播主体的构成事实上是双重的：一是新闻资产的所有者、新闻媒体的经营者和管理者；二是直接从事新闻传播活动的人，即人们通常所指的新闻传播主体——以采编人员为主的新闻职业工作者。我们把前者称为"高位主体"，后者称为"本位主体"。② 高位主体和本位主体内部还有自己的具体构成方式，我们在下文中将展开阐释。

这里还有一个非常重要的设定，需要预先加以说明，这就是：新闻媒

---

① 但是，也有学者将新闻传播（者）主体理解和界定为组织、机构意义上的传播者，比如，在新闻传播要素学说中坚持"三要素说"的人，就把新闻传播者或新闻传播主体理解为新闻媒体，理解为由人、财、物按照一定方式结构起来的新闻组织机构。参见本书第一章相关内容。

② 这对概念的提出，曾受到项德生先生相关论述的启发，可参见项德生，郑保卫. 新闻学概论. [M]. 武汉：武汉大学出版社，2000：131-132. 我在拙著《新闻价值论》（杨保军. 新闻价值论 [M]. 北京：中国人民大学出版社，2003.）有关新闻价值的"前在主体"论述中，也运用了这对概念，但当时我主要以中国新闻传播实际为参照，把新闻资产的所有者、新闻媒体的经营者和管理者与一般的新闻传播业控制主体，如政党、政府等混为一谈，统一称之为高位主体，这在理论上是不周全的、不清晰的。在拙作《新闻理论教程》（杨保军. 新闻理论教程 [M]. 北京：中国人民大学出版社，2005.）中，我把新闻资产的所有者、新闻媒体的经营者和管理者之外间接控制新闻传播活动的各种主体从新闻传播的高位主体中分离出去，称之为控制主体，只把新闻资产的所有者、新闻媒体的经营者和管理者界定为新闻传播主体中的高位主体。本书中的高位主体，也是在这一内涵上使用的。

体的经营者和管理者，在逻辑上并不能够和新闻资产的所有者平列在一起，成为同等级别的主体。也就是说，如果新闻资产所有者是"高位主体"，那么，经营者和管理者就应该是相对于"高位主体"的"低位主体"。我在这里把新闻媒体的经营者、管理者与新闻资产的所有者列在一个主体等级上的原因是：我是以新闻传播业务的眼光来观察媒体人员的结构方式的，即我从新闻传播业务角度把媒体人员一分为二——业务主体和非业务主体。进而，我把那些通常并不直接从事新闻传播业务，但却可以"实际"① 进行指导、干预新闻业务活动的媒体上层人员——资产所有者、媒体经营者和管理者——设定为统一的高位主体。

如果把上面关于新闻传播主体的界定加以图式化，就能形成以下这样一个基本构成图（见图 2-1）。由于本位主体意义上的新闻传播主体，是终极意义上的新闻传播主体②，因此，我们将以它为对象来进行描绘，并将以它为中心，对新闻传播主体的诸多问题做出进一步的分析。

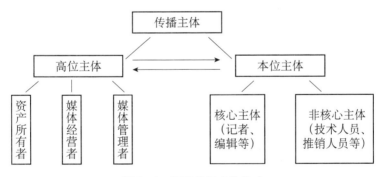

图 2-1　新闻传播主体构成

---

① 这里之所以给"实际"二字打上引号，是因为在理论上、在应然的要求上，新闻媒体的经营者和管理者是不能干预新闻传播业务的。但事实上，他们对新闻传播业务往往有着实质性的影响，有着业务人员（即我们下文将要讨论的本位主体）不得不接受的影响。这也正是我把他们列为高位主体的根本原因。

② 组织化或者群体性的主体，实质上是拟人化的存在，真正的主体最终都要落实到个人身上，因此，只有人才是终极意义上的主体。

（1）高位主体的构成及作用。

所谓高位主体，主要是指新闻资产的所有者、新闻媒体的经营者和管理者。具体一点说，新闻资产的所有者，就是指新闻媒体的实际所有者；新闻媒体的经营者、管理者，是指非新闻业务的媒体经营者和行政管理者，他们掌握着一家新闻媒体的经济命脉和行政权力。所有者与经营者、管理者，有些是一体化的，即所有者自己直接经营、管理；有些是分立的，即所有者与经营者、管理者是不同的人，但经营者、管理者是由所有者通过不同方式选择的。在高位主体内部，资产所有者与经营者、管理者的分离，客观上必然造成高位主体内部的矛盾和一定的利益冲突。但在通常情况下，所有者与经营者、管理者有着共同的意志和追求，因而，为了简化，我们在下文的讨论中，将他们视为一体化的、无矛盾的、共同的高位主体。[①]

尽管在不同的社会形态、社会制度下，在不同的新闻传播体制下，新闻资产的所有制形式有着性质上的不同[②]，新闻经营管理方式也存在着各种各样的差别，但高位主体在新闻媒体中的主导作用是大致相同的。最为根本的表现，就是高位主体决定着一家新闻媒体新闻传播的总体定位和方向，即高位主体的意志决定着新闻传播的总体路线、方针和政策，高位主体的意志决定着新闻传播总体的传播指向。那种认为新闻资产的所有者、新闻媒体的经营者和管理者不参与或不干涉新闻传播方针、新闻编辑思路的看法要么是虚伪的，要么是天真的或幼稚的。阿特休尔在他的《权力的媒介》中早就写道："新闻发展的历史证明，报纸以及形形色色更现代化

[①] 这种简化在这里也是合理的和必要的，因为我们的重点不是讨论媒体的经营、管理问题，而是媒体新闻传播业务运作中的主体问题。如果专门讨论媒体的经营、管理问题，这里所列及的几种人的区分关系就是非常重要的问题。

[②] 从世界范围来看，新闻资产的所有制形式除了公有制和私人所有制，还存在着其他一些所有制形式，比如政党所有制形式、合伙所有制形式、各种各样的混合所有制形式等。

的新闻媒介已日趋满足掌握新闻媒介经济命脉者个人利益的需要，同时又通过服务于新闻消费者的利益来确保新闻媒介的形象。期望新闻媒介会出现天翻地覆的大变化并对其经济命脉操纵者的愿望嗤之以鼻，无异于一种最狂热的乌托邦式的痴心妄想。"① 当然，我们也不绝对否认，在任何一种新闻传播体制下，当一家新闻媒体的基本媒体方针、编辑方针确定之后，编辑权利具有一定的独立性，但这仍然是相当有限的。具体来说，高位主体在整个新闻媒体的运作中，具有以下一些主要作用：

第一，高位主体是新闻传播总体目标的设计者和确立者，是媒体方针的制定者。资产所有者创办新闻机构（企业）的目的不同，对待新闻传播的态度就不同，他们追求的利益目标、价值指向的核心自然会有所不同。有些媒体追求经济利益至上；有些以宣传政府或政党的理论和政策，或主办团体的政治主张和思想观念为主要目的；有些媒体则以社会效益和经济效益相统一为目标；等等。在实际中，绝大多数新闻媒体的目标都是多元的，差别在于，在多元目标中以何种目标为主。这些追求不同核心价值目标的新闻媒体，其总的目标主要是由高位主体确立的。因而，有什么样的新闻媒体创办者，就有什么样的经营者、管理者，也同时意味着就会有什么样的新闻传播追求。因此，如果人们要改变、改革甚至是改进一定社会新闻传播现象的基本面貌，最根本的一条在于新闻资产所有制的变革。如果在所有制形式上没有什么实质性的变化或一定程度上的变动，新闻传播的根本价值取向和整体面貌是不会发生变化的。

第二，高位主体是新闻传播活动规范的主要制定者。新闻资产所有者、管理者为了使自己的核心价值目标能够顺利实现，就会通过不同的方式和手段制定不同方面、不同层次的活动规范。任何一家新闻媒体的高位

---

① 阿特休尔. 权力的媒介 [M]. 黄煜，裘志康，译. 北京：华夏出版社，1989：338.

主体，其首要的工作都是制定经营管理规范和业务活动规范。新闻资产所有制形式和新闻控制方式的不同，可能会影响这些规范的具体内容或形式，但高位主体采用一定的规范系统管理新闻传播活动是必然的。事实上，高位主体自身利益的实现，主要就是通过各种规范的具体贯彻落实达到的。

第三，高位主体同时也是新闻业务活动的指导者和监督者。任何一家新闻媒体的总体目标，都必须通过具体的新闻传播行为来实现。本位主体的新闻传播活动，并不是必然地与高位主体的目标追求相一致，因此，高位主体就会不断指导与监督本位主体的业务活动，以确保新闻传播活动始终符合高位主体的利益目标。

（2）本位主体的构成及作用。

所谓本位主体，是指直接从事新闻传播活动的主体，即人们通常所说的新闻工作者或传播者，它是新闻传播活动的核心力量、主体成员。本位主体大致是由两部分人员构成的：一是采写、编辑、播报人员，他们是新闻报道活动的核心人员；二是相关的编辑辅助人员、业务技术人员等，他们是顺利完成新闻报道活动的过程中必不可少的非核心人员。需要说明的是，这里关于核心人员与非核心人员的划分，只是一种业务上的划分，并不是重要程度上的划分。但就纯粹的新闻报道活动来说，人们平常所说的记者、编辑，是最重要的、最核心的角色。我们用本位概念指称的，也主要是记者、编辑这样的新闻职业工作者。新闻报道活动的实际开展，主要是由他们承担、操作的。

在理论新闻学关于新闻传播主体的既往讨论中，人们通常关注的主要对象是本位主体，而不是高位主体。更准确一些说，人们是在不区分高位主体和本位主体的情况下，又以我们这里所说的本位主体为讨论对象的，即以本位主体代替了整个新闻传播主体。这显然会模糊一些问题，丢掉一些问题，因为在新闻传播实践中，不管是在哪种新闻传播制度下，在我们所界定的高位主体与本位主体之间，确实存在着客观的差别，存在着各种各样的矛盾和冲突，如果将他们混为一谈，不加区分，不仅会掩盖许多应该阐明的现象，也会使一些问题失去从理论上能够阐明的事实根据。对此，我们在下文中还有进一步的论述。此处，我们先来解析本位主体的地位与作用。

第一，本位主体处于新闻传收活动的"前在"地位，发挥着不可否认、不可替代的"把关人"作用。不管是从新闻传播在时间向度上所具有的动态性、序列性来看，还是从新闻传播系统共时性的结构上看，本位主体都处于相对收受主体的"前在"位置，并且这种"前在"位置在任何一个传播周期过程中都是相对稳定的。因此，也可以把本位主体称为"前在主体"①。这种相对固定的"前在"地位不只意味着在新闻传播过程中"登台亮相"的迟早，更为重要的是它意味着本位主体是新闻传播的直接发动者（这正是其作为职业传播者的第一职责），同时意味着本位主体在整个新闻传播过程中具有不可替代和不可否认的"把关人"的地位和作用。②"传播者处于传播过程的首端，对信息的内容、流量和流向以及受传者的反应起着重要的控制作用。"③本位主体在新闻传播过程中位置的"前在"性特征表明，在实际的新闻传播活动中，本位主体处于不可否认

---

① 我在《新闻价值论》中，为了论述相关问题的方便，将新闻价值活动中的双重主体——传播主体和收受主体，形象地称为"前在主体"和"后在主体"。参见杨保军．新闻价值论［M］．北京：中国人民大学出版社，2003：118。

② 即使在网络新闻传播中，"把关人"仍然是存在的。尽管网络新闻传播的"把关人"与传统媒体新闻传播中把关人的工作方式相比发生了一定的变化，但按照一定标准进行把关的本质没有什么根本的不同。非职业化的普通大众可以通过网络发布自己认可的新闻，这只是说网络媒介提供了个人发布信息的可能和自由，并不是说网络传播没有了"把关人"，因为发布信息的任何个人也都是"把关人"。"把关人"这一概念，主要是指新闻职业工作者担当的控制新闻信息的角色，但也有学者把"把关人"推用到信息流通的每一道关口上。

③ 郭庆光．传播学教程［M］．北京：中国人民大学出版社，1999：157。

的"优势"地位，"从某种程度上来说，大众传媒也是传播特权的拥有者，他们所拥有的传播能力和权利都远远超过了作为个人的社会成员或其他一般社会群体"①。这是"由于传播双方（传播主体和收受主体——引者注）在政治、经济和文化地位、传播资源以及传播能力等方面通常存在着差异"，"完全对等或平等（指传收双方在完全对等和平等的关系中进行传播——引者注）的传播关系与其说具有普遍性，不如说是极少见的"②。法国新闻学者贝尔纳·瓦耶纳在其所著的《当代新闻学》中也说："新闻报道者不是简单的传播者，他们的作用远不是纯然被动的，相反倒是有决定意义的。"③ 这些论述都说明，作为新闻传播过程中的前在主体，本位主体在现实的新闻传播活动中，总是基本掌握着新闻传播的主动权。

第二，本位主体是新闻生产活动（新闻传送活动）的主要承担者。对整体新闻生产能力基本一定的新闻媒体来讲，具体生产什么质量的新闻，以什么样具体的方式生产新闻，都是由本位主体直接决定的。作为新闻生产活动中活的力量，"新闻传播者是'信息流通的动力'"，"收受者所获知的各种讯息，都是由新闻传播者给定的"④。本位主体驾驭和操作着新闻传播的整体过程，特别是在新闻传播的前半程，充当着沟通上下左右的中介或桥梁，在相当大的程度上分配着收受主体有限的新闻注意力，并通过不断的议程设置，引发和维系社会公众对有关问题的关注，维护着新闻市场的正常运转和发展，塑造着新闻媒体在社会公众心目中的形象，在很大程度上决定着新闻媒体的社会公信力和社会影响力，满足并创造着社会公众的新闻需求。总而言之，新闻传播具有的各种潜在功能，只有通过本位主体实际的新闻生产活动、价值活动，才能得到感性的、现实化的表现。

① 郭庆光. 传播学教程 [M]. 北京：中国人民大学出版社，1999：157.
② 同①62.
③ 瓦耶纳. 当代新闻学 [M]. 丁雪英，连燕堂，译. 北京：新华出版社，1986：15.
④ 童兵. 理论新闻传播学导论 [M]. 北京：中国人民大学出版社，2000：29.

在新闻传播活动中，本位主体是新闻价值的主要发现者、创造者和传播者。从新闻事实的发现到对其价值大小的评价与判断，从新闻事实的选择到对其具体的符号再现，从新闻文本的创制到新闻产品的完成，从新闻信息的传播到反馈信息的获取，从一个传播周期的结束到另一传播过程的开启，在新闻传播的每一环节中，都包含着本位主体的新闻生产和价值创造活动。说到底，当社会提供的宏观传播环境一定时，社会公众能够获得什么样的新闻，主要是由本位主体的素质决定的。

第三，本位主体是具有自身利益追求（包括物质利益和精神利益的追求）的主体。恩格斯曾说："在社会历史领域内进行活动的，是具有意识的、经过思虑或凭激情行动的、追求某种目的的人；任何事情的发生都不是没有自觉的意图，没有预期的目的的。"① 新闻传播领域的本位主体，也都是为了实现一定目的的群体，而任何目的的核心体现就是一定的利益追求。马克思曾经非常精辟地指出："人们为之奋斗的一切，都同他们的利益有关"②。本位主体在新闻传播过程中，首先要反映和维护自己的利益以及与自己利益相关的共同体的利益。任何新闻媒体，任何本位主体，不管其如何宣称和自我标榜，在实际的操作上都会按照自己的要求和意图进行新闻传播，即按自己的利益标准和价值尺度筛选事实、确定事实和报道事实。世界上不存在背离自己利益的新闻传播媒体，如果背离了自己的利益，要么是不得已而为之，要么是从更大的利益或更长远的利益出发，对较小利益或眼前利益主动的或暂时的放弃，要么就是本位主体的失误所致，绝对不会是有意的追求。除了追求自身利益，本位主体总要反映和代表社会主体的共同利益，这是媒体生存发展的必然要求，也是新闻传播社会性的必然体现，更是本位主体实现自身利益的重要手段，至少任何本位

① 马克思恩格斯全集：第 28 卷 [M]. 2 版. 北京：人民出版社，2018：356.
② 马克思恩格斯全集：第 1 卷 [M]. 2 版. 北京：人民出版社，1995：187.

主体都会宣称自己代表着社会主体的共同利益，但事实上他们不会以同样的态度和同等的力量对待所有人群的利益；本位主体不会在新闻传播中反对所有人的利益追求，但一定会特别维护一部分群体的利益，而反对一些群体的利益，这一点在仍有阶级对立、阶层分别和利益冲突的现实社会中是不可避免的。

2. 高位主体与本位主体的关系

在新闻媒体中，传播主体内部主体双重化的客观存在，意味着二者之间的关系是一个实际的问题。高位主体与本位主体之间的区别是非常明显的，但他们之间的联系也是十分紧密的。事实上，在整个新闻传播活动中，双重主体都在不断协调他们之间的各种关系，处理各种矛盾，以便新闻传播活动能够顺利地进行。

首先，在新闻传播的组织结构中，高位主体作为新闻资产的所有者、管理者和决策者，决定着媒体新闻报道的总体取向。诚如有些学者所说，高位主体"左右着新闻活动的政治方向和经营规模"，"在新闻传播系统中显然处于支配者的主体地位"，"对新闻传媒的大政方针和经营力度，是一定要当家做主和说了算的"①。而本位主体是在高位主体的主导下，在高位主体的意志下，进行具体的新闻传播活动的主体。② 可见，高位主体和本位主体在新闻媒体的人事组织结构中所处的地位具有明显的差别，他们处于不同的层级。高位主体是高层主体，本位主体是低层主体。我们之所

---

① 项德生，郑保卫. 新闻学概论 [M]. 武汉：武汉大学出版社，2000：131.
② 对任何一家新闻媒体来说，本位主体首先是由高位主体选用的。这实质上意味着潜在的本位主体只有在接受现实的高位主体意志的情况下（也即用人标准），才能够成为某一家新闻媒体的现实的本位主体。当然，这并不是说高位主体在用人上可以任意而为，因为国家对相关职业的就业资格也有一定的规定。但就新闻职业来说，它的就业门槛是模糊的，高位主体拥有更多的选择权（相应地，潜在的本位主体具有更少的选择权）。一个从未学过医学、学过法律的人，根本不可能成为医生或律师，但一个从来没有学过新闻学、从事过新闻工作的人，则完全有可能被录用为新闻职业工作者。这大概也是人们争论新闻职业是否能够成为一种独立职业的重要原因。因此，就目前的状况来说，还很难说新闻职业是一种标准的职业。

以把新闻资产（媒体）所有者等称为高位主体，而把实际从事新闻报道活动的记者、编辑等称为本位主体，正是因为考虑到了他们在媒体组织人事结构中的这种层级差别。[①]

其次，在新闻传播活动中，高位主体和本位主体的利益追求与价值目标具有一致性。高位主体和本位主体都是具有能动性的主体，都希望通过新闻传播活动满足各自的利益需求和实现各自的价值目标。一般来说，特别是在阶级对立已不十分激烈的社会中，由于本位主体是高位主体按照自己意愿选择的结果，资产所有者和管理者是按自己的利益标准选择经营者和编辑者的，因此，从本质上看，在常态情况下，高位主体与本位主体首先是利益的共同体。这就决定了在通常情况下，他们的利益追求与价值目标根本上是一致的。事实上，只有在高位主体和本位主体根本利益一致的情况下，新闻传播活动才能够得以顺利地进行。试想，如果高位主体和本位主体冲突不断，媒体的新闻传播活动还能正常进行吗？在新闻传播活动中，相对高位主体来说，本位主体是新闻传播活动的直接操作者，高位主体的价值目标、利益追求必须通过本位主体的具体活动来实现，而本位主体自身新闻传播目的、利益追求的实现，表面上看是只依靠自己的活动，但实际上，它必须以高位主体的"允许"为前提，必须以高位主体制定的各种规范为条件。因此，高位主体与本位主体更多是"合作者"或"一家人"，在绝大多数情况下，他们总是能够自觉地协调他们之间的利益关系。相对收受主体来说，高位主体和本位主体构成了共同的传播主体。高位主体和本位主体是以统一身份——传播主体——处理与收受主体的各种关系的。

再次，高位主体与本位主体之间也存在着利益的不一致性或冲突性。

---

① 从成对概念的工整性上看，与"高位主体"对应的概念名称应该是"低位主体"，但这样的概念用语容易引起歧视性的联想，所以我选用了"本位主体"这一表达。选择本位主体概念的优点是：第一，它比较准确地反映了记者、编辑等在新闻传播活动中的实际地位，即他们是新闻传播活动中的"根本"力量；第二，它与人们的习惯用语"本职工作岗位"形成一种契合，因而易于准确理解。

所谓利益冲突是指"不同的利益主体在争取利益的过程中所产生的冲突，是人们在获取利益的过程中彼此之间的矛盾趋于激化所表现出来的一种对抗性的互动过程"[①]。如前所述，高位主体与本位主体尽管构成了共同的、实质上的传播主体，但他们毕竟在新闻传播的组织结构中处于不同的地位、不同的层次，在新闻传播过程中扮演着不同的角色，开展着不同的具体活动，发挥着不同的作用，在存在方式上具有各自相对的独立性，是相对独立的利益主体。这种独立性必然导致利益上的差异性，主要表现为利益的不一致性或冲突性。在新闻传播中，高位主体和本位主体都想通过新闻传播活动达到自己的目的，即他们都想把新闻传播作为自己获取一定利益的手段，以满足自己的利益需求。当他们的利益目标、利益追求一致时，他们运用新闻传播手段的方式是基本相同的，确定新闻传播内容的标准也是基本一致的；但当他们的利益目标、利益追求不一致时，他们往往会以不同的方式驾驭和使用新闻传播手段，会以不同的标准选择新闻传播的内容，这就有可能导致某种程度的冲突。这种利益冲突在新闻资产私有化的社会中是经常发生的，特别是在阶级对立表现激烈的情况下，这是因为媒体的所有者与本位主体本质上不是社会利益的共同体（但他们有一定的共同的社会利益），或者说，他们对社会利益的态度是不一样的。高位主体是社会中的少数，往往代表的是社会中少数人的利益，而本位主体与社会中的多数具有更多的同一性和相似性，常常代表的是社会中的多数。但我们需要注意的是，在当代资本主义新闻事业中，高位主体与本位主体之间更多的是利益的一致而非冲突，更多的是一种共生关系而非对立关系。而在社会主义制度下，由于新闻资产实行的是公有制，因此从本质上说高位主体和本位主体没有根本的利益冲突，但利益主体的双重化又使利

---

① 张玉堂. 利益论：关于利益冲突与协调问题的研究 [M]. 武汉：武汉大学出版社，2001：57.

益冲突不可避免，特别是在社会主义市场经济条件下，本位主体的独立性、自主性得到了很大程度的加强，利益观念与计划经济时代相比也发生了很大的变化，在利益目标上常常会偏离高位主体的要求。比如，尽管我们一再强调要把新闻传播的利益目标设定在社会效益与经济效益统一的基点上，并以社会效益为至上目标，但在现实的新闻传播活动中，人们仍然不时看到，一些媒体把片面追求经济利益作为实质上的根本目标，表现为有偿新闻的屡禁不止、广告与新闻的合一等现象。这在一定程度上说明本位主体的利益追求背离了高位主体确立的利益目标和价值追求。另外，也存在着高位主体对本位主体的一些不正当干涉，比如一些新闻业的管理者从自己的主观意志出发，从自己的权、名、利出发，限制一些正常的新闻传播活动，干扰一些新闻内容的正常播出，这影响了一些新闻机构和本位主体的声誉，实质上就是严重损害了本位主体的正当利益。

高位主体和本位主体冲突的主要表现是："或者是高位主体压制传播者的自由权利，或者是传播者触犯上层决策者和宏观管理者的尊严和戒律。"[①] 法国一位著名的记者说："新闻工作者的良知是任何新闻界巨头、占统治地位的意识形态和集团组织永远也无法彻底压制的。"[②] 这只是一种理想的强烈表达。事实上，高位主体与本位主体冲突的可能结果是（我们假设本位主体的行为是正当的，观念是正确合理的）：其一，高位主体调整有关新闻传播的政策或措施，使矛盾冲突得到缓解；其二，本位主体离开所在的新闻媒体，甚至是离开新闻职业队伍。[③] 在高位主体与本位主

---

① 项德生，郑保卫. 新闻学概论［M］. 武汉：武汉大学出版社，2000：132.

② 拉库蒂尔. 新闻工作者的良知［M］//张穗华. 媒介的变迁. 北京：中国对外翻译出版公司，2002：4.

③ 在常态情况下，本位主体是相对高位主体的弱势群体，因此，当本位主体与高位主体发生矛盾、冲突时，本位主体不是选择屈从高位主体，就是选择无可奈何地愤然离去。当然，还有可能就是被高位主体"铲除"。

体出现利益冲突的情况下，正常的新闻传播活动往往会受到影响，只有二者的利益关系得到重新协调，本位主体直接操作的新闻传播活动才能顺利进行。

最后，在一些特殊的媒体体制中，高位主体与本位主体只有逻辑上的区分，没有实体上的区别。也就是说，在一些新闻媒体的组织结构中，高位主体和本位主体是一体化的。比如，在中国近现代史上的"同人报"①，以及当代西方少数"员工所有制"② 的媒体中，高位主体和本位主体基本上是一体化的。但即使在双重主体一体化的情况下，双重主体角色的内在一致性和矛盾性，也像在双重主体分离状态下一样，仍然是存在的。因此，我们关于传播主体的双重化理论仍然是成立的。

（三）新闻收受主体

新闻活动的核心是传送新闻信息的活动与收受新闻信息的活动，它们构成了传收活动的两极，因而，构成新闻核心活动的活动者必然是双重的——传播者和收受者。新闻传收活动的这种结构方式，在客观上决定了收受者具有与传播者同等重要的地位，他们是新闻活动中共同的主体。二者之间的关系应该是既对等又平等的主体间关系。这是我们理解新闻收受者问题基本的前提和出发点。

1. 收受主体的构成及特征

收受主体（受众）的构成是极其复杂的，研究者可以根据不同的研究

---

① 所谓"同人报"或"同仁报"，是"私人以自愿的形式结合起来所办的报纸。办报（刊）人自称'同人'或'同仁'，以标榜自由结合，不受政府和党派控制，显示其办报（刊）自主和言论独立"。参见甘惜分. 新闻学大辞典 [M]. 郑州：河南人民出版社，1993：67。

② 也称"合作所有制"，参见童兵. 比较新闻传播学 [M]. 北京：中国人民大学出版社，2002：151-153。比如法国的《世界报》，"股份均为本报工作人员、编辑委员会成员所有"，参见甘惜分. 新闻学大辞典 [M]. 郑州：河南人民出版社，1993：535。

目的，从不同的视角做出不同的构成分析，根据不同的标准做出不同的类型划分，从而达到对收受主体的具体把握。与传播主体（主要是本位主体）相比，收受主体"分散、弥漫"在整个社会环境中，生活在丰富多彩的社会关系中。虽然新闻收受主体处于具体传收过程的"后在"位置，但在整个新闻传播活动中，收受者的新闻需要又是最重要的动力源。所有这些东西，共同决定着收受主体在新闻传收活动中的表现特征。

（1）收受主体的构成。

大众传媒的产生，使社会人群在信息传播活动中（包括新闻信息）出现了真正的、规模化的分化，极少部分人慢慢成为专门从事信息采集、加工、制作、传递工作的传播者，而大部分人则成为信息的收受者和使用者。这样，也就诞生了明确的、与传送者对等意义上的收受者。但各种社会条件、主体条件的限制，使得社会人群中的大多数只能是潜在的信息收受者。只是在大众传播时代真正到来后，大众传播观念才得以迅速地扩张和提升，到了今天这样的信息社会，所有生活在社会中的人都有机会（尽管这种机会并不完全平等）接触大众传媒，"新闻媒介在总体上对全社会开放，全社会成员均可作为其争取的收受者对象"[1]。因此，从理论逻辑上讲，所有现实地生活着的人都可以是或可以成为新闻传播的收受主体。但这也意味着关于收受主体构成的分析，是个相当复杂的问题。[2] 下面，我们主要结合新闻传收活动的实际，从类型和层次性两个大的方面分析收

---

[1]　李良荣. 新闻学导论［M］. 北京：高等教育出版社，1999：120.

[2]　与讨论传播主体构成问题时一样，我们关于新闻收受主体的阐释，针对的是当前新闻传播的状况，针对的是收受大众传媒新闻信息的人群。关于新闻收受者的历史演变问题、历史特征问题，以及非大众传媒的新闻收受者的各种问题，这里不做具体阐释。但我们必须指出的是，非职业化的新闻传播者的信息传送活动已经对人们的新闻信息收受行为形成了一定的影响，比如，在不少情况下，人们更愿意相信非职业化新闻传播者提供的信息，而不大愿意相信由职业化新闻传播者传播的信息。如此种种，可以看出，如今的新闻收受者并不是单一的大众传媒的收受者，他们在多种信息传播中显示的特征其实是不一样的。我们这里的讨论，实质上已经忽略了不少因素的影响，本身有着简化的问题。不过，我们在传播主体与收受主体的关系一节中，将会对一些问题加以必要的论述。

受主体的构成。

第一，收受主体的类型构成。收受主体原则上涵盖所有的社会成员，因此对其类型的研究，从宏观上可以从多种角度出发进行。但对新闻收受主体的类型划分，主要应该从主体的新闻收受特征出发，从主体接触和对待新闻媒介的态度或方式等特征出发。① 基于这样的考虑，可以将收受主体做如下的基本类型划分。

按照接触新闻媒介的频率，或者说按照接触新闻媒介的稳定程度，可以把收受主体划分为稳定型收受主体和偶然型或变动型（不稳定型）收受主体。稳定型收受主体是指"比较习惯地、固定地接触和使用一定媒介的收受者"②，对这种类型的收受主体来说，收受新闻已经构成了生活的基本方式，"接收新闻已成为他们一种经常性、稳定性的行为，已内化为每天生活中所不可缺少的内容，而且在可能的情况下，他们会通过不同媒介接收大量新闻"③。偶然型或变动型的收受主体是指没有固定习惯，只是偶尔接触新闻媒介的人。这种类型的收受主体"对新闻无太大兴趣"，"接收新闻仅仅是一种附带的、随机的或偶然的行为"④。在现实生活中，真正把收受新闻作为生活"必修课"的人必定是少数，大部分人对新闻媒介的接触是偶然的、不稳定的。人们对新闻（媒介）关注程度的高低变化，本身已经成为新闻学研究的重要课题。如何使稳定的收受主体进一步成为忠诚的收受主体，如何使偶然的收受主体转化成为稳定的收受主体，始终是传播主体关注的核心问题之一。

按照接触新闻媒介类别的多少，可以将收受主体划分为单一型收受主

---

① 注意：这里实质上已经把新闻媒体抽象化了，即把所有具体的新闻媒体看成了一个传送新闻信息的整体。

② 李良荣. 新闻学导论［M］. 北京：高等教育出版社，1999：119－120.

③ 黄旦. 新闻传播学：修订版［M］. 2版. 杭州：浙江大学出版社，1997：224.

④ 同③.

体与复合型收受主体。单一型收受主体，是指只接触一种类型的新闻媒介，比如只读报纸或只看电视或只听广播甚至只通过网络浏览新闻的人；而复合型收受主体是指同时接触多种类别新闻媒介的人，即他既可能是报纸的读者，同时又是广播电视或网络新闻的视听者、浏览者。一个愿意接触新闻媒介的人，将会成为单一型还是复合型收受者，既取决于传播环境提供的客观条件，也取决于自身的主体素质。人的好奇心和人的需要的多样性，决定了作为信息收受者的人，原则上不会拒绝任何一种接收信息的渠道。因而，从总体上说，随着社会的发展，越来越多的人会成为复合型的新闻收受者。但是，在网络传播日益强大起来的今天，已经出现了一种新的情况，那就是越来越多的年轻人倾向于只通过网络媒介（甚至手机）来获取新闻，他们与传统新闻媒介的距离变得越来越远，逐渐成为具有时代特点的新的单一型的新闻收受者。[①] 需要注意的是，当人们说有些人是单一型的收受者时，其实是说他们主要通过某一种新闻媒介来收受信息，并不是说他们绝对拒绝接触其他媒介。

按照对一定新闻媒介接触的实际表现，可以把收受主体划分为现实型收受主体与潜在型收受主体。现实型收受主体，是指已经接触和利用新闻媒介的人；潜在型收受主体，是指具备正常接触媒介的能力，但还没有开始接触和使用新闻媒介的人。对这种划分方法，应该特别注意"现实"与"潜在"的具体含义，注意"现实"与"潜在"的相对性。对一种媒介是现实型的收受主体，对另一种媒介有可能是潜在型的收受主体；同样，对某家媒介是现实的收受者，对另一家媒体可能是潜在的收受者，反之亦

---

① 当抛却传统媒介的人越来越多时，可能会出现很多问题：比如，传统媒介将会发生怎样的变化？未来的发展趋势是什么？又如，新的以网络媒介为主要对象的单一型收受行为，会给社会带来什么样的影响？会给人与人之间的关系、人与社会之间的关系带来什么样的影响？再如，假若将来出现媒介类型的不断减少甚至单一化（也许这是一个虚假的问题），它将给人类生活带来什么样的景象？如此等等，都是新闻学、传播学、社会学、哲学等学科应该关注的问题。

然。对那些从来没有接触过任何类别新闻媒介的人，可以称之为绝对意义
的潜在收受者。实际上，每个人都有一个从潜在收受者向现实收受者转化
的过程，这一过程正是人的社会化过程，也是进入媒介环境的过程。对今
天的人们来说，有无机会和能力接触新闻媒介，是能否成为文明社会成员
的重要条件之一。对任何新闻媒体来说，维系和稳定现实的收受者群体，
发现和开发潜在的收受者群体，都是长期的任务。新闻媒体的发展就是不
断赢得更多收受主体信赖的过程。

按照新闻媒体确立或形成的服务对象特征，可以将收受主体划分为目
标型收受主体（目标受众）与边缘型收受主体（非目标受众）。所谓目标
型收受主体，是指新闻媒体指向的主要收受者或核心收受者，也就是媒体
的定位收受者。李良荣先生在其《新闻学导论》中写道："各个单独的媒
体和媒体上设置的各类栏目，都有着不同的传播内容和个性风格，这些内
容和风格是针对并满足相对比较固定、明确的传播对象，这部分收受者就
是媒体和媒体特定栏目的核心收受者。"① 不同类别、不同层次的新闻媒
体，在其新闻传播中，会有不同的追求或目标，因而在传播内容、栏目设
置、传播方式、报道风格等方面也会表现出不同的特点，每一具有个性特
点的媒体都会吸引喜爱这一特点的人来接触自己，而这种接触又会进一步
强化媒体对自身个性特点的张扬，正是在这样的互动中，媒体稳定了自己
的定位，收受者选定了喜爱的媒体，成为一定媒体的目标型收受主体。目
标收受者的确立，意味着一家媒体独立性的形成、风格的形成、特色的形
成，因此，"它（指目标收受者——引者注）是媒体需要稳定和竭力争取
的最重要的对象，也是媒体的生命线"②。所谓边缘型收受主体，是指目
标型收受主体之外的收受主体。这些收受者只是对一定媒体表现出不稳定

---

① 李良荣. 新闻学导论［M］. 北京：高等教育出版社，1999：120.
② 同①.

的、偶然的接触和兴趣。对一家确定的媒体来说，它的目标收受者和非目标收受者是相对稳定的，但两种类型的收受者会随着媒体自身的变化而变化，也会因收受者自身的变化而变化，即目标收受者会转化成为非目标收受者，反之亦然。因而，对一定的媒体或栏目来说，如何使自己确定的目标收受者真正成为长期的、稳定的目标收受者，如何使边缘收受者逐渐转化成为目标收受者，是必须始终探索的问题。对一家媒体来说，拥有足够规模的目标收受者，并且能够及时发现、吸引边缘收受者，开发新的受众资源，是其生存和发展的基础。

除了以上几种对收受主体类型的主要划分方法，还可以按照其他标准进行划分。比如，"按照人口统计学原理，收受者群体内部可以按照性别、年龄、职业、地域、教育水平等再划分成不同的次属群体"[①]；可以按照社会关系意义上的群体，诸如家庭、单位、团体，政治、经济和文化的归属阶层甚至宗教信仰等进行分类；可以按照对一定媒体的忠实程度，把收受主体分为忠实型收受主体和随意型收受主体；可以按照收受主体新闻需求的特征，将其分为一般型收受主体和专门型收受主体；可以按照新闻传播对收受主体实际影响的程度，将其划分为有效收受主体和无效收受主体；等等。每一种划分标准或方法，都能提供一种新的视角，使人们对收受者有一种新的认识，也可以帮助传播者发现新的问题，开阔新的思路。对任何一家新闻媒体来说，为了解自己的受众情况，应该从多种角度进行研究，只有这样，才能比较全面地把握收受者的外在构成情况和内在素质特征。

还需指出的是，上述关于新闻收受主体的各种类型划分，都包含一定的交叉性，每一种划分方法只是从不同侧面对收受主体的描述。比如稳定

---

① 李良荣.新闻学导论［M］.北京：高等教育出版社，1999：119.

型的收受主体大多是复合型的收受主体，也必然是现实型的收受主体；而现实型的收受主体既可能是稳定型的收受主体，也可能是偶然型的收受主体，既可能是单一型的收受主体，也可能是复合型的收受主体。这样，我们就可以在多种标准构成的综合参照系下，对收受主体做出更为细致的描述，这已属于"受众学"要研究的专门问题，在此就不做展开了。另外，每一标准下划分出的不同类型在实际当中并非固定不变，它们之间是可以在一定条件下相互转换的。比如，稳定型收受主体如果在长期的媒介接触中发现自己的新闻需求得不到满足，就有可能逐渐放弃对一定新闻媒介稳定的、习惯的接触，而转化为偶然的接触，从而成为偶然型的收受主体。同样，在环境发生变化或主体认识、态度等发生改变的情况下，原来的偶然型收受主体也会改变成为在一定时期稳定的甚至是长期稳定的收受主体。又如，对一定的媒介而言，现实型收受主体可能由于各种各样的原因放弃对它的接触，从而转化成为潜在型收受主体，而潜在型收受主体也可能转化成为现实型收受主体。这其中的道理是很容易理解的，就不再多言了。

第二，收受主体的层次构成。研究收受主体的层次性，就是从收受主体构成的横断面出发，并在横断面纵向上对收受主体做出分析。收受主体作为主体性的存在，是一种多元化的存在，因此对收受主体层次构成的描述，首先要从宏观上对多元存在的收受主体做出层次定位，然后针对不同层次的收受主体进行相对微观的内部层次分析。有了这样一个出发点，我们主要从以下三个方面对收受主体的层次构成加以说明。

首先，按照社会存在规模或社会存在方式可以将收受主体分为这样几个层次：一是社会化层次，即把特定社会作为整体的新闻收受主体来看待，这个社会一般是指整个人类社会和一定民族国家构成的社会，比如可以把整个人类社会看作国际新闻传播的收受主体，可以把中国社会看作中国新闻传播的收受主体；二是群体化层次，即把特定的群体或群体组织作为新闻传播的收受主体，比如把一个政治集团、经济团体、民间团体甚至一个村落、一个社区、一个单位、一个家庭看作新闻传播的收受主体；三是个体化层次，即把每一个具体存在的人作为新闻传播的收受主体。显然，要想真实、全面地把握收受主体的具体构成状况，就必须从各个层次出发来研究收受主体，每个层次的收受主体都有自身的特点，固守于任何一个层次的研究都是片面的，都不能完整反映收受主体的真实面目。

在现有的受众研究中，人们一般注重从个体化层次上研究收受者，不大重视宏观层面的研究，这种"重树木，不重森林"的做法，是有一定偏误的。在我们看来，追求有效的新闻传播，首先要从宏观层次上研究一定收受主体的总体构成情况和特征。一定的社会成员之所以能够形成一定的主体群体，他们之间必然有一些共同的特征，从而使所形成的这个群体和另一个群体区别开来。比如，一定的民族总是具有不同于其他民族的一些特点，他们拥有自己共同的历史和传统文化，拥有相似的心理特征和思维方式，拥有大致相似的生活态度和生活方式，具有某种共同的民族精神和价值理念，特别是在这些前提下，他们可能具有大致相同的新闻理念、新闻收受方式、新闻收受习惯等。又如，不同的社会阶级、阶层、群体（农民群体、工人群体、知识分子群体等）具有一些明显的能够将它们区别开来的特点，这些特点主要不在于那些外在的可识别的现象（随着社会的发展，不同人群之间可识别的外在现象正在减少），更主要的是内在的精神特质。仅从新闻活动现象来说，不同民族、不同群体的新闻观念之间总有一定的差别，新闻报道应该着重什么，应该以怎样的方式进行报道，新闻报道应该追求什么样的价值取向、什么样的传播效果，如此等等问题，尽管随着人们之间和不同人群之间交流对话的增多，而越来越趋于相似或一致，但它们之间的差异还是十分明显的，甚至存在着各种各样的矛盾和冲突。从新闻传播主体的角度说，新闻报道总是指向一定的目标人群，而不是个别的人，因而，只有首先把握了媒介目标收受者的整体特征，把握了一定群体整体的心理特点、思维方式，把握了其新闻信息需要的总体特征等，才有可能在适应与引导中，在与收受主体的平等互动中，取得良好的新闻报道效果。

其次，每一层次内部也有自身的层次结构，这种内部的层次结构在较为严格的组织性群体中表现得尤为明显。在一定的群体内部，首要的层次性体现在作为一个整体的群体与构成群体的个体之间，群体对待新闻传播的态度、接受的程度和方式首先依赖于群体的整体利益，而不是构成群体的个体的特殊利益，即对一定的群体主体来讲，它的利益具有相对于个体的优先权。另外，群体内部不同的个人之间也有层次上的差别，这是群体结构的必然性要求。处于群体内部不同层次的个人主体，由于其在群体中地位和作用的不同，对以群体名义进行的新闻收受行为必然具有不同的作用和影响。比如在一定群体中担当主导或领导角色的个体，就往往发挥着类似"舆论领袖"的作用，对新闻传播的内容有着特别的解释权和评价权。即使在一个小小的家庭之中，当一家人共同获知一条重要新闻时（比如围坐在一起收看电视新闻），家庭中的某个成员往往拥有一定的、实质性的权威性解释权，因而所有家庭成员对某条新闻的理解，常常会变成某个成员的理解，这样，这一家庭成员与其他成员相比，就成了高位的或高层次的成员，而其他成员则成了低位的或低层次的成员。

最后，收受主体的素质上的差别，使收受主体形成了素质上的层次性。研究收受主体素质上的层次性，除了要从总体上关注上述的三个宏观层次，更为重要的是要探求作为个体存在的收受主体的素质上的层次性。

无论是社会型收受主体还是群体型收受主体，都是由个体收受主体构成的。新闻收受行为，首先是以个体方式进行的。新闻传播效果，最终也要体现在个体收受主体身上。因此，只有把握了个体的素质、能力层次结构，才有可能真正把握收受者的层次性。这也正是收受者研究大都以个体收受主体为主要研究对象的原因。

收受主体的素质构成本身就是一个相当复杂的问题，包括个体作为各种社会角色的素质，作为一般社会成员的素质。这些素质的整合，形成了个体的整体素质，整体素质的差别使收受主体处于不同的素质层次。就新闻收受活动而言，个体各种素质整合形成的个体素质层次，最终表现出来的是他的新闻需要的质量和层次。从原则上说，一个人具有什么样的素质，就有什么样的需要，就会追寻什么样的新闻。

需要注意的是，任何个体，都有多样化、多层次的新闻需要，因此不能以某一类、某一层次的新闻需要来划定个体素质的层次性，而应该从主体比较稳定的、占主导地位的新闻需要角度来划定其层次性。人们通常将收受主体分为大众层次、精英层次等，这正是从总体素质构成上对收受主体的层次定位。其实，不管是普通大众，还是社会精英，作为人，必然有着共同的兴趣，有一些共同的或者说差别不大的新闻需要。依据生活经验提供的事实，我们可以大胆断论：几乎所有的人都喜欢一些轻松的新闻（比如社会新闻、趣味新闻、体育新闻、文化娱乐新闻等）。差别在于有些人只喜欢阅读、视听轻松的新闻，有些人甚至只喜欢媚俗、低俗的新闻，而有些人不仅愿意接触轻松的新闻，更愿意投入时间和精力收受严肃的新闻。这显示出不同收受者之间层次的差别、素质的不同。了解、把握收受者素质的层次性，即了解、把握收受者新闻需要的层次性，正是新闻媒体进行内容定位、水准定位、风格定位的重要根据。

还需指出的是，尽管每一个个体收受主体从角色上说都是收受主体，但他们在新闻收受活动中的表现是千姿百态的，"社会角色本身并不具体决定它的每个具体体现者的活动和行为，因为一切取决于个人掌握角色和使其内化的程度。而内化的行动则取决于这一角色的每个具体体现者一系列的个性心理特点"。"所以，每个社会角色并没有绝对的某些行为模式，它总是要给它的表演者以某种'许可范围'，不妨将其称为某种'扮演角色'的风格。"① 这就是说，个体新闻收受主体具体的信息收受方式是变幻莫测的，所处的层次也会在不同的时空条件下发生各种各样的变化和交叉，我们不能以形而上学的方式对待收受主体的层次性，而应该以发展变化的眼光分析收受主体层次性的实际构成情况。

（2）收受主体的特征。

作为新闻传收活动过程中的主体之一，收受主体首先具备新闻传收主体的一般特征②，作为新闻传播活动中"后在"性的主体，收受主体具有自己的个性特征。需要预先说明的是，我们这里所分析的收受主体的特征，主要是其在新闻收受活动中表现出来的特征，并不是对收受主体所有特征的分析。

第一，大众化的存在特征。现代意义上的新闻传播本质上是面向全体社会成员的传播，是一种大众化的传播，在组织化、系统化、规模化、专门化和体制化的大众传媒的新闻传播中，点到面的公开传播方式和模式，决定了收受主体在整体存在方式上（即相对所有的大众传媒而言）首先是一种大众性的存在，不像传播主体那样是一种具有相对明确界限的、有组织的群体性存在。因此，收受主体在一定程度上具有大众社会理论所描述的大众的特征，也就是说新闻收受主体首先是一种大众化的主体，以大众化的方式存在于现实的社会之中。"大众传播的收受者无疑就是大众本身，

---

① 黄旦. 新闻传播学：修订版［M］. 2版. 杭州：浙江大学出版社，1997：223.
② 如果用一个统一的概念反映新闻传收活动中的主体，再准确不过的当然是"新闻传收主体"。也就是说，传播主体和收受主体是共同的新闻活动主体，作为共同主体，他们首先有一些共同的特征。我们将在下文中讨论。

收受者具备着大众的一切特点。"①

　　"'大众'是一个社会历史性的范畴，它的产生和存在，有几个必要的条件：第一，是大众社会"，"第二，是市场经济"，"第三，是工业化、城市化"，在这些条件中，市场经济是大众产生和存在的最根本的条件。②作为大众化存在的收受主体具有一些明显的特征，诸如：数量规模的庞大性、构成性质上的庞杂性，即在人数上超过其他社会群体或集团，几乎包括各个社会阶层和各类人群；匿名性，即收受主体之间从总体上看互不相识，构成大众的个体之间是一种互相疏离的关系，对传播媒体和传播主体来说也是难以全面把握的对象；流动性，即收受主体的界限不是固定的，不同类型的媒体拥有不同的受众，而且同一收受主体可以在不同的主客观条件下成为不同媒体或几种媒体的收受者；同质性，即大众个体之间不存在质的差别，个性被消解，个体之间在各个方面表现出明显的一致性和相似性，他们只被视为信息的收受者或者消费者；还有素质的有限性，作为大众化存在的收受主体，或者作为大众一面的收受者，其素质是有限的，表现为只能消费那些相对简单、通俗的文化产品。③ 这里需要进一步说明的是，收受主体作为大众化存在的诸多特性，是一种总体上的描述，或者说收受者只是具有这样的一些特征，并不就是说每一个收受者实际上就是这样的存在。对具体的新闻收受者来说，他们的特征主要表现在以下几点上。

　　第二，自主化的接触特征。大众社会理论基本上把收受者描述为"本

---

　　① 郭庆光. 传播学教程 [M]. 北京：中国人民大学出版社，1999：172.

　　② 有人认为，"对于当代中国来说，（大众）特指生活于城市之中处于平均状态的人群"。这一界定有一定的局限性。大众本身也是一个开放性的概念。

　　③ 关于收受主体作为大众化存在的特征，可参阅郭庆光. 传播学教程 [M]. 北京：中国人民大学出版社，1999：167－168；邹广文. 当代中国大众文化论 [M]. 沈阳：辽宁大学出版社，2000：39－40.

质上是一种被动的存在"的人①，这显然是不全面的。事实上，收受主体是可以主导自我收受行为的主体，"不是一大群被动等待政治启蒙或引导商品消费的愚氓，而是按照自己的需要和追求，来寻找、获取新闻信息的充满积极主动特性的个体或群体"②。与传播主体一样，收受主体也是具有自身特殊利益追求的主体，具有接受倾向的主体。可以说，收受主体在一定程度上就是大众传播学中描述的遵循"选择性定律"进行新闻接受活动的主体③，即收受主体是具有选择能力的、自主的、能动的主体，他们主导着自己的接受行为，他们对媒介的接触是选择性的，对新闻传播具体内容的注意、理解和记忆是选择性的，他们是按照自己的需要和兴趣、自己的价值模式、自己的认知图式去对待新闻传播媒介及其内容的。当然，我们也应该注意到，收受主体的这种选择是在既有的媒介范围和媒介传播的内容框架内进行的，也就是说，收受主体尽管可以主导自己的新闻接受行为，但他并不能完全左右新闻传播的宏观环境。这种主导性和主动性是受到环境约束的，是有一定限度的。

第三，个性化的需求特征。伴随社会文明的整体发展，人们的主体意识越来越强。在新的传播环境下，收受主体的个性特征越来越强。收受主体本身就是个性化存在的主体，个性化的突出表现就是对传播内容的专门化、个性化需要。人的个性本质上是五彩斑斓的，人的需求本来就是丰富多彩的，即使在信息需求范围内，不同人的需求也不可能是单一的、完全相同的。那种要求所有人只能关注某一类新闻信息的时代、只能有一种想法的时代、只能有一种观念的时代，已经一去不复返了。因为它在本质上悖逆了人性，更谈不上尊重人的个性特征。

① 郭庆光. 传播学教程 [M]. 北京：中国人民大学出版社，1999：168.
② 黄旦. 新闻传播学：修订版 [M]. 2版. 杭州：浙江大学出版社，1997：222.
③ 李彬. 传播学引论 [M]. 北京：新华出版社，1993：89-94.

如今，新闻媒介总体上既关注人们的普遍兴趣和需要，同时又特别重视人们新闻需要的多样性。与过去那种传收关系的"主—客"化模式相比（即把传播者视作主体，而把收受者视为纯粹的信息容器似的客体对象），现在的传收关系已经开始进入"主—主"关系的模式（传播者与收受者之间是一种相对比较平等的主体与主体之间的关系）。一方面是收受者更加追求个性化的新闻需要，另一方面是传播者也更加重视满足收受者的个性需要。一种良性的传收互动趋势、潮流、局面正在形成。

与传统的大众传媒相比，网络传播已经使个性化的信息需要得到了更好的实现。网络传播易于为收受者提供个性化的服务，"在传统大众媒介中，收受者的个别需要是通过收受者自己在'大众化'的信息产品中进行挑选而得以部分满足。而网络却使'点对点'传播成为可能，也就是网络能够为个体'量身定做'，提供他所需要的有关信息"[1]。在传播技术能够满足人们个性化需求的时代背景下，"分众化"现象已经出现了，相对于"大众化"传播的"小众化"传播也已成了事实。有人说："信息个性化、服务个人化是新世纪新闻和信息服务必然的发展趋势。"[2] 尼葛洛庞帝就曾说过这样的话："在后信息时代，大众传播的受众往往只是单独一人。所有商品都可以订购，信息变得极端个人化。人们普遍认为，个人化是窄播的延伸，其受众从大众到较小和更小的群体，最后终于只针对个人。"[3] 个性化的新闻需要特征，使得新闻收受主体之间新闻需要的差异性越来越大，这种差异性已经和正在改变着新闻传播的具体模式，这使得收受主体的个性色彩有机会得到全面的张扬。

但需要我们注意的问题是，新闻传播从本质上说是大众性的，追求的

---

① 彭兰. 网络新闻学原理与应用 [M]. 北京：新华出版社，2003：83.
② 孙宝传. 未来传媒技术的发展走向 [N]. 中国新闻出版报，2003-04-15（8）.
③ 尼葛洛庞帝. 数字化生存 [M]. 胡泳，范海燕，译. 海口：海南出版社，1997：192.

主要目标是普遍兴趣的满足，小众化的传播方式可以成为其他一些信息的主要传播方式，它能否成为新闻传播发展的主导方向，是需要认真思考的。我以为，个性化新闻需要的满足，应该建立在大众化传播的平台之上。"只要我们传播的还是新闻信息，总要有公开的社会价值，总要能满足相当多的人的某种共同需要"，"即便是网络传播中的新闻，也应当照顾到一定范围的普遍兴趣，不能把新闻混同于网上的一般信息"①。新闻本质上是能够引起大众普遍兴趣的事实信息。如果新闻只是少数人的兴趣对象，新闻的意义和价值将大打折扣。改变了新闻本性的信息不再是新闻信息，改变了大众化传播根本特征的传播也不再是大众化传播。

第四，多样化的人性特征。"在现代社会，接触大众传播是社会成员的一项重要活动，但并不是全部活动，他们同时还参与着各种能动的社会实践活动，有着丰富的现实社会关系，而这样一些关系和实践也必然会对他们接触大众传播产生能动的影响。"② 因此，要真正理解收受主体的特征，必须将其置于完整的社会关系之中，这样，我们看到的收受主体才是完整的、真实的。那种把现实的收受者单纯理解为受媒介左右的人，离不开媒介的人，显然是偏颇的。作为新闻收受者的人并不是为新闻而活着的人，新闻从本质上说不过是人们生存、发展的一种简单的手段而已。

新闻收受主体是具有全面社会关系存在的主体，不只是为新闻传播而存在的主体，不只是存在于媒介塑造的信息环境、符号环境中的主体，更为重要的是他生存、发展于现实的感性世界之中，是一个个现实的、活生生的人。因此，收受主体在新闻传播中表现出来的特征，是完整的一个人的特征、主体的特征；收受新闻信息时所表现出的特征，只是他作为主体时的整体特征的一种表现。这样，在思维方法上，我们就不能只在新闻传

---

① 项德生，郑保卫. 新闻学概论［M］. 武汉：武汉大学出版社，2000：39.
② 郭庆光. 传播学教程［M］. 北京：中国人民大学出版社，1999：173.

收关系中考察收受者的特征，而应该开阔视野，在完整的社会关系中分析收受者的特征。如此，如上所说，我们把握到的收受者，才是真实的收受者，我们才能理解作为社会公众的收受者在新闻收受活动中的具体表现。①

2. 收受主体的地位与作用

收受主体在新闻活动中的地位和作用可以说是"举足轻重"的，"甚至可以说，是整个新闻传播活动最活跃的决定性因素"②，因为收受主体既是新闻传播活动的出发点，又是新闻传播活动的真正归属。收受主体在新闻传播活动中的地位和作用主要体现在以下几个方面。

第一，收受主体是后在主体。相对传播主体的"前在"地位而言，收受主体在新闻传播活动中是"后在"位置的主体，即在一般情况下，收受主体直接的新闻活动主要出现在新闻传播的"后半程"——新闻信息的收受阶段或新闻价值的实现阶段。正是收受主体的"后在"性收受活动，才使新闻传播过程得以完整实现。收受主体在新闻活动中的后在性，并不意味着其地位低于传播主体，我们在前面已经说过，传收活动中双重主体之间的关系是一种主体间的关系，而非主客体之间的关系，他们面对的共同客体是新闻客体（新闻事实和新闻文本），他们在新闻活动中的地位是同等重要的，差别主要在于他们的作用凸显在不同的新闻传播阶段。传播主体与收受主体在主观观念上把相互关系视为主体间的关系，对于新闻传播的顺利进行是十分重要的事情，因为从客观上说，新闻传收活动本质上是不同社会主体之间平等交流、分享最新事实变动信息的过程；传播主体与

---

① 由于人是作为完整的人来接触媒介、收受信息的，因此，对新闻传收活动中收受者特征的探究，只局限于新闻受众学视野是远远不够的，还必须从哲学、伦理学、社会学、社会心理学、心理学、大众传播学等学科出发进行研究。现在的一些受众研究，只是从收受者的媒介接触行为出发，做一些简单的数据统计和分析，便得出一些普遍性的结论，其科学性确实是令人怀疑的。

② 李良荣. 新闻学导论 [M]. 北京：高等教育出版社，1999：115.

收受主体之间的差别，只是社会分工形成的一种客观差异，并不是说一方是主体，另一方是客体，他们之间是通过新闻媒介（承载着新闻信息）联系在一起的。如果做进一步的追究，就可以发现，通过新闻媒介联系的真正主体，是所有的社会公众，传播者既是社会公众的一部分，又是通过新闻方式将社会公众联系在一起的中介。①

　　第二，收受主体的新闻需要是新闻传播的根本动力。从新闻传播活动的根源上看，收受主体的新闻需要（实际上也就是社会的新闻需要）是新闻传播和交流活动的根本动力，也是新闻传播活动存在的意义基础。如果没有收受主体的存在、新闻需要的不断发展变化以及传播主体所从事的新闻发现活动、创造活动都将失去意义，从而使新闻传播活动失去存在的根据。新闻传播的根源在于人们社会生存与发展的客观需要，在于人们信息交往的需要，"收受者的新闻需求，是驱动新闻传播行为的终极动力"②，这种需要不仅促成了新闻传播活动的发生和展开，也促成了大众化新闻传播业的诞生与发展。仅从这一点来看，可以说收受主体在新闻传播活动中的地位与作用比传播主体更重要。收受主体是新闻价值得以最终实现的主体基础，即离开收受主体的新闻收受活动、新闻传播活动便是半途而废的活动。这里仍然需要特别注意的是，当我们说收受主体的新闻需要是新闻传播的根本动力时，实际上是说，人类的新闻需要是新闻传播的根本动力，因为事实上，所有的社会成员在新闻传播活动的视野中，都是新闻信息的收受者。传播者和收受者本质上是一体化的，收受者所需要的信息，也是传播者所需要的信息，正因为这样，收受者与传播者之间才能形成有

---

　　① 因此，正如我在本书第一章所论述的，新闻（传播），不过是人与人之间进行相互交流、交往的一种方式，构成了每个人生活的基本组成部分。在这一意义上，我们甚至可以说，新闻传播所要解决的基本矛盾，并不是传播者与收受者之间的矛盾，而是生活在不同具体环境中的人们之间的信息矛盾。

　　② 项德生，郑保卫. 新闻学概论［M］. 武汉：武汉大学出版社，2000：73.

效的交流和沟通。我们只是在新闻传播的操作意义上将他们区分开来。

第三，收受主体是新闻传播活动的积极参与者。从新闻传播的完整过程来看，收受主体不只是新闻生产与创造的参与者，而且在一定的环节中是真正的直接的生产与创造主体。"新闻生产的参与者，就是指作为沟通传、收双方的新闻信息，实际上是传收者共同合作参与的结果，接收者同样是新闻的生产者。"① 事实上，完整的新闻传播过程，就是传播主体与收受主体共同生产新闻信息的过程，也是共同创造新闻价值的过程，自然也是共同享受新闻信息和新闻价值的过程。一句话，传播主体和收受主体是统一的、共同的新闻活动主体。只有这些共同生产、共同创造、共同享受的活动得到比较完满的实现，传播主体与收受主体之间的相互作用和影响才能进入良性的互动循环，新闻传播的周期才能以螺旋上升的方式持续进行下去，正如有学者所说的那样，"传播、分享、互相影响，然后再传播、分享，再产生相互影响，新闻就是在这样不断的相互作用中被生产、被传播"②。

第四，收受主体是反馈信息的主要来源。收受主体是最重要的、最直接的信息反馈主体。首先，反馈信息的主要"信源"是收受主体，他是反馈信息的生成者和发出者。对于反馈信息，不能做狭义的理解，不能仅限于收受主体明确的意见表达，还要特别关注他们通过行为方式改变所表达出来的反馈信息，后者往往比前者更重要。其次，收受主体正是通过提供反馈信息的方式调节着传播主体的传播行为，制约着传播主体的新闻传播活动。从传播主体的角度看，及时获取反馈信息是确保新闻传播有效进行的基础，也是及时把握新闻价值传递与实现程度的重要途径。再次，通过反馈方式进行交流和对话，是传播主体与收受主体在新闻传播活动中建立

---

① 黄旦. 新闻传播学：修订版 [M]. 2 版. 杭州：浙江大学出版社，1997：225.
② 同①226.

和实现主体间关系的重要渠道之一。反馈的重要意义在于它把传播者的注意力集中到了收受者的身上，在于它使传播主体时刻意识到收受主体与自己同处于新闻传播的主体地位，自己的命运不仅掌握在自己的手里，同时也掌握在收受主体的手里。

（四）新闻控制主体

相对新闻源主体、新闻传播主体、新闻收受主体而存在的新闻控制主体，是指那些通过一定方式限制和约束新闻传播内容、新闻传播方式的社会主体。这里所讲的新闻控制是来自新闻传播系统之外的控制，不包括新闻传播系统内部的自控行为，因而，控制的直接对象是新闻传播主体，控制的主要活动是新闻传播者的新闻报道活动。由于新闻传播主体是新闻源主体与新闻收受主体之间的重要桥梁，因此，新闻控制主体通过对新闻传播主体新闻报道活动的直接控制，也就间接控制了新闻源主体和新闻收受主体的有关新闻行为。[①]

1. 控制主体的构成

根据新闻传播业的实际运作情况，我们在理论上可以把充当新闻控制者的社会主体大致分为两类：一是国家以法律形式确立的控制者（实际上就是国家主体），即有关法律赋予其控制新闻传播主体新闻报道活动的一定权力，这可以说是"标准"的、合法的新闻控制主体；二是那些有关法律没有赋予其控制权力，但却对新闻传播主体新闻报道活动实际产生着控制行为的控制者，这类控制者可以看作"准"新闻控制主体。因此，简单一点说，新闻控制主体是由"控制主体"和"准控制主体"构成的。

---

① 关于新闻控制本身的一些问题，我们在后面的有关章节中还要进行专门的讨论。

标准的新闻控制主体就是国家，准确一些说就是政府，依据的控制标准和手段是体现社会共同意志的法律或者准法律的相关规范。[①]　政府会将控制新闻传播活动的权力赋予一定的机构和部门，让它们充当直接的新闻报道内容和报道方式的控制者，以法律的名义监督新闻传播主体的新闻活动行为，或者是以事后追惩的方式控制新闻传播主体的新闻活动行为。政府作为新闻控制主体，实质上是通过法律或者准法律的手段限制新闻自由的范围和程度，将新闻活动限制或约束在其可以承受和认可的范围内。

控制主体的存在是明确的、稳定的，但准控制主体的边界是难以明确确定的，准控制主体的控制是一种"影响性"的控制，是在与新闻传播者博弈中的控制。所谓影响性的控制，是指准控制主体并没有法律赋予的控制新闻媒体新闻报道行为的权力，其对新闻媒体新闻报道内容、报道方式的作用，主要是通过各种利益制约关系，特别是经济利益关系进行的。这种控制主体可以是有某种社会影响力的个体，也可以是对新闻媒体实际运作具有一定影响的各种社会势力，比如经济势力集团、政治势力集团或者一般的社会团体等。比如，在中国当前的情形下，一些政治人物（主要指掌握一定政治资源的人物）常常可以通过自己的政治权力，直接干涉新闻媒体的新闻报道行为，形成对报道内容和报道方式事实上的控制和影响；而一些大的企业、公司或者社会团体，则往往通过广告投放方式或者其他利益方式，直接影响一些媒体新闻报道的内容和方式，这同样是一种新闻控制的表现。

新闻控制是指新闻传播系统外的力量对新闻传播活动的限制和约束，因而，新闻资产的所有者、新闻媒体的经营者和管理者对自己所属新闻媒

---

①　需要注意的是，法律规范或准法律的规范，其本身不一定是合理的、良性的，只有控制新闻活动的规范、手段、程序等本身是合理的，这种控制才有合理存在的根据。

体的管理、控制，严格意义上说是一种自我控制，是新闻媒体内部的一种自组织行为，不属于我们这里讨论的新闻控制，他们也不是严格意义上的控制主体。

在中国，新闻媒体（资产）属国家所有，那么，国家通过法律手段对新闻媒体新闻报道活动的管理、控制，到底是自我控制，还是外在的"他控"，还需要进一步的详细分析。按照我们上面的说法，国家对自己所有的新闻媒体的控制，在逻辑上显然属自控，因此很难将国家看作严格意义上的新闻控制主体。但是，用来控制、管理新闻传播活动的法律或准法律的有关规范，是全民意志的反映（这是从应该意义上讲的，事实上是否如此需要从事实出发进行考察），政府只不过是执行人民意志的机构[1]，因而，法律以及准法律之规范对新闻传播活动的控制，乃是人民意志的体现。这样，政府主体对自己所属媒体的控制，就既是自控又是他控。如果我们把既成法律和准法律的规范看成已经独立的权力规范（法律一旦制定，它便成为独立于任何主体的客观规范），就可以说国家通过法律手段对新闻传播活动的控制主要是一种他控，也就是我们这里所说的新闻控制。

控制主体与新闻传播主体中的高位主体的一体化，使得中国的新闻传播有了更加特殊的表现，这就使新闻媒体本质上成了政府的喉舌。而一党执政的实质，又意味着新闻媒体也是党的资产，因而中国的新闻媒体也就变成了执政党的喉舌。作为党和政府的喉舌，党和政府必须自控——通过新闻媒体自身的管理活动；还必须通过其他途径进行他控——通过政府的执法部门、党的宣传组织部门运用法律、政策、纪律等的管理活动。我们看到，新闻媒体毕竟是以相对独立的方式从事新闻传播活动的，在媒体之

---

[1]　对现代民主社会、民主政治来说，合法政府必须是人民普遍同意的政府，认可其合理性、合法性的政府。因此，在常态情况下，政府的意志就是人民的意志。

外确实存在着其他控制新闻媒体新闻活动的组织和机构，因而，我们可以把这些组织机构看作新闻控制主体。

在新闻资产私有制度下，控制者和自控者的界限是比较分明的，国家在新闻控制活动中充当着明确的控制主体角色，而新闻资产所有者的自我管理和约束，属于明确的自我控制、管理行为。

从控制主体的构成分析中，人们可以看出，国有新闻媒体要想监督政府权力机构及其权力拥有者的权力行为是比较困难的。中国的新闻媒体具有行政级别（中央媒体，地方媒体——省级媒体、地级媒体、县级媒体等），意味着各种新闻报道行为不仅具有地域特色，也有权力级别大小的特色。因而，新闻媒体能够进行一定范围的有效的新闻监督，包括从上到下的监督和一定的从下向上的监督，至于平行监督往往是说怪不怪的"异地监督"①。

2. 控制主体的地位与作用

从抽象的意义上说，不管什么类型的控制主体，首先都是控制主体，因而他们有着共同的地位和作用。共同的地位就是他们都处于控制新闻传播活动的地位，共同的作用就是作为控制主体，他们都能控制和影响新闻传播主体新闻报道的内容和方式。但如上所说，在控制主体的构成上，有"控制主体"和"准控制主体"的差别，因而，他们之间的实际地位与作用是有所不同的，需要分别加以说明。

首先，控制主体与新闻传播主体之间是一种约束和被约束、管理和被管理的关系，并且这种关系是法律或准法律的规范所规定的，因而在表现形式上，控制主体的地位高于新闻传播主体。新闻传播主体的任何新闻传

---

① 所谓从上向下的监督，是指高一级的新闻媒体，可以监督低一级的地方权力；所谓从下向上的监督，是指低一级的地方媒体对高级权力的监督；所谓异地监督，是指甲地的媒体可以报道乙地发生的有关负面事实，而这种负面事实是当地的媒体无法或者不敢报道的。

播行为，要是违背了相关的规范，就会受到相应的惩罚。只要控制主体的控制行为是严格遵守有关法律规范进行的，那么，传播主体就必须接受其控制行为。当然，新闻媒体拥有的、法律所赋予的新闻自由权利，使它可以对包括新闻控制主体在内的一切权力进行监督。

政府对新闻传播活动的控制方式是多种多样的，并不限于法律方式、行政方式等比较"硬"的方式，它还有大量的"软"方式、软措施（比如记者招待会、公共关系等）。通过软硬两种方式，一定的政府构筑起系统的新闻控制网络。这个网络在任何一个国家都是存在的，差别在于不同国家控制网络的松紧程度不一样。这样的网络，构成了新闻自由的实际限度，使新闻传播活动始终处于政府控制的范围之内（对此，我们在本书第八章"新闻活动的界限"中还将专门论述）。

在准控制主体与新闻传播主体之间不存在管理与被管理的关系，他们之间的地位关系从形式上说是平等的，应该说是一种相互影响的关系。从传播主体角度说，其既可以接受准控制主体的要求，也可以不接受准控制主体的要求。

其次，在对新闻报道内容、报道方式的限制、约束上，控制主体依据的是国家的法律或者相关的具有法律或者准法律效力的规范；但准控制主体是通过与新闻传播主体的利益博弈进行控制的。从原则上说，控制主体对新闻报道内容、报道方式的限制与约束是硬性的，没有任何商量的余地。但准控制主体对新闻报道内容、报道方式的限制与约束是软性的，是准控制主体与传播主体双方在"交往""协商"中形成的，在这一过程中，双方实现和维护着各自的利益或者共同的利益。传播主体与准控制主体之间的具体关系是很复杂的，需要专门分析。

最后，就实际来看，控制主体实行的主要是一种政治控制，表现为法律控制、行政控制（在中国，还会表现为党的纪律的控制或约束）；准控制主体实行的主要是一种经济控制，利用一定的经济利益手段"迫使"传播主体改变报道的内容或方式。

（五）四种活动主体的共同特征

如上所述，新闻源主体、新闻传播主体、新闻收受主体、新闻控制主体，在一定条件下都可以看作新闻活动主体（但并不都是新闻职业工作者），那么，作为共同的新闻活动主体，他们具有什么样的共同特征呢？下面做一简要说明。

共同主体，首先是说，可以把他们不加区分地看作无差别的社会主体。四种活动主体都是社会主体的构成分子，他们作为生活在共同社会中的主体，具有基本的、共同的新闻需求，他们所处的客观环境和信息环境在本质上没有多大的区别，他们处于共同的传播环境和接受环境之中。作为社会主体的构成分子，他们具有一般主体的基本特征，即他们都是具有一定生理素质的人，追求一定利益的人，具有一定需要的人，拥有一定知识结构、认识图式、认知能力和实践能力的人，具有一定情感、意志、理想、信念、信仰的人。其次是说，他们都是新闻活动主体，差别在于不同的主体在新闻传播过程、新闻活动中所处的地位、所发挥的作用不同。但离开任何一方，新闻传播活动都不能顺利地进行。再次是说，在一定条件下，四种主体之间、角色之间并无绝对的界限，具有一定的相对性、可转换性和可重合性。比如，所有的新闻活动主体，都是一定环境中的新闻收受者；在当代网络传播条件下，传受双方的角色是可以转换的；而一些控制者、传播者、收受者往往可以充当新闻源主体的角色；等等。最后是说，他们会受到各自活动对象的制约。他们在新闻活动中显现出的主动性、主导性、创造性等，都必须以尊重新闻活动规律为前提，都要受到整个社会大环境的制约。

在上面这些共同特点中，我以为，最重要的一条是作为社会主体的构成分子，四种新闻活动主体有着共同的新闻需要（当然，他们的新闻需要还有各自的特点，但这不是我们这里所要讨论的问题），因此，我们下面会对此稍做展开。

"人的需要是人对其生存、享受和发展的客观条件的依赖和需求，它反映的是人在现实生活中的匮乏状态，可以理解为人反映现实的一种特殊形式，积极行动的内在动因。"[①] 人们根据不同的标准对人类的需要做出了不同的类型划分。比如，按需要的起源分，有自然需要和社会需要；按需要的对象分，有物质需要和精神需要；按需要的主体分，有个体需要、群体需要和社会主体的需要；按需要的性质分，有生活的需要、劳动的需要、知识的需要、交往的需要、信息的需要等。人的需要不仅具有种类的不同，也有层次的差别，比如，人们熟知的美国人本主义心理学家马斯洛认为，人的需要是分层次的，他在《动机与人格》一书中，把人的需要分为"不断上升"的五个层次：生理需要（如衣、食、住、行等）→安全需要（如人身安全、职业安全等）→社交需要（如友谊、情感、归属等）→心理需要（如自尊、尊重、权威、地位等）→自我实现需要（如胜利感、成就感等）。我国一些学者则根据历史唯物主义基本原理，结合人类需要的发展历史和现实提出新的需要层次论，主张将人的需要分为生存需要、情感需要、服务需要、社会生活需要、享受需要、发展需要等六个层次。[②] 我们也可以将这些层次的需要大致概括为三个大的方面或三个基本的层次：生存需要、享受需要和发展需要。看得出，人的需要是一个复杂的系统，人有多种多样的需要。所有的需要都从不同的侧面、不同的角

---

① 袁贵仁. 价值学引论［M］. 北京：北京师范大学出版社，1991：51.

② 陈志尚，张维祥. 关于人的需要的几个问题［M］//王玉樑，岩崎允胤. 价值与发展：《中日价值哲学新论》续集. 西安：陕西人民教育出版社，1999：179.

度、不同的层次，反映着人所处的生存、生活和发展状态，反映着人的本性、人的本质。可以说，人有什么样的需要，就能表明他是什么样的人；有什么样性质的需要、什么样层次的需要，就基本上能反映出他的本性和层次，就能基本上反映出他所处的物质状况与精神状态。

新闻需要是人的一种普遍需要。"对新闻信息的需求，是人们的基本需要之一"①，也是特别重要的一种需要，它渗透在不同种类、不同层次的需要之中。人类要生存、享受、发展，要生活、工作、学习，对各种不同类型信息的需要是须臾不可缺少的，其中就包含着对新闻的需要。共同主体具有共同的新闻需要。生存、发展于共同大环境之中的新闻主体（即四种活动主体），处于基本相同的新闻信息环境之中，因而具有大致相同的新闻需要。如果缺乏共同的新闻需要，他们之间就会产生某种矛盾和冲突，使正常的新闻传播活动难以维系下去。

新闻需要本身就是人类在生存与发展中对信息的需求的产物。新闻需要也成为其他诸多需要得以实现的"中介"条件，新闻需要亦渗透在其他诸多的需要之中，是其他需要得以实现的纽带和桥梁。马克思在一百多年前就曾指出报纸是工人的必要生活资料②，这实质上是在一般意义上指出了信息传播、新闻传播与人们基本生活的关系。童兵先生在其《理论新闻传播学导论》中写道："从新闻传播的角度考察人的不同层次的需要，无论是较低层次的生理需要，还是较高层次的自我实现需要，都离不开交往活动，离不开新闻的传播和接受活动。"③ 而按照信息科学描绘的世界图景，客观世界是由质料、能量、信息三者构成的，并且随着人类社会的发展，信息在这个科学世界的图景中所占的地位将越来越重要，而信息系统

---

① 童兵. 理论新闻传播学导论 [M]. 北京：中国人民大学出版社，2000：150.
② 原文为："报纸就包括在英国城市工人的必要生活资料之内。"参见马克思恩格斯全集：第38卷 [M]. 2版. 北京：人民出版社，2019：118。
③ 同①14-15.

中自然少不了新闻信息。

共同主体的新闻需要是主体的一种精神需要，也是一种客观需要，是主体生存与发展过程中的必然性要求。新闻需要的对象是客观存在的，不管是新闻事实还是新闻文本所包含的新闻信息，本身都是客观的，需要对象的这种客观性从根本上决定了需要的客观性。主体的新闻需要源于主体生存与发展的实际需求，不是主体主观上愿意不愿意接受新闻信息的问题。只要主体还想生存发展下去，他就必须对一定的新闻信息有所诉求，这是人作为社会存在的必然行为。因此，从主体方面看，新闻需要也是一种客观的需要，是主体自觉追求的一种需要。新闻需要是社会性的需要。人是社会性动物，人的本质在于人的社会性，人的社会性决定了新闻需要的社会性。新闻需要具有普遍性，也具有特殊性。作为类的存在，人们有着作为人的共同需要，都需要新闻信息，但不同的人的存在方式是具体的，互不相同的，具有各自的特殊性，因而人们的新闻需要必然具有千变万化的特殊性，表现为新闻需要是一种多样性的需要、多层次的需要。人的需要有合理与不合理的性质区别，新闻需要作为人的需要系统中的一种，也有合理与不合理的区别。新闻需要和人们的其他需要一样，是一种不断发展变化的需要，不同历史时代、历史时期人们的新闻需要是有很大不同的。新闻需要是与社会政治、经济、文化以及技术发展等诸多因素紧密相关的需要，是与社会同步发展的需要。社会政治民主化程度的不断提高、社会经济的迅速发展、人们实际文化知识水平的提高、新闻传播技术的不断更新、全球性新闻传播环境的快速形成等，都会使主体新闻需要的质与量得到"与时俱进"式的变化。

当然，承认不同新闻活动主体之间的同一性和相对性，并不是否认他们之间具有差异性和区别的绝对性，我们不能"混淆了传、受双方所具有的明确界限。在新闻传播成为一种组织化、专门化、体制化活动的今天，认识这一点尤为重要"①，我们当然更不能混淆新闻源主体、控制主体与新闻传播主体之间的界限，不然就没有必要在前面花那么大的篇幅对不同活动主体分别进行讨论了。

三、新闻活动主体间的关系

通过上面的分析，我们看到，新闻活动主体不是单一的，也不是双重的，而是多元的，包括新闻源主体、新闻传播主体、新闻收受主体和新闻控制主体。他们在新闻活动中具有不同的地位和作用。从主体角度看，新闻活动的全面展开过程，就是各种活动主体相互配合、相互作用、相互制约的过程。不同活动主体之间的关系，实质上决定着新闻传播的整体面貌。

（一）新闻活动主体间的总体关系

任何一次新闻传收活动的完成，都离不开四类新闻活动主体的活动②，这就是说，他们是共同的新闻活动主体。另外，不同活动主体又以各自特有的角色参与到新闻活动中，发挥着不同的功能作用，形成了活动主体间的各种相互关系。新闻活动主体的多元性，决定了主体之间关系的多样性和复杂性。这里，我们先来分析他们在新闻活动中的一些主要的总体关系，然后再来分析他们之间的一些主要的具体关系。

---

① 黄旦. 新闻传播学：修订版［M］. 2版. 杭州：浙江大学出版社，1997：223.
② 这是一个一般性的判断，需要做进一步的说明。在任何一次新闻传收活动中，传播主体和收受主体都是必不可少的；控制主体则始终以或明或暗的方式存在着；新闻源主体在绝大多数情况下以现实的、独立的方式存在着，只有在少数情况下，新闻源主体与传播主体是一体化的，即新闻传播主体既是新闻源主体，又是新闻传播主体。这时，没有向新闻传播主体提供新闻信息的人，只有向传播主体发出各种信息的物，传播主体是通过自己的观察和研究，从报道对象那里直接获取信息的。

不同新闻活动主体之间的总体关系，体现在新闻传收活动、控制活动的实际开展过程中。这些关系大概可以概括为以下几点：

其一，不同活动主体首先是共同的新闻活动主体（注意，并不都是新闻职业工作者）。从总体上说，事业化的新闻活动系统或者一次完整的新闻活动过程，都不是由单一的新闻传播者完成的（当然，更不是由其他单一的活动主体完成的），而是在其他活动者共同参与的情境下进行的。其他参与新闻活动的人——新闻源主体、新闻收受主体、新闻控制主体，是与传播者具有一样主体特性的人（或者组织性或群体性的主体），因而，他们与传播主体一起，构成了共同的新闻活动主体。尽管他们之间存在着各种可能的差异和矛盾，但他们之间的关系首先是一种主体间的关系。①新闻事业作为一种社会事业，是他们共同的事业，只是在新闻事业的运行过程中，他们所处的地位、承担的角色有所不同罢了。在非事业化的新闻传播方式中，在自由的人际新闻交流方式中，不同活动主体之间的角色界限不再严格存在，而是不停地转换。"后新闻业时代"的新闻传播，也许就是以此为重要特征的。

其二，不同主体之间是相互独立的，在新闻活动中发挥着不同的作用。这一点，应该说通过我们上面的阐释，已经基本厘清了。尽管完整的新闻活动，从原则上说离不开任何一类新闻活动主体，但他们的存在是各自相对独立的，他们是新闻活动系统中可以相对离散、分立的要素。正是

---

① 需要特别说明的是，说他们之间的关系首先是一种主体间的关系，本身带有一定的理想性，是我们站在现代的平台上，对他们之间应有关系的一种认定。历史地看，他们之间的关系往往表现为主客关系，而不是主体间的关系。比如，在已往的新闻传播活动中，控制主体往往把自己看作高高在上的主体，其他活动主体都是自己的控制管理对象（这一点直到今天，也并没有得到完全改变），可以任意摆布甚至"宰割"；又如，在过去的传播观念中，人们普遍认为新闻源主体不过是新闻传播主体获取信息时的工作对象，是被动的存在，并不是具有主体性的新闻活动的参与者；再如，新闻信息的收受者，被人们看作受众，进而被仅仅看作传播对象，在这种观念下，收受者成了被动的存在，成了任由传播者"灌输"的信息容器，而不是主动的新闻收受主体。

新闻活动，使他们具有了作为共同主体的同一性（都是新闻活动主体），但也正是新闻活动的系统结构性、主体要素的多元性，使他们处于不同的地位，发挥着不同的功能作用，具有了不同新闻活动主体的差异性。由差异造成的矛盾，也是新闻活动得以展开的基本动力。

其三，不同主体的角色可以重合和互换。在具体的新闻活动中，不同活动主体的角色是相对固定的，具有不可替换的特性。比如，新闻源主体就是源主体，而非传播主体；传播主体就是传播主体，不可能是控制主体；等等。但主体角色是可以重合的，比如，新闻源主体，既可以是提供新闻信息的人，同时也会成为同一信息的收受者（新闻源主体一般情况下都非常关注新闻传播者对他们所提供的信息的报道）。而控制主体则首先是新闻信息的收受者，只有获知信息是什么，他们才能对有关的新闻报道（行为）做出评价，决定是否进行事后追惩。在一般意义上，所有的新闻活动主体（一个社会中的社会成员，原则上都是现实的或潜在的新闻活动者），都可以在一定条件下充当新闻源主体，即任何社会成员都有可能成为新闻信息的拥有者，并以新闻信息拥有者的身份参与到新闻活动中。同样，所有的新闻活动主体也总是新闻信息的收受者，每个人都有新闻需求，都会通过自己喜爱的、方便的途径去获取新闻信息。在一定的社会结构中，在一定的时期内，控制主体、传播主体的角色是相对比较稳定的，因为他们的角色地位具有一定的职业特征。当然，由于所有的新闻活动主体都是社会主体，因此，他们都有机会成为不同的新闻活动主体。如果一个社会是民主的社会，实现了新闻自由的社会，我们可以在十分宽泛的意义上说，每个公民都是新闻活动中控制主体的一分子，他们的意志体现在国家制定的有关法律之中、政策之中。

其四，不同主体之间具有相互矛盾、相互制约的关系。不同的新闻活动主体，都是共同社会主体的组成分子，因而，他们具有共同的社会利益，这也正是人们把新闻媒介看作社会公器的主要根据，同时，也是人们期望新闻媒介真正成为社会公器的理由。[①] 但是，正是事实上不同主体之间的离散与分立，客观上决定了他们之间必然存在着矛盾，会在新闻活动中形成相互的制约关系。对此，我们在分析新闻传播的矛盾构成时实际上已有一定的阐述。如果把新闻源主体、新闻传播主体、新闻收受主体和新闻控制主体之间的相互作用关系用简单的图式表示出来，大概如图 2 - 2 （a）或（b）所示。

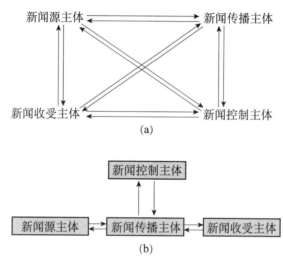

图 2 - 2　新闻活动主体间相互作用关系

（二）新闻活动主体间的具体关系

新闻活动主体的多元性，决定了活动主体之间关系的多向性和复杂性，体现在新闻传播活动中，各种关系则可能会相互勾连、纠缠在一起。要将这些关系一一厘清，阐释明白，需要专门的新闻活动主体论著去完

---

　　① 　在区分意义上，由于新闻收受者始终是新闻活动主体构成中的主要构成部分，因此，人们把能否维护广大收受者的利益，看作媒介能否成为社会公器的重要尺度。

成。这里，我们主要从新闻传播主体出发，讨论其与其他各个活动主体之间的关系，因为在四种活动主体中，只有传播主体与其他几类主体都有直接的关系，并且每一种关系都直接关涉到新闻活动的核心——传收活动——的质量。

1. 传播主体与源主体

传播主体与报道对象（新闻事实）的关系，是新闻传收活动中极为重要的一种关系。[①] 从传播者的角度说，获取新闻信息的过程，就是与新闻事实"打交道"的过程。在这一过程中，传播者面对的具体对象可以分解成两类——物和人，两者都是新闻信息源；处理的具体问题则可以分为两个方面——一是对包含新闻信息的物进行观察和研究，二是与拥有新闻信息的人（即新闻源主体）展开交流与对话（表现为采访）。在实际的新闻传收活动中，这两个方面常常是交织在一起的。我们此处主要讨论后一方面的问题。

新闻源主体是拥有新闻信息的人，新闻传播主体是采集、加工、制作、传递新闻信息的人。显而易见，他们在新闻传播活动中的关系不仅是直接的，更为重要的和突出的是：他们之间的关系是"起先性"的，开启了整个新闻传收活动的运作过程，对于具体的新闻传收活动的最终结果具有重要的制约作用。这就意味着，对传播主体与源主体关系的处理的水平和质量，会对新闻传收活动后续的水平和质量形成实质性的影响。传播者不仅代表自己，也代表收受者与新闻源主体进行交流、对话。《创造性的采访》一书的作者肯·梅茨勒说，采访，就是记者代表看不见的受众从新

---

① 有学者认为，传播者的传播行为与反映对象即客观事实的矛盾，是新闻传播过程中的基本矛盾。参见项德生，郑保卫. 新闻学概论 [M]. 武汉：武汉大学出版社，2000：85。我把新闻传播主体与客观事实之间的矛盾看作新闻传播过程中的一种具体矛盾，而把传播者与收受者之间的矛盾看作新闻传播中的总矛盾或基本矛盾。

闻源那里探究信息的谈话。① 因此，认清和处理好他们之间的关系，对于整个新闻传收活动至关重要。就二者之间的实际关系来说，可以概括为以下几个主要的方面：

第一，新闻源主体与新闻传播主体之间是一种"予"与"取"的关系。源主体与传播主体之间首先表现为"提供信息"和"索取信息"的关系，源主体是新闻信息的拥有者、给予者，传播者是新闻信息的索取者、获得者。在这种关系中，源主体具有一定的主动性和优势地位，制约着新闻传播者的报道内容。这种基本关系决定了新闻源主体是新闻传收活动中的第一把关人，其不仅决定着新闻报道的基本面貌——是否真实、全面、客观等，也决定着收受者的收受结果。因此，在新闻界有一个形象的比喻：新闻源（主体）是传播主体最直接的"衣食父母"。也正因为如此，美国密苏里新闻学院《新闻报道与写作》一书的作者们反复强调：对记者来说，任何一次成功的采访，最基本的问题是和新闻源（主体）确立起相互信任的关系。②

第二，新闻传播者是新闻源主体实现新闻传播愿望的有效中介。在现实的新闻报道活动中，新闻传播者并不总是处于索取信息的地位，在很多情况下，拥有新闻信息的人出于各种动机和目的，会主动上门"请求"传播者报道、传播其拥有的信息，以实现自己传播信息的愿望。日本新闻学者杉村广太朗早在 20 世纪初出版的《新闻概论》中就这样写道："'欲知道；欲使人知道；欲被人知道。'这种声浪是任何时代任何国家的一种共同兴趣。由这种愿望才产生新闻纸。"③ 我们尽管不会完全同意他的这一

① METZLER K. Creative interviewing：the writer's guide to gathering information by asking questions：third edition［M］. 影印本．北京：中国人民大学出版社，2003：9.

② The Missouri Group. News reporting and writing［M］. 8th ed. Boston：Bedford/St. Martin's，2005：50.

③ 童兵．理论新闻传播学导论［M］. 北京：中国人民大学出版社，2000：16.

判断，但"欲使人知道；欲被人知道"的欲望确实是人们传播信息的一种动机，是新闻传播得以形成的重要心理动力。

尽管如今的传播技术、传播媒介已经高度发达和方便，使每个具有上网能力的人都可以比较自由地发布信息，但权威性的新闻媒介、具有巨大社会影响力的新闻媒介，都是组织化的存在、制度性的建设，要想使新闻传播获得普遍的社会效应，取得预期的传播效果，大多数情况下还需要媒介组织以专业化的方式运作。因此，技术进步还没有促成现代新闻业的根本变革，"后新闻业时代"还没有到来，新闻传播仍然主要是以传统的方式在进行，这就决定了传播者与源主体之间的关系是稳定的、重要的。

第三，在具体层面上说，传播主体与源主体之间的常态关系有这样几种主要表现形式（在做下面的讨论时，我们假设传播者，主要是记者的职业品行是端正的）：一是合作形式，主要是指新闻源主体主动配合记者采访，能够真诚地把所知的各种事实信息和可能的信息渠道告知记者。这种合作关系在新闻实践中，会由于具体新闻事实、事件的不同，具体采访情境的不同，具体源主体个性及其所处环境的不同，等等，表现出不同的样式。比如，有些源主体会以公开的身份、公开的方式配合记者的采访活动；有些源主体会以隐蔽的身份或不公开的匿名方式（如一些重大新闻事件背后的"深喉"角色）配合记者的采访活动。二是矛盾形式，主要是指源主体在与记者的采访交往中，处于一种矛盾的、被动的合作和半合作状态，表现为源主体对记者缺乏足够的信任（或者说记者没有赢得源主体足够的信任），不愿意把自己对新闻事实、事件所知的全部告知记者，而记者又想极力从源主体那里获得相关信息。这样，双方形成一种矛盾状态，使采访难以顺利进行下去。无疑，在这种情况下，最重要的是记者必须调整自己的心理、改变自己的采访态度和方式，以赢得源主体的信赖。如此，才有可能将矛盾关系变为合作关系，使采访工作得以完成。三是斗争形式，主要是指源主体在与记者的采访交往中，处于一种"斗智斗勇"的状态。这里也有几种具体的表现样式：其一，源主体躲避或逃避记者的采访，利用各种各样的借口、托词延迟或取消接受采访；其二，掩盖、歪曲甚至破坏新闻事件、新闻事实的真实面目，以干扰、阻止记者的正常采访活动；其三，威胁利诱、软硬兼施，如贿赂记者，或者以各种方式威胁记者（打威胁电话、发威胁信件等）；其四，直接以暴力方式攻击记者，破坏正常的采访活动；等等。

第四，如果在宏观层面审视新闻源主体与传播主体之间的关系，我们可以说，他们之间关系的质量，在一定程度上决定着整个社会的新闻信息流通水平[1]。当然，源主体与传播主体之间的实际关系，并不纯粹是由他们二者自己决定的，而是由整个社会所塑造的、提供的传播环境决定的。所有的传播主体、所有的源主体都生活在现实的社会之中。试想，如果一个社会在整体上没有良好的道德风尚，人们信口雌黄，缺乏基本的社会责任感和道义感，那么，即使传播者具有高尚的新闻职业道德品质，他们也很难获得真实的新闻信息；如果社会大众缺乏最基本的媒介素养，对新闻的特点缺乏最基本的了解[2]，那么，传播者要想获得客观的事实信息谈何容易。因此，一个社会能够提供的整体传播环境质量，对新闻传播的整体质量有着重要的影响，但这已经是另一个论题，在此就不展开了。

---

① 如何衡量一个社会新闻报道或新闻信息流通的水平，是一个很有意义的学术问题和实际问题，值得做深入的、专门的探讨和研究。在一般意义上说，一定社会的新闻信息流通水平，首先要看其新闻自由的程度，其次则要看在自由的新闻传播中新闻报道本身的质量。

② 需要顺便指出的是，社会大众媒介素养、新闻素养的培育和获得，并不纯粹是他们自己的事情，也是政府的职责。政府有责任通过各种途径培养和提高社会大众的媒介素质。而新闻媒体和其他大众媒介，亦有责任和义务通过媒介本身向人们传播有关媒介的基本知识。

2. 传播主体与控制主体

关于传播主体与控制主体的基本关系，我们在前文讨论控制主体的构成时实际上已经有所涉及。严格意义上的新闻控制，指的是政府对新闻传播活动的控制；在宽泛意义上，人们也把政府以外的其他社会政治力量、经济力量等（即准控制主体）对新闻传播活动的影响性控制称为新闻控制。因此，传播主体与控制主体的关系，应该包括传播主体与政府（控制主体）的关系和与其他社会力量（准控制主体）的关系。因此，我们将从两个大的方面讨论传播主体与控制主体的关系。

（1）传播主体与政府（严格的控制主体）的关系。

首先，控制主体对传播主体的控制是一种制度性行为。作为国家或政府对新闻传播活动的一种约束和管理行为，新闻控制是制度化行为，依据的是国家的有关法律、政策和规范。新闻控制主体实质上是统治阶级意志（或者说是社会统治者意志）的执行者。但就当代文明社会来说，如果新闻控制体现的不是社会共同意志，维护的不是社会共同利益，而是把新闻控制变成政府官员意志的体现，甚至是个别人意志的体现，那么，这种对新闻传播活动的控制必然是对新闻传播不正当的干涉，背离了新闻控制的基本精神，破坏了新闻自由的实现。新闻控制是控制那些背离了共同意志的新闻传播行为，即那些滥用新闻权利、不讲新闻职业道德的新闻传播行为。新闻控制不是限制正当的新闻传播行为，新闻控制本身是对应该受到限制的行为进行干涉，控制主体必须在法律的限度内施行控制活动。新闻控制的最终目的，是更好地实现新闻自由，促进社会的和谐发展。

其次，传播主体可以通过新闻传播方式对控制主体的控制行为进行监督。新闻传播十分重要的功能之一就是监督政府，这里自然包括对新闻控制行为本身的监督。新闻自由是政治自由中最重要的一种，是公民基本的人权，也是衡量社会文明程度、政治民主程度的重要指标之一。控制主体对新闻传播活动的控制稍有失度，就会损害新闻自由的正常实现。传播主体拥有的监督权利，制约着控制主体的控制行为，正是二者之间这种相互制约的关系，确保了新闻传播有一个适当的自由度。

最后，控制主体与传播主体在不同的社会制度下，有着不同的关系。在封建制度下，并不存在独立的新闻传播主体，所有的新闻传播行为都要受到封建统治者独裁、集权的控制；在资本主义制度下，新闻媒体被宣称是一种独立的社会力量，甚至是"第四种权力"，控制主体与传播主体之间的关系主要通过国家的法律来规定；在社会主义制度下，新闻媒体被看作政府和掌管政府权力的执政党的耳目喉舌，因而，控制主体与传播主体本质上是一体化的关系。但在操作层面上，传播主体和控制主体分属于不同的组织机构——新闻媒体和管理新闻媒体的机构，二者具有相对的独立性，能够形成管理和被管理的关系、控制和被控制的关系。

（2）传播主体与准控制主体的关系。

首先，传播主体与准控制主体之间的关系，在直接表现形式上是一种平等的博弈关系。传播主体和任何一种社会力量的关系，在形式上都是平等的。任何一种社会力量并不拥有听从或控制独立的传播者的义务或权力，反之亦然。由于传播主体和准控制主体生存发展于共同的社会环境之中，他们只有相互依赖、相互制约，才能求得共同的生存和发展，因此，为了各自的经济利益和其他利益，传播主体和准控制主体之间首先会在自发的运行过程中形成一种博弈关系，在平等的协商、交往中建构一种利益平衡关系，可以说是一种"互惠互利"的基本关系。在常态情况下，传播主体与各种准控制主体之间的关系大致就保持在这样一种状态。

其次，作为经济力量的准控制主体从根本上控制着作为意识形态生产者的传播主体。新闻媒体尽管也是经济实体，具有经济基础的地位和身份，但它主要是通过精神生产的方式来维护和实现自身的正常运转的。①
因此，我们可以把传播主体与作为经济力量的准控制主体之间的关系简化
为、抽象为经济基础与上层建筑意识形态领域的关系。在这样一种关系
中，准控制主体是更加主动的，而传播主体是相对被动的，也就是说，准
控制主体对传播主体的制约和影响会更大一些、更根本一些。② 当然，在
信息时代、信息社会中，传播主体由于其传播行为本身具有一种特殊的力
量，因而在与其他社会力量的交往中，具有了特殊的资本，可以以意识形
态的方式对充当经济基础角色的社会力量构成巨大的反作用。因此，博弈
关系是更基本的，这也是我们先讨论博弈关系的原因。

最后，传播主体和准控制主体越来越成为利益的共享者和合谋者。由
上面两点可以看出，传播主体和准控制主体之间客观上更容易成为利益共
享者和合谋者，这也正是人们看到的实际情况。新闻传播者的传播观念越
来越精英化，其实是利益共享和合谋的表现，社会弱势群体得不到传播主
体的关注具有一定的必然性。在传播主体和准控制主体的利益共享和合谋
中，广大的新闻收受者成为实际的受害者，一些新闻媒体的报道走向低俗
化、娱乐化、平庸化，阅读率、收视率、收听率至上的新闻理念，同样是
在向市场低头，向经济利益低头，在这些表现背后、理念背后，实质上是
在向广告主献媚。因此，新闻媒体如何在大众化与精英化之间，如何在严
肃与通俗之间，如何在软新闻与硬新闻之间把握好尺度，考验着媒体的智

---

① 一些新闻媒体只是大的物质生产企业的"附属机构"，在这种情况下，它的生存和发展自然
受控于企业的整体发展，但这不是我们所要讨论的问题。我们此处讨论的主要是媒体资产拥有者之外
的经济力量对新闻媒体（传播者）的控制。但不管是内部经济控制，还是外部经济控制，都说明作为
经济力量的准控制主体从根本上控制着作为意识形态生产者的传播主体。其实，控制主体之所以能够
通过法律手段、行政手段等对新闻传播主体的新闻报道活动形成控制，根本的原因仍然在于控制主体
控制着国家的经济命脉。

② 对一家具体的新闻媒体来说，充当其经济控制主体的成员有很多，但对其经济生命形成根本
制约的并不多，因此，在现实的新闻传播活动中，新闻传播主体只是受制于一些企业，而不是所有的
企业。

慧、艺术、良心和责任。

3. 传播主体与收受主体

新闻传收活动是所有新闻活动中最重要的组成部分，因而，传播主体与收受主体之间的关系也是不同新闻活动主体之间最重要的关系。他们之间的关系，如我们在第一章所说，构成了新闻活动的基本矛盾，新闻活动主体之间的其他各种关系可以说都是围绕这对关系而展开的。因此，我们将对他们之间的关系进行相对比较细致的分析和阐释。

（1）传播主体与收受主体关系的发生学考察。

从发生学的意义上说，传播主体与收受主体是互生的、共生的关系，或者说是一种互为前提条件从而获得自身存在的关系。人类的信息传播史证明①，传播活动与人类同生，新闻信息传收活动与一般的信息传收活动同步②。人类之间的信息交流，必然是在互动中发生的，互动就意味着传送者与收受者的共生和互生关系。人类后继新闻传收活动中所有的传送者与收受者之间的关系，其基础都在最初的互生与共生关系中。

传播一旦发生，传播者与收受者便随之而生了，因而在逻辑事实上，互生、共生关系决定了传播者和收受者是共在的，他们存在于同一时空中。但从客观事实看，由于传播者与收受者之间的交流总是通过一定的文本中介客体实现的，因此，传播者和收受者可能不是同时空共在的。③ 收受者通过一定的文本中介与传播者展开主体间的对话与交流。传播主体的中介客体化，使收受者容易把传播者看成客体，而不是主体。因此，在我

---

① 人类现有的认识能力达到的认知结果是：人类是群居动物、社会动物，人类之间的信息交往活动是必然的、不可避免的。

② 关于这方面的详细论述，可参阅《新闻理论教程》第一章相关内容（杨保军. 新闻理论教程[M]. 北京：中国人民大学出版社，2005：34-35.）。

③ 就新闻传收活动来说，传播主体和收受主体在宏观的尺度上是共在的，这是由新闻传播及时、快速的特点所决定的。因此，在新闻传收活动中，传播者和收受者能够比较明确地意识到对方的存在。

看来，在传播者与收受者之间，不仅存在着传播者把收受者客体化的现象，也存在着收受者把传播者客体化的现象，这两种现象都会影响传播者与收受者之间的主体间关系。人类的传播技术越来越先进发达，人们之间面对面的直接交流却变得越来越少，人与人的交流对话越来越变成了人与机器、人与文本的对话与交流。如何在充分利用媒介的前提下，尽可能超越物的限制，已经成为人类面对的重大问题。①

发生学意义上的传送者与收受者的共生关系、互生关系，意味着传播者与收受者之间的关系本质上应该是对等的、平等的，是一种主体间的关系，而非主客间的关系。人类在新闻传播的发展过程中，应该不断开掘、提升这种潜在的主体间的关系，而不是强化主客之间的关系。然而，人类自身演变、发展的历史性决定了"应该"的东西只有经过历史的风雨才可能逐步变成现实。在传播者与收受者的关系问题上，直到今天，可以说主体间关系的观念还没有完全确立起来。将传播主体看作主体，将收受者看作客体对象，仍然是比较普遍的新闻主体观念。已往的新闻传收活动也主要是在这种主体观念的主导下进行的。

在现有的诸多受众（收受者）理论中，收受者要么被看成被动的反应机器，不过是传播主体刺激的对象，劝服、引导的活物；要么是蒙昧无知的群体，是社会精英的玩物，可以进行任意的精神摆布；要么就是政治逻辑、经济逻辑中传播者与政客们或者商业老板们进行各种交易的筹码。如此等等，收受者已经变成了商品，已经被转化成了客体的物，不再是活生生的能思考、有理性、会选择、可自主、能创造的人。当然，随着人们对传播本质的深入认知，随着人们对新闻活动本质的进一步把握，已往偏颇

---

① 人们已经看到，随着网络技术的进一步发展，以及其他相关技术的支持，网络交流中的双方已经可以视听对方声像，甚至出现了人们在直接面对面时难以想象的极端行为——裸聊。我以为，裸聊不只是简单的道德水平低下的问题，它还蕴含着反文化、反文明的意义。它与裸体游行、裸体表演并没有本质的区别。

的受众理论正在受到各种批判和纠正。

（2）传播主体与收受主体关系的历史演变。

传播与收受的关系在现实中是具体的，传播者与收受者之间的关系同样也是具体的。在千千万万具体的、永不停歇的传播与收受中，人类构建着自己的历史。因此，我们可以在人类历史，也可以说是传播史中，抽象出传播主体与收受主体这对概念，抽象出传播主体与收受主体这对关系，从新闻传受的角度，审视他们关系的历史演变。

第一，传受不分的混沌关系。新闻传播活动的产生与发展是一个漫长的过程。在这悠悠历史长河中，新闻传播活动成为一种专门的社会职业只是几百年前才发生的事情，而在此之前，新闻传播者和新闻收受者之间并没有十分明确的界限，"传播者与接收者的关系是不明确的，实际上也没有这两个概念"①。我们把传播主体与收受主体之间没有明显界限、没有明确角色区别的关系，称为传受不分的混沌关系。这一阶段大致以人类新闻传播活动的产生为上限，而以中国古代准新闻事业的诞生②，或更严格一点讲以近代西方新闻传播业的诞生为下限。

传受不分的关系，最典型的特征就是人们还没有"传"与"受"的角

---

① 黄旦. 新闻传播学：修订版 [M]. 2版. 杭州：浙江大学出版社，1997：22.

② "中国是世界上最先有报纸的国家，也是世界上最先有新闻事业的国家。""唐代是中国开始有新闻事业的朝代。中国早期的报纸，始见于唐代，和现代的词义已经十分接近的'新闻''编辑'等新闻事业的常用词汇，也都始于唐代。"参见方汉奇. 中国新闻事业通史：第1卷 [M]. 北京：中国人民大学出版社，1992：18，61. 说中国是世界上最先有新闻事业的国家，涉及衡量新闻事业得以成立的标准或者标志问题。如果仅以新闻媒介的诞生为标志，显然可以说中国的唐代就有了新闻事业，如果唐代的邸报能够算作新闻媒介的话。然而，有学者提出新闻事业诞生的标志有五条：第一，有了专业化的传播机构和专门化的从业人员，传播新闻成了一种固定的职业；第二，形成了具有新闻需求的受众群，也就是有了广阔的新闻市场；第三，非手工操作的传播工具；第四，规模较大和持续不断的新闻传播活动；第五，实现了传播方式由"点—点"到"点—面"的转变。参见项德生，郑保卫. 新闻学概论 [M]. 武汉：武汉大学出版社，2000：90-91. 如果根据这五条来衡量中国唐代的邸报，就很难说它标志着新闻事业的诞生，最多只能说它是新闻事业的雏形。关于这一问题，有兴趣的学者还可以进一步讨论。

色意识，在实际的信息传播活动中，传受角色在不断地相互转换。传受不分的关系，从总体上使新闻传播与其他传播混为一体，人们并没有明确地把新闻传播与其他传播区分开来的自觉意识，也就是说，人们之间进行的新闻传播处于一种自发的、非自觉的状态，因此，从原则上说还难以谈论新闻传播主体和收受主体的问题，他们都还处在潜在的状态。

但是，我们对传受不分的混沌关系不能做绝对的理解，它只是对人类相对早期的新闻传播活动中传受双方关系的一种概括性描述，并不能完全反映这一漫长时期人类新闻传播发展过程的真实细节。事实上，即使是在人类处于结绳记事、火光报警的时代，传与受也已经有了一定的分工；而古希腊、古罗马时代的政治演说家、行吟诗人们，常常是非常自觉地在他们的演说中、吟诵中，向他们的听众报道新闻；更不用说中国古代那些专门从事邸报工作的人，尽管我们不能把他们与现代意义上的新闻工作者相比，但他们确实在以自觉的方式采集、编辑着类似今天政治新闻、社会新闻甚至是娱乐新闻的信息。

新闻传播活动中传受主体不分的情况，是一种持续性的存在，将伴随人类历史的始终，不会因为人类新闻传播进入新的时代就彻底退出历史舞台。对这一点，我们在现实的新闻传播活动中看得非常清楚。比如，在人际新闻信息交流中，人们分享的并不是单一的、严格意义上的新闻信息，他们往往把自己的理解甚至是想象渗透在相互交流的信息之中，有时并没有什么明确的新闻意识。

第二，传受分立的对应关系。人类文明的发展，特别是伴随文艺复兴运动出现的近现代西方文明，使人类社会发生了翻天覆地的变化，政治、经济、文化、技术等呈现出前所未有的景象。其体现在新闻传播领域，就是划时代的大众传播的诞生，它使人类新闻传播，包括其他社会信息的传播，进入了一个伟大的新时代。这个伟大时代使新闻传播成了一种专门的事业，使新闻传播活动成了一些人专门从事的职业。而新闻传播机构、新闻职业的诞生，使过去面对面的新闻传播现象、点到点的传播模式、传播者与收受者浑然不分的状态开始发生质的变化，最为明显的表现就是传播者与收受者之间的关系变为分立对应的关系。这一阶段大致可以从近代新闻传播业的诞生算起，一直持续到今天。

新闻传受双方的分离、分立有其历史的发展过程，并不是突然发生的事情。文字的发明和普及，为人们之间的间接传播创造了条件，而"传播者与接收者由直接转为间接，为传播的专门化打下了基础"①。文字使公告式的官方公报成为可能，比如著名的《每日纪闻》，它实质上已经是"点—面"传播的雏形；文字也使"新闻信"变成了现实，"早在公元前500年，古罗马就开始有新闻信，直至西罗马帝国灭亡（公元476年），新闻信绵延不绝"②，它使远距离传播变得简便容易。而十五六世纪手抄小报的出现③，加快了新闻传受者之间的分离、分立关系，但真正使新闻传播者与收受者分立的力量乃是印刷媒介的出现。"16世纪末，在手抄小报流行的同时，西欧等地开始出现了不定期的印刷品，报道某些重要事件，它与记事性小册子相比，新闻性明显加强"④，到了16世纪后期，出现了定期、有固定名称的新闻印刷品，它们是近代报纸的雏形。"17世纪初，名副其实的印刷新闻纸才问世人间。1609年在德国出版的《报道或新闻报》，是世界上最早出版的印刷周报。"⑤ 印刷新闻纸的诞生，是新闻

---

① 黄旦. 新闻传播学：修订版 [M]. 2版. 杭州：浙江大学出版社，1997：23-24.
② 郑超然，程曼丽，王泰玄. 外国新闻传播史 [M]. 北京：中国人民大学出版社，2000：9.
③ 关于手抄小报，参见郑超然，程曼丽，王泰玄. 外国新闻传播史 [M]. 北京：中国人民大学出版社，2000：9。
④ 同②12.
⑤ 项德生，郑保卫. 新闻学概论 [M]. 武汉：武汉大学出版社，2000：92.

传播业诞生的标志①，专门以传播新闻为业的人也应运而生，"传播者、接收者的角色从此得以固定"②，因而，印刷新闻纸也是传播主体与收受主体分立对应关系开始的标志。随着 19 世纪中后期商业化、大众化报纸的真正兴起，特别是 20 世纪二三十年代之后广播、电视的相继大规模发展（电视的大规模发展是第二次世界大战之后的事情），新闻传播的两大主体阵营迅速扩大，同时传播主体与收受主体之间的分立对应关系也得到了不断的强化。

综上所述，我们可以说，大众传播时代的到来和发展，是形成传播主体与收受主体分立对应关系的直接原因，而其背后的深层原因则是人类社会生产力水平的不断提高，生产方式和社会分工的不断变革。正是大众传媒的直接介入，从根本上使得人与人之间以身体为中介和信息载体的直接新闻传播方式，变成了以大众传播工具为中介的间接传播，传播者和收受者居于新闻媒介的两端，分立对应存在。

传播主体与收受主体的分立对应关系，意味着传播主体意识与收受主体意识的强化和自觉，意味着传播与收受之间的矛盾显化为新闻传播的主要矛盾，新闻传播在双重主体的对立统一中求得不断的进步和发展。角色意识的明了，同时意味着角色权利、角色义务的确定，意味着角色功能、角色作用的不同。分立对应关系的现实存在，使新闻传受双方既是分离的不同主体，又必须是统一的共同新闻主体，如果达不到这种状态，新闻传播的效果就难以很好地实现。

需要指出的是，在传播主体与收受主体的分立对应关系成为二者主导关系的情况下，仍然存在着传受双方角色的实际互换现象，不过，这种互

---

① "印刷新闻纸的问世，是新闻事业诞生的时间标志。"项德生，郑保卫．新闻学概论［M］．武汉：武汉大学出版社，2000：90-91．

② 黄旦．新闻传播学：修订版［M］．2 版．杭州：浙江大学出版社，1997：24．

换是在传受双方具有角色自觉意识的情况下的互换，与传受双方浑然一体、缺乏角色自觉意识情况下的互换是大不相同的。自觉意识下的角色互换，或者说自觉意识下的传受主体一体化，可能使传播主体与收受主体的关系进入一个新的阶段，这种新的阶段在网络时代到来之后已经初露端倪。

第三，传受和谐的一体化关系。大众传播方式确立的传受主体关系，是一种分立对应关系，在这种关系中，传播主体事实上居于不可否认的主导地位，因此可以说是一种传播主体主导的传受关系，这种现象直到今天也没有发生根本的变化。职业化的传播活动，使传播者与作为社会大众的收受者明确区分开来，居于新闻传播的两端，强化了二者的差异和矛盾。

但是，当人类进入信息、网络时代，进入整合传播的时代之后，传播新闻的工具不再只是传统的三大媒介，而是加入了"第四媒介""第五媒介"[①] 和将各种媒介有机整合在一起的复合媒介，这些新的传播媒介，改变的不仅是新闻媒介的传统格局，改变的不仅是新闻的采制方式、刊播方式和收受使用方式，更重要的是它们正在改变着人们传统的新闻传播观念，其集中体现就是传播主体与收受主体关系的变化。人们期望打破传播主体主导的传播模式，冲击传统大众媒介塑造的以单向传播为主导的新闻传播模式，人们期望收受主体能与传播主体共同驾驭作为社会公器的新闻媒介。这一阶段萌芽于大众传播的兴起，显现于网络时代的到来，发展于未来的传播之中。

---

① 传播学者张允若先生曾几次撰文指出，"第四媒介"（自然也应该包括"第五媒介"）的说法有误。他认为，互联网是相对于现实世界而存在的人类精神交往的第二世界，而不是所谓的"第四媒介"。参见张允若. 对"第四媒介说"的再质疑 [J]. 当代传播，2005（5）：29. 但我们仍然按照人们已经形成的习惯说法，继续使用第四媒介、第五媒介这样的概念。并且，在我看来，网络、手机可以被看作媒介工具，尽管它们给人类带来了新的信息、新闻信息传受观念，甚至在一定程度上改变了人们的生活观念、文化观念和时空观念，但本质上与传统的媒介基本一致，它们不过是新的媒介形态罢了。我们没有必要把媒介神化。

这种种期望正在变成现实，信息时代、网络时代和后网络时代的到来，使人类有可能建立一种新型的传受主体关系——和谐平等的一体化关系。这种一体化关系，是传受互为主体的一体化关系，它似乎又代表着传播主体与收受主体的关系重新回到了传受不分的混沌状态，比如在网络上，只要愿意，每一个人既可以是传播者，同时也可以是收受者；但事实上却有本质的不同，这是经过分立对应之后的一体关系，是传播主体与收受主体都有角色自觉意识基础上的一体化关系，是经过否定之否定螺旋上升后的和谐的一体化关系。对这种关系的具体内容，我们下面还将做进一步讨论。

在讨论传播主体与收受主体关系的新表现之前，还须指出的是，人类新闻传播活动中传播主体与收受主体的关系演变历史是纷繁复杂的，我们的划分只是抓住了历史过程最主要的特点，并不是对所有历史细节做泾渭分明的区分，因而其中难免有主观推断，甚至是武断的成分。当我们对人类新闻传播历史有了更清楚的了解后，这种划分一定会变得更加准确。但是，在现有的这种阶段划分中，我们也能够大致窥探到传播主体与收受主体的历史关系与未来发展趋势。

（3）传播主体与收受主体关系的新表现。

所谓传播主体与收受主体关系的新表现，主要是立足当代人类社会的整体发展状况，在人类信息交往整体上已经进入网络时代的大背景下，观察、分析、透视新闻传播中传受主体的新的关系特征。这仍然是一种宏观的分析和大致的描述。

第一，传受本位的新变迁。新闻传播中的传受"本位"问题，讲的是新闻传播从谁出发的问题，即新闻传播按照谁的利益和需要来选择和确定传播内容、传播方式。无疑，这是一个至关重要的问题。

在人们还没有明确的传受角色的自我意识，作为新闻传播手段的强制性中介物不存在的情况下，自然不存在明确的以谁为本位的问题，或者说本位是在非自觉的状态下不断地互换，也可以说传播者与收受者是一种模糊的、原始的互为本位的关系。当大众传播方式成为新闻传播的主要方式之后，大众传媒插在传受主体之间，使传受角色之间的关系成为分立对应的关系，这时谁是本位就变成了看得见、摸得着的现实问题。拥有新闻媒体的人、从事新闻职业活动的人，总是想通过新闻媒体实现自己的利益追求，而媒体追求的利益并不必然与作为收受者的大众的利益完全一致，当二者的利益出现矛盾、冲突时，以谁的利益为先、为重，就是必须面对、必须解决的问题。

就新闻传播的历史事实来看，"传播者本位"长期占据主导地位，也就是说，传播什么、怎样传播、为什么传播这些最基本也最根本的问题，主要是由传播者根据自己的需要和利益决定的。但是，当市场经济运作方式进入新闻传播领域，新闻媒介越来越成为社会公器，越来越依赖广大收受者的选择而求得生存和发展的时候，以传播者为本位的观念和实际的做法就很难顺利地运行了。而当网络传播技术进入新闻传播领域后，传统的传播者本位观念与实践方式受到了前所未有的严峻挑战，传受本位关系出现了一些新的变化。[①] 这种新变化最突出的表现就是由传播者本位为主导的传播模式向收受者本位为主导的传播模式的变迁和转化，新闻收受者被视为传播者的"上帝""情人""朋友""衣食父母"，如此种种比喻性观念的背后所反映的实质问题是：新闻传播要按照收受主体的利益需要来进行，即要按照他们的利益需要来选择和确定传播的内容和方式。"本位"

---

① 这里需要说明的一点是，网络传播者——包括网站拥有者和网络传播的业务工作者——并不是天然的收受者本位观念拥有者，也不是天然的以收受者为本位的传播者，他们在传播观念上与传统的媒介并没有本质的区别。我们要强调的是，网络媒介自身的特点，冲击了传统的传播者本位观念，并且在一定程度上改变了传播者本位观念，对收受者本位观念在当代中国新闻传播领域的提出和确立起到了重要的促生作用。当然，传播者本位观念得以生成的真正动力根源乃是市场经济。

似乎要从一个端点走向另一个端点了。这种变迁在西方大众化报纸真正兴起的 19 世纪中期就已开始了，在中国成气候、成潮流只是近十几年的事情。①

但是，我以为，完全、彻底的本位变迁，最多是一种观念或一些人的幻想，新闻传播的实际只能是在传播主体与收受主体之间取得一种均衡，因为他们既是利益的共同体，又是利益的矛盾体，传播什么、怎样传播不可能总是以收受主体的需要和利益为尺度，这是新闻传播的现实，同时也是事实，因此，对于传播主体与收受主体本位关系的变迁，要以冷静、理性的眼光看待，要看事实，不能只听说法、只凭想象。

第二，传受互动的新追求。人类最古老的传播方式是面对面的直接互动方式，它是一种实时高效的交流方式，但它却把人们"捆绑"在狭小的时空范围内，这降低了信息传播、新闻传播的效率。人类从神话时代开始的梦想之一，就是超越时空限制进行自由的交往。文字发明使人类思想永存成为可能，传统大众传媒的发明则从根本上创造了超越时空传播的手段，但它也将人们分成了传播与收受的不同群体，从而减少、削弱了传受者之间的直接互动。可是，到了 20 世纪中后期，人类的智慧又一次放出了灿烂的光芒，用一种叫作互联网的东西，把整个世界、整个人类连接起来、编织起来，更为美妙的是，人们可以通过它自由地交流互动，这从而也把传播主体与收受主体的关系推向了一个新的境界。

"互联网的本质、核心和灵魂是'连接'"②，由连接而形成互动，在

---

① 传播者本位观念的变革，最根本的动力是社会生产方式的变革，或者说是社会经济体制的变革。资本主义生产方式的诞生，市场经济的出现，在政治上诉求的是民主政治；在言论领域、信息传播领域追求的是自由和平等。这样，传统的封建专制时代的传播者本位的传播观念，就受到了根本性的挑战。在中国，正是市场经济体制目标的设立和实际运行，才真正打破了传统计划经济体制下确立的单一的宣传性、教育性的传播观念，才真正将普通社会成员实际上看成和传播者具有同等主体特征的人。传播者本位的观念才开始真正地动摇。

② 郭湛. 主体性哲学：人的存在及其意义 [M]. 昆明：云南人民出版社，2002：269.

互动中人们求得交流和理解，这就是信息时代，这就是网络时代。网络变成了血管，变成了世界的神经系统；信息变成了血液，变成了流经神经系统的种种信号。每个人都在试图变成（有些人已经变成）这无边无际之网上的一个纽结，以便从一个看起来微乎其微的点上扯动整个世界的神经。互联网已经"是信息时代人类主体沟通并与现实世界相互联系的重要手段"①。当这样的手段成为新闻媒介时，它所带来的最有影响的新闻传播观念和新闻传播实践就是"互动"。这种互动观念迅速洗礼了所有的传统新闻媒介，使它们也在或快或慢地以自己的方式追求着互动式的新闻传播。互动，是我们这个时代最为神奇的词语；互动，反映了我们这个时代信息交流的本质特征；互动，是任何事物运动的绝对形式。物质世界、精神世界都是在相互作用中千变万化的，互动正好反映和体现了两个世界存在、运动的本质。②

互动的本质是人与人的互动、人与社会的互动。对新闻传播来说，互动就是传播主体与收受主体的互动，互动的具体表现就是新闻传播由单向的发送式向双向的、多向的交流式转变，这种双向或多向的交流式也被称为交互性，它"是指传播者和收受者之间的双向互动传播"③。互动最突出的结果是强化了新闻收受者作为新闻活动主体的地位，使其与传播者有更多的机会展开交流和对话，比如，"网络传播打破了过去由信息传播者单向传送信息的格局"，使"信息的传者与受者之间的交流更加容易"④。

---

① 杨富斌. 信息化认识系统导论［M］. 北京：军事科学出版社，2000：121.
② 在哲学领域，辩证唯物主义者把运动看作绝对的，绝对运动存在的根本原因在于事物内部的相互作用，相互作用就是互动。新闻传播和一般的信息传播，作为人与自然世界之间的信息交流，作为人与人之间、人与社会之间的信息交流，本质上必然是具有互动性的。指出这一点是想说明，任何一种信息传播只有回归到互动传播的状态，才是最有效的传播。这是我们应该在哲学层面上确立的基本传播观念。
③ 陈绚. 数字化时代的新闻理论与实践［M］. 北京：新华出版社，2002：38.
④ 彭兰. 网络传播概论［M］. 北京：中国人民大学出版社，2001：138.

但更为重要的是，互动使收受主体从相对被动的角色转变成为相对主动的、与传播主体相似的观察者、分析者和发言者。如果说传统的新闻媒介还难以很好地实现这种互动，那么，可以说目前的互联网已经为人们提供了各种各样具体的手段，开启和初步实现了这种互动，"交互性使互联网真正成为大众共同发言的媒体"①。面对网络，人们可以自由进出，可以自选自发，这意味着一种新的理想的构筑方式正在走向现实。

第三，传受平等的新理想。互动的传播观念与传播方式中，灌注渗透着传播主体与收受主体平等的观念，不平等的主体之间很难进行实质性的互动，不平等主体间的"互动"，必然是一方主动、一方被动的"互动"，本质上是没有互动的。

互动就是平等的交往②，而"一个时代的交往的性质和水平，不在于交往什么，而在于怎样交往，用什么中介手段交往"③。麦克卢汉那令人迷思的"媒介即信息"似乎正是这个意思。新的划时代的传播手段带来了划时代的交往方式，也就带来了划时代的交往主体之间的关系，比如，美国一位学者不无夸张地说："在网络上，每个人都可以是一个没有执照的电视台。"④ 日本一位学者指出："当我们听到新闻记者这个词时，我们通常会想象出某个特殊的职业。但是在因特网时代，没有信息传送者和信息接收者之分。每个人都能够参与新闻工作……每个人都有向他人传播信息

---

① 陈绚. 数字化时代的新闻理论与实践［M］. 北京：新华出版社，2002：38.
② 人类新闻传播的历史经验事实说明，掌控新闻媒体的人群（阶级、阶层），主要是一定社会中的强势人群（或者说新闻媒体大都被实质性掌握在社会统治集团、统治阶层的手中），因此，当一个社会真正建立起平等的传播方式，确立了平等的传播理念时，也就意味着这是一个相对比较平等的社会。然而，目前的事实告诉人们，这种平等还是一种理念，而不是事实。也就是说，互动仍然是一方主动、一方被动的"互动"，至多是一方主动性强、一方主动性弱的"互动"，平等的互动还是一种理想。
③ 郭湛. 主体性哲学：人的存在及其意义［M］. 昆明：云南人民出版社，2002：269.
④ 尼葛洛庞帝. 数字化生存［M］. 胡泳，范海燕，译. 海口：海南出版社，1997：205.

和知识的潜在能力。"① 因而，人们对新闻传播中传受主体之间的关系也就有了新的理想。

新理想产生的过程，就是新闻传播由单向传播向新的双向传播、多向传播的发展过程，这一过程看似简单，却蕴含着丰富的意蕴，它把了解世界的权利看成所有人的普遍权利，它正在把每个人的表达权利变成一种可行的、现实的权利。从传播主体的角度看，就是将收受主体看作与自己同等的主体，而不是看作被动的接纳新闻信息的"容器"。当人们认识到收受主体其实是和传播主体一样的主体时，尊重收受主体的利益和需要也就成了顺理成章的事情，双向互动式的传播也就成了自然而然的事情，与此同时，传播主体也才真正确立了自己的主体地位。有位学者说得好："真正的主体只有在主体间的交往关系中，即在主体与主体相互承认和尊重对方的主体身份时才可能存在。"②

在人们理想的新闻传播关系中，传播主体与收受主体是共同的新闻主体，他们之间的关系是互相尊重、互为目的的平等的主体间关系。他们面对的共同客体是新闻事实、新闻传播内容，而不是对方。他们共同驾驭和运用新闻传播工具，在主体间的和谐关系中，以统一新闻主体的方式共同完成新闻传播活动，共同享有关于新闻事实的信息，以达到共同的完善和发展。当这种理想成为整个人类新闻传播的美好愿景时，全球化的新闻传播将变成真正的现实，人类也就真正成了共同的主体，一起运用他们创造的神奇传播媒介交流、共享所有的信息。这个世界本来就是所有人类的，人类拥有的一切本来就是所有人创造的。

---

① 张穗华．媒介的变迁［M］．北京：中国对外翻译出版公司，2002：122.
② 郭湛．主体性哲学：人的存在及其意义［M］．昆明：云南人民出版社，2002：253.

第三章　新闻活动对象

记者是在事实的海洋里游泳的。

——艾丰

根据事实来描写事实。

——马克思

作为新闻核心的基本事实不能只靠它本身来说话，它应当有一定的背景，应当有别的补充事实来说明主要事件，指明其意义。新闻工作者的艺术就在于找到这种背景，善于深思熟虑地处理这一切。要不然，新闻就不可避免地会失掉严整性，次要的成分就会遮住主要的成分，最后整个材料将会失去思想上的明确方向。

——尤·科尔洛夫

新闻客体是新闻活动主体的活动对象。不同活动主体具有不同的具体对象，新闻源主体的直接认识对象是其拥有的新闻信息，新闻传播主体的直接认识对象是新闻事实，新闻收受主体的直接认识对象是新闻文本（作品），新闻控制主体的直接活动对象是新闻传播主体的新闻报道行为。四类新闻活动主体的活动（包括认识）对象实质上是一致的、统一的，都是新闻内容。新闻源主体拥有的新闻信息是潜在的新闻传播内容，新闻传播主体传送的信息是传播态新闻内容，新闻收受主体实际收受的是自己理解了的新闻内容，新闻控制主体控制的实质对象是新闻报道的内容。因此，不管是什么类型的新闻活动主体，他们的活动对象本质上是统一的。本章，我们将主要以传播主体和收受主体的视角，对新闻活动的双重对象（客体）——新闻事实和新闻文本——进行分析。

一、报道对象——新闻事实

新闻报道的是大千世界中各种客观事实的信息，因而可以说报道的直接对象是客观事实所包含和表征出来的信息，终极对象则是客观事实本身。但新闻报道的事实对象是有限的，并不是所有的事实。什么样的事实才能成为新闻报道的对象？从理论逻辑上说，这个问题似乎很好回答，具有新闻性的或具有新闻价值的事实，即新闻事实，是新闻报道的对象。然而，如果与新闻传播实践联系在一起，问题就不是如此简单了，新闻传播主体确定报道对象的标准并不只有单一的新闻价值标准，还有其他的标准，需要做系统深入的考察和分析。[①]

---

① 另外，正是因为人们对什么样的事实能够成为新闻事实的认识不一样，才形成了各种各样的新闻定义。对此，由于各种著作论述说明甚多，因此本书不再讨论。有兴趣的读者可参阅杨保军. 新闻理论教程 [M]. 北京：中国人民大学出版社，2005：98-100。

（一）新闻事实及其基本特征

新闻事实是一种特殊的客观事实，它以自身的非常态与一般事实区分开来，从而成为引人注目的事实，成为新闻报道的对象。新闻事实是传播主体的认识对象，是新闻报道的源头和根据。新闻事实是客观世界最新变动的"标示"，是广大新闻收受者欲知的对象。因此，在一般层面上认识、把握新闻事实，是新闻理论最基本的任务。把握了新闻事实，也就把握了人们所面对的新闻，认识了新闻事实的特征，也就在根本上认识了新闻的特征，因为传播中的新闻严格意义上讲应该是对新闻事实的认识反映。

1. 事实成为新闻事实的根据

从新闻传播实际出发，所谓新闻事实就是被当作新闻报道对象的事实。然而，人们并不认为被当作新闻来传播的新闻都是新闻，也不认为作为新闻报道对象的事实都是新闻事实。这就意味着，什么是新闻事实，应该有一个基本的、统一的、客观的标准，不能主观任意认定。任何新闻事实首先都具备一般事实的特征[①]，但新闻事实之所以是新闻事实，乃是因为它除了具有事实的普遍特征，还具有自己的个性特征。个性特征也正是新闻事实应该有的特征。

那么，从理论理想性出发，怎样的客观事实才能被界定为新闻事实呢？关于这一问题，国内外新闻界事实上早已形成了比较统一的看法，这就是：当一件事实具备以下一些基本属性或者特征时（这些属性通常被称

---

① 一般事实的特征可概括为这样几点：客观性，指事实的存在不以人的意志为转移，不依赖于判断的正误，也不依赖于对它做出何种评价；具体性，指任何事实都是具体事物变动、发展的真实情况，只能存在于特定的时空之中；不变性，指事实一旦产生，便具有相对的不变性，人们不能改变一件既有的事实，改变后的事实乃是新的事实，已不是原来的事实；独立性，指客观世界中不存在两件完全相同的事实，事实一旦产生，便具有唯一性，它是不可重复的；联系性，联系性是相对独立性而言的，任何具体事实都产生于一定的环境中，不是孤立的现象，总要同其他事实发生某种联系。参见杨保军. 新闻事实论［M］. 北京：新华出版社，2001：7-9。

为新闻价值属性），它就可以被认定为新闻事实。①

第一，时新性。时新性包含两方面的基本含义：一是指客观事实发生的时间性；二是指在时间性基础上的事实内容的新鲜性。时间性是指一件事实能够成为新闻事实的时间根据。事实发生的时间，离现在时间越近或与现在时间重合（正在发生的事实），是事实能够成为新闻事实的重要时间前提，也是"时新性"中"时"的最基本含义。新鲜性主要是针对时间上新近或正在发生的事实的内容特征而言的，是从内容上对新闻事实提出的价值属性要求。时间根据上能够成为新闻事实的事实是无限多的，依据运动的绝对性原理，这个世界上每时每刻发生的一切变动结果从理论上说都是新的。为了从这无限多的事实中把新闻事实之新与一般事物之新区别开来，就需要对新闻事实之新提出特别的要求，这一特别的要求正是新鲜性的基本内涵，主要包括两点：其一，内容的新鲜性以传播主体，特别是

---

① 值得注意的是，随着时代的发展，随着新闻传播业本身的变化，加上不同社会形态、社会制度、文化之间的各种差别，人们对下列诸多属性的内涵的理解有一定的差异。但我以为，在抽象的层面上，下列属性可以容纳人们对新闻价值属性含义的各种理解，暂时还没有必要提出新的概念去概括。我在《新闻事实论》中，从本体论、认识论与价值论相统一的角度，对新闻事实的特征做了"四态说"的描述：一是存在方式的现实态。新闻事实在时间存在方式上是"现时"的，是现在时态的存在；在空间上是"现在"的，是人们在现时存在的空间中可以直接经验的存在；新闻事实总是"现识"的，只有现时发现、认识的事实才能被称为新闻事实；新闻事实是"现实"的，是实实在在的客观存在，不是艺术的想象物，是"现时"和"现在"的统一，是在"现识"中发现、认识的现实存在。二是表现方式的非常态。"非常"有两方面的基本含义：一含义为"凸现"或"突出"，意指某一事物、事实的产生、出现很特殊、不同寻常，是从"正常"或"平常"状态中经过一定量变或突变跃迁凸现出来的"精英"或"恶棍"。另一含义为"反常"，即指突然的变故、异常的表现，就是一反常态、不正常，极其偏离人们的日常生活经验和理想的事件。三是信息个性上的激发态。激发态的含义主要有两点：其一，对新闻事实来说，所含的信息随时都有扩散、辐射的可能，处于一种信息"饱和"状态、高势状态，与平常事物所含的信息形成一种落差，从客观上说具有传播的必然性；其二，处于信息"激发态"的新闻事实，能够激起人们的兴趣，能够对人们产生强烈的引力效应，对人们的注意力形成一种凝聚和收敛的作用。四是价值特征上的多元态。能为人们提供"认知价值"的事实会成为新闻事实，能够激发人们"兴趣"的事实也会成为新闻事实；在具有认知价值、兴趣价值的基础上，新闻事实还应提供一种"义"的价值，它是"有用"（认知价值）和"有趣"（兴趣价值）的统一，使人们在接收事实信息之后，不光知道世界发生了什么、出现了怎样的最新变动，不只感到好奇有趣，得到了情感或心理的满足，而且能够在感知、体验的基础上，分析、判断、体悟出一定的道理。参见杨保军. 新闻事实论 [M]. 北京：新华出版社，2001：2-25。

收受主体的未知、欲知和应知为参照，当新近或正在发生的事实信息对人们来说是未知的、欲知的和应知的，能够为人们提供新的信息或新的情况时，才能说事实的内容是新鲜的；其二，是指客观事物本身非常态的变动，事物的常态变化与发展，往往产生不出具有新意的信息，只有发生非常态的变动，才能提供新鲜的内容，"新意就来源于对常态的改变。具有首创性、新异性的新闻事件是对常态的挑战"，"所改变的常态的时空跨度越大、稳定性越高，新闻的新意就越强烈"①。

第二，重要性。新近或正在发生的事件和现象能否成为真正的新闻事实，最关键的一条就是要看该事件或现象的重要程度。"重要性是构成新闻价值的最重要因素"②，重要性的基本内涵包括这样几个方面：其一，事实所能影响的人的多少。一件事实所能影响的人越多，这一事实就越重要，影响越多人的事实越容易成为新闻事实。"凡同多数人利害相关，为多数人所关注的事实，被认为有社会意义，也就有重要性。"③ 其二，事实对人和社会影响时间的长短。一件事实、一种现象对社会影响的时间越长，说明它越重要，就越容易被当作新闻事实。其三，事实影响空间范围的大小。一件事实影响的空间范围越广大，就越重要。有些事实一旦发生，影响的空间范围遍及全球；有些事实的发生，会影响到一定的区域或诸多国家；有些事实发生了，只会影响到个别国家或国内的某一地区。毫无疑问，从事实影响的绝对性上说，影响的空间范围越大，事实越重要。其四，事实影响人们实际利益的程度。这是判断一件事实是否重要的主要尺度。事实的重要性是由事实对社会所产生的影响决定的。重要性主要是针对新闻事实内容的分量和重要程度而言的。一件事实越是影响到人们的

①　郑兴东，陈仁凤，蔡雯. 报纸编辑学教程［M］. 北京：中国人民大学出版社，2001：62.
②　同①65.
③　童兵. 理论新闻传播学导论［M］. 北京：中国人民大学出版社，2000：51.

利益，就越是重要，就越容易成为新闻事实。一件事实、一种现象的影响力，即影响的时间长度、空间范围、深刻程度等，取决于它与人们的利益关系。还需要特别指出的是，事实的重要性会以不同的形态表现出来，并不都是直观的、显而易见的，有些事实的重要性是以隐蔽的方式存在着的；同样，重要事实对社会和人们的作用与影响也并不都是立竿见影的，有些是以逐步显山露水的方式发挥作用的，是在人们不知不觉的状态下产生影响的，"有些事件、现象在它发生时已表现出对社会的巨大影响，而有些事件、现象的影响要过一段时间甚至很长时间才能显示出来"①。因此，在新闻传播实践中，对事实重要性的估量并不是一件容易的事情。要准确估量事实的重要性，必须对事件做出全面的考察，必须发现它与社会诸多领域的各种可能关系，必须找到它与人们各种可能的利益关系。

第三，显著性。显著性是用来描述"新闻事实知名度，或新闻事实的显要性"② 的一个概念。一件事实的知名度或显要性是由构成这件事实的各种要素的知名度和显要性决定的，因此事实构成要素的知名度或显要性就是事实显著性的基本内涵。这样，就可以从每一个要素出发来具体分析显著性的内涵。

人物的显著性，是指创造或造成一定事实的人（包括各种类型的平民百姓，不只是各种公众人物），与普通人相比，他们或者拥有较高的社会地位，或者在一定领域内具有较高的知名度，或者具备某种特殊的才能，或者拥有特殊的权威性，或者具有一些非一般的特殊"素质"，等等。如果新近或正在发生的事件或事实中拥有这样的人物，这件事情就容易成为新闻事实。事情的显著性，是指某件事情在客观的表现上不同于普通的事情，具有激发和吸引人们注意力的内在力量，不管造成这件事情的主体是

---

① 郑兴东，陈仁风，蔡雯. 报纸编辑学教程 [M]. 北京：中国人民大学出版社，2001：65.
② 童兵. 理论新闻传播学导论 [M]. 北京：中国人民大学出版社，2000：51.

人还是物。各种不同寻常的自然现象，之所以能够成为新闻事实，就是因为不同寻常的变动给人们带来了不同寻常的信息；对各种社会性事实来讲，显著性主要是指由人造成的事实不同凡响、引人注目。

时间的显著性中所讲的时间，是把时间用意义标准一分为二，把有些时间看作显著的、容易引起人们注意的时日，而把另一些时间看作一般的、人们在不知不觉中度过的时日。时间的显著性首先是因为人们赋予不同的时间日期以不同的意义，这是时间显著性能够成为新闻价值属性的内在根据。时间的不同意义并不是纯粹主观的东西，而是在人类历史活动的客观发展过程中逐步形成的，比如各种各样的节日、纪念日、忌讳日等，都是人们在改造自然、改造社会和改造自己的过程中确立的。当不同的时间日期被赋予不同的意义，那么，相似的事情发生在不同的时间日期，便会在一定程度上产生不同的效应。因此，事实发生在什么时间，往往成为衡量事实能否成为新闻事实的重要尺度。一般来说，发生于那些特殊时间日期的事实，就容易被新闻主体关注，因而也就容易成为新闻事实。但时间日期的显著性与某一事实能否成为新闻事实没有必然的关系，只有可能的关系，即发生在显著时间日期的事实并不必然成为新闻事实。时间的显著性还表现在时间的持续性上，有些事实持续的时间越长就越具有新闻性，有些事实则恰好相反，持续的时间越短越具有新闻性。还应注意的一点是，重大新闻事件可以创造显著的时日，使一些日子从普通日子中"跳跃"出来，成为日后人们关注的显著时日。

空间的显著性，是指一定事实发生在特殊的空间。空间的显著性也是由人们赋予不同空间地点的不同意义造成的，这是空间显著性得以形成的客观根据。在漫长的历史活动中，人们在不同的空间经历了不同的风雨，在不同的空间扮演过不同的角色，在不同的空间留下了不同的物质遗迹和精神记忆，一句话，人们活动过的所有空间，几乎都可以看作具有一定意义的空间。在现实的活动中，人们在不同的空间建构起了不同的生存与发展的天地，与不同的空间建立起了不同的现实意义关系。有些地方和场所对一定的人群甚至整个社会都有着特别的意义，所以，相似的事件和现象，如果发生在不同的空间，对人们造成的作用和影响就会有不小的差别。"一般说，与新闻事件有特殊关系的地点，与群众关系特别密切的地点，往往能使事件具有更高的新闻价值。"① 在这个几乎已被完全人化了的、意义化了的世界里，不同空间的意义差别是显而易见的。由此，显著性的内涵中应该包括空间的显著性，但发生在显著空间的事实并不必然就是新闻事实，只是更有可能成为新闻事实。

第四，接近性。接近性的核心是新闻事实与收受主体的各种"距离"关系，其内涵大致包括这样几个方面：一是指事实产生或发生的空间与新闻传播指向空间的关系。一般来说，事实发生空间与传播指向的空间越近或重合，这样的事实就越容易成为新闻事实。这实质上是说事实发生地离收受主体距离越近或重合，该事实就越易于成为他们心目中的新闻事实。相对遥远地区的事物来说，人们更关心自己周围的事物，因为周围的事物比遥远的事物"与他们的关系通常更为直接，更为迫切。人们应付环境，改造环境总是从近处开始的"②。二是指事实本身产生的作用和影响与人们利益的关联程度。一件事实的发生，总要或多或少与一些人的利益发生关系。某一事实一旦与人们的某种利益紧密相关，它就极易成为人们关注的对象，极易成为新闻事实，也就是说，与人们"利益距离"越小的事实越易于成为新闻事实。利益距离是客观存在的，尽管利益距离是个抽象的距离，不像空间距离是物理性的、可测量的，但一定事实与人们的利益大小是可以度量的，与人们的利益关系大，我们就说利益距离小，与人们的

---

① 郑兴东，陈仁风，蔡雯.报纸编辑学教程［M］.北京：中国人民大学出版社，2001：69.
② 同①70.

利益关系小，我们就说利益距离大。与空间距离相比，利益距离对一件事实能否成为新闻事实来说，是更为重要的，因为"利益问题是一个关涉到人的存在和发展的根本性的问题"[①]。三是指新闻事实与人们在心理上、情感上的距离关系。某一事实的发生，如果容易引起人们心理上、情感上的反应（不管什么性质的反应），那就说明它与人们在心理上具有接近性，即心理距离小。这种事实自然会受到人们的关注，因而可以成为新闻事实。如果人们对某一事实的发生和存在不以为然，不予关心，那就说明它与人们的心理距离大，这样的事实就难以成为很好的新闻事实。心理上的接近性可以超越空间距离的遥远性，"有些事情虽然发生在远方，但由于经济上、政治上、文化上、人事上有密切联系，因而远方发生的事情一样会引起公众感情上、心理上的共鸣"[②]，"由于心理上的接近，读者对新闻就具有了解的愿望和兴趣，即使相隔遥远，也不再成为接受新闻的心理障碍"[③]；心理上的接近性大都与利益上的接近性相统一，人们之所以从心理上、情感上愿意接近某一事实，除了趣味所致，就是利益相关。

第五，趣味性。趣味性实质是指新闻事实应该成为人们兴趣的客体或趣味的对象，即它能够激发人们关注它的好奇心和兴趣，能够引起人们的关注或注意。但我以为，不能简单地将趣味性仅仅理解为通常所说的奇闻趣事和人情味。"有兴趣的"或"有趣味的"事物指的就是能够吸引人们注意或激发人们好奇心的任何对象。只有当事实本身包含的内容是与人们相关的，并且是有趣味的，人们才会对它感兴趣。因此，事实的趣味性是事实能够成为新闻事实的一个特别重要的属性。西方不少学者把趣味性看作事实能否成为新闻的试金石，是有其深刻道理的。"我们可以说，任何

---

① 张玉堂. 利益论：关于利益冲突与协调问题的研究 [M]. 武汉：武汉大学出版社，2001：1.
② 李良荣. 新闻学导论 [M]. 北京：高等教育出版社，1999：170.
③ 郑兴东，陈仁凤，蔡雯. 报纸编辑学教程 [M]. 北京：中国人民大学出版社，2001：70.

一种大众新闻传播工具，不管宗旨、目的是什么，它想要在社会上存在下去，就必须考虑收受者的共同兴趣。"① "你可以写下最崇高的哲学思想，但是如果没有人来读它，那有什么用处？"② 使一件事实能够成为趣味对象的因素主要包括以下几点：其一，与人们利益的相关性。人们最感兴趣的首先是与他们利益相关的对象，因为人们的利益"是人们一切社会活动最深刻的根源和动力"③。兴趣指向的目标往往就是实现利益的需要，纯粹的兴趣几乎是不存在的，正如无缘无故的爱和恨是不存在的一样。其二，事实的非常态。事实的"非常态"是引起普遍兴趣的客观基础。非常态的事实，能够为人们的求知、求新、求异、求趣等新闻心理提供新经验，更易激起人们惊异和探索的好奇心理倾向，因而更易于成为人们感兴趣的事实。其三，事实的人情味。简单讲，人情味就是人的情感态度、情感倾向。富有人情味的事实容易激起人的感情，调动人们的同情心、爱憎感。所以，富有人情味的事实常常更易受到人们的关注。其四，事实的情趣性。充满情趣的事物本身就充满了吸引力，能给人们带来愉悦和欢乐，人们自然愿意了解这样的事实。

上述诸多使事实成为新闻事实的属性，既有相对的独立性，又有相互的内在联系性。独立性是说，每一种属性都有自己特定的内涵，不能相互取代，它们是从不同侧面或不同角度对事实新闻价值特征的不同揭示。不同属性之间的内在联系性是说，这些属性在本质上是一致的、相通的。比如，时新性中的新鲜性，不仅要依赖时间来保证，还要依赖内容本身的重要性、显著性、接近性、趣味性等来丰富，如果离开这些属性，新鲜性也就只有一副空架子了。又如，与人们在各种"距离"上接近的事物，才有

---

① 李良荣. 新闻学导论［M］. 北京：高等教育出版社，1999：169.
② 斯旺伯格. 普利策传［M］. 陆志宝，俞再林，译. 北京：新华出版社，1989：80.
③ 张玉堂. 利益论：关于利益冲突与协调问题的研究［M］. 武汉：武汉大学出版社，2001：序1.

可能成为人们心目中重要的事物，反过来说，重要性最根本的内涵就是指事实与人们的相关性，这种相关性当然离不开接近性。再如，具有显著性的事实或事件，一般说来总是容易成为人们关注的兴趣对象，也容易成为重要的事实，而显著性本身就意味着事情的新鲜性。不同属性之间的内在关联性是不难理解的，因为它们揭示的是同一对象不同的新闻价值属性，同一对象的不同属性自然是紧密联系在一起的。另外，在上述诸多属性中，"时新性"是最基本的，是处于第一层次的、使事实成为新闻事实的属性。事实是否是新近或正在发生的，是否具有新鲜的内容，直接决定着事实能否成为新闻事实。时新性是事实成为新闻事实的必要条件，是事实成为新闻事实的基本根据。事实，一旦具备了时新性，就具备了成为新闻事实的前提。时新性在使事实成为新闻事实上具有绝对性的意义（当然，时新性对不同的主体具有相对的意义）。其他几种属性指的都是具有时新性的事实的特性，是对事实得以成为新闻事实的进一步规定，因而相对时新性而言，它们是次一级的属性，对事实能否成为新闻事实具有更多的相对性。

2. 新闻事实与新闻信息的关系①

由于新闻报道的直接对象是新闻事实所包含或者表征出来的信息，因而，新闻事实与新闻信息之间的关系便成为人们经常关注和讨论的一个问题。在我看来，说新闻报道的对象是新闻事实和新闻报道的对象是新闻信

---

① 关于"新闻事实"，就目前来看，人们有两种最基本的理解：一是指新闻报道的客观对象，是不以任何人意志为转移的实在性事实。二是指新闻报道中的内容，这些内容可以描述、塑造出一个事实的形象或面貌。简单点说就是，新闻报道塑造的事实，叫作新闻事实，它是对客观存在的事实的反映。我是在前一种意义上使用新闻事实这一概念的，即我是在本体论意义上应用新闻事实概念的。后一种意义上的新闻事实，其实就是新闻，是被转化成新闻认识结果的新闻事实，它是对客观存在的事实的反映和再现，如果叫作新闻事实，在我看来，逻辑上是不顺畅的。同样，关于新闻信息人们亦有两种基本的理解：一是指信息论解释下的新闻报道的客观对象；二是指新闻报道中的新闻事实。我也是在前一种意义上使用新闻信息概念的。

息，并没有多少本质的区别。在一般意义上，我们既可以说新闻事实是新闻的本源，也可以说新闻信息是新闻的本源。但既然有两种说法，它们之间就会有一定的差别。阐明这种差别是必要的。本源论上的二元论将会引起诸多的混乱。

第一，从本质上看，对新闻本源的事实论解释与信息论解释是一致的。信息是自然界、人类社会和人本身所固有的，信息必须以质料为载体，并依凭一定的能量。尽管信息不能被归入物质系统中的质料和能量范畴，但信息不能脱离质料和能量而存在。因此，从本源意义上说，信息一定是客观事物、客观事实的信息，客观事物、客观事实一定是通过一定的信息表现着自己的存在。这就意味着，反映报道了事实信息，也就反映报道了事实本身。这正如我们只能通过一个人所说的话，才能知道他的思想，通过他的外在行为表现，才能了解其真正的品质一样。当然，事实表征出来的信息，有可能不能完整地反映事实本身的状况。有些信息本身就是隐蔽的，需要通过一定的认识手段去发掘。因此，对新闻报道者来说，最基本的任务就是通过各种各样的途径和方法开掘事实的信息资源。

第二，就新闻本源论来说，事实论是更根本的解释。事实是客观的，表征事实的是它所发送出来的信息。"客观存在的新闻事实是新闻信息所依附并赖以生发出的物质原体……新闻传播的信息来源于新闻事实，没有事实就没有新闻"[1]，即就新闻事实与新闻信息的关系而言，新闻信息在本源上总是依存于新闻事实。其实，对物质的依存性是所有信息的基本特性之一，"信息不能是某种超越物质的东西，它归根结底还是一种物质的属性"[2]，事物正是通过它的信息属性呈现在人们面前的。从逻辑上说，"任何信息总是产生、传达在事实之后……从本质上说，（信息）是附丽于

---

① 李元授. 新闻信息概论 [M]. 武汉：武汉大学出版社，1994：25.
② 苗东升. 系统科学辩证法 [M]. 济南：山东教育出版社，1998：64.

事实的，离开了事实，信息就失去了意义"①。因此，没有事实，信息就无从谈起。事实相对信息而言是更根本的存在，更具有本源的意义。这样，新闻本源论对新闻本源的解释就是一元论的解释——事实本源论。

第三，我们也要看到，信息论解释具有更直接的意义，而且信息论解释更能说明新闻由本源态（事实）向传播态（新闻）转化的内在机制。②我们知道，新闻反映、报道的是表征客观事实的信息。信息可以与产生它的新闻事实分离开来（可与所表征的客体分离是信息的突出特征之一）。人们正是通过对事实信息的获取、认知来把握事实本身的。表征事实的信息是人们能够直接把握到的东西、本质上可以理解的东西，事实所"散发"出的信息或人们通过一定手段从事实中获取的信息，是人们认识事实的必然中介，"信息是物质世界和精神世界的中介，物质变精神、精神变物质便是依靠信息来进行的"③。唯有信息才能得到大脑的处理。人们解剖事实的过程，实质上是解剖事实表征出来的信息的过程。因此，处于传播形态的新闻，正是对客观存在的新闻事实所散发出的客观信息进行人工化、编码化的结果，因而表征事实的自然信息成为事实本源与传播态新闻的中介。传播主体对新闻事实的认识、报道不可能超越这一中介，这是作为人类认识方式之一的新闻认识必须遵循的普遍的认识规律。

（二）新闻事实的构成分析

新闻事实的构成包含两大问题：一是以个体新闻事实为对象，看它是由什么样具体的要素、事项等构成的，这是把单一的新闻事实作为一个系

---

① 张国良．传播学原理［M］．上海：复旦大学出版社，1995：85.

② 依据新闻传播的实际发生过程，我提出新闻的形态理论，将新闻形态的演变分为三态：本源态、传播态和收受态。本源态指新闻事实本身，传播态指被传播者中介化了的新闻，收受态指收受者理解了的新闻。参见杨保军．新闻理论教程［M］．北京：中国人民大学出版社，2005：91-94.

③ 姚福申．关于新闻本体的探索［J］．新闻大学，1998（2）：6.

统进行比较细致的分析；二是把所有可能的新闻事实（所有可能的新闻事实，就是在理论上具有新闻性的全部事实）作为统一的对象，按照一定的标准对其进行类型研究和划分。在对新闻事实进行构成分析时，我们也将努力从新闻价值论和新闻真实论的角度，简要阐明构成分析本身对于新闻报道的实际价值和意义。

1. 具体新闻事实的内在构成分析①

所谓具体新闻事实，是指一件一件具体的、相对独立的新闻事实，是可以从事实世界中"端拿"出来的新闻事实，是可以作为相对独立的、完整的报道对象的新闻事实。所谓内在构成分析，是指具体新闻事实本身的构成，即不在与其他相关事实的关系中进行构成分析。这里，我们将主要应用系统思维的方法，对具体新闻事实的内在构成进行分析。系统科学告诉人们，"现实世界中系统是绝对的、普遍的，非系统是相对的、非普遍的。没有一个现实的事物完全不可被看作系统。一切事物都以系统的方式存在，都可以用系统方法研究"②。依据系统科学的这一认识，我们将首先对构成新闻事实的完整要素做出说明，然后对构成新闻事实的具体事项进行结构分析，看看不同事项在整体事实中的不同地位及其有机联系。对新闻事实构成的分析，其直接意义在于从不同角度把握新闻事实的构成，加深对新闻事实本身的理解，间接意义则在于帮助我们理解新闻作品基本写法的客观根据，并为确保新闻传播的真实性提供着眼点和着手处。

（1）具体新闻事实的要素构成分析。

一件完整的事实是由哪些相互联系的要素构成的？新闻事实作为一种

---

① 关于具体新闻事实的要素构成，我在《新闻事实论》中已有比较详尽的分析，可参阅该书第二章相关内容（杨保军. 新闻事实论 [M]. 北京：新华出版社，2001：26-47.）。但现在看来，有些分析还是不够准确、细致（该书是我1999—2000年作为博士学位论文写成的），因此，这里再做一些修正和补充。

② 苗东升. 系统科学精要 [M]. 北京：中国人民大学出版社，1998：29.

事实在构成要素的多少上，在抽象的意义上与一般事实是没有区别的，实际的区别在于新闻事实的构成要素具有"新闻性"或"新闻味"。因此，仅从要素构成分析的角度看，对一般事实和对新闻事实的分析没有什么区别。

　　按照当下新闻理论界的普遍看法，新闻事实是由六个要素构成的[①]，这就是五个 W 和一个 H，即何人、何时、何地、何事、为什么和怎么样。我在《新闻事实论》中对这种普遍的看法做出了这样的基本解释：任何新闻事实都产生、变动、形成于一定的时空之中，进行这一系列演变的主体不是人就是物，或者是由人和物联系在一起的统一体。不管是人、物，还是人与物组成的统一体，都在演变活动中做着一定的事。可见，"何人"（其实还有何物等）和其所做的"何事"是构成一件事实的基本要素。"何事"（包含着何人或何物的活动）的存在由空间的三维性和时间的一维性构成，时间的连续性和空间的广延性的交互作用则构成了"何事"的演变过程，展现出整个"何事""怎么样"的形态。不难看出，"何时""何地"和"怎么样"（或"如何"）是构成新闻事实的必备要素。主体事物在一定时空中为什么这样演变，而不那样演变，为什么会呈现这样的现象和结果，而不呈现那样的现象和结果，必然有其内在和外在的原因，这便构成了事实的第六个要素"为什么"。我在《新闻事实论》中，在六要素说的基础上，还加了一个"意义"要素[②]，把新闻事实的要素构成描述为这样一个公式：

　　　F（fact）＝5W＋H＋M

　　现在看来，如果从严格的要素含义出发来分析新闻事实的要素构成，

---

　　① 由于新闻是对新闻事实的真实反映，因而，新闻的基本构成要素也是六个。在新闻学中，特别是在应用新闻学中，谈到要素问题，人们通常说的是新闻的要素构成，而不是新闻事实的要素构成。尽管这二者之间有着内在的联系，但在性质上不是一回事。

　　② 所谓意义要素，是指任何新闻事实都包含的某种客观意义。参见杨保军. 新闻事实论 [M]. 北京：新华出版社，2001：27 - 29。

我更赞同更为传统的五要素说，即何人（或者何物，或者由人和物形成的共同活动主体）、何时、何地、何事和为什么。其他两个所谓的构成要素其实并不是独立意义上的要素。"怎么样"不过是何人（或者何物，或者由人和物形成的共同活动主体）、何时、何地、何事四个要素结合起来的运动表现方式，不是独立的要素，促成"怎么样"的根源是"为什么"这个要素。而事实所具有的潜在客观意义，实质上已经是主体在一种认识关系中，或者价值关系中，或者审美关系中，或者是二者或三者兼而有之的关系中，对新闻事实某种属性的考察，但却不是对新闻事实要素构成的独立分析。因此，做个让步，如果要把"怎么样"和"意义"描述为新闻事实的构成要素，理论上比较准确的定位应该是"关系要素"。"怎么样"这个关系要素，反映的主要是新闻事实整体的表现方式；"意义"这个关系要素，反映的则是新闻事实与一定主体之间的某种潜在意义关系。再做一次让步的话，我们仍然可以说新闻事实是由七个要素构成的，但从理论上必须明白每个要素的实际内涵。

构成新闻事实的上述七个要素（其中两个是关系要素）大致可分为三种类型、两个层面。何人、何时、何地、何事四个要素是"显在"的，可以看得见或感觉得到，属于感性层面；"意义"要素则是"隐在"的，不能直接地感知，需要理性认识的分析、判断和推理，并且只有在一定的关系中才能现实地呈现出来；"怎么样"和"为什么"两个要素多处于"显在"和"隐在"之间，即既可直接感知，又需理性分析。比如一起交通事故，何人、何时、何地、何事一目了然，但"何事"到底"怎么样""为什么"，有些看得见，有些得推断；至于"意义"则更要从对"怎么样""为什么"以及其他要素的分析中才能得出。假如一起事故是驾驶人员酒后开车引起的，这件事实的意义至少有一条：酒后不应该开车。这个内含的意义要素显然是看不见的东西，需要分析才能够得出。

以往人们在论及新闻事实的要素构成时，几乎没有对"显在""隐在"和"既隐又显"进行区分。我们指出这一点的意义在于，它提醒记者在采访时不要只相信自己的感官，还要充分运用自己的理性思维，挖掘现象背后的本质和意义；不能停留在对各要素的罗列报道上，还要深刻把握它们的内在联系。事实上，一般新闻报道的难度不在于描述"显在"的要素，而在于揭示"隐在"的和"既隐又显"的要素，在于揭示各要素之间或隐或显的各种关系。当然，由于新闻传播要求迅速、及时，一般情况下，记者只要将"显在"的东西报道出来，也就基本完成任务了。如果在叙述事实要素的过程中，能够体现出新闻事实的潜在意义，那无疑是较高层次的写作了。

（2）具体新闻事实的事项构成分析。

对新闻事实事项构成的分析，仍然是把一件完整的新闻事实或在一定时空中作为独立报道对象的新闻事实作为对象，以系统论的方法进行解剖，看它是由哪些具体的部分、片段等构成的。事项构成分析是在要素整合基础上进行的，它注重的是一件完整的新闻事实是由哪些具体的事实单元构成的。新闻报道的首要基础是构成新闻事实的基本要素，但新闻报道真正展开的内容乃是构成整体事实的一个一个的具体事实单元、部分或片段。因此，关于新闻事实事项构成的分析，对新闻报道的实现具有比较直接的参考价值。

任何新闻事实都是在一定的时空中发生展开的，而展开的过程中必然会形成一些既相对独立又相互联系的部分或片段，我们把这样的部分或片段称作新闻事实的事项，或者称作事实单元。因而，也可以说一件完整的新闻事实是由不同的事项构成的。这些不同事项在一件完整的新闻事实中所处的地位、所发挥的作用总是有一定差别的。这种差别又是在不同事项关系的比较中显示出来的。这种关系比较中的差别，正是从事项构成出发对新闻事实构成进行分析的基础。

　　一件比较完整的具体的新闻事实，总是可以被相对地划分为许许多多不同的具体事项。从事项构成角度分析新闻事实的结构，就是看新闻事实是由哪些具体的事项构成的。新闻事实通常以两种状态存在着：一是具有相对稳定结果的新闻事实，即已经结束了的、具有完整性的新闻事实，也可以说是一种"完成态"的新闻事实。二是正在发生变动的新闻事实，是一种"正在进行时态"的新闻事实。前者可以说是静态的新闻事实，后者可以说是动态的新闻事实。对已经形成相对稳定结果的新闻事实来说，它包含的各个事项在整个事实结构中也有着相对稳定的、不变的位置，不同事项在整个事实的性质特征、表现形态中起着相对稳定的影响和作用。对记者来说，这是相对比较容易认识、报道的事实。对仍然处于动态变化中的新闻事实来说，各种因素、条件的相互作用，使得构成事实各事项的地位与作用会随时改变或相互转化，从而在本质上会生成新的事实和新的事项关系。但相对任何一次单独的新闻报道而言，作为当下直接报道对象的新闻事实，是相对固定的，其本身的事项构成也是稳定的，因而仍可做相对静态的观察和处理。对记者来说，动态中的新闻事实，是相对比较难认识和难报道的事实。

　　针对一件具体的作为报道对象的新闻事实，我们可以按构成事项对整个新闻事实性质、形态影响作用的程度，划分出这样几种基本的事项：主要事项、次要事项、边缘事项、背景事项等。① 其中，主要事项、次要事

---

　　① 法国叙事学家巴尔特根据一个个具体事件（相当于我们这里所说的事项）在整个文学故事中的等级次第关系，把重要的事件称为"核心"事件，把意义小一些的事件称为"卫星"事件。据此，我国叙事学学者罗钢进一步阐释道："在故事中，'核心'是不能省略的，一旦被省略，就会破坏基本的叙事逻辑，而'卫星'事件却没有这种重要性，即使省略也不会破坏故事的逻辑。"参见罗钢. 叙事学导论 [M]. 昆明：云南人民出版社，1994：82-88. 我以为叙事学中的这一思想，对我们把握一个新闻事实中各种事项的相互关系，在写作、编辑中处理不同事项之间的关系，都有一定的启发意义，因为新闻写作典型的、相对比较简单的对真实事件进行叙述的一种文体。

项、边缘事项基本上属于新闻事实的前景事项或前景事实（狭义的具体的新闻事实就是指前景事实），即它们构成了新闻事实的当前表现形式或状态；而背景事项基本上属于新闻事实的背景事实，包括造成前景事实的历史情况和现实环境，它们本身并不是新闻事实的直接组成部分。但考虑到任何前景事实都有一定的背景事实做依托，考虑到在任何新闻报道中，或多或少都要陈述一定的背景事实，因此，关于背景事实的陈述实质上是新闻作品的有机构成部分。这样，在宽泛的意义上，我们也就可以把背景事实看作新闻事实的有机构成部分。

可见，主要事项、次要事项、边缘事项的区别，主要在于它们在一件新闻事实（前景事实）中地位的重要性的不同。更准确一点讲，是从新闻价值大小角度对构成事实的不同部分的区分。在新闻报道的视野中，潜在新闻价值最大的事项就是主要事项，较小的就是次要事项，无关紧要的就是边缘事项。背景事项则是从与前景事项相对的角度，对整体新闻事实（宽泛意义上的新闻事实）组成部分的一种分析。为了准确理解不同事项在新闻事实构成中的具体情况，我们在下文中再加以仔细阐释。[①]

主要事项，是指对一件新闻事实的性质、形态、结果具有主导作用和影响的事实部分或事实片段。主要事项构成了新闻事实的主要内容或核心内容，因而主要事项也可以称为中心或核心事项。一件事实的主要事项如果缺少新闻价值或变得没有新闻价值，该事实就不再成为新闻事实。一件

---

① 这里的分析，是相对比较抽象的一般性分析，它和记者实际针对具体报道对象时的分析有所不同，那是一种实证的分析。记者在分析事实的事项构成时，主要是从两个角度出发的：一是事实本身的特征；二是记者自己的报道兴趣或者说关注点。这样，同样的事实可能在不同记者的眼中，会有不同的呈现方式。比如，张三眼中的主要事项，在李四眼中可能变成了次要事项。正是基于此，有人认为新闻事实其实是记者眼中的事实、记者塑造的事实，不是什么客观事实。我不同意这样的看法。确实，凡是新闻报道中的事实，都是记者眼中的事实，但记者眼中的事实不能改变客观事实的本来面目，也正因为如此，人们才会评说记者新闻报道的真实性和真实程度，人们才有了评说记者新闻报道好坏的客观根据。如果一个记者抓不住一件新闻事实的主要事项，他就很难真实、全面、客观地报道新闻事实。

事实的主要事项如果发生新的较大变动，该事实将会呈现出新的面貌，成为新的事实。新闻报道从采访到写作，首要的任务就是抓住新闻事实的主要事项。一篇报道，如果丢掉了事实的主要事项，对其他事项无论采访、写作得多么细致精彩，都绝不会成为好的新闻。从新闻真实论的角度说，如果关于主要事项的反映是不准确的，那么，新闻报道就必然在整体上是失实的。如果对主要事项或其片段进行了隐瞒或扭曲，就会影响整个新闻的真实。马克思说过："隐瞒……重要的、具有决定意义的地方，就会对叙述的真实程度引起严重的怀疑。"① 因此，对新闻记者、编辑来说，首先需要弄清楚的是哪个或者哪几个事实部分、单元、片段是新闻事实的核心部分、主要事项，切不可胡子眉毛一把抓。

次要事项，是指对一件新闻事实的性质、形态、结果虽有影响，但相对主要事项来说，影响较小的事实部分、单元或片段。对任何一件新闻事实来说，并不是它的每个部分、每个片段都值得报道，那些潜在新闻价值较小的事项就是次要事项。但次要事项是主要事项得以显露其特有新闻价值的基础，亦是一件新闻事实得以形成的不可或缺的部分。在新闻报道中，那些新闻价值不大的次要事项往往会占较大的篇幅。如此，才能充分说明主要事项的地位和意义，表现主要事项的新闻价值。从新闻真实论的角度看，次要事项的真实同样至关重要。次要事项的虚假或失实，必然会影响到人们对主要事项的理解及其价值的判断，影响到人们对整篇新闻报道的信任。我们可以这样说，尽管在事实的实际构成上，确实存在着主要事项和次要事项的区分，但在真实性问题上，不存在主要和次要的区别，写在新闻中的事实，其真实性都是重要的。

边缘事项，是指对整个新闻事实的性质、形态、结果影响很小的事实

---

① 马克思恩格斯全集：第 31 卷 [M]. 北京：人民出版社，1972：10.

部分、单元或片段。边缘事项的主要作用在于体现新闻事实作为事实的完整性，但它本身没有多大的新闻价值。在新闻报道中，是否反映边缘事项信息，不影响人们对新闻事实的准确理解，但如果报道出来，则能够使人们获得更多的细节性信息。这里需要强调的是，尽管从事实构成的角度说，边缘事项无足轻重，可一旦将其转换成为新闻内容，写入新闻作品之中，它的重要性就会举足轻重。在新闻报道的真实性上，我们可以从理论上说哪些事项的真实比起哪些事项的真实更重要，但在收受活动中，任何一个细节的失实，都可能导致"雪崩效应"或者"蝴蝶效应"[1]，即导致收受者对整个报道的不信任。因此，极端一些说，在新闻的真实性上，不存在中心与边缘的问题。新闻传播者可以不报道边缘事项，但一旦报道，就必须保证真实。这也正是我们从真实论角度讨论边缘事项的意义所在。

背景事项，是指构成一件新闻事实的各种背景，它反映着新闻事实的来龙去脉，烘托着主要事项的价值。任何新闻事实的发生，都不会是无缘无故的。任何展现在人们面前的前景事实，都有一定的背景事实在支撑。一些前景事实只有通过背景事实才能被理解，只有放在一定的环境中才能得到充分的说明。[2] "任何事物都不是突然出现、孤立存在的，它们都有一个从无到有、从小到大的渐变过程（也有突变的现象存在——引者注），与外在的各种相关事物都有一定的联系。抛开这些纵向与横向的联系，很难认识和反映事物的真相。"[3] 苏联学者尤·科尔洛夫说得更加到位："作为新闻核心的基本事实不能只靠它本身来说话，它应当有一定的背景，应

---

① "雪崩效应"和"蝴蝶效应"的实质都是说，系统中的一个微小变动或者扰动，都可能引起巨大的难以预料的后果。

② 新闻报道中的背景材料、背景事实，常被称为"新闻背后的新闻"，背景事实就是"用来说明新事实的旧事实"。参见刘明华，徐泓，张征. 新闻写作教程 [M]. 北京：中国人民大学出版社，2002：44。

③ 刘明华，徐泓，张征. 新闻写作教程 [M]. 北京：中国人民大学出版社，2002：196.

当有别的补充事实来说明主要事件，指明其意义。新闻工作者的艺术就在于找到这种背景，善于深思熟虑地处理这一切。要不然，新闻就不可避免地会失掉严整性，次要的成分就会遮住主要的成分，最后整个材料将会失去思想上的明确方向。"① 正因为如此，新闻报道中才必须包括必要的背景事项的内容。对必要的背景事项的反映，有助于人们对新闻事实的全面的、完整的理解和把握。② 也正因为如此，背景事项的真实也才必然成为新闻真实的内在构成部分。

更值得特别指出的是，在深度报道、解释性报道越来越受到人们重视的今天，新闻中背景事项的重要性越来越高，只有理解了背景才能真正理解前景。深度，在一定的意义上说，就是揭示背景事项对主要事项的价值和意义；解释，在许多方面，就是说明主要事项是如何从背景事项演变而来的。因此，在这类并不纯粹的新闻报道中，背景事项的真实，对整篇新闻的真实可以说有着更为重要的意义。

2. 新闻事实的宏观类型构成分析

分类是对研究对象比较精细的认识方式。对新闻事实的分类，意在把握不同类型新闻事实的个性特征，从而使理论研究能够对新闻实践具有实实在在的指导作用。因为"记者是在事实的海洋里游泳的，知道了这个分类，就如同知道了水性一样……就可在繁杂的事实中迅速地发现我们所需要的事实，并将它们稳稳地抓到手"，"可以使我们对所要报道的主要事实的特点或特性有一个准确的了解"，"知道怎样用比较的方法去了解、理解

---

① 蒋亚平，官健文，林荣强．新闻失实论：上册［M］．北京：中国新闻出版社，1986：131.
② 新闻背景具有重要的作用，具体体现在这样一些方面：说明、解释，令新闻通俗易懂；揭示前景事实的意义；突出当前事实的特点和新闻性之所在；为新闻注入知识性、趣味性，从而增强新闻的可读性；对新闻中的相关事实做出进一步的揭示，以满足人们的好奇心；帮助人们了解相关的同类事实，开阔视野。关于背景事实在新闻写作中的具体价值与作用，可参阅刘明华，徐泓，张征．新闻写作教程［M］．北京：中国人民大学出版社，2002：198-208。

和反映事实"①，从而采取相应的恰当的报道方法，反映新闻事实包含的信息，取得较好的报道效果。

对某一研究对象进行分类，首先是在比较的基础上，依据对象本身在客观属性上的共同性和差异性进行归类。其次则是以对象与主体的某种关系为参照，做出更符合主体致思目的和实践目的的分类。每一种分类的背后，都包含着分类者对对象的某种看法。② 基于这样的看法和目前对新闻事实达到的认识程度，我们将从新闻事实本身的属性和新闻事实与主体（传、收者）的各种关系两个大的方面出发，对新闻事实进行简要的类型研究，并结合新闻报道实践，对每一种类型划分的意义做出扼要的说明。

（1）从新闻事实自身特征出发的分类。

按照事物固有的共同点和差异点进行分类，是一种本体论意义上的分类。新闻事实如同其他事物一样，在具有共性的同时，每一具体的事实还会表现出自身的个性特征，这是从新闻事实属性出发进行类型研究的基础。根据新闻事实在客观属性上的同异，我们做出了以下一些分类。

第一，以新闻事实有无客观倾向性为标准，可以将新闻事实分为两类：有倾向性新闻事实和无倾向性新闻事实。这一分类的前提是是否存在有倾向性的新闻事实。这是一个有争议的问题。有人认为任何新闻事实，作为客观事实是无倾向性的；有人认为有些事实无倾向性，有些则具有倾向性。本书赞同后一种观点。

"倾向性"虽是一个多义的概念，但大致可归为客观倾向性和主观倾向性两种。主观倾向性指的是人对一定对象的立场、态度、思想感情等，常常表现为"对他人或某一事物喜欢或不喜欢，赞成或反对"③；客观倾

① 艾丰．新闻写作方法论［M］．北京：人民日报出版社，1994：88-89．
② 如有学者认为，"分类的价值，不在于叙述事实，而在于分类所支持的分类预设"．参见夏勇．中国民权哲学［M］．北京：三联书店，2004：321．
③ 林秉贤．社会心理学［M］．北京：群众出版社，1985：367．

向性指的是事物本身具有的对人或他物的利害作用，这种利害作用关系不以任何人的主观意志为转移。

否认有些新闻事实具有倾向性的人，往往把倾向性等同于"阶级性"，认为"事实本身既无阶级性——当然也就没有倾向性"[1]；还有人把"新闻事实的倾向性"等同于"新闻传播的倾向性"[2]，认为所谓事实的倾向性实质是指新闻传播的倾向性。针对上述这两种典型看法，我们认为，首先应该明确区分"事实倾向性"与"传播倾向性"的含义。前者是客观的，不依传播者的意志而改变；后者是主观的，是传播者凭借新闻事实所说的"话"，甚至是违背事实本来含义所附加的"话"。这是两种性质完全不同的倾向性。其次，不能把"倾向性"等同于"阶级性"，倾向性的内涵要比阶级性的内涵丰富得多，阶级倾向性只是倾向性中的一种，倾向性本身是多种多样的。有倾向性的事实并不一定都是有阶级性的事实，而且一件具体的事实有无阶级倾向性（严格说不能叫阶级性）要做具体的分析。

一件新闻事实有无客观倾向性，既要看事实本身的属性特征，也要看它与主体的客观关系，倾向性是在"关系"中显现出来的。但事实本身具有的倾向性特征先在于、外在于任何人，这种事实一旦产生，不管是否有人意识到，它与一定主体的关系便客观地存在着，不依赖于主体的认识和判断。有倾向性的新闻事实，主要是一些人为的社会事实。人在"造成"一定新闻事实的过程中，会有意识地将自己的主观倾向性内化到事实中去，使其以客观化的形式表现出来或存在下去。比如抗议者会把自己的不

---

[1] 徐培汀.新闻事实倾向性［J］.新闻界，1999（3）：9.

[2] 事实上，在以往的新闻理论著作中，大多数人用"新闻倾向性"来指称"新闻传播的倾向性"，这是有缺陷的。新闻倾向性在理论新闻学中应该成为一个内涵比较丰富的概念，应当包括新闻事实的倾向性、新闻传播的倾向性和新闻接受的倾向性。但按照新闻界惯常的理解，倾向性是指传播主体在新闻报道中的主观倾向性。

满或愤怒情绪以游行示威的外在行动展现给世人。因此，"最具鲜明倾向的事实是政治性事实"，"重要的政府行为、经济事实和道德司法事实也带有倾向性"①。当然，在自然界和社会生活中，存在大量无倾向性的新闻事实，这一点较易理解，不必多说。

由于客观上存在着有倾向性的新闻事实，这就对传播者提出了要求，不能以自己的意愿、目的、喜好，改变事实本身的倾向性，不应该把自己的倾向强加于事实自身的倾向，形成互相背离的双重倾向。讲新闻报道的"立场"，应以真实、客观、公正为前提，"实事求是地报道新闻事实内涵的倾向"②。新闻传播的倾向，必须符合事实固有的倾向，如果"背离了客观事实固有的倾向态，记者就丧失了公正立场"③。记者若想自觉表达自己的倾向，应该采用新闻评论（作为一定媒介的新闻人）或者以公民个人的方式，通过一定的媒介针对有关事实发表自己的看法。

第二，以新闻事实的自然性和社会性为标准，可以把新闻事实分为自然性新闻事实和社会性新闻事实。自然性新闻事实是自然界按照自在运行规律或者偶然变化所形成的事实，它们最突出的特征就是在形成过程中没有人类意识活动的参与，没有人类直接行为的干涉④，独立于人的意识而存在，因而，对这类新闻事实的报道，容易达到客观与真实的要求。社会性新闻事实是指由人的社会行为造成的具有新闻性的事实。简单点说，社会性新闻事实是在人的意识作用下、人的行为中形成的。对这类新闻事实

---

① 刘建明. 现代新闻理论 ［M］. 北京：民族出版社，1999：90.
② 徐人仲. 理论精髓与新闻品格 ［M］//新闻传播学术报告会论文集. 北京：中国人民大学出版社，1997：182.
③ 同①91.
④ 如果在区分的意义上把人类与其他自然物加以区别，那么，随着人类文明的不断扩张，自然已经日益人化、社会化，纯粹的自然存在日益减少。今天，某些自然现象往往是由人类间接造成的，如某些"天灾"往往并不是纯粹自然的产物，而是人祸的间接表现。因此，把一些新闻事实归结为自然性新闻事实，只是一种相对的区分，是比较直接的现象性区分。

的报道，往往易受传播者与事实创造者之间各种关系的干扰和影响（可参见新闻源主体与新闻传播主体的相关论述）。在对社会性新闻事实的报道中，传播者不仅要处理好事实与自身的利益关系，还要处理好事实涉及的各种人与人之间的利益关系。在新闻报道实践中人们发现：违背事实固有倾向的倾向表达，对"新闻、旧闻、不闻"的精妙选择，"议程设置"的玄机妙理，策划新闻的良苦用心，广告新闻的绞尽脑汁，歧视新闻的有意无意，有偿新闻或者有偿不闻的卑鄙龌龊……如此种种，大多发生于对社会性新闻事实的报道之中。因此，新闻报道的真实、公正与全面，核心在于对社会性新闻事实的把握，在于对社会生活各个方面的敏感洞察。同时，传播者职业品质的高低优劣，也会在对社会性新闻事实的报道中被淋漓尽致地表现出来。与报道自然性新闻事实相比，社会性新闻事实是一个更具复杂性的事实领域。

第三，按照时间顺序标准，我们可以把新闻事实分为曾在事实、现在事实和将在事实。这是对新闻事实的一种传统分类方法，尽管简单明了，但其中一些问题还须澄清。毫无疑问，新闻事实从本质上说是现在事实；曾在的是历史事实；将在的还不是事实，最多是可能的事实，因为"事实的'实'就是实在、现实的实"①。因此，从严格意义上说，将在事实这一说法本身就有内在的逻辑矛盾。我们之所以把有些曾在事实和将在事实称为新闻事实，并将其作为新闻事实去报道，其中根本的原因有两条：一是曾在的历史事实和将在的可能事实，包含着一定媒介目标收受者不知的内容、普遍感兴趣的内容；二是"现在"发现了曾在事实，发现了预言将在事实的活动。尽管传播者将曾在事实和将在事实作为新闻报道的内容，但开启"历史"与"未来"大门的都是"现在"这把金钥匙。因而，对新

---

① 苗东升. 系统科学精要 [M]. 北京：中国人民大学出版社，1998：303.

闻传播者来说，无论回望过去还是眺望未来，最重要的还是正视现实，任何新闻事实的线索都在"现在"，如果曾在事实没有留下痕迹，将在事实没有一定的前兆，传播者就没有发现事实的可能。但永远不能忘记的是，从"现在"出发，从"现在"做起，才能发现"曾在"和"将在"。

第四，按照新闻事实构成的复杂程度，可将其分为简单性新闻事实和复杂性新闻事实。尽管简单与复杂是相对的，但在同一标准下也有绝对的区别。所谓简单事实，以系统论的方法看，就是构成事实系统的元素少、层次少，元素、层次间结构简单的事实。具体到新闻事实，就是构成事实的事项少、单元少，事项间或者单元之间的关系比较简单，常规报道的对象大都是简单的新闻事实。所谓复杂事实，就是事实系统中构成元素多、层次多，元素、层次间结构复杂的事实。表现在新闻事实上，就是构成事实的事项多、单元多，事项间、单元间的关系比较复杂，非常规的重大报道对象，通常大多是复杂的新闻事实。

新闻事实的简单与复杂，本来属于独立于传播者的客观存在，但在实际的报道活动中，事实会在新闻报道的不同视野中发生一定的变化，因报道目的、报道方式的不同而显得有所不同。对同一事实报道的角度不同，开掘的层次深浅的差异，都会使简单与复杂在传播者的目的与方式中发生某种改变。但一旦新闻事实基本"定型"，表现为相对稳定的结果，其自身简单与复杂的程度也就确定了。"小题大做"和"大题小做"，不是把简单当复杂，就是把复杂当简单。新闻报道中对"小事"的爆炒热卖和对"大事"的浅尝辄止，其中一个重要的原因就是没有处理好新闻事实的简单与复杂之间的关系。对新闻传播者来说，我们借用复杂性科学的一句话，要"把复杂性当作复杂性来处理"①，再补充一句，要"把简单性当

---

① 苗东升.系统科学精要［M］.北京：中国人民大学出版社，1998：214-216.

作简单性来对待"，合在一起，就是尊重事实本身的简单与复杂，这是传播者对待新闻事实的正确态度和方法。唯有这样，才能确保真实报道的实现。

第五，根据新闻事实的发生、存在及其外在表现特征，可以把新闻事实分为事件性事实和非事件性事实。这也是新闻事实分类研究中最为典型的一种分类方法。所谓事件性事实是指新闻事实具有相对集中的时空表现，具有明确的事实主体，是独立的事件，事实具有明确的开头、过程和结尾；有些事件性事实还具有鲜明的矛盾性和冲突性。非事件性事实是相对事件性事实而言的，它一般说来不是一件独立的事实，而是由在一段时间和若干空间里发生的诸多事实、情况、事件综合而成的新闻事实。与非事件性事实相比，事件性事实更具有"非常态"的特征，可以说是典型的新闻事实。非事件性事实一般说来是"常态"性事实，只有进行一定的综合，才能显示出新闻事实的特征①。从新闻报道的角度看，事件性事实要求快速、及时的报道，非事件性事实的报道则可以迟缓一些、从容一些。

第六，根据新闻事实内容的话语性与实在性特征，可以把新闻事实分为话语性事实和实在性事实。在新闻传播实际中，人们常常面对两类不同的新闻：一种是"话语新闻"，即新闻陈述的、再现的只是某人说了某些"话语"，至于这些"话语"描述的事实是否真实存在，从新闻中无法得知；另一种是"实事新闻"，即新闻陈述、再现的事实在客观世界中实实

---

① 我在《新闻事实论》中，曾经引用《新闻失实论》中的有关看法，将新闻事实分为表面事实和背后事实。现在看来，这不是对新闻事实的准确分类，而是对新闻事实事项或者事实单元构成的分类。在同一件新闻事实中，有些事项或者事实单元是直接显露于外的，可以叫作表面事实（事项），有些事项或者事实单元则是隐蔽的，难以直接观察的，可以叫作背后事实（事项）。对任何一件新闻事实来说，总有一些表面事实（事项）和背后事实（事项），也就是说，任何一件新闻事实都是由表面事实和背后事实构成的。因而，在新闻事实的类型构成中，并不存在独立的表面事实或者背后事实。

在在地存在着。① 这两种新闻依据的新闻事实显然有所不同。我们把话语新闻所根据的新闻事实称为话语性事实②，而把实事新闻所根据的事实称为实在性事实。之所以特别用这对概念讨论新闻事实的构成，是因为在新闻报道实践中，大量的假新闻、失实新闻都属于话语新闻，而非实事新闻。并且，关于话语新闻的证实问题、虚假失实的责任问题等，比起实事新闻来，似乎更难解决。因此，提出这样一对概念，也许对厘清一些常见的问题有所帮助。③

（2）从新闻事实与主体关系出发的分类。

新闻事实（信息），作为传播者与收受者的实际报道和收受对象，必然要与传收主体建立多种多样的关系，或者宽泛点说，与整个社会主体具有各种各样的关系。以新闻事实在这些关系中显示出的不同特征为根据，对其进行分类研究，有助于进一步认识新闻事实的特征和构成情况。这里，我们选择几种新闻报道比较关注的、常见的角度，对新闻事实的类型加以区分。

第一，以新闻事实对主体产生的客观效应④，即对主体的实际作用、影响结果为标准（简称效应标准），可以把新闻事实分为正面事实、负面事实和中性事实。我们把能给主体带来正面效应（正价值）的新闻事实称为正面事实，带来负面效应（负价值）的称作负面事实，正负效应不明显或无所谓（零价值）的事实称为中性事实。⑤ 这一标准本质上是一条价值

---

① 当然，绝大多数新闻报道，都属于我们所说的"话语新闻"与"实事新闻"的混合体或统一体。

② 有些新闻属于纯粹的话语新闻，依赖的是纯粹的话语，新闻事实就是某人或某机构说了什么样的话、表达了什么样的观点或看法，因而，一些人又把话语新闻称为"观点新闻"。

③ 关于话语新闻的有关问题，可参阅杨保军 . 简论话语新闻及其真实性 [J]. 今传媒，2005（7）：18 - 19。

④ 这里所说的主体，对一般的新闻理论研究来说，可以理解为社会大众；在具体的媒体层面上，可以主要理解为一定新闻媒介的目标收受者。

⑤ 所谓效应，是指事实对主体生存、生活、学习、工作等产生的实际影响和作用，它反映的是事实与主体之间的价值相关性及价值相关性的性质与量度。

标准，反映的是新闻事实与主体之间的一种价值关系。

由于效应标准是以新闻事实与主体之间的效应关系为视点，这就必然会出现一种现象：同一新闻事实对不同主体的效应是有差别的，甚至是相反的，这说明效应标准划分出的三种事实类型具有一定的相对性（这也说明了新闻相对性的基本根源），但正面事实与负面事实对同一主体，甚至不同主体的效应又具有绝对的一面，"正面""负面"包含的事实属性必定是客观的。一件事实一旦发生，它在一定条件下对一定主体的效应是基本确定的，性质也是基本一定的。还需指出的是，效应标准划分的对象是客观存在的新闻事实，不是各种关于新闻事实的报道。对任何一件事实的报道都可能产生"正"效应，也可能产生"负"效应，或者无效应，这主要取决于对不同报道对象量度比例的控制和对报道手法的运用。报道的正负效应不能等同于新闻事实的"正面"或"负面"，而要看报道本身的效果。事实的正负面与报道结果的正负面不存在一对一的关系。①

第二，依据新闻事实相对一定主体利益的重要程度的差别，可将其分为重要的、比较重要的和一般的新闻事实。重要性虽然依赖于事实本身的属性，但它只能在与主体的各种关系中得到显现，不同侧面的重要性也是

---

① "负面新闻"和"负面事实"是两个既有联系又有区别的概念。关于负面事实，我在正文中已有阐释。负面新闻是对新闻的分类，在国内学界有两种基本理解：一是指报道负面事实的新闻，这样的新闻很可能产生的是正面的社会效果，因此，负面新闻本身并不是"坏"新闻；二是把负面新闻理解为产生了负面社会效果的新闻，这是从报道结果、效果出发对新闻的一种划分，因而，负面新闻也可能是报道正面事实的新闻。我个人以为，两种划分方法各有根据，对新闻实践各有自身的指导意义。从报道对象——新闻事实——的特征出发划分新闻的类别，有助于记者对新闻事实性质的重视；从新闻报道效果出发划分新闻的类别，则能够促使记者在报道新闻事实前，充分预估新闻报道的社会效应，从而增强新闻报道的社会责任感。但用同一个概念语汇指称两种实质对象，容易引起理论上的混乱，因此，我们应该提出一个新的概念来解决这一问题。我尝试提出"负效新闻"概念，用它来专门指称产生了负面报道效果的新闻，与它对应的概念是"正效新闻"，与它同为一个概念群、概念层次的是"零效新闻"。这样，就可以形成针对新闻事实和针对新闻（报道）的两个系列概念群。新闻事实可以划分为正面事实、负面事实、中性事实；新闻（报道）可以划分为正效新闻、负效新闻、零效新闻。进而我们可以从理论上细致讨论、阐释两组概念之间的具体关系。参见杨保军. 负面新闻价值实现特征及其启示 [J]. 新闻前哨，1999（8）：8。

在与主体不同侧面的需要关系中显现的。一件新闻事实的重要程度总与它关涉人的多少、关涉利益的大小、历时的长短、空间的广度等因素紧密联系在一起（参见前文对作为新闻价值属性之一的重要性含义的分析）。越是影响人多、面广、时长的事实越重要，相反，则次之或无关紧要。刘建明先生在其《现代新闻理论》一书中列出了衡量事实重要性的几条标准，"它是否和政治生活有关，和社会经济生活有关，和国家民族的利益有关，和精神道德净化有关，和国际形势有关。凡涉及这五方面的事实都是重要的事实"①。这五个方面只是宏观的描述，在新闻实践中，在具体层面上，还需要具体分析。

新闻事实的重要性呈现于其与社会主体的各种关系之中，因此，重要性必然由于主体的差异性而显现出一定的相对性，这就提醒传播者一定要准确判断本媒体目标受众与一定新闻事实的相关程度。只有对目标收受者而言重要的事实，才会成为好新闻，才会成为产生社会影响力的新闻。对于受众定位不同的媒体，用来衡量事实重要性的标准是有所不同的。一家媒体作为头条报道的新闻，对另一家媒体来说，可能连刊播的机会都没有。

第三，以人们对新闻事实的心理感受为根据（当然，人们的心理感受是以事实本身的特点为基础的），可以将新闻事实分为"软事实"和"硬事实"。"软"和"硬"，是新闻学中用来表征报道内容特征（也即事实特征）和具体写作手法的两个字，来源于西方新闻界。人们把"题材较为严肃，着重于思想性、指导性和知识性的政治、经济、科技新闻"，称为"硬新闻"，而把"那些人情味较浓，写得较轻松活泼，易于引起受众感官

---

① 刘建明. 现代新闻理论［M］. 北京：民族出版社，1999：73.

刺激和阅读、视听兴趣"的新闻，称为"软新闻"①。与"硬新闻""软新闻"相对应的新闻事实理应是"硬性事实"和"软性事实"。"软"或"硬"，自然不是说新闻事实具有"软"或"硬"的物理属性，而是指人们认识接触不同新闻事实时的一种心理感受。

日本新闻学家小野秀雄在他的《新闻学原理》一书中就将新闻事实分为"本能的事实"和"智能的事实"两类，中国新闻学者郑兴东先生认为，这"实际上就是对新闻事实的软硬属性的分类"②。所谓"软性事实"，是指事实内容"含蓄、模糊、游移不定"，"难以确定具体时空限定、表达情态和义态的事实"③，这种事实"主要涉及人们的情感活动"④；"硬性事实"，是指事实内容"具体、真切、可把握性"强，"时空要素界限清晰，不能任意改变的事实"⑤，这种事实"主要涉及人们的理智活动"⑥。

软硬分类的实践意义在于它要求传播者应该针对不同的事实特征进行写作，特别应该注意人们解读接受不同事实时的不同心理感受，选择恰到好处的写作方法，既不要冷冰冰，也不要软绵绵。过度张扬的煽情手法和冷峻枯涩的公文架势，是当前中国新闻报道中的两个极端表现，都是新闻写作中应当避免的。

---

① 甘惜分. 新闻学大辞典 [M]. 郑州：河南人民出版社，1993：11. 美国学者卡罗尔·里奇在她的《新闻写作与报道训练教程》中是这样界定软硬新闻的："硬新闻是指具有时效性的报道，报道刚刚发生或即将发生的实践或冲突，例如犯罪、火灾、会议、游行示威、演讲和法庭陈述等。通常这类新闻要写明发生了什么事情、为什么发生以及对读者有什么影响等内容。""软新闻指的是向读者提供娱乐和资讯的新闻，强调趣味性和新颖性，时效性不及硬新闻。……软新闻也可以报道那些影响读者生活的人物、地点或问题，这类报道被称为'特写故事'"。参见里奇. 新闻写作与报道训练教程：第 3 版 [M]. 钟新，译. 北京：中国人民大学出版社，2004：20-21。

② 郑兴东. 新闻传播的客体属性与传播心理 [M] //新闻传播学术报告会论文集. 北京：中国人民大学出版社，1997：123.

③ 刘建明. 现代新闻理论 [M]. 北京：民族出版社，1999：85-86.

④ 同②.

⑤ 同③.

⑥ 同②.

第四，从新闻事实与主体认知关系、价值关系的现实性和潜在性出发，可以把新闻事实分为潜在新闻事实和现实新闻事实。新闻事实都有自己萌芽、变动、产生、出现的一个过程，当一定的新闻事实形成以后，对社会大众来说，它在认识论意义上是潜在的、未知的，只有当传播者以直接或间接的方法发现了它，并将其报道给受众，它才会成为现实的、已知的。具有新闻性的事实在客观上都是新闻事实，但只有被报道了的新闻事实才能转换成为人们普遍知道的新闻事实。人们不知的新闻事实是潜在的新闻事实，成为新闻报道对象的新闻事实才是现实的新闻事实。潜在新闻事实一旦转化成为现实的新闻事实，在认识论意义上就不再是新闻事实。整个新闻活动过程就是把潜在新闻事实不断转化为现实新闻事实的过程。

上述两种大的类型划分原则，在区别上既有绝对的一面，也有相对的一面。绝对的一面表现在，前者主要以新闻事实的属性特征为参照，后者主要以传收主体与新闻事实的关系为参照；相对的一面表现为，在前一原则下的划分，也是以传收主体的存在和新闻需要作为背景的；在后一原则下的划分则更是始终离不开新闻事实本身的属性特征。所以，两种原则下的划分具有一定的相通交叉之处。比如"倾向标准"与"效应标准"在理论的抽象层面上是相似的，"倾向"中就包含着对主体的利害效应作用，而"效应"中的"正面""负面"离不开事实的客观倾向性。由于分类是从对象不同侧面的特征（或与主体的不同关系）出发的，而对象本身还是同一的，各侧面间是相互联系的，因此，划分出的类型总有互相包含、重叠、交叉的一面，比如有客观倾向的事实，对一定的主体来说，既可能是正面事实，也可能是负面事实。这已是分类学中的常识，无须再说了。

除上述诸多具体的分类标准，人们还可以寻找出更多的分类尺度①，每一种划分都使人们能够从新的角度认识新闻事实的构成情况。因此，关于新闻事实类型的构成分析，一定是一个不断深入的过程。

二、新闻报道对象的确定

新闻报道的对象是新闻事实，但并不是所有具有新闻价值的事实都能够成为新闻报道的对象。新闻传播主体用来确定报道对象的标准不是唯一的新闻价值标准，还有其他一些标准。报道对象的选择和确定，是在一丛、一束或者说一系列标准下进行的，这是一种综合性的标准。不管什么性质的新闻媒体、什么类型的新闻媒体、什么层次的新闻媒体，只有符合综合标准的客观事实，才能真正成为媒体最终的新闻报道对象。新闻媒体实际用来确定新闻报道对象的标准可以概括为以下几条：

（一）确定报道对象的规律性标准

新闻传播有其自身的规律，关于这一点，马克思有过非常精彩的论断，他说："要使报刊完成自己的使命，首先必须不从外部为它规定任何使命，必须承认它具有连植物也具有的那种通常为人们所承认的东西，即承认它具有自己的**内在规律**，这些规律是它所不应该而且也不可能任意摆脱的。"② 新闻传播规律属于"是"的要求，传播主体必须遵循，才有可能达到预期的传播效果。新闻传播规律体现在报道内容的确定环节上，主

---

① 比如艾丰先生在他所著的《新闻写作方法论》中，就把新闻事实分为一般事实和新闻事实，总体事实和个别事实，具体事实和概括事实，物质事实和精神事实，等等。参见艾丰. 新闻写作方法论 [M]. 北京：人民日报出版社，1994：88。有人还按不同的报道领域划分出诸如政治性新闻事实、经济性新闻事实、文化性新闻事实等类型。这些划分都有一定的客观根据和实践意义。

② 马克思恩格斯全集：第 1 卷 [M]. 2 版. 北京：人民出版社，1995：397.

要表现为两种标准：新闻价值标准和新闻传播技术标准。

1. 新闻价值标准[①]

新闻传播主体发现、选择、确定新闻报道内容的过程，都在自觉不自觉地运用着一定的标准，最基本的标准是新闻价值标准，因为新闻报道的对象首先必须具有新闻性、具有新闻价值属性，否则，传播就不再是新闻传播。[②]

对传播主体而言，一件事实只有具备新闻价值属性时，才能被认定为新闻事实，才能作为新闻报道的对象。反过来说就是，新闻价值属性[③]是传播者衡量事实是否是新闻事实的尺度或标准。这一标准被人们称为新闻价值标准。在实际的新闻传播活动中，它是传播者选择、确定新闻报道对象最基本的标准。

新闻价值属性为什么能够成为确定新闻报道内容的标准？最直接的原因就是具备这些属性的事实首先能够满足传播主体的新闻传播需要，但更为重要的是，具备这些属性的事实能够满足收受主体的新闻收受需要。因此，我们也可以说，用来确定新闻报道对象的新闻价值标准，在一定意义上就是受众需要标准。[④] 也就是说，只有具备这些属性的事实才能在新闻传播中产生真正的新闻传播效应。可见，新闻传收主体实际用来衡量客观

---

① 关于新闻价值问题的系统论述，有兴趣的读者可参阅杨保军．新闻价值论［M］．北京：中国人民大学出版社，2003。

② 确定报道什么样的具体对象当然是以对象本身的真实存在为前提的，因此，对象的真实存在自然是确定报道内容的前提性标准。如果报道的对象是虚构的、想象的，那已不属于新闻报道的范围。

③ 通常所说的时新性、重要性、显著性、接近性、趣味性等，关于它们的内涵，我们在前文已经做过阐释。

④ 我们看到，一些著作把受众需要作为确定新闻报道对象的标准，但当把受众需要指标化后，其又表现为新闻价值标准，即受众需要的就是具有新闻价值属性的事实信息。因此，受众需要标准或者收受需要标准和新闻价值标准在本质上是一致的。事实上，新闻价值属性就是在其与收受主体新闻需要之间的关系中得到确定的。因此，我们不再把受众需要标准单列一条进行论述。当然，收受主体的新闻需要是一个内涵很丰富的概念，收受主体的新闻需要既可能是合理的，也可能是不合理的。因此，传播主体并不能笼统地说按照收受主体的需要选择报道的内容。

事实是否是新闻事实的标准，从深层上看依然是他们客观的实际利益需要。① 这就是说，新闻传收主体的实际利益需要是其确定新闻传播内容的根本标准。在新闻传播活动中，能够满足这种实际利益需要的对象就是一些具备特殊属性的事实——新闻事实。因此，这些体现或反映了新闻传收主体实际利益需要的客观属性，便成了新闻传收主体用来确定新闻传播内容的稳定的、规律性的标准。

2. 新闻传播技术标准

当代新闻传播的主导方式是大众传播，它依赖的是大众传媒，其表现为不同的媒介形态。人们看到，大众传媒的技术水平越来越高，这要求人们必须按照传播技术的特征、信息技术的逻辑进行传播，也就是要求人们必须按照传播技术运作的规律、不同媒介形态的特征进行传播。这里，首先碰到的问题是如何根据不同的大众传媒的个性特点选择、确定新闻传播的内容。因此，这里所说的新闻传播技术标准也就是媒介形态标准。

按媒介介质特征和传播技术特征、水平选择事实，也可以称作选择报道对象的"工具尺度"，即选择要合乎"工具尺度"的要求，符合传播工具的客观属性。有什么样的传播工具才能进行什么样的传播，"媒介的技术依赖性是大众传播的基本特征之一"②，"随着光阴的流逝，新闻工作者越来越紧密地与他们借以表达自己呼声的技术手段融为一体"③。媒介介质的性质差异是客观的，它们各有所长也各有所短，正如杰克·富勒所说："每种媒介都有自身的优势与劣势，它也会将这些强加在所携带的讯

---

① 传播需要与收受需要之间并不是永远统一的，但为了讨论问题的方便，我们暂且认定传播主体的传播需要正好就是收受主体的收受需要。在确定报道对象的环节中，传播主体既是自身利益的直接代表者，又是收受主体利益的间接代表者。

② 屠忠俊. 中国新闻业技术改造的总体态势：之八 [J]. 当代传播，2000（2）：15.

③ 张穗华. 媒介的变迁 [M]. 北京：中国对外翻译出版公司，2002：3.

息上。"① 布赖恩·斯托姆也说："我们让技术，技术的优点、缺点以及技术的结论决定了如何讲述新闻。"② 不同媒介虽然遵循共同的新闻传播规律，但又有自身的特殊性，对同一新闻事实的报道，其选择的方法、侧重是有一定差别的。不同媒介拥有不同的技术支持，不同媒介传播新闻信息的媒介符号系统也有一定的差别，这些都是客观的东西，作为传播者首先得遵守客观规律。麦克卢汉在他的名作《人的延伸——媒介通论》中早就说过，传播媒介决定并限制了人类进行联系与活动的规模和模式。在他看来，媒介不过是人的延伸，印刷品是眼睛的延伸，广播是耳朵的延伸，电视是耳和眼的同时延伸。不同传播媒介由于诉诸感官的不同，使用媒介语言的差别，因此在选择事实上必须合乎自身的特征。③

　　一定历史时期的传播手段和技术水平也是客观的，它对能够传播什么，特别是如何传播同样具有客观的制约性，传播者是不能任意超越的。这一点，只要稍微回头看一下人类的新闻传播历程，便可一目了然。因此，传播者在选择事实时，必须考虑其所选择的对象是否是媒介能够准确反映的对象，是否是现有传播技术、传播手段可以驾驭的对象。传统媒介无论做出怎样的努力，也难以将数百页的新闻内容及时地广布天下，而这对网络媒介来说，简直是易如反掌。传播手段的进步，有力地影响着传播的方式，也影响着对传播内容的选择。只有当整合性的复合媒体成为现实时，不同媒介形态的整合优势才能被体现出来，技术的整合、符号系统的

---

　　① 富勒．信息时代的新闻价值观 [M]．展江，译．北京：新华出版社，1999：244.

　　② 小唐尼，凯泽．美国人和他们的新闻 [M]．党生翠，金梅，郭青，译．沈阳：辽宁教育出版社，2003：236.

　　③ 比如，同样是真实地报道一场高水平的足球比赛，电视可以通过全能语言进行现场直播，让人一览无遗；广播可以通过声音进行现场解说，声情并茂（但讲得再热闹，也是百闻不如一见）；报纸则可以图文并茂，描写那些精彩的场面和最终的结果，并挖掘背后的故事（但报纸无论如何使尽浑身解数，也难以达到电视报道的吸引力）；就网络传播现有的技术水平而言，尽管也可以使用立体化的传播手段，但还是难以达到电视直播的水平。

整合使新闻传播变成一种全能的传播，传播者确定新闻报道内容、报道方式的标准也随之变得更加复杂、多面。我们需要明白的是，一方面是人在选择报道的内容，另一方面技术也在选择适合报道的内容。人在自己创造出的信息技术面前既有主动的一面，也有被动的一面，这就是真实的境况。

（二）确定报道对象的规范性标准

规范是对主体而言的活动准则，"从广义上说，它规定主体'应当'如何"①。在现实的新闻传播活动中，传播主体不只是根据新闻传播规律标准做出内容的选择，还要根据新闻传播环境的实际情况进行选择。也就是说，其还要根据一定社会提供的政治、经济、文化等具体的条件确定新闻传播的内容。这是因为社会整体的政治、经济、文化制度，通过一定的法律规范、政策规定、纪律约束等，决定着新闻媒介的根本制度和新闻传播的价值取向，影响着新闻业自身的行业规范、职业理念和运作方式。新闻传播作为社会的一个子系统，不可能完全超越整个社会系统对它的诸多约束和限制。结合中国新闻传播的实际，我们可以把确定报道对象的规范性标准概括为以下几个方面：

1. 合法性标准

合法性，就是合乎法律精神和法律规范的要求，具体是指新闻传播主体选择的新闻事实、确定的报道内容，必须是法律规范允许传播的内容、报道的事实。

法律规范，对新闻传播的内容选择有一些硬性规定，限制对一些事实进行报道或传播，这是法律规范从源头上对新闻传播的一种控制方式。

---

① 王玉樑. 价值哲学新探 ［M］. 西安：陕西人民教育出版社，1993：430.

"法是一种权威性的行为准则"①，它依公权力来规范社会生活。作为一种权力规范，它是应该且必须如何的行为规范。因此，新闻传播主体不能随意冲破这样的约束和限制，不能以合规律性的标准超越合法性的标准。对新闻传播来说，合法性要求包括的内容很多，不仅是不能选择法律禁载的东西，还有获取新闻信息资源的手段要合法，报道的方式、方法要合法，等等，但这些内容不是我们在此所要讨论的。

合法之法，必须是"良法"、正义之法。如果法律规范本身是"恶"的或不合理的，那么从原则上说，作为社会舆论工具的新闻媒体不但不能在选择新闻事实时在精神上受它的约束，而且要时刻准备在行动上冲破这种约束，通过新闻批评的方式提出各种意见和建议，使不合理的法律规范尽早得到修正。如果法律规范本身是合理的、正义的，那么，传播者就应自觉遵循法律规定，并将其作为确定新闻传播内容的规范性标准。传播者如果置合理的、正义的法律规范于不顾，只从自己的需要或目的出发，或从不合实际的新闻理念出发，选择法律禁载的事实信息进行报道，就必须承担可能的法律责任和后果。

不管是否存在新闻法，新闻传播都存在守法的问题。根据新闻传播的实际情况，即使事实是真实的、客观的，是具有新闻价值的②，但以下类别的事实还是不能报道的。

第一，不能报道事关国家安全的事实信息（国家秘密）。"任何国家都把维护自身的安全作为自己的首要任务，都通过立法严格保障国家安全，禁止任何危害国家安全的行为。"③ 在新闻传播活动中，可能对国家安全造成危害的方式有两种：一是传播煽动性的言论；一是泄露、非法获取、

① 庞德. 通过法律的社会控制 [M]. 沈宗灵，译. 北京：商务印书馆，1984：102.
② 通常情况下，越是法律规定不允许报道的事实，往往越是人们想知道的事实，也常常越是有新闻价值的事实。
③ 魏永征. 新闻传播法教程 [M]. 北京：中国人民大学出版社，2002：71.

向境外非法提供国家秘密。① 后一种情况极有可能通过"新闻"报道的方式发生。因此，不少国家出台了要求新闻媒体保守国家秘密的专门的法律、法规，以对新闻媒体的报道活动形成法律约束，禁止媒体刊播有关信息。② 人所共知，属于国家秘密的事项往往具有很高的新闻价值和公众兴趣，从而成为媒体、记者追逐的报道对象，"新闻记者为了获取独家新闻，有时不惜以身试法，不择手段地窃取、刺探、收买国家秘密，在传媒披露，制造轰动效应，有许多国家秘密正是通过大众传媒泄露出去的"③。可见，确立国家安全意识、保密意识，是新闻工作者的责任。任何人不能以报道真实新闻的名义违背国家的有关法律、法规。

第二，不能在真实报道的名义下随意报道一些特殊新闻和信息。什么是特殊新闻、什么是特殊信息，有些是国际惯例认定的，有些是各国根据自己的实际情况规定的（有些是法律规定的，有些是通过行政法规、政策或纪律规定的）。根据中国的实际情况，重要的政务新闻、有关党和国家领导人的新闻、证券信息和新闻、气象预报、汛情、疫情、震情等通常属于特殊新闻和信息。④ 这些特殊新闻和信息，通常由国家指定的部门统一发布，新闻媒体不得擅自报道。这些特殊新闻和信息之所以要通过有关部门统一发布，并不是为了限制公众的知情权⑤，而是为了保障公众所获得的新闻和信息真实、准确、全面、可靠。我国著名媒介法学者魏永征先生

---

① 所谓国家秘密，《中华人民共和国保守国家秘密法》第二条规定："国家秘密是关系国家安全和利益，依照法定程序确定，在一定时间内只限一定范围的人员知悉的事项。"

② 比如，《中华人民共和国保守国家秘密法》第二十七条规定："报刊、图书、音像制品、电子出版物的编辑、出版、印制、发行，广播节目、电视节目、电影的制作和播放，互联网、移动通信网等公共信息网络及其他传媒的信息编辑、发布，应当遵守有关保密规定。"

③ 魏永征. 新闻传播法教程 [M]. 北京：中国人民大学出版社，2002：80.

④ 参见《新闻传播法教程》第六章"特殊新闻和信息的发布"的相关论述。魏永征. 新闻传播法教程 [M]. 北京：中国人民大学出版社，2002：198-213.

⑤ 这些特殊新闻和信息都是与公共利益高度相关的新闻和信息，是公众应该和有权全面、真实获知的信息。

结合中国实际，指出这种做法的出发点，"主要是鉴于有关新闻关系重大，为了保证新闻的准确无误，避免不实传闻影响共产党和政府的威信，或者造成社会惊扰，给公众带来不应有的损失"①。

第三，不能报道能够造成侵犯公民、法人人格权的事实信息。人格权是法律赋予自然人和法人所固有的为维护自己的生存和尊严所必须具备的人身权利。中国宪法和法律所确认的"人格尊严、人身自由和生命、身体、健康、名誉、隐私、肖像、姓名等方面的权利，都属于人格权的范畴"②。日常新闻报道中的大多数新闻侵权行为主要是由报道内容选择不当造成的（另外一些侵权行为则是由获取信息的手段不当造成的）。因此，作为媒体，在新闻采集与报道过程中，必须要有强烈的法律意识，在涉及公民及法人人格权的有关事实报道中把握好法律界限，并不是说真实的就是可以报道的。

第四，不能报道国家法律、法规规定的其他禁载内容。除了不能随意报道以上三个方面的事实信息，还有一系列的法律、法规规定不能报道的内容，我们在此无法一一展开说明。比如，对报道中的色情、淫秽内容等要适当处理，不能随意展现。对涉及宗教信仰方面的内容要慎重对待。在法制新闻报道中，新闻媒体及其记者首先要依法报道，不能造成媒介审判现象③；在有关案例报道中，要避免"黄""暴"情节，不得过分细致地

---

① 魏永征.新闻传播法教程［M］.北京：中国人民大学出版社，2002：198.
② 同①122.
③ "媒介审判，"又叫"新闻审判"，最初是西方新闻传播法中的一个概念，指新闻报道超越法律规定，干预、影响审判独立和公正的现象。魏永征先生认为，"新闻审判"是违反法律的行为，它通常发生于案件审理过程之中，其最主要的特征是：超越司法程序抢先对案情做出判断，对涉案人员做出定性、定罪、量刑以及胜诉或败诉的结论。"新闻审判"的报道在事实方面往往是片面的、夸张的甚至是失实的。它的语言往往是煽情式的，力图激起公众对当事人憎恨或同情等情绪。它有时会采取"炒作"的方式，即由诸多媒体联手对案件做单向度的宣传，有意无意地压制相反的意见。它的主要后果是形成一种足以影响法庭独立审判的舆论氛围，从而使审判在不同程度上失去应有的公正性。参见魏永征.新闻传播法教程［M］.北京：中国人民大学出版社，2002：113-115.

描写犯罪过程和手段等。

2. 合德性标准

合德性，就是新闻传播主体所选择的、作为公开报道对象的新闻事实，应该是社会公认的道德规范、道德观念允许公开报道的事实，人们的道德情感、道德心理能够接受的事实，特别应该是新闻职业道德规范允许公开报道的事实。违背社会基本道德规范的报道，违背新闻职业道德规范的报道，不仅背离了社会对新闻传播的内在要求，也背离了新闻传播业对新闻传播的内在要求，因而一定会伤害当事人、伤害收受者、伤害传播者、伤害新闻媒体，最终伤害社会的良性运行。

宽泛点说，道德"是人类社会生活中所特有的、由经济关系决定的、依靠人们内心信念和特殊社会手段维系的，并以善恶进行评价的原则规范、心理意识和行为的总和"①。严格点讲，道德"就是关于有利或有害社会、他人、自己和自然界的行为之应该如何的规范"②，因而，它是一种精神，一种特殊的社会意识，一种特殊的价值，最终则体现为一种调节人们社会生活的规范。尽管道德规范"是一种非制度化的规范"，"一种内化的规范"，"不像法律规范那样以强制性手段"约束人们的行为③，而是诉诸人们的良心、情感和自觉，诉诸一定的社会舆论力量，然而，一旦某种道德规范得到了社会普遍认可，那么任何社会成员都"应该"遵守，不然就会对社会造成各种可能的不良影响，就会受到社会公众的道德谴责。因此，新闻传播，作为一种影响广泛且迅速的信息传播活动，在选择将什么样的新闻事实广布于社会公众的时候，必须考虑和顾及它在道德方面的可能影响。报道对象必须符合社会道德规范的要求，能为人们普遍具有的

---

① 罗国杰. 马克思主义伦理学 [M]. 北京：人民出版社，1982：4.
② 王海明. 人性论 [M]. 北京：商务印书馆，2005：145.
③ 姚新中. 道德活动论 [M]. 北京：中国人民大学出版社，1990：11.

道德观念所接纳。人们经常看到一些新闻媒体对有些事实的报道，因为没有充分顾及、考虑到社会公众的道德情感而遭到谴责和抗议。

道德标准不像法律标准那样明晰、确定，易于参照、把握和遵守，因而，作为确定新闻报道内容的传播者应该更加小心谨慎。遵守规范的前提是对规范本身的明确和理解，一个对社会道德规范了解不多的传播者，一个对人类既有道德理论没有多少接触的传播者，一个没有新闻职业道德意识的传播者，一个对新闻职业道德规范没有多少理解的传播者，不可能在新闻报道活动中很好地遵守职业道德规范。传播者在日常新闻报道活动中，常常会面对各种各样的道德困境，处于两难境地。要想走出或者突破道德困境，进行道德抉择、报道内容的抉择（是否报道或者报道什么），首先需要进行道德思考①，没有道德思考的新闻报道、可以说是缺乏道德的报道、不负责任的报道、非理性的报道。在当前中国社会，在尚不完善的市场经济环境中，在社会转型的过程中，旧的道德规范受到冲击，新的道德规范还未成型，职业精神与职业道德同样也在形成之中，所有这些都为新闻传播者的合德性报道增加了一定的难度，需要理论上的思考、实践上的摸索。

社会在变化，新闻业在变化，社会的一般道德观念在变化，新闻职业道德观念也在变化。我们这里只是提出，在确定新闻报道的内容或者对象时必须进行道德思考，至于如何进行道德思考，如何处理诸多具体的道德困境，如何解决新闻职业要求与社会道德规范之间的可能冲突，以及新闻传播活动到底应该遵循什么样的道德理念，坚持什么样的道德学说，有没有唯一正确的新闻道德理念，有没有唯一正确的可以遵循的新闻职业道德

---

① 美国有位记者说得好："每位记者在每次报道中都必须作道德（伦理）思考。"（Every journalist must do ethics in every story.）参见 The Missouri Group. News reporting and writing [M]. 8th ed. Boston：Bedford/St. Martin's，2005。

准则，有没有可以直接指导传播者确定报道内容的基本准则……如此等等，我以为都是比较复杂的问题，也是已经、正在和将要长期争论下去的问题。我们不能把既有的一般道德理论（学说、主义、流派等）、新闻职业道德理论（学说、主义、流派等）当成教条，而是要在理论上、实践上进行不断的探索。顺便说一句，在我看来，新闻伦理或者说新闻道德理论，是整个新闻理论体系中最复杂的一部分，新闻理论界关于新闻伦理的研究才刚刚起步。

与法有良恶之分一样，道德规范（包括职业道德规范）本身也有个历史、现实的合理性问题，特别是在社会变革、转型时期，传统的、既有的一些道德规范、道德观念即使是社会普遍认可的，我们也需要根据社会的发展，对其进行逐步更新。作为领风气之先的新闻媒体，理应恰当选择一些新的事实进行适度报道，以促进人们的观念更新，促进社会的发展和进步。良性的道德规范是基于事实的规范，也是社会或者相关职业领域的内在要求，即良性的道德规范是符合事物自身本质的规范，是符合事物发展规律的规范。因而，任何人没有道德权力去随意制定某种道德规范。对新闻传播者来说，不仅要按照既有的社会道德规范、职业道德规范选择、确定报道的对象，还要通过新闻实践本身积极探索符合新闻传播内在要求的职业道德规范。

3. 合政策性标准

合政策性标准，是说新闻传播主体必须按照一定的新闻政策要求确定新闻传播内容。"新闻政策直接影响新闻报道者的新闻价值观念，它在事实成为新闻的过程中起着重要作用。"[①] 新闻政策是政党和政府管理、调控新闻传播领域的重要手段，它集中反映了政党、政府对其所属或者非其

---

① 成美，童兵. 新闻理论教程［M］. 北京：中国人民大学出版社，1993：46.

所属新闻机构及其从业人员的态度和要求。政党、政府制定的新闻政策，体现着政党的政治意识形态观念，体现着政府的执政理念，这具体体现在对新闻传播活动一系列行为（诸如新闻报道范围与报道方式、新闻媒体的经营与管理等）的规范中。"新闻政策，是指国家、政党及其地方或分支机关、组织在一定时期为所控制的新闻机构制定的行动准则。"① 显然，新闻政策标示着国家、政党对新闻传播的期望，可以说，新闻政策本质上是由国家、政党制定的一种新闻活动规范。这种规范从宏观上制约和指导着新闻传播的价值取向必须与国家、社会发展的总体方向相一致，必须为国家和社会发展的总体目标服务，为国家利益、政党利益服务。② 为了达到这样的目的，在新闻传播内容的选择上，一定的新闻政策往往会有一些明确的要求。有些新闻政策是稳定的、长期的，对新闻媒体应该报道什么，不应该报道什么，多报道什么，少报道什么，都有原则性的甚至是具体性的规定；有些新闻政策是变动的、暂时的、灵活的，常常会根据自然、社会中的一些最新的重大变动，对新闻媒体的报道内容做出硬性规定或灵活指导，比如在战争时期、在国家遇到特殊灾难的时期，出台一些暂时性的新闻政策是常有的事情。

新闻传播主体只有沿着新闻政策引领的方向进行新闻传播，其传播行为才能被政策制定者看作是合理的、正确的，在现实操作上也才能行得通。这一点在中外新闻传播的历史与现实中没有什么根本差别，只是具体表现样式有所不同罢了。合政策性与合法性一样，本质上是新闻传播主体对新闻控制主体（参见上一章相关内容）的服从。比起法律对新闻传播内容的约束和限制，新闻政策往往更加严格，它常常会对法律没有或者无法

---

① 刘建明. 宣传舆论学大辞典 [M]. 北京：经济日报出版社，1992：1469.
② 任何政党、政府都会标榜自己是社会利益的代表、人民利益的代表，但在实际中，并不尽然。因此，我在这里没有直接将国家利益、政党利益与人民利益相等同、相并列。

顾及的一些报道领域进行统摄。在没有专门的新闻法律的环境中，新闻政策对于新闻报道内容的调整和约束，无疑具有更加重要的作用和影响。当然，开明的新闻政策也会开放新闻报道的"禁区"，扩展新闻报道的范围。当某些新闻政策比较成熟时，也会转化成为新闻法律（这就是政策的法律化）。政策法律化是新闻立法（不只是新闻立法）的一条基本思路和操作方法。

与法律、道德规范一样，新闻政策本身也有自身的合理性问题。有些新闻政策是良策，有些新闻政策可能是恶策，大部分新闻政策则介乎其间，总有一些有待完善改进的余地。对新闻传播者来说，如果发现一项新闻政策是不合理的，或者某些具体规定是不合理的，就应该采取各种办法促成有关政策的废除或者修正。如果新闻传播者连本领域的不合理政策都不敢监督批评，何谈对其他领域政策制定及其实施过程的监督。

4. 合纪律性标准

从严格意义上说，新闻纪律或新闻宣传纪律还没有成为理论新闻学中的一个学术概念，但它在中国的新闻传播实践中已经约定俗成，从事新闻研究、宣传研究和新闻宣传实际工作的人们，几乎都能心领神会，懂得它的实际含义，而且它在实践中确实规范着新闻传播者的行为，约束着他们对新闻报道对象的选择。在实际的功能作用上，新闻纪律或者宣传纪律与新闻政策没有本质的区别①，它对新闻传播者的要求更灵活一些、及时一

---

① 比如，《中国大百科全书——新闻出版》中就写道："新闻政策是政党、政府对新闻事业规定的活动准则。广义包括新闻事业管理的政策、新闻报道的政策、新闻队伍的建设方针。狭义主要是指新闻报道的政策，有时又以宣传纪律的形式出现。"参见中国大百科全书：新闻出版 [M]. 北京：中国大百科全书出版社，1990：419. 报业研究专家唐绪军先生也写道："所谓新闻政策，即新闻媒介的行为准则，是管理部门对新闻媒介实施管理的一种手段。有广义和狭义之分。广义的新闻政策，指国家、政党及其地方分支机关、组织在一定时期为所属的新闻媒介所规定的报道方针和宣传纪律；狭义的新闻政策，指新闻媒介自己根据一定的要求所确定的工作原则和编辑方针。"参见唐绪军. 报业经济与报业经营 [M]. 北京：新华出版社，1999：170.

些、细致一些。①

　　纪律一词的普遍意义是指"政党、机关、部队、团体、企业等为了维护集体利益并保证工作的正常进行而制定的要求每个成员遵守的规章、条文"②。显然，纪律是一种明确的规范，目的在于维护一定团体的整体利益。新闻业在中国的性质是党、政府和人民的耳目喉舌，所以它必须按照党的纪律行事（这也是纪律要求的实质意义），特别是党的机关报，必须坚定地宣传、贯彻党的理论、路线、方针、政策，任何人不得利用手中的新闻媒介，宣传同中央决定相违背的东西。其实，不管中外，就是那些商业性质或以企业方式进行管理的新闻媒体，都有用来维护集体利益（所有者利益）的有关规章制度，要求它的成员必须遵守。这些规章制度中的一些内容实质上就是一种纪律，所以，纪律规范的存在也是普遍的。纪律作为约束媒介成员的一种规范，主要是禁止性的条文，它给传播主体指出了明确的报道界限（包括内容、方式两个方面），也就是人们平常所说的"禁区"。超越报道界限的选择当然会受到限制。新闻纪律或者宣传纪律，在新闻实践中会有多种表现形式，有时表现为临时性的政策，有时只是政府有关部门、党的有关部门下发给新闻媒体的一些通知，有时甚至仅是有关上级领导代表组织对媒体打的几个指导性电话。

　　与前面讨论的诸多规范一样，纪律规范本身也存在合理性的问题。有些纪律是"良律"，有些纪律则是"恶律"，有些则介乎其间。合理的纪律规范，有利于新闻传播活动的正常开展，相反，则会限制正常的新闻传播活动。

---

　　① 根据我个人的体会以及新闻工作实际，新闻政策侧重指政府制定的有关新闻活动规范，新闻纪律或者宣传纪律则侧重指执政党制定的有关新闻活动规范。二者有时是同一的，有时则有各自的特殊要求。

　　② 中国社会科学院语言研究所词典编辑室．现代汉语词典［M］．7版．北京：商务印书馆，2016：616.

上面讨论的确定新闻传播内容的两类标准——规律性标准和规范性标准，是一种既对立又统一的关系。规律性标准反映的是新闻传播的客观需要，是一种规律性的要求；而规范性标准更多的是一种合目的性的要求，既反映主体客观的合理需要，也可能包含主体一些超越现实条件或落后于现实水平的要求。因此，两类用来确定新闻传播内容的标准既可能是一致的，也可能存在矛盾和冲突。两类标准的运用都依赖于具有能动性和创造性的传播主体，传播主体是"活"的力量，发现、选择和确定报道内容、报道方式，总是由传播主体做出的。一件事实是否合规律性，即是否具有新闻价值属性，是否适合一定的媒介形态特点，都要由传播主体进行认识和判断。规范性标准能否正确反映新闻传播实际的要求，即规范性标准本身是否科学合理，同样有赖于传播主体的能力和素养。尽管有关新闻传播活动的规范并不是由传播主体直接制定的，传播主体也不可能超越整个宏观的、社会提供的新闻传播环境，但他们对规范本身合理性的判断是最直接的，甚至是最有根据的。规律性标准与规范性标准的矛盾、冲突，只能在新闻传播历史的发展过程中被历史地解决。如果法是良法，德是好德，政策科学，纪律合理，那么其本身就是对社会发展客观规律的反映，是社会生活对新闻传播在事实选择时的要求，在这一意义上，亦可说合法性、合德性、合政策性、合纪律性是一种合规律性的要求，是一种社会发展规律的要求，因而，科学的规律性标准与合理的规范性标准本质上是统一的。事实上，只有两种规范实现了真正的统一，自由的新闻活动才能被较好地实现。合规律性的要求是一种"是"的规范，合目的性的要求是一种"应该"的规范，只有"是"与"应该"达到统一，一种自由的、和谐的、美的新闻传播才能产生。

（三）确定报道对象的其他标准

在现实的新闻传播活动中，尽管规律性标准和规范性标准是确立新闻报道对象最基本、最重要的标准，但确定报道对象并不限于这些基本标准，在它们之外，还有与它们既有一定联系，又不能够完全等同，既有可能统一，又有可能冲突矛盾的其他一些标准，很难把这些标准简单地定性为规律性标准或规范性标准，因此，我们将其单列一个名目，做一些简要的阐释。

1. 宣传价值标准

宣传是一种劝服活动，直接目的在于通过一定的方式影响他人的意识，使其接受宣传者的某种观念，最终目的则是期望接受宣传的人能够以宣传者期望的立场、方法、观念来观察问题、分析问题，能够以宣传者期望的方式进行某种实际的活动。新闻媒介独具的社会影响力，新闻特有的真实、公开力量，使得宣传者钟情于利用新闻方式实现宣传的目的。因此，当一些新闻媒体扮演准宣传机构的角色时，当一些人将新闻媒体理解为宣传机构时，传播者就会把宣传价值标准作为选择新闻内容的重要标准之一。

事实上，所有的新闻媒体，都有一定程度的宣传意图。差别可能在于，有些媒体的宣传性强一些、明显一些，有些媒体的宣传性弱一些、隐蔽一些；有些媒体侧重于政治宣传、意识形态宣传，有些媒体可能侧重于其他观念的宣传。新闻活动，作为一种认识活动、信息交流活动、精神交往活动，很难和宣传活动彻底分家。新闻传播不是无目的的传播，也不是单一目的（只传播事实信息）的传播，把传播者自身的价值观念传播出去是一种客观存在的经验事实，难以否认。因此，传播者在选择、确定新闻内容时，必然会考虑到宣传价值的问题。

"宣传价值就是事实本身所包含的有利于传播者、能够证明和说明传播者主张的素质。"[1] 但具有"宣传素质"的事实并不一定同时具有"新

---

① 李良荣. 新闻学导论 [M]. 北京：高等教育出版社，1999：172.

闻素质"。如果用"宣传"价值标准作为唯一标准，确定"新闻"内容，则显然在理论上有悖于新闻传播的内在要求。但在实践中，以宣传价值为主、新闻价值为辅，甚至完全以宣传价值为标准的选择行为，也是存在的。这样的新闻传播也就不再是新闻传播了。用宣传价值标准选择新闻报道对象，在一定程度上异化了新闻媒介的功能，也是新闻媒介、新闻传播不能满足人们新闻需要的重要原因。退一步说，用新闻包装宣传的做法，必须以事实的新闻性为基础，否则，必然是两败俱伤。①

宣传价值标准主要是以传播主体为本位的标准。一般说来，新闻传播主体（不是宣传主体）不会把宣传价值标准当作确定新闻内容的第一位的标准，而是作为网眼更细小的筛子，去筛选经过新闻规律性标准衡量的新闻事实。传播主体会尽可能选取那些既有新闻价值又有宣传价值的事实信息作为传播的内容。这样做，既不会引起收受主体的反感，也达到了自己的宣传目的。

2. 经济利益标准

经济利益标准，也就是人们习惯说的市场标准。在市场经济制度中运作的新闻媒体，大都是市场化的经济主体，因而毫无疑问要遵守市场经济的逻辑，一切生存与发展的战略设计与战术行为，都离不开对市场经济游戏规则的考虑。新闻，作为新闻媒体的核心产品，在选择"生产原料"时，必然要受到市场利益的制约。"既然是经济学意义上的生产，就必须进行经济学的考虑。新闻价值的创造必然要以一定的投入为动力，这就需要认真对待投入与产出、成本与收益等一系列的问题。"② 也就是说，媒

---

① 在中国，一些人总结概括出这样一条确定新闻内容的公式：报道价值＝新闻价值＋宣传价值。即一件事实到底是否值得报道，既要看它有无新闻价值，还要看它有无宣传价值。二者俱备，那就是最值得报道的事实。这也充分说明，当下中国新闻传播的主要功能是双重的：新闻功能与宣传功能。

② 杨保军．新闻价值论［M］．北京：中国人民大学出版社，2003：248.

体的经济利益会成为媒体在选择、确立传播内容时的一条十分重要的标准。

经济利益标准显然也是以传播者为本位的标准。由于经济利益直接关系到一定新闻媒体的生死存亡，关系到新闻传播者的实际利益问题，因此，一则新闻报道能否赢利，有时会成为不少媒体决定是否报道某些新闻事实，是否刊播某些新闻和怎样刊播一些新闻的决定性标准。

在实际的新闻传播活动中，经济利益标准主要表现在三个方面：一是传播的内容有可能受到广告商或类广告商的影响。二是媒体在选择报道内容时会进行各种成本核算，其中，经济利益标准会成为重要的成本尺度。当一些报道不能为媒体赢得实际的经济利益时，其很可能会被限制在报道范围之外，至少媒体会减少相关报道。当下一些媒体、一些学者所倡导的"精英主义"的新闻传播理念，其背后的实质就是媒体的经济利益。经济势力强的、占有知识资本多的、拥有更多话语权的人群被看作现实社会中的强势群体、有影响力的群体，也是有购买力的群体，向他们传播、为他们服务，媒体可以赢得更大的经济利益。相反，如果媒体的新闻报道主要关注的是社会中的弱势群体，或者以比较平衡的方式关注弱势群体，由于弱势群体在经济、政治、文化等方面处于弱势，这类新闻报道往往得不到广告商的青睐，他们不愿意使广告覆盖这部分受众，这样就会影响媒体的经济利益。因此，尽管一些媒体宣称关注弱势群体，但实际上其目光仍然主要盯着社会中的强势群体。三是传播者可能会选择一些迎合收受者不合理需求的内容进行传播。人的需要有合理与不合理之分，一些媒体为了获得更多的读者、听众、观众，往往打着满足受众新闻需求的旗号，在新闻报道的内容选择上、报道方式上极尽低俗之能事，以求得一定的经济利益。

3. 主观意志标准

在现实的新闻传播活动中，新闻传播者，特别是新闻传播组织的相关领导者的个人品格与素质等因素，对新闻传播内容的确定有着直接的影响，甚至可以说，新闻传播中不少内容的选择标准，就是传播者，特别是握有较大采写权、编辑权的领导者的主观意志。当这种主观意志与规律性标准相符合、与规范性标准相一致时，新闻传播内容就是正当的、应该的，新闻传播活动也可能取得较好的社会效果；如果这种主观意志背离了规律性的要求，脱离了规范性的轨道，由此确定下来的新闻传播内容就可能是不正当的、不应该报道的内容，新闻传播也就可能难以实现正常的传播目的。

主观意志背后"寄存"的是新闻理念、个人品性和利益追求。确定什么样的新闻传播内容，在直接表现形式上确实是由传播者（特别是媒体领导者）来决定的，因而永远不可能彻底排除"拍板者"理性因素、非理性因素等的影响。记者、编辑（特别是"记者头子""编辑头子"）的个人偏好、兴趣，以及他们个人的各种社会关系、利益，往往会对他们的新闻选择行为构成直接的影响，使其做出一些背离规律性标准、规范性标准的选择。

但正是因为人们能够认识到这些现状，所以才要提醒传播者不能以个人的主观意志为标准，不能把新闻传播内容的确定和新闻传播价值的实现寄托在主观意志的偶然合理上，而应该将其建立在规律性与规范性标准之上。

我们上面讨论的是在确定新闻报道对象、传播内容的过程中实际使用的标准，并不是说所有的标准都是应该的、合理的。也就是说，我们分析的是"是什么"的现实，而不是"应该是什么"的问题。因此，很有必要简要说明一下这些标准之间的关系。

首先，确定新闻传播内容的所有标准，都存在一个合理性的问题。而且合理性的标准是更为复杂的问题，必须对其做出历史的和现实的分析。

其次，从理论上讲，规律性和规范性标准是必须坚持的标准①，其他标准只有在不违背这两大标准的前提下才是合理的。最后，在上述众多标准中，有些标准是应该恪守的，有些标准是应该排除的，我们在相关论述中已经论及。在操作意义上说，我们可以用规律性标准和规范性标准来衡量其他标准是否合理。

三、收受对象——新闻文本

新闻收受活动构成了新闻传收活动的半壁江山，收受者的对象就是新闻报道，表现为丰富多彩的新闻作品或者新闻文本。新闻文本是将传播者与收受者连接起来的直接桥梁，也是以新闻方式把整个社会连接起来的纽带。新闻文本是整个社会不同人群之间、个人之间以新闻方式进行相互沟通、交流、理解的重要方式。更宏观一点说，新闻文本反映、塑造了一个我们意识之外的新的世界，它与现实世界一起，成为我们生活的一部分，成为我们时时刻刻萦绕其中的一个世界，同时，新闻文本也是人类记录历史、创造历史的一种重要方式。因此，认识新闻文本不仅是理解新闻传收活动，也是认识、理解我们这个世界的活动。

（一）新闻文本的界定

新闻文本概念，在我们的实践中，有两个最基本的含义：一是指具体的新闻作品或具体的新闻报道，即我们可以把每一则具体的新闻报道（作品）都称为一个新闻文本；二是指一个集合的概念，即所有的新闻作品，

---

① 这里假定规范性标准是良性的。在法治社会中，即使一些规范是不合理的，或者包含着不合理的规定，新闻媒体也必须通过合法的手段促成相关规范的修正或者改善。不能通过滥用新闻自由的方式随意批评和攻击相关的规范。

过去的、现在的以及将来可能产生的新闻报道，我们统统称之为新闻文本。

新闻文本也有广义和狭义之分，广义的新闻文本与广义的新闻是相对应的，以中国当今的新闻报道为例，包括消息文本和通讯文本①；狭义的新闻文本仅指消息文本，即纯粹的新闻文本。我们下面关于新闻文本的诸多分析主要针对的是狭义的新闻文本。狭义的新闻文本最能代表新闻传播的特点。

从宏观的历史向度上看，新闻学研究面对的主要是两种文本形式：一是历史性的新闻文本，即已往的新闻作品。它们已经变成了对历史的记录，反映了历史的风云变幻。二是当下的新闻文本，即新近的新闻作品。它们记录着新近或正在发生的具有新闻价值的事实。新闻文本形式不是固定不变的，而是伴随着新闻传播业的发展而不断变化的，新的具体新闻报道方式的不断出现，意味着新的具体文本形式也在不断地产生。透过不同历史时代的新闻文本形式，可以发现不同时代人们对新闻本身的理解，而文本内容，更能使我们看到新闻观念的变革、新闻技术的发展。

根据今天新闻传播的实际，我们可以依据不同的标准对新闻文本做出类型划分，进行比较精细的、深入的研究。比如，以媒介形态为标准，可以把新闻笼统地分为印刷新闻和电子新闻，也可将新闻细分为报纸新闻、广播新闻、电视新闻、网络新闻等。又如，可以依据新闻内容的性质、新闻内容的范围、新闻内容的特征、新闻发生的空间等对新闻进行分类。分类的目的在于对一定类别的新闻展开比较深入的、微观的研究。不同的分类标准或分类方式，可以使人们从不同角度去审视同一对象，从而加深对同一对象的认识。②

---

① 以美国为代表的西方新闻界，一般把新闻报道分为消息和特稿两个大类。
② 杨保军. 新闻理论教程［M］. 北京：中国人民大学出版社，2005：104.

（二）新闻文本的一般特征

新闻收受者面对的是新闻文本（作品），它是收受者获取新闻信息的直接对象，是收受者认知评价相关新闻事实、事件、人物等的基础，也是收受者判断、评估自己生存发展环境素质的基本依据。新闻文本本身的质量从客体方面直接影响着新闻收受者的信息收受活动。因此，分析新闻文本的个性特征，对新闻收受者的收受活动有着直接的意义，对新闻传播主体如何创制新闻文本也有着不言而喻的价值。

需要说明的是，下面关于新闻文本特征的描述，是一般意义上的、关于普遍特征的描述，超越了具体的新闻作者的写作（再现）风格，也不考虑不同类型新闻文本之间的个性差别。我们是在新闻文本与其他非新闻文本的比照中进行描述的，因为任何事物的特征或个性，总是在与其他对象的比较中显现的，因而探究某一事物的个性特征，最重要的方法是建立在比较思维基础之上的各种比较法。描述新闻文本的个性特征，我们参照的主要背景对象是文学文本。我们将以内容与形式相结合的方式，并主要从形式方面阐释新闻文本的特征。

在具体讨论新闻文本的个性特征之前，必须弄清楚一个前提性问题，这就是：新闻文本的个性特征是由什么决定的？新闻文本是对本源形态的新闻——新闻事实——的符号再现，而新闻文本的直接使命是告知新闻收受者新闻事实的本来面目是什么（当然，在此基础上，新闻文本还有诸多延伸性的任务和功能）。新闻文本的个性特征正是由新闻的本质及其基本使命所决定的。只有能够反映新闻本质的新闻文本、体现新闻传播基本使命的新闻文本，才能符合新闻传播规律的要求，才是名副其实的新闻文本。这种名副其实的新闻文本应该具备这样一些基本特征。

1. 文本结构的简单性

文本结构实质上就是文本符号的编码方式，也就是文本话语的结构方式。[①] 文本结构的核心问题是怎么说，而非说什么，但怎么说的形式与说什么的内容往往是密切相关的，内容对形式总会有一定的约束。文学内容要求以文学的形式塑造，新闻内容则要求以新闻的形式再现。如果超越文本规范的这种基本限制，文学和新闻都将失去独立存在的意义。

新闻文本结构是简单的，这种简单性主要表现在这样几个方面：其一，新闻文本的结构形式相对单一，不像文学文本的具体结构那样千变万化。到目前为止，尽管人们对新闻文本的倒金字塔结构有各种各样的看法甚至批评，但大家仍然比较一致地认为它是新闻传播最有效的结构，是最为成熟的新闻文本结构。[②] 其二，新闻文本的结构要素（主要是 5W 和 1H）稳定明确，缺一不可，它们支撑起新闻文本相对稳定的结构，易于为新闻传播主体、收受主体所把握和理解。并且，不管采用什么样具体的新闻文本结构，这些基本要素从原则上说都是缺一不可的。其三，新闻文本的叙事结构也是比较简单的，大多数新闻文本的主体内容采用与新闻事实客观结构（时空结构、因果逻辑等）相一致的方式展开。新闻文本与新闻事实逻辑上的同构性，加上新闻传播主体再现新闻事实时的合理简化和必要提炼，会进一步增强新闻文本叙述结构的自然性和简明性，也必然会给新闻收受主体的收受理解活动带来方便。但文学文本常常会有意超越生活世界、事实世界的客观结构和逻辑，它"将日常生活中的东西强化、凝

[①] 我们在讨论新闻文本的结构方式时，主要的参照对象是印刷新闻。但它在本质上与广播新闻、电视新闻、网络新闻是相通的。任何新闻文本，都是以一定的语言叙述结构为基础的，正是在这一点上，不同媒介形态的新闻文本之间是可以互译的，深层的结构是相似的或者相同的。对同一种语言来说更是如此。

[②] 需要简单说明的是，新闻文本的结构是多样化的，并不只有倒金字塔结构。而且，伴随着网络写作时代的到来，新闻的写作样式将越来越多。

聚、扭曲、缩短、拉长、颠倒"①，它的境界源于现实而又高于现实，因此，文学文本的结构往往"离奇古怪"、出神入化，有时让人感到绝妙，有时令人迷惑，与新闻文本结构上的简单性形成鲜明的对比。

2. 文本语境的低度性

语言环境包括社会语言环境和文本语言环境。社会语言环境构成了创制、理解新闻文本的媒介语言环境②，文本语言环境则构成了人们通常所说的语境，即由文本结构、文本编码方式所营造的理解文本内容的一种氛围。

"高语境（high context）传播是指绝大部分信息存在于物质语境中，或内化在个人身上，极少存在于编码清晰的被传递的讯息中。低语境（low context）传播正好相反，是指大量的信息被置于清晰的编码中。"③传播者创制新闻文本的目的在于为人们传播明确的事实信息，因而要求将置于信息明晰的编码之中，文本的意义不能过于依赖语境，依赖言外之意或字里行间的表达④，以避免理解的多义和歧义，因此新闻文本是一种低语境的文本。但对文学文本来说，它的"一些内容被有意地'悬置'或'隐去'，为阅听者留下'空白'和'不确定性'，是一种'开放'的文本，'高语境'的文本，它的'含义'更多依赖于上下文所构建的语境，而不在于直接的编码"⑤。

---

① 陈力丹 . 舆论学：舆论导向研究 ［M］. 北京：中国广播电视出版社，1999：154.

② 以当前时代的话语方式与意义去理解新闻信息，因为同样一个概念，人们在不同时代会赋予它新的意义或含义。

③ 莫藤森 . 跨文化传播学：东方的视角 ［M］. 关世杰，胡兴，译 . 北京：中国社会科学出版社，1999：36.

④ 顺便说一句，那种有意利用新闻文本表达"无形意见"的观念，在我看来不是新闻观念，它背离了新闻传播的内在精神。新闻传播的直接目的就是明白无误地告知人们事实的真实面目是什么。即使一些新闻文本中有意包含了其他意义，也只能是或者应该是为了帮助人们更准确地理解新闻事实本身是什么。

⑤ 杨保军 . 新闻事实论 ［M］. 北京：新华出版社，2001：119.

对于新闻文本，这种语境上的"低度性"要求非常重要，它保证了新闻传播追求事实真相的品质，维护了新闻传播满足社会性新闻需要的大众化风格，也可以有效防止新闻收受中信息减损和信息变形现象的发生。有学者说："媒介制作者为了使媒介文本传达出它所需要的特定含义，要充分预测收受者方的主客观因素，并在媒介中创设出一定的语境来减少读者认知上或反映上的偏差。"① 这是很有道理的。对新闻传播来说，必须在新闻文本中营造出有利于事实信息传播的语境，使新闻传播成为真正的新闻传播，而不是其他样式的传播。

3. 文本语义的封闭性

新闻文本在意义解释上基本属于封闭性系统。新闻文本是由一系列明确的事实判断语句构成的，从原则上排除意见和情感的主观表达，对开放性的理解形成了语义上的限制。新闻文本的封闭性特点，有点像法国著名符号学家罗兰·巴尔特所讲的"读者性文本"，即这种文本"往往让读者被动地、单纯接受式地阅读，使读者单向地从文本接受意义"②，而文本本身易读易懂，清晰明了。在这一特征上，新闻文本与文学文本有很大的不同，文学文本从本质上说是开放性的文本，"文学作品是一种虚构性的文本，是与现实世界不同的想象性作品，正是这种虚构性和想象性为阅读和接受提供了一种开放性的结构"③。因此，"一个文学文本的'意义'可以说是由该文本所处的语境决定的，读者将文本置于不同的阐释语境，文本的'意义'也就随之变化"④。但这种在文学理解中非常普遍的现象，在新闻文本的理解中是并不多见的，也不是新闻传播主体对收受主体的理

---

① 张岚. 媒介语境：为受众设置的界面 [J]. 国际新闻界，2004（2）：62.
② 邹广文. 当代中国大众文化论 [M]. 沈阳：辽宁大学出版社，2000：50-51.
③ 李建盛. 理解事件与文本意义：文学诠释学 [M]. 上海：上海译文出版社，2002：134.
④ 盛宁. 人文困惑与反思：西方后现代主义思潮批判 [M]. 北京：三联书店，1997：100-101.

解期待。

对新闻文本来说，它的天职是提供完整的、真实的事实信息。它不给收受者在事实信息上留下"合理想象"或"弥补空白"的余地，在"事实信息"方面，传播者要力求构建一个"封闭"的系统，并且事实信息的正确性是唯一的，不允许收受者做自由的理解和想象。当然，这不等于说传播者可以控制收受者的理解和想象。因此，一切有扰于新闻事实信息明晰、准确陈述的信息，都是新闻文本本质上要求剔除的"噪音"，"任何形式的新闻传播都对这一部分（事实信息——引者注）尽可能地保真"①。只有在不影响事实信息准确表达的前提下，新闻文本才允许基于事实信息或内在于事实信息逻辑的其他信息的合法存在。至于那种有意模糊相关事实信息，让新闻文本充当某种试探气球的做法，更多的是出于非新闻的政治或其他目的，这时的新闻文本原则上已经异化了。

4. 文本语言的明确性

上述诸多特点，决定了新闻文本的语言必须具有明确性，不能模糊。只有新闻再现语言符合"准确、准确、再准确"（普利策语）的要求，才有可能使新闻事实的完整面貌得到准确的呈现。威尔伯·施拉姆说："人们希望写新闻的人写得清楚准确；至于他们采取什么形式，是写或讲，是次要的要求。"② 我国著名语言学家吕叔湘先生同样说过："新闻语言的首要要求是准确。"③ 这是新闻传播的内在要求。

构成新闻文本的语言本质上是传真性的、写真性的、再现性的、记录性的。新闻报道语言有自身的诸多特点④，但最基本的要求是用简短、明

---

① 刘晓红，卜卫. 大众传播心理研究 [M]. 北京：中国广播电视出版社，2001：5.
② 施拉姆，波特. 传播学概论 [M]. 陈亮，李启，周立方，译. 北京：新华出版社，1984：51.
③ 吕叔湘. 吕叔湘语文论集 [M]. 北京：商务印书馆，1983：26.
④ 有人将新闻语言的特点概括为具体性、通俗性、简洁性和时代性，参见郑兴东. 报纸编辑 [M]. 武汉：武汉大学出版社，2000：124.

晰、准确的陈述句叙说事实，这样"可以减少传播时语言的阻滞"，但"这种看似简单的写法对缺少实践经验的记者来说是很难的"①。澳大利亚一位学者曾说："用简明扼要、准确无误的语言叙述一个故事不容易，在报纸上讲清楚一件事就更困难，有许多陷阱挡道，人们害怕在报纸上发表的文章平淡无奇……他们急于炫耀自己，这种人是无法讲出一段简单的故事的。"②

新闻文本语言的明确性是以新闻收受主体的易受性为标准的，即文本的符号结构"应该让普通阶层的人感到鲜明清晰"③，传播主体对新闻事实的叙述不能故弄玄虚，而要自觉去掉那些容易引起多义、模糊特别是歧义的叙述符号和叙述方式。新闻文本的本质在于为收受主体提供明白清晰的事实信息，因而要尽量避免文本语言不明确所导致的误解或曲解。

（三）新闻文本的信息构成

新闻是对新闻事实的符号记录或再现，本质上是一种事实信息，因而从理论上说，新闻文本只应包含关于新闻事实的事实信息，不应该包含其他信息。然而，面对新闻传播实际，人们发现很少存在如此纯粹的新闻文本，更多的情况是，除事实信息之外，还含有一些其他类型的信息。而且，事实信息之外的其他信息存在具有一定的不可避免性和故意塑造性。新闻文本是以整体形式面对新闻收受主体的，是以完整的信息构成与收受主体的"对话交流"的，因此，分析清楚新闻文本的信息构成，对于收受主体比较准确地理解新闻传播内容具有一定的指导意义。对传播主体来说，从理论上把握新闻文本应有的信息构成方式，是创制符合新闻本性文

---

① 汤书昆. 表意学原理［M］. 合肥：中国科学技术大学出版社，1992：110.
② 雷维尔，罗德里克. 新闻实践指南［M］. 王非，戴小华，译. 北京：中国新闻出版社，1987：90.
③ 同①.

本的重要前提之一。

我们可以从两个基本角度分析新闻文本的信息构成：一是未传状态的信息构成，即以独立的、具体的新闻文本为对象，不考虑传播环境的影响，看它的信息构成状况；二是传播状态的信息构成，即把新闻文本放在一定的传播环境中，看它的信息构成状况。

1. 未传状态的信息构成

所谓未传状态的信息构成，简单来讲，就是指还未刊播在特定媒介上，未进入传播状态、传播语境中的新闻文本（或者直接叫作新闻稿件）的信息构成，这时的新闻文本是各自独立的，还没有在传播语境中形成相互的关系。这种状态中的新闻文本，其信息构成主要是由新闻作者（主要是记者、稿件编辑）构建的。从普遍性上看，处于未传状态的新闻文本信息，主要由以下三类信息构成：

（1）事态信息。

新闻传播的天职是真实、客观、全面、公正、快速、公开地反映报道新闻事实的真实面目、真实状态。因此，任何新闻文本最基本、最直接的内容就是有关最新事实、事件等的符号陈述或再现，最基本的信息就是关于新闻事实背景、前景状态的事态信息。

如前文所说，任何一个具体的新闻文本都是由一系列明确的事实判断语句构成的，每一个句子（或者声音、画面等）都有确定的、具体的事实指称，凡是没有事实所指的句子原则上都不是新闻语句。[①] 一则新闻或一个新闻文本中，如果包含没有具体事实要素所指、没有具体事项所指的句子，就会出现"事实悬空"的现象，这则新闻就必然包含着虚假的成分，这一新闻文本就必然包含虚假的新闻信息。进一步说，所有的事实判断类

---

① 新闻作品中非事实陈述性的句子，也必须在一定的语境中陈述一定的事实，否则，也可以看作没有事实指称的语句。

句子的有机联系，不仅反映了一件新闻事实的具体要素、事项，也反映了它们之间的关系，从而构成一个完整的新闻文本，反映了一件新闻事实的整体面貌。

新闻写作必须严格地以事实为依据，马克思说，应当"根据事实来描写事实"①。以这样的原则和要求写出的新闻作品，就是要"让事实说话"，包含的当然是事实信息、事态信息。从理论的理想性上说，或者从新闻传播的内在规律上说，新闻文本所包含的信息，就应该是单一的关于新闻事实的事态信息，不应包含其他类别的信息。现实一些说，事态信息至少应该是也必须是新闻文本信息的核心。如果不能保证这一点，新闻文本就不再是新闻文本，新闻传播也就不再是新闻传播。

（2）情态信息。

情态信息是指新闻文本中包含的表达人类情感的信息。新闻文本的情态信息往往是双重的：一是事实本身包含的情态信息，它是事态信息的有机构成部分。新闻事实特别是社会性的新闻事实本身就是人类活动的产物，其中必然包含着各色人等的喜怒哀乐，使事实本身具备了不同的情感色彩。二是传播主体在新闻文本中表达的情态信息，传播主体在面对一定事实、再现一定事实时，不是麻木不仁的木头人、冷若冰霜的机器人，而是具有各种情感、情绪、情味的人，总要在文本中表现出一定的情感态度，"这种情感态度为传播内容染上了特定的情感色彩"②。虽然这种情感色彩有时看不见、摸不着，但新闻收受主体在阅读、视听、理解新闻时能够感觉得到它。事实中灌注的情态信息与传播主体所表达的情态信息在感情色彩上有可能是一致的，也有可能是不一致的。

作为新闻文本信息分类构成意义上的情态信息，指的是传播主体在新

①　马克思恩格斯全集：第 1 卷 [M]. 北京，人民出版社，1956：191.
②　郑兴东. 受众心理与传媒引导 [M]. 北京：新华出版社，1999：165.

闻文本中所表达的情态信息。传播主体在新闻文本中所表达的情态信息，是他对新闻事实中人与事的感情倾向，同时构成了新闻文本的价值倾向。情态信息在文本中的存在不像事态信息那样确定、清晰，它常常渗透在字里行间，弥漫在文本之中，以一种整体性的气息存在着，给文本营造了一种情态的气氛，也给收受主体塑造了一种理解文本的情绪环境。传播主体对事实情态信息的反映是新闻反映自身的要求，对自己情感倾向的表现则更多是为了感染收受主体，让他们在情感的认同中接受新闻文本，从而实现文本的传播价值取向。但从新闻传播的真实性、客观性要求出发，传播主体原则上应该自觉避免在新闻文本中表达自己的情感，至少要对自己的情感表达加以自觉限制。对许多新闻来说，尽管情感表达很难避免，但需要反复强调的是，新闻报道毕竟是新闻报道，它首先要按照新闻传播的规律进行。一些新闻文本中形成的对报道对象（当事人）不当的道德审判，就是由传播者的情感表达所导致的。因而，如何在新闻文本中"适度"表达传播者自己的情感态度，是个相当复杂的问题。如果传播者在新闻文本中表达的情态信息影响了收受者对新闻事实真实面目的全面了解，那么毫无疑问这种表达是不适当的，因为它影响了新闻传播真实性、客观性和公正性的实现。

（3）意态信息。

新闻文本主要是由事态信息构成的，但事态信息中常常渗透着情态信息，同时还蕴含着意态信息。意态信息一方面是指传播主体在新闻文本中明确表达的意见和看法，另一方面是指蕴藏在新闻事实中的潜在道理，传播主体在认识到其存在的情况下，只要真实地再现了事实信息，实事求是地再现了事实的逻辑，抓准了再现事实的时机，无形的道理就会体现在文本之中，体现在新闻文本与传播环境的契合之中。新闻事实本身包含的道理，能够直接或者间接说明的道理，是事实本身具有的客观属性，是事态信息的隐蔽部分，因而，原则上可以归属于事态信息。

与情态信息一样，作为新闻文本信息分类构成意义上的意态信息，指的是传播者在新闻文本中表达的意态信息。意态信息主要是指传播主体在新闻文本中表达的对新闻事实的看法，这是纯粹的主观信息，它不属于事实信息，不是新闻信息。因而，意态信息从原则上说不应该被写在新闻作品之中。[①] 即使对于事实本身蕴含的意态信息，传播者也不应该自作聪明地引申一番，而应该留给收受者去做不同的品味，因为一旦传播者对事实中包含的意态信息进行了发掘和评说，它就变成了传播者的意态信息，自然会干扰人们对事实信息的独立理解。将事实信息与意态信息相区分，是新闻写作的一条基本原则。

（4）"三态"信息的关系。

新闻文本的信息是由事态信息、情态信息、意态信息共同构成的，这是一个普遍的判断，是对新闻文本信息构成的一般性描述。任何一个新闻传播者都是带着一定的价值模式、认知图式、情感态度和报道范式去再现一定的新闻事件、事实的，他能够自觉地避免一些主观因素对真实、客观再现事实的不良影响，但要做到纯粹的客观是不可能的。没有情态、意态的认知活动不再是人类的认知活动，没有主观的客观同样是不可理解的。

对新闻文本来说，最基本的信息是事态信息，它是一个文本之所以能够成为新闻文本的根本条件。因此，拥有足够的事态信息是新闻文本得以构成的前提，只有情态信息或意态信息或二者皆具的文本难以独立成为新

---

① 对此，学者们的看法并不一致，有人认为，传播者应该自觉地、有意地在新闻作品中表达自己的看法和意见，这样有利于收受者对新闻的理解。比如，中国传媒大学的朱羽君教授就说："现代观众要求新闻报道是主客观的辩证统一，即主观努力求得事实的尽可能客观公正的报道，同时将主观的见解作为一种客观存在体现在报道中，为观众迅速地提供一个完整的认识系统，使观众在事实和见解的同步接收中，开拓自己判断的思路，增强判断的依据，提高信息的价值，同时获得一种交流的愉悦。"参见朱羽君. 电视新闻评论的发展趋势 [J]. 现代传播（北京广播学院学报），1999（4）：44。

闻文本。因此，新闻评论在严格意义上说不是新闻文本，而是一定主体（主要是新闻传播主体）针对新闻事实表达情感、发表看法的一种方式。新闻评论只能被看作宽泛意义上的新闻体裁。

"三态"信息在不同新闻文本的具体信息构成中是有所不同的。有些新闻文本往往是相对比较单纯的事实报道，其信息构成可以说是单纯的事态信息，所谓的纯新闻大致就属于这一类；有些新闻文本在充分反映新闻事实的基础上，传播主体还会以或明或暗、或强或弱的方式表达自己对一定新闻事实、事件、现象、人物等的情感和意见，比如中国新闻体裁中的通讯、述评和西方新闻体裁中的特稿等，这类文本往往是明显的"三态"信息俱全的新闻文本。

除包含事态信息、情态信息、意态信息之外，一些优秀的新闻作品还可能包含着一定的审美信息。新闻作品的审美信息，往往是一种贯通式的、渗透式的存在，是作品内容、作品形式以及收受效果的和谐统一，或者说"体现在新闻的新、真、善以及形式美的有机结合几个方面"①。

2. 传播状态新闻文本信息构成分析

处于传播状态的新闻文本，才是人们真正面对的新闻文本，因此，对传播态新闻文本信息的构成分析，更具现实意义。处于传播状态的新闻文本，除了我们在上文中分析的那些信息构成，必然还会受到传播语境或者收受语境的影响。传播中的新闻文本主要处在两种基本语境之中：一是由它与其他作品构成的媒介语境；二是由一定社会的政治、经济、文化、心理等构成的宏观传播语境，也可以称作社会语境。媒介语境与社会语境赋予了传播态新闻作品一种重要的"语境信息"，如果没有这种语境信息，单一的新闻作品是不可能存在的，新闻的收受主体也难以准确理解某一具

---

① 邓利平.审美视野中的新闻传播 [M].北京：新华出版社，2002：29-54.

体作品的各种本体信息。因此，在一定意义上，我们可以说语境信息也是新闻作品的有机信息成分，或者说，传播态的新闻作品从传播语境中"分享"了语境信息。

（1）媒介语境信息。

这里的媒介语境有两方面的含义：一方面是指一个具体新闻文本在确定的媒介上所处的语境，或者说是在确定的媒介上所处的传播语境。比如，一篇文字新闻作品，在处于传播态时，总要与其他一些新闻作品一起被安排在一定的版面上，而每篇作品所"分享"的具体版面语言是不一样的，因此，收受者在阅读、理解、接受过程中，会自觉不自觉地以不同的态度和方式对待不同的新闻。按照一般的经验（以中国的报纸编排为例），收受者会更重视版序在先的新闻作品；在同一版面上，收受者会更注重区序更强的新闻作品；在同一区序，会更注意编排强势较大的新闻作品。显然，媒介语境本身成了新闻文本信息的有机组成要素，既表达了传播主体对一定新闻作品的评价与定位，也引导和影响了收受者的收受行为。媒介语境另一方面的含义更加宏观、宽泛，是指一个具体新闻文本所处的媒介生态环境或媒介传播、收受环境。比如，一件新闻事实，特别是重要的或具有社会共同兴趣的新闻事实，常常会同时在不同的新闻媒介上得到大致相同也有可能完全不同的报道。这时，某一新闻媒介的收受者就有可能受到其他新闻媒介相关报道的影响，其他新闻媒介提供的相关报道有可能成为其收受过程中的重要参照信息。正是在这种参照关系中，新闻作品获得了某种共享的"关系信息"，它实质上成了收受者面对的作品信息的一部分。但显而易见的是，并不是所有的新闻作品都可"分享"由媒介生态环境生成的关系信息，常态的新闻作品是没有这种关系信息的。

媒介语境信息是传播者所塑造的信息，相当于新闻文本本身信息构成中的情态信息或意态信息。传播态新闻文本从媒介语境（特别是狭义的媒介语境）中分享的语境信息，就是传播者情态、意态的直接或者间接体现。比如，报纸版面语言实质上是传播者对新闻文本在传播环节的终极评价形式。

（2）社会语境信息。

处于传播态的新闻文本，必然要"分享"其所处的社会语境中的信息。新闻传播者只能在他所在的社会语境中，用他所处的社会语境提供的语言符号去创制新闻文本。只有在一定的社会语境中，新闻作品才能获得某种由本体信息延伸而来的信息，或者说，社会语境赋予了新闻作品某种信息，使其成为作品信息的一部分。比如，只有在反腐倡廉的社会语境中，一篇客观报道某一任免升迁的新闻，才会被人们做出延伸性的理解。[①]

从新闻收受角度看，任何人在任何时候的新闻收受行为都离不开他所在的社会语境的影响，这是一种客观的限制，是作为文化存在者的人必然会受到的约束，但也正是社会语境架起了人们理解一定新闻作品的桥梁，社会语境赋予新闻作品的语境信息，打通了收受者走进新闻作品的路径。"我们不可能完全抛开我们的具体的社会历史文化语境，不可能完全抛开我们在特殊的历史文化语境中形成的思想情感、价值观念和审美观念去理解我们所要理解的对象。"[②] 对新闻文本的理解首先要求收受者能够理解所处时代的社会语境，即要懂得所处时代语言符号的含义，理解所处时代的语言话语方式，理解当下新闻传播的整体社会政治、经济、文化、心理背景，如此，才能在获取事态信息的基础上，得到新闻作品背后的信息。陈原先生说得好，"理解语言的真正信息，必须洞悉发出信息时的社会环

① 喻国明.嬗变的轨迹：社会变革中的中国新闻传播与新闻理论 [M]. 北京：中央编译出版社，1996：26－27.

② 李建盛.理解事件与文本意义：文学诠释学 [M]. 上海：上海译文出版社，2002：188.

境"①。事实上，"形式上同样的符号，在不同的传播环境中，其意义往往有很大的差别"②。一个时代、一个历史时期都有它独特的语言环境和话语方式，一个时代、一个历史时期总有它自己独特的关键词汇和表达范式。与时代脉搏同步跳跃的新闻语言最能反映社会语境的变化，收受者只有用符合当时社会语境的方式去理解新闻，才能准确把握新闻的内容和意义。如果收受者用几十年前的话语方式理解今天的新闻，就会出现十分可笑的结果。

（四）新闻文本的价值属性

我们在前面曾讨论过一件事实能够成为新闻事实的价值属性，这里针对的对象是新闻文本，要回答的核心问题是，当一个文本具有什么样的属性时，它才能成为新闻文本。在新闻传播活动中，传播主体面对的客体对象主要是新闻事实，而收受主体面对的主要是传播主体建构的新闻文本。由于文本是对事实的反映，所以它们具有内在的同一性。在理论的抽象层面，它们具有的新闻价值属性理应是一致的。但新闻文本毕竟与新闻事实有质的差别，具有不同的功能作用。新闻事实是被认识、反映和报道的客观对象，而新闻文本是认识、反映和报道的结果，是以符号形式存在的新闻事实。界定和分析新闻文本的价值属性，主要是在新闻文本与收受主体的新闻价值关系中进行的，我在《新闻价值论》中对新闻文本的价值属性做了这样的概括③：

1. 及时性

新闻文本是客观存在的新闻事实信息的载体，也是新闻事实潜在新闻

---

① 陈原. 社会语言学 [M]. 上海：学林出版社，1983：39.

② 杨保军. 新闻事实论 [M]. 北京：新华出版社，2001：128.

③ 参见杨保军. 新闻价值论 [M]. 北京：中国人民大学出版社，2003：153-158。此处对原文的个别观点、个别叙述及文字做了一些微小的改动。

价值的载体。因此，传播于媒介渠道中的新闻文本有无新闻价值，首要的一条是看它是否及时地再现了新闻事实。及时性，从时间要素上规定了新闻文本的价值属性。

文本价值属性的及时性，是由事实价值属性的时新性所决定的。新闻事实的新闻价值就是通过时新性来体现的，通过时新性而引发的，而体现在时新性中的新闻价值要得到实现，必须依赖于新闻文本的及时性。文本及时性是保证事实信息时新性的根本手段。新闻事实的新闻价值只有在新闻文本的及时性中才能得到有效的延续和传递。没有及时性的手段，具有时新性的事实将变为一般的事实、"旧"事实。及时性，作为文本的新闻价值属性，有其特定的基本内涵，可以概括为两个主要方面：

一是快速性。快速的基本意义是指，文本对事实再现得越快，它的新闻价值就越大。"快"是新闻传播的内在要求，从传播方法上确保了新闻文本对于收受主体的"新"。在价值追求上，快就是尽可能满足人们对自己周围环境变化的即时了解。人类新闻传播的目的，从总体上说正在于使自己能够随时把握自己的命运。一句话，快就是价值，时间就是价值。当快体现在每一具体的新闻文本上时，就是指利用文本在尽可能短的时间内，将新闻事实的内容传播出去。

二是时机性或时宜性。再现新闻事实的"及时性"是个内涵十分丰富的概念。一般来说，新闻事实的发生时间对于新闻主体是不可控制的，即"时新性"是不可控制的，但再现和传播新闻事实的"时间性"是由传播主体决定的，是可以控制的。为了确保新闻事实的时新性，必须实现新闻文本的及时性，这正是新闻传播规律的基本要求。但是，新闻传播活动是社会主体有目的、有利益追求、有价值取向的活动，一旦有了这些必然因素的影响和作用，及时性就不是一个简单的快慢问题了。传播主体会采取各种各样的办法协调时新性与及时性之间的关系，新闻文本的及时性实质上是在合规律性与合目的性的统一中得到确定的。在确定及时性的过程中，传播主体往往会从目的性出发最终去决定"及时性"的具体含义。这种从目的性出发的决定，有时是合理的，有时则是不合理的。但不管合理与否，"时效""时宜""时机"等一系列的概念还是产生了，即传播之"时"的快慢选择，要由传播主体追求的传播"效果目标"或价值目标来确定。于是，在现实的新闻传播活动中，时机、时宜等成了及时性的真切含义，反映的正是及时性在收受关系（所谓收受关系，指的就是新闻收受者与新闻文本之间的关系）中表现出的新闻价值属性。

2. 针对性

新闻文本有无价值以及价值大小，关键要看它能否满足收受主体的新闻需求。美国有位新闻学者这样说：包括新闻产品在内的任何产品，第一要则是为消费者提供有价值的东西，并且产品有无价值，是由使用者而不是由生产者界定的。[①] 新闻文本在其满足收受主体合理新闻需要中显示出的属性就是它的价值属性。这些属性首先体现在文本的内容上，而新闻文本的内容正是对客观存在的新闻事实的真实再现和表达[②]，因而事实所具有的新闻价值属性也反映在文本之中，即事实的时新性、重要性、显著性、接近性、趣味性等也是文本内容具有的新闻价值属性。一个新闻文本具有这些价值属性的多少和强弱决定着它的新闻价值的总体质量。

新闻文本是以统一的内容面对收受主体的，这种统一性表现为文本对于收受主体的针对性。针对性凝结了文本对于收受主体的所有价值属性，新闻文本对于收受主体的新闻价值正是在这种针对性中实现的。

作为新闻文本价值属性的"针对性"，是说新闻文本是具有传播目标

---

① MAYNARD N. Mega media：how market forces are transforming news ［M］. New York：Maynard Partners Incorporated，2000：55.

② 我们讨论新闻文本的价值属性，是以文本本身的真实性为前提的。所谓文本的真实性，是说文本所反映的新闻事实对象是真实存在的。

指向的文本，所指对象就是收受主体，实际所指则是新闻收受主体的新闻需要，即新闻文本应该是针对收受主体欲知、未知、应知而创制的文本。缺乏这种相对收受主体新闻需要的针对性，就意味着新闻文本对收受主体来说，不是一种对象性的存在，不是一种新闻价值关系中的存在。这样，新闻文本便失去了成为新闻文本的根据。缺乏这种针对性，意味着新闻文本所包含的内容，对收受主体来说，成了空泛的、一般的、可有可无的东西。因此，凡是真正的新闻文本，其内容必然具有新闻价值的针对性，其可能的存在方式必然是对象性的、具有某种新闻价值关系的存在。

内容上具有针对性的新闻文本，必然是具有新闻价值属性的文本。内容的针对性越广泛，意味着某一文本拥有的收受主体越多，因而新闻文本的新闻价值实现量可能越大；内容的针对性越强，意味着某一文本所拥有的能够满足收受主体新闻需要的素质越好，新闻文本的价值质量越高；广泛而强烈的针对性，则意味着新闻文本既具有满足收受主体新闻需要的普遍性，又具备实现高质量新闻价值需求的好素质。内容上具有针对性的新闻文本，才能成为有效的新闻文本，才能使新闻事实的潜在价值"寻找"到归宿。新闻事实具有的潜在新闻价值要想转化成为现实的新闻价值，必须以有效的新闻文本为桥梁。

面对信息时代的新闻传播实际，我们可以说，新闻文本价值属性上的针对性，不仅仅是"大众"传播模式追求的目标，更是通过大众传媒进行"分众"传播的根本所在。"目标收受者""有效收受者""小众""分众"等概念的广泛使用，反映的正是新闻传播的"针对性"。这种针对性宏观上讲的是媒介的受众定位问题，微观上则讲的是新闻文本的针对性问题。满足目标受众的基本手段只能是具有针对性的文本。并且，收受者的新闻需要是不断变化的，因而，对传播者来说，其还要注意针对性本身的变化。有位报人讲得好："成功的报纸常常会重温自己对新闻所下的定义，从而调整内容配置，以满足目标读者的需要。"①

新闻文本价值属性的针对性，很好地反映了新闻文本作为价值客体绝对性与相对性的关系。绝对性的意义在于只要一个新闻文本具有针对性，就必然含有新闻价值，总能满足某些收受主体的新闻需求。相对性的意义本身就蕴含在针对性中，说某一事物具有针对性，言下之意就是说它对其他一些对象不具有针对性。当我们说新闻文本具有价值属性上的针对性时，就已经说明，任何新闻文本对于不同的收受主体都具有不同的新闻价值。

3. 亲和性

新闻传播价值的实现，以新闻传播的有效进行为前提。所谓有效，就是传播主体的传播目的在收受主体身上得到了预期的反应，取得了期望的效果。一种传播只有致效，才能算作真正的传播。为了实现新闻传播的有效性，除需要建构和及时传播在内容上具有针对性的新闻文本外，对新闻文本再现新闻事实的方式也有特别的要求。这种要求就是新闻文本必须具有与收受主体的"亲和性"。新闻文本的亲和性大致包含以下几个特点：

首先，亲和性是指新闻文本必须按照新闻传播的要求去构建，按照新闻写作的规律去再现，按照新闻的文体和新闻的语体要求去再现。任何一种文本的个性特征，既取决于它所再现的对象的特征，也受一定领域已经形成的文本范式和传统等因素的约束。新闻文本的语词、语句表达方式和语言结构方式，包含着一个时代、一个时期，一个民族、一个国家，一个新闻机构的新闻价值取向和再现新闻事实世界的历史特征和个性特点，但有一点应该是基本稳定的——新闻文本再现的是事实。新闻再现方式本质上不是文学表现的方式，新闻再现的方式也不是理论论述的方式。记者不

---

① 里奇. 新闻写作与报道训练教程：第 3 版 [M]. 钟新，译. 北京：中国人民大学出版社，2004：15.

是作家，也不是理论家，记者就是再现新闻事实的专家。收受主体期望从传播主体那里得到的首先是事实信息，而不是审美享受，不是理论智慧。因此，与收受主体具有亲和性的新闻文本，必须按照新闻再现的方式去建构。

其次，亲和性是指新闻文本在符号再现与表达方式上容易被收受主体理解，再现的方式正是收受主体喜闻乐见的方式。尽管不同主体间的素质会有一定的差别，所处的新闻传播环境也会有所不同，从而使他们对"喜闻乐见"有不同的层次要求，但对面向大众的新闻文本来说，与收受主体的亲和性最突出的表现就是：通俗易懂，简明生动。早在 1948 年，新华社就曾专门发文指出："我们一切发表的文字，必须以最大多数的读者能够完全明了为原则。"① 美国新闻学者 D. W. 米勒也说："新闻报道必须写得从大学校长到文化程度很低、智力有限的一切读者都容易理解。"② 具备这样特点的新闻文本，才能真正赢得广大收受主体的亲近，形成利于新闻价值充分实现的亲和关系。

最后，亲和性是指新闻文本要与收受主体在心理上能够形成某种契合。在新闻文本的创制过程中，必须认真细致地研究收受主体的阅听心理，包括他们的认知心理、情感心理、审美心理等，只有把握他们的收受心理，理解他们的思维方式、价值态度，新闻传播才会有针对性，才能使新闻文本具有真正的亲和性。

亲和性，是新闻文本重要的价值属性。新闻文本能否与收受主体形成亲和关系，直接影响着新闻价值的实现质量。具有亲和性的文本，才能使新闻传播由"传播"达到"传通"；具有亲和性的文本，才能使新闻传播由"感知层次"达到"理解层次"；具有亲和性的文本，才能使新闻传播

---

① 李元授，白丁. 新闻语言学 ［M］. 北京：新华出版社，2001：28.
② 同①.

达到传播主体与收受主体之间的信息"交流"与"分享"。

再现时间上的及时性，再现内容上的针对性，再现方式上的亲和性，构成了新闻文本基本的价值属性。及时性从时间上界定了新闻文本最明显的价值特征；针对性从内容上规定了新闻文本实际的有效性；亲和性则从方式上建立起新闻文本能被收受主体接受的通道，也为新闻文本价值的现实化开辟了途径。具备及时性、针对性和亲和性的新闻文本，必然是能够实现有效传播的"有效文本"，不具备这些价值属性的文本自然不能称作新闻文本，对新闻传播来说只能叫作"无效文本"。

四、双重客体的关系

从传收两个方向理解新闻传播的完整过程，我们看到新闻客体的构成是双重的——新闻事实和新闻文本。双重客体在新闻传收过程中的存在方式是不一样的（包括基本性质和存在的形式等），但它们的内容实质上是基本一致的（最起码是应该一致的）。那么，它们的具体关系到底如何，我们将从微观和宏观两个层面展开分析。

（一）微观层面的对应关系

任何具体新闻报道都是对具体新闻事实的反映，因而，在微观层面上，新闻报道（或者新闻文本）与其客观对象（新闻事实）之间是一种一一对应的关系。它们之间的对应性质是一种主客观的对应，报道（文本）是对客观事实的主观反映。新闻传播的真实性要求决定了没有事实对应的文本绝对不是新闻文本。

从认识论的角度看，新闻活动本质上是人类认识世界的一种方式，每一则新闻都是对每一件具体的新闻事实的认识和反映。新闻真实与否、客观与否、全面与否、公正与否，正是产生于主观反映客观的过程中，新闻认识中各种主客观因素、各种环境因素的影响，也发生于主观反映客观的过程之中。一件新闻事实将以什么样的面目呈现在人们的面前，取决于传播主体的认知能力、价值取向和各种环境因素的作用和影响。传播主体对新闻事实的反映不是镜子式的反映，而是一种能动的反映。传播主体的能动性不只是确保真实反映的条件，也可能是扭曲反映的根源。因此，从原则上说，双重客体的对应不是绝对对称式的对应，即不是绝对真实、绝对客观、绝对全面、绝对公正式的对应关系。但追求这种绝对性常常是新闻人的一种理想和目标。

新闻传播业对整个事实世界的反映，正是通过一篇篇具体的新闻报道实现的，正是在一篇篇具体新闻报道与具体新闻事实的对应中，新闻传播塑造了与新闻事实世界相对应的新闻符号世界。每一篇具体的新闻报道都成为人们理解相应事实的桥梁，而由具体新闻文本共同塑造的新闻符号世界在很大程度上成为人们理解事实世界的桥梁（关于这方面的宏观讨论，下文还要专门进行。）。

新闻文本并不是由纯粹的事实信息构成的（参见前文相关阐释），每一篇具体新闻文本包含的非事实信息，都与创制新闻文本的传播者密切相关，正是这些非事实信息传达着传播者以及传播者所在的新闻媒体的传播价值取向。[①]

（二）宏观层面的两个世界

所谓从宏观层面上讨论双重客体之间的关系，是指把所有的具体新闻

---

① 需要说明的是，个体性的本位主体，并不总是赞成其所在的新闻媒体的传播价值取向。本位主体的个体意志与媒体的集体意志或者组织意志并不总是一致的，也会有矛盾、有冲突，一些传播者常常会通过自己的新闻报道表达、传递自己的一些情感和理想。

文本作为一个聚合体，把新闻事实世界作为一个整体，然后根据历史的和现实的经验事实（当然也少不了直觉和想象）看看这两个整体之间的关系是什么。新闻文本构成的聚合体实质上是一个关于新闻事实世界的新闻符号世界，因而，讨论双重客体之间的宏观关系，也就是讨论新闻事实世界与新闻符号世界之间的关系。

新闻事实世界与新闻符号世界是两个不同性质的世界，一个是物质性（客观性）的世界，一个是精神性（主观性）的世界；但它们又是两个相互作用、相互依存的世界，在时空中不断流变衍化，展现着人类生存与发展的轨迹。人们期望、梦想新闻媒介所塑造的新闻符号世界是一个与现实世界基本一致的世界，人们不想生活在虚幻的世界之中。

1. 两个性质不同的世界

首先，新闻事实世界与符号世界是两个存在属性不同的世界。事实世界是客观的存在，符号世界是主观的存在，符号世界是对事实世界的反映。新闻符号世界只是新闻事实世界的意义存在形式，它与新闻事实世界本身的实在性并不是一回事。新闻符号世界是传播主体理解的结果、塑造的结果，但这种理解、塑造并不就是新闻事实世界，这是两种性质不同的存在。符号世界一旦被创造出来，便可以以客观的形式存在，但它是一种精神性的客观，与实在的客观不能完全等同。说得直白一些，新闻符号世界是存在于人们大脑中的世界，事实世界则是大脑之外的世界。

人们对待新闻符号世界的态度应该是透过它去追寻、还原事实世界，而不是把符号世界本身当作事实世界，有了这种自觉的理性意识，人们才不至于招致或能够减少新闻符号世界对自己的蒙蔽甚至欺骗，人们才可以通过"兼听"的方式窥探到事实世界的全貌和真相。"报刊的有机运动"方式，一个世界（事实）、多种声音的报道理念，有可能使个体新闻收受者感到精神疲劳，但对一定的人群来说，它是人类迄今创造的最佳的获取事实真相的途径，因为到目前为止，人类还没有找到比民主更好的方法去发现真相、发现真理。

其次，属性不同的两个世界，其真实在性质上也不相同。新闻事实世界的真实是一种客观事实的真实、本体性的真实，新闻符号世界的真实是一种认识性的真实、再现性的真实。如果符号世界对事实世界的反映是全面的、正确的，那么，人们就可以通过新闻符号世界来准确把握新闻事实世界的真实面目，在这种情况下，我们可以说，这两个世界都是真实的世界。当新闻符号世界不能真实再现新闻事实世界的时候，它对事实世界来说便成为一个虚假的符号世界。然而，这种虚假符号世界本身却真实地影响着人们对事实世界的了解，在这种意义上，我们甚至可以把新闻符号世界看作一个"超真实"的世界。如果人们接受了这种虚假符号世界的描述，人们在事实上便生活在一个虚假的世界之中，或至少可以说，人们对一部分世界的了解是虚假的。早在 1922 年，美国人李普曼就在其《舆论学》中表达了这样的思想，"媒体创造了我们头脑里的象征性的想象，这些想象有可能与我们经历的'外在'世界完全不同"[①]。再请看当代一位学者的描述：西方一些媒体"在报道南半球的事态时"追求轰动效应，"因为这样才能吸引观众"，因而那些发展中国家不分青红皂白地被描述为"人口多，不发达，疾病流行，人们互不宽容"，"这便自然而然地给人留下了南半球糟透了的印象"，"这种陈词滥调最后竟也被视为真理"，其实，对北半球的反映也好不到哪里，"北半球的样子也跟在哈哈镜里一样"[②]。如果人们面对的是这样的新闻符号世界，借助的是这样的符号中介，那就永远不可能了解到事实世界的真实面目，至多是一种残缺的真实。

---

① 罗杰斯. 传播学史：一种传记式的方法 [M]. 殷晓蓉，译. 上海：上海译文出版社，2002：253.

② 贝拉赫. 不停播放的新闻 [M] // 张穗华. 媒介的变迁. 北京：中国对外翻译出版公司，2002：90.

最后，对真实性不同的两个世界来说，事实世界的真实需要发现，符号世界的真实需要证实。人们生活在两个性质不同的世界，但它们都是人们面对的世界，事实世界的真实是客观的真实，符号世界的真实是一种主观的真实，因而它的真实性是需要检验的、证实的。这里的用意在于指出，人们面对新闻符号世界，必须要以理性的眼光、怀疑的精神去解读，种种政治艺术、商业逻辑、文化技巧、媒体策划，都可能使一些新闻传播变得光怪陆离、难以琢磨。新闻符号世界的真实永远都是有偏差的真实、一定价值取向选择下的真实，是有限度的真实。"拷贝世界不是大众媒介对感性世界的全面复制或模仿，而是依据一定的价值观、政治的或商业的意图，对感性世界的加工和制作，而且这种加工和制作对感性世界而言只能是某个角度的、相对简单的。"① 新闻媒介不可能提供一幅完整的、十分健全的世界图景，最多只能提供一幅真实世界最新变动的图景。新闻符号世界与现实世界的差别是绝对的，一致是相对的，它们永远不可能达到天衣无缝的符合程度。新闻符号世界建构的观念化图景主要是关于现实世界最新的、重要的变动图景，并不是关于现实世界日常运行的事无巨细的图景。因此，两种世界的一致也只能是部分的一致，试图从媒介世界中窥探到整个世界的真实面貌，是不大可能的，在现实性上是难以实现的。对以传播新闻事实之信息为基本任务的新闻媒介来说，它所塑造建构的符号世界对现实世界本来面目的反映是有限的。对此，传播者和收受者都应该有明确的自觉。媒介及其传播者关于世界图景的最终根据只能是客观的现实世界。新闻媒介塑造的新闻符号世界是否真实地反映了现实世界，最终必须以现实世界的图景为标准和检验的尺度。任何媒介自我标榜的媒介观念都不能成为评判检验其建构的符号世界是否真实的标准和尺度。

---

① 陈力丹. 舆论学：舆论导向研究 [M]. 北京：中国广播电视出版社，1999：67.

2. 两个相互作用的世界

事实世界与符号世界是两个可以相对独立的世界，是两个性质不同的世界，但又是两个互相联系、互相作用的世界。事实世界是符号世界的源头，但由源而来的符号活水、精神之流，会经过千回万转重新渗透进事实的源头，循环往复，在历史的时空中不断改变它们相互作用的面目。

马克思、恩格斯认为，报刊是人之大脑反映外部世界的产物，是人们表现现实世界的精神世界。事实世界的存在不依赖于符号世界，但事实世界的发展变化会在一定程度上，有时会在很大程度上受到媒介所塑造的符号世界的反作用，因为"它不断从现实世界中涌出，又作为越来越丰富的精神唤起新的生机，流回现实世界"①。

请看下面这些论述，它们都在表明一个基本事实，那就是符号世界，特别是新闻符号世界，对现实世界、事实世界具有各种各样的反作用。"在某种程度上，媒体造成的环境可以决定一个社会的走向。"② 对普通大众来说，"这个'第二经验环境'（指符号世界——引者注）经常在作息时间、兴趣点、认识范围、价值倾向等诸多方面有力地扰动着'第一经验环境（指事实世界——引者注）'"③。沙莲香在其所著的《社会心理学》中写道，"由大众传播形成的拷贝世界——信息环境，是现代社会中人们无法逃避的生活世界，它同感性世界并驾齐驱，成为决定人们生活情感、生活欲望、期待、认知和态度的两大环境世界"④。"大众传媒将成为国家和国际层面增强经济、政治和社会势力的必不可少的工具。衡量成败和力量强弱的将是获取和运用通过大众传媒得到的知识和其他资源的能力。"⑤

---

① 马克思恩格斯全集：第1卷 [M]. 2版. 北京：人民出版社，1995：179.
② 陈力丹. 马克思主义新闻思想概论 [M]. 上海：复旦大学出版社，2003：333.
③ 崔文华. 全能语言的文化时代 [M]. 北京：北京师范大学出版社，1998：121.
④ 沙莲香. 社会心理学 [M]. 北京：中国人民大学出版社，1987：59.
⑤ 差廖翁沙. 新世纪的趋势和挑战 [N]. 参考消息，2000-3-19（1）.

我国著名新闻史学家方汉奇先生说，随着"新闻传播的媒介日益多元化，新闻传播手段的日趋现代化，'地球村'变得越来越小，新闻传播事业对世界政治经济和文化的影响，则变得越来越大"①。享誉国际、备受推崇的近代史大师——英国的霍布斯鲍姆，在其名著《极端的年代》中也指出，"随着本世纪（指 20 世纪——引者注）的结束，媒体在政治过程中的地位，显然比政党及选举系统更为重要，并极有可能如此持续下去"②。其实，在经济、文化以及社会生活的各个领域又何尝不是如此。在交往无限扩大的现代社会中，在经济全球化的浪潮中，大众传播系统的不断发达，使得"信息环境与客观环境产生了分离，成了不同于环境本身的'二次环境'，具有了相对独立性，在人与环境的互动过程中也就具有了特殊重要的意义"③。

因此，有人不无担心地指出，大众传媒使我们逃避真正的现实，分散了人们对现实世界重要事件的注意力，人们常常被媒介引入诸如暴力、灾害、死亡、性等一些有限的、狭窄的题材，而对人们真正应当充分关注的一些问题，如贫穷、饥饿、种族主义、环境保护、社会发展等轻描淡写。因此，能够消除遥远距离的现代媒介并未真正消除人们与现实和人们之间的"距离"和"障碍"，没有为人们带来与现实、与他人的"任何接近"④。李普曼早在 20 世纪初就说，大众传媒营造的是一个"拟态环境"，或者说是"假环境""准环境"，他说："我们可以看到，报道现实环境的新闻传给我们有时快、有时慢；但是，我们总是把我们自己认为是真实的

① 参见方汉奇先生为中国人民大学出版社出版的"21 世纪新闻传播学系列教材"写的总序。
② 霍布斯鲍姆.极端的年代：1914—1991 [M].郑明萱，译.南京：江苏人民出版社，1998：859.
③ 郭庆光.传播学教程 [M].北京：中国人民大学出版社，1999：126.
④ 海德格尔.诗·语言·思 [M].彭富春，译.北京：文化艺术出版社，1991：146.

情况当作现实环境本身。"① 美国当代著名的传播学者帕梅拉·休梅克女士认为，媒介内容并不完全是对社会的真实反映，媒介在积极建构现实（包括扭曲现实）；传播学者居延安也说，我们看不到世界本身，看到的是被大众传媒有意选择和解释过的世界。有位学者更是不无过激地说，"我们生活在一个媒介社会，在这个社会中，没有什么事物是不和媒介发生联系的——一些事物或是由媒介发起，或是受媒介的影响，或是被媒介强加了，或者由媒介居间联系。没有在媒介中报道的事物，等于社会中根本不存在"②。美国著名哲学家杜威甚至说："报纸和无线电是灌输群众偏见的两种最有力的手段。"③ 法兰克福学派的学者们更是针对西方新闻媒介商业目的与经济逻辑的性质批评大众传媒是一种麻醉剂，造成了愚钝的一致。法国先锋派社会学家皮埃尔·布尔迪厄在其《关于电视》和《自由交流》中认为，现代的新闻媒介已经成了精神活动与公众之间的一道屏障或一个过滤器，所谓的名牌主持人和大牌记者以一种肤浅的思想模式和弱智的时髦语言冒充精神生活的全能智者，他们以哗众取宠的"直击报道"和不负责任的"热点评述"自诩为"社会观察家"和"评论家"，他们是文化假象和思想假象的最大制造者。④ 美国前总统尼克松，在尝过了大众传播的酸甜苦辣后这样说道，"它像一种洗脑剂，实际上它也确实就是洗脑剂。它歪曲了人们对现实的认识……事实和幻想的界限已经被混淆到不易被人觉察的地步"⑤，"我们必须懂得，现代传播工具是灵活多变的，可将由它传播的信息和图像变为我们的信息和图像，其简单程度与我们的父母轻而易举地得到当初由电视和电影，更早些时期，由戏剧、音乐、诗歌和

---

① 李普曼. 舆论学 [M]. 林珊，译. 北京：华夏出版社，1989：2.
② 胡钰. 新闻传播导论 [M]. 北京：中国广播电视出版社，1997：5.
③ 杜威. 人的问题 [M]. 傅统先，邱椿，译. 上海：上海人民出版社，1965：64.
④ 唐绪军. 报业经济与报业经营 [M]. 北京：新华出版社，1999：179.
⑤ 崔文华. 全能语言的文化时代 [M]. 北京：北京师范大学出版社，1998：124.

绘画提供的信息和图像毫无区别"①。

尽管人们对符号世界给事实世界带来影响的强弱、大小、程度、正负等有不同的看法，但不会有人否认它的影响，不会有人无视新闻符号世界对现实世界的直接的或间接的作用。概括地说，新闻符号世界对事实世界的反作用表现为两种主要形式：一是符号世界比较正确、真实、全面地反映了现实世界的最新变动情况，为人们提供了关于现实世界的健全信息，从而有益于人们了解和把握现实世界的运动变化，从总体上推进社会的发展和个人的完善；二是符号世界未能真实、全面反映现实世界，或只是提供片面的、不健全的新闻，甚至是以扭曲和错误的方式描绘了一幅虚假的现实世界图景，这样的话，"过多地接触'新闻'（那些非常的、不正常的、反常的事件）可能会使受传者对于社会上究竟什么才是通常的、正常的、合乎常规的事情反而知之甚少"②。这必然在一定程度上会导致人们对现实世界形成错误或扭曲的看法，难以把握现实世界的真相，因而对社会和个人发展都可能带来不良的影响。

3. 两个变化发展的世界

人类所在的世界是一个生生不息的世界，不断发展变化的世界，丰富多彩的世界，每时每刻都有无数的新生事物展现在人们的面前，也有无数的事物在人们面前消失，不管是新生，还是消失，都会在人类的记忆中留下一定的或轻或重的印痕，这记忆就是一个符号的世界，它与现实世界一起起伏震荡，共同塑造着人类的历史。

不管是新闻事实世界，还是新闻符号世界，都是日日常新的世界，这既是由客观世界的本性所决定的，也是由新闻传播的本质所决定的。正是

---

① 瓦尔韦德. 传媒：一只现代的替罪羊？[M] //张穗华. 媒介的变迁. 北京：中国对外翻译出版公司，2002：74.

② 赛弗林，坦卡特. 传播学的起源、研究与应用 [M]. 陈韵昭，译. 福州：福建人民出版社，1985：210.

在客观世界生生不息的量变到质变、渐变到突变中，产生出了新闻事实世界的壮丽图景。大自然的风云变幻、社会生活的跌宕起伏，为新闻符号世界的创造提供了取之不尽、用之不竭的资源。正是在对新闻事实世界的即时、实时再现中，新闻符号世界持续不断地更新着自己的画卷。

新闻事实世界与新闻符号世界是两个同步变化的世界。新闻符号世界是对新闻事实世界的反映和再现，这种反映是及时的、同步的；新闻符号世界对事实世界的反作用则有可能是即时的，也有可能是延缓的，但新闻符号世界的新闻效应一定是及时的、迅速的。

今天的新闻事实，就是明天历史事实的砖瓦；今天的新闻符号，就是明天历史篇章的简牍；新闻事实与新闻符号一起在人类历史发展的道路上树立那些引人注目的路碑。面向未来，我们坚信，事实世界会越来越美好，符号世界也会越来越灿烂。人类在自己的旅程中，会不断走向完善、走向自觉，一定会从必然王国走向自由王国。新闻媒介创造的符号世界也会在人们观念的变革中、理性的提升中、科学技术的发展中，与现实世界靠得越来越近，对现实世界的反映会越来越真实全面、合理公正，人们可以从新闻传播中，真正把握到事实世界最新的、最有意义的变动景象。

第四章　新闻活动媒介

"媒介"意指"那些处于中间位置的东西"。

——约翰·杜海姆·彼得斯

媒介是心灵的延伸，和心灵一样，媒介需要从两方面去描绘，一是其符号内容，二是其传播的物质机制。

——罗伯特·洛根

人类的每一个新时代都是由一项或多项新技术引领的。

——拜伦·瑞希

人类用来进行信息交流的绝大多数媒介都可以成为传送和收受新闻的媒介，这些媒介也就是新闻活动媒介。新闻活动都要通过一定的媒介来实现。人们常常只在整体意义上来理解新闻活动媒介[①]，或者比较注重大的不同的媒介形态，但不够注重构成媒介形态的符号系统、思维系统等，这对把握作为精神交往活动的新闻活动及其媒介来说是有明显的不足之处的。因此，我想从媒介（技术）形态整体与媒介符号两个方面，即"硬媒介"和"软媒介"的角度，对新闻活动媒介做出新的阐释。

一、作为整体中介系统的新闻活动媒介

媒介是构成传播活动的必要因素，自然，新闻活动媒介也是新闻传收活动得以顺利进行所不可或缺的。媒介决定着信息制作、信息传输和信息收受的基本方式，不同媒介形态对于传播者传播什么，特别是怎样传播有着直接的影响。遵循新闻活动媒介自身的形态规律是新闻传播的内在要求（参见上章相关内容）。因此，理解媒介与新闻活动媒介的基本含义，对于整个新闻传收活动，特别是传播（传送）活动有着重要的意义。

（一）对新闻活动媒介的一般理解

新闻媒介（即新闻活动媒介）是媒介的一种，理解媒介是理解新闻媒介的前提和方法。因此，我们首先讨论媒介的一般含义与本质，然后分析新闻学界对媒介、新闻媒介的各种理解和看法，最后再来界定新闻媒介。

---

① 人们通常把"新闻活动媒介"叫作"新闻传播媒介"或"新闻媒介"，也在同等意义上使用这三个概念，这在原则上没有什么大的问题。但我以为，在比较严格的学术意义上看，"新闻传播媒介""新闻媒介""新闻活动媒介"这三个概念之间有一些细微的差别，需要加以注意。新闻传播媒介，主要是从传播者角度对新闻活动媒介的界定，指的主要是新闻活动媒介系统中传播者用来制作新闻和传输新闻信息的媒介，往往对新闻收受媒介重视不足；新闻媒介，有两种主要含义，一是新闻传播媒介或者新闻活动媒介的简称，二是仅指负载新闻信息的载体；新闻活动媒介，是一个比较宽泛的概念，主要是指新闻传收活动过程中所使用的媒介，包括新闻传播媒介和新闻收受媒介。因此，用新闻活动媒介这个概念来指称新闻活动全过程使用的媒介，更加全面、系统、准确。这也是我之所以把本章名称叫作"新闻活动媒介"的原因。

1. 媒介的含义

传播学家施拉姆和波特曾经说过这样一句话："媒介的概念不像它有时显得那样简单。"① 事实确实如此，媒介概念也像其他一些常用的概念一样，看似一清二楚，但要真正追究它的确切含义，却并不那么容易。

媒介的含义有一般和特殊之分。一般的媒介是指将不同事物连接在一起的中介，这种中介可以是人，也可以是物，还可以是人与物结合在一起。一切中介都是媒介，这一意义上的媒介也就是人们所说的"介质"。世界的普遍联系性决定了一切事物都是互为中介的，也就是互为媒介的。人类的认识活动、实践活动都离不开一定的中介，有些中介是物质性的、有形的，而有些中介是精神性的、无形的（比如，思考一定的物质对象，人们可以通过一定的概念、范畴、符号、思维方式等中介进行）。特殊媒介指的是从各学科、各领域自身出发所界定的特定媒介。在一般媒介与特殊媒介之间，并没有绝对的界限，一般媒介总是体现在特殊的具体媒介之中。

如果从信息传播角度出发，可以将媒介分为信息活动媒介和非信息活动媒介。信息活动媒介是以传收信息为任的媒介系统，除此之外的媒介，我们姑且称之为非传播（或者非信息活动）媒介，比如那些以转移传输物质、能量为任的媒介，可以被看作非传播媒介。但需要说明的是，信息传播媒介在传送、收受信息的过程中离不开一定物质能量的支持。我们在传播学和新闻学中讨论的当然是信息活动媒介，人们已经约定俗成地将其叫作传播媒介。并且，在新闻传播中，信息活动媒介主要是指将传播者和收受者连接起来的物理性媒介。

在传播领域，人们常常在不同的意义上使用媒介这一概念，概括起

---

① 施拉姆，波特. 传播学概论［M］. 陈亮，李启，周立方，译. 北京：新华出版社，1984：121.

来，大致有这样一些常见的理解：其一，把媒介概念与媒介组织或媒介机构相等同，这是生活中最为常见的用法。当人们一般地谈论媒介时，往往将其与报社、电台、电视台等媒介组织机构直接联系起来甚或与它们直接等同。其二，把媒介主要理解为进行制作、传输信息产品的工具或手段，比如，"大众媒介就是把信息转换成符号或信号并通过特定渠道面向大众、定期传播的机械手段"①。"所谓大众传播媒介，也称大众文化媒介，是指有组织的传播者为了实现一定的目的而在向广大收受者进行信息符号的复制和传播时所凭借的传播手段、工具、途径和渠道。具体说，当代大众传播媒介有印刷媒介和电子媒介。"② 施拉姆在《传播学概论》中写道："当我们谈到大众媒介，通常指的是中间插进了用以重复或传布信息符号的机器和有编辑人员的诸如报纸或电台之类的传播组织的传播渠道。"③ 其三，把媒介理解为媒介产品或媒介的具体形式，即把媒介理解为媒介组织人员运用媒介工具生产出来的具体的信息产品，诸如具体的报纸、广播电视节目、网页等。比如，有人认为，传播媒介就是信息载体。④ 其四，将媒介概念与媒体概念等同使用或区别使用。比如，童兵先生在他的《理论新闻传播学导论》中就说，"传播媒介有时也称媒体"⑤。但有些人却区分使用这两个概念，用媒介概念指称作为物质手段的传播工具，用媒体概念指称运用媒介进行信息传播活动的组织机构，比如，南京大学的丁柏铨先生就指出："前者（指媒体——引者注）强调的是一种社会组织、社会机构，后者（指媒介——引者注）则是指物理意义上的'中介''介质'

---

① 黄旦. 新闻传播学：修订版 [M]. 2 版. 杭州：浙江大学出版社，1997：204.
② 邹广文. 当代中国大众文化论 [M]. 沈阳：辽宁大学出版社，2000：88.
③ 施拉姆，波特. 传播学概论 [M]. 陈亮，李启，周立方，译. 北京：新华出版社，1984：122.
④ 童兵. 理论新闻传播学导论 [M]. 北京：中国人民大学出版社，2000：98.
⑤ 同④93.

'载体'。"①

对以上几种理解，我们做这样的评析：首先，从严格意义上讲，把媒介等同于媒介组织是不恰当的，就传播所运用的工具来说，媒介在本质上是一种物质手段，而媒介组织是人（传播主体）与物（不只是媒介）按照一定方式和要求构成的有机统一体。张允诺先生曾经撰文指出："报社、电台、电视台这些大众传播机构，它们一方面是有组织的传播集体，在大众传播过程中处于传播者的位置；另一方面，又拥有成套传播媒介并且依靠这些媒介进行传播。可是人们往往笼统地把报社、电台、电视台这类传播机构称为传播媒介或大众传播，这显然是不正确的。"② 其次，将媒介等同于具体的媒介产品尽管没有错误，并且确实抓住了媒介的核心含义，但还是有所欠缺的，因为尽管媒介产品确实是传播信息的直接中介，但将传播者与收受者连接起来的媒介本身是一个系统，它还包括制作和收受信息产品的媒介，比如作为大众传媒的印刷设备、广播电视设备、网络技术设备以及各种收受信息的设备等，离开了这些中介物，传播者和收受者是难以沟通的。再次，把媒介仅仅理解为制作媒介也是有问题的。制作媒介只是间接的传播媒介，不是传播者与收受者之间的直接中介桥梁。最后，媒介与媒体概念应该得到区分，媒介侧重于承载信息的实体，而媒体主要是指生产信息产品的组织或机构。在一般意义上可以说，媒体拥有媒介。

根据以上的叙述和分析，我们认为，对新闻活动媒介的理解，应该确立系统的思维方法，从传播活动的整体过程——传播与收受的完整过程——去把握媒介的含义。

第一，新闻活动媒介是由制作媒介、传输媒介和收受媒介共同构成的

---

① 丁柏铨. 中国当代理论新闻学［M］. 上海：复旦大学出版社，2002：32.
② 张允若. 对传播学几个基本概念的辨析［J］. 杭州大学学报，1998（1）：107.

统一的媒介系统。邵培仁教授说，从传播过程来看，"我们可以将所有媒介分为三类：制作媒介、传输媒介、接收媒介"①。其中，制作媒介是指用来将意欲传播的信息制作成一系列有序的符号或代码的工具；传输媒介是指将准备传播的一系列有序符号加以大量复制或无限扩张，使之能够在很大范围内为很多收受者所收受的工具；而收受媒介是指收受传输媒介发出的信号或符码的工具。② 对一个完整的信息传播过程来说，三种媒介缺一不可，它们具有内在的统一性。从这里我们也可以看到，把新闻媒体等同于新闻媒介在逻辑上是有问题的，因为作为媒介理解的新闻媒体无法包容新闻收受媒介。

第二，新闻活动媒介的核心，是指将传播者与收受者连接起来的承载一定信息符号的物质实体。人们通常把新闻活动媒介叫作传播媒介或新闻媒介的原因也正在这里。有人指出："传播媒介就是指介于传播者与受传者之间的用以负载、传递、延伸、扩大特定符号的物质实体。"③ 可见，传播媒介是由两个最基本的要素构成的，一是一定的物质实体，二是以一定方式附着在实体上的信息符号。就当代社会而言，这种物质实体主要有两种，其一是印刷媒介，其二是电子媒介。就印刷媒介而言，传播媒介与收受媒介是同一实体，即载有一定信息符号的纸介质或准纸介质；就电子媒介而言，传播媒介（传输媒介）与收受媒介在存在形式上是独立的，但在传播的实现中是统一的，没有电子收受媒介的电子传播媒介对于完整的新闻信息传播是无意义的。

此处需要特别说明的是，尽管我们应该做出学术上的努力，对媒介的含义加以准确的界定，但这并不等于一个概念的含义必须是唯一的。有

---

① 邵培仁. 传播学 [M]. 北京：高等教育出版社，2000：151.
② 同①152.
③ 同①148.

时，人们确实用一个概念指称不同的对象。如上所说，在新闻媒介问题
上，人们常常把新闻媒介组织、机构称为新闻传播媒介，如李良荣先生就
将新闻媒介界定为"以采集和公开向社会提供新闻为主的传播机构"①，
丁柏铨先生则认为新闻媒介"不仅指一种物质载体，如人们所直接接触的
报纸、电视、广播等，而尤指阅听人通常不会接触到的新闻背后的传播机
构"②。将新闻传播机构称为新闻传播媒介，具有一定的合理性，需要从
宏观上加以理解。

就整个社会有机系统而言，新闻传播组织或机构，作为一种组织性主
体，作为一种社会角色，确实充当着采集、加工、制作、传播新闻信息的
角色，它将社会、公众与一定的新闻信息连接起来，起到一种中介桥梁或
者说是媒介的作用。因此，人们常常把组织机构性的大众传播媒体叫作大
众传播媒介，而在新闻学意义上，又称之为新闻传播媒介。③ 但是，我们
还必须在媒介与媒介组织或媒体相区别的意义上理解媒介，"媒介的具体
体现是报纸、广播、电视，而媒体的具体体现是报社、电台、电视台。
'媒介'在英文中对应'media'，而'媒体'在英文中应该对应'media
organization'或'news organization'"④。

还需要注意的一点是，如今人们已经习惯于在多种意义上理解媒介：
将大众媒介等同于大众媒体（组织和机构），等同于大众媒体所生产的产
品等。因此，如果从实际出发，将作为物质手段的媒介，以及建立在物质
手段基础之上的媒介组织，还有媒介组织生产的信息产品，看成一个统一

---

① 李良荣. 新闻学概论［M］. 上海：复旦大学出版社，2001：96.
② 丁柏铨. 中国当代理论新闻学［M］. 上海：复旦大学出版社，2002：31.
③ "传播意义上的媒介是指传播活动的中介或中介物，它本质上由物质、技术、人或组织构成。
媒介处于传播过程的每个环节，并与整个传播过程融合在一起。"崔保国. 媒介变革与社会发展
［M］. 南京：南京师范大学出版社，1999：326.
④ 杜骏飞. 网络新闻学［M］. 北京：中国广播电视出版社，2001：47.

体，并且在此统一体的意义上理解大众传播媒介，也许更容易说明大众传播中的理论问题和实践矛盾。从学习、研究的角度看，我们可以通过不同的语境具体理解作者们赋予媒介的含义。

2. 媒介的本质

对媒介的不同理解，决定着对媒介本质的不同理解。但不管将媒介理解为什么，都离不开工具性的媒介，离不开承载一定信息符号的物质实体。因此，我们主要在媒介的这两种基本含义上来进一步揭示媒介的本质。此处关于媒介本质的揭示，是一般意义上的揭示，并不是对新闻媒介特殊性的揭示。

对于工具性的媒介，我们可以做出这样的解释：在外在的器物层面上，媒介表现为一定的物理技术工具；在内在的精神层面上，媒介本质上是人类知识力量的物化形式，是人类"有目的地实际利用自然物质的属性和自然物质运动规律的综合结果"[①]。其中"凝结着、储存着人们自己的需要、本性、本质力量、价值观念和创造才华、工艺技能以及人们作为主体同客体相关联关系结构的具体状况、具体特点等方面的信息"[②]。关于这一点，马克思曾有自己独特的、形象的论述，他说："自然界没有造出任何机器，没有造出机车、铁路、电报、自动走锭精纺机等等。它们是人的产业劳动的产物，是转化为人的意志驾驭自然界的器官或者说在自然界实现人的意志的器官的自然物质。"[③] 除此之外，任何物理性的媒介，内在地包含着一套操作规程和方法，离开操作规程和方法的媒介工具是死的、无用的东西。

大众传播所使用的物质工具的发明创造，最根本的动力是人们社会交

[①] 夏甄陶. 认识的主-客体相关原理 [M]. 武汉：湖北教育出版社，1996：171.

[②] 同①186.

[③] 马克思恩格斯全集：第31卷 [M]. 2版. 北京：人民出版社，1998：102.

往（包括物质交往与精神交往）的需要，是人们不断探索信息传播规律的产物，每一种信息传播工具的诞生，都意味着人类活动领域的扩展、社会视野的扩大、交往水平的提高，每一种新媒介都"为人类打开了通向感知和新型活动领域的大门"①。每一种传播媒介的发明创造，都是人类认识世界的结果，都是人类知识成果和智慧水平的外在的、物化的体现。"媒介是不断变革进化的，每一种新媒介的产生都会对人类的信息传播方式和社会的信息传播系统产生巨大的影响。"②

人们通常关注的媒介主要是承载一定信息符号的物质实体，它是传播活动的中介或中介物。作为承载信息符号的物质载体，信息符号在逻辑上是更为重要的，它包含着传播者对事实世界的认知和理解。传播媒介本质上是一个沟通传收双方精神世界的意义系统。物质载体是壳，信息符号是核，看不见的意义是"味"——各种信息的统一体，传播就是对这种"味"的交流与分享，因此，传播媒介本质上是意义的媒介。

3. 新闻活动媒介的界定

当我们把信息媒介主要理解为将传播者与收受者连接起来的承载一定信息符号的物质实体时，新闻活动媒介就是将新闻传播者和新闻收受者连接起来的承载着新闻信息符号的物质中介。用最简单的话说，凡是负载着新闻信息符号的物质实体都可以叫作新闻媒介。如果再加上新闻传播者用来制作新闻信息符号物质载体的制作工具、新闻收受者用来收受新闻信息的收受工具，它们便一起构成了新闻活动媒介系统。这也是对新闻活动媒介含义比较系统的把握。

如果从新闻活动媒介与其他几个主要的新闻传播要素——传播内容、传播者、收受者——的关系中理解媒介，我们可以对一种媒介能够成为新

---

① 麦克卢汉，秦格龙.麦克卢汉精粹［M］.何道宽，译.南京：南京大学出版社，2000：422.
② 崔保国.媒介变革与社会发展［M］.南京：南京师范大学出版社，1999：326.

闻活动媒介做出这样的基本限定：

第一，从传播者角度说，必须以报道新闻信息、评述新闻事实信息为媒介的基本使命，也就是说，必须把媒介当作新闻媒介。第二，就媒介本身所承载的内容而言，新闻性内容在质与量的统一性上，必须占据所有传播内容的核心地位。第三，从收受者角度说，对媒介的信息诉求或心理期待，主要是新闻事实信息和相关的评论，而非其他内容。如果传播者未把一种媒介当作新闻活动媒介，即使它具有新闻活动媒介的名义，也不是真正的新闻媒介；如果一种媒介上承载的主要内容不是新闻内容，它也不是新闻活动媒介；如果收受者对一种媒介的视听期待不是新闻内容，而是新闻以外的内容，它同样不是新闻活动媒介。比如，一份报纸如果不是被传播者用来报道新闻、评论新闻，那它就不是新闻活动媒介。

上面这三条的核心是说，新闻媒介必须以负载新闻信息符号作为自己的立身之本，即传播新闻是它的核心要务。正是在这样的意义上，我们才不会把所有的传播媒介认定为新闻活动媒介。比如，我们并不把图书，非新闻类的报纸、杂志，一般性的影像出版物等看作新闻活动媒介。童兵先生在他的《理论新闻传播学导论》中说，"新闻传播媒介是传播媒介的一种，但两者又有区别，新闻传播媒介以报道与评述事实的信息为内容与使命，而一般的传播媒介则是一切讯息符号的载体"[①]。从理论上把握这一点并不难，但在实践上要把新闻媒介办成真正的新闻媒介并不容易。人们看到，现在的一些所谓的新闻媒介，已经蜕变成了广告为主、娱乐为主、言论为主、实用信息为主、宣传为主的媒介。实事求是地说，被人们称作新闻媒介的任何一种具体媒介，其刊播的内容都是复合的，而不是单一的。这既是媒介生存发展的必然，也是新闻收受者的需要。但是，人们创

---

① 童兵. 理论新闻传播学导论［M］. 北京：中国人民大学出版社，2000：98.

造一种媒介，都会赋予它主要的功能，一旦连主要的功能都失去了，它的立身之本也就没有了。

（二）新闻活动媒介的形态构成与特点

麦克卢汉在 1964 年出版的著作《人的延伸——媒介通论》中，将人类的文化交流发展史分为三个阶段：16 世纪之前的口头传播阶段；16 世纪到 19 世纪末的书面和印刷传播阶段；20 世纪以来的电子媒介传播阶段。显然，从媒介角度看，我们可以说麦克卢汉将媒介演变类型历史地分为三种：口头媒介，印刷媒介和电子媒介。施拉姆和波特在 1982 年出版的著作《男人、女人、讯息和媒介——人类传播概论》中，将媒介分为四种：声音媒介、语言媒介、文字媒介、大众媒介。现在人们一般将媒介的发展历程分为语言媒介、文字媒介、印刷媒介、电子媒介和网络媒介。这些媒介类型划分方式是一种宏观的历史描述，有利于人们把握媒介的历史承继关系及发展规律。这里，我们主要从具体的新闻媒介形态类型入手，探讨它们不同的个性特点，并以此为基础，对新闻活动媒介的总体特征加以简要说明。

1. 媒介形态的具体构成与特点

就新闻活动媒介的现实构成来看，其主要是印刷媒介、电子媒介和网络媒介，但这并不是说，现在的新闻传播只依赖于这些媒介。事实上，新闻传播和其他任何信息的传播一样，在很大程度上仍然要依赖那些古老的以及工业革命以来发明的诸多传播媒介。但在这里，我们重点选取印刷媒介和电子媒介中以传播新闻为主要任务的一些具体媒介类型，对它们的历史演变、个性特点做一些简要的描述和分析。

（1）报纸。

报纸是"以刊载新闻和时事评论为主的定期连续向公众发行的散页出

版物"①，这是报纸作为新闻纸的定义，不包括非新闻性的报纸。有人说："以 20 世纪的标准来看，一份真正的报纸必须符合以下条件：它必须是定期出版的，每日一期或每周一期；它必须诉求读者的普遍兴趣，而不是某种特殊的兴趣；它必须提供及时的新闻。"②

作为大众化的新闻传播媒介，报纸的历史是最长的，如果从 17 世纪初世界上最早出现的一批近代报纸算起，已有 400 多年的历史。17 世纪初，西方国家凭借德国人古登堡的金属活字印刷术，出版了世界上最早的一批印刷报纸：1609 年，德国出现了每周定期出版的单条印刷新闻纸；1615 年德国出版了被视为德国也是世界上最早的"真正的报纸"——《法兰克福新闻》（周报）；1622 年，英国出版了第一份印刷周报《每周新闻》；1631 年，法国出版了第一份印刷报纸《公报》；1663 年，德国出版了第一份印刷日报《莱比锡新闻》；1665 年，英国出版了第一份单张两面印刷的报纸《牛津公报》；1690 年，美国出版了第一份印刷报纸《公共事件报》；1702 年，俄国出版了第一家政府报纸《公报》；1702 年，英国出版了《英国每日新闻》，该报用四开纸两面印刷，每日出版，完全具有了现代报纸的形式，被称为现代报纸的始祖。19 世纪三四十年代，美国开始出现商业化的报纸，将报业和新闻业带入了一个革命性的新时代。进入 20 世纪以后，报纸接连受到广播、电视、网络媒体的一次次挑战，但直到今天，报纸在人们的心目中，仍然是比较便捷、可信度较高的新闻媒介。

报纸，作为纸质媒介，运用的主要是文字语言符号和相对较少的静态平面图像符号；作为传播媒介，它通过一定的发行渠道与读者见面。正是

---

① 甘惜分. 新闻学大辞典 [M]. 郑州：河南人民出版社，1993：65.

② 埃默里 M，埃默里 E. 美国新闻史：大众传播媒介解释史：第 8 版 [M]. 展江，殷文，译. 北京：新华出版社，2001：9.

这些符号上、媒介形式上和发行方式上的特点，使报纸形成了自己不同于电子媒介、网络媒介的一些个性特征。首先，报纸的物质形式，使它易于携带，便于保存；而报纸依赖的物质形式，也使它的传播速度无法与电子媒介相比。其次，以文字符号为主的信息传递方式，使报纸新闻易于超越时空的限制，易于进行深度报道。"文字符号提供的是关于新闻事实的间接信息，再现者对事实的反映可以再现出'在场'的感觉，但并不受'在场'的限制。因而，它的表达不受时空的限制，凡是人类感性和思维所及之处，原则上都可用文字符号反映。"① "文字符号比起广播、电视语言来，更能诉诸人们的思辨理性。报纸能够通过文字符号细致而深刻地揭示、分析事实的来龙去脉和各种意义，具有得天独厚的广度和深度，它为读者留下了充足的'反刍'余地和机会。"② 但也正是文字符号的限制，使得报纸缺乏电子媒介的形象性和生动性，使报纸新闻对收受者提出了更高的智力要求，因而它的收受面会受到一定的影响。最后，报纸并非仅限于文字符号，它同样也诉诸非语言符号，图片、图表、图画已成为报纸再现新闻事实时不可或缺的重要手段。报纸还以特有的版面语言，塑造自己的形象，吸引读者的注意。版面本身就是新闻，不被版面语言表达的新闻，将在很大程度上失去新闻的意义。

（2）广播。

简单来说，广播就是通过无线电波或导线传送声音的新闻媒介。如果从最初的实验广播算起，广播的历史也近百年了。无线电技术的发明为广播的诞生提供了技术保障。1864 年，英国科学家麦克斯韦发现了电磁学理论和无线电波；1884 年，德国科学家海因里希·赫兹研究出了无线电产生、发射和接收的方法；1895 年意大利科学家马可尼和俄国科学家波

---

① 杨保军. 新闻事实论［M］. 北京：新华出版社，2001：101-102.
② 同①102.

波夫几乎同时发明了无线电报；1898年马可尼成功地完成了短程无线电通报技术试验；1920年11月，美国匹兹堡KDKA成为世界上第一座新闻广播电台；1922年，苏联建立了社会主义国家第一座广播电台——共产国际广播电台；1923年，我国上海泰来洋行的中国无线电公司开始播送新闻和音乐，标志着中国无线电新闻广播的启动；1940年12月31日，中国共产党创办的新华广播电台在延安正式播音。最初的无线电广播是中波和短波调幅广播，1933年调频广播在美国诞生，随后迅速得到推广。进入20世纪90年代，数字音频广播出现，使广播媒介的发展进入了一个新的时代。无线电广播的出现是新闻传播的一场革命，它打破了传播的时空界限，大大加快了新闻传播的速度，而且还通过声音传递增强了新闻传播的效果。

广播尽管受到各种媒介，特别是电视媒介的严峻挑战，但依然依赖自身的特点获得了生存和发展的空间。有人对广播的特点（也是它的优势）做过形象的描述，"广播媒介所传播的信息，收受者可以'随身听'，内容丰富，听来让人感到'宜而爽'，收音机价格低廉、收听广播无须付费，可谓'万家乐'"[①]。广播可以通过声音的音量、音调、音色等，充分展示广播新闻的个性色彩，而广播对自身非语言符号——音响、音乐和其他声音的实时应用，更能显现新闻的真实性，增强新闻的感染力和可受性，它甚至可以通过听众的想象和推理塑造出"在场"的感觉。广播声音符号的优势和劣势始终是相伴的，它可以通过设备的轻便性，用无线电波以最快的速度把新闻信息传送到四面八方；听众也可以以任何姿态、在任何情况下收听；但它转瞬即逝，不易留存，对收听的时间有着客观的限制；同时，声音语言的口头化也使它难以像文字符号那样很好地表达思辨性的

---

① 丁柏铨. 中国当代理论新闻学 [M]. 上海：复旦大学出版社，2002：257.

内容。

（3）电视。

电视是运用电子技术传送声音、图像的一种传播媒介。电视的历史只有七八十年，它的辉煌始于 20 世纪 50 年代，即使网络时代已经来临，它仍然是 20 世纪末 21 世纪初公认的"第一媒介"。电视被看成 20 世纪人类最伟大的发明之一。

电视技术的发明经历了一个较长的过程。1884 年，德国科学家保罗·尼普柯运用硒的光电效应发明了电视扫描盘，为后来电视荧光屏的发明奠定了基础；1926 年，英国人贝尔德研制出电视传真技术，实现了电视画面的完整组合及播出；1929 年，英国人进行了第一次电视试播；1936 年，英国建立了世界上第一家公共电视台；1954 年，美国全国广播公司（NBC）开始正式播出彩色电视新闻节目；20 世纪 60 年代，多数欧洲国家开办了彩色电视节目；1958 年，中国第一家电视台——北京电视台（中央电视台的前身）建立；1973 年，中国中央电视台开始正式播出彩色电视新闻节目。电视的发展是飞速的，有线电视、卫星电视、高清晰度电视、数字电视等接踵而来，令人眼花缭乱。如今，与其他新闻媒介相比，电视拥有的收受者最多，可以说是影响面最广、影响力最大的媒介。

成就电视"第一媒介"美名的是它自身的特点。电视将图像、声音、文字等形式齐集荧屏，以全能语言的方式让人们同时可以接受声音、图像和文字传播，而它的另一突出特点是对收受者的文化水平要求不高，这就极大地扩展了收受人群的范围，把新闻传播带入一个普遍收受的时代。与报纸的文字信息相比，电视的图像语言具有更为直接的信息刺激作用和力量，它以生动直观的形象，绕过人们大脑的理性思考直接指向人们的内心，引发心灵的震撼，产生及时效应。它的现场性使观众有了"在场"的感觉，这种感觉大大强化了新闻的可信度。

电视在传播新闻方面也有它明显的劣势和不足，一些重大的新闻或重大新闻的一些部分或细节并不总是可以看得见的，这就意味着电视无法用自己特有的画面方式进行记录。事实上，电视不能展现自己风采的时候往往正是报纸能够出彩的机会，它们具有互补的关系。与广播一样，电视顺时而播的特点，对人们的随意收视形成了客观限制。

（4）互联网。

互联网"是一种把众多计算机网络联系在一起的国际性网络，它是计算机技术、信息技术与通信技术融合的产物"①。互联网是当代世界上规模最大的超远距离信息传送网络，"被人们视为自发明报刊以来的一项无与伦比的创举，信息生产、传播及交换领域的一场革命"②。互联网的意义，已经远远超出了信息生产、信息传播的范围，它带来的是整个人类认识方式、生活方式、生产方式、思维方式等的革命性变化。我们尽管不能把网络技术乌托邦化，但也决不能低估它对整个人类社会发展的巨大影响。"历史学家同意这样一种估计：很少有孤立的政治事件能够对人类历史进程产生持久的决定性的影响。然而，如果缺少某几件科学发现或者技术发明，人类的历史可能会面目全非。"③ 网络就是能够改变人类面目的一种技术。

1946 年，世界上第一台计算机在美国诞生，为互联网的出现打下了技术基础。互联网诞生于 20 世纪 60 年代，起初主要用于军事目的。1969 年美国国防部建立了一个内部网络系统，名叫阿帕网（ARPANET），这是世界上第一个计算机网络；1986 年，美国国家科学基金会（NSF）建

① 匡文波. 网络传播技术 [M]. 北京：高等教育出版社，2003：1.
② 佩利谢尔. 在电脑空间遨游 [M] //张穗华. 媒介的变迁. 北京：中国对外翻译出版公司，2002：132.
③ 张开逊. 现代科学、技术的价值 [M] //王大珩，于光远. 论科学精神. 北京：中央编译出版社，2001：53.

立了连接大学和科研机构的计算机网——美国国家科学基金网（NSF-NET），它是最早向社会开放的互联网络；欧洲粒子物理研究所的蒂姆·伯纳斯·李于 1989 年提出了万维网（WWW）的技术构想，从根本上为互联网成为一种传播媒介奠定了基础；20 世纪 90 年代开始，网络大规模进入社会各个领域，进入一般社会生活。从此以后，网络媒介以几何级数飞速发展。从 1993 年到 1997 年的 4 年之内，网络用户达到 5 000 万。而作为新型媒介，收受者达到 5 000 万，广播用了 38 年，电视用了 13 年，有线电视用了 10 年，由此可见互联网发展速度的迅猛。互联网在中国的迅猛发展始于 20 世纪 90 年代中后期，到 2005 年 6 月，网络用户已经超过 1 亿人。

从整体上看，直到目前互联网的主要作用很难说是传播新闻，但它传播新闻的功能却是独特的，是传统三大媒介在许多方面无法相比的。其大容量、高速度、超文本、互动性、多媒体形态的特点，使新闻传播朝着更加快捷、更加便利、更加多样化和个性化的方向发展。网络新闻是真正全球化的新闻，它以自己的技术优势，不仅给社会公众提供了自发自收的自由，而且可使其抵抗多种可能的收发限制，这就使网络新闻能够在一些新闻事件、问题、人物、现象上，形成独特的舆论环境。网络新闻传播使新闻源、传播者和收受者之间的关系发生了一些变化。在传统的传播媒介中，人们收受到的新闻都是经过职业化的新闻传播者加工处理的，很难直面最初的信息源，但网络却使一些新闻不再经过传统新闻"守门人"的把关或过滤，而是直接与公众见面了。当然，这其中的利弊是需要具体分析的，不能一概而论。还有，网络媒介可以借用自身的技术手段，以影像的形式将一些新闻事件复原再现，这不仅使一种更有吸引力的新闻成为可能，还使观众拥有了更多的控制权。需要记者加工的事实越来越少，而观众则可以对事实的含义得出自己的结论。换言之，网上"记者可以越来多地让事实自己说话"①。

网络新闻传播也有一些明显的缺陷。就当前来看，首先，最大的问题是新闻的真实性受到了严峻挑战，因而，尽管上网浏览新闻信息的人越来越多，但网络新闻的可信度并没有随之提高。其次，网络新闻的获取需要一定的物质能力和知识技术能力，这在客观上会将大量的潜在新闻收受者"拒之网外"，对并不富裕的第三世界人民来说，这是非常实际的问题。最后，网络新闻信息的海量特点，冗余信息、垃圾信息、有害信息的大量存在，严重干扰了人们对新闻的有效获取和理解。

（5）手机。

除了上面讨论的诸多媒介，还有一些传统的大众化媒介（比如杂志、电影等）和新兴的通讯媒介可以充当新闻传播媒介。手机在信息传播中的作用越来越大，因而被人们称为继网络媒介之后的"第五媒介"。姑且不论这一名称恰当与否，仅就手机媒介的作用来看，它在信息传播，包括新闻信息传播中的特殊地位确实不可忽视。因而此处只对手机媒介加以简要说明。

手机最初只是人们用来通话的工具，但现在已经成为人们随时随地获取各种信息的便捷媒介。在海量的信息传播中，包含着大量的新闻信息。伴随手机拥有量的突飞猛进，短信已经走进千家万户，并且仍然具有巨大的潜在市场。以 1992 年世界上第一条短信在英国某 GSM 网络上通过电脑向手机发送成功为标志，短信传播至今已走过了 14 个年头。中国短信业务更是呈几何级数增长。人们发现，收发短信已成为信息传播中新的模式，我们甚至可以说，一种新的文化形式——手机文化——正在形成。

手机短信具有"即时获取""即时支付""随身漫游"等特点。从消费

---

① 帕夫里克. 新媒体，新规则［M］//张穗华. 媒介的变迁. 北京：中国对外翻译出版公司，2002：122.

者的角度看，短信业务提供了快捷、经济的服务。消费者可随时随地收发，这既适应了工作繁忙、生活紧凑的现代生活方式，也能使人们在一些特殊情况下（如不能利用传统新闻媒介、通信工具时）进行信息传递和交流。手机还可以和其他媒介整合为一体，形成以手机为基本收发媒介的复合型媒介，同时也成为一种潜力巨大的新闻活动媒介。手机报纸、手机电视等的现实化，更是扩展了手机信息传播的新领域、新形式，具有无穷的魅力。

手机媒介并不是简单的人际传播媒介，遵循的也不仅是"点—点"的人际传播模式，它与网络结合在一起，具有准大众传播的特点和功能。一个人在电脑上花上一两分钟编写一条手机短信，鼠标一点，通过网络即刻可以"群发"到几十人的手机上。这种"点—面"的传播模式，使手机在信息传播中的地位越来越重要。手机可以说已经成为信息传播、舆论传播、文化传播的重要媒介。

手机媒介也已成为人们与传统媒介进行互动的重要中介和手段。人们可以看到，几乎所有的传统新闻媒介，都开辟了通过手机短信进行传—收互动、收—收互动的平台，极大地激发和增强了普通大众参与各种信息交流（包括新闻信息交流）的积极性。

当然，我们也要看到，与传统媒介一样，手机媒介传播中也出现了一些负面现象，比如，大量扰乱人们正常生活的信息以这种方式发出，甚至还成为违法犯罪和传播不健康内容的畅通无阻的渠道。通过短信传播的有害信息主要有这样几种：危害国家安全的反动政治信息，虚假诈骗性信息，违法犯罪活动的信息，网络传销信息，封建迷信信息，等等。

2. 不同具体新闻活动媒介的共同特征

无论是从历史的纵向上考察，还是从现实的横向上审视，新闻媒介都是丰富多彩、各有个性的，但它们作为新闻活动媒介，必然具有一些共同特征。从宏观层面上分析这些共同特征，有利于我们从总体上把握新闻媒介。

第一，从本体论角度看，新闻媒介是一种实体性的存在物。不管什么样的新闻媒介，一定是一种实体性的存在，看得见，摸得着，人们通过感觉器官可以直接感觉到它的存在。新闻媒介的这种实体性集中表现在两个方面：载体的实体性和信息符号的实在性。但蕴含在媒介符号中的信息和意义是非感性的，必须通过理性的、抽象的方式才能把握，对此，我们将在下文关于"软媒介"的讨论中再做阐释。

第二，新闻媒介拥有任何媒介天然具有的中介性，即新闻媒介是将新闻事实、传播者、传播内容、收受者连接起来的桥梁和中介。离开新闻媒介的中介作用，传播者与收受者之间便不可能产生新闻传收关系。中介性，是媒介、新闻媒介的本质属性。作为中介的新闻媒介，其本身是物质、信息和能量的统一体，正是新闻媒介不同存在样式的形成过程，把不同的社会成员历史地同时也是现实地定位成、分离成不同的新闻活动角色。

第三，新闻媒介，特别是大众性的新闻传播媒介，是一种材料、技术和信息符号的融合物、统一体，也可以说是实现新闻传播的物质手段。比如，作为大众传播媒介的印刷媒介就是将文字与纸通过印刷技术结合在一起的传播新闻的物质手段。新闻媒介的融合性特征，意味着传播媒介的每一次更新，特别是革命性的发展，需要多方面条件的有机联系与契合，不是某一单一条件可以决定的。

第四，作为大众性的媒介，新闻媒介必然具有一个突出的特征——大众性。但大众性的实质是指新闻媒介内在的可扩散性，对一定时空的可超越性。大众性的内涵是广泛的个体性，一种新闻媒介只有能够被广泛的个体接触和运用，才能称得上是大众性的媒介，正是在这一意义上，我们既可以把网络媒介、手机媒介称为大众新闻媒介，也可以称为个体性的新闻媒介，它们的实质是同一的。新闻媒介自身内涵的大众性，既是新闻媒介能够发挥广泛社会影响力的根据，也是我们理解新闻媒介多种功能的出发点。

第五，当我们在更宏观的层面上把新闻传播媒介理解为一种传播组织机构时，它具有明显的公共性或社会性。它是大众提供、获取和交流信息的最大媒介和最大平台。个体、团体意见正是通过大众性的新闻传播媒介，可能和可以迅速转化成为社会意见、公共意见。而组织机构意义上的传播媒介，在构成上具有明显的层次性，这种层次性尽管在现实中有时依赖于行政规定，但就新闻传播的内在发展机制而言，是传播媒介竞争的必然结果。

二、新闻活动媒介功能的宏观分析

新闻活动媒介的功能，有广义和狭义之分。广义的功能，是指新闻传播组织或新闻媒体——诸如报社、新闻类杂志社、广播电台、电视台、通讯社、新闻网站等——的功能。由于这些被称作或当作新闻媒体的组织，并不是单一的新闻媒体，而是拥有以新闻媒体身份为主的多重身份，因而其功能范围非常广泛。而狭义的功能讨论，仅仅把新闻媒体生产的承载新闻信息符号的实体——新闻媒介作为考察的对象，因而其功能范围相对比较小。当然，媒体功能与媒介功能有着内在的联系，但必定不能等同。新闻媒介只不过是新闻媒体发挥功能的一条最重要的通道，但并不是唯一通道。此处，我们只在狭义的、宏观的意义上分析新闻活动媒介的功能构成。

（一）建构传收关系的桥梁

在新闻活动中，将传播主体与社会、与收受主体直接连接起来的是新闻活动媒介。因此，如果从新闻媒介的系统构成（制作媒介、传输媒介和收受媒介构成了媒介系统）考虑，则可以说整个新闻媒介是实现新闻传收的基本物质保障。从完整的新闻传播过程出发，任何一次新闻传播的实现，都需要制作媒介、传输媒介和收受媒介，正是这些有形物支撑着新闻传播的有机运行。依赖这套中介性、工具性系统，以事业化方式进行的、以新闻传收活动为主的新闻活动得以顺利展开。如果我们的眼界更开阔一些，就可以看到，新闻活动媒介系统是人类以新闻方式进行社会交流、沟通、交往的中介系统，这一中介系统既是物质性的，更是精神性的。

我们可以把新闻活动媒介系统简化为两大部分：传播媒介和收受媒介。传播媒介由制作媒介和传输媒介构成，收受媒介由传输媒介和接收媒介构成。传输媒介，特别是承载新闻信息符号的传输载体①，是传收双方实际上共用的媒介。从传播者一方看，新闻信息载体是传送信息的媒介；从收受者一方看，新闻信息载体是接收信息的媒介。因而，我们主要以承载新闻信息符号的媒介为对象，阐释新闻活动媒介的功能。

在物理形式上，新闻媒介表现出的主要功能，就是将传收双方直接联系起来，构成现实的传收关系。在新闻传收活动中，传播者与收受者之间，首先是通过有形物——新闻传收媒介——联系在一起的，这种有形物建构了传收双方稳定的、可见的传收关系，明确了双方的角色地位。比如，通过报纸这个有形的新闻信息载体（新闻纸），传播者与收受者建立起了实实在在的新闻传收关系。透过新闻媒介连接传收双方的现象，我们更应该看到，正是大众化的新闻媒介，创造了大众化的传播者和收受者。

新闻传收关系，作为新闻活动的核心构成部分，如我们在第一章所

---

① 新闻传输媒介，是由物理性的媒介通道与承载以新闻信息为主的信息符号的载体一起构成的。人们通常不大关注物理性的媒介通道，而将注意力集中在信息载体上。这在操作层面上是合理的，但不能忘记物理媒介通道的存在。

说，本质上是人类之间的信息交流活动、精神交往活动，因此，由新闻媒介架接起来的传收桥梁，不是简单的物理桥梁，而是复杂的精神桥梁；发挥的功能也不是简单的物理功能，而是复杂的精神功能。通过这样的精神桥梁，传播者与收受者之间，或者说社会成员之间、不同社会组织之间，沟通的便不只是新闻事实信息，还是可以通过新闻方式沟通的整个生活世界、精神世界。正是通过这样的桥梁，新闻传播成为当今世界各种政治力量、经济力量、文化力量等组织社会、组织大众的重要渠道。一般地说，新闻媒介已经成为人类用来组织、调控社会关系的一种重要方式。

作为沟通传收关系以至整个社会关系的一种重要桥梁和方式，新闻媒介并不是天然地只起到正面效应，它也有可能产生负面影响，造成信息交流的阻滞、精神交往的障碍，甚至会引发社会动荡和矛盾冲突。新闻媒介，作为联系新闻事实（或者整个事实世界）与收受者的中介角色，在新闻传播者的作用下，必然会改变事实的一些面貌。如果是有意改变，又不露声色，事实在收受者的面前就会变得面目全非。传播者在创制作为新闻信息符号载体的媒介时，总是以自己的传播范式、模式，运用软、硬传播媒介（关于软媒介，下文将讨论）塑造事实。对此，收受者要有充分的自觉（不能盲目相信媒介上的一切）。一些新闻信息或者普通信息，一旦被中介过，就一定会带有中介者及中介技术的痕迹。

（二）传送新闻信息的通道

当我们讨论新闻活动媒介的功能时，首先把新闻媒介"纯化"为只传播新闻信息的媒介。显然，经过"纯化"的新闻媒介，作为信息载体或者信息通道的核心功能有两种：一是传送、告知新闻信息，使社会公众能够及时了解生存发展环境的最新变动情况；二是评论新闻事实，使社会公众及时获知他人（包括媒体）对相关事实的意见和看法。因此，从总体上说，新闻媒介发挥了传送新闻信息、评论新闻事实或事件的"通道"功能，这也是新闻媒介的两大主要直接功能。这两种功能就是新闻媒介的本位或本体功能——新闻功能。

但是，在现实的新闻传播中，并不存在单一的、纯粹的只传播新闻信息的新闻媒介。任何一种形态的新闻媒介，作为信息通道，尽管以承载新闻内容为本，但它绝对不会只限于承载新闻信息和新闻评论，这就使新闻媒介具有了传播其他信息的通道功能。因此，新闻媒介作为信息通道的功能也是多元的，不是单一的。新闻媒介可以直接承载各种各样的实用信息、知识信息、广告信息、理论信息、娱乐信息等。因而，作为整体存在的新闻媒介，其信息通道是复合型的。不过，在操作层面上，传播者会把媒介通道进行必要的功能划分，使媒介形成了人们能够区别的不同功能区。比如，一份规模宏大的报纸（媒介），传播者将其分成不同的功能单元：有些单元刊载新闻（新闻评论），有些单元刊载实用信息，有些单元刊载娱乐材料，有些单元刊载文学艺术作品，有些单元刊载广告信息，等等。

新闻媒介通道功能的复合化或者多元化，在事实上给传播者和收受者都带来了巨大的影响。处理不同通道功能之间的关系，是传播者每时每刻都面对的问题。对规模一定的新闻媒介来说[①]，信息总容量是一定的，因而什么样的内容多一些，什么样的内容少一些，什么内容放在什么位置（时段）等问题，都需要传播者及时解决。新闻媒介的不断调整（如报纸的改扩版，电台、电视台、网站等的频道、时段、栏目等的改变与调整等），实质上就是在调整媒介的信息通道功能。一家新闻媒介，如果对信息通道功能分配把握不当、定位不准，就很难得到良好的发展。对新闻收

---

① 在一定时期内，任何一种新闻媒介的规模总是基本确定的。比如，一家报纸的版面总量在一定时期内基本上是稳定的，电台、电视台节目的时间总量也是基本一定的。

受者来说，如果在自己接触的新闻媒介上获取不了足够的新闻信息，就很有可能放弃这样的新闻媒介。

新闻媒介的核心功能是承载新闻信息的功能，即我们上面所说的通道功能。新闻媒介的通道功能能否落到实处，关键要看它承载新闻的功能是否能够落到实处。因此，很有必要在此对新闻本身的功能加以阐释。

讨论新闻的功能问题，是把新闻作为对象，看它具有什么样的实现某种作用的属性。一个对象只有具备某种功能，才有可能实现某种作用。新闻的功能在传播过程中表现为新闻的作用。新闻的功能主要表现在两个大的方面。

第一，本体或本位功能。作为一种关于新近或正在发生的、发现的具有新闻价值的事实信息的再现，新闻最直接的功能当然是信息功能，即消除人们对周围环境最新变动情况的认识或心理不确定性的功能，也就是监测环境的功能。信息功能是新闻的本体性功能，它从功能属性上界定了新闻的范围。信息功能是新闻的目的性功能，决定了新闻的内在追求。如果一种信息不具备消除人们对周围环境最新变动情况的认识或心理不确定性的功能，它就不是新闻。如果一种信息不以满足人们的新闻需要为根本的、第一性的追求或目标，它就不是理想意义上的新闻。人们收受新闻的第一期待是达到对有关事物最新变动情况的了解。

第二，延伸功能。新闻的信息构成不是单一的事实信息（参阅前一章的相关论述），因而新闻的功能也就不会只是单一的事实信息告知功能。退一步讲，即使新闻所包含的信息是单一的事实信息，它也可能具有多种功能。我们把新闻本体功能之外的其他功能统称为延伸功能，即这些功能都要依赖于新闻的本体功能，是本体功能的扩展或延伸。为了方便理解，我们还可以把新闻的本体功能称为新闻的直接功能，这样，延伸功能就可以叫作间接功能。直接功能就是新闻功能，间接功能则是新闻功能以外的其他功能。

不同的新闻具有不同的延伸功能，有些新闻的延伸功能属性多一些、强一些，有些则少一些、弱一些，因而不同的新闻会产生不同的传播效应。从总体上看，新闻的延伸功能大致包括教化引导功能、知识传播功能、文化传播功能、娱乐功能等。如果从历史的宏观向度上看，新闻显然具有重要的历史记录功能。[①] 但更为重要的是，我们应该研究新闻本位功能、延伸功能与整个社会物质文明、精神文明，特别是政治文明的功能关系，应该仔细研究新闻与个人生存发展的各种功能关系。一句话，在方法论上，我们应该在多种功能关系中探究新闻的功能。

在实际的新闻传播活动中，一些新闻的延伸功能属性对收受者的吸引力可能比本体功能属性更强，产生的实际传播效应更大。比如，有些社会新闻、文化娱乐新闻、奇闻异事新闻以及伴随严肃新闻的一些花边新闻等，尽管它们作为新闻的事实信息是本位的、不可缺少的，但它们的主要功能却是娱乐化的，即收受者是否明了这些事实并不重要，这些新闻可以给他们带来某种快乐就够了。但不能忘记的是，无论如何，延伸功能总是基于本体功能，如果一条新闻失去了本体功能，没有了事实信息，它就不再是新闻了，即使它具有其他功能，这些功能也不能被看作新闻的延伸功能。

本体功能与延伸功能在实际的新闻存在中往往是一体化的，因而在功能转化为实际作用的过程中常常是共时性的，即新闻收受主体在获知有关事物最新变动情况的同时，本体功能以外的其他功能也可能得到了实现。比如，收受者在阅读一条科技新闻，获取科技事实是什么时，同时获得了

---

① 我想指出的是，新闻不仅具有记录历史的功能，也有创造历史的功能。从小的方面看，一些事件，一旦有新闻报道介入，就会改变事件本来的进展，这就是对历史的一种创造；从大的方面看，新闻传播本身就是历史的一部分，它总是在以自己的方式改变着现实的面貌，因而它也在创造着历史。

一些科技知识；收受者在阅读一个新闻人物的故事时，也可能同时受到了教育和引导。因而，我们把新闻的功能分为本体功能和延伸功能，或者直接功能和间接功能。这只是一种逻辑上的划分，是为了把新闻当作新闻的一种研究方法，不可能把新闻本身包含的多种功能在客观上分割开来。

（三）实现新闻媒体各种功能的基本手段

如上所述，新闻活动媒介是一个媒介系统，但其核心是承载新闻信息的传输载体，并且，传输载体主要是由传播者创制的，这样，传输新闻信息的载体就成为传播者、传播媒体用来实现自身诸多目的的途径、工具、载体和手段。

新闻媒体或新闻媒介组织本身具有多样化的活动，不只是进行新闻传播活动。多样化的活动意味着新闻媒体具有多样性的功能。比如，作为经济实体的新闻媒体，可以在整个社会的经济活动中发挥重要的功能，事实上，新闻媒体作为经济实体在今天的经济领域中已经具有耀眼的地位和作用；又如，作为文化实体的新闻媒体，在整个社会的文化生活、文化创造、文化传承中具有不可替代的巨大影响；再如，作为意识形态阵地、社会舆论中心、思想宣传中心的新闻媒体[1]，对一定社会的政治生活、民心向背、思想变革、社会思潮等，都具有举足轻重的作用和影响……总而言之，新闻媒体具有重要的政治功能、经济功能、文化功能等。[2] 如此种种，关系到一个非常重大的问题：新闻媒体的这些活动、这些角色、这些功能，与新闻媒体创制的新闻媒介（作为新闻信息载体的媒介）的功能到

---

[1] 把新闻媒体本身作为政治生活中心、思想宣传中心，无论在资产阶级还是在无产阶级新闻活动历史中，都是存在过的经验事实。但就目前来看，公开承认并把新闻媒体仍然当作宣传中心、思想教育中心的主要是无产阶级，该现象主要存在于社会主义国家。

[2] 对此，传播学界早有认识，并且已经形成了比较成熟的看法。可参阅郭庆光. 传播学教程 [M]. 北京：中国人民大学出版社，1999：213 - 232.

底有一些什么样的关系？厘清这些基本关系，是我们理解新闻媒介功能构成所必需的。

如果对新闻媒体与新闻媒介不加区分的话，那么，新闻媒体的功能就是新闻媒介的功能（这正是学界的普遍理解）；如果在区分的意义上理解新闻媒体与新闻媒介的功能，那就可以说，新闻媒介是新闻媒体实现主要功能的途径或手段。因为，如果没有新闻媒介，新闻媒体也就名存实亡了。而新闻媒体创制新闻媒介的目的，就是实现自身的功能。进一步讲，新闻媒体是一个整体，是一个相对独立的社会系统，其自身的各种活动、各种角色、各种功能必然具有内在的或紧密、或松散的关系。其有些功能可以不依赖新闻媒介来实现，但有些功能则必须依赖新闻媒介去实现。因此，如果换个角度看，新闻媒介就成了实现新闻媒体一些功能的手段。

如果把新闻媒介理解为新闻媒体组织或机构，那么新闻媒介的功能也就转换成了新闻媒体的功能。这种理解具有一定的道理。由于新闻媒体创制的主要产品就是传输以新闻信息为主的信息符号的载体（传输媒介），因而，媒体的功能在现实表现上就转换成了媒介的功能，这大概也就是人们通常把媒体功能等同于媒介功能的原因。但如前所述，这二者毕竟不能完全等同。在我看来，在专门的新闻功能理论中，还是很有必要将二者区分开来的，这样有利于人们更清楚地认识新闻媒体作为一种实体组织机构的其他功能，当然也有利于人们相对比较独立地把握新闻媒介的功能。另外，由于新闻媒体是新闻传播业运行的实体机构，因此，新闻媒体及其活动就是新闻传播业的实际存在方式。如是理解，也就意味着新闻传播业的功能与新闻媒体的功能本质上是一回事。果真如此，新闻传播业的功能也就是新闻媒介的功能。可见，新闻媒介的功能、新闻媒体的功能、新闻传播业的功能，在最基本的方面是一致的。但如上所述，它们不能完全等同。

基于以上理解，如果按照功能论方式考察人类的新闻活动，并以事业

化的新闻活动为对象，我以为能够形成一个可以称之为"新闻功能链"的
结构（见图 4 - 1）。

图 4 - 1　新闻功能链

如果把这个"新闻功能链"拆开，按照功能范围从大到小叠置起来，
就构成了新闻功能论的金字塔结构（见图 4 - 2）。

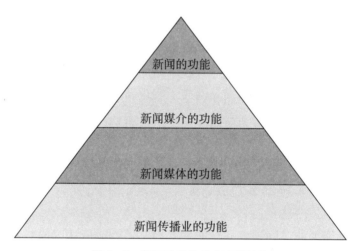

图 4 - 2　新闻功能论的金字塔结构

功能链结构说明，整个新闻传播业的核心功能通过媒体、媒介最终应
该落脚到新闻功能上，而金字塔结构说明新闻功能是新闻传播业通过媒
体、媒介追求的顶级功能。因而，在新闻理论中，最重要的理论仍然是关
于新闻的功能问题。但就我们现有的新闻理论来看，对新闻的功能还缺乏
深入系统的研究，仍然停留在一般的经验层次上。①

---

①　关于新闻功能的研究，要将新闻置于各种功能关系中进行考察，不能只限于在直接的传收关
系中探究新闻的功能。新闻与社会、个人以及各种社会组织，到底有一些什么样的具体功能关系，都
是有待研究的问题。只要能够发现一种新的功能关系，就可以找到新闻产生和发挥功能作用的途径。

三、作为"软中介"的新闻活动媒介

新闻活动本质上属于人类的精神活动，不管是传播者创制新闻作品的过程，还是收受者收受新闻信息的过程，运用的更为重要的制作媒介、交流媒介、收受媒介乃是无形的精神性的"软媒介"或者"软中介"。只有理解了软媒介的构成，才能真正把握新闻媒介的实质、新闻传收过程的实质。任何技术媒介、物理媒介的背后，都有人类相关知识、思维方法与智慧的支持，离开这些精神性的东西，硬媒介都是死的东西。相对物质中介系统而言，精神性中介是任何新闻传播主体和收受主体时时刻刻都在使用的中介工具，如果说在某些情况下人们可以离开物质工具传收新闻、寻求新闻价值的话，那么不管在什么情况下，人们的新闻传收活动都离不开精神工具。因此，把握"软中介"显得尤为重要。作为"软中介"的精神工具，主要由以下几部分构成。

（一）新闻符号中介系统

卡西尔有一句非常有名的话：人是符号的动物。这句话的实质是说，人类是以符号作为最基本、最普遍的中介物来认识世界和改造世界的。"符号是对象的标志，是信息的载体，是外在对象向人的主观印象转化的中介、工具和手段。"① 新闻活动本质上是一种认识活动、精神生产活动，它的材料来源主要是事实信息，它所使用的中介工具就是各种各样的符号系统。不同形态的媒介正是通过对不同符号系统的运用来完成传播，实现价值传递的。"众多的传播学家早已认为，信息传播所获得的价值大小，

---

① 陶富源. 实践主导论：哲学的前沿探索 [M]. 合肥：安徽人民出版社，2001：372.

与其信息所运用的传播符号有着密切的关系。各类传播媒介只有充分发挥自身的符号优势，方可获得信息传播的最佳值。"① 因此，对新闻传收符号系统进行深入研究，有着非常重要的理论意义和现实意义。

一般来讲，符号系统包括语言符号和非语言符号两个子系统。每一形态的媒介都有自己的语言符号系统和非语言符号系统，是以两套符号系统共同作用的方式来进行新闻活动的。符号中介与物质工具一样，只有通过主体才能现实地发挥作用；也同物质工具是主体本质力量的表征一样，主体使用符号特别是语言符号的能力从某一方面表明了主体本质力量的大小。主体所在的世界，是一个多重的世界，除了直接感受到的、生活其中的狭小的现实世界，还有各种符号所营造的世界。"世界的独立存在当然毫无疑问，但世界必须通过语言向我们呈现出来，也就是说，世界必须进入语言，才能表现为我们的世界。"② 新闻传播就是通过符号中介把新闻事实世界再现在人们面前、表现在人们面前的。符号成为直接的信息载体。正是通过对符号世界的创造与理解，新闻信息、新闻价值才得到了传播和分享。

就大众化的新闻传播来说，最重要的工具，莫过于语言符号，语言符号是由一系列感性符号——声音符号和书写符号——组成的符号系统。广播的声音语言、报纸的文字语言、电视的叙述语言、互联网的文字语言或声音语言，都是新闻传收活动中的重要中介。离开语言符号的新闻传播是不可想象的，传播主体能否用语言符号将新闻事实真实、客观、全面地陈述出来，能否将新闻事实所蕴含的新闻价值"渗透"在语言符号之中，既是对传播主体的基本要求，也是衡量传播主体水平的一个重要尺度。对新闻传播来说，事实是以观念的形态存在于语言符号之中的，因此，"新闻

---

① 黄匡宇. 电视新闻语言学 [M]. 北京：中国广播电视出版社，2000：110.
② 金元浦. 文学解释学 [M]. 长春：东北师范大学出版社，1997：8.

从业人员如果语言不能过关或是语言只是勉强过关，不能熟练地驾驭在社会发展中瞬息万变的语言，那就很难称得上是一位上乘的新闻工作者"①。同样，对新闻传播的收受主体来说，如果缺乏认识、辨听语言符号和理解语言符号意义的能力，那就失去了直接获取新闻信息的可能，失去了理解世界的可能，何谈新闻需要的满足。

语言符号对对象的再现，已经离开和超越了对象的具象性，在性质上是一种抽象的再现。抽象性正是语言符号的突出特点。抽象的语言符号，"它对事实信息的再现直观上是线性的流动，但实际上它对事实信息的表达不仅可以是线性的，也可以是立体的、非线性的，它不仅可以进行严密的逻辑叙述，也可将时序倒置穿插回还，采用'蒙太奇'的手法再现事实"②。它不仅可以描述事实的具象状态，更能揭示事实的内部联系。因此，语言符号可以再现和表达非常明确、准确的信息。

非语言符号，同样是新闻传收活动的重要中介。报纸中静态的图像语言、版面语言，广播中的音响语言，电视新闻中的图像语言、体态语言，网络新闻中的各种非语言符号，构成了新闻传播中非语言符号的庞大系统。没有哪种新闻传播可以离开非语言符号，"读图"时代、电视直播时代、多媒体时代的到来，使图像语言的作用越来越突出，以至出现一种不大正常的"图像崇拜"现象。

一般地讲，非语言符号再现的内容直观生动，它将对象的原生状态以具象的方式呈现在人们的面前，直接诉诸人们的感觉器官，提供的是一种直接的信息。"具象语言系统包括视觉性非语言和听觉性非语言两种。视觉性非语言符号大都集中在电视新闻的画面中，如新闻人物的体态、表

---

① 詹伯慧．语言学百花园里一朵绚丽的新花：读黄匡宇《电视新闻语言学》[M] //黄匡宇．电视新闻语言学．北京：中国广播电视出版社，2000：序一3.

② 杨保军．新闻事实论 [M]．北京：新华出版社，2001：101.

情、服饰，新闻画面的色彩、空间结构以及必要时使用的特技，等等；听
觉性非语言符号主要指由现场音响或音乐语言形成的效果声。"① 非语言
符号再现对象的直观性，与语言符号的抽象性相比，对人们接收信息的智
力要求相对较低，这正是音频新闻和一般视频新闻比文字新闻更具易受性
的原因之一。"画面虽然具象，但语意模糊，它们绝大多数情况下都是依
靠抽象的'词'；而让画面的具象内涵浮升为语意，才能准确地传播。"②
因此，我们看到的电视新闻，不会是纯粹的图像新闻，而是声画一体的
报道。

对于新闻传播中语言符号与非语言符号谁更重要，人们的看法并不完
全一致，这突出表现在对电视新闻语言的看法上，因为报纸以文字语言符
号为主、广播以声音语言符号为主是显而易见的，非语言符号的主要作用
是对语言符号的辅助。但对电视符号系统来说，作为非语言符号的图像语
言是否也处于非主导的地位，却是一个需要认真思考的问题。图像是事物
或事物变动的直接表象，只有在一定叙述语言的描述下，其意义才能确定
下来。因为图像是非语言符号，非语言符号在无"语境"的情况下，有无
穷无尽的含义，所以纯粹的图像不能再现意义明确的新闻，它必须依赖叙
述语言一定程度的说明，或其他背景语言的导引。对电视新闻来说，它的
叙述语言总是与一定的画面和图像相伴，既不同于报纸新闻的文字叙述语
言，也不同于广播新闻的声音叙述语言，其真实性有赖于图像的佐证。因
此，在电视语言双重符号的地位关系上，我更倾向于这样的观点，"语言
是电视传播的基础，语言不仅是整个电视传播的基础，而且也是电视传播
中画面创造和解读的基础"③。从新闻符号论的角度，可以这样看待电视

① 黄匡宇. 电视新闻语言学［M］. 北京：中国广播电视出版社，2000：124－125.
② 同①250.
③ 同①序二7.

新闻：从标识意义上，我们可以说电视新闻就是以画面语言为特色的新闻，如果没有了画面图像，电视新闻就不再为电视新闻；从信息传播特别是意义的完整表达与理解上来看，我们可以说电视新闻是以语言为基础的新闻，因为一旦缺少语言，电视新闻从本质上说是很难理解的。同样，对于报纸的版面语言、广播的音响语言，一旦离开文字语言和声音语言，它们的意义也是很难确定的。同理，文字语言、声音语言一旦没有了非语言符号，也将难以得到充分的表达。但就大众传媒的传播活动来说，语言符号的作用明显要更大一些。专门研究非语言符号的学者艾伯特·梅拉比安就认为，语言符号的传播范围比非语言符号大得多[1]，"语言可以为每一类型的思维提供一个清晰明确的符号，帮助维持感觉世界固有的秩序。词语就像一个个指针，将这些意义的峰尖从绵延在地平线上的山脉轮廓中凸现出来"[2]。

其实，语言符号与非语言符号作为人类共同的传播中介，之间没有不可逾越的鸿沟，它们可以指称同样的对象，表达同样的意义，这说明它们之间是可以"互译"的，它们之间的深层结构是相同的，但它们毕竟是两个不能完全等同的符号系统。按照符号系统的演变、进化过程来说，语言符号系统是更成熟的、更高级的、独立性更强的符号系统。就实际的新闻传播来说，传播主体和收受主体都应该充分利用两种符号系统，获取新闻信息，再现新闻事实，传播和获取新闻价值，实现有效传收互动。

在传播者与收受者之间，只有具备统一的新闻符号系统（即统一的新闻符号形式系统和统一的新闻符号意义系统），他们才能进行实质性的交流。人与人之间能够进行信息交流的前提是人们具有大致相似的经验系统，而要实现交流，必须有相应的中介——可以相互理解的体态语言和可

---

① 黄匡宇.电视新闻语言学［M］.北京：中国广播电视出版社，2000：104.
② 同①250.

以相互理解的其他符号系统。因而，物理性的新闻媒介只是传收交流的物质性通道，新闻符号系统才是实现传收互动的真正桥梁和中介。就新闻学研究来说，我们已往比较注重对物理媒介的考察，或者笼统地研究新闻媒介，而对新闻符号系统没有给予足够的重视。对新闻传收媒介的内在精神机制研究甚少，至今出版的专门探讨新闻语言、新闻符号系统的高质量的著作少得可怜。

（二）新闻思维中介系统

"在每一个具体的科学认识领域，不仅有自己独特的概念性思维工具系统，而且往往有自己独特的思维逻辑、思维方式。"[①] 新闻活动尽管谈不上是一种高级的科学认识活动，但它作为一种社会认识方式，必然也有自己的思维工具、思维逻辑和思维方式，必然拥有自己独特的思维概念、范畴和判断对象的方式方法。正是在一定的新闻思维方式、思维逻辑的指导下，传播主体可以通过对其他中介（物质工具和符号工具等）的运用来发现新闻事实、再现新闻事实、创造和传递新闻价值，接受主体也是在一定的新闻思维逻辑、思维模式下来接收新闻、解读新闻、获取新闻信息、获取新闻价值的。

主体对对象信息的获取与选择，"同主体已经掌握的概念性思维工具是密切相关的。概念性思维工具是主体从质的方面有选择地接收、获取和掌握信息的必不可少的中介性因素"[②]。因此，新闻思维是新闻传收活动中一个极其重要的精神性中介系统。传播者拥有什么样的新闻思维逻辑、思维方法，在精神层面上决定了他能够发现什么样的新闻、注重什么样的新闻、选择报道什么样的新闻，可见，思维工具比起物理性的技术中介更

---

① 夏甄陶. 认识的主-客体相关原理［M］. 武汉：湖北教育出版社，1996：207.
② 同①193.

重要，它直接涉及的、决定的乃是新闻传播的内容。同样，新闻收受者拥有什么样的新闻观念，具有什么样的新闻思维逻辑、思维方式，也限定了他选择接触新闻的范围、对待新闻的态度、理解新闻的方式。可以说，每个人在一定时期具有的新闻思维逻辑和新闻思维方式，限定了他对新闻的感知范围、理解能力和认知水平。[①] 如果从新闻活动的传收关系考虑，我们可以进一步说，传播者与收受者如果在事实上不存在大致相似的新闻思维方式（没有大致相似的新闻观念）、思维逻辑或者说基本相似的新闻心理，他们之间就很难产生有效的沟通和交流。一般来说，传播者都是经过一定专业训练的新闻人，他们已经具有基本的新闻思维方式、思维逻辑。因此，如何让作为新闻收受者的普通大众具有基本的新闻思维方式、思维逻辑，掌握专门的、最基本的新闻精神中介系统，是整个社会的重要任务之一。

作为新闻活动的精神中介，围绕新闻和新闻价值而展开的一系列概念和判断应该是新闻思维的核心，并且首先贯穿在整个新闻活动，特别是传播主体的新闻活动中。"新闻思维是一种职业思维习惯，具有这种思维习惯的人，在知识概念上，他能够抽象出受众需要、政治需要、媒介特点、社会效果、记者报道能力等诸多共性问题，并知道新闻报道操作流程上各个环节的规律；在新闻实践上，面对任何一次具体的报道活动，他都能在自觉与不自觉当中把这些知识转化为指导实践的'方向盘'，凭借思维习

[①]　需要说明的是，作为职业工作者，新闻传播者通常具有相对独立的新闻意识、新闻观念，具有相对成熟的新闻思维逻辑和思维方式。但对大众化的新闻收受者来说，他们往往没有什么独立的、能与其他思维、观念清楚分开的新闻思维逻辑和新闻思维方式，他们更多是按照生活常识对待新闻传播的，更多是按照他们对新闻的一般理解对待新闻的。比如，普通大众都知道，新闻应该讲真话——这也是最重要的新闻观念和新闻思维，因而，哪家媒体的报道讲了真话，他们就认为它是好新闻、好媒体，如果说了假话，那就是坏新闻、坏媒体。

惯就可以运用自如。"① 传播主体在发现、选择报道对象时，首先是在自觉与不自觉的状态下，用新闻概念的内涵去衡量对象是否值得报道，用新闻价值概念的内涵（比如时新性、重要性、显著性、接近性、趣味性等）进一步衡量对象新闻价值的有无和大小，从而确定其是否值得报道，然后会用一系列非新闻本身的价值观念或者规范性标准，比如政治价值标准、商业价值标准、法律道德标准、政策纪律要求等，去判断形成新闻报道的合理性和可行性。在这些活动中，新闻主体主要是以新闻的概念、新闻的价值观念以及诸多的其他新闻思维作为中介工具进行操作的。如果一个新闻记者、新闻编辑不会在观念范围内进行新闻操作，那就说明他没有掌握新闻思维方式、思维逻辑。这里需要特别注意的是：不要忘记，新闻传播只是社会有机系统中的一个子系统，它的生存、运作、发展绝对离不开社会大系统所塑造的整体环境，它与经济、政治、文化等须臾不可分离，因此，新闻思维工具不是单纯的新闻概念、新闻判断和新闻推理，还有大量与新闻紧密相关的经济概念、政治概念、法律概念、道德概念、文化概念、技术概念等。新闻实践是现实性最强的社会活动之一，因而它的独立性也最容易受到各种社会力量的冲击，这一点不仅表现在新闻实践中，也明显表现在新闻思维所运用的工具中。

以什么样的具体方式去再现新闻事实、表现新闻事实，对自觉的新闻传播主体来说，不是即兴的随意行为，而是在一定的新闻思维方式下进行的，传播主体会根据新闻事实的特点和新闻报道的目的，以一定的思维方式指导自己的新闻采访和写作，以充分开掘新闻事实的信息资源，表现新闻事实的新闻价值。有人对此做过专门的研究，提出了很有见地的看法，认为"新闻思维的主要特点是：形象思维和逻辑思维相结合，以逻辑思维

---

① 陈作平. 新闻报道新思路：新闻报道认识论原理及应用 [M]. 北京：中国广播电视出版社，2000：386-387.

为指导；系统思维和重点思维相结合，以重点思维为体现；顺向思维和逆向思维相结合，以顺向思维为基础；发散思维和聚拢思维相结合，以聚拢思维为主；顺序思维和跳跃思维相结合，以跳跃思维为主"①。新闻传收活动在其具体的操作过程中，大致就是用这样的思维中介，从不同角度、不同层次、不同侧面来再现事实、传播新闻价值的。

思维中介"活"的形式，存在于主体的知识系统与智力系统之中，是无形的、不可见的，这种"活"的存在形式，只有在主体具体的、内在的精神活动见之于外在的客观活动时才能被体现出来，对象化在一定的精神客体或物质客体之中。主体的新闻思维样式与水平，只有通过新闻传播和新闻收受活动才能表现出来。传播主体的新闻思维方式就表现在他的新闻策划、新闻采访、新闻写作、编辑制作、播报传递等一系列新闻实践活动中，发现新闻事实的敏感程度、再现新闻事实的符号运用水平、针对收受主体新闻需求的传播能力等，都能够从不同侧面反映出传播主体的新闻思维方式和思维的视野及深度。我们可以毫不夸张地说，传播主体的新闻活动能力，在很大程度上是由他的新闻思维水平所决定的。收受主体的新闻思维方式则表现在他对新闻传播媒介的选择、内容的选择、解读方式的选择等接收或接受活动之中。选择什么、如何解读，都能反映出收受主体的新闻思维方式，能够反映出他以什么样的思维工具对待新闻价值客体。

"思维工具是人的精神生产的产物，它们同语言符号结合在一起，获得一种现实的感性存在形式，成为一种精神客体"②，人们经过对精神客体的学习和把握，就可以掌握一定的思维工具。如果某种思维方式只是存在于一定的个人主体的大脑之中，它就还是私人性的，只有通过语言符号表达出来，被人们理解，它才能是共有的和公用的。因此，就实际情况来

---

① 艾丰. 新闻写作方法论［M］. 北京：人民日报出版社，1994：270.
② 肖前，李淮春，杨耕. 实践唯物主义研究［M］. 北京：中国人民大学出版社，1996：317.

看，任何一个领域的思维工具都有私人性和公用性之分，都会不断地在私人性与公用性之间发生相互转化。可见，思维工具必然是在精神活动中不断形成和不断丰富发展的。新闻思维工具当然主要是在长期的新闻实践活动中产生的，是经过人们的不断研究、提炼、抽象和概括形成的。而且，新闻思维的诸多概念、范畴以及诸多方式方法，也会随着新闻实践的发展得到不断的丰富和完善，形成自己独特的思维工具系统。我们讲这些话的目的，是想说明新闻思维是可学的。以新闻思维、新闻观念对待新闻媒体、新闻传播、新闻报道，在现实社会中并没有得到很好的落实。有人总想让新闻传播承担它所不能承担的负担，如把它当作纯粹的商业赚钱机器，把它当作纯粹的娱乐手段等，这些都是在以非新闻思维的方式对待新闻传播，必然会扭曲新闻传播的本来面目。

（三）新闻传播特有的方式方法系统

我们在前面多次说过，新闻活动的主要构成部分是传播者的新闻传播活动和收受者的新闻收受活动，在这两种活动中，人们通常理解的新闻活动的核心是传播者的传播活动。这样的理解具有理论上和实践上的合理性。在事业化、产业化的新闻传播时代，新闻职业工作者是专门从事新闻活动的人，他们的职业活动水平在很大程度上决定着新闻传播的整体表现。在具体的新闻传播过程中，传播者如何使用精神性的中介系统——新闻符号系统和新闻思维方式方法系统，更是直接决定着人们能够获得什么样的新闻。

所谓新闻传播特有的方式方法，是指新闻传播如何再现、表现事实对象的方式方法，加工处理新闻信息的方式方法。它关注的是再现新闻事实的形式，而非具体事实的内容，这种形式是普遍的，而具体的内容是特殊的。新闻传播的方式方法是操作性的。对物理性的新闻媒介来说，方式方法表现为一套系统的操作技术和操作程序，它和媒介本身是一体化的；而对精神性的新闻媒介来说，方式方法既有一般性的观念原则，也有一系列操作、处理新闻信息的具体方法，表现在采写编评播等具体的新闻业务活动之中，最终则体现在传播者所创制出来的新闻作品或新闻报道中。

众所周知，新闻就是新闻，新闻不是文学，新闻不是理论，新闻也不是科学研究。新闻传播有自己的对象，有自己的基本规范，有自己的价值诉求，有自己的基本理念。我国著名记者、新闻学者艾丰先生在其《新闻写作方法论》的前言中，有几句非常生动的话，形象地说明了新闻传播的个性特色："新闻报道者，事实的报道也。记者'吃'进去的是事实的'草'，他'拉'出来的也必须是事实的'草'。如果他拉出来的不是事实的'草'，反倒坏了。当然，他吃进去的'草'和拉出来的'草'不尽相同。拉出来的虽然还是草，但已经经过一定的加工了，比原来的草更'纯净'，更好'消化'"①。因此，新闻传播有自己特有的方式方法，它的叙事不同于文学的叙事，它的说理不同于理论的论证。它有自己对待事实信息的观念和态度，有自己相对独立的话语体式、文本结构方式、符号编码方式。它有自己独特的文体和风格。它可以借鉴文学的、理论的话语方式，但决不能以它们的方式作为自己的文体，否则，新闻传播就失去了自己的方式方法。所有这些都说明，新闻活动在实现新闻信息传播的过程中，有自身特有的观念中介方式和符号操作方式。承载新闻信息的媒介方式与承载其他信息的媒介方式在外在形式上是相似的，但在内在的符号结构方式上、思维逻辑上、思维方式上是不同的。② 这是一种深层次的不

---

① 艾丰. 新闻写作方法论 [M]. 北京：人民日报出版社，1994：前言 1.

② 不同类别的信息，都可以通过作为新闻纸的报纸来承载，都可以通过电子媒介、网络媒介、手机媒介来承载。因此，仅就物理性的媒介形式——媒介通道——而言，不同信息的传播方式是一样的。在直接的表现形式上，所有信息都要通过一定的媒介符号进行传播，因而也是相同的。差别在于不同性质、类别的信息，其背后都各自有一套处理信息的观念系统、思维系统和方法系统。比如，传播者加工处理广告信息的观念、思维方式和具体方法与加工处理新闻事实信息的观念、思维方式和具体方法，一定会有很大的差别。

同，只有把握住了这样的不同，才能真正理解什么是新闻传播。作为收受者，只有具备一定的新闻素养，才能真正读懂、看懂、听懂新闻，才能较好地把新闻信息与其他信息区别开来。我们看到，直到现在，许多中国普通老百姓对媒介符号，特别是新闻媒介符号，还有一种近乎确信不疑的情怀。他们往往以同样的态度和同等的方式对待不同类别的信息。他们总是以为报纸上刊登的、广播电视上播出的就是真实的，或者说的就是有道理的。媒介神话在中国仍然拥有一定的市场，人们的媒介批判意识还没有得到普遍确立。因而，媒介素质教育任重而道远。

尽管每个记者可能有自己个性化的反映报道新闻事实的方式方法，每家新闻机构拥有自己独特的新闻叙述样式，每个时代有每个时代的新闻传播特征，每个国家有每个国家特有的新闻文体，但所有这些都是在新闻文体的框架内显示出的个性特色。新闻传播应该有它的基本范式或模式，特别是在各类信息蜂拥而来的今天，新闻必须以新闻的方式来传播，应该在内容和形式上都具备可以和其他信息传播区别开来的标志。这样才能确保新闻价值的传递和实现，因为"选择了什么样的叙述方式，现实就按什么样的方式向我们呈现"[①]。无疑，新闻传播只有以新闻的叙述方式、结构方式，才能把一个真实的新闻事实世界呈现在人们的面前，才能真正显示出新闻的价值。

大众新闻传播实践的历史经验证明，新闻传播的核心方式方法就是从事实出发，用事实说明事实，用事实解释事实的客观报道法。体现这种总方式、总方法的是一系列新闻文体，比如，具有各种媒介形态特点的消息、特写（通讯）等。这些文体或体裁是新闻传播所特有的表达手段，而"新闻体裁一经确立，便是规范新闻写作的律则，成为评价一篇新闻作品

---

① 陶东风. 文体演变及其文化意味 [M]. 昆明：云南人民出版社，1994：134.

的重要根据。同其他文体一样，新闻体裁也具有文体文化的意义，使用时不得随意破坏。否则就是反文化的行为，必将受到惩罚"①。对新闻传播主体来说，"新闻体裁的规矩意义决定了，新闻体裁的选用是新闻写作与编辑中重要的一环"②。掌握了这些文体，就意味着掌握了以新闻方式（笼统地讲就是按照新闻传播规律的要求方式）再现新闻事实的中介，就意味着掌握了传播新闻价值的特有中介。对收受主体来说，只有把新闻当作新闻来阅读视听，才能获得新闻价值和以新闻价值为基础的延伸价值。因此，有效阅读新闻也要求收受主体必须了解新闻特有的传播方式方法。

---

① 彭菊华. 时代的艺术：新闻作品研究 [M]. 长沙：湖南文艺出版社，1998：162.

② 同①164.

第五章　新闻活动原则（上）

客观报道的理想并未被取而代之，相反，每经一次痛苦的洗礼，它的权威就更坚定。

——迈克尔·舒德森

记者不是毫无思想和灵魂的机器人，漫无目的地四处游荡，没有价值观，没有意见，没有倾向……他们有自己的成见、自己的偏爱、自己的评价。

——约翰·麦瑞尔

对于读者来说，事实本身是最重要的，事实的原貌是最重要的。记者的主观感受和舞文弄墨都不是他们在索取信息时需要的东西。

——高钢

今天的时代，被人们描述为信息时代、传播时代、媒体时代，所有这些描述都在一定程度上说明，新闻传播对人类自身生存与发展具有重要的作用和影响。怎样才能确保新闻传播对人类的生存发展多产生、多发挥一些正面的作用和影响，与新闻传播坚持什么样的基本原则密切相关。本章，我们将从新闻认识论、新闻价值论和新闻传播方法论相统一的角度，针对新闻活动中最主要的活动者——传播主体——的新闻报道活动，阐释新闻活动应该和必须遵循的几条内在原则。①

一、真实为本的事实原则

新闻活动本质上是一种社会认识活动，是人类把握事实世界真实面目的基本方式之一。② 新闻活动最基本的目的是以新闻报道的方式监测环境、守望社会，其核心是以新闻观念和新闻方法真实地反映事实世界的最新变动情况。因此，真实是新闻传播最基本的要求，真实为本的事实原则，是新闻传播最重要的原则。

（一）新闻真实本身③

实现真实报道，是新闻传播的一个总的要求、总的原则。要理解新闻真实原则，首先要理解新闻真实本身。所谓理解新闻真实本身，核心在于理解新闻真实的基本内涵，即新闻真实的本质、新闻真实的具体构成以及新闻真实的特点等。

---

① 所谓内在原则，是说这些原则属于新闻报道活动中规律性的、本质性的要求，如果背离了这些原则，新闻报道活动将失去"新闻报道"的意义。关于这些基本原则，我在不同的著作中都有论述，但每一次论述都在原来的基础上，有一些进一步的思考。可参阅拙著杨保军．新闻事实论［M］．北京：新华出版社，2001；杨保军．新闻价值论［M］．北京：中国人民大学出版社，2003；杨保军．新闻真实论［M］．北京：中国人民大学出版社，2006；杨保军．新闻理论教程［M］．北京：中国人民大学出版社，2005。

② 这里是从认识论角度对新闻活动的定性，如果从其他学科角度分析新闻活动的性质，可能会得出不同的结论。

③ 这里关于新闻真实的讨论，主要是对拙著《新闻真实论》的摘要。关于新闻真实的详细论述，可参阅杨保军．新闻真实论［M］．北京：中国人民大学出版社，2006。

1. 新闻真实的基本定性

新闻真实是认识论意义上的真实。作为反映、报道事实世界最新变动状况的新闻活动，本质上属于认识活动。新闻认识活动形成的新闻报道，是传播主体对自己认识结果的一种记述或再现。新闻真实指的就是这种"记述""再现"（也可以称作"陈述""叙述"等）的真实性。因此，新闻真实是一种认识论意义上的真实。

新闻真实是真理"符合论"意义上的真实。新闻是人类认识客观事实世界各种方式中的一种具体形式。因而，新闻真实与否的标准，在总原则上，与真理论应该是没有质的差别的。真理论中的"符合论"认为，正确的认识就是与认识对象相符合的认识，即只有与认识对象相符合的认识才是真理，也即符合论把与对象符合与否作为真理的标准。按照真理符合论的基本含义，我们来剖析一下新闻真实问题的实质。首先，在论及新闻真实性时，符合关系中的关系项是指"新闻"及其所反映的客观对象"新闻事实"，符合讲的就是它们二者之间的符合。新闻真实与否，就是看新闻与其报道的客观对象是否符合。若符合，新闻就是真实的；若不符合，新闻就是虚假的。其次，符合本身的含义是什么？所谓符合，是说认识在本质上可以揭示客观对象的实际面目，达到与对象的相似或一致。这种相似、一致当然是认识论意义上的。并且，在一般情况下，认识与对象的符合只能是近似的符合、有限的符合。

新闻真实是"真"与"实"的统一。"真"讲的是主体的认识，"实"讲的是对象存在的客观性。[①] 因而，真实，其实是"真"（认识）与"实"

---

① 有人对"真"与"实"进行了有意义的区别。"真与实是不同的，真只是观念或认识可能具有的某种性质；实则指物理的东西的实存、实有或实在。"参见郭继海. 真理符合论的困难及其解决 [M]. 北京：中国社会科学出版社，2003：20。但真与实联结起来作为一个词时，人们是在多种意义上使用它的，需要根据具体语境来理解。在本书中，真实主要是在真的意义上使用，当在实的意义上使用时，会有明晰的语境，不会产生误读。

（对象）的符合或统一；真实论，其实是认识论与存在论的统一。事实上，我们只有在认识论与存在论相统一的意义上，才能真正理解真实的含义。新闻真实，首先要求所反映的对象是客观存在的，这是真实的事实基础，如果没有"实"的基础，在新闻传播的范围内谈论真实便彻底失去了意义；其次，新闻真实讲的是对"实"的认识反映，这构成了"真"的真正内涵。

新闻真实是"质""量"统一的真实性。真实既有质的规定性，也有量的规定性。在质上它与虚假相对立，在量上它是有限度、有程度的真实，因而在质量统一性上，真实包含最基本的两个方面：真实性和真实度。新闻真实同样既有"真实性"的问题，也有"真实度"的问题。新闻真实的程度，也就是新闻真实的量度、真实的精确度，它是新闻真实性的存在方式，任何新闻的真实性都有具体的量度。真实性是好把握的，真实度是难计量的。但一般说来，新闻真实的"精确度越高，新闻的真实值也就越大"①，因此，追求精确的新闻真实始终是、应该是新闻传播者的目的。

2. 新闻真实的构成

上面，我们是从比较一般的、抽象的层面上对新闻真实的含义进行了分析，下面则从多角度、多层面出发，比较系统地分析新闻真实的具体构成情况，目的在于形成对新闻真实内涵的真切的、实际的理解和把握。

（1）具体真实与整体真实。

新闻的基本存在方式、表现形式是一篇篇具体的报道，是对一件件具体新闻事实的反映，而巨量的个别新闻聚合在一起，自然形成了一个整体或"全体"报道的结果和效应，所以新闻真实必然在客观上有着两种表

---

① 刘建明. 新闻学前沿：新闻学关注的 11 个焦点 [M]. 北京：清华大学出版社，2005：195.

现：一种是单一的、个别的新闻的具体真实；另外一种是由单一的、个别的新闻组合起来共同塑造的整体真实。① 它们共同构成了新闻真实的实际系统。如何理解具体真实，特别是整体真实以及二者之间的关系，一直是新闻真实论关注的重要问题。

新闻的具体真实，也有人称之为个别真实、个体真实、微观真实、单个真实或狭义真实。② 但不管具体概念的名称如何不同，指称的客观对象都是相同的——具体的新闻报道。我们把所有单个的或单篇的新闻（报道）的真实性称为新闻的具体真实。

新闻的整体真实③，也有人称之为总体真实、全局真实、广义真实、宏观真实④，它在理论上是一个不难理解的概念，但在新闻实践中却是一个比较难把握也比较难实现的目标。与具体真实概念成立的逻辑一样，整体真实是新闻真实论中相对具体真实而言的一个概念，也是新闻真实系统中的一个分类概念。从直接的意义上看，新闻真实论中所说的"整体真

---

① "具体真实"和"整体真实"在逻辑上并不是严格对应的概念。因为"具体"与"一般"相对应，而"整体"与"部分"或"局部"相对应。但如果用"一般真实"代替"整体真实"，或者用"局部真实"或"部分真实"代替"具体真实"，可能会引起更多的歧义。因为"一般真实"给人的直接感觉是不知所云，即使仔细琢磨，"一般真实"似乎指的是"基本真实"，这显然与"整体真实"的含义是不一样的；至于"局部真实"或"部分真实"，由于"局部"和"部分"表量，因此它们都难以表达"具体真实"的含义。考虑到这些因素，我们还是使用在逻辑上并不"工整对仗"的"具体真实"和"整体真实"这对概念。

② 20 世纪 80 年代中期，曾有人把具体真实界定为"狭义真实"，把整体真实界定为"广义真实"。他们在书中写道："在实践中，新闻真实有两重含义：一是指单篇新闻的真实，二是指整个新闻报道的真实。我们称之为狭义真实和广义真实。对事实的报道准确无误，就达到了狭义真实；广义真实则是指一定地区一定时期的新闻报道能够全面、准确地反映该地区在这一时期中发展、变化的状况。"参见蒋亚平，官健文，林荣强. 新闻失误论：上册 [M]. 北京：中国新闻出版社，1986：19。

③ 关于"整体真实"问题，在理论上和实践上都有诸多困境，这里由于篇幅有限没有展开论述，可参阅杨保军. 新闻真实论 [M]. 北京：中国人民大学出版社，2006。

④ 我国著名新闻学者甘惜分先生曾经提出过一对很有意思的概念。他把我们现在所说的具体真实称为"事实的真相"，把整体真实称为"时代的真相"。他说："后者（指事实的真相——引者注）是指一个一个事件的局部的真实，前者是指全局的真实。一个一个事件的局部的真实固然重要，全局的真实却更加重要。所谓反映时代的真相，就是要反映我们这个时代的重大事件，要反映出我们这个时代的特征和基本面貌，要反映出这个时代的发展变化和时代精神。"参见甘惜分. 新闻理论基础 [M]. 北京：中国人民大学出版社，1982：121。

实"的对象，是由所有具体新闻组合而成的"全体"新闻。全体新闻描绘着、反映着报道对象的整体面貌。如果全体新闻如实描绘、反映了对象的整体面貌，我们就说新闻传播达到了整体真实；如果全体新闻没有如实描绘、反映对象的整体面貌，那么，即使构成全体新闻的每一则具体新闻都是真实的，我们也说新闻传播在整体上是失实的，即没有达到整体真实。

新闻传播的整体真实，落实在新闻传播活动中，从实践逻辑上可以分为三个层面：微观层面的整体真实、中观层面的整体真实和宏观层面的整体真实。所谓微观层面的整体真实，是指具体报道的整体真实。中观层面的整体真实，是指某家具体新闻媒体（也可以称为个体新闻媒体）在一定时空范围内所做的全体新闻报道的真实。这种整体真实又可以分为两个具体的方面：一是媒体在一定时间范围内关于某一领域——特别是媒体自己设定的目标报道领域①——所做的全体新闻报道的真实性。二是媒体在一定时间范围内关于自己设定的所有目标报道领域的新闻报道的真实性。宏观层面的整体真实，是指在一定时空范围内所有新闻媒体全体新闻报道的真实性。这种整体真实也可以从两个方面来理解：其一，是指一定时空范围内的所有新闻媒体关于某一领域的全体新闻报道的真实性。其二，是指一定时空范围内的所有新闻媒体关于所有报道领域②的新闻报道的真实性。

具体真实与整体真实之间有着内在的关系。第一，具体真实是整体真实的基础。具体报道是关于实实在在的一件件具体新闻事实的报道，"全体"报道不过是具体报道在一定时空内组合累积而成的。显而易见，新闻

---

① 所谓目标报道领域，就是媒体编辑方针确定的主要报道范围或内容。

② 所有的报道领域，并不等于所有的自然领域和所有的社会生活领域，因为并不是所有的这些领域都是新闻报道的领域。我们只能说，所有的领域都可能成为新闻报道的领域，有些领域已经成为现实的报道领域，有些领域还是潜在的报道领域。

报道的整体真实面貌如何，将直接依赖于具体报道的真实性。第二，整体真实观，或者说追求整体真实的新闻报道理念，制约和影响着具体真实的实现方式。要求新闻报道追求整体真实，内含的真实观是全面真实观，内含的新闻观是新闻要反映事实世界或目标报道领域的每一侧面，而不是某一侧面，要反映所有部分，而不是某一部分，并且要根据事实世界或目标报道领域的每一侧面、每一部分在实际构成中的比例程度、重要程度安排新闻报道的分量，达到一种与实际情况和谐匹配的关系。可以说，具体真实的实现方式，在一定程度上是整体真实观念支配的结果。第三，从新闻真实的层次性上说，具体真实属于微观层次的真实，整体真实属于宏观层次的真实。这就是说，具体真实与整体真实是两个不同层次的真实。实现微观层次的真实，是新闻真实最基本的要求、最低层次的要求；实现宏观层次的真实，是新闻真实追求的较高境界，是新闻真实高层次的要求。所以有人说："整体真实从更高的视野俯瞰个体真实，使个体事实和整体真实相统一，这是更高价值的真实。"① 第四，具体真实与整体真实之间不存在必然的逻辑推理关系。尽管整体真实只能通过具体真实来实现，但具体真实的叠加并不必然保证整体真实的实现，即从具体真实及具体真实的组合中，并不能必然地归纳出整体真实。同样，从整体真实中也不能必然地演绎出具体真实来。

（2）要素真实与事项真实。

这是对新闻真实内在构成的具体分析，是以具体新闻（报道）为对象，从构成新闻的事实要素、片段、事项等出发分析新闻真实的含义。新闻真实是事实性真实，一定的新闻事实总是由具体的事实要素、片段、事项及其相互关系等构成的。因而，新闻真实的基础在于准确反映新闻事实

---

① 刘建明. 现代新闻理论［M］. 北京：民族出版社，1999：59. 关于具体真实本身的层次性问题，我们在下文还要做专门的阐释。

要素、片段、事项的真实面目，在于正确反映不同要素之间、片段之间、事项之间的真实关系。

所谓要素真实、事项真实以及它们之间各种关系的真实，就是指新闻文本对这些东西的反映要与新闻事实的客观构成相一致。在第三章，我已经详细讨论了新闻事实的构成，实质上也等于分析了新闻真实要素构成、事项构成等的具体内涵，此处不再重复。

（3）现象真实和本质真实。①

任何事物都是现象与本质的统一体，因此，从认识论角度看，关于事物的认识结果必然存在着现象真实与本质真实的层次问题，新闻认识当然不能例外。"所谓现象是指事物的外部联系和表面特征，是事物的外在表现。"②"本质则是事物的根本性质，是组成事物基本要素的内在联系。事物的本质是由它本身所固有的特殊矛盾所决定的。"③

现象有真相和假象之分，但真相、假象都是一定事物、事实的现象，

---

①　我在博士论文《新闻事实论》中，曾将新闻真实现象划分为"存在论意义上的真实"和"认识论意义上的真实"。我把只具有对应关系——新闻陈述与事实的对应——的真实称为存在论意义上的真实，即"新闻作品中所陈述的事实是客观存在的，但并不要求'陈述'本身是周全的，即并不必然要求'陈述'必须是对一定客观事实的全面反映"，"因此，存在论意义的新闻真实并不必然确保对整个新闻事实的报道是真实的，只是确保新闻作品中陈述的所有事实是存在的"；我把正确、全面反映报道了一定事实的真实，称为认识论意义上的真实，它"有两个方面的基本内容：一是反映新闻事实的全面性。它不仅要求新闻作品中所陈述的事实是客观存在的，达到存在论意义上的真实，而且要求'陈述'本身对新闻事实的反映必须是全面的、周全的，对新闻事实的要素构成、事项构成、要素构成关系、事项构成关系，以及事实与环境的关系事项都没有损害性的遗漏"，"二是反映新闻事实的正确性。即要求新闻作品在全面陈述新闻事实和正确把握新闻事实的基础上，进一步揭示出新闻事实发生发展的原因及其本质"。可参阅杨保军. 新闻事实论［M］. 北京：新华出版社，2001：164-190. 我当时以为我引入的这对概念，对理解新闻真实问题有较强的解释力，可现在觉得它们并没有"现象真实"和"本质真实"这对概念科学、明了。因为新闻真实本身属于认识论范畴，而我为了说明新闻真实的一种现象，又引入了一个存在论的概念，这容易引起思维上的混乱。并且，我所使用的那对概念在形式上不够整齐美观，不像严格的概念。因此，我在《新闻真实论》和本书中回归传统，使用"现象真实"和"本质真实"这对概念。

②　李秀林，王于，李淮春. 辩证唯物主义和历史唯物主义原理［M］. 5版. 北京：中国人民大学出版社，2004：261.

③　同②.

作为现象，它们都是客观存在的，具有客观性。当一种现象真实反映、表征了这种现象对应的事物、事实的一定本质时，这种现象就是真相；当一种现象反映、表征的不是其对应的、应有的一定本质时，相对这一本质而言，这种现象就是假象。①

1）新闻的现象真实。现象本身有真相、假象的不同客观呈现方式。具体说有三种：单一的真相、单一的假象和真相假象相混合的呈现方式。这三种呈现方式从逻辑上可以分为真相、假象两种，因而从逻辑上决定了现象真实也会表现为两种基本类型：一是真相性现象真实（即真相真实），二是假象性现象真实（即假象真实）。真相真实，是指新闻真实地反映报道了新闻事实的真实现象。由于真相是对事实本质的直接反映，即真相与本质之间具有同一性，因而也可以说真相真实就是本质真实，二者之间没有什么根本的区别。在这种情况下，现象真实与本质真实显然是统一的。因此，实际的新闻认识活动的关键在于认识新闻事实的真相，或者说能够把真相和假象识别开来。假象真实，是指新闻真实地反映报道了新闻事实的假象。假象是客观存在的现象，即假象本身是一种事实性的存在，并不是想象物、虚构物。因此，对假象的报道也是一种事实性的报道。因而，对假象的报道并不必然就是假新闻。这其中的关系，需要仔细地厘清。如上所说，假象不能直接反映事实的本质，而是以扭曲的方式反映事实的本质，因而假象真实和本质真实是对立的，二者之间不具有直接同一性。因此，我们更应该关注假象真实问题。所谓新闻真实不能满足于现象真实层面，核心正在这里。通常的新闻失实现象，也更多地发生在假象真实范围内。

2）新闻的本质真实。新闻的本质真实，并不是个神秘的、难以理解

---

① 人们常说假象是不真实的，这里的不真实指的是它与一定本质的不一致性，而不是说假象本身是不存在的。凡是假象，都是客观存在的现象，具有实在性，是真实存在的现象。

的问题。它既是新闻报道的一种内在要求①，也是新闻报道可以实现和应该实现的目标。如上所说，停留在现象层面的真实，有时是不可靠的。因此，在新闻传播活动中，坚持本质真实观是合理的、应该的。比起现象真实观来，本质真实观是一种对社会、对受众、对新闻媒体及传播者自身更为负责的新闻真实观。我们不能因为某种真实观会被一些人扭曲，就说这种真实观本身是错误的②，正如我们不能因为一些人会扭曲运用科学技术，就认为支撑科学技术的科学真理是错误的。

　　本质是规定一事物之所以是一事物的特殊属性，也就是说，本质决定着事物的实际状况。新闻报道只有将新闻事实的真实面目展示在人们的面前，才算真正完成了自己的任务。在新闻传播实践中，本质真实体现在两个主要方面：就具体报道而言，新闻真实论中所说的本质真实，指的主要是具体报道对象的真相真实。即本质真实的核心在于，新闻报道要陈述、再现出新闻事实的真相，而非假象，也不是真相与假象的混合物。在真相、假象难以确定但新闻又不得不报道的情况下，必须在新闻中向收受者说明这一点。就整体报道来说，新闻真实论中所说的本质真实，也即宏观层面的本质真实，有两方面的基本内涵：一是某一新闻媒体以至一定时空范围内的整个新闻传播业的整体新闻报道，能够揭示一定目标报道领域在一定时期内的主流、主导情况；二是能够揭示整个社会、整个时代在一定时期内的主流、主导情况。主流、主导情况，就是一定目标报道领域或整

---

　　① 所谓内在要求，是指达到或实现本质真实是新闻传播规律性的要求。如果不追求本质真实，就难以揭示事实的真相，这样，也就背弃了新闻报道的基本使命。

　　② 国内一些学者认为，本质真实论会为新闻造假者提供理论依据。一些人会以反映本质、反映主流为借口，公然造假，搞失实报道。其实，仔细想一想，这样的逻辑更适用于现象真实观。利用对一些假象的真实报道，更容易使人"信以为真"。本质真实要求必须报道真相，不仅是具体事实的真相，也包括目标报道领域或整个社会在一定时期的真相。这是一种高层次的要求。因而，我认为，本质真实观没有为造假留下理论上的根据，倒是现象真实观的模糊性为新闻造假留下了理论上的根据。任何正确的、合理的理论，都有可能在运用中被歪曲，但不能因为有人歪曲了正确的理论，就说理论本身是错误的。至于如何正确运用某种理论，那是另一个问题了。

个社会的本质，或者更准确点说，它反映了、代表了一定领域和整个社会在一定时期的本质。如果新闻传播达到了这样整体的、宏观层面的要求，也就能够以新闻认识的方式在一定程度上揭示出社会或时代发展的趋势。本质真实观在宏观层面的核心体现，就是要求新闻报道把一定事实领域的整体实际状况反映出来。除此之外的本质真实，我以为是神秘的、不可理解的。

（4）闻录性真实与实在性真实。

在新闻传播实际中，人们常常面对两类不同的新闻：一种是"话语新闻"，即新闻陈述的、再现的只是某人说了某些"话语"，至于这些"话语"描述的事实是否真实存在，从新闻中无法得知；另一种是"实事新闻"，即新闻陈述、再现的事实在客观世界中实实在在地存在着。[①] 为了把这两种新闻表现出的不同新闻真实现象加以区别，我们引入一对新概念——"闻录性真实"与"实在性真实"。

1）闻录性真实。闻录性真实，是以新闻源主体所说的"话语"为根据的新闻的真实性。话语新闻的真实性可分为直接话语新闻的真实和间接话语新闻的真实。

"直接话语新闻"或"纯粹话语新闻"所报道的内容就是新闻源主体的"话语"本身。并且，话语依托的新闻事实要么是曾在的，要么是正在的，要么是将在的。一句话，直接话语新闻针对的事实已经存在或肯定将要发生。新闻源主体的"话语"，主要表达的是新闻源主体对一定既有的事件、事实、现象或确定将要发生的事件、事实、现象等的描述、观点和看法（因此，话语新闻又被称作"观点新闻"或"意见新闻"）。当新闻媒

---

① 绝大多数新闻报道，都属于我们所说的"话语新闻"与"实事新闻"的混合体或统一体。因此，只要我们把话语新闻和实事新闻的真实性阐释清楚了，也就在逻辑上解决了混合或统一新闻的真实问题。

体报道了这样的新闻事实，形成的新闻就是"直接话语新闻"[①]。对直接话语新闻来说，它的真实性主要是话语自身的真实性，即新闻报道者是否客观、全面、准确地"转述"了新闻源主体的有关话语。如果真实转述了新闻源主体的话语，新闻就是真实的，如果相反，新闻就是失实的。

间接话语新闻的真实的直接表现也是对新闻源主体有关话语的报道。它与"直接话语新闻"的最大区别是：作为新闻内容的"话语"所依托的事实是否真实存在，对新闻报道者来说是不确定的，即报道者不知道新闻源主体的话语有无事实根据。间接话语新闻的内容有两个基本层次：一是话语本身，它是直接的，也是记者可以直接证明证实的；二是话语所依托的客观事实，它是间接的、不确定的，也是记者在短时间内难以证明证实的。如果话语背后的新闻事实客观上不存在，这样的新闻就会变成类似"流言"的东西。就像间接话语新闻的内容实质上包含两个层次一样，其真实性亦有两个层次：首先是话语本身的真实，即新闻源主体是否说过新闻报道中所引用的话，这是直接的真实，是低层次的真实；其次是话语背后的事实是否真实存在，这是间接的真实，是高层次的真实，是间接话语新闻真实性的核心。

2）实在性真实。关于实在性真实，我们没有多少必要在此展开详细的论述，因为人们关于新闻真实的讨论主要针对的就是实在性真实，相关论述已经很多了。需要指出的是，在现实的新闻报道中，单纯的话语新闻或单纯的实事新闻必定是少数，大多数新闻报道是话语新闻和实事新闻的统一体，即构成新闻内容的，既有纯粹的话语信息，也有间接的话语信息，但更多的是实事信息。新闻真实的复杂性，在很大程度上是由这种信息构成的多样性所决定的。

---

① 如果在新闻中，这样的"话语"只是被当作言论刊播在新闻媒介上，而不是被作为新闻报道的对象，就不能将这种新闻看作话语新闻，只能看作意见的表达。

3. 新闻真实的特征[①]

新闻真实是指新闻与其反映对象的符合性及符合程度。新闻真实是新闻传播意义上的真实，因而有什么样的新闻传播，就有什么样的新闻真实；新闻真实存在于、实现于新闻传播的过程之中，因而它的所有特征必然与新闻传播自身的特征密切相关。把握新闻真实的个性特征，是我们充分认识新闻真实的主要途径。

（1）新闻真实是事实性真实。

新闻本质上是一种事实信息。在传播状态中，新闻（报道）是对新闻事实的反映，因此，事实性真实是新闻真实最基本的、首要的特征。可以说，新闻的事实性本身就是新闻真实性的另一种说法[②]，二者没有根本的区别。

所谓新闻真实是事实性的真实，就是说新闻（报道）从原则上或内在要求上排除所有非事实性的表达，一切非事实性的信息在本质上都不是新闻信息，不应看作新闻的有机组成部分。由于新闻是对真实存在的事实的报道，这就从本体上决定了事实性真实是新闻真实最重要、最突出的特性。事实性真实主要表现在以下几个方面：

第一，事实性真实拒绝一切虚构性信息。关于一定事实的虚构信息，是想象的产物。由想象建构的想象物，是一种影像，并不是实际的存在

---

① 新闻真实是超媒介形态的，即不管是通过什么形态的媒介传播的新闻的真实性，都是指新闻报道的内容与其反映的新闻事实的符合性，但不同媒介形态的不同技术依托和信息传播符号系统使用上的差异性，使得它们在再现新闻真实的具体样式上表现出了各自的媒介特征。把握不同媒介形态在再现新闻真实上的个性，有利于我们在更为细致的层面上了解新闻真实的含义，同时，对传播者如何充分利用不同媒介的特征再现新闻真实，以及收受者如何根据不同媒介的特征来理解新闻真实，都有重要的现实意义。但我们这里只讨论新闻真实超越媒介形态的一般特征，对新闻真实媒介特征感兴趣的读者，可参阅杨保军. 新闻真实论［M］. 北京：中国人民大学出版社，2006。

② "事实"这个术语，在中文中有两种最基本的含义：一是指事情的真相；二是指事情确实存在。在欧洲语言中，事实一词的主要意思是在现实中"被做过"或"被完成"了的事情或事件。可见，事实性与真实性是一致的，真实性的本质就是事实性。参见舒炜光. 科学认识论：第3卷：科学认识形成论［M］. 长春：吉林人民出版社，1990：18。

物，并不构成事实的实际组成部分，因而不能作为事态信息进行报道。至于纯粹想象、虚构的东西，更不应该成为新闻报道的对象。如果做了报道，便形成了假新闻。在中国新闻传播史中曾经出现的、现在仍然不时出来在媒体上表演一番的"合理想象"①，对新闻真实的事实性来说，也是一个怪胎，绝对不能让其在新闻领域中滋生。马克思、恩格斯所说的"根据事实来描写事实"、不是"根据希望来描写事实"、"完全立足于事实"②来报道事实的新闻原则，强调的正是新闻的事实性真实，新闻必须完全立足事实、引用事实，并以事实为根据进行判断，得出的结论仍然是明显的事实（即具有真理性的判断）③。

第二，事实性真实避免价值评价。新闻真实的事实性，要求传播者要力求避免根据自己的价值标准在新闻中有意地、自觉地评价有关新闻事实，特别要避免表达作者的价值意愿和情感。事实真实与价值好坏有着内在的关联，但对新闻报道来说，传播主体重在揭示事实之真实面目，不在评价事实之好坏。虽然我们不否认价值评价的客观性，但价值评价确实具有强烈的主观性。新闻如果变成传播者主观意愿的表达，也就失去了新闻的意义。通过所谓"高超"的技巧，有意在新闻中渗透传播者的情感和倾向，是不符合新闻真实性的内在精神的。在西方，"在新闻中增加倾向性的高超技巧通常被称为'毒药'"④，因为它干扰了人

---

①　按照甘惜分先生的说法，"合理想象"论主张，"事件和人物的细节不可能都一一采访周到，记者写稿时可以根据自己的生活经验对细节作合理的想象，写进稿件中去"。参见甘惜分．新闻理论基础［M］．北京：中国人民大学出版社，1982：119．合理想象的另外一种典型表现是，作者根据自己的生活经验，根据新闻人物当时所处的环境，推断、猜测新闻人物的心理活动，并把推断、猜测的结果作为实际发生的事实写入新闻作品中。但实际上，"我们永远不能直接地、实际地感知别人心里在想什么。"参见刘永富．胡塞尔现象学·海德格尔本是学引论：从所知学的角度重新解读胡塞尔和海德格尔［M］．西安：西北大学出版社，2000：141．

②　马克思恩格斯全集：第42卷［M］．北京：人民出版社，1979：413．

③　同②．

④　弗林特．报纸的良知：新闻事业的原则和问题案例讲义［M］．萧严，译．北京：中国人民大学出版社，2005：52．

们对事实信息的正常理解。然而，一些人至今仍然把"用事实说话"、表达"无形意见"看成新闻写作的规律，实在是没有理解新闻真实的基本要求。①

第三，事实性真实排除意见渗透。新闻不仅要避免传播者对事实的价值评价，也要排除传播者对事实的自以为是的"灼见"。新闻记述的是传播者耳闻目睹的事实是什么，而不是传播者认为、以为、推理、猜测的事实是什么。新闻如果超越自己的本分，就有可能弄巧成拙，误导社会。新闻收受者对新闻报道最感兴趣的、最注重的是事实的真实和描写的准确。传播者的首要职责是以新闻的方式对待新闻，竭尽全力认清事实的真相，然后加以清晰、准确的陈述或再现。能以朴素的风格将新闻事实的本来面目原原本本、实实在在地呈现出来，就是漂亮的、技巧高超的新闻写作。新闻对收受者的引导功能，最好通过事态信息自身的内涵去实现，而不是通过传播主体在新闻中的自作聪明、自作多情来达到。"对于读者来说，事实本身是最重要的，事实的原貌是最重要的。记者的主观感受和舞文弄墨都不是他们在索取信息时需要的东西。"② 传播主体的意见与智慧，作为"信息人"的深刻和前瞻，最好放在专门的意见阵地（比如新闻评论）中去表达，避免在新闻中画蛇添足。因为如果不这样做，便极有可能使人们对事态信息本身的准确认知和理解受到干扰，从而损害新闻的真实性或事实性。有学者指出："今天的美国主流新闻界认为，新闻是属于公众的公共财富，新闻栏只提供事实，不掺杂媒介的私家观点；报社和公众意见

---

① 大量的新闻理论著作、新闻业务著作，都在极力向人们传授如何在新闻中巧妙地表达倾向，如何通过新闻标题来表达情感、发表意见。我以为这是严重的误导。将新闻与倾向、与意见严格区分开来，是生产好新闻的基本保证。

② 高钢. 新闻写作精要［M］. 北京：首都经济贸易大学出版社，2005：100.

则可通过社论版和社论版对页加以表达。"① 事实上，（美国）新闻自由委员会在《一个自由而负责的新闻界》中早就写道："与报道的准确性同样重要的是，要分清事实就是事实，观点就是观点，并尽可能将两者剥离。从记者的文件夹到复写台、排版台或社论部，最后到印刷好的成品，这一点要一以贯之。"② 如果新闻媒体将事实信息与对事实的意见或者其他什么信息搅和在一起，就是新闻媒体或者传播者非专业化的表现。因此，我们在讨论新闻真实问题时，也不能把意见问题包裹进来。③

第四，事实性真实不赞赏作者在新闻作品中有意的审美表现。事实本身的美的属性乃是事实属性的一部分，可以通过对事实本身的记述、再现来反映。如果传播者情不自禁地在新闻作品中表达自己对新闻事件、新闻人物或其他新闻现象的审美感受，也许合乎人之常情，但并不合乎新闻传播的内在要求。新闻语言（符号）的对象是新闻事实，目标指向是收受新闻的人，而非传播者的自我情态、意态表达。新闻中对事实的记述、再现是记述、再现给收受者的，这一基本要求是不能混淆的。不然，就有可能把新闻真实的事实性要求转化成其他要求，从而使新闻传播失去"让事实说话"的基本目的。④

---

① 弗林特. 报纸的良知：新闻事业的原则和问题案例讲义 [M]. 萧严，译. 北京：中国人民大学出版社，2005：译序.

② 新闻自由委员会. 一个自由而负责的新闻界 [M]. 展江，王征，王涛，译. 北京：中国人民大学出版社，2004：12.

③ （美国）新闻自由委员会认为："如果它（指媒体——引者注）将广告、信息和讨论混合在一起发表，以至于读者无法分辨，那么它就不能宣称自己是令人尊敬的。"参见新闻自由委员会. 一个自由而负责的新闻界 [M]. 展江，王征，王涛，译. 北京：中国人民大学出版社，2004：58.

④ 根据新闻传播的实际情况，我把新闻传播的说话方式通俗地概括为三种类型：一是"让事实说话"，指以新闻为本位的传播观念，真实、客观地再现事实面貌；二是"用事实说话"，指以宣传为本位的传播观念，把新闻（事实）当作宣传的手段；三是"为事实说话"，指以社会正义为本位的传播观念，不仅客观报道新闻事实，并且勇敢揭露社会丑恶、维护公共利益，特别是能够为社会弱势群体服务。"让事实说话"是所有新闻媒体必须承担的天职，"用事实说话"是任何媒体都具有的传播意图，"为事实说话"是每一家媒体都应该拥有的境界。

（2）新闻真实是过程性真实。

所谓新闻真实是过程性真实，是指新闻真实只能在新闻传播过程中得到实现。这种过程性包含两个大的方面：一是指宏观的过程性，主要是指新闻真实实现于完整的传收过程中，甚至实现于一定的历史过程中；二是指微观的过程性，主要是指新闻真实实现于新闻传播本位主体的报道过程中。人们通常所说的新闻真实的过程性，主要是指第二种意义上的过程性，但这种理解有一定的片面性，因为根据新闻传播活动的实际开展过程，可以看到新闻真实问题是属于整个新闻传播过程的问题，而不只是存在于再现真实的环节中。

1）新闻真实过程性的宏观含义，是指从所有具体新闻传播共有的过程性上考察新闻真实的过程性，即抽象出共有的过程性。任何新闻报道，在客观逻辑上都有这样一个共有的过程：本源事实—本源事实的符号再现（形成新闻作品或新闻文本）—新闻作品（新闻文本）的收受。新闻真实问题贯穿在整个传播过程中。基于此，我们对新闻真实宏观意义上的过程性描述如下。

第一，由于新闻真实本质上是指相对客观发生、存在的新闻事实的真实，因此，我们可以把本源事实的真实，姑且称为新闻的"本真真实"。这种真实不以任何人的意志为转移，不依赖报道行为，它是自在的、外在的、客观的真实，是本体承诺意义上的真实。本真真实成为人们衡量对它所做的各种报道的真实性的唯一标准和根据，它从客观上限定了真实的范围和程度。

第二，对新闻事实的反映和再现产生了"再现真实"的问题，这是新闻真实性的核心环节，也是新闻真实论在新闻学范围内讨论的核心问题。由传播主体对新闻事实反映、报道而生的再现真实，是一种主观性的真实、认识论意义上的真实，与本真真实在性质上是不同的。

第三，对新闻报道或新闻文本的解读产生了"理解真实"或者"解读真实"的问题。当我们把新闻传播作为由传—受（传送与收受）活动构成的一个完整过程看待时，收受主体能否在新闻收受过程中，依据新闻文本的信息真实还原新闻事实的本真面目，就成了非常重要的问题。如果新闻报道在它的归宿处发生变形失真（假定新闻传播者比较完美地达到了再现真实），尽管责任也许不在新闻传播者，但新闻传播的目的显然没有达到，新闻的真实性也没有顺利实现。解读真实是一个具体新闻报道真实性周期的完结。因此，在新闻收受这一环节，真实性仍然是一个事关全局的大问题，应该包含在新闻真实性的内涵之中。

第四，新闻报道的历史存在，决定了它还有一个"历史真实"的问题。历史真实实际上已经超越了新闻真实的直接意义，它是以历史的眼光审视既有新闻报道的真实问题，通过光阴流逝的方式去检验"本真真实""再现真实""解读真实"本身的真实性问题。历史真实的要义在于对再现真实做出最终的证明，因此它是新闻真实追求的一种境界，即所谓的经得起历史的检验。也许有些新闻报道的真实性永远无法在历史中得到证实，甚至无法去证实，但只有经受住历史检验的"再现真实"，才算是真正的真实。

2）新闻真实过程性的微观含义，是把上述"再现真实"的环节端拿出来，分析再现真实的具体实现过程。根据新闻传播的实际情况，我们主要从以下两个方面来解析"再现真实"自身的过程性。

第一，再现真实的过程性，是指新闻的真实性是通过多次的、过程性的报道实现的。对相对比较复杂的、重要的、人们普遍感兴趣的新闻事实的报道尤其如此。过程性是一个时间概念，新闻事实、事件的变化和真相是在时间中逐步显现的、展开的，传播主体也只能在时间的流动中一步一步地认识、揭示、报道新闻事实。

第二，再现真实的过程性，指再现真实是在新闻媒体内部多个环节的共同合作下实现的。从大的方面看，新闻真实是在采写环节、编辑环节、传递播报环节的流水作业过程中实现的。任何一个环节的失误、差错都将导致新闻失实。从小的方面看，在新闻传播每一个大环节的内部，都包括一系列小环节，最典型的就是编辑环节。一则新闻从稿件到作品的转换，至少要经过四五道不同岗位上编辑的"把关"。每道关口上的编辑，对再现真实的实现都有不可推卸的责任，都对再现真实的实现有着一定的影响。可见，再现真实的实现，即使在新闻媒体内部，也是一个相当复杂的系统工程。

（3）新闻真实是有限的真实。

作为一种理想追求，新闻传播的目标应该是达到这样的境界：新闻报道与报道对象的本来面目绝对符合。然而，不管是对具体真实而言，还是对整体真实来说，绝对真实都是乌托邦式的幻想。新闻传播者只能再现其把握到的真实，新闻收受者只能达到其理解的真实、相信的真实。在各种因素的影响下，无论是在真实的范围上、程度上还是层次上，新闻传播达到的真实都是有限的真实。

1）新闻真实是新闻传播范围内的真实。新闻真实是以新闻认识方式实现的真实，因而一定有其特有的范围，我们可以将其描述为"新闻认识范围内的真实"。就再现真实而言，新闻传播者只能通过自己的努力向理想的新闻真实逼近，但作为新闻真实，传播者所再现的真实不可能超越新闻认知的范围。

第一，新闻真实是新闻报道的真实，即新闻真实的对象是"新闻报道"，强调的是新闻信息的真实性，并不包括新闻媒介上其他类别的信息。那种把新闻评论或其他一般信息等的真实性也包含在新闻真实论中的做法，泛化了新闻真实指称的对象，不利于对新闻真实的科学讨论。

第二，就事实世界与新闻事实的关系而言，尽管它们在性质上都是客观事实，但事实世界是全体，新闻事实是部分，而且是很小的一部分。相对千变万化、纷繁复杂的事实世界，新闻事实可以说是简单的，它难以必然代表整个事实世界的面貌，以点带面或以个别推一般的逻辑在这里是危险的。新闻真实只能是新闻真实，只能是关于"新闻事实"的真实，并不能必然推及其他事物。

第三，新闻传播只是人类认识、反映事实世界的一种方式、一种手段，运用这种方式、手段把握到的世界，只能是"新闻世界"；利用这种方式、手段把握到的真实，同样也只能是"新闻世界的真实"，而不是整个事实世界的真实。期望新闻传播业能完全反映全球事件或完美记录某个城市的所有事件是荒唐可笑的。要求新闻去反映整个事实世界整体的真实面貌是不实际的，它也担当不起如此规模的重任。新闻真实只能是新闻认识层次上的真实。新闻认识不能代替，也不可能代替其他类型的认识。新闻认识基本上是以感性层次为主的认识、以现象层面为主的认识，是一种监测环境式的、反映最新事态变化的情报方式的认识。因而，人们也应该主要在这个层面上理解和对待新闻的真实性。

2）新闻真实是一定传播价值取向下的真实。尽管真实就是真实，真实不是价值，它们之间有着严格的逻辑界限，但就现实的新闻传播看，新闻真实拥有的"地图"是由新闻价值理念这支彩笔画出的。因此，每种价值取向下的新闻真实，必然是有限的真实，带有一定价值痕迹的真实。制约新闻真实的价值取向，具有多元化、多层面的表现。

一是社会制度层面的新闻价值观念。一个社会所拥有的共同的、基本的价值理念，落实到各个社会子系统中，便能建构起与一定社会子系统特征相结合的具体的价值观念。一个社会中新闻传播所追求的和能够实现的新闻真实的总体景象，一定是在社会制度层面的新闻传播价值观念指导、制约下的景象。

二是媒体层面的新闻价值观念。新闻传播总要通过一个个的新闻媒体来实现，每个新闻机构或组织都有自己的媒体方针、编辑方针，并通过它们来定位自身的角色和目标传播指向。这些方针不仅体现着社会制度层面的新闻价值理念，也特别反映着每个媒体的个性特色和价值追求。[①] 一家新闻媒体传播什么样的内容，追求怎样的真实，与它的媒体方针、编辑方针有着十分紧密的关系，它们从根本上限制和规定了新闻真实的范围。

三是传播者个体层面的新闻价值观念。一个个正在从事新闻职业和将要从事新闻职业的个体，对"新闻是什么""新闻传播应该做什么"等问题，有着自己的理解和体验，因而在新闻实践中会形成自己独特的新闻价值观念。这些新闻价值观念会直接影响他们对新闻传播内容、传播方式的选择，从而直接影响着对新闻真实景象的呈现。美国学者约翰·麦瑞尔的一段话比较准确地揭示了这一现象，他说："记者不是毫无思想和灵魂的机器人，漫无目的地四处游荡，没有价值观，没有意见，没有倾向……他们有自己的成见、自己的偏爱、自己的评价。"[②] 他们在新闻作品中再现出来的事实真实，一定是他们自己认识到的真实、认为值得再现的真实、相信的真实。还需要特别说明的是，在所有以个体形式存在的新闻传播主体中，高位主体的新闻传播理念、价值追求对新闻传播的实际影响作用是最大的，因为正是他们决定着整个媒体的传播方针、政策和传播价值取向（参见第二章相关内容）。

---

① 有些新闻媒体的新闻价值观念可能与一定社会制度层面的主导价值观念并不一致。在有些社会里，可能允许这样的媒体存在，但在有些社会里，可能不会允许这样的媒体存在。但历史告诉人们，在任何一个动荡的社会中，比如处于革命时代的社会，媒体之间的价值理念差异往往会表现得十分明显，而在相对比较平稳的社会中，不同媒体之间的核心价值理念基本是相同的。

② 莱斯特. 视觉传播：形象载动信息 [M]. 霍文利，史雪云，译. 北京：北京广播学院出版社，2003：96.

如果将不同层面新闻价值观念对新闻真实的制约综合起来考虑，大致可以概括为以下几点：其一，新闻传播价值取向制约着新闻选择的方向和范围，从而不仅仅制约着传播者对具体报道内容的选择，更制约着新闻传播整体真实的面貌。其二，新闻传播价值取向制约着新闻真实的再现方式。再现方式就是报道新闻的方式方法。人们知道，再现新闻事实的方式有时比新闻事实本身更重要，因为传播主体如何"包装"新闻事实，如何策划报道活动，呈现出来的新闻真实往往大不一样。其三，新闻传播价值取向制约着新闻真实的程度。这是前两点的自然结果。新闻真实最终表现为新闻报道与新闻事实之间的符合问题。新闻与其反映对象的符合到底能够达到什么样的程度，并且会以怎样的方式相符合，都与支配、指导新闻传播活动的价值观念密切相关。

3）新闻真实是传播者认知限度内的真实。新闻报道是传播者对新闻事实认识结果的符号记述或再现，因此，如果我们不考虑其他因素的影响，仅从认识论角度看，再现的真实程度取决于传播者对新闻事实的认知程度。第一，任何人的认识能力都是有限的，这种有限性不仅表现在终身的认识活动中，同样也表现在每一次具体的认识活动中。任何一个新闻传播者的知识储备总是有限的，熟知的相关领域更是有限的，但他所面对的报道领域是广阔的，面对的具体事实更是纷繁复杂、丰富多彩的，加之新闻认知因素的特殊方式等，传播者感到力不从心乃是常有的现象。问题是面对这种情况，该做的报道还是必须去做。可想而知，这种情形下的新闻报道，其真实性必然是有限的。即使是传播者熟悉的领域，我们也应该明白，即使我们暂时不考虑非认知因素的影响，任何一个传播者也不可能对认知对象——新闻事实——达到上帝式的"全知"。

（4）新闻真实是即时、公开的真实。

在传播方式上，新闻传播最典型的特点是及时性和公开性。传播方式上的这种内在特点，决定了新闻真实必然是即时性的真实、公开性的真实。即时性的真实，既展现了新闻真实的魅力，也包含着新闻真实的局限；公开性的真实，既充分反映了新闻真实的力量源泉，也使新闻真实最容易受到人们的批评或指责。

1）新闻真实是即时性真实。新闻真实是即时性真实，是以一定时间点为节点的真实。新闻真实最直接的表现方式是即时性，这是由新闻传播方式上的及时性、实时性所决定的。正是即时真实的特点，才显示了新闻和新闻传播的特有价值和意义。新闻的真实总是针对一定事实对象在某一时间范围内的存在状态、变动情况而言的，是以一篇篇具体报道的即时性而存在的。"无论如何，也绝不能说新闻是没有时空限制的。它充其量体现了一种存在于某个特定时刻的真实性。"① "新闻是对每一个历史瞬间的快速表达。新闻中的许多内容都仅仅着眼于它自己鲜活的那一天；新闻记者有时反映出他的本领是贡献即兴之作，新闻产品注定要随兴趣的转瞬即逝而消失无踪。"② 因此，新闻真实有时正如杰克·富勒所说："报道得越快真实性越强。"③

新闻真实的即时性特征，充分说明了实现新闻真实的特有难度。恩格斯曾经说过："新闻事业使人浮光掠影，因为时间不足，就会习惯于匆忙地解决那些自己都知道还没有完全掌握的问题。"④ 其实，这种现象不只是习惯，而且是必然或必须如此。由新闻传播及时性造成的新闻真实即时性的直接结果就是新闻真实的某种"残缺"性，新闻"是新闻机构内部每天进行权衡斟酌的结果，这类机构要在一个特定时间内挑选出令人瞩目的

---

① 富勒. 信息时代的新闻价值观［M］. 展江，译. 北京：新华出版社，1999：5.
② 新闻自由委员会. 一个自由而负责的新闻界［M］. 展江，王征，王涛，译. 北京：中国人民大学出版社，2004：77.
③ 同①.
④ 马克思恩格斯全集：第 37 卷［M］. 北京：人民出版社，1971：319.

社会事件并制造出极易变质的产品。新闻是在压力下做出仓促决策的不完美成果"①，因此，"记者写的新闻，总有一些不可避免地要被'时间'老人修改"②。新闻真实的即时性特征，提醒人们不能拿一件事实的完整面貌去衡量对这一事实某一历史片段的报道的真实性。指出新闻真实的即时性特征，也要求社会必须提供宽松的、透明的传播环境，这既是对政府的要求，也是对新闻收受者的要求。只有在宽松的环境中，新闻媒介才有充分的时空为我们提供真实的信息；只有在宽松的环境中，人们才有可能及时听到多种意见，看到多种描述，才有可能及时把握新闻事实的全景面貌。但从媒体和传播者角度说，则不能把这种客观上的不可避免性作为借口，进行一些不负责任的传播。诚如美国学者利昂所说："尽管报纸出错情有可原，但这些只能是报界要求宽恕的理由，而不是为自己辩白的理由。"③

2）新闻真实是公开性真实。新闻传播方式的公开性，决定了新闻真实必然是一种公开性真实。公开性真实，其最基本的含义，是说新闻报道将新闻事实的真实面目呈现在社会面前，使其成为人人原则上都可以见到的真实、可以进行独立判断的真实。新闻传播以任何其他传播方式无法企及的公开程度，把新闻事实的真相公布于阳光之下，显示出新闻真实特有的魅力和力量。

第一，公开的真实是自由的真实。新闻是一种事实信息，一旦获得公开传播的机会，也就意味着获得了自由传播的机会，但只有真实的新闻才能真正获得自由传播的机会。公开的真实使真实的新闻插上了翅膀，具有了自由飞翔的力量。只有真实的、在法律上和道德上允许和应该报道的新闻，才应该获得公开传播的权利、自由传播的权利。由谎言和欺骗、虚构

---

① 徐耀魁. 西方新闻理论评析［M］. 北京：新华出版社，1998：135.
② 瓦耶纳. 当代新闻学［M］. 丁雪英，连燕堂，译. 北京：新华出版社，1986：304.
③ 弗林特. 报纸的良知：新闻事业的原则和问题案例讲义［M］. 萧严，译. 北京：中国人民大学出版社，2005：14.

和捏造构成的假新闻，有意制造的失实新闻，在法律上、道德上不应该获得自由传播的权利和机会。

第二，公开的真实是充满力量的真实。新闻真实的公开性，赋予新闻真实以特有的力量。公开的真实之所以具有巨大的力量，依赖于公开自身的内涵。公开性撕去了遮掩虚假的帷幕，使真实成为可以被证明证实的真实。公开的力量之源正是公开性所包含的自由和民主。公开的真实使真实的新闻具有了民主的意蕴，反映了民主社会、民主政治的诉求。公开的真实并不只是一个简单的新闻传播问题，它使公众成为真正的新闻活动的主体。

第三，公开的真实从根本上斩断了虚假新闻传播的翅膀。不能公开或难以公开是产生虚假信息的重要根源之一。社会的整体公开和透明是减少和消除虚假新闻的根本途径之一。虚假新闻一旦产生，进入传播通道，就会随着传播的公开性将自己暴露在光天化日之下。虚假新闻一旦出笼，便已自掘坟墓。造假者从一开始便迈出了自毁前程的脚步。

第四，公开的真实使新闻真实本身成为社会可以监督的对象。公开是进行有效监督的前提条件。公开使新闻媒体的传播展现在阳光之下，使新闻传播主体的行为呈现在社会公众的面前，从而使人们能够对新闻媒体本身进行有效的监督，这自然有利于新闻媒体和新闻工作者的健康成长。"由于新闻传媒在信息资源方面的优势地位和信息传播方面的职业化、专门化、组织化的特征，与普通收受者相比，新闻传媒在社会信息传播领域具有某种资源和渠道的独占性，因此，必须接受广大收受者的监督才能避免媒介的'一己之私'，真正发挥'社会公器'的作用。"① 新闻传播自身的公开性扯去了遮盖在媒体上的神秘面纱，这无疑意味着社会公众可以比

---

① 丁柏铨. 中国当代理论新闻学 [M]. 上海：复旦大学出版社，2002：78-79.

较自由、全面地获知媒体的传播行为，了解媒体运作的各种信息，这为有效监督创造了必要的条件。美国哥伦比亚广播公司的迈克·华莱士曾说："我们愿意将自己置于公众的监督之下，我们以此来评价自身和他人的工作、成就和败绩。"①

（二）实现新闻真实的理念与方法

真实是对新闻传播的一个总的要求，如何实现真实才是问题的关键。从新闻传播的原则层面来看，人们通常把实现真实的基本理念与方法概括为两个大的方面：一是客观的报道理念与方法；二是全面的报道理念与方法。

1. 客观的报道理念与方法

客观原理是人类新闻传播发展史上的一笔财富，是新闻传播中最引人注目的一条原则。客观的报道理念、方法是 19 世纪 30 年代之后的产物，"在美国和英国广泛地被赞为 20 世纪前 25 年中对于新闻学的独特贡献"②。尽管从它被提出的时候起，人们就以各种方式对它批评、发难，对它进行修正、改造，然而，"客观报道的理想并未被取而代之，相反，每经一次痛苦的洗礼，它的权威就更坚定"③。到今天，它已经基本成为世界新闻传播界普遍认同的一种新闻传播理念，一条被普遍运用的、最重要的确保新闻真实性实现的报道方法。④

---

① 史密斯. 新闻道德评价 [M]. 李青藜，译. 北京：新华出版社，2001：30.

② 赛伯特. 报刊的自由主义理论 [M] // 斯拉姆，等. 报刊的四种理论. 北京：新华出版社，1980：70.

③ 舒德森. 探索新闻：美国报业社会史 [M]. 何颖怡，译. 台北：远流出版事业股份有限公司，1993：12 - 13.

④ 客观的报道理念与方法的产生，具有丰富的根源。首先，它是新闻传播业伴随社会政治、经济、文化、科学等同步发展的产物；其次，它的产生与发展还有一个自由主义的哲学基础；再次，便士报（the Penny Press）是客观原则发育的肥沃土壤；最后，通讯社，特别是美联社（成立于 1848 年）的诞生与发展，是客观报道原则得以确立的重要动力。对此有兴趣的读者，可参阅杨保军. 新闻理论教程 [M]. 北京：中国人民大学出版社，2005：154 - 156。

新闻传播中所讲的客观，从直接性上，是指相对传播主体而言的客观，即存在于传播主体之外的一切事物对于传播主体都是客观的。因而，所谓新闻报道的客观性，就是指传播主体在报道自身之外的对象时，不能用自己的意识、意志、情感等改变对象的本来面目，即不改变对象自身的内容。这种客观性的具体内涵包括两个大的方面：

一是作为新闻精神的客观理念，也可以称之为客观精神。贝尔纳·瓦耶纳说："无论在何处，对于事实的客观态度都是进行这一切活动（指新闻活动——引者注）的基础；也就是说，要把观察者和被观察者、思想意识和客观世界、理想和现实区别开来。"① 显而易见，客观精神要求传播主体必须始终具有明确的自我意识和对象意识，在新闻报道中能够自觉地将对象与自身加以区分，进而要求传播主体在报道新闻事实时，一定要超越自己的爱好和兴趣，特别是要超越自己的利益需要，将新闻事实的实际面目反映出来。有学者指出：客观性的本质在于传播者的超然性，即"新闻工作者摒弃个人好恶，主观世界服务客观世界，而'没有权利从一群事实中，摒弃不符合我们立场和观点的新闻'，力争以最充分的事实展现客观世界的完整面貌"②。可见，客观原则，作为一种新闻精神，作为一种职业（专业）理念，不仅是"事实第一"的"求实"性要求，它背后更深层的要求是一种价值追求，即追求新闻报道的公正性。"客观性要求新闻工作者尽可能地、全身心地投入新闻工作中去，并且以所了解之事实与自己的看法互相印证。简言之，作为主观性的反义词，客观性就是不断地努力摆脱自我，寻求他人，宁肯坚定不移地尊重事实，绝不随心所欲地屈从人意。"③

① 瓦耶纳. 当代新闻学 [M]. 丁雪英，连燕堂，译. 北京：新华出版社，1986：34.
② 埃默里 M，埃默里 E. 美国新闻史：大众传播媒介解释史：第 8 版 [M]. 展江，殷文，译. 北京：新华出版社，2001：866.
③ 同①36.

二是作为新闻报道操作规范的客观方法。在操作层次上，客观原则的核心是把事实与意见分开。客观原则作为一种再现新闻事实的方式，其最典型的特征是"以一种公正、超然以及不含成见的态度来报道新闻；反对在新闻中夹叙夹议，不能参与个人见解，只要把事实发生的时间、地点、人物、情况、原因交代清楚就行了"①。施拉姆等人认为它的基本原则是"单纯的纪事；意见必须与新闻分开"②。"所谓客观性，就是依据事物的是非曲直如实报道事实。"③ 具体来说，客观报道在操作上有这样的规范：以倒金字塔方式在第一段简述基本事实；以五个 W 报道；以第三人称语气报道；引述当事人的话；强调可以证实的事实；不采取立场；至少表达新闻事实的两面。④

在客观精神与客观报道方法之间，只有具备客观精神，才能进行客观报道，对此，郭镇之教授有一句非常精到的话，"没有客观性的思想，就没有客观报道的方法"⑤。客观性是指对象不以人的意识为转移的那种特性，不为人的意志、情感所左右的那种特性，新闻传播主体只有把事实固有的这些特性反映出来，才算做到了客观。如果试图从态度上借用新闻事实来表达传播主体自己的意见、追求自己的利益，则与客观原则的内在精神相去甚远。

坚持客观原则，对新闻传播有着特别重要的意义。简要概括，有这么几条：第一，客观原则是实现新闻真实的基本途径。客观首先是以超然的实录方式将事实的本来面目记录下来，这是实现新闻真实的基础。尽管我

① 吴飞. 西方新闻报道方式变革的内在动力 [J]. 现代传播（北京广播学院学报），1999（2）：6.
② 斯拉姆，等. 报刊的四种理论 [M]. 北京：新华出版社，1980：71.
③ 阿特华尔. 权力的媒介 [M]. 黄煜，裘志康，译. 北京：华夏出版社，1989：148.
④ 埃默里 M，埃默里 E. 美国新闻史：大众传播媒介解释史：第 8 版 [M]. 展江，殷文，译. 北京：新华出版社，2001：865.
⑤ 郭镇之. "客观新闻学" [J]. 新闻与传播研究，1998（4）：65.

们不赞成新闻报道中的"有闻必录"和"客观主义"①，但新闻中包含的信息必须是对客观事实的反映，必须有客观的根据。第二，客观原则是确保新闻报道可信和公正的核心手段。"在世界任何一个角落，报纸是靠金钱办的，但归根结底，报纸是靠信任生存的。没有了信任，新闻业将无法存在。"② 而"新闻事业的客观性是通向'合法'和'可信'的途径"③ 实现的。客观原则以超越自我（传播主体）的态度和方式面对世界、面对事实，这种价值无涉的姿态和做法，是可信的基础、公正的保证。"客观性已经成为一种公认的语汇和普遍的模式。它代表了现代社会对新闻媒介的常识、期望，是人们构思、定义、安排、评价新闻文本、新闻实践和新闻机构的标准。"④ 第三，客观原则是充分实现收受主体知情权的保证。客观原则排除传播主体对客观事实的主观干涉，不以传播主体的私利隐瞒或遮蔽事实信息，而以自觉的意识、尽可能强的公开性和透明度，力求把事实信息的原本状态呈现在收受主体的面前，把判断、评价事实的机会和权利还给收受主体。如果提升到人类生活的整体层面，可以说，客观原则的价值在于它"通过扫除偏见而扩大精神交往的空间，通过公开的报道、公正的呈现而使人拥有民主、自由、平等的理想和探求真相的理性精神，维持主体的社会性道德意识网"⑤。

客观报道是可能的，但客观报道也是有限度的。新闻报道的客观性问题，要害是新闻传播主体在报道新闻事实时能否达到对新闻事实的客观反映，即能否反映出新闻事实那些不以人们的主观意志为转移的属性和内

---

① 客观主义，指不分主次、不分本质与现象，把一大堆各不相属的现实加以罗列，以示其客观性。客观主义又被称为"自然主义""纯客观"。参见甘惜分．新闻学大辞典［M］．郑州：河南人民出版社，1993：28。

② 程晓鸿．36篇假新闻使《纽约时报》蒙羞［N］．珠海特区报，2003-05-25（3）．

③ 郭镇之．"客观新闻学"［J］．新闻与传播研究，1998（4）：59.

④ 同③64.

⑤ 单波．重建新闻客观性原理［J］．现代传播（北京广播学院学报），1999（1）：29.

容。人类的认识实践史表明，世界是可知的，存在、发生在这个世界中的事物、事实、事件也是可知的，人类具有认识世界的能力。新闻传播活动，从认识论的角度看，就是以新闻方式认识世界的活动，因而它可以以自己的方式达到对自己认识对象的客观反映。不能因为认识离不开主体对客观对象的主观性把握，便说达到客观真理是不可能的，同样，不能因为再现新闻事实离不开传播主体的主观意识，就说传播主体不可能客观再现对象的本来面目。否则，必然导致新闻认识上的怀疑论和不可知论。事实上，人们只有通过在实践基础上形成的能动的主观性才能达到对新闻事实的客观反映。正因为人们具有明确的主观意识和对象意识，才能在思维中将客体和主体区别开来，才有可能将不属于对象自身的东西排除在报道之外，从而达到客观再现。"客观性是一切认识活动追求的目标……客观性是一切认识活动的根本要求……客观性是判别一切认识的真假的根本依据"①，"当我们越深刻察觉自己的主观，我们便产生了追求客观方法的狂热"②，不能因为新闻传播实践中，一些新闻报道没有达到对新闻事实的客观反映，就否定客观原则本身，或否认客观报道的可能性；同样，也不能因为一些新闻媒体、一些新闻传播者，在客观原则的幌子下做了一些有悖于客观原则的报道，就把"罪恶"的根源归结到客观原则身上。

承认客观报道的可能性，并不等于说新闻报道可以与新闻事实达到天衣无缝、绝对符合的地步。有人从抽象的理想性出发，把客观性绝对化，认为新闻之中不包含丝毫的主观因素，即新闻报道与新闻事实的客观面目绝对符合，这显然带有神话、空想的性质。列宁曾经说过，认识是思维对客体的永远的、无止境的接近。任何认识与客观对象的符合都不是绝对

---

①　周文彰. 狡黠的心灵：主体认识图式概论［M］. 北京：中国人民大学出版社，1991：252 - 253.

②　舒德森. 探索新闻：美国报业社会史［M］. 何颖怡，译. 台北：远流出版事业股份有限公司，1993：153.

的；认识的客观性是历史的、具体的、相对的[①]，新闻传播作为一种认识活动当然也要遵循这一普遍的认识规律。确立客观的有限性观念，是一种实事求是的态度，科学的、符合新闻传播实际的态度。

需要特别指出的是，不能离开主观性来理解客观性。实际上，新闻报道中的客观性始终是相对主观性的客观性，是传播主体把握到的客观性，是传播主体认识水平范围内的客观性，是通过主观性实现的客观性，这正是客观性之有限性的主体根源。传播主体对新闻事实的认识不是大脑对新闻事实的机械复制或镜子式的反映，也不是新闻事实单独作用于传播主体大脑后留下的印记或印象，而是传播主体与新闻事实在一定认识环境中相互作用的结果，是经过一系列复杂的感觉、观察、思维、理解的结果，在这种结果中，必然融进了传播主体的解释或理解，必然或强或弱地渗透着传播主体情感和意志的影响。"记者是客观报道者，但不是冷酷的旁观者"[②]，记者是"冷眼热心"的人，他们会用心灵去感受、去领会人们的好恶，去触及芸芸众生的脉搏。他们是以自己能动的主观性去反映客观事实的客观性的，如果没有这种主观性的参与，客观性本身也是不可理解的。正是因为主观性的介入和干预，才有了报道中的客观性问题，也才使本体论意义的绝对客观性转化成为认识论意义的有限客观性。正是因为传播主体已经自觉到客观性的有限性，同时又意识到接近客观性的可能性，才会坚持客观原则的精神要求，去努力实现新闻传播的客观性。当然，主观能动性有积极与消极之分，有肯定与否定的差别。积极的、肯定的主观能动性能够促进对对象的准确把握，相反，消极的、否定的主观能动性可能干扰人们对对象的客观把握，甚至歪曲、捏造事实。

---

① 周文彰. 狡黠的心灵：主体认识图式概论［M］. 北京：中国人民大学出版社，1991：263.

② 江瑞熙. 爱·激情·严谨：一个新闻工作者的随想［M］//张维义. 当代"老新闻". 北京：中国广播电视出版社，1994：128.

从新闻传播的实际出发，客观原则的限度，就是达到客观报道的规范要求（如上文所列诸条），即如果一则新闻报道达到了专业标准或规范，就被认为是客观的。专业标准和规范是专业领域的共识，是公有性的，而非私人性的，是对历史经验的总结和概括，必然是一定认识水平的表现，是主观限度内的客观标准。无疑，客观报道的标准与规范也会随着新闻传播本身的发展而变化。

承认客观性的有限性，不是要放弃客观性原则，也不是要降低客观原则的要求，它的目的是要科学理解客观性，充分认识达到客观性的艰难。如果放弃新闻传播的客观原则，对现代新闻业来说，无异于放弃新闻传播本身。动摇新闻传播的客观原则，就等于动摇了新闻传播存在的根据，必将损害新闻精神，导致新闻失实，必将失去新闻传播特有的客观力量和社会影响力，也难以真正满足收受主体的新闻信息需求，更不利于新闻传播媒介作为社会公器之形象的树立。因此，我们基本赞成这样一种说法："虽然，到现在我们仍找不到一个可以成功挑战客观报道的新理念，但是我们可以找到一个新希望，那就是不以客观新闻为满足。"[1]

2. 全面的报道理念与方法

全面是相对片面而言的一个概念，既是新闻报道的一种观念，也是新闻报道的基本方法。新闻传播的全面性，就是向社会公众提供全面的而不是片面的、整体的而不是零星的、正确的而不是歪曲的事实、情况和意见。从一般意义上说，所谓全面就是从历时和共时两个向度上，"提供各方面的事实、情况、意见，不片面报道和隐匿事实"[2]，具体而言则包含以下几个要点。

---

① 舒德森. 探索新闻：美国报业社会史 [M]. 何颖怡，译. 台北：远流出版事业股份有限公司，1993：195.

② 童兵. 理论新闻传播学导论 [M]. 北京：中国人民大学出版社，2000：84.

从新闻事实的构成角度看，全面大致有三个方面的含义或要求：一是针对个体事实报道的全面性；二是针对同类事实报道的全面性；三是针对一定时空范围内所有事实报道的全面性。第一种全面性能够落实在每一具体的新闻报道之中，是传播主体易于把握和相对比较容易做到的，后两种全面性首先是对新闻报道观念的要求，实质上就是要求以全面（整体）真实的新闻真实观指导和约束新闻报道活动，对待同类事实和一定时空范围内的所有事实不能以点代面、以局部代全部、以微观代宏观。对于某一领域甚至社会的整体面貌的全面再现，关键在于呈现"实事"的总体结构，媒体对各方面情况反映的量度比例要与实际相符合，即全面再现的关键在于为收受者提供健全的而非片面的、整体的而非零碎的信息。因而在新闻报道过程中，媒体所选择的报道对象、确定的报道内容，要力求能够反映同类事实或一定时空范围内所有事实的整体情况，而不能以片面、孤立的方法去玩弄个别事实或现象。对此，列宁有过非常经典的论述，他说："在社会现象领域，没有哪种方法比胡乱抽出**一些个别**事实和玩弄实例更普遍、更站不住脚的了。挑选任何例子是毫不费劲的，但这没有任何意义，或者有纯粹消极的意义，因为问题完全在于，每一个别情况都有其具体的历史环境。如果从事实的**整体**上、从它们的**联系**中去掌握事实，那么，事实不仅是'顽强的东西'，而且是绝对确凿的证据。如果不是从整体上、不是从联系中去掌握事实，如果事实是零碎的和随意挑出来的，那么它们就只能是一种儿戏，或者连儿戏也不如。"① 胡耀邦则说得更具体，"我们这样的大国，今天如果有谁专门搜集阴暗面，每天在报上登一百条，容易得很！如果把这一百条集中到一张报纸上，可以整整覆盖四个版面，搞成一幅彻头彻尾的阴暗图画。虽然其中每一条可能都是真实的，但如果

---

① 列宁全集：第28卷 [M]. 2版（增订版）. 北京：人民出版社，2017：364.

谁要说这就是代表今天中国社会主义社会的整个画面，那就不真实了。当然，如果反过来硬说我们今天的社会，到处都是光明面，实在好得不得了，一点阴暗面也没有，一条缺点也没有，那也不真实"[①]。看来，全面并不是容易做到的事情，新闻传播主体不仅要确保每一具体报道的全面性，更重要的是还要努力做到让所有报道形成的总体报道，能够反映客观世界一定领域、一定时空范围的全面景象，达到个别全面与整体全面的统一，这样才是理想状态的全面性。

从新闻报道的时间性上看，全面性包含即时全面和历史全面两个基本方面。所有具体新闻报道的内在要求是及时快速，因而所谓即时全面，就是指具体新闻报道要反映事实在截稿时刻或某一确定报道时间点的整体面貌。历史全面的核心含义是指新闻报道要反映新闻事实历时变化的全面性和完整性。新闻报道的对象从原则上说，都是过程性的存在，它的完整的、全面的面貌体现在整个过程之中，因此，新闻报道的全面性只能在对事实的历时反映过程中实现，人们只能在历时的事实变化和相应的历时报道过程中了解把握对象的整体面貌，对那些相对比较复杂的新闻事实来说，这一点表现得尤为明显。

针对实际的新闻传播情况，全面性有两个需要特别强调的方面：一是全面必须是包含对负面新闻事实报道的全面；二是将那些有争议的问题集中表现在揭露性、批评性报道中时，传播主体要特别注意顾及各方的情况和意见，要主动运用均衡或平衡报道的手法，把事实的整体状况再现出来。

全面性原则的另一要求是，全面不能停留在对事实表面现象的全面罗列上，还应力求在条件允许的情况下，揭示事实的本质，达到一定的深刻

---

① 胡耀邦.关于党的新闻工作［N］.人民日报，1985-04-14（1）.

程度，使人们对新闻事实本身本质的多面性和多层次性达到全面的认识和了解。一些重大的新闻事件、重要的新闻事实，呈现出来的现象本身就是极其复杂的，要全面描述它的现实景象很不容易，再透过现象层面的东西，全面反映或揭示它的本质就更加艰难了。因此，对新闻事件、事实本质的全面揭示和报道，是对传播主体高层次的要求，也是收受主体对传播主体的一种期望。

全面报道的理念与方法对于新闻传播具有特殊的意义和价值。首先，全面报道提升了新闻传播的层次和境界，强化了新闻传播的理性精神，提高了对新闻媒体和新闻传播主体的要求。新闻传播要达到一点、一面、一事层次的真实和客观是比较容易的，但要实现全部、全局、全体的真实和客观是艰难的。全面报道的理念与方法，要求传播主体不能停留在低层次的真实、客观上，而是要"从事物总体，社会的总体联系中来考察、评判事实"①，不仅达到"一时一事"的具体真实，而且还要努力反映"全时全事"的整体状况，这显然是一种高层次的要求。其次，全面报道是实现真实、客观、公正的必然理念和方法。"要作到真实，就要全面，缺一面就不是真理"②。片面的真实也是真实，但那是低层次的真实，相对事实整体来说是"残缺"的真实、局部的真实，这种真实极有可能误导人们片面理解某一事实，甚至片面对待整个事实世界。只有全面理念支配下的全面报道，才有可能达到全面的真实，实现新闻真实的最高境界。最后，全面报道理念是一条确保为社会和人们提供比较健全的新闻信息服务的理念。只有全面，才能为收受主体提供健全的新闻信息，只有健全的新闻信息，才能使人们真正了解某一新闻事实的整体面貌，了解生存、发展的环

---

① 黄旦. 新闻传播学：修订版 [M]. 2版. 杭州：浙江大学出版社，1997：253.
② 刘少奇. 对华北记者团的讲话 [M] //中共中央宣传部新闻局. 马克思主义新闻工作文献选读. 北京：人民出版社，1990：223.

境变化，把握自然、社会的最新变动情况，从而有效调整自己的行为。进而言之，只有全面，才能确保达到新闻的事实真实（个体真实）和整体可信，孙旭培先生在其《新闻学新论》中写道："新闻报道做到既真实，又全面，就能实现具体真实和整体可信的统一。"[①] 有了真实可信的信息，人们才会真正将新闻报道作为决策的参考或依据，新闻传播的效果也才能得到真正的实现。

与客观报道一样，实现新闻报道的全面是可能的，但也是有限度的。首先，新闻报道的全面性是新闻眼光下的全面性，是全面报道理念和全面报道方法下的全面性，不是有闻必录，不是事无巨细的全面性的大杂烩。新闻传播媒介对整个新闻事实世界的描述，对个别新闻事实的描述，都不可能达到与对象的绝对符合，总有一定的遗漏，"我们试图用我们的网把世界的一切捕捉干净，但总会有从网眼中遗漏的"[②]。新闻传播是有选择的传播，对于具体事实，它要选取有新闻价值的部分和侧面进行报道，而不是对所有的部分或侧面都要报道。全面理念在这里的要旨在于，以全面的态度和方法对待报道对象，避免形成不符合事实面目的片面报道。对整个新闻报道来说，全面性的有限性是显而易见的，任何新闻传播媒介都不可能发现所有的新闻事实，也不可能把发现的新闻事实信息在有限的版面或时段中全部传播出去。因而，对每一家具体的新闻媒体来说，它的全面性必然是有限的，存在不可超越的界限。由不同新闻传播媒介在自觉或不自觉的合作与竞争中形成的全部报道，在整体上能够提高对某一新闻事实或整个新闻事实世界报道的全面性，这种信念既是基于以往新闻实践经验的判断，也是新闻传播有机运动的可能。其次，即使所有新闻传播主体在主观上愿意实现新闻报道的全面性，即把全面真实作为自己的追求目标，

---

① 孙旭培. 新闻学新论［M］. 北京：社会科学文献出版社，1993：213.
② 黄小寒："自然之书"读解：科学诠释学［M］. 上海：上海译文出版社，2002：197.

但传播主体认识能力的有限性，客观事实本身构成或变化的复杂性，新闻传播环境限制或宽松的程度，等等，都会对传播主体全面把握新闻事实形成各种影响。因而，全面只能是一种理想的状态，不可能是想当然的现实。

就现实的新闻传播来说，人们发现，在不少新闻报道活动中，甚至在整个新闻传播的价值取向上，一些媒体本身就不愿意全面报道事实的真实面目，因而也不会去全面报道客观世界的最新变化。在这种态度和价值取向支配下的新闻传播，不可能为人们提供健全的新闻信息，其全面性不仅是有限度的，而且失去了可能实现的主体根据。改变这种片面性的方法，从根本上说要依赖历史的进步，依赖新闻传播制度的改变，依赖真正的新闻传播全面观念的确立。由于主客观条件的限制，人的认识绝不会完全地做到全面，但是，"全面性这一要求可以使我们防止犯错误和防止僵化"[①]。全面性的有限性，说明了实现全面性的艰难，但不能因为艰难而退缩，要明知不可为而为之。全面的新闻传播理念和方法，可以帮助新闻传播主体提高全面的程度，向全面性接近。

二、公正至上的价值原则

任何新闻传播都有一定的价值追求，因而实际的新闻传播活动都要遵循一定的价值原则。新闻传播的现实告诉人们，传播主体不只是"让事实说话"，还会"用事实说话""为事实说话"，表达自己的意志和意见，追求自己的新闻理想和其他传播目标。新闻传播的价值原则，就是新闻传播主体为实现一定利益需要（不只是传播主体自身的利益需要）而坚持的原

---

① 列宁选集：第 4 卷 [M]．3 版．北京：人民出版社，1995：419.

则。作为社会公器的新闻媒体，在新闻传播过程中应该坚守的最高价值原则只能是公正至上的价值原则。

（一）公正原则的内在蕴意

公正报道新闻，是所有新闻媒体都在标榜的一条基本价值原则，是新闻传播主体理应具备的职业精神理念，也是人类新闻传播业必须追求的价值理想。新闻传播能够正大光明，以天下为公，是千千万万民众的渴望，也是新闻传播实现正面社会效应的基础。能否进行公正传播，因而也应该成为评价新闻传播合理性的重要尺度之一。

作为价值原则的公正原则，是相对事实原则的"应然之则"。公正原则的核心在于通过真实报道事实世界的本来面目，实现"新闻正义"或者"媒介正义"，承担新闻媒体应尽的社会职责，即通过真实的新闻报道实现和维护人们应该享有的最基本的新闻自由权利，维护人们的公共利益。童兵先生在他的《理论新闻传播学导论》中写道，新闻传播公正性的科学含义主要包括："传播工作者负有社会责任和职业道义，保障公民享有平等地从媒介获得资讯、发表意见、进行申辩和反对他人观点的权利与机会，传播工作者不享有传播自己个人意见与片面事实，并以个人意见与片面事实压制他人意见与其他事实公开传播的特权与自由。"[①] 这一表述反映了公正原则的基本内容。

公正原则在宏观层面上，要求作为社会公器的新闻媒体、作为社会守望者的新闻传播主体，拒绝向任何权力和金钱做出不正当的倾斜。英国著名报人约翰·德莱恩曾充满激情地指出："新闻事业应以独立的精神执行其任务，以社会利益为前提，不与政治人物勾结，更不可牺牲其永恒的利

---

① 童兵.理论新闻传播学导论［M］.北京：中国人民大学出版社，2000：82.

益，而向任何政权低头。"① 公正原则要求新闻传播主体要尽力消除传播中的歧视行为，树立为所有民众服务、为整个社会服务的新闻职业道义和精神，不能把传播仅仅指向那些社会的强势群体、富裕地区和发达领域，而无视弱势群体的利益和需要，无视贫困地区和欠发展的领域。

公正原则落实到具体的、微观的新闻报道活动中，最典型的体现是要求传播主体在再现新闻事实时，必须以"平等"的态度与方式对待新闻事实的"当事人"各方。对新闻传播来说，只有为构成新闻事实、事件的各方，特别是为争议各方提供平等利用媒介的机会，才能从手段上、形式上保证再现事实的全面性、客观性和公正性。如果传播主体不能以公正的态度和方式对待新闻事实的当事者各方，那么传播主体的做法不仅是不道德的，也是对新闻自由权利的滥用。公正对待新闻事实当事人的理据在于：不同的当事人拥有同等的道德权利和道德尊严，更实际一点讲，他们在法律面前是平等的。其实，新闻正义在很大程度上正是通过公正报道实现的，公正报道就是不伤害并维护公民新闻自由的报道，就是确保公民平等利用新闻媒介、确保公民独立性不受新闻传播不当干涉的报道。

公正作为再现新闻事实的基本原则，其实现的程度如何，关键在于传播主体坚持什么样的传播方针，关键在于为谁服务。在私人资本控制下的新闻媒体，在本质上是难以实现新闻公正的，是难以在再现新闻事实时坚守公正原则的。

在现代社会中，新闻传播主体是重要的社会活动主体，他们不仅通过新闻媒介反映社会的正义状况，也在通过新闻手段（通过新闻报道、新闻评论的方式）建构着社会的正义理念。因而，新闻传播的公正原则，对传

---

① 童兵. 比较新闻传播学 [M]. 北京：中国人民大学出版社，2002：86.

播者有着特殊的要求。

公正原则对新闻传播主体自身提出的直接要求是：不能利用职业之便随意表达自己的情感和意见，不能将非新闻的东西当作新闻来报道，不能有意进行失实的、片面的、歧视的报道以实现自己的私利，更不能以虚假的、有偿的报道来误导收受者、欺骗社会。新闻传播者应当"以历史学家的公正态度记述事实"①。公正原则对新闻传播主体提出的更高的要求是：在"让事实说话"的基础上，敢于坚持社会正义，以新闻方式"为事实说话"，即敢于将应该公开的事实、公开的信息，迅速及时地公之于众，而不怕任何权力的压制；敢于揭露社会的各种丑恶，特别是权力阶层的丑恶；敢于为社会中的弱势群体呐喊，维护他们的权利和利益。新闻公正原则的最终目的就是为人民服务、为社会服务，以新闻方式维护社会的良性运行。

坚持公正至上的价值原则，对新闻传播来说，不只是为了实现新闻真实，还有着更特别的意义。第一，实现社会公正或社会正义。从古至今，正义被人们看作"百德之总"，是"一种最高的价值观念"②。公正或正义同样是人类新闻传播业追求的伟大理想。公正意味着透明、公开和公平，意味着民主、平等和自由。这种美好的景象、理想主义的东西，始终是人类所追求的。在当代社会，新闻传播业作为社会公器的地位与作用日益凸显。人们越来越期望通过新闻传播手段维护社会正义和实现社会公正，而这一切首先必须以新闻传播自身的公正为前提，以新闻传播主体自身的正义精神为支撑。第二，公正传播是新闻传播媒体社会责任的保证。作为新闻正义的内在要求，公正是新闻道德理念的核心，它要解决的是新闻传播的正当性和合理性问题。对新闻传播者来说，公正"是绝对的命令"，是

---

① 马克思恩格斯全集：第11卷［M］. 2版. 北京：人民出版社，1995：74.
② 严存生. 论法与正义［M］. 西安：陕西人民出版社，1997：172-176.

传播者应该做的事，必须做的事。只有秉持公正的报道态度和公正的报道方式，才有可能获得公正的报道结果，实现新闻媒体的社会责任。第三，公正传播是实现有效传播的基础。对新闻传播来说，有效传播的根基性因素是真实、公正、及时、公开。真实是公正的事实基础，及时、公开是新闻公正实现的特殊途径，而"中立、公正是可信的思想交流形式，因而也是有效的新闻传播方式"①。灌注在公正原则中的灵魂，对传播主体来说，就是排除自己的私利，当一家新闻媒体不以自己的私利报道新闻时，其传播有效性的基础就建立起来了。公信是以公正为前提的。

（二）新闻公正的实际衡量

传播主体是否在新闻传播中坚持了公正的原则，达到了新闻正义，是需要社会进行监督评判的，这既有利于新闻媒体的健康发展，也有利于新闻媒体社会功能的正当发挥。其一，新闻传播公正与否的评判者，不能由新闻媒体和传播者自己担当，也不应该由官方（或新闻资产的控制者）或某种所谓的权威人士来评判（仅可作为参考意见）。作为"大众"传播的新闻传播，其公正性的评价主体天然就应该是作为新闻收受者的"大众"，或者某一新闻媒体的目标收受者。任何人，只有当他是某一新闻媒体的收受者时，才有资格去评价其公正性，这里最根本的原因是，目标收受者普遍拥有比较良好的、充分的进行公正性评价的信息基础。目标收受者之外的收受者不应该成为评判新闻传播公正性的核心主体。其二，新闻收受主体评判新闻传播公正性的尺度，依赖于收受主体作为评价者的正义观念或公正观念。就实际情况来说，这种尺度通常有两大类：一是利益尺度，它具有伦理价值中的功利主义的性质，即看新闻传播是否维护了目标收受者

---

① 郭镇之. "客观新闻学"［J］. 新闻与传播研究，1998（4）：65.

中绝大多数人的利益，或扩展开来，看新闻传播是否有利于社会的普遍利益或绝大多数人的利益；二是平等或公平尺度，它具有伦理价值中的道义论的性质，即看新闻传播是否给收受者提供了平等利用新闻媒介的实质性机会，从新闻媒介的角度确保了新闻自由的实现可能。其三，在实际的新闻传收活动中，人们评判传播公正性的直接标准大致包括两个方面：一是规律性标准，即看被评判的新闻传播活动是否遵循了新闻传播的基本规律和要求；二是规范性标准，即主要看新闻传播从内容到方式，是否合乎现实社会对新闻传播提出的一系列规范性要求。合法性、合政策性是对公正性最基本的评判，合德性是对公正性进一步的评判。就某一具体的新闻报道来说，新闻事实的当事者是否能够平等地享有相关法律所规定的相关自由权利，是衡量新闻传播是否公正的重要尺度，也是传播者判断自己是否在新闻作品中公正再现了新闻事实的尺度。如果传播机构和传播者公正对待了新闻事实，公正对待了新闻事实的当事者，就是实现了对社会公众的公正。因为只要新闻传播维护了社会和公众普遍认可的正义观念、公正观念，合乎人们普遍认可的情理（道德伦理观念），满足了收受者获取新闻事实真相的知情权等，就是对收受者的一种公正对待。

三、追求"及时""公开"的方法原则

新闻传播在方式上有着自身的特殊性，最典型的莫过于及时和公开。新闻传播追求的各种目标既是在及时、公开的传播方式中实现的，也依赖于及时、公开的传播方式所特有的力量。随着传播技术水平与社会文明程度的不断提高，及时与公开的传播原则具有越来越重要的地位和作用。

（一）及时传播原则

及时是新闻传播的时间原则，是通过对时间的把握来获取良好新闻传播效果的原则。在所有能够公开传播的信息传播方式中，及时传播可以说是新闻报道最突出的特征，也是新闻传播规律的内在要求。如果说真实是新闻的第一生命，那就完全可以说及时是新闻的第二生命。蔡元培先生在为徐宝璜所著的《新闻学》写的序中说："史所记不嫌其旧；而新闻所记，则愈新愈善。"① 及时是新闻传播最突出的方法原则之一。

及时最基本、最重要的含义就是"快"，就是要在第一时间②内将新闻事实信息反映出来，传播出去。从新闻传播的总体要求上说，对新闻事实的再现越及时越好。及时的程度是以新闻事实从发生、发现到传播实现间的时距来衡量的，因此从新闻事实发生、发现到得到反映报道的"时距"越短就越及时。在广播、电视、互联网等的现场直播中，这种"时距"对视听者而言几乎为零，成为一种实时性的传播，它把新闻事实的符号化阶段、产品化阶段"压缩"在了同一时间，几乎没有什么"包装"，即将原生态的新闻事实信息传播给收受者。

在"快"的原则下，及时的时间效果还可能通过时机、时宜的方式来实现。及时并不是绝对地快，还有"时机""时宜"问题，这也是及时原则不可缺少的、重要的内涵。时机、时宜的本质在于通过对报道时间的把握，求得传播者预期的传播效果。既讲快速，又讲效果，是及时传播原则

---

① 松本君平，休曼，徐宝璜，等. 新闻文存［M］. 北京：中国新闻出版社，1987：275. 此处为蔡元培先生为徐宝璜先生《新闻学》所作的序言，徐宝璜《新闻学》、松本君平《新闻学》、休曼《实用新闻学》和邵飘萍《实际应用新闻学》被整合收录于《新闻文存》著作集中。徐宝璜的《新闻学》由余家宏先生编注。
② 所谓"第一时间"，是指"在事件刚一发生，人们对事件还来不及做出判断，就立即给予报道"。参见刘建明. 当代新闻学原理［M］. 北京：清华大学出版社，2003：147。

需要把握的又一基本精神。因此，快闻（新闻）、慢闻（旧闻）常常成为新闻传播的时间艺术。在这种时间艺术中，新闻报道把握的其实就是事实的变化、传收环境的变化，而最根本的东西则是人们对新闻报道的反应，即新闻真实实现方式的变化。同样一条真实的新闻，通过对其报道时间的驾驭，它的真实实现效果便会有所改变。

及时原则对其他新闻传播原则有着重要的影响。新闻传播真实、客观、全面、公正等的要求，都以及时传播为前提。如果没有了及时性的要求，传播所实现的真实、客观、全面、公正等就不再是新闻性的。因此，及时传播原则既是"事实原则"的要求，也是"价值原则"的需要，可以说，它是有效实现"事实原则"和"价值原则"的"方法原则"。

（二）公开传播原则

与新闻传播的及时性原则一样，公开传播也是新闻传播在传播方式上最显著的特点之一，也是新闻传播的重要精神内涵。公开性使新闻传播成为阳光下的传播。

新闻传播的公开性，首先是指新闻传播的大众性和社会性。这意味着新闻传播是面向整个社会的传播、面向所有人的传播；意味着传播新闻、收受新闻不论在实质上还是在形式上，都不是某些人的特权，而是人们应该拥有的一种普遍权利。其次，公开性意味着新闻传播是一种无空间界限的传播、无信息壁垒的传播、无歧视性的传播，而其最本质的意义在于新闻传播应该是一种自由的传播。新闻自由是公开原则的内核和根本精神。新闻传播，应该超越一切人为障碍。所有新闻媒体的新闻传播，都应该成为全球化新闻传播的有机构成部分。再次，公开性要求新闻传播主体不能隐瞒或遮蔽新闻事实的本来面目，在每一个传播环节上，都能够以公开的方式处理新闻信息，这是赢得社会公众信任的有效途径。新闻传播过程本身的公开，是新闻传播公开原则的实质性内容，是新闻媒介能够成为社会公器的基本条件之一。一些新闻传播在第一环节——采访——的非公开性（隐性采访），引起了人们的极大关注，引来了各种各样的讨论。但从新闻传播的公开原则来看，任何情况下的隐性采访方式都是应该努力避免的，"除非信息对公众利益意义重大，而以传统的开放方式又无法获得，否则不要暗中探听，不要用鬼鬼祟祟的方法收集信息。如果使用了这种方法，应在报道中予以解释"①。而新闻传播在其他环节上的公开性还远未受到人们的足够重视。新闻内容是怎么选择的、怎样确定的，传播方法是如何确立的，等等，都应该是公开的、透明的，新闻信息的收受者有权利知道这些具体的操作过程。又次，公开性同样要求一定的组织、团体或个人，按照有关法律或相关规定的要求，履行应尽的义务，通过新闻传播媒介，及时向社会和公众告知与社会公共事务相关的新闻信息。公开性的这一含义，具有极为重要的作用，它是新闻传播公开性获得价值和意义的基础。只有与社会公众公共利益相关的信息源是公开的，新闻传播的公开性才能得到保证，新闻真实才可能是有意义的真实。从原则上说，凡是公众知情权范围内的信息，任何形式的拥有者，特别是政府机构，都有告知公众的义务。如果因未履行告知义务而导致不良后果，信息拥有者应该承担必要的法律责任和道德责任。最后，公开性原则要求新闻传播主体在非特殊情况下，应该向社会和收受者公开新闻信息的来源。说明新闻信息的确切来源，不仅是新闻报道简单的技术性要求，而且是新闻传播公开原则的内在要求，是确保新闻可信、真实的要求，也是新闻传播向社会负责、向收受者负责的基本要求。

公开性的上述内涵，意味着它对新闻传播本身与社会有着重要的意

---

① 史密斯. 新闻道德评价 [M]. 李青藜，译. 北京：新华出版社，2001：34.

义。它是公民知情权得以普遍实现的通道和基本保障。公开意味着透明和平等，意味着民主和自由。"没有公开性而谈民主制是很可笑的"①。新闻传播的公开性特点，恰好使人们能够以相对比较自由、主动、平等的方式去了解世界的变化，把握自己生存、发展环境的变动情况，从而能够及时发表意见、表达看法，以舆论的或其他的方式参与重要事务的决策，行使自己的民主权利。公开是新闻传播的力量源泉之一。新闻的力量基于真实，这是新闻的生命力量。但是，真实的力量要通过公开的传播方式来实现。新闻传播的社会吸引力和影响力，只有通过公开传播的方式才能得到规模化的有效实现。新闻媒介作为"准"政治实体、经济实体、文化实体等的社会力量，无不源于真实、及时和公开的传播原则与方式。新闻媒体作为社会舆论机构的力量，同样来自它信息传播的公开性。具有公开性的传播才能有效反映、代表、扩散、放大、强化、影响、引导一定的公众舆论，塑造某种舆论环境，形成某种舆论压力，促成一些问题的解决。新闻媒体所有社会功能的发挥，大而化之地讲，它对社会物质文明、精神文明、政治文明的影响，不管是正面的还是负面的，都与新闻传播的公开力量息息相关。新闻传播告知效应的大小，意见交流成效的高低，舆论监督力量的强弱，舆论引导结果的优劣，等等，都依赖于新闻传播的公开性。

需要我们注意的是，新闻传播的公开性是有规范的公开性，有限度的公开性。公开有度，才能公开有效。"经验告诉我们，讲透明要有个'度'，不能超度，讲公开也不能凡事都完全公开，要注意新闻传播的社会效果。"②但更需注意的是，对公开性做出限制的规范，必须是合理的制度性规范。而且，不管是什么类型的规范（法律、政策、纪律、道德等），

---

① 列宁全集：第6卷［M］. 2版（增订版）. 北京：人民出版社，2013：131.
② 郑保卫. 当代新闻理论［M］. 北京：新华出版社，2003：54.

都必须是良性的规范，即必须是从根本上对社会发展和人民有利的规范。一切不良的规范都将对新闻传播公开性形成恶性的限制，也必将损害社会和大众的根本利益。因此，虽然对新闻传播公开性的限制是必要的，但"对限制本身应当有所限制"①，即要把限制本身限制在合理的范围内，要在制度上追究不合理限制的各种责任，以保障新闻传播公开性的正常运行。

---

① 杨宇冠. 人权法：《公民权利和政治权利国际公约》研究 [M]. 北京：中国人民公安大学出版社，2003：351.

第六章　新闻活动原则（下）

报纸最大的好处，就是它每日都能干预运动，能够成为运动的喉舌，能够反映丰富多彩的每日事件，能够使人民和人民的日刊发生不断的、生动活泼的联系。

——马克思、恩格斯

应该把报纸拿在自己手里，作为组织一切工作的一个武器。

——毛泽东

我们的报纸名字叫作"人民日报"，意思就是说它是人民的公共的武器，公共的财产。人民群众是它的主人。

——《人民日报·致读者》［1956-07-01（1）］

上一章，我们讨论了纯粹的新闻传播过程——作为传播新闻事实信息的活动——应该遵循的内在的基本原则，它们也是任何一种新闻传播都应该和必须遵循的原则。然而，作为人类的一种事业，新闻活动是具体的，总是存在和展开于一定的社会环境之中。因此，不管是历史地审视，还是现实地观察，人们都能发现，制度化、组织化的新闻传播活动，除要遵循新闻传播活动的内在原则外，还要遵守一些一定社会条件所要求的相对比较特殊的原则。本章，我们以中国共产党领导的当代中国新闻业为主要对象，分析、阐释中国特色新闻传播奉行的一些基本原则。

一、对新闻传播业的基本理解

要理解一定社会条件下新闻传播活动所遵循的特殊原则，首先需要理解新闻业自身的性质及其主要特征。这里，我们将从两个基本视角出发，反映、描述新闻传播业的性质和特征：一是把现实的新闻传播业作为核心对象，根据它的实际表现，在多维视野中分析它的性质；二是在历史向度上，根据新闻传播业的实际演变情况，宏观描述新闻业的变革过程，并探求新闻业的整体发展规律。

（一）新闻传播业的本质与特征

今天的新闻传播业，无论是在世界范围内，还是在中国国内，都正在发生着剧烈的变革。新闻业已经成为一个十分庞大的产业，但同时又具有文化事业的性质、意识形态的属性，还有其他一些相关事业的色彩。新闻业已经成为具有多重属性的统一体，与各个社会子系统和整个社会大系统具有千丝万缕的关系。因而，全面、真实反映新闻传播业的特征，特别是认清它的本质并不是一件容易的事情。我们下面的讨论是宏观的、初步的，目的在于为理解中国特色新闻业的活动原则提供一个背景，打下一个出发的基础。

1. 多维视野中的一般描述

已往我们习惯于从政治经济学的角度认识新闻业的性质，并以把新闻业归属于"上层建筑"为了结。这虽然抓住了新闻业的本质特征，但只从一个侧面或者一个方向上认识对象，也许能够抓住本质，可要达到全面把握对象的特征就比较困难了。何况，如今的新闻传播业，其本身的属性已经变得十分复杂，不像过去那么单一。因而，从多个角度、多个侧面出发，在多维视野中对其性质、特征进行考察分析，显得既有必要，又很重要。

其一，新闻传播业所运作的核心活动（并不是所有活动），是以新闻方式认识客观世界的活动，认识客观事实世界最新变动情况的活动。因而，在哲学视野里，在辩证唯物主义和历史唯物主义的视野里，新闻传播业主要属于社会意识形态领域，属于认识领域，属于精神生产领域，而非物质生产领域。

从哲学层面上分析新闻传播业的性质，实质上就是从社会存在与社会意识相互关系的层次上对新闻传播业的性质加以说明。从社会认识论的角度看，作为社会意识形态之一种的新闻，实质上是用新闻手段对社会存在最新发展变化状况的反映；从一般哲学认识论的角度看，新闻无非是作为主体的人，通过新闻手段对作为客体的自然、社会中的最新变化的反映。对此，马克思、恩格斯早有论述，童兵先生在他的《马克思主义新闻思想史稿》中说，在马克思和恩格斯看来，"报刊是人的眼和耳通过大脑对外部世界的反映，报刊是关于对象的反映，是人们表现现实世界的精神世界"[①]。因此，从最宏观的哲学层面上看，新闻传播业是意识形态（这里的意识形态仅仅与物质形态相对应，没有更多的含义）领域的一种事业，因而按照马克思主义的社会结构划分方式，它必然属于社会上层建筑的一部分。

---

① 童兵.马克思主义新闻思想史稿［M］.北京：中国人民大学出版社，1989：198.

新闻业的一系列属性、特征，正是由新闻传播业作为社会意识形态的本质所决定的。哲学层面的意识形态定性，说明了新闻业的核心活动——报道新闻的活动——的功能范围以及发挥功能效应的方式，即它主要是通过信息交流、精神交往的方式发挥社会作用的。超越这一功能范围和发挥社会作用（包括对个体或其他社会组织）的方式，可能会扭曲新闻传播业的正常面目。

其二，在经济学的视野中，新闻传播业已经成为经济基础的有机组成部分。新闻业作为一种产业，作为经济基础的一部分，已经成为客观事实，因此，它必然具有产业属性，必须按照产业方式进行运作。这种认识，对在市场经济背景下成长起来的西方人来说，早已是自然而然的常识，但对在社会主义计划经济体制中成长起来的中国新闻人来说，却经历了一个反反复复的过程，直到改革开放以后，经过很长一段时间的争论，人们才慢慢普遍认识并最终承认了新闻业的产业属性。[①] 需要我们注意的是，承认新闻业的产业属性，并不意味着完全允许新闻业按照一般产业方式来运作，因为新闻业作为一种产业，属于特殊的文化产业[②]，它在社会主义制度下，到底应该以怎样的方式运作，仍然是探索中的问题。其实，对西方世界来说，新闻业到底应该如何运作，也仍然是困扰学者们以至整

[①] 曾担任过《人民日报》副总编辑的安岗先生在20世纪80年代初就认为："新闻单位既是党的宣传事业，又是一个经济实体，必须实行企业管理。"他可以说是中国解放以后"报纸产业化、集团化的先行者"。参见顾潜．中西方新闻传播：冲突·交融·共存［M］．上海：复旦大学出版社，2003：113。

[②] 《中共中央、国务院关于深化文化体制改革的若干意见》（2005年12月23日）第14条指出："根据现有文化事业单位的性质和功能，区别对待、分类指导，明确不同的改革要求。国家兴办的图书馆、博物馆、文化馆（站）、科技馆、群众艺术馆、美术馆等为群众提供公共文化服务的单位，为公益性文化事业单位。党报、党刊、电台、电视台、通讯社、重点新闻网站和时政类报刊，少数承担政治性、公益性出版任务的出版单位，重要社会科学研究机构，体现民族特色和国家水准的艺术院团，实行事业体制，由国家重点扶持。其他艺术院团，一般出版单位和文化、艺术、生活、科普类等报刊社，以及新华书店、电影制片厂、影剧院、电视剧制作单位和文化经营中介机构，党政部门、人民团体、行业组织所属事业编制的影视制作和销售单位，逐步转制为企业。"

个社会的大问题。西方新闻业的运作并不是纯粹市场化的运作，也不是完全自主性的运作，新闻业应该在怎样的一种机制中运行，如何处理政治、经济与社会的关系，一直是新闻学界讨论的重要问题。从自由主义报刊理论到社会责任理论的演变，实质上就是这些关系变化在理论层面的反映。

从经济学角度分析新闻传播业的本质，核心在于揭示新闻传播业作为一种媒介产业或媒介经济或信息经济的本质，揭示新闻媒体生存发展的经济秘密到底是什么，即作为媒介产业的新闻业，是依靠什么来获取经济效益的，依靠什么生存发展的。这些问题属于媒介经济研究的重要理论问题，此处不加深论。[①] 但一旦认定了新闻业的产业性，也就等于认定了新闻产品的商品性，也就等于提出了一些非常重要的问题：新闻商品生产与一般的物质商品生产以及其他精神产品的生产有什么样的异同？它们遵循同样的商品生产规律吗？新闻生产应该按照市场需求进行吗？这些问题，直到目前，其实并没有得到深入细致的讨论。

其三，在政治学的视野中，新闻传播业是一种政治性很强的社会舆论系统、意识形态领域，新闻媒体不过是一定政党、利益集团手中或直接或间接控制的思想宣传阵地、宣传中心，制造舆论、引导舆论的手段或者工具。无论中外，不管是资产阶级革命家、政治家，还是无产阶级革命家、政治家，新闻媒体在他们的眼中主要不是报道新闻的机构，而是用来进行宣传、革命、教育和统治的组织，是用来维护社会秩序的一种重要手段或者工具。因此，政治视野中的新闻传播业，构成新闻业的实体机构——新闻媒体，都具有强烈的阶级性和政治性。在一定意义上，新闻媒体被看成准政治机构。如今，不论是在东方还是在西方，关于新闻业，人们津津乐道的"显要"问题，都是新闻业与社会民主、政治民主的关系问题。有人

---

① 关于新闻业的经济本质，有注意力经济说、影响力经济说，可参阅石培华. 注意力经济 [M]. 北京：经济管理出版社，2000；喻国明. 传媒影响力 [M]. 广州：南方日报出版社，2003。

认为新闻业是推进政治民主的利器，有人则认为今天的新闻业已成为政治民主的敌人。不管这些具体的看法、观点是什么，都可以说明，新闻业是不可能脱离政治的，它始终都是政治斗争的重要武器和场所。

以政治眼光观察、探求新闻传播业的性质，主要在于说明新闻传播业与政治活动的根本关系。在世界范围内，存在着不同性质、不同类型的新闻事业。以当今为例，世界新闻传播业已经形成了相对独立的人类活动系统，这个系统是由不同的子系统——社会主义新闻传播业、资本主义新闻传播业和它们二者之外的其他新闻传播业——构成的。① 各种社会形态、社会制度、社会环境中的新闻业，都对自己的性质、功能有各种各样的宣称，都对自己与政治系统、政治权力的关系有各种各样的说明。但就客观事实来看，各国的主流新闻业总体上都是现实政权的维护者（当然不同新闻业维护政权的方式不完全一样），所有的新闻媒体组织机构都无法超越政治权力的制约，都拥有或强或弱的政治性。

其四，在文化学的视野中，新闻传播业是一种大众文化事业、文化产业，新闻媒体也是实实在在的大众文化机构。

大众文化事业、文化产业的性质，决定了新闻业的文化属性和普遍的社会性。同时，作为大众文化事业的新闻业，其根源在于市场经济，因此，新闻文化必然具有商品文化的属性，新闻产品必然具有商品属性，因

---

① 美国传播学家施拉姆等人撰写的《报刊的四种理论》（1956 年出版），从哲学观念、政治制度、经济制度、社会制度等宏观层面出发，对人类既有的新闻传播制度模式、理论观念范式进行了总结和概括，认为有四种基本制度模式和基本理论：集权主义理论、自由主义理论、社会责任理论和苏联共产主义理论（关于"四种理论"的具体内容，可参阅斯拉姆，等. 报刊的四种理论 [M]. 中国人民大学新闻学系，译. 北京：新华出版社，1980）。美国新闻学者、当代著名媒介批评家阿特休尔在其 1984 年出版的《权力的媒介》中，将当今世界新闻模式分为三种。他说："我们可以说世界上的新闻媒介是一个单独的单位，犹如一首交响乐也是一个单独的单位，只是由多种不同主题和旋律组成"，"在新闻媒介的这首交响曲中，我们可以把它划分为三个乐章"，"分别定名为市场经济乐章、马克思主义乐章和进步世界中乐章"。参见阿特休尔. 权力的媒介 [M]. 黄煜，裘志康，译. 北京：华夏出版社，1989：315 - 339。

而新闻传播业只有在市场竞争中才能得到真正的发展。

对于新闻传播业，我们还可以从传播学、社会学、信息科学等学科的角度，观察分析它的性质和特征，并且一定能够发现新的内容。这一角度的重点不是从某一门学科去审视新闻传播业，而是提供了一种方法论的东西。新闻业可以说是与整个社会系统关系最为紧密的一个子系统，新闻传播是与整个社会生活关系最为广泛的一种活动，这些现象一致说明，我们只有从其他不同学科仔细观照、深入研究新闻传播现象和新闻传播业，才能比较好地把握新闻传播业在现代社会中的作用。

2. 本质与特征的详细解读

通过对新闻传播业性质的多视野分析，我们可以看到，新闻业具有多种属性，这些不同属性意味着新闻业具有不同的特征，因而只有全面把握这些不同的属性，才能充分认识新闻业的本质，因为任何事物的本质都蕴含在它的各种属性之中。

（1）新闻传播业的本质。

传统的马克思主义新闻学，主要是从经济基础与上层建筑的相互关系中理解新闻传播业的本质，认为新闻业属于上层建筑思想意识形态的一个子系统，是通过新闻手段对一定社会经济基础的反映。[1] 显然，这是在哲学层面上对新闻业本质的认识，其中有两个质的判断：第一，新闻业属于上层建筑；但我们知道，上层建筑是由政治上层建筑[2]和思想上层建筑[3]

---

　　[1]　比如，毛泽东就认为，报刊是运用新闻手段反映社会经济的产物，他在 1957 年 6 月 14 日发表的《人民日报》社论《文汇报在一个时间内的资产阶级方向》中说："在社会主义国家，报纸是社会主义经济即在公有制基础上的计划经济通过新闻手段的反映，和资本主义国家报纸是无政府状态的和集团竞争的经济通过新闻手段的反映不相同。"他还指出，报纸是属于意识形态范围的。

　　[2]　指由政治制度决定的政府、法庭、议会、警察、军队等带有一定国家权力的机构和组织，即国家机器。

　　[3]　指哲学、文学、艺术、道德、宗教、政治学说、法律学说等意识形态的东西，它们都是对客观社会生活的不同反映形式。

构成的，因而，第二，进一步将新闻业归属于思想上层建筑，即思想意识形态领域。这种性质定位是准确的，如前所述，新闻传播活动本质上属于一种社会认识活动，因而新闻传播业必然属于意识形态领域，不属于国家权力机关，因而不属于政治上层建筑。一旦分不清这一基本界限，就有可能把新闻业作为思想专政的工具，而实践已经反复证明，这"不仅在理论上是极其荒谬的，对社会生活的破坏也是十分严重的"①。但我们应该同时注意到，既然新闻业是通过新闻手段对一定社会经济基础的反映，因而新闻手段掌握在不同人（在实际的社会生活中，不同的人具有不同的阶级、阶层、政党或其他性质的角色归属）的手里，对经济基础、社会生活的反映就往往会表现出不同的特征，这正是新闻业具有阶级性、政治性、倾向性的主要根源，也是人们把新闻业看作阶级舆论工具的客观根据。而对一个国家来说，由于统治阶级总是占有和支配社会物质资源的主要力量，因而作为思想意识形态的新闻业在整体上也总是掌握在统治阶级的手中，主要为统治阶级的利益服务，诚如马克思、恩格斯所说："占统治地位的思想不过是占统治地位的物质关系在观念上的表现，不过是以思想的形式表现出来的占统治地位的物质关系"②。

随着时代的发展，人们对新闻传播业的本质有了进一步的认识：不再仅从哲学、政治学的角度把新闻传播业看作上层建筑思想意识形态的一部分，不再只认为作为意识形态的新闻业具有强烈的阶级性和政治性；也从经济学的角度出发，把新闻业看作经济基础的有机构成部分——信息产业的一个子系统，因而具有一般行业的产业性质；还从文化学或其他学科的角度出发，把新闻传播业看作社会文化事业、文化产业的有机构成部分，因而它必然具有超越阶级性、政治性的社会性，具有丰富多彩的社会文化

---

① 童兵. 理论新闻传播学导论［M］. 北京：中国人民大学出版社，2000：124.
② 马克思恩格斯选集：第 1 卷［M］. 3 版. 北京：人民出版社，2012：178.

属性和功能。事实上，早有学者针对资本主义新闻业的发展状况指出："在垄断资本主义社会中，上层建筑日益明显地被产业化，它被经济基础渗透，以致上层建筑与经济基础之间的区分崩溃，只剩下经济基础。"①尽管我们不能完全赞同这种看法，它也与中国的实际不太符合，但新闻业作为经济基础，作为文化事业、文化产业的属性日渐明显是不容否认的客观事实，这是新闻业作为近代市场经济产物的本性展现。只有在社会主义市场经济条件下，我们才有可能发现新闻业作为产业和大众文化的本性，因而我们在传统认识的基础上，必须与时俱进，全面认识新闻业的性质。

综上所述，我们可以说，新闻传播业在社会整体结构中，属于思想意识形态的范畴，是以传播新闻为主的反映客观世界的社会信息、舆论系统，构成这一系统的实体机构——新闻媒体，同时也是经济实体和文化实体。

（2）新闻传播业的特征。

新闻传播业主要是由新闻机构及其活动构成的，因此，考察新闻传播业的特征实质上是指分析新闻机构及其总体活动的特征，也就是要指出新闻机构与其他机构的不同，指出它与其他机构在活动方面的不同。找到这些东西，也就发现了新闻传播业的特征。根据上面对新闻传播业的性质分析，我们认为它的主要特征如下：

首先，新闻传播业在社会整体结构中的意识形态定位，决定了它影响社会生活的非强制性，它属于马克思所说的"批判的武器"。这是所有意识形态子系统与政治上层建筑相区别的共同特征，当然也是新闻传播业与政治上层建筑相区别的一个重要特征。新闻传播业是信息产业、大众文化事业；新闻机构是社会舆论机构，不是政治权力实体；新闻工作者是新闻

---

① 莫斯可.传播政治经济学［M］.胡正荣，张磊，段鹏，等译.北京：华夏出版社，2000：100.

作品、产品的创制者，不是社会官员。新闻传播业只能依靠报道新闻、评论新闻、传播其他信息的方式，在社会赋予的新闻传播自由权利范围内监督社会、引导人民。它不具有指令社会、强迫公众的权力。如果构成新闻传播业的实体机构——新闻媒体，自以为是与立法、司法、行政相平行的权力实体、管理机构（作为"第四权力"，它只是一个监督者的角色），就会走向滥用新闻权力、滥用新闻自由的泥潭。

这里需要注意的问题是，由于新闻传播业属于意识形态领域，因而掌握控制它的政府、政党或者其他利益集团，常常把新闻媒体当作自身利益的宣传工具。面对这种现象，我们不能把宣传事业等同于新闻事业，新闻事业可以发挥宣传事业的功用，但它本身并不是宣传事业。作为宣传事业的新闻事业，已经发生了性质定位的变化，这时，它服务的对象往往不是社会大众，维护的不是整个社会的公共利益，而是一定利益集团的利益。也就是说，新闻传播业从其本性上说，应该成为真正服务社会大众的工具。

其次，作为信息产业的一种、媒介产业的一部分，新闻传播业最突出、最重要的活动就是传播新闻信息的活动。这就是说，新闻传播业是通过报道新闻事实、评论新闻事实的方式来展开其主要活动的。因而，与其他社会意识形态系统相比，新闻传播业最大的特点就是通过新闻手段[1]为社会服务、为人民服务。如我们在上一章所论，新闻传播的内在要求是真实、客观、全面和公正，不能带有各种偏见，扭曲事实的本来面目，因而，作为信息产业的新闻传播业，本性上应该是中性的，是为所有作为新闻收受者的大众服务的，具有最为广泛的社会性。

---

[1] 关于"新闻手段"，我国新闻界对其有三种基本理解：一是指新闻媒介，诸如报纸、广播、电视、网络等；二是指具体报道新闻、评论新闻、编发新闻的形式总和，诸如消息、通讯、评论、新闻图片等；三是指"用事实说话"的写作报道方式。此处所说的新闻手段，主要指新闻报道和新闻评论。

再次，与社会权力系统的接近性。与其他意识形态系统相比，新闻传播业与社会权力系统靠得最近，在一定的历史条件下，它甚至与权力系统一体化，蜕变为权力系统的思想武器、舆论工具，遮蔽自身的新闻功能，凸现政治功能、宣传功能。新闻传播业之所以具有这样的特征，基本是因为：其一，新闻传播业与社会生活联系的紧密性和全面性，对社会生活影响的及时性和普遍性（下面专列一点详述），往往使新闻传播行为成为牵动大局或者全局的导火线、鼓风机、泄气阀，直接影响着社会的稳定与发展，这就决定了任何一种政治权力组织都会积极将新闻传播业作为自己的精神武器，把新闻机构牢牢控制在自己的手中，从而使新闻传播业具有了强烈的阶级性和政治性。其二，新闻传播业的立身之本是传播最新的、重要的事实变动信息，而在一个社会系统中，政治权力系统的变动常常具有牵一发而动全身的效应，会直接影响到普通大众的利益，人们当然会关注这样的信息。因此，新闻传播业对政治活动有着不能不有的偏好，这就导致它不得不与政治权力系统亲密接触，涂染上难以避免的政治色彩。其三，政治权力在社会生活中的特殊地位，使得任何媒体（包括宣称政治上绝对独立的媒体）都得从维护自己的利益出发，察言观色，把握自己的政治风向标。当新闻媒体成为经济利益的追逐者时，尽管它在经济上可能是比较独立的，但资本特有的求安性、求利性，更使它们不愿冒政治风险，常常拜倒在政治权力的脚下，成为权力的奴仆，而不是人民的公仆。①

最后，与社会生活联系的紧密性和全面性，对社会生活影响的及时性和普遍性。与其他任何一个意识形态子系统相比，新闻传播业与社会生活

---

①　就国内外的实际情况来说，新闻媒体是在多种力量的作用下运行的，操纵媒体运作的逻辑是多元的，不是单一的，有政治力量、经济力量、大众作为受众的力量等。可以说，媒体谁都得罪不起。因此，对今天的新闻媒体来说，特别是依靠市场生存发展的媒体来说，需要在各种力量中寻求平衡。当然，媒体对其他社会力量也有很强的反作用，特别是随着全球化媒介帝国的出现，随着媒体自身变成经济上的庞然大物，它对政治、经济、文化和个人社会化的影响，都需要我们做出新的思考。

联系的紧密性和全面性，对社会生活影响的及时性和普遍性，都是绝无仅有的。新闻传播业以全天候的方式关注着自然、社会中一切与人们利益相关的重要的新近变动，它的眼光投向社会运行的每一个领域，它的触角伸向社会人群的每一个角落，它以最为及时快捷的方式，将环境变动的最新状况告知社会、告知每一个人，它以无时不在的信息传播影响着社会的运行，它以丰富多彩的功能属性作用于人们的思想和行为。关于新闻媒体对社会、组织、个人的影响程度和大小，也许人们的看法永远达不到一致，但不会有人否认新闻传播的影响。新闻传播效果研究，需要探讨的主要问题是新闻传播是如何影响社会的，而不是有无影响的问题。

（二）历史向度中的变革描述

我们以近代西方新闻传播业的诞生为界限，将整个人类的新闻传播历史过程分为"前新闻传播业时代""新闻传播业时代"和"后新闻传播业时代"，在每一时代（主要是前两个时代）内部再以最能代表新闻传播发展水平的传播媒介为根据，划分为不同的媒介时代。这只是对新闻传播发展的一个粗线条的勾画，目的在于让读者对人类新闻传播活动的历史轨迹有一个宏观的印象和把握。

1. 前新闻传播业时代

在近代组织化的新闻传播业诞生之前，人类的新闻活动已经经历了非常漫长的历史，经历了非事业化的不同传播时代，主要包括直接以人的身体感觉器官作为传收媒介的前口语传播时代、以语言为媒介的口语传播时代和以文字为媒介的文字传播时代。人类在前新闻传播业时代的新闻活动，主要是一种自发、自在的活动，根源于生存、生活最基本的信息需要。

（1）前口语传播时代。

前口语传播时代，是指人类语言还未产生之远古时代的传播。语言对人类来说，大概只有 10 万年的时间。语言产生前的信息传播活动，大致只能依赖各种各样最原始的体态语言和还不能称作声音语言的语言。"人类在正式开始口头传播以前，有几百万年的时间一直使用着同其他动物没有明显差别的叫声、表情、动作等传播手段。"[①] 因此，纯粹意义上的喊叫、体态表达是口语传播到来之前的漫长序曲。

在前新闻传播业时代的新闻传播历史中，划出一个"前口语传播时代"，本身内含一定的矛盾性，因为人们会问：那时存在新闻传播吗？可以肯定回答的是，那时确实不会存在能够明确界定的新闻传播。但在人类创造出正式的语言之前，已经有了信息传播的存在。有些研究者推断，那时的人"很有可能通过一些他们生理上能发出的有限的声音进行传播，如嗥叫、咕哝、尖叫，加上身体动作，大致包括手和手臂信号，大幅度动作和姿态"[②]。可以大胆猜测的是，这些依赖身体语言和半人半动物式的声音语言进行的信息交流中包含着被我们现代人称为"新闻信息"的基因或萌芽。如果没有这些萌芽，后继的新闻传播便失去了发生的起点。

我们不能切断历史的联系，后继时代的新闻传播方式，总是以某种潜在的形态蕴含在前在时代的传播形式之中。因此，不管是从实际的活动史出发，还是从思维的逻辑考虑，前口语传播时代作为新闻传播的一个时代都应该是成立的，我们还需要更多的研究和探索去丰富对这一时代的描述和解释。

（2）口语传播时代。

当语言产生后，人类便进入口语传播时代。口语传播时代指的是以口头语言为标志的传播时代。语言是人类与动物分界的重要标志。"语言是文化的边界"，语言使自然世界与人的世界有了初步的分野，因此，"要了

---

① 邹广文. 当代中国大众文化论 [M]. 沈阳：辽宁大学出版社，2000：77.

② 德弗勒，鲍尔-洛基奇. 大众传播学诸论 [M]. 杜力平，译. 北京：新华出版社，1990：13.

解人类信息传播的历史，就要了解语言的发生和发展"的历史。① 我国著名语言文字学家周有光先生说："语言可能开始于 300 万年前的早期'直立人'，成熟于 30 万年前的早期'智人'。"② 可"语言是怎样产生的呢？我们只能猜测"，但"渐渐有了人的属性的动物在远古隐居时以某种方式在某个地方跨出了毫无疑问是踌躇但却是巨大的步子。他们发明了语言"③。语言的发明，把人类带进了文明的大门。从此开始，人类开始了真正的超越其他动物的交流，成为不可战胜的"动物"群体。

口语传播时代最初的真实面目到底如何，是一个十分艰难复杂的大课题，需要慢慢探究。但可以肯定的是，以语言为媒介的信息传播（内含着新闻信息传播），使传播成为人的传播。依赖于口语媒介的传播具有直接的面对面的特点，因而强烈的互动性、反馈的快捷性、交流的即时有效性是口语媒介天生的特点，而时空的有限性是其最大的局限性。口语媒介依赖于人的身体感觉器官，依赖大自然提供的能够传播声音的各种物质媒介。口语媒介是一种"在场"性的信息交流与分享媒介，不能脱离信息交流双方或多方的现场存在。可以说，人的身体本身与人的各种感觉器官是最重要的信息载体。

口语媒介作为传播新闻的媒介既是原始的，又是文明的。当人类自觉运用口语媒介传播新闻时，它与今天运用电子媒介进行的传播没有性质上的差别。即使在传播技术高度发达的今天，口语媒介仍然是新闻得以规模化、持续性传播的重要媒介。如果说人类有一种与自己永远相伴的信息传播媒介的话，那一定是口语媒介。因为只有会说话的人才是真正的人，而人类说话的本领一旦获得，将永远不会消亡，直到人类自身不再存在。

---

① 陈力丹. 世界新闻传播史［M］. 上海：上海交通大学出版社，2002：2.
② 周有光. 世界文字发展史［M］. 上海：上海教育出版社，2003：1.
③ 施拉姆，波特. 传播学概论［M］. 陈亮，李启，周立方，译. 北京：新华出版社，1984：7.

（3）文字传播时代。

文字传播时代是指人类利用书面文字进行新闻传播的时代，也就是一般史称的手抄新闻时代，它以印刷新闻传播时代的开始为下限。文字发明是文字传播的前提，文字的出现是人类进入文明社会的标志。文字符号和文字的前身——图画符号的诞生，开启了人类文字传播的历史，"它改变了数十万年信息传播的形态，使原始新闻发生了质变，标志人类文明的真正出现"①。但"我们也许永远无法知道，在不同时期、不同地方是什么导致了文字的出现"②。"沿着历史的小径，登上漫长的斜坡；在语言诞生的几十万年之后，竖立着另一个里程碑：文字。"它的发明"是历史上震撼地球的大事之一"③。人类最初使用文字的时间距今大致有 6 000 多年。周有光先生认为，"文字萌芽于一万年前'农业化'（畜牧和耕种）开始之后"，"文字成熟于 5 500 年前农业和手工业的初步上升时期，最早的文化摇篮（两河流域和埃及）这时候有了能够按照语词次序书写语言的文字"④。文字也不是在某一个地方形成的，研究者认为文字是从图画经验中演变出来的，图画是最早的书写形式，如果把图画看作文字的先声，那么"可以确定文字是在二万至三万年前而不是五千至六千年前出现的"⑤。

文字传播时代依赖的是书写媒介。一切可以承载文字的自然物、人造物，都可以是书写符号的载体。从大自然提供的石头、泥板、树叶、树皮、甲骨、兽皮等，到竹木经过简单加工而成的简牍，到质地细薄的丝织

① 刘建明. 当代新闻学原理 [M]. 北京：清华大学出版社，2003：17.
② 马丁. 笔杆子的力量 [M] //张穗华. 媒介的变迁. 北京：中国对外翻译出版公司，2002：82.
③ 施拉姆，波特. 传播学概论 [M]. 陈亮，李启，周立方，译. 北京：新华出版社，1984：10，14.
④ 周有光. 世界文字发展史 [M]. 上海：上海教育出版社，2003：1.
⑤ 同③11.

縑帛，再到各种纸的发明生产，铺就了书写媒介的历史道路。书写媒介的出现，对新闻传播活动来说，意味着手抄新闻时代的到来，这在人类传播史上是一次革命性的进步。"公元前 59 年—公元 330 年古罗马的'每日纪闻'，以及中国西汉与东汉间（公元前后）的竹木简邸报、唐代以后的手抄邸报，是人类最早使用文字进行规模化新闻传播的尝试。"①

文字是语言的另一种存在形式，从人类的听觉符号变成了视觉符号，使有声无形的语言转换成了声形俱备的文字，从而使传播的内容可以以独立的方式永久地存在。依赖书写媒介的文字传播使人类对自己的文化记忆超越了单纯的基因方式，超越了声音语言传播的即时性和在场性，即超越了飘忽不定的口语方式。从历史向度上看，文字传播使人类信息传播从本质上开始超越具体时空的限制，孕育着新闻传播的规模化和大众化。但是，书写媒介的私人性，复制的艰难性，智力要求的高级性，都使它不可能成为新闻传播的高效媒介，被历史淘汰是必然的。传统意义上的、依赖书写媒介的新闻传播方式已经基本上结束了它的使命，但书写方式本身仍然是，并且永远是新闻传播离不开的东西。

2. 新闻传播业时代

人类新闻传播革命性的变化应该说始于印刷新闻的诞生。印刷新闻使新闻传播成为一种相对独立的信息传播类别，因而"印刷新闻纸的问世，是新闻事业诞生的时间标志"②。印刷新闻使人类新闻传播开始进入规模化的传播时代，标志着新闻传播业的出现。从此以后，随着新的传播媒介不断被发明创造，人类新闻传播登上了一个又一个新的历史阶梯。新闻传播业诞生以来主要经历了两大时代：一是印刷传播时代，二是电子传播时代。

---

① 陈力丹 . 世界新闻传播史［M］. 上海：上海交通大学出版社，2002：6.
② 项德生，郑保卫 . 新闻学概论［M］. 武汉：武汉大学出版社，2000：92.

（1）印刷传播时代。

毫无疑义，印刷传播时代的到来是以印刷术的发明为前提的。印刷术的发明通常被视为人类发展史上的一座里程碑。它不仅带来了大众传播时代，也引发了人类历史中诸多革命性的变化。埃默里父子说："在 15 世纪末和 16 世纪初，印刷术的扩散撕裂了西欧的社会生活结构，并用新的方式将它重新组合，从而形成了近现代模式的雏形。对印刷材料的使用促成了社会、文化、家庭和工业的变革，从而推动了文艺复兴、宗教改革和科学革命。"① "印刷术的发明，不仅给中国，也给欧洲和整个世界的文明带来了曙光，使人类社会发生了翻天覆地的巨大变化，并引导人类传播真正步入了一个崭新的大众传播时代。"②

印刷技术最早出现于中国，起源于殷商时期的印章和公元 200 年的拓印术；公元 6 世纪左右（618—649 年）即隋末唐初就有了雕版印刷术；11 世纪中期（北宋庆历年间）毕昇发明了泥活字印刷术；1315 年，中国人最先铸出铜活字。德国人古登堡于 15 世纪 40 年代初期改良了活字印刷术。

印刷传播时代的直接产物就是印刷媒介，"印刷媒介存在的前提条件是作为记载工具的文字、作为文字载体的纸张、把文字与纸张结合在一起的印刷术"③。简单来讲，印刷媒介的诞生离不开文字、造纸术和印刷术的发明。印刷媒介需要将这三者结合在一起，因而印刷媒介"就是将文字和图画等做成版、涂上油墨、印在薄页上形成的报纸、杂志、书籍等物质实体"④。印刷媒介的出现，意味着人类可以对精神产品进行大规模、高

---

① 埃默里 M，埃默里 E. 美国新闻史：大众传播媒介解释史：第 8 版［M］. 展江，殷文，译. 北京：新华出版社，2001：4.

② 邵培仁. 传播学［M］. 北京：高等教育出版社，2000：39.

③ 邹广文. 当代中国大众文化论［M］. 沈阳：辽宁大学出版社，2000：77.

④ 同②153.

速度的复制，因而只有印刷媒介的创造，才预示着近现代意义上新闻传播的到来。印刷媒介的诞生，使新闻传播的本性有了真正张扬的可能和资本，因而，印刷媒介成为新闻传播业得以产生的重要前提。

印刷传播时代的到来，是以近代报刊的诞生为标志的，而近代报刊最初在欧洲的诞生及随后向世界各地的扩散，是一个比较长的历史过程，是由诸多社会条件共同促成的。①真正大众化的印刷传播时代，应该说开始于19世纪三四十年代商业报纸的出现。直到今天，新闻传播的印刷时代仍未结束，还在蓬勃发展。

（2）电子传播时代。

电子传播时代是一个十分宏观的概念，它的内涵非常丰富，主要是指以广播和电视为主体的电子传播。19世纪中后期到20世纪初期一系列的重要发明，标志着电子传播时代的到来。诸如：美国人莫尔斯1844年发明了电报②；贝尔1876年发明了电话；爱迪生1877年发明了留声机；法国人马雷1882年发明了摄影机；1895年意大利人马可尼和俄国科学家波波夫发明了无线电报；1906年美国匹兹堡大学的费森登教授首次成功地进行了广播试验；1920年11月2日，世界上第一座广播电台——美国匹兹堡的KDKA电台——领取营业执照，并开始播音；1926年英国人贝尔德首次研制出电视传真；1929年英国广播公司开始播出电视节目；1936年该公司建立了世界上第一座电视台，正式播出新闻节目。

电子传播时代的到来，"不仅彻底突破了时间和空间的限制，使信息传播瞬息万里，而且挣脱了印刷传播中必不可少的物质（书、报、刊）运

---

① 陈力丹.世界新闻传播史［M］.上海：上海交通大学出版社，2002：9-12.
② 1844年5月24日，美国人莫尔斯从华盛顿向巴尔的摩发出了世界上第一份电报。"电报标志着传播第一次从传递中分离出来，并开创了电子媒介的时代。"切特罗姆.传播媒介与美国人的思想：从莫尔斯到麦克卢汉［M］.曹静生，黄艾禾，译.北京：中国广播电视出版社，1991：前言2.

输的束缚，为信息传播开辟了一条便捷、高效、省钱、省力的空中通道"①。电子传播时代的到来，在一定程度上超越了收受信息的诸多智力限制，既使新闻传播进一步成为真正的大众化传播，也使新闻传播真正成为一种全球化的传播、无边界的传播，从而使信息自由流动在潜力上进入一个新的伟大的时代。

（3）网络传播时代。

1946年埃克特等人研制出的世界上第一台电脑主机"埃尼阿克"（ENIAC），预示着一个新的传播时代的可能到来。互联网起源于20世纪60年代末的美国，大致从20世纪80年代中后期开始被运用到新闻传播领域。尽管作为新闻传播媒介的网络媒介在整体上还没有在新闻传播领域独占鳌头，但它给新闻传播带来了革命性变化是不争的事实。

网络媒介，将人类信息传播带入传送与收受整体上主动的时代、互动的时代。网络媒介已经改变了传统的新闻传播格局，可以毫不夸张地说，传统媒介的三足鼎立（报纸、广播和电视）局面已经被打破。网络媒介对传统的新闻传播观念、新闻传收方式等，也带来了巨大的影响。网络媒介正在以它高度的综合性，充分的交互性、方便性和快捷性，成为一种立体化的、高效的新闻传播媒介，"它是一种多层面的大众媒介，它融人际传播、组织传播、大众传播于一体，与报纸、广播、电视、杂志、电影、图书等单一化的大众媒介已截然不同"②。网络媒介已经成为私人的与大众的、有形的与无形的、真实的与虚拟的巨大媒介平台，"建立在这个基础上的网络新闻，则不仅会无远弗届，无物不容，而且极有可能在媒介属性和信息目的上实现多位一体的理想境界"③。"未来的网络，可能是一个整

---

①　邵培仁．传播学［M］．北京：高等教育出版社，2000：41．

②　杜骏飞．网络新闻学［M］．北京：中国广播电视出版社，2001：48．

③　同②49．

合现有媒介的平台或者各种媒介的流通管道"①，因此，网络媒介正在成为一种整合式的新闻传播媒介。

3. 后新闻传播业时代

人类的新闻事业将会怎样发展和演变，未来将是一幅什么样的景象，说老实话，这是难以预料的，但人类总是对未来充满好奇，总想对未来进行想象和描述。写下"后新闻传播业时代"这个小标题，并不是受到什么后现代主义思潮的启发和影响，主要是我们必须以开放性的思维来思考人类未来新闻传播业的走向或趋势。历史教导我们，人类的新闻传播业不可能永远保持现状，总是在不断地开辟着发展的空间。人类现在具有的新闻传播形式也许在不久的将来就会发生某种变化，出现新的传播新闻的观念和方式。②

根据目前的新闻传播情况，我们对后新闻传播业时代可以做出这样大致的理解：后新闻传播业中的"后"，既是一个时间概念，主要针对网络新闻传播诞生之后的新闻传播而言，又是一个反映新闻传播理念的概念，意在说明在这个新的传播时代中新闻传播的主要要素（指传播内容、传播主体、收受主体、传收媒介）及其相互关系将发生一些新的变化，新闻传播将出现不同于过去的一些全新特点。但新的变化、新的特点，并不一定就是人类所期望的，也不一定是有利于新闻业正常发展的。

后新闻传播业时代作为一个完整的时代还没有出现，只是刚刚起步，初露端倪。后新闻传播业时代的一些主要特征是什么，还无法清晰地描述，只是隐隐约约地感觉得到其本质上还是一种概念性的存在。但可以肯

---

① 彭兰. 网络新闻学原理与应用 [M]. 北京：新华出版社，2003：序 2.
② 美国学者阿什德 1991 年就提出了"后新闻事业"（postjournalism）这一概念（我在提出这一概念时，还没有接触到他的有关著作），但他的概念含义与我所说的后新闻传播业是不完全一样的。可参阅阿什德. 传播生态学：控制的文化范式 [M]. 邵志择，译. 北京：华夏出版社，2003：161-205。

定的是，新的特征都会体现在具体的新闻传播要素及其相互关系的变化上。

首先，传播主体与收受主体将会出现一体化的情况。事实上，自从网络传播技术被运用到新闻传播领域之后，传统新闻传播业的各个方面已经出现了诸多的变革，有些变化可能就是后新闻传播业的端倪。人们看到，传播主体与收受主体的角色互换已经在网络新闻传播中成为一定程度的现实，传播与收受角色的双重化，也即一体化，很可能成为未来新闻传播的一大模式，给传统的以新闻媒介为核心的新闻传播模式带来重大影响。美国的一位学者在清华大学发表演讲时就说："今天，在世界的任何地方，无论在成都也罢，西藏也罢，每个人都可以把信息放到网上。如果该信息的确有价值，就可以慢慢地传播到很大的范围，最后成为轰动世界的消息，这很危险，但同时也很激动人心。"① "网络媒体的传播，既有一对多的传播模式，除此之外，还有一对一、多对一、多对多的传播模式。网络媒体所采用的，是一种去中心化的传播方式"②，而新闻传播业时代的主要传播方式是以新闻传播组织、机构为核心的"中心化"的传播方式。"'去中心化的传播'，使新闻传媒和收受者的关系建立在更为平等的基础上。""从'树立中心意识'的传播到'去中心化的传播'，无疑是传播方式的一种历史性进步。这种进步的最大意义就在于：收受者作为传播过程中的重要主体，其主体性无论从理论上还是实践上都得到了确认和尊重，作用得到了高度强化和充分发挥。"③

然而，我们还应该注意到事情的另一面：在经济全球化的宏大背景下，在新自由主义思潮的鼓动下，如今的新闻传播业（特别是主导着世界

---

① 李希光，孙静惟. 下一代媒体：来自清华园的思想交锋［M］. 广州：南方日报出版社，2002：10.

② 丁柏铨. 中国当代理论新闻学［M］. 上海：复旦大学出版社，2002：259.

③ 同②.

新闻业整体状况的西方新闻业）正在发生剧烈的变革，与十几年前相比，已经大不一样。全球性的媒体"巨无霸"破土而出，改变和动摇着整个世界的新闻传播生态和秩序，甚至改变着新闻传播与政治、经济、文化等的传统关系，改变着传播主体与收受主体的传统关系。新闻媒介（集团）的势力越来越强大，影响力越来越大，收受主体在它们面前，显得异常的渺小，因而媒体传播的新闻以及其他信息不是按照收受主体的愿望和需要选择的，而是传播主体按照自己的愿望和需要给予的。人们渴望的传收平等关系、互动关系，实质上带有乌托邦的色彩，只是一种美好的理想和愿望而已。有研究者认为，伴随着新的媒介垄断，媒体越来越追逐商业利润，唯利是图，玷污了新闻和公共机构的正统精神，更为严重的是，"媒体已经成为一股明显的反民主的力量，这种现象不仅仅发生在美国，它甚至蔓延到全世界"[1]。看来，新闻业的未来发展并不是一派乐观景象，后新闻传播业时代的新闻传播，将会给人类社会的发展带来什么样性质的影响，还需要谨慎对待。

其次，传播主体、收受主体角色在双重化、一体化的过程中，也越来越多元化，既是大众化的角色，又是个体性的角色，即既是大众群体中的普通一分子，又是具有个性特点的个体性存在。新闻职业工作者既以媒介组织成员的身份、按照媒介组织的标准传播新闻，也可能在其私人空间以个人的名义充当个体化的新闻传播者；同样，新闻收受者既可能以基本上与他人无多大差别的方式收受新闻，也可能完全根据个性化的新闻需要去预定新闻、搜索新闻。传播新闻与收受新闻都将变得更加自主、自由，使新闻自由进入一个新的时代。

但事情确实存在着另一面的威胁，媒介空间的放大，自由进入的宽

---

[1] 麦克切斯尼. 富媒体 穷民主 [M]. 谢岳，译. 北京：新华出版社，2004：8.

松，有可能使新闻传播变成无秩序的传播，人们根本没有办法分辨信息的真假、用心的良恶。结果是，人们在追求信息传收自由的过程中掉进了信息泛滥的洪流，在无政府状态中被拍打得不知所向。这并不是耸人听闻，人类的理性并不是总能够战胜非理性，历史灾难出现在信息传播领域是完全可能的事情。新闻传播在后新闻传播业时代表现出的两面性或者多面性，也许比已往任何一个时代更难驾驭。

再次，新闻传播的生活化和扁平化将变得越来越明显。新闻报道的内容，关注的是生活化的、平民化的、草根化的一般性事实，具有与社会生活自然状态的对等性特征。新闻传播的形式和方式，越来越接近一般平民的要求，接近人们日常的家长里短。新闻价值观念的平民化，可能会成为主导性的新闻传播观念，使新闻真正成为人人都能看得清楚、听得明白、感到亲切的新闻。伴随着这样的潮流，新闻传播已经呈现出了琐碎化、娱乐化的趋势，并且越来越强劲，带有全球化的趋势。人们发现，新闻传播在很大程度上正在失去监测环境、守望社会的传统功能，新闻的信息本位功能正在受到娱乐功能的严峻挑战。人类需要什么样的新闻传播，需要什么样的新闻传播业，这些重大问题被重新摆在了人类的面前。在19世纪三四十年代的时候，西方社会呼唤新闻传播从政党报刊走向信息报刊；在20世纪三四十年代的时候，社会呼唤新闻传播承担其必要的社会责任；在21世纪的前几十年，社会将呼唤新闻传播业成为什么，是所有新闻人和整个社会都需要认真思考的问题。后新闻传播业时代概念的提出，也许能够促进这种思考的自觉性。

最后，传播技术的核心化作用会越来越大。"科学技术是第一生产力"在新闻传播领域体现得淋漓尽致。尽管我们不能将传播技术神化，但技术的进步和技术的"傻瓜化"，一方面使新闻媒介具有了空前的力量，上天下海，无孔不入，但另一方面也使新闻媒介组织化的新闻传播不再显得那么神圣和神秘。技术一方面使新闻传播的基本追求——真实反映事实的面目——变得更加容易，但另一方面也使新闻造假变得易如反掌。这是一个发展速度奇快的世界，一旦人们识破天机，再想塑造神秘便比登天都难。

在后新闻传播业时代，一系列二律背反的问题和情形可能会出现。一方面是公共空间在媒体上的扩大，另一方面则是人们公共交往的减少；一方面是人们对世界的了解越来越多，另一方面是相互的交流越来越少；一方面是人们的空间距离越来越近，另一方面是人们的心理距离越来越远；一方面是通过媒介的对话越来越频繁，另一方面是相互的信任度越来越低……后新闻传播业时代，或者说后媒介时代，充满了各种各样的变数和问题，等待着人们的兴趣和智慧……

如果我们把上面描述的三个时代及其具体的历史演变过程、各个时代的相互关系图示出来，就是如图6-1所示的结构图：

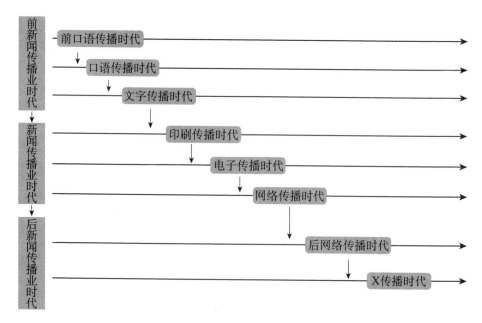

图6-1 新闻传播历史演变过程结构图

（三）整体发展的规律探寻

新闻传播业自诞生以来，经历了印刷传播时代、电子传播时代，正在经历着网络传播时代。但就现实的新闻传播来说，目前我们正处于一个复合的、并驾齐驱的时代，是印刷新闻、广播电视新闻、网络新闻、手机新闻以及整合媒介新闻等共同塑造新闻世界的时代。透过历史的演变与现实的表现，我们能够发现新闻传播业的发展有其自身的特点和规律，这里撮出几个主要的方面加以阐释。

1. 与社会整体发展、社会性质演变的同步性

与社会整体发展、社会性质演变的同步性，是新闻传播业发展最明显的特征之一，甚至可以说是新闻传播业发展的一条基本规律。

首先，人类或一定社会整体的物质文明、精神文明、政治文明程度，决定着新闻传播业的整体发展规模和水平。历史事实已经表明，人类或一定社会新闻传播业的每一次划时代的提升，总是与物质生产方式的进步、科学技术的更新、整体文化水平的提高、政治统治的变革相一致。而且，这种同步性、一致性，并不只是与其中某一个要素的同步、一致，而是与各要素统一形成的社会整体发展同步、一致。

其次，新闻传播业的演变与一定社会的性质演变几乎亦步亦趋、完全一致。我们这里所说的社会性质，主要有两个含义：一是指社会形态，比如封建社会、资本主义社会、社会主义社会；二是指同一社会形态的不同制度表现，主要包括经济制度和政治制度。因而，所谓新闻传播业与社会性质演变具有同步性或同质性，就是指新闻传播业的性质总是与一定的社会形态性质相一致，与体现一定社会形态的经济制度、政治制度相一致。

与社会性质演变的同质性，首先是个事实问题。只要回顾一下新闻传播历史、看看当下的新闻传播现实，就能发现，有什么样的社会制度就有什么样的新闻传播业，有什么样的经济制度、政治制度就有与其相匹配的新闻传播制度。

封建社会形态的官报与封建经济制度，与封建政治统治的集权性、专制性是一致的；资本主义社会形态的商业化报纸与其自由市场经济制度是一致的；垄断式的新闻业与其整体的垄断经济是一致的。当经济全球化时代到来时，新闻传播业也在开辟着新的全球化的运作方式。同时，无论是在最初的商业性报刊阶段，还是在政党报刊阶段，或者是在大众化的商业报刊阶段，或是进入随后的垄断阶段，主导其新闻业的最基本的理念——新闻自由观念，始终是与资产阶级追求的民主政治制度相一致的。我们可以揭露或批判其新闻自由虚伪性、欺骗性的一面，但不管是在形式上还是在实质上，资本主义新闻业的制度与其政治制度是始终一致的，具有完全匹配的同质性。

社会主义形态的计划性新闻传播业与其计划经济、高度集中的政治权力是一致的，这在苏联和改革开放前的中国身上体现得淋漓尽致。当社会主义的计划经济转变为社会主义的市场经济，当社会主义政治制度的民主化程度不断提高时，人们立即发现，新闻传播业的经济形式也在发生着变化，其新闻传播的自由度不断增加，范围也不断扩大。

需要注意的是，不管是在社会主义社会，还是在资本主义社会，不管因为什么样的具体原因，一旦出现集权式的统治、法西斯式的专制，新闻传播业的性质就会随之改变，蜕变为具有封建色彩的运作方式。而且，即使没有出现政治统治上的剧烈变化，新闻传播业甚至也会随着一定社会一些特殊的经济变化、政治变化而被迫改变自身的运作，这一点在处于比较严重的战争状态的国家会表现得非常明显。

2. 与市场经济发展的基本一致性

按理来说，这一特征已经内含在上面那一点中。我们之所以拿出来单独论说，是因为它对我们理解近代以来的新闻业发展动力、机制有着特别的意义。

首先，近代新闻传播业的产生过程表明，它的起源、演变尽管受到政治斗争、阶级斗争的影响，但其背后最根本的动力是市场经济的孕育和形成。早在改革开放初期，我国就有学者提出，近代新闻传播业的产生并不是阶级斗争的直接产物，而是"资本主义商品经济孵化了新闻事业"①。历史事实真切地告诉人们，手抄小报之所以最先出现并繁荣于意大利的一些商业城市，最基本的原因乃是商业贸易对各种信息的规模性需求。而意大利之所以没有成为近代报刊发展的"黄金地区"，同样是因为各种历史机缘使它失去了商业贸易中心的地位。经济基础是整个社会的存在基础、发展基础，当它的变革对信息生产提出要求时，与其相适应的信息传播也就诞生了。

其次，市场经济始终是近现代新闻传播业演变、发展的基本动力。中国人民大学的陈力丹教授说："全球性市场经济的发展，是推动现代新闻传播业发展的基本动力。如果没有现代世界市场和世界交往，现代新闻传播业是不可想象的。"② 回顾新闻史或审视新闻业的现实，我们能够发现，如果新闻传播业的发展偏离了市场经济的逻辑，它就多少变得与自身的天职（传播新闻是新闻传播业最根本的性质）不相一致，而市场经济的力量一旦回归，新闻传播业的天职也就回归了。市场经济以其客观的、必然性的力量，调整左右着人们的主观行为，这让我们又一次感受到了规律的不可任意改变性。阶级斗争、政治斗争的需要，一定会造成人们对政治信息的需求，但这种斗争的需要难以形成广泛的、持久的社会性市场，人们不会总是生活在阶级斗争、政治斗争的漩涡之中，人们基本的需要来自社会

① 复旦大学新闻系新闻理论教研室. 新闻学概论 [M]. 福州：福建人民出版社，1985：37.
② 陈力丹. 世界新闻传播史 [M]. 上海：上海交通大学出版社，2002：17-18.

的经济生活，它是其他需要的基础。

人们的需要是多元的、多层次的，在新闻领域内，人们需要自由的传播环境，需要传播新闻的自由和收受新闻的自由。这样的自由不可能诞生于封建经济环境中，也不可能产生于计划经济体制中，因为在这些经济形态下，人们的生活范围、生产方式是被规定好了的。市场经济本身需要信息的自由流动，因而，"对新闻传播的社会化需要，只能来自市场经济，而不可能来自其他经济形态"①，近代新闻传播业的市场经济基因注定了它只能按照市场经济的方式开辟自己的发展道路。我们只有创造性地运用新闻传播业的这一发展规律（当然还有其他规律），才能促进新闻传播业的顺利发展。

3. 新闻媒介变迁的扬弃性

新闻传播业的自身发展，最典型地表现在新闻媒介的不断变迁上。因此，从新闻媒介变迁的角度来考察新闻传播业的发展特征有着特别的意义，它不仅使人们能够看到新闻传播业内部的演变机制，同时也能够发现传播技术与新闻传播业的内在关系。

众所周知，每当一种新的、划时代的传播媒介出现后，就会有人急不可待地宣布：以往媒介将会消亡，过去的新闻工作者、新闻传播方式将会化为泡影，似乎新闻传播要抛弃历史，断然开创一个新的时代。然而，历史事实却做出了不同的回答。人们为什么会一次次重复自己的错误，其中一个重要原因就是没有认识到传播媒介间的历史扬弃关系。新闻媒介变迁的扬弃性主要表现在以下三个方面。

第一，更新换代、加速提升。当我们回望传播媒介的发展历程，去触摸那一个个划时代的媒介里程碑时，就会发现：传播媒介的发展历史，是

---

① 陈力丹. 世界新闻传播史 [M]. 上海：上海交通大学出版社，2002：18.

一个更新换代、加速提升的过程。从前口语传播时代到口语传播时代，大约用了 140 万年；从口语传播时代进入文字传播时代，用了近 10 万年的时间；从文字传播时代发展到印刷传播时代，大约用了 4 000 年的时间。而当人类进入新闻传播业时代之后，媒介的发展速度更加惊人，从单一的印刷传播时代到以广播、电视为主的电子传播时代，只有几百年的间隔；而从电子传播时代到网络传播时代只有几十年的时间。① 网络媒介自身的演进以及与其他媒介的整合速度更是日新月异。但我们应该注意，媒介形态的演变并不是直线上升、永无止境的。在一定的历史阶段，媒介形态是基本稳定的，人类的科学认识与技术发明，总有一个从量变到质变的过程，总有一个从渐变到突变的转换。

第二，不断扬弃、更新、叠加发展。当我们站在今天的新闻传播平台上，去遍览呈现在人们面前的那一种种个性鲜明、力量巨大的新闻媒介时就会发现：新闻媒介的发展过程，是一个不断扬弃、更新、叠加发展的过程，而不是一个彻底新陈代谢的过程。对此，美国媒介专家罗杰·菲德勒有很好的说明，他说："一切形式的传播媒介都在一个不断扩大的、复杂的自适应系统内共同相处和共同演进。每当一种新形式出现和发展起来，它就会长年累月和不同程度地影响其他每一种现存形式的发展"，"新媒介绝不会自发地和孤立地出现——它们都是从旧媒介的形态变化中逐渐脱胎出来的。当比较新的形式出现时，比较旧的形式就会去适应并且继续进化而不是死亡"，"新出现的传播媒介会增加原先各种形式的主要特点"②。

在人类新闻传播的历史长河中，新闻媒介以前后相继的方式更新换代、不断提升，但后继诞生的媒介并不是以彻底替换前代媒介的方式进入传播领域的，而是以不断扬弃、更新、叠加发展的方式，与前代媒介共同

① 邵培仁. 传播学［M］. 北京：高等教育出版社，2000：41.
② 菲德勒. 媒介形态变化：认识新媒介［M］. 明安香，译. 北京：华夏出版社，2000：24-25.

构成后继时代的新闻媒介生态系统。新闻媒介的发展进程"不是依次取代的过程，是一个依次叠加的进程"①。一位历史学家对人类历史时代的变迁，有过一段精彩、形象的描述，他说："历史上的时代像植被在一片被森林大火烧焦的土地上的不同生长阶段一样。首先出现的是蕨类植物，接着是各种灌木，然后是白杨和白桦等小树，最后才是更高的松树，松树的成熟阶段主导着整个森林。稍后时期出现了一些植物类型，但别的类型的植物并不会消失。森林中完全布满了各种植被。"② 这一描述也能很好地反映不同媒介形态之间的历史关系和现实状态。依据新闻媒介叠加发展规律，我们可以猜测：即使人类新闻传播进入后新闻传播业时代，有更加神奇的媒介出现，也不会彻底抛弃既有的媒介，新闻媒介的发展只能是一种扬弃的承继式发展。

新闻媒介的叠加式发展，意味着依托一定新闻媒介的新闻传播方式也是叠加式进化的，不可能有了报纸，就没了口语；有了广播，就没了报纸；有了电视，就没了广播；有了网络，就没了先前的一切。为了明确这一观点，我们引用国际新闻工作者联合会前秘书长艾丹·怀特的一段话，他说："人们以前认为传统新闻行将就木，这种荒唐预测已让位于一种认识，即不堪信息重负和身陷信息中难以自拔的人们正渴望得到事实。同过去一样，仍需要熟练的新闻采集人员在混乱如麻的信息中挑拣分类，厘清事情的来龙去脉，以易于消化的形式呈现给公众。如此看来，新闻工作的未来应是具有保障的。毕竟，靠软件工作的机器人永远也不会替代记者的工作。技术可完成许多事情，但它现在还不能探求事实然后予以公布。技术只是一种工具，不能将它与天赋混为一谈。"③ 当然，这并不是说，媒

---

① 郭庆光. 传播学教程［M］. 北京：中国人民大学出版社，1999：28.
② 麦克高希. 世界文明史：观察世界的新视角［M］. 北京：新华出版社，2003：43.
③ 怀特. 新媒体，新问题［M］//张穗华. 媒介的变迁. 北京：中国对外翻译出版公司，2002：131.

介之间的结构关系不会变化，也不是说媒介之间的地位作用关系不会变化，恰恰相反，新的新闻媒介的诞生，正如我们前文所说，必然要以更新换代的方式、扬弃的方式，改变新闻媒介的结构关系，改变它们之间的地位、作用关系。诚如美国一位学者所说："当一个新的因素加入某个旧环境时，我们所得到的并不是旧环境和新因素的简单相加，而是一个全新的环境。当然，'新'的程度要看新的因素对旧系统中起决定作用的因素的改变程度，但是新环境总是胜于各个部分之和。"①

　　第三，优势整合势不可当。透视新闻媒介的历史发展过程，一目了然的另一重要现象就是：不同媒介形态的整合势不可当。技术整合使信息传播（包括新闻传播）成为多媒介的共同传播；信息符号的整合使信息传播成为多符号系统的共同传播；功能整合使信息传播成为多功能的传播；技术、符号、功能系统的共同整合，使信息传播成为超越任何单一类型文本的传播。诚如一些学者所描述的那样，"电话是对语言传播和电报传播的整合，广播是对电话和唱机功能的整合，电视是对文字、声音、图像等符号以及广播与电影功能的整合，而电脑的发展也许要整合电话、书信、传真、采写编评播、书报刊、广播电视电影等一切传播媒介"②。现在的发展状况已经不是"也许"，而是事实。网络媒介本质上就是整合的媒介，并且在继续整合。媒介整合使新闻媒介进入了一体化的新时代，它使人类的感觉器官与心智能力以共时的方式进行传播与收受信息的活动，从而使人在信息活动中以完整的人的面貌出现，超越了单一感觉或几种感觉的时代，进入感性与理性复合统一的时代。有学者说得到位："旧的媒体分类——比如说，印刷和广播电视媒体的分类——正随着数字时代的到来而

---

　　① 梅罗维茨 . 消失的地域：电子媒介对社会行为的影响［M］. 肖志军，译 . 北京：清华大学出版社，2002：17.

　　② 邵培仁 . 传播学［M］. 北京：高等教育出版社，2000：43.

在事实上失去意义。在一个多媒体和大媒体的时代，媒体事实上已经融合。"①

二、当前中国新闻传播业的总体特征

要透彻理解当代中国新闻传播业遵循的一些特殊原则，仅仅理解新闻传播业的一般性质和特征是不够的，还要进一步理解当代中国新闻传播业的实际。原则是由实际决定的，原则来自实际，而不是相反。因而，把握当前中国新闻传播业的总体特征，对于我们深入理解当前中国新闻传播遵循的诸多特殊原则至关重要。

在新闻传播业的实际运作过程中，尽管不同性质、不同类型的新闻传播业之间存在着具体差别，但透过历史与现实，还是可以发现在所有新闻传播业的运作中，有一些共同的一般特征。新闻传播业的本质、特性和功能，决定了它在运作过程中有自身稳定的、持久的特征，而不同历史条件下、不同社会制度下的新闻传播业又有各自运作的特殊性。把握新闻传播业运作的特征，是在规律层面上对新闻传播业的进一步认识。为了把握当代中国新闻传播业的总体特征，我们先从宏观层面考察一下当代世界新闻传播业的一般特征。

（一）当代世界新闻传播业的一般特征

1. 资产所有制决定新闻传播的价值取向

这是新闻传播业运作中最为明显的一个特征。有什么样的所有制形

---

① 丹尼斯，梅里尔. 媒介论争：19个重大问题的正反方辩论 [M]. 王纬，等译. 北京：北京广播学院出版社，2004：2. 2019年3月，中国人民大学出版社推出该书的第四版，副题为"数字时代的20个争议话题"，译者为王春枝。

式，就有什么样的价值取向（包括社会价值取向和政治价值取向）。新闻资产所有制形式与新闻传播价值取向间通常有两个层面的关系。在宏观层面上，新闻资产所有制形式决定了新闻传播在整体上必然要维护某种所有制形式所依赖的社会经济制度和政治制度，要维护新闻传播赖以存在发展的文化环境和社会主流价值理念，因为这是新闻资产所有制自身存在的前提条件；在微观层面上，新闻资产所有制形式决定了具体媒体的新闻传播价值取向，表现为资产所有者最终决定一定媒体的经营方针和业务方针。用一句俗话说就是，谁掌握着钱袋谁就掌握着媒体发展的方向；用美国学者阿特休尔的话说就是，在所有的新闻体系中，新闻媒介都是政治和经济权力掌握者的代言人。①

新闻资产所有制与传播价值取向这两个层面之间的关系，是稳定的、持久的，因而是内在的和本质的。资本主义新闻业通过新闻传播活动维护资产阶级的统治和资本主义社会的正常运转，在整体上极力维护资本主义的经济制度、政治制度、文化价值理念，而私有的具体媒体，从总体上说，都把经济利益置于首位，按照资本的赢利本性运作媒体，新闻传播活动以及其他信息活动最终都成为实现经济利益的手段。社会主义新闻业也不例外，其新闻资产的公有、国有性质，决定了它必然通过新闻传播在总体上维护自身所依存的社会经济制度、政治制度、文化价值理念。处在喉舌性质下的具体媒体，则在总体上只能把所有者的利益——国家利益——放在首位，而国家利益代表的就是社会利益，所以媒体必须始终把社会效益置于至上的位置，不然就会受到社会制度的各种制约或惩罚。

尽管新闻资产所有制可以不断地在不同国家的历史发展过程中变化，但资产所有制决定新闻传播价值取向的稳定关系没有变化，因而这不仅可

---

① 阿特休尔. 权力的媒介［M］. 黄煜，裘志康，译. 北京：华夏出版社，1989：336.

以看作当代世界新闻传播业的普遍特征，也可以看作人类新闻传播业发展的基本规律之一。

2. 市场手段维系媒体的经济命脉

当代世界新闻传播业的另一普遍特征是，通过市场手段获取经济保障，维护媒体的正常运转。新闻传播业是产业，新闻产品是商品，这已经是不争的事实。由市场经济规模化信息需求催生的近代新闻传播业在当代已经获得了世界范围的本性回归，这使市场手段成为大多数新闻媒体生存与发展的主导方式。新闻媒体通过新闻传播或其他信息传播吸引社会公众的注意力，塑造广泛的社会影响力，从而赢得发行费、视听费，特别是赢得广告商的青睐，使自己不断从社会环境中汲取营养，维系运作。

新闻传播业整体的产业运作方式，使新闻产品和其他信息产品的质量，即它们能够满足新闻市场需求的程度，成为新闻媒体生存与发展的根本所在。与此同时，人们看到，市场经济行为的利己目的，经济利益的最大化追求，有可能导致新闻市场的恶性竞争，导致新闻产品的低俗化（这已经是事实），如黄色新闻、煽情写作、恶性炒作、弄虚作假、凭空捏造等，这正是市场手段丑陋的一面。因此，在市场经济体制下，新闻传播业并不能以完全自生自发的方式，让所有的新闻传播都步入"市场化"的道路。市场不是万能的，市场不是自然良性的，必须要有一定的规范和限制。

市场经济的法制要求、道德要求（所谓市场经济是法制经济、道德经济）以及"看得见的手"的适度干预，不是反市场经济的，而是保证新闻传播市场良性发展的必要手段，也是新闻传播业作为社会舆论事业、文化事业的内在要求。这既是世界各国新闻传播业的现实，也是我们理解市场手段作为维系媒体经济命脉方式时应该注意的一面。但市场手段成为当今媒体的基本生存手段，是当代世界新闻传播业不可否认的共同特征。

当然，我们看到，生存发展于市场经济环境中的不少新闻媒体，主要是依赖"看得见的手"而生存，依赖非市场化的方式来获得经济支持。比如，一些政府、政党或者其他团体兴办的媒体，其运作的经费来自财政、捐款或其他渠道。新闻传播业既是事业又是产业的多种属性，使它在现实社会中具有多样性的表现。但就当代世界新闻传播业的总体状况来看，主导性的运作方式是市场经济的方式，因而市场机制确实是维系其正常运行的主要手段。

市场经济作为一种经济运作方式、资源配置方式[1]，其自身也在发生着一定的变化，从资本主义世界市场经济的普遍实行，到社会主义国家市场经济体制的建立，再到全球化市场经济的发展，市场经济成为人类当代发展经济的基本方式，也成为人类各种事业、产业的基础手段。市场经济机制使新闻传播业在世界范围内走过了自由报刊阶段、垄断媒体阶段，如今则正在形成全球垄断的局面（当然，媒体集团也有化大为小的，我们不能只看到整合现象，也应该注意观察分化现象）。因此，新闻媒体之间的竞争，不再只是国内市场的竞争，也是国际市场的竞争，新闻市场、传媒市场已经成为国家之间进行竞争的重要"战场"，并且，不仅是经济的，也是政治的，还是文化的。新闻传播业的国际竞争力已经成为综合国力的重要组成部分。这种趋势和现象，是喜是忧，还难以断论。

3. 社会影响全面扩展，互动作用日益增强

在世界范围来看，新闻传播业的社会功能不断增加，社会影响全面扩

---

① 何谓市场经济，中国著名经济学家吴敬琏的解释简单、准确、明了。他说："'市场经济'一词，是在19世纪末新古典经济学兴起之后才流行起来的。新古典经济学细致地剖析了商品运行机制，说明它如何通过市场机制的运作有效地配置资源，市场被确认为商品经济运行的枢纽。从此，商品经济也就被通称为市场经济。所谓市场经济或称市场取向的经济，顾名思义，是指在这种经济中，资源配置是市场导向的。所以，市场经济一词，从一开始就是从经济的运行方式，即资源配置方式立论的。它无非是货币经济或商品经济资源配置方式的另一种说法。"参见吴敬琏．论作为资源配置方式的计划与市场［J］．中国社会科学，1991（6）：129。

展。人们看到，新闻传播业的功能走向多样化、立体化，走向泛化；构成新闻传播业的实体机构不再是单一的传播"新闻"的机构，它们的身份也在多角色化，也在泛化。这使新闻传播业的社会影响渗透到了社会的各个领域、人们日常社会生活的方方面面。如前所述，进入 20 世纪以后，新闻传播业的发展速度越来越快，在 20 世纪末 21 世纪初，更是进入一个日新月异的发展阶段。作为实体的新闻机构已经发展成为重要的经济实体，新闻传播业（媒介产业的内涵）也成为重要的产业，在整个国家经济构成中的比例不断提高，甚至在不少国家的经济发展中占有支柱性的地位。作为社会舆论体系、意识形态子系统的新闻传播业，在世界各国政治活动中的作用日益增强，以至于一些人认为以美国为代表的西方世界开始进入媒体政治的时代。尽管这种说法有些夸张，但新闻传播对政治的影响确实不可低估。作为文化事业的新闻传播业，其作用更是不可小视，大众文化的勃发，文化传播与交流的兴盛，在一定程度上说明了新闻传播业在整个文化发展中的影响越来越大。而新闻媒体对普通社会大众的影响，人们对新闻媒体的依赖程度，是已往任何一个时代都无法比拟的。中国著名新闻学者童兵先生认为，人们"对大众传媒的使用，从来没有像今天这样广泛、及时、须臾不可或缺，人们难以逃脱无处不在、无时不有的大众传媒的深刻影响"[1]。

可事情的另一面同样值得关注，人们发现，尽管新闻传播业的影响全面扩展，但传播新闻的核心功能很难说得到了同步强化。据有关学者的研究结果，新闻，特别是国际新闻、硬新闻，在美国以及其他西方主要国家的新闻媒体信息传播总量中的占比不断下降，增加的是软新闻和其他非新

---

① 童兵. 比较新闻传播学［M］. 北京：中国人民大学出版社，2002：总序 2.

闻信息的传播，以至于一些人认为，"新闻就是娱乐"①。这尽管有点言过其实，但新闻传播业核心功能、基本功能的弱化、淡化现象确实是客观事实。商业逻辑操纵下的媒体，其传播重心往往为了规避政治风险而远离对社会重大现实问题的关注，因而"传播产品中跟在社会需求之后的迎合性成分将越来越大，而站在社会需求的前面引导、拉动的成分将越来越少"②。目前，社会新闻、娱乐新闻、花边新闻、体育新闻等在中国众多媒体上的泛滥，以及一些严肃新闻、灾难新闻的娱乐化，也从侧面证明了这一点。

新闻传播业社会影响的全面扩展，内含着新闻传播业的另一个特征：与社会的互动作用在日益增强。这种互动作用表现为两种基本情况：一是良性互动，结果是互相促进、同步发展；二是恶性互动，结果是两败俱伤、停滞不前。就当代新闻传播业来看，它对社会的良性发展起到了巨大的推动作用，而社会整体上的经济增长、技术进步、政治民主、文化繁荣，为新闻传播业的发展提供了比较好的社会环境。

（二）当代中国新闻传播业运作的特征

当代中国新闻传播业的运作具有新闻传播业运作的一般特征，或者说遵循新闻运作的一般规律。但中国新闻传播业与整个当代中国社会一样，处于一种渐变的转型状态。中国特色社会主义市场经济体制已经把新闻传播业带入一个新的境地、新的时代，而新闻传播业与政治权力系统的接近性甚至一体化，使得新闻传播业的转型方式更为独特、复杂，这就使当代中国的新闻传播业表现出独有的一些特征。撮其要者，简析如下。

---

① 有兴趣的读者，可参阅小唐尼，凯泽. 美国人和他们的新闻［M］. 党生翠，金梅，郭青，译. 沈阳：辽宁教育出版社，2003。

② 喻国明. 传媒影响力［M］. 广州：南方日报出版社，2003：30.

1. 在双重基本属性中运行

所谓双重基本属性，是指新闻传播业既有意识形态属性、事业属性，又有一般产业的属性。前一种属性意味着新闻媒体是舆论机构，是事业单位，是思想宣传中心，是教育引导人民跟党走、跟政府走的工具，因而它必须坚守社会主义意识形态原则，坚守马克思主义的指导地位、统率作用，以追求社会效益为至上目标，不能屈服于市场压力；后一种属性意味着新闻媒体是信息生产企业，因而它必须按照社会主义市场经济的逻辑，像其他企业一样在法律和道德允许的范围内追求最大经济效益。构成当代中国新闻传播业主体的绝大多数新闻媒体，就是在这种既有事业性质、又有企业性质的双重属性中运行的。因而，政治逻辑、意识形态运作的诸多规则与经济逻辑、市场经济运作的诸多机制相互作用，共同支配着当代中国新闻传播业的实际运行状态。

两种主要属性、两种主要逻辑支配下的中国新闻传播业，会不会成为"两面人"，会不会得上"精神分裂症"，处于一种十分尴尬的境地，是近些年来中国新闻界关注的重要问题，目前仍然处在讨论、争论之中，但新闻传播业已经按照两种基本属性在实际运作着。我国的文化体制改革，试图针对不同的文化组织（单位）采取不同的改革方法（新闻传播业是当然的文化业），或者针对新闻媒体的不同组成部分采取不同的改革方法[1]，其实都是在处理双重属性之间的关系。

从理论上说，意识形态属性从本源上受制于产业属性，经济是命脉，

---

[1] 比如，《中共中央、国务院关于深化文化体制改革的若干意见》（2005 年 12 月 23 日）第 10 条写道："坚持把社会效益放在首位，努力实现社会效益和经济效益的统一。高度重视文化的意识形态属性，充分考虑文化的产业属性，把两者统一到文化体制改革的全过程。"第 17 条写道："新闻媒体要优化组织结构，整合内部资源，转变经营方式。要坚持党管媒体，坚持党管干部，坚持正确的舆论导向，始终确保党和人民喉舌的性质。新闻媒体中的广告、印刷、发行、传输网络部分，以及影视剧等节目制作与销售部门，可从事业体制中剥离出来，转制为企业，进行市场运作，为主业服务。"

传播是表现。新闻传播业发展的根本动力来自新闻市场，来自人们的信息需求。但意识形态是方向盘，把握它的是政治权力。因而，当代中国新闻传播业不会成为市场经济中的脱缰野马，只能是缰绳越来越松、越来越长。资本主义新闻传播业把缰绳主要交给了法律（交给了规范化的市场），少部分交给了行政；当代中国新闻传播业则主要把这根缰绳交给党和政府，并开始越来越多地交给法治（部分交给了市场机制、市场规则）。两种事实，两种路径，到底谁能更好地发挥新闻传播业的功能，更有利于社会的良性发展，我以为还难以形成定论，有待人们不断观察和认真研究，更需要实践的证明。

2. 在两种主要功能中传播

作为党、政府和人民喉舌的中国新闻传播业，其宣传功能一直占据着核心地位。进入新时期以来（指 1978 年以来），新闻传播业的功能开始多元化、多样化、多层次化，新闻本位功能得到了前所未有的强化和提升。但不管功能怎样变化，宣传功能并没有被弱化或淡化。"以正面宣传为主，实现正确舆论引导"近 30 年来中国新闻业非常明确的基本工作方针。"中国共产党和中国政府总是赋予新闻传播一定的宣传重任，新闻工作者也总是忠诚地肩负着宣传的使命。"[①] 因此，可以说，在新闻与宣传两种主要功能的实现中进行传播，是当代中国新闻传播业的突出特征之一。

中国新闻媒体从事宣传工作是公开的、旗帜鲜明的，不是遮遮掩掩的。它们明白无误地宣称要进行政治宣传和思想宣传，要教育人民、引导人民，贯彻落实党和政府的路线、方针和政策，实现党和政府的意志，要通过新闻媒介进行宣传、鼓动和组织，统一思想，统一意志，进行中国特色社会主义建设。中国的新闻媒体，不像西方媒体那样，即使做了宣传，

也要隐瞒自己的真实面目。据美国学者阿特休尔讲，美国人反对新闻媒体进行宣传，甚至反对新闻传播要发挥教育作用这样的提法，因为美国人敌视宣传。[①] 在中国，在党、政府和普通百姓的心目中，新闻工作者不仅是职业新闻人，也是职业的宣传工作者。普通大众，则更是把在新闻组织机构中工作的人员，看成政府的人、党的人。因而，不管是官方，还是民间，甚或是新闻工作者自己，都把新闻职业工作者称为"新闻宣传工作者"。

对中国的新闻媒体来说，它们一方面把传播报道新闻本身作为直接目的，另一面则把报道新闻作为手段，以实现宣传目的，所谓"新闻宣传"正是这样的含义，而"用事实说话"不过是对这一含义略带学术味的表达，被称为新闻报道的规律。新闻媒体追求在传播中将新闻与宣传统一起来的境界，即在新闻报道中实现宣传，在宣传中报道新闻。这就是我在前面所说过的一个公式：新闻报道（价值）＝宣传（价值）＋新闻（价值）。在中国新闻工作者以及很多新闻学研究者的心目中，西方媒体能够把新闻与宣传目的、政治倾向不露声色地统一在一起。[②]

对不同的具体新闻媒体来说，它们在处理新闻与宣传的关系上有所差别。一般说来，产业属性较强的新闻媒体，也就是党、政府管理、控制相对宽松的那些市场化媒体，更注重新闻报道，但在政治与新闻问题上，它们往往会自我设限，自我检查；而意识形态属性较强的新闻媒体，比如各种党报、党台（电台、电视台）以及一些重点新闻网站等，由于往往受到某一级党的组织和政府的直接管理，因而更注重新闻宣传。这是中国新闻传播业在长期的事业发展中逐步形成的一种图景。党和政府也常常以区别

---

① 阿特休尔.权力的媒介［M］.黄煜，裘志康，译.北京：华夏出版社，1989：317.

② 中国的一些新闻学研究者认为，西方媒体、记者在新闻报道中，尽管宣称自己尊重事实、客观公正，但实质上并非如此，他们总是自觉地、巧妙地在新闻报道中渗透自己的宣传意图，而不是自觉地、诚实地保证新闻事实的本来面目。

对待的方式处理不同媒体的新闻报道行为。

需要特别提醒的是，在两种主要功能中传播，并没有否认当代中国新闻传播业其他功能的存在和发挥。实际上，当代中国新闻传播业最大的变化之一，就是媒体、媒介功能的多元化、多样化、多层次化。普通收受者都能深切地感受到，如今的新闻媒介，具有各种各样的功能：报道新闻、传播信息；表达意见、引导舆论；服务社会、指导生活；传播知识、普及教育；提供娱乐，裨益身心。[①] 在新闻传播活动的多样性功能中，人们普遍认为，传播新闻、监督社会和引导舆论是最基本的功能，而传播新闻是新闻传播活动，也是整个新闻传播业的核心功能。但就当代中国新闻传播业来说，将新闻与宣传自觉、明确且有机地结合起来、统一起来，无疑具有十分明显的中国个性、中国特色甚至可以称作中国气派。因此，我们可以在功能论的角度说，当代中国新闻传播业的突出特征是在两种主要功能中传播。

3. 在多元力量制约中发展

中国新闻传播业的特有性质、地位与作用，以及它在改革开放中所处的市场经济体制的新境遇、新环境，使它必须面对多种社会力量，在多重力量的约束中求得生存和发展。与改革开放前的新闻事业相比，这也可以看作当代中国新闻传播业的一大特征。

如在上述第一点中所说，当代中国新闻传播业必须在双重基本属性中运行，必须在产业与事业中求得平衡，必须在社会效益与经济效益的追求中谋求统一。因此，新闻媒体既要遵守作为意识形态机构的诸多政治规范，按照意识形态领域的工作方式进行传播，又要以企业角色适应市场经济的逻辑规则，按照市场经济的要求实行经营管理。

---

① 童兵. 理论新闻传播学导论 ［M］. 北京：中国人民大学出版社，2000：109.

按照意识形态组织的方式展开工作，是中国新闻媒体，特别是党报（台）的一贯做法，人们比较熟悉，没有必要做过多的阐释。按照市场经济的要求经营运作新闻媒体，对中国新闻界来说，实属新的课题。但人们看到，仅仅经过短短二十几年的实践和探索，中国新闻传播业已经开始步入市场经济体制。西方世界具有的各种经营新闻媒体的方式几乎在中国的土地上迅速出现，报业集团、广播电视集团蜂拥而出，跨地区的媒体经营方式，跨媒介、跨行业的经营方式也初露端倪，跨国经营也在酝酿之中。如此等等，尽管其中有着"看得见的手"的各种正当的、合理的和不正当的、不合理的挥舞，但市场经济的逻辑和机制已经开始作为一种巨大的力量支配中国新闻传播业的生存与发展却是不争的事实。

双重基本属性定位、运行中的新闻传播业，如果想求得顺利的发展，必须求得各种社会力量的满意：作为政治力量的政党、政府要满意，作为市场力量的社会大众要满意，作为经济命脉的广告主要满意。[①] 任何一种力量对于媒体的生存发展都是至关重要的，都是得罪不起的。新闻媒体不得不在各种力量的作用和约束中保持清醒的头脑，建构自己的发展战略，寻求具体的运作策略和措施。

如在上述第二点中所说，当代中国新闻传播业必须在两种主要功能中传播，这就意味着新闻媒体的传播活动，既要受到新闻传播规律的制约，又要受到宣传逻辑的约束。这种双重制约或约束，使得新闻媒体遵从了一条新的传播规范：报道价值＝新闻价值＋宣传价值。这实际上也是在多种力量中求得平衡，寻找出路。

当代中国新闻传播业的双重基本属性、两种主要功能，加上新闻传播

---

① 中国新闻学者喻国明先生曾经非常形象地提出"三老"满意比喻，来说明当今中国新闻传播业生存发展的基本法则。参见喻国明. 解析传媒变局：来自中国传媒业第一现场的报告 [M]. 广州：南方日报出版社，2002：8。

业与社会各个领域天然的密切关系，使它成为一个具有多重角色的社会系统。与此相应，它必然要受到多种规范、多种规律、多种力量的共同制约，"共同制约的结果是呈现出相当的复杂性，诸种力量最后形成了合力，由这股合力推动着传媒的发展"①。

三、当前中国新闻传播遵循的基本原则

从上面关于新闻传播业的一般分析，特别是关于当前中国新闻传播业总体特征的分析中，我们看到，不同历史时代、不同社会形态、不同社会制度中的新闻传播业具有不同的存在样态和运作方式，在当代中国，新闻传播业具有的属性也是多重的，具有的功能也是多样的，追求的具体目标也是多元的，制约其实际运行的力量也不是单一的。因此，作为一种特殊社会事业的核心活动，新闻传播必然会遵循一些特殊的原则。

（一）党性原则

"新闻业的党性，是一定政党的阶级利益、意志和思想、感情通过新闻手段的集中表达和体现。它是指传播者站在一定政党的立场上，以该政党的利益和主张作为选择和评价新闻事实的标准，以维护本党的利益和要求。"② 所谓新闻业的党性原则，就是一定政党在新闻业上的党性规范、准则和要求。在中国，新闻业是中国共产党所有事业的一个部分，是党的喉舌，因此，党性原则是新闻工作的根本性问题，可以说是中国新闻业的第一原则、生命原则。③

---

① 丁柏铨. 中国当代理论新闻学 [M]. 上海：复旦大学出版社，2002：123.
② 郑保卫. 当代新闻理论 [M]. 北京：新华出版社，2003：340.
③ 《中共中央、国务院关于深化文化体制改革的若干意见》（2005 年 12 月 23 日）第 17 条指出："要坚持党管媒体，坚持党管干部，坚持正确的舆论导向，始终确保党和人民喉舌的性质。"

1. 党性原则的来源

马克思主义经典作家们大都是伟大的报刊活动家，在他们的报刊活动中，逐步形成了无产阶级的党报思想，结晶出了新闻业的党性原则。对这一过程本书不可能展开详细论述，只做一点宏观的线索勾勒。

在无产阶级新闻事业史上，最早对党性原则进行理论阐释的是马克思主义创始人马克思和恩格斯。尽管他们没有明确使用报刊的党性这一概念，但他们的党报思想是十分丰富的；尽管他们的党报思想有一个历史的形成过程，并且具有不同时期的历史特点，但主导思想是一致的、统一的。在他们看来，党的报刊代表着党的形象，是工人政党力量的象征和标志，"党本身正是象它在报刊和代表大会上让公众所看到的那样"①，他们认为党报是党的武器、党的阵地、党的"政治中心"和"组织中心"。党报编辑部必须自觉接受和服从党的领导，党的领导者及领导机构应该对党报的活动进行监督，"党的领导毕竟有某种形式上的权力来监督党的机关报"②，但党的领导机构和领导人不能随意以组织命令的方式干预党的报刊的正常活动，而应以思想上的指导或引导对党的报刊实行道义上的影响，党报和党的领导者都应该在党的纲领和策略下活动。党报的主要任务和使命是：始终高举党的旗帜，坚定不移地阐述和宣传党的政治纲领。党报要监督党的领导，勇于批评党的领导人的缺点和错误；党的报刊不是党的领导人的报刊，而是全党的报刊，党的报刊有权利监督和批评党的领导；党报应该成为党内自由交换意见的阵地，党内的思想斗争可以在党的报刊上公开进行，但要遵循党的共同纲领和策略。党报要始终宣传科学的理论，用它们武装工人的头脑，党报要维护党的理论的科学性。党报的首要工作原则应该是实事求是，不管是在新闻报道中还是在理论宣传中，都

---

① 马克思恩格斯全集：第34卷 [M]. 北京：人民出版社，1972：263.
② 马克思恩格斯全集：第33卷 [M]. 北京：人民出版社，1973：590.

要坚持这一原则；要依靠工人群众办好党的报刊；党的报刊要满足读者的需求，要根据群众的需要及时传播，提高编排质量，安排报纸的分工和销售。马克思和恩格斯还对党报工作者应有的品质、修养提出过详细的要求。

"在无产阶级党报史上，第一个明确使用'党性'这一概念，并对其内容做出系统论述的是列宁。"① 1905 年 11 月 26 日，列宁在布尔什维克第一家公开出版的日报《新生活报》上，发表了题为《党的组织和党的出版物》（曾译为《党的组织和党的文学》）的著名论文。在这篇论文中，他系统详尽地论述了党报的党性原则问题。列宁认为，"写作事业应当成为整个无产阶级事业的**一部分**，成为由整个工人阶级的整个觉悟的先锋队所开动的一部巨大的社会民主主义机器的'齿轮和螺丝钉'。写作事业应当成为社会民主党有组织的、有计划的、统一的党的工作的一个组成部分"②。党报应该成为党组织的机关报，应该接受党的领导，为党报工作的人、写作的人必须参加党的组织，而党组织要关心和重视党报工作，加强对党报的领导。列宁说，"报纸应当成为各个党组织的机关报。写作者一定要参加到各个党组织中去"，出版事业的各种机构"都应当成为党的机构，向党报告工作情况"③。党的中央机关报应当成为全党思想上的中心；党报是党这个集体的宣传员、鼓动者和组织者。④ 党报机构或其他党的出版组织，要及时清除违背和破坏党性原则的成员，使整个出版事业成为真正的党的事业，而确定是否违背党性原则、是否是"党的观点"或

---

① 项德生，郑保卫. 新闻学概论［M］. 武汉：武汉大学出版社，2000：215.
② 列宁全集：第 12 卷［M］. 2 版（增订版）. 北京：人民出版社，2017：93.
③ 同②94.
④ 列宁在为《火星报》1901 年第 4 号写的名为《从何着手？》的社论中说："报纸的作用并不只限于传播思想、进行政治教育和争取政治上的同盟者。报纸不仅是集体的宣传员和集体的鼓动员，而且是集体的组织者。"列宁全集：第 5 卷［M］. 2 版（增订版）. 北京：人民出版社，2013：8.

"反党的观点"的标准不是党的领导人的主观意志，而是党的纲领、党章和党的策略原则，即符合这些东西的言行就是符合党性原则的，符合党的观点的，反之，则是不符合的。与马克思和恩格斯一样，列宁在新的形势下还对党报工作的一些具体原则及党报工作者应有的素养做过论述。

中国共产党人主要继承和发扬了马克思、恩格斯、列宁的党报思想，在毛泽东的亲自领导下，经过延安《解放日报》的改版，形成了比较系统的报纸党性原则观，其要点是：报纸是党的喉舌，是党这一巨大集体的喉舌，办好党报是党的中心工作之一；各级党组织都应该高度重视党报工作，加强对党报的领导与监督，要适时讨论新闻政策及社论方针，并充分利用报纸开展工作；党报要和党中央保持绝对的一致，党报工作者要有"党的机关报"的责任意识，主动积极地宣传党的方针政策，不能与党闹独立性；等等。解放初期，中共中央曾通过有关决定、决议，比如1950年4月19日，中共中央发布了《关于在报纸刊物上展开批评与自我批评的决定》，1954年7月17日，中共中央政治局通过了《关于改进报纸工作的决议》，等等，其中最重要的目的就是通过加强党报的批评性、战斗性来提高党性。后来，随着大环境的恶化，党性原则越来越被扭曲，失去了它应有的含义和意义。进入改革开放新时期后，中国共产党高度重视新闻事业的党性原则问题。邓小平一贯强调新闻工作必须毫不动摇地坚持党性原则，他要求党的报刊必须"成为全国安定团结的思想上的中心"①，要为经济建设创造良好的安定团结的舆论环境。江泽民结合新的形势对新闻工作的党性原则做了明确的概括，他认为，"坚持党性原则，就要求新闻宣传在政治上必须同党中央保持一致"，"坚持党性原则，就要求新闻工作者必须同人民群众保持最广泛最深刻的联系，从群众的实践中汲取智慧和

---

① 邓小平文选：第2卷[M]. 2版. 人民出版社，1994：255.

力量"，"坚持党性原则，就必须在新闻宣传中旗帜鲜明地坚持不懈地反对资产阶级自由化"。① 胡锦涛同样非常强调新闻业的党性原则问题，并把"三贴近"（贴近实际、贴近生活、贴近群众）作为贯彻"三个代表"重要思想、实现正确舆论引导的具体原则和重要方法，也可以看作新世纪初新闻工作党性原则的具体要求。

2. 党性原则的基本要求

党性原则的首要一点是，把新闻业当作党的事业的重要组成部分，因而在组织上自觉接受党的领导，严格按照党的组织原则和纪律规范办事，必须实行"政治家办报"②，把新闻业的领导权，"牢牢掌握在忠于马克思主义、忠于党、忠于人民的人手里"③。同时，各级党委要经常研究讨论新闻工作，党委主要负责同志要亲自过问新闻宣传工作，要帮助新闻单位解决实际困难。党的新闻机构及其工作者绝对不能与党闹独立性。

第二，新闻业的党性原则要求所有新闻媒体必须始终在思想上以马克思主义的基本理论为指导，特别要与时俱进，把当代中国化的马克思主义——毛泽东思想、邓小平理论、"三个代表"重要思想——作为指导新闻工作的根本思想，始终坚持解放思想、实事求是的思想路线，以科学的态度展开新闻工作。要坚持宣传马克思主义的基本理论，特别要重点宣传

---

① 中共中央宣传部新闻局. 中国共产党新闻工作文献选编：1938—1989［M］. 北京：人民出版社，1990：189-190.

② 这个口号是毛泽东首先明确提出来的。1957年6月7日，他在与当时准备兼任《人民日报》总编辑的吴冷西进行谈话时说："要政治家办报，不是书生办报"，办报要敢担风险，要有"五不怕"的精神——不怕撤职，不怕开除党籍，不怕离婚，不怕坐牢，不怕杀头。同年6月20日，在中共中央的政治局会议上，毛泽东再提政治家办报，他说："报纸办得好坏，要看你是政治家办报还是书生办报。我是提倡政治家办报的。"1996年1月2日，江泽民在接见解放军报社师以上干部时重提"要政治家办报"的要求。政治家办报的核心思想是指办报者要有政治家的眼光和见识，能够从政治上总揽全局，能够抓住事情的要害，能够使新闻宣传工作紧密配合形势的发展变化，为党和政府的工作大局服务。

③ 江泽民. 打好"五个根底"，把握舆论导向［M］//新闻工作者必读：修订本. 2版. 上海：文汇出版社，2001：66.

中国化的马克思主义最新成果，以及党的纲领路线、方针政策；坚持用马克思主义理论，特别是马克思主义的党报理论、党报思想指导日常的新闻宣传工作；坚持运用马克思主义的辩证法，发挥马克思主义的批判性和战斗性，批评和揭露一切与党性原则相背离的错误言行，敢于坚持真理，与形形色色的非马克思主义的思想与行为展开斗争。

第三，新闻业的党性原则要求所有新闻传播活动必须在政治上与党中央保持一致，始终为党的全局和大局工作服务。党的新闻业必须与全党的奋斗目标保持一致，与党的战略部署、战略决策一致，与党的政策策略一致，与党的宣传方针、宣传口径一致。党的新闻宣传机构要始终充当党的喉舌，运用新闻宣传手段为党的各项工作，特别是全局、大局性的工作营造良好的舆论环境。

（二）指导性原则

充分利用新闻传播的指导性，将指导性原则作为新闻工作的基本原则，是无产阶级新闻业和社会主义新闻业的传统。在当代中国新闻业的传播活动中，指导性原则依然是一条重要的原则，既是党和政府对新闻业的基本要求，也是普通收受者的一种需求。

1. 指导性的含义与根据

所谓新闻业的指导性，是指新闻业具有的通过新闻手段对收受者思想、观点产生影响和作用的属性。指导性原则，则是指某种新闻业对新闻传播活动的一种规范，即要求新闻业要自觉运用新闻传播手段引导收受者。

新闻业的指导性是客观存在的事实，并且新闻业的指导性是不可避免的。任何性质的新闻业都在一定程度上指导着人们的生活，差别只在于为什么指导和如何指导等问题上。新闻业的指导性是由新闻传播的本性所决定的：第一，新闻作为一种事态、事象信息，本身就包含指向性信息，比如，一则天气消息就包含着可以指导人们出行安排的信息；第二，新闻传播在总体上是包含传播者意图信息的传播，意图就是传播的目的，就是想通过传播过程形成对收受者的实际引导。对新闻业指导性的否认要么是幼稚或缺乏认知能力，要么是故意装聋作哑的表现。

由于中国的新闻业是党、政府和人民的喉舌，因而比起其他性质的新闻业来说，对收受者有着更加强烈的宣传教育功能。如前所说，这既是中国新闻业的显著特点，也是它必须担当的社会职责。因而，中国新闻业表现出更加自觉的、积极主动的指导性，把指导收受者作为一条重要的新闻工作原则，并且作为一条政治原则来对待，要求新闻业必须做好指导性的传播，以实现用正确舆论引导人的目的。

2. 指导的方式与类型

新闻业与社会生活广泛、及时的接触性，与社会发展的同步性等特征，决定了它的指导性的广泛性和指导方式方法的多样性。就当代中国新闻业而言，主要是通过理论阐释、政策宣传、事实报道①的方式实现指导的。而新闻传播的指导主要有这样几种类型：一是指导舆论。以正确的舆论引导人，是当代中国新闻业至关重要的工作方针。引导社会舆论的过程，就是通过新闻报道的各种选择手段（事实的选择、议题的选择、传播方式方法的选择、传播时机和强度的选择等）强化一些社会舆论、弱化一些社会舆论、营造一些社会舆论，最终形成传播者期望的社会舆论。看得出，在这一过程中，报纸（其他新闻媒介也一样），诚如马克思所说，是作为社会舆论的纸币流通的。从引导舆论的角度看，这一过程实质上就是传播者积极主动指导人们认识有关社会现象、问题、事件等的过程，是形

---

① 主要包括能够形成明显指导性、启发性的正面报道，部分能够对人们形成警戒作用、让人们吸取教训的反面典型报道，能够对社会和人们产生指导性作用的预发性报道，等等。

成有利于传播者预想的舆论的过程。二是指导工作。这是无产阶级新闻事
业、社会主义新闻业的重要传统，根源在于无产阶级政党始终把新闻业看
作党的事业的一部分，因而运用新闻媒介的优势指导各种工作成为顺理成
章的事情。马克思和恩格斯当年有过一段著名的论述，充分说明了可以运
用新闻手段指导工作的客观基础，他们说："报纸最大的好处，就是它每
日都能干预运动，能够成为运动的喉舌，能够反映丰富多彩的每日事件，
能够使人民和人民的日刊发生不断的、生动活泼的联系。"① 列宁则直接
把报纸作为指导建党、革命和建设的有力武器。② 中共许多高级领导人对
报纸作为指导工作的工具更是有着直接的说明。毛泽东说，"应该把报纸
拿在自己手里，作为组织一切工作的一个武器"③。刘少奇在 1948 年说，
"中央就是依靠新华社领导人民，指导党与政府的工作"④。邓小平把拿笔
杆子看作实行领导的主要方法。就当前来看，运用新闻传播指导工作，主
要是通过宣传党和政府的方针路线、政策策略的方式，通过各种正反典型
报道、经验与教训的报道方式（以正面为主）进行的。三是指导生活、学
习等。除以上两种指导外，当代中国新闻业还充分利用新闻业的多样性功
能，在各种信息传播中，对人们的经济生活、文化生活、娱乐休闲、教育
学习等方面都有各种各样的指导。

3. 指导的基本特点

首先，新闻业的意识形态属性决定了这种指导不是命令性、指令性、
强制性的指导，而是一种服务性、平等性的指导，即指导者与被指导者处
于平等的地位。指导信息的接受与否，主动权主要掌握在信息收受者的手

---

① 马克思恩格斯全集：第 10 卷 [M]. 2 版. 北京：人民出版社，1998：115.
② 童兵. 马克思主义新闻经典教程 [M]. 上海：复旦大学出版社，2002：116 - 160.
③ 毛泽东新闻工作文选 [M]. 北京：新华出版社，1983：113.
④ 中国社会科学院新闻研究所. 中国共产党新闻工作文件汇编：下卷 [M]. 北京：新华出版
社，1980：251.

中。因此，确立传播主体与收受主体的平等意识是实现有效指导的重要前提。

其次，新闻业的指导性主要是通过新闻手段实现的，是通过"让事实说话"，特别是"用事实说话"的方式实现的。传播者的各种新闻选择形成了整体的传播倾向，实现着一个媒体的宏观引导意图，具体新闻报道或其他信息传播中蕴含的传播意图、倾向意见，则直接形成对收受者的引导。通过新闻报道形成的指导，即直接通过新闻事实信息或依托事实信息形成的指导，往往具有特殊的效果，因为在事实与意见之间，人们更相信事实，更相信事实中蕴含的、事实自身能够说明的道理。

再次，新闻传播的一系列其他特征，决定了新闻业实现指导性的特点。新闻传播的及时性，使通过它来实现的指导性具有了迅速、快捷的特点。新闻传播的连续不断、日日常新，使新闻业的指导性既有了持续不断的时间保障，又有了不断更新内容、变换方式方法的机会。新闻传播的公开性特点，使新闻业的指导性具有了任何其他指导方式都难以达到的人群上的广泛性，从而可能产生规模化的引导效应。在一些特殊条件下，依托于公开性的指导性，甚至可能动员起各种社会力量，形成强大的社会舆论，改变一些事态的整体动向，这可以说是任何其他指导方式都不可能具有的。当然，这也从另一个侧面说明，通过新闻传播来指导社会、引导舆论，必须慎之又慎。当代新闻传播的高效互动性，特别是部分新闻传播由"广播"向"窄播"的转变，由"大众"向"小众"的转变，由"共性"向"个性"的转变，使新闻业指导性的目的性、针对性变得更强，从而提高了指导性的服务性和有效性。

最后，新闻传播具体形式的多样性，新闻传播内容的多样性，新闻传播功能的多样性，使新闻业的指导性自然具有了多样性。新闻传播具体形式的多样性，比如，以事实信息为主的消息形式、以意见信息为主的评论形式、以理论信息为主的论理形式等，可以形成多样的指导形式；新闻传播内容的多样性，意味着新闻传播对政治、经济、文化、技术、教育、文艺、体育等领域，都可以进行某种指导；新闻传播功能的多样性，则决定了新闻传播既可以在宏观层面上指导社会的运作，也可以在微观层面上指导人们多样化的社会生活。

尽管新闻业的指导性是一种客观事实，也能够发挥巨大的作用，但这种作用必定是有限的，不能无限夸大。同时，新闻业的指导性原则，是一条建立在宣传理念上的原则，与新闻理念既有一致性，也有一定的内在冲突性，因而在用它来约束指导新闻工作时，需要把握好分寸，不能忘记新闻传播这个前提。

（三）群众性原则

群众性是所有新闻业的普遍属性，实质上就是新闻业的社会性，但以什么样的态度和方式对待新闻业的群众性，不同性质的新闻业之间是有一定差异的。当代中国新闻业的社会主义性质，作为人民群众耳目喉舌的地位与作用，决定了新闻工作必然要把全心全意为人民服务作为根本目标，因而必然要坚持群众性原则。

1. 群众性原则的含义与根源

作为中国新闻业的一条基本工作原则，群众性原则是指，依靠人民群众的力量兴办、支持和发展新闻业，通过新闻传播来满足人民群众的信息需求，特别是对新闻信息的需求。简单说，"属于人民，服务人民，依靠人民，这是社会主义新闻事业的显著特征，也是其群众性原则的基本内涵"[①]。

---

① 项德生，郑保卫. 新闻学概论 [M]. 武汉：武汉大学出版社，2000：278.

新闻业，作为大众化的信息传播业、文化事业和社会化的舆论业，不管它是什么性质的、什么类型的，都不可能脱离广大社会大众而存在，因而新闻业的群众性是普遍的，不是某种新闻业独具的。任何创办新闻媒体的人，"总是办给社会大众看的，而不是为了'自产自看'"①，因而不管是资本主义新闻业，还是社会主义新闻业，都宣称自己的新闻业是为人民大众服务的新闻业。但这同样的宣称却有着实质的不同，资本主义新闻业主要把为大众服务作为手段，通过它来最终实现资产所有者的利益；而社会主义新闻业则把为人民服务作为目的，因为社会主义新闻业本质上属于人民自己的事业。因此，前者只会把群众性作为方法来利用，而后者则会把群众性作为行为规范和准则来坚持。

坚持新闻工作的群众性原则，同样是无产阶级新闻业、社会主义新闻业的传统，它是党性原则的内在要求。马克思主义的历史观认为，人民群众是历史发展的主体，是历史发展的根本动力，这就决定了以马克思主义理论作为基本指导思想的无产阶级新闻业、社会主义新闻业，必然要把群众性原则作为自己的基本原则。早在一百六十多年前，马克思就认为真正的报刊是人民的报刊，人民的报刊生活在人民当中，它真诚地和人民共患难、同甘苦、齐爱憎，而"民众的承认是报刊赖以生存的条件，没有这种条件，报刊就会无可挽救地陷入绝境"②。列宁则指出，"唯有他们（指工人群众——引者注）积极参与办报，唯有他们给予支持，写评论，写文章，提供材料，反映情况和发表意见，才能使《**工人报**》站稳脚跟并保证出版"③。毛泽东在延安《解放日报》改版时，要求报纸要适应党和人民群众的需要，他还提出了著名的"全党办报，群众办报"方针。1956 年 7

---

① 李良荣. 新闻学概论［M］. 上海：复旦大学出版社，2001：257.
② 马克思恩格斯全集：第 1 卷［M］. 2 版. 北京：人民出版社，1995：381.
③ 列宁全集：第 19 卷［M］. 2 版（增订版）. 北京：人民出版社，2017：407.

月1日，《人民日报》发表的改版社论《致读者》中写道："我们的报纸名字叫作'人民日报'，意思就是说它是人民的公共的武器，公共的财产。人民群众是它的主人。"进入新时期，为人民服务、为社会主义服务始终是中国新闻业的基本方针，江泽民明确把"同人民群众保持最广泛最深刻的联系，从群众的实践中汲取智慧和力量"作为党性原则的基本内容。胡锦涛等则把"三贴近"确立为"新闻宣传工作必须长期坚持的工作原则"①。这一原则的内涵十分丰富，但"其本质和核心是密切联系广大人民群众"②。

社会主义新闻业的公有制性质（在中国以国有的形式表现），则直接意味着人民群众是新闻业的当家主人，是新闻传播服务的主体对象，报纸"是人民的公共财产，公共武器，公共汽车，要全心全意为人民服务"③。因而，一方面，代表人民群众监测环境、守望社会的新闻工作者，必须在传播活动中坚守群众性原则。另一方面，作为主人的人民群众，也要以各种方式参与到新闻业的运作，特别是新闻传播活动中去，要运用宪法和法律赋予的权利，运用社会道德、社会舆论的力量监督新闻传播活动，确保新闻业的健康发展。

2. 群众性原则的基本要求

关于群众性原则的要求，可以从传播者和收受者两个方面来考虑。从传播一方看，群众性原则的主要要求是：媒体及其从业者要全心全意为人

---

① 中共十六届、十七届中央政治局常委李长春说："贴近实际、贴近生活、贴近群众，是用'三个代表'重要思想统领新闻宣传工作的必然要求，是新闻宣传工作贯彻'三个代表'重要思想的具体化。它体现了坚持正确舆论导向的基本方向，概括了坚持正确舆论导向的本质要求，凝练了正确舆论导向的丰富内涵，是加强和改进新闻宣传工作的主要着力点，是新闻宣传增强针对性、实效性和吸引力、感染力的实现途径，是新闻宣传工作必须长期坚持的工作原则。"参见黄元才. 坚持"三贴近"原则努力办好党报 [J]. 当代传播，2004（4）：16。

② 黄元才. 坚持"三贴近"原则努力办好党报 [J]. 当代传播，2004（4）：17.

③ 童兵. 主体与喉舌 [M]. 郑州：河南人民出版社，1994：63-64.

民服务，满足广大人民群众的需要，并依靠人民群众的力量做好新闻传播工作。从收受一方看，群众性原则的要求是：人民群众要以主人翁的态度，主动积极地运用自己的新闻自由权利，实现自己的需要，支持、参与新闻业的运作，并监督新闻媒体的传播活动。如果把两方面结合起来，可以将群众性原则的基本要求概括为以下几点。

第一，坚持"全党办报，群众办报"的方针。明确提出这一办报方针的是毛泽东。他在 20 世纪 40 年代曾多次讲到这一问题①，基本意思有两个：一是要求各级党组织要创办自己的报纸；二是指党报的工作路线或方针，要实行开门办报，即要依靠全党、全体人民群众来办报，而不能关起门来靠少数几个人来办报。他说："我们的报纸也要靠大家来办，靠全体人民群众来办，靠全党来办，而不能只靠少数人关起门来办。"② 现在，人们主要是在第二种意义上理解这八个字的。"办报"，也需要做广义的理解，即党和人民的新闻事业。

依据历史本义并结合中国新时期的实际，"全党办报，群众办报"的具体内容主要有：各级党委要重视党的新闻宣传工作，始终牢牢掌握新闻媒体的领导权，加强对媒体的监督和领导，重视新闻媒体的日常工作，并将其列入党委的议事日程；而党的各种新闻机构要自觉接受党的领导，坚持正确的政治方向（这一条是党性原则的主要内容，关于这几条原则之间的关系，我们将在后面做简要的说明）。组织动员广大党员和普通群众关心、参与新闻工作，使其为新闻媒体积极提供情况、材料和稿件；媒体则要充分重视群众的来访、来稿、来电，精心编发群众的稿件和来信，通过各种途径、渠道了解群众对新闻传播活动的意见和建议。在基层单位建立

---

① 可参阅毛泽东新闻工作文选 [M]. 北京：新华出版社，1983；陈力丹. 马克思主义新闻学词典 [M]. 北京：中国广播电视出版社，2002：51-52。

② 毛泽东新闻工作文选 [M]. 北京：新华出版社，1983：150.

健全必要的新闻宣传部门，建立健全广布于各个领域、各个角落的通讯员队伍，力求使越来越多的人接触、参与到新闻活动中来。开展广泛的媒介教育工作，提高广大党员和非党员群众的媒介素质，以充分发挥新闻宣传的功能作用。建立健全社会公众对新闻媒体及其从业人员的监督机制，以防止媒介权力、新闻自由的滥用。

第二，满足人民群众的新闻需求。满足人民群众的信息需求，是一个总的目的性要求。在操作层面上的具体要求主要有这样几点：其一，在新闻传播内容上，要选择群众需知的、未知的、按照法律应知的新闻信息和其他信息，使他们能够及时了解与自身利益，特别是与公共利益有关的重要信息，为他们可能的参政、议政行为提供信息保障；要选择那些能够及时准确反映他们实际生活、工作、学习状况的典型事实（包括正面和反面）进行报道；要及时客观公正地将人民群众的呼声、意见等直接（以人民群众直接发言的方式，如直接采用他们的稿件等）或间接（通过媒体的采访写作等方式）地报道出来。作为传播者，必须明白：群众性原则的重要要求是，作为新闻业主人的人民群众有权利通过新闻媒介了解环境的最新变化，有权利要求新闻媒体满足他们的知情权，有权利通过媒体表达他们的意愿，一句话，他们有权利享受宪法和法律规定的所有新闻自由权利。其二，在新闻报道的具体形式上，要充分考虑广大收受者的实际能力和水平、心理和习惯，力求以不同形式满足不同收受者群体、层次的需求，做到多类型、多层次的喜闻乐见，当然，这是整个新闻业的努力方向。在这一总的前提下，每一个具体媒体，都可以根据自己目标收受者的特点，追求报道形式的多样性、报道语言的通俗性、报道风格的个性化。

新闻传播是否在内容上、形式上真正满足了人民群众的需要，得到了人民的认可，或者满足、认可到何种程度，不能由媒体或传播者或媒体管理者说了算，最终的也是最为根本的标准是新闻传播产生的实际效果，评价者、判断者则只能是广大的人民群众。人民群众拥护不拥护、赞成不赞成、高兴不高兴、答应不答应，是最具权威性、最有说服力的评价。

第三，正确处理新闻媒体、新闻工作者与其他普通群众的关系。一方面，尽管人民群众是中国社会主义新闻业的主人，但媒体的直接所有者是国家，直接从事新闻传播的是新闻工作者，因而主人的权利是间接实现的，而间接的权利容易落空。正因为如此，才有强调群众性原则的必要。新闻媒体、新闻工作者只有依靠人民群众，才能拥有源源不断的新闻资源，因为人民群众既是新闻的创造者，也是新闻的发现者。离开人民群众，新闻传播就失去了根基、没有了源泉。新闻媒体如果不能以贴近事实、贴近生活、贴近群众的内容和形式满足社会的普遍需求，就不可能得到生存的机会。新闻媒体和新闻工作者要永远明白，人民群众的信息需要是新闻业发展的根本动力。

但另一方面，新闻业是一种行业、一种事业，有它自身的特点和规律，需要专门的人才、专门的素养，并不是什么人想做就能做好的事情。因此，新闻工作的主导队伍必然是专门的职业工作者，人民群众只能以参与的方式、辅助的方式介入一些传播活动。正确的做法是既不能关起门来搞纯粹的专家办报、书生办报，也不能没有任何门槛搞轰轰烈烈的"工农兵办报"。同时，人民群众是一个巨大的人群，有着不同类型、不同层次的信息需求。在这些需求之中，有些是合理的、正当的，有些则是不合理的、不正当的。媒体虽然不能自命不凡地为人们设定信息收受的标准，但决不能以"尾巴主义"的态度去迎合一些人的低级趣味，正确的做法是把满足需要与必要的引导提高统一起来。

还有，社会主义新闻业的群众性原则要求新闻媒体、新闻工作者在监督社会的同时，自身也要自觉接受人民群众的监督；不能自视为"无冕之王"，在群众面前耀武扬威。新闻媒体、新闻工作者要在法律范围内活动，要在社会道德、职业道德规范允许的范围内活动，不能只监督社会，而不接受社会的监督。人们一再呼喊"谁来监督媒体"，这本身就说明了监督的必要，而监督的主体就是人民群众。

（四）战斗性原则

揭露和批判社会黑暗、腐败现象，批评和自我批评党内及人民内部的缺点错误，是共产党党报的传统，一直被继承发扬下来。尽管经过历史的风风雨雨，人们现在不大使用"战斗性"这一概念，但它所包含的内在精神，以"新闻批评与新闻监督"的时代方式显现出来。战斗性原则依然是作为党、政府和人民喉舌的当代中国新闻业极其重要的，并且是越来越重要的新闻工作原则。

1. 战斗性的含义与表现

所谓战斗性，是一个传统的说法①，是中国共产党在延安时期对党报属性的一种描述。它主要有两方面的含义："对外，要尖锐地揭露一切黑暗和腐败、揭露敌人；同时以这种鲜明的态度保持共产主义的纯洁性。对内，战斗性是指勇于开展自我批评（党通过报纸勇于批评自身的缺点错误）。"② 这一属性演变至今，实质上主要指新闻批评与新闻监督。战斗性在当前主要通过新闻批评和新闻监督的方式来实现。因此，战斗性原则，就是坚持开展新闻批评、新闻监督的原则，可以简称为新闻监督原则。

新闻业的战斗性，主要通过新闻媒体的新闻批评、新闻监督报道来表现和实现，集中在这样几个方面：第一，批判、揭露国内外一切敌对势

---

① 1942年4月1日，中共中央机关报《解放日报》发表了《致读者》社论，把党性、群众性、战斗性和组织性一并列为党报的基本品质和工作原则。

② 陈力丹. 马克思主义新闻学词典 [M]. 北京：中国广播电视出版社，2002：81-82.

力、敌对分子的破坏行为，其主要包括各种颠覆国家政权的行为，破坏国家稳定、团结、发展局面的行为，以各种非法手段损害国家利益、人民利益的行为，等等。第二，重点揭露权力机构、权力组织、权力拥有者的各种损害国家利益、党的利益、人民利益的腐败行为；揭露社会各个领域，特别是与人们利益密切相关的经济领域、文化领域中存在的丑恶现象和违法犯罪行为；揭露各种社会团体、个人的不法行为和丑恶表现。第三，重点批评党政部门中存在的各种不良作风和习气；批评在社会生活各个领域中存在的各种错误倾向、观念、思潮以及各种不良表现和错误行为。

2. 新闻批评与新闻监督的作用

新闻传播本身的诸多特点，比如内容上的真实性和新鲜性、传播形式上的及时性和公开性，使它往往能够迅速形成广泛的社会影响力，使被报道对象成为全社会关注的焦点或议论的话题。在中国，新闻业特有的党、政府和人民的喉舌性质与地位，又使新闻媒体的传播报道拥有了巨大的权威性和导向性。这些特点凝聚在一起，使新闻批评、新闻监督具有了特有的力量，任何一个机构、组织、团体、个人都不敢无视它的作用。如果新闻批评与新闻监督本身是合理的、正确的、适度的，就会产生极高的工具价值、手段价值，即一定能够为社会的良性运行、公共利益的维护与保障等带来建设性的效应和影响。最重要的、突出的有以下几个方面。

其一，新闻批评与新闻监督是广大人民群众运用和实现民主权利的重要途径。在现代国家，批评和监督各级政府部门、公职人员是公民的基本宪法权利和政治民主权利，中国宪法同样赋予公民这样的权利。运用新闻手段是实现这种权利的重要途径之一。在社会进入信息社会后，以新闻媒体为中介，及时公开批评和监督权力部门及公职人员的某些行为，已经成为一种常用的和有效的途径。

其二，新闻批评与新闻监督是防治政治腐败、经济腐败和其他社会腐败现象、丑恶现象、不法行为的有力武器。如前所说，新闻媒体的性质与地位，新闻传播的特点与优势，使新闻批评与新闻监督具有其他批评与监督方式难以企及的力量，任何腐败分子、制造丑恶行径的分子、不法分子，往往不惧一时一事的小范围通报、批评或惩戒，但一般都比较惧怕通过媒体所激发的社会舆论的谴责。人的社会关系本质使任何人都不得不顾及社会舆论的力量。新闻批评、新闻监督，将事实公之于众，将丑恶揭露于阳光之下，使腐败分子、不法之徒没有了遮掩之处，失去了回旋机会，担心未来的生存处境。因而新闻批评与新闻监督是现代文明社会防止权力滥用，防治各种腐败现象、丑恶现象、不法行为的有力武器。另外，新闻批评与新闻监督也是削减一般社会不良现象、改变社会不良风气、减少社会不良行为的有效方法。

其三，新闻批评与新闻监督是提高党的素质、建立优良政府、增加社会信任、密切社会关系的重要手段。在党报上开展批评，是"党报的一种神圣职责"，"公开的批评是工人运动的要素，是党巩固壮大、具有战斗力的前提"①。中国共产党始终把批评与自我批评看成自己的优良传统，看成党能够不断进步的根本途径，看成党有力量和不可战胜的表现，因而利用新闻批评和新闻监督方式自然是提高党的素质的重要手段。如何建立一个优良的、清正廉洁的、高效运转的现代政府，历史提供的最佳方法是将国家权力置于阳光之下，置于人民的监督之下。当年毛泽东在回答民主人士黄炎培提出的如何走出历史的兴亡怪圈时说，只有让人民来监督政府，政府才不敢懈怠，只有人民起来负责，才不会人亡政息。② 同样，监督政府的最佳手段仍然是新闻手段。掌握国家权力的政府，领导政府的执政党，如果能够自觉接受人民由下而上的批评和监督，特别是运用新闻手段

① 童兵. 马克思主义新闻经典教程 ［M］. 上海：复旦大学出版社，2002：108.
② 项德生，郑保卫. 新闻学概论 ［M］. 武汉：武汉大学出版社，2000：310-311.

的最公开的批评和监督，就可以建立良好的社会信任关系，密切人民群众与执政党和政府的关系。

其四，新闻批评与新闻监督，既是增强媒体权威性和影响力的基本方法，也是赢得人民信赖的必然途径。人民的信赖，是媒体生存发展的基础。监督社会是新闻业的基本功能之一，只有发挥了新闻业的功能、完成了新闻业使命的媒体，才能赢得社会和人民的信赖。这些简单的道理，使期望有所作为的新闻媒体必须进行新闻批评和新闻监督。有位负责中共中央新闻宣传工作的领导人讲得比较到位，他说："正确开展舆论监督，帮助党和政府改进工作，推动党风和社会风气好转，是新闻工作的又一项重要职责，是党报、国家通讯社、电台、电视台增强权威性和吸引力的一个重要途径。"①

3. 新闻批评与新闻监督的基本原则

近些年来，随着政治改革的深入，中国社会的民主化程度在不断提高，运用新闻手段展开舆论监督也逐渐成为新闻业的常态工作，新闻监督的正面力量和作用日渐明显。但同时也出现了另一种现象：一些新闻监督给社会带来了一定的破坏性作用，损害了一些集体或个人的合理、合法利益。而人们知道，新闻监督的根本目的在于维护社会的良性运行，维护人民的利益不受侵害。因此，如何合理、恰当地运用新闻批评手段进行新闻监督，便成为一个十分重要的问题。

早在新中国建立初期，毛泽东就提出了开展新闻批评的"三字方针"——开、好、管。他说："开，就是要开展批评。不开展批评，害怕批评，压制批评，是不对的。好，就是开展得好。批评要正确，要对人民有利，不能乱批一阵。什么事应指名批评，什么事不应指名，要经过研

---

① 陈富清．江泽民舆论导向思想研究［M］．北京：新华出版社，2003：132.

究。管，就是要把这件事管起来。这是根本的关键。党委不管，批评就开展不起来，开也开不好。"① 可见，作为党的新闻事业，新闻批评、新闻监督必须在党的领导下进行，这样才能取得好的效果。但直接运用新闻批评、新闻监督手段的媒体，应该坚持哪些基本原则才能把新闻批评、新闻监督做到"好"的水平？根据对当代中国新闻批评、新闻监督实践的观察研究，新闻界在以下一些基本原则上达成了共识。

第一，建设性的批评态度。这是新闻批评、新闻监督的价值取向原则。所谓建设性的批评态度，一是指新闻批评、新闻监督的出发点必须合理，必须与人为善、公正公平；二是指新闻批评、新闻监督应该追求良好的社会效果。

合理是说新闻批评、新闻监督从根本上必须像毛泽东所说的那样，对人民有好处，这是总体上的价值追求。"在我国，新闻媒介开展舆论监督的出发点是非常明确的：保证中央的政令畅通，维护国家、人民的利益。"② 出发点其实也是落脚点，因此，新闻批评、新闻监督必须追求良好的社会效果，这样的批评和监督才有实际的意义。

与人为善、公正公平是合理批评、监督的具体实现方法。只有与人为善，才能通过批评、监督解决问题，如果为批评而批评、为揭露而揭露，恐怕只能产生一时一事的轰动效应。即使是对社会丑恶现象的披露，目的仍然在于减少它、消除它，这是进行批评、监督必须具有的态度。只有公正公平的批评、监督，才能确保所有当事人的正当权益，不损害当事人的法律权利和道德权利，才能赢得人民群众的信赖，更为重要的是，才能使新闻批评、新闻监督健康地进行下去，成为真正促进社会进步的一种独立

---

① 这段话是毛泽东在 1954 年 4 月间，与胡乔木等人谈到《人民日报》的新闻批评时所说的。参见毛泽东新闻工作文选 [M]. 北京：新华出版社，1983：177。

② 李良荣. 新闻学概论 [M]. 上海：复旦大学出版社，2001：266.

力量。

第二，尊重事实，实事求是，客观全面。这是新闻批评、新闻监督的事实原则，它要求新闻批评、新闻监督必须正确。这也是运用新闻手段进行批评、监督的基本准则。新闻批评、新闻监督首先要按照新闻传播的基本原则进行。新闻批评、新闻监督最基本的特点是事实性的批评，是通过对事实的真实、客观、全面叙述和揭示而进行的批评。新闻批评、新闻监督的根本力量就在于事实的真实、客观和全面。如果失去了这一点，新闻批评、新闻监督不仅会变得外强中干、软弱无力，甚至会蜕变成诽谤诬蔑、造谣中伤。失实批评不仅会伤害批评对象，也会伤害社会，损害媒体和新闻工作者的形象。因此，事实原则要求新闻媒体一旦发现批评、监督有误，就应该立即以忠于事实、坚持真理的科学态度来纠正偏误，如有必要，还应向当事人道歉。但事情的另一面是，社会应该给监测环境、守望社会的新闻媒体提供一个相对宽松的批评、监督环境，特别是权力机构、权力组织及权力拥有者，要充分认识到媒体的批评、监督是代表人民群众的批评、监督，因此要以对人民利益、公共利益负责的态度对待批评和监督。

第三，适度、典型原则。这是保证新闻批评、新闻监督发挥正面效应的方法原则。所谓适度，就是批评、监督的量度和强度要适中，时机和分寸要适当。适度的内涵主要是"适时、适量、适宜"，对此，李良荣先生做了较好的解释，他说，"适时，就是批评的内容要选择适当的时机发表，特别是一些重大的批评，能够和一个时期党的中心工作或人民群众关心的问题相配合，这样可以取得更好的宣传效果"；"适量，就是批评稿的数量要适当控制"，以免过多过滥，误导人们对社会整体情况的认知；"适宜，指的是批评的内容要适宜于大众新闻传播工具，就是要引起群众的共同关注"。①

---

① 李良荣. 新闻学概论［M］. 上海：复旦大学出版社，2001：270.

批评、监督不适度，造成的结果就是失当，而一旦失当，批评、监督的战斗力就会变成杀伤力，造成对当事人、社会等的各种伤害。所谓典型原则，是说新闻批评、新闻监督要避免事无巨细、胡子眉毛一把抓的现象。在这个莫大的社会里，负面的、阴暗的、丑陋的东西并不少见，但批评揭露的问题、事实、现象、人物等要有一定的代表性，要选择那些与公共利益关系紧密的事情、与党和国家利益密切相关的事情，这样才能引起社会的广泛关注，形成规模化的效应，促进具体问题的解决，促进社会整体的良性运转。

第四，遵守法律，符合政策，恪守纪律，不悖道德。这是新闻批评、新闻监督必须遵行的基本规范。批评权利，特别是批评、监督立法、司法、行政的权利，是新闻自由中最重要的一项，被人们看作新闻自由的试金石。正因如此，一些人把对批评、监督的限制看作对新闻自由的扼杀。这种看法本质上是正确的，但千万不要忘记，批评权利在任何社会中都是有限度的，超越限度就会受到惩罚。这些限度就是各种各样的规范。在中国，新闻业是党、政府和人民的喉舌，因此，新闻批评和新闻监督必须遵守反映人民意志的法律规范，符合党和政府代表人民制定的有关政策和纪律，恪守社会公认的道德准则与新闻职业道德规范。超越这些规范约束、限制的新闻批评、新闻监督，在直接的现实性上都是不合理的。对这些规范本身的公开批评则更需谨慎，也许其他途径是更有效的。

第五，积极主动、独立负责。这是新闻媒体在进行新闻批评、新闻监督时必须具备的职业理念、专业精神。在中国，新闻媒体尽管属国家所有，是党和政府的喉舌，不能抛开党的领导进行新闻批评和新闻监督，但它作为社会舆论机构，不能以此为借口，消极被动，仅仅充当传声筒，刊播一些已有现成结论的东西了事。媒体毕竟有自己相对独立的地位和作用，承担着相对独立的社会职责，其中最重要的职责之一就是监督社会。

媒体的相对独立性，要求媒体在进行新闻批评、新闻监督的过程中，必须以更大的力量去独立发现问题、揭露问题，这是由媒体自身的天职决定的；必须独立地对事实负责、对真实负责，这是职业理念、专业精神的内在要求。有了这种独立负责的精神，才有可能作为党和政府的喉舌，对党和政府的缺点错误做出一定程度的批评和监督，从而发挥监测环境和守望社会的独特作用。

上文中，我们对当代中国新闻传播业的四大政治性原则做了阐释，其中党性原则既是根本性的原则，也是一个总的原则，其他三个原则都是党性原则的内在要求，体现了党性原则的内涵。这一点在叙述党性原则的来源时已经讲得十分清楚，这也正是我们没有专门详细描述其他原则来源的原因。之所以将四个原则分开来叙述，则是因为尽管其他三个原则都是党性原则的内在要求，但它们毕竟反映了中国新闻传播业作为党、政府和人民的喉舌对新闻工作不同侧面的要求，每一原则都有自己一些独特的内容。

第七章　新闻传播规律

历史的进化像自然的进化一样，有其内在规律。

——恩格斯

要使报刊完成自己的使命，首先必须不从外部为它规定任何使命，必须承认它具有连植物也具有的那种通常为人们所承认的东西，即承认它具有自己的**内在规律**，这些规律是它所不应该而且也不可能任意摆脱的。

——马克思

新闻信息的分享是结成新闻传播关系及推动新闻传播过程不断循环往复的基本动力，它不仅是讨论整个新闻传播过程的基本出发点，也是归纳新闻传播过程规律的立足点。

——黄旦

新闻理论研究的重要任务之一、目的之一，就是把握人类新闻传播活动的基本规律。对一个对象达到规律层次的认识，在一定意义上说是根本性的认识，是高层次的认识，因而也是最艰难的认识。我们不敢轻言已经认清了新闻传播规律，此处做出的论述还是很初步的。需要特别说明的是，这里关于新闻传播规律的探讨，主要是以新闻传播的完整过程为对象，以新闻传播所要解决的主要矛盾为主线，以新闻传播活动中各种要素的相互作用为基础。也就是说，我们试图揭示的是新闻传收的规律，而不是整个人类新闻传播活动的规律、新闻业发展变化的规律。

一、新闻传播规律的本质与特征

新闻传播规律揭示的对象是什么，所指的内涵是什么，这是探讨新闻传播规律的前提性问题。只有对新闻传播规律的所指对象比较清楚，探询的问题比较明了，才能发掘新闻传播规律的本质，分析新闻传播规律的具体特征。

（一）新闻传播规律的本质

新闻传播是有规律的，确证和确信这一点是学习研究新闻传播规律问题的前提。马克思主义的实践唯物主义已经证明自然、社会和人类思维活动都是有规律的运动，人类的任何实践活动都是有规律性的。因此，作为人类社会实践活动之一的新闻传播活动，也具有自身的规律性。马克思在年轻时就已经认识到："要使报刊完成自己的使命，首先必须不从外部为它规定任何使命，必须承认它具有连植物也具有的那种通常为人们所承认的东西，即承认它具有自己的**内在规律**，这些规律是它所不应该而且也不可能任意摆脱的。"①

---

① 马克思恩格斯全集：第 1 卷［M］. 2 版. 北京：人民出版社，1995：397.

要认识新闻传播规律，首先需要在哲学层面上理解规律的基本含义。"规律就是关系，本质的关系或本质之间的关系。"① "规律是事物本身固有的本质的、必然的联系，是事物运动变化的基本秩序和必然趋势。"② 那么，这些所谓本质的、内在的、必然的关系，到底是什么样的关系？

任何事物都可以被看作一个系统，都是由一定要素构成的系统，所谓事物本身的内在联系、本质关系，实质上就是指构成事物的各个要素之间的关系或者联系，就是指构成事物的要素之间的相对比较稳定的关系。一个事物运动变化的相对比较稳定的轨迹或者方式，主要是由该事物系统内部各要素之间的相互关系决定的。③ 正是系统内部各要素之间的相互作用，形成了事物运动变化的内在动力，也正是在系统构成要素的相互作用中，形成了事物的具体运动方式。如果事物运动变化的轨迹或方式始终依赖要素间某种或某些稳定的关系，这种或这些稳定的关系就是规律性的关系，决定着事物变化发展的基本秩序和趋势，因而也就是该事物的运动变化规律。因此，规律，并不是什么神秘的东西，它描述的、反映的不过是事物或者一个系统相对比较稳定的、常态的运动变化方式和变化趋势。

人类面对的世界在本质上是简单的，在性质上是统一的，这就是它的物质性，因而作为统一的物质世界有其统一的物质运动规律。但是，人类面对的这个世界又是丰富而复杂的，包括自然、社会和人类思维，因而在统一的物质运动规律下，包含着自然规律、社会规律和思维规律；而在每一大的类型的规律中，又包含着各种各样具体的规律。可见，规律是一个庞大的系统，可以说是多种类、多层次的系统，存在着无限的具体规律。

---

① 田心铭．认识的反思［M］．北京：人民出版社，2000：224.
② 陶富源．实践主导论：哲学的前沿探索［M］．合肥：安徽人民出版社，2001：222.
③ 这是一种必然性的变化方式，但是，当事物与其环境发生相互作用时，它会出现很多偶然性的变化。一个事物发展变化的轨迹或方式不仅取决于其内在要素的相互作用，也取决于它作为整体与环境的相互作用。

因此，研究新闻传播规律，必须首先确定新闻传播活动的基本性质，把握它的基本特征（关于这一问题，我们在前面几章，特别是第一章已经做了专门的阐释），只有这样，我们才能明确目标，知道从何处入手去探究新闻传播规律。

新闻传播活动属于人类的社会实践活动，在直接表现上是人类的一种认识实践活动。在这种活动过程中，实际实现的或者进行的是人们之间的（新闻）信息交往活动，深层次上则是人们之间的精神交往活动，同时，也是人们通过新闻方式（主要是以新闻报道和新闻评论为核心的具体的手段）与整个事实世界进行信息交流的活动。因此，新闻传播规律，属于社会活动规律，不是自然规律；又由于新闻传播活动属于一种具体的社会实践活动，因此新闻传播规律属于具体的社会实践规律，不是一般的社会实践规律。作为社会实践活动的一种，新闻传播必然遵循社会活动的普遍规律；作为一种特殊的社会实践活动，新闻传播必然具有自己特殊的活动规律，而这才是理论新闻学要探讨的核心问题。

根据上面对规律的一般理解和界定，我们可以认定：新闻传播规律要探讨的问题，就是新闻传收（传播与收受）过程中，传收之间内在的、稳定的、本质的关系。新闻传播活动包含的所有内容，原则上都要依赖于这一关系而存在、而进行、而实现（参见第一章中关于新闻传播基本矛盾的相关论述）。因而，如果把传收之间内在的、稳定的、本质的关系揭示出来了，也就意味着找到了新闻传播的基本规律。这种关系可能不是一个而是多个，因此新闻传播规律可能是多条而不是一条，这种关系可能是多层次的关系，因而新闻传播规律可能是多层次的规律，在一些大的规律下包含一些小的规律。而揭示这种关系的途径首先是寻找新闻传播系统的构成要素，然后探究这些要素之间的稳定关系。

新闻传播过程本质上是传播主体与收受主体之间的以新闻信息作为主

要内容的一种精神交往活动，其间依赖各种各样的新闻传播媒介。看得出，"新闻信息的分享是结成新闻传播关系及推动新闻传播过程不断循环往复的基本动力，它不仅是讨论整个新闻传播过程的基本出发点，也是归纳新闻传播过程规律的立足点"①。要将这样的"出发点"和"立足点"落到实处，如上所述，首先必须分析构成新闻传播过程的基本要素，进而发掘它们的本质关系。因此，如我们在第一章"新闻传收要素的构成"一节中指出的，新闻传播是由传播主体、收受主体、传播媒介和传播内容四大要素构成的，新闻传播规律就蕴含在这四大要素的相互关系、相互作用之中；也如我们在第一章中所言的那样，这四大要素的相互关系最终可凝结为传播主体与收受主体之间的关系，这也正是新闻传播过程的总矛盾和基本矛盾，因而新闻传播过程的基本规律就是传播主体与收受主体间恒久的、稳定的关系的体现和反映，即新闻传播规律揭示的就是传播主体如何通过传递新闻满足收受主体新闻需求的内在关系，这种内在关系就是存在于、作用于新闻传播过程的不以主体主观意志为转移的客观法则——新闻传播规律。

（二）新闻传播规律的特征

作为规律体系中的一种规律，新闻传播规律具有任何规律都具有的第一特征——客观性。"客观性是一切规律最根本的性质，是规律成其为规律的必要条件。"② 所谓客观性，是指新闻传播规律的存在及其作用不以人的意志为转移。新闻传播规律是存在于新闻传播活动中的诸多客观法则，是新闻传播活动各种要素之间、各个环节之间本质的、必然的联系，属于"是"的范畴，人们只可认识它，尊重它，运用它，却不可违背它。

---

① 黄旦. 新闻传播学：修订版 [M]. 2 版. 杭州：浙江大学出版社，1997：235.
② 田心铭. 认识的反思 [M]. 北京：人民出版社，2000：225.

新闻传播规律的客观性，意味着不管人们是否认识到它的存在和作用，它都在自在地发挥着作用。新闻传播规律的客观性是绝对的、纯粹的，"如果实践规律果真'以人的意志为转移'（哪怕是'一定程度'），它的客观性就不存在了"[①]。

作为实践规律的一种，新闻传播规律是主体性的活动规律，即新闻传播规律是作为新闻主体——传播主体和收受主体——的一种活动规律而存在的，也就是说，新闻传播规律具有主体性。这意味着新闻传播规律包含着新闻传播主体和收受主体的主观意识因素，意味着新闻传播规律是在传播主体和收受主体有目的、有意识的自觉活动中形成和发挥作用的。新闻传播规律的主体性特征，为新闻活动主体自觉运用新闻传播规律，提高新闻传播和收受的有效性提供了理论和实践根据。

作为一种规律，新闻传播规律具有一般规律都具有的稳定性特征，即新闻传播规律的存在与作用具有历史的持久性和稳定性。规律是事物内在的本质的联系，新闻传播规律是构成新闻传播完整过程的基本要素之间的内在联系，是新闻传播基本矛盾的展开形式、表现样式，而这些基本要素、传播与收受之间的基本矛盾，是任何类型、任何规模、任何方式的新闻传播都不可或缺的，没有这些基本要素之间的稳定关系，不可能形成新闻传播，没有传播与收受之间的基本矛盾，新闻传播便失去了存在的根据。正因为如此，新闻传播规律才可能是稳定的，具有不变的、始终如一的特征。

作为一种主体性的实践规律，新闻传播规律具有随新闻传播水平、新闻传播方式、新闻传播规模不断变化而变化的特征，这可以看作新闻传播规律的历史性特征。如上所言，新闻传播规律是一种主体性的活动规律，

---

① 田心铭. 认识的反思 [M]. 北京：人民出版社，2000：177.

而主体从事的任何同一性质的活动，都会随历史的变化发展而变化发展，因此，主体的活动规律也会在主体不断更新的活动中形成和展开、变化和发展。马克思主义经典作家们对此都有精到的论述，"人的活动规律是历史性的规律，是发展变化的"，"人的活动的规律的形成是一个过程，它所起作用的大小也并非是固定不变的"①。因此，我们在认知新闻传播规律稳定性特征的同时，也必须认知它的历史的变动性，这样才能有效地、灵活地利用新闻传播规律。

基于以上种种特征，新闻传播规律既有普遍性，又有特殊性。普遍性是说，新闻传播规律存在于、作用于所有的新闻传播活动、新闻传播过程中；特殊性是说，新闻传播规律在不同水平、不同规模的新闻传播活动、新闻传播过程中有不同的具体表现形式。这种普遍性和特殊性既有历史性又有共时性，比如，文字传播时代的新闻传播与电子传播时代的新闻传播，作为新闻传播，具有共同的新闻传播规律，但新闻传播规律在这两个不同的传播时代，会有一些不同的存在和作用方式。同样，人际新闻传播与大众化的新闻传播，作为新闻传播，具有共同的新闻传播规律，但新闻传播规律在这两种类型的新闻传播模式中，一定会有一些不同的体现方式。

二、新闻传播规律的构成

新闻传播规律揭示的是构成新闻传播系统的基本要素在新闻传播过程中内在的、稳定的、固有的、本质的联系，这种联系可以概括为一句话：新闻传播者通过一定媒介如实又有选择地及时公开传送收受者需知而又未

---

① 田心铭. 认识的反思［M］. 北京：人民出版社，2000：186－187.

知的新闻事实信息。① 因而，新闻传播过程像其他精神交往形式一样，在本性上永远都是传播者与收受者在一定传播环境中的互动过程，互动律可被看作新闻传播的永恒规律、总的规律。② 但这一概括过于笼统、过于大而化之。因而若要具体把握新闻传播规律，还需要揭示这一总规律的内涵。那么，新闻传播规律主要有哪些具体的表现呢？我们试图在此做出尝试性的回答。

（一）新闻传播效用律

一种社会活动只有能够给人们带来实际的价值和效用时，特别是能够带来必不可少的价值和效用时，它才能持久地生存、发展下去。新闻传播活动之所以能够生成、演变、发展和延续，其中必有其稳定的动力根源，这就是社会对新闻信息的需求，人们对新闻信息的需要。在新闻传播过程中，传播系统内部基本要素之间所凝结的一种稳定关系就是：传收主体双方利用新闻传播媒介、收受媒介，通过同一传播过程追求不同的效用——传播主体追求传播需要的实现，收受主体追求收受需要的实现。追求一定的传播效用和收受效用无疑是新闻传收的直接目的或者说是动力根源。因此，新闻传播效用律，实际上就是新闻传播活动的动力规律。任何新闻传播的展开过程，都是双重主体双重目的通过新闻媒介的互动过程。

具体讲，传播者通过处理事实与新闻选择标准、事实与传播媒介、事实与收受者、媒介与收受者等诸多具体矛盾，追求新闻传播目标，实现传播意图，争取预期效果；而收受者则主要通过处理自身与收受媒介、与新闻报道（文本）的诸多关系，获取与自己相关、有用有趣的新闻信息，以

---

① 对这一概括想进一步了解的读者，可参阅项德生，郑保卫．新闻学概论［M］．武汉：武汉大学出版社，2000：86-88.

② 姚纪纲．交往的世界：当代交往理论探索［M］．北京：人民出版社，2002：86-91.

满足自己的新闻需要。完整的新闻传播过程就是在传播者追求传播效果、收受者追求新闻满足的互动中进行的，这种效用互动是任何新闻传播在客观上不可避免的、必然的、稳定的关系，因而效用律是新闻传播的客观规律之一。

可以看出，新闻传播效用律是以大致相同的逻辑结构、不同的具体样式体现在双重主体的新闻传收行为中的。所谓相同的逻辑结构，是说双重主体都是通过对新闻媒介的运用去实现各自的传播或收受目的的，即主体通过一定的中介工具实现自己的追求。所谓不同的具体样式，是说双重主体利用新闻媒介的方式有所不同，传播者通过新闻媒介报道新闻、传播信息，收受者则通过新闻媒介收受新闻和信息，这种差别是由传播者与收受者在新闻传播过程中所处地位、发挥作用的不同所决定的。这样的差别是传播者与收受者之间互动的根源，使他们在追求各自效用的过程中形成相互制约、相互促进的关系。

处于"后在主体"地位的收受者，为了把握自身生存、发展于其中的客观环境的最新变动情况，满足自己的新闻需要，会主动诉诸新闻媒介，寻求所需信息。在从新闻媒介上获取相关信息时，收受者大致有两方面的具体诉求：一方面是希望得到足够多的新闻信息（还有其他信息）。收受者希望尽快获得欲知、未知和应知的新闻，希望传播者提供的新闻越多越好。收受到一定数量的新闻和信息，能确保他们对环境的全面了解和把握。信息的周全，是人们正确理解生存环境情况（甚或是正面指导自己行为）的基本前提。而零碎的、不全面的信息，往往会影响人们对生存环境形成比较准确的把握（甚或对人们的行为形成误导）。另一方面是需要获得对自己有足够价值的新闻、高质量的新闻。如今，收受者面对的新闻信息以及其他信息是海量的、庞杂的、快速流通的，甚至是真假难辨的。客观上，很多收受者由于没有足够的媒介素养，或者由于没有足够的时间和精力去认真理解不同的信息，期望传播者不只是简单地为他们报道、罗列一些新闻信息，而且能够为他们提供有效的新闻信息，即不仅为他们提供大量的信息，还要进一步为他们整理信息、选择信息，在一定程度上充当他们的"信息管家"。也就是说，收受者希望在最短的时间内能够获得最有新闻价值的新闻和其他信息。总而言之，收受者总是期望能够迅速获得质高量多、质量统一的新闻信息，这样，他们的新闻需要才能得到高质量的满足，收受活动也才能真正具有效用。

处在"前在主体"地位的传播者，要想实现自己的新闻传播目标，取得预期的传播效果，首先得满足收受者的需要。从传播者的角度说，收受者的收受行为在一定意义上就是实现传播目标的手段，传播者正是通过满足收受者新闻需要的方式来实现自己的传播目标的（反过来说，传播者的报道活动就是收受者满足自己新闻需要的途径和手段）。因而，根据我们上面的分析，传播者必须一方面为收受者提供尽可能快和尽可能多的新闻信息，另一方面要为收受者提供富有新闻价值的新闻信息、高质量的新闻信息，这就形成了新闻传播过程的两种基本的也是核心的追求：追求尽可能大的新闻流通量；追求尽可能高的新闻价值。[①] 这是传播者和收受者互动之中的必然的、共同的追求，是新闻传播得以循环往复、不断提升的根本的内在机制，也可以说是新闻传播效用律的主要内容，是效用律在新闻传播过程中客观的、外在的主要表现。进一步说，这也是传播者和收受者能够在新闻传播中从根本上实现和谐化、一体化的内在根源（下文还有相

---

① 黄旦. 新闻传播学：修订版 [M]. 2版. 杭州：浙江大学出版社，1997：235－239. 在该著中，黄旦先生认为："追求尽可能大的新闻流通量；追求尽可能高的新闻价值；追求尽可能多的相近性"，是新闻传播过程的基本规律。所谓追求尽可能大的新闻流通量，含义有三：第一，传得快；第二，传得多；第三，传得自由。快是多的前提，多是快的目的，自由是快与多的基础。所谓追求尽可能高的新闻价值，是指在新闻传播过程中，努力选择具有较大新闻价值的新闻事实。所谓追求尽可能多的相近性，是指传、收双方努力追求对新闻含义理解上的一致性或相似性。关于这些规律的含义，还可参阅杨保军. 新闻价值论 [M]. 北京：中国人民大学出版社，2003。

关阐释），是人类新闻传播活动水平不断提高、规模不断扩大的根本原因。

在新闻传播效用律的作用下，新闻传播会表现出各种各样的形态与样式，并且在不同的历史传播水平上会显示出不同的时代特点。我们立足当前中国新闻传播的实际，对新闻传播效用律的表现做几点简要的分析。首先，人们最直观的感觉是：现在的报纸变得越来越厚，所谓"厚报"时代已经到来；广播、电视的频率、频道越来越多，播出的时间越来越长，电子媒体全面进入"全天候"时代；新闻网站、手机新闻等更是如火如荼，各种媒体之间、媒介形态之间的整合可以说是风起云涌、势不可当，以快捷、互动、海量、超文本等为特点的新的传播时代已经到来。① 如此等等，全面反映了信息时代整个社会、社会成员对新闻信息和其他信息需求数量的猛增。也就是说，这种现象的背后，根本动力就是人们对信息效用的追求，而为了满足社会大众不断增长的信息需求，扩张媒体的数量、扩大媒体的规模、提升媒体的水平是传播者最基本的手段，只有这样，才能实现传播者自身的目标追求。其次，在"大众"传播的宏观背景下②，新闻传播活动迅速出现了新的变化：由"广播"向"窄播"的转变；由"大众"向"小众"甚至是"个众"③的转变。同样，传媒市场，包括新闻传媒市场的"分众"化趋势（即市场的不断细分），对"目标受众"的

---

① 这里需要注意一个问题，就当前来看，尽管各类新闻媒体在总体上都处于一种发展状态，但不同媒介形态之间是有差别的，不同类型、层次的媒体之间也是有差别的，即发展是不平衡的。未来到底会出现什么样的媒介生态景象，是某种媒介形态独领风骚，还是多种媒介形态鼎足而立，我以为还不是很好判断。传统媒介形态与新型媒介形态之间到底会以什么样的关系存在和发展，实际上还不明晰。我自己的看法在本书的不同章节中已有表达。

② 在中国，大众传播时代的真正到来，不过是近十几年的事情。我国著名新闻学者喻国明先生就认为：进入20世纪90年代以后，我国的大众传播告别了精英文化时代，开始步入了大众文化时代。参见喻国明. 解析传媒变局：来自中国传媒业第一现场的报告 [M]. 广州：南方日报出版社，2002：3. 但大众化传播到底以什么为标志，还是一个值得研究的问题。

③ "个众"这个概念，在表述形式上像方的圆一样，是一个矛盾的概念。但这其实是一个误会，"个众"是对"个体受众"的简称，目的是与"大众（广众）""小众"等概念形成一种形式上的对比性与统一性。

重视与强调，等等，背后最重要的原因之一，就是人们对新闻信息或者其他信息需求的目的性越来越明确，人们越来越看重信息与自身工作、学习、生活的相关性，对自身的有用性。这是一个"时间就是财富，时间就是意义"的社会，人们不愿去做没有效用的事情。即使是娱乐性的休息，也变成了放松身心、蓄势待发的机会。因而，作为新闻信息和其他信息的提供者，传播者不得不增强自己传播的针对性，唯有如此，新闻价值（信息价值）实现的可能性才更大，自己的效用追求才能实现。毫无疑义，我们可以把这些新闻（信息）传播现象看成新闻传播效用律的必然表现。

（二）新闻传播选择律

任何完整的新闻传播过程，都是新闻活动主体（新闻源主体、传播主体、收受主体、控制主体，参见第二章相关内容），尤其是新闻传收中的双重主体——传播主体和收受主体——选择的过程和选择的结果。新闻传收行为，从总体上说是一种主动的、自觉的行为，选择机制支配着新闻传播的整个过程。

选择，一般意义上是指活动者的目的性活动方式，是行为主体对行为目标或方案的寻找、比较和确认，选择行为的核心是对目标对象之间的比较和评价。在新闻传播过程中，选择关系是传播系统内部诸多基本要素之间稳定的、持久的、始终如一的内在关系。新闻传播作为一种主体性的社会活动，其选择者应该主要是参与新闻传播过程的双重主体——传播主体和收受主体。因而，新闻选择集中表现在双重主体的新闻传播与新闻收受活动中，而不只是新闻传播主体或收受主体的新闻选择行为。[①] 这是我们

---

① 在已往的新闻选择研究中，我国新闻学界主要关注的问题是传播者的选择活动，往往把新闻选择限制在传播者对报道对象——新闻事实和报道方式的选择上，这显然是不全面的。新闻选择研究的对象至少还应该包括收受者在新闻活动中的选择行为。自然，传播者与收受者双重选择之间的关系也应该成为新闻选择研究的重要对象。

理解、分析和研究新闻选择问题的基本前提。事实上，只有在这一前提下，我们才能真正理解新闻传播选择律的含义和意义。

在新闻传播实践中，新闻选择表现为不同的层次。如果在宏观层面上考察新闻传播过程，人们会发现，传播者要选择实现传播目的（总的新闻传播价值取向）的新闻媒介，要选择媒体方针、编辑方针，要选择目标收受者。在这一系列选择中，对目标收受者的选择是最重要的，它实际上决定着其他方面的选择。而新闻收受者要选择接触的媒介或者说获取新闻信息的渠道，显而易见，实际上就是对新闻传播者的选择。如果在相对微观的层面上考察新闻传播过程，人们会发现，任何一次完整的新闻传播过程，传播主体总要选择新闻事实，选择报道的方式，这实际上是在选择满足收受者新闻需要的内容和形式，当然也是在选择满足传播者自身传播需要的内容和形式。[①] 同样，收受主体总要选择收受的方式、收受的内容，这实际上是对传播者的具体选择。那些不能满足收受者新闻需要的内容、方式将被收受者放弃或者拒绝，而那些能够满足收受者新闻需要的内容和方式将得到认可和接受。可见，新闻传播过程正是在双重主体的双向选择中完成的，缺少任何一方的选择，传播都会变成不完整的传播、难以真正实现的传播。

新闻传播的经验事实、实践过程告诉人们，凡是发生新闻传收的时间，凡是发生新闻传收的地方，就存在着传播者与收受者之间的互相选择（为了叙述的方便，我们可以将上述各种具体的选择行为概括为双重主体

---

① 传播者在选择满足收受者新闻需要的内容和形式的时候，也就在选择着满足自身传播需要的内容和形式。在现实的新闻传播活动中，收受者的"新闻需要"与传播者的"传播需要"之间并不总是一致的，往往会发生矛盾冲突。以收受者新闻需要为本位、为基本出发点的新闻传播观念便是人们常说的"受众本位"观念，而以传播者传播需要为本位、为基本出发点的新闻传播观念便是人们常说的"传者本位"观念。追求新闻需要与传播需要的和谐一致应该成为新闻传播的理想目标。但二者在现实中的矛盾正是推动传收互动的原动力。

间的选择）。尽管双重主体由于所处地位、活动方式的差别而在选择的方式、选择的程度、选择的水平上表现出各种各样的不同，但他们之间互相选择的行为是客观存在的事实，是不以任何人的意志为转移的实在现象。因此，对新闻传播来说，对任何一次具体的新闻传播过程来说，选择是内在的、必然的，传播者与收受者互相选择的关系是一种客观的、稳定的、不可避免的关系，因而是一种规律性的存在，不是偶然的行为。

传播者与收受者在新闻传播过程中的选择行为，使他们之间形成了互动的关系。传播者的选择为收受者限定了收受的宏观范围，设置了各种各样的议题，分配了收受者的媒介注意力、新闻注意域，也导引着收受者的思想观念甚至行为方式。同样，收受者的媒介选择和内容选择行为直接制约着传播者的选择行为，也分配着传播者的注意力和注意域，影响着传播者的新闻观念。总之，在传收双方的选择互动关系中，二者互相促进、互相制约，共同塑造着新闻传播与收受的轨迹或者实际景象。

新闻传播选择律体现在双重主体的选择行为中，但他们的选择对新闻传播的影响或作用方式有所不同，传播者的选择直接影响着每一次具体的新闻传播过程，从而也会影响收受者的每一次收受行为，而收受者的选择往往以累积效应的方式（通过各种反馈渠道）形成对传播者的影响，这其中的选择互动机制可以简单描述如下（见图 7-1）。

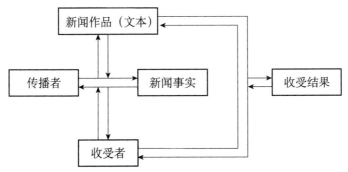

图 7-1 新闻传播双重主体的选择互动机制

　　由图 7-1 可以看出，传播者与收受者的选择互动主要是通过对双重新闻客体——新闻事实和新闻作品（文本）——的选择表现出来的。传播者根据自身的传播需要选择新闻报道的对象——新闻事实，将其转化为传播态的新闻。但在传播者选择的背后，始终"站立"着收受者的身影。传播者在选择报道对象时不得不考虑收受者的新闻需要，因为这是他们得以生存与发展的基础，也是实现新闻传播目标的根本条件。[①] 这也就是说，收受者的新闻需要实际上成为传播者选择报道对象的重要标准，甚至是根本标准。收受者根据自身的新闻需要选择（传播态的）新闻作品（文本），这是对传播者选择（选择新闻事实）的再选择。显然，新闻作品既是传播者创制的成果，又是收受者新闻收受的对象。新闻作品（文本）使收受者一般化的或者抽象的新闻需要得以具体化和现实化。[②] 如果新闻作品（文本）不能使收受者的新闻需要得到具体化和现实化，即不能使收受者的需要得到满足，就意味着收受者与传播者之间的良性互动关系受阻。这时，传播者就不得不调整自己后继的传播行为。可见，新闻作品（文本）是传播者和收受者互动的现实中介。而更为重要的是，我们可以充分确认，双重主体的选择互动是新闻传播过程的基本规律。可以说，双重主体的选择

---

　　① 事实上，不管是在计划经济体制下，还是在市场经济体制下，传播者都会把收受者的新闻需要作为选择报道对象的重要尺度。因为，在计划经济体制下，传播者只有满足收受者的基本新闻需求，才能实现自己的传播目标；在市场经济体制下，传播者只有满足收受者的新闻需要，才能获得生存与发展的资源。差别在于，处在计划经济体制中的新闻传播者，会把传播需要作为选择报道对象的核心尺度或标准，也正因为这样，计划经济体制中的新闻传播很难受到人们的普遍欢迎。但这一点不能绝对化，即使在计划经济体制中，如果传播需要与收受需要达到比较高程度的和谐，照样可以实现传收的良性互动。而处在市场经济体制中的新闻传播者，会自觉地把收受者的新闻需要作为选择报道对象的核心尺度或标准。但自觉到应该把收受者的新闻需要作为选择报道对象的核心尺度，并不等于就能够真正把收受者合理的新闻需要作为选择报道对象的核心尺度。正因为这样，我们才会看到，有些新闻媒体（传播者）和收受者形成了良好的互动关系，而有些新闻媒体则未能与收受者形成良好的互动关系。

　　② 所谓一般化的或者抽象的新闻需要，是指收受者对自身生存、发展环境最新变动情况的知情需要。在收受者还难以知道自己的具体需是什么之前，他们的需要是一般化的、抽象的，但他们都能够意识到、自觉到自己是需要最新的环境信息的。

互动是新闻传播过程得以现实展开的动力机制、手段规律。一旦双重主体的选择停止了，新闻传播过程也就完结了；而一旦没有了双重主体之间的选择互动，新闻传播活动也就不存在了。

（三）新闻传播接近律

新闻传播过程直接表现为传收主体间的事实信息分享或共享过程（广义的新闻传收当然还包括意见的表达与意见的分享），而"达到传播主体与收受主体之间的精神交流与接近，进而产生行为上的某种一致"，"是新闻传播的深层目的和理想境界，也是新闻传播过程遵循的一条重要法则"，"可以称之为'最佳双重主体接近律'"①。因此，新闻传播接近律也可以说是新闻传播目标律。

新闻传收活动将传播者和收受者自然地连接起来，使他们成为新闻活动主要的共同主体。传播者与收受者之间的接近，是一种新闻传播过程创造的内在的、必然的、稳定的关系。如果没有这种关系的存在和延续，新闻传播也就不存在了；如果传播者与收受者都没有相互接近的愿望和动力，新闻传播也就不可能得以延续和发展。因此，新闻传收活动中双重主体的接近是新闻传播过程的客观关系、客观规律。一旦违背这样的规律，新闻传播过程要么无效，要么完结。人们在现实中看到，一旦新闻媒体无法赢得目标受众的信赖，即无法与目标受众建立起稳定的、相互信赖的关系，它就无法生存、发展下去，这种景象正好说明只有双重主体能够接近、实现接近，新闻媒体才有可能得到生存和发展，新闻传播过程也才能不断在形式上重复和延续。另外，人们在现实中经常发现，新闻媒体会不断调整传播战略和策略、传播战术和技巧，比如创办新的媒体、改变旧的

---

① 参见杨保军. 新闻价值论 [M]. 北京：中国人民大学出版社，2003：230。另可参阅黄旦. 新闻传播学：修订版 [M]. 2 版. 杭州：浙江大学出版社，1997：239-240。

媒介（改版、调整相关频道、调整栏目的内容和形式、改变传播的风格和水准）等，这实质上就是传播者在主动调整其与收受者的关系，目的是要与收受者建立起更为接近的关系，以获得收受者对媒体的信任，这可以说是传播者在新闻传播接近律作用下不得不有的（包括主动的和被动的）反应。关于这一点，我们在"新闻传播规律的作用方式"中还将讨论。

在新闻传播过程中，传播者总是希望收受者能够像传播者自己设想的那样理解新闻、接受新闻，能够像他们预期的那样，认可他们的内容选择、传播方式的选择。这就是说，传播者具有主动的、强烈的与收受者接近的愿望，他们希望收受者认可、同意传播者的传播观念和传播目标，达到与传播者在心理上、精神上的沟通和接近。

在新闻收受过程中，收受者总是希望传播者能够像收受者自己期望的那样，反映报道自己欲知、应知、未知的事实或信息，能够像自己期待的那样，以自己能够接受、乐于接受的心理、思维、语言方式传播新闻，即在实质上认可、同意自己的新闻需求和精神需要，达到与自己的接近。

双重主体的希望与期待有时一致、有时错位，大多数时候则可能处在一致与错位之间，但渴望接近或一致是他们共同的愿望和理想，是他们作为新闻传播者和收受者稳定的、始终如一的追求，因为社会发展、个人生存在客观上需要一个自由、平等、和谐的信息交流环境、精神交往环境。正是这种客观需求上的接近或一致，使接近律成为新闻传播的内在规律。如果实事求是地分析新闻传播发展史，不难发现，新闻传播由特权向普遍权利的转化，由小范围向无边界的不断扩展，由一定的隐秘性向公开性的进化，都是在向新闻传播的本性回归，向新闻传播应然的境界提升。这背后的客观支配力量离不开新闻传播接近律的作用。当人类越来越自觉到这一传播规律的存在时，就会做出各种各样的努力，使新闻传播过程变成一个公开的过程，变成一个信息自由交流的过程，去实现传收双方的接近。

新闻活动（主要是新闻传收活动），作为人类的一种普遍活动，作为一种重要的社会现象，特别是作为人类社会今天的一种高度组织化、制度化的信息活动，其根本的社会目的就是维系和推进社会良性的、和谐的发展，促成人与人之间有效的、和谐的交流。理性的社会，是一个协商的社会、交流的社会、对话的社会，是一个人们作为社会共同主体相互间不断接近的社会，而实现这种接近，既是新闻传收双方自己的直接目标，也是实现社会和谐发展的目标。

遵循新闻传播接近律，对传播主体来说，就是在内容上要选择与收受主体利益接近、需求接近、心理接近、兴趣接近的新闻事实，而在形式上则要采取收受主体喜闻乐见的传播方式方法。我们在前面论及新闻文本价值属性的针对性、亲和性时，已经表达过类似的意思，只有在内容与形式上皆与收受主体接近、亲和的新闻报道（文本），才能使新闻传播由"传播"达到"传通"，才能使传播主体与收受主体之间达到新闻信息、新闻价值的"交流"与"分享"。传而不通的传播只能是半途而废的"半传播"。进而言之，只有找到传播者与收受者共同感兴趣的东西，新闻传播才能达到充分的效用，双重主体之间也才能达到充分的接近。喻国明教授早在 1986 年提出的"传—受互动方格"理论，已经很好地说明了这一点。[①] 实现传收主体的接近既是新闻活动的深层目标，也是新闻传收双重主体互动的必然结果。

（四）三条规律的基本关系

新闻传播过程的效用律、选择律和接近律，是从不同角度对新闻传播过程总规律——传收主体互动律——的具体化。它们是对同一现象、同一

---

① 甘惜分. 新闻学大辞典 [M]. 郑州：河南人民出版社，1993：8 - 9.

活动、同一过程诸多要素之间内在的、本质的、稳定的关系的揭示，因而这些规律之间也必然存在着有机的联系。认识不同规律之间的基本关系，既是对新闻传播过程总规律的进一步把握，也是对新闻传播过程规律层面上的一种总认知。

效用律揭示的是新闻传播过程得以运行的动力规律，追求效用、满足需要是所有新闻传播与收受活动的根本动力；选择律揭示的是新闻传播过程得以运行的方式方法规律，或者说是手段规律，任何一次新闻传收活动都是通过一定的选择手段实现的；接近律揭示的是新闻传播过程追求的目标规律或者是结果规律，人类创造新闻活动、进行新闻传收就是为了达到人与人之间的交流和接近。这三条规律，在动力、手段、目标之间形成了一种自然的内在逻辑关系，比较全面地揭示了新闻传播过程的客观内在关系。

作为动力规律的新闻传播效用律，激发了传收双方的手段选择，规定着传收双方接近的基本方向。具体讲，传收效用的满足，首先要依赖一定的传收手段，不同的效用追求、需要满足，对手段的选择是不一样的。我们可以想象，不同的传播者，比如，只想通过新闻传播实现自己政治宣传目的的传播者、只想通过新闻传播追求经济利益的传播者、只想通过新闻传播维护社会公共利益的传播者，选用的传播手段一定会有相当大的差别。[①] 同样，我们也可以想象，不同的收受者选用的收受手段也一定会有相当大的差别。而传收双方能够达成怎样的一种接近目标或者接近结果，也受制于传收双方对各自效用的追求和定位。可以说效用的追求、定位，已经基本上为传收双方接近的结果样态划定了一幅路线图或者描画了一幅蓝图。我们可以设想，如果传收双方对新闻传播过程的效用追求各奔东

---

① 这里所说的传播手段，是广义的传播手段，包括传播内容与传播方式两个大的方面，包括前文所说的宏观的选择和微观的选择，不是仅指具体的传播形式和方法。

西，他们自然难以实现观念、精神、行为上的接近；相反，如果他们有着大体一致的效用追求，就比较容易实现各方面的接近。因而，效用律作用下的效用定位，与接近律作用下的目标定位，本质上是统一的，效用律侧重从传收双方各自的角度反映新闻传播过程的动力机制，接近律则侧重从传收双方的关系角度反映新闻传播过程的深层目标。

作为手段规律的选择律，是效用律制约下的效用到达接近律制约下的接近的中介。如上所述，传收双方的接近是通过追求各自的效用实现的，而效用追求要变成现实的效用满足，必须通过手段的选择。因此，选择律制约下的选择行为，必然是实现效用律制约下的效用追求与接近律制约下的接近目标的中介或桥梁。简单点说，效用追求是新闻传收的直接目的，接近目标则是新闻传收的间接或者最终目的，要将直接目的与间接目的（最终目的）通连起来，只能通过新闻传收双方的具体选择来实现。不管是直接目的还是间接目的，在现实的传收过程中，人们是看不见的，但人们能够看见传收双方的新闻选择行为，正是双方的新闻选择行为将各自的追求（直接的和最终的）呈现了出来。新闻传收双方的具体选择，既实质性地展现了双方的追求，也真实地呈现了传收双方实际的接近状态或者结果。因此，在一定意义上说，新闻学就是新闻选择学，选择是新闻传播活动、新闻传播过程运作的实际机制，选择作为效用追求与接近目标的中介，其中既包含着新闻传收的动力根源，又包含着新闻传收的可能结果。

作为目标规律的接近律，是效用律制约下的效用追求的最终目标，但任何背离传收双方最终接近结果的效用追求终将被抛弃或被调整。如前所说，新闻传收双方实际能够建立一种什么样的关系，是由双方的效用追求所决定的，效用追求的过程也是传收双方不断相互理解、相互接近的过程。但这只是问题的一个方面。问题的另一面是，作为新闻传播过程的客观规律，传收双方的接近或者信息共享、和谐相处是接近律的客观要求，是新闻传播活动得以诞生、演变、发展的内在力量，因而，接近律也制约着传收双方的效用追求，以客观规律的力量调整着传收双方的效用追求行为。比如，近几十年来，新闻传播现象在中国这片土地上发生了前所未有的巨大变化。很多人说，中国的新闻传播已经从过去的"传者本位"模型转向了现在的"受者本位"模型①，其中反映的正是传播者把自己的传播追求与收受者的收受愿望统一起来的现象。这样的统一，不是传播者主观上愿意不愿意的事情，而是客观上必须这样做，否则，新闻传播将变成经济上亏本、信息上无效的传播。必须说明的是，在现实中，新闻传收双方的接近，主要表现为传播者向收受者的主动接近。新闻收受者，是作为整个社会主体的大众，他们的利益就是社会的利益，他们在新闻收受中表现出的效用追求或者愿望，是一种普遍的社会效用追求和愿望，是应该和必须满足的效用追求和愿望。就具体的媒体来说，目标收受者的普遍收受追求和愿望，是必须满足的追求和愿望。只有这样，才能真正实现传收双方的接近。这里需要加以简要说明的是，传播者向收受者的主动接近，并不是纯粹的对收受者效用追求的迎合，而是既有适应需求，又有恰当引导的过程。因为，从区别意义上说，收受者的效用追求是各不相同的，有些需求是合理的、正当的，有些需求则是不合理的、不正当的。因此，充分认识和把握目标受众的主导性新闻需求，是传播者向收受者主动接近的前提条件。

作为目标规律的接近律，对选择律制约下的手段选择形成了根本性的制约，凡是能够促进传收双方接近的手段都将被最终选择，而那些不利于传收双方接近的手段都将被抛弃或改造。两个约定会面的人，如果双方或任何一方走错了路，他们就不可能达到预期会面的目的。新闻传播过程中

---

① 所谓"过去"，主要是指处于计划经济时代的中国；所谓"现在"，主要是指进入市场经济时代的中国。

传收主体的接近与此相似，如果双方选择的传播新闻与收受新闻的方式不够恰当合理，要实现双方的有效交流、和谐接近就是困难的。传播者选择的内容和方式，对收受者来说，如果既没有针对性，也缺乏亲和性，那么即使传播者怀着强烈的与收受者接近的愿望，也不可能实现交流和接近。这就是说，新闻传收的根本目标从本质上规定了只有一些手段才是合规律的、合目的的手段，能够促成传收双方通过新闻方式有效接近的传收手段不是随意制定的，也不可随便选择，正像人们可以为一定的行为方式随意制定各种各样的规范，但真正合理的规范恐怕只有一种一样。比如，中国的对外新闻传播，根本目标是让世界各国的受众都能够了解中国，达到对中国公正的、比较全面的认知。果真如此，也就通过新闻方式实现了外国人与中国（人）的某种接近。那么，怎样才能通过新闻传播达到这样的目标？手段绝不能是随意的。根据已往的实践经验，人们发现，要想实现预期的目标，新闻传播者必须了解目标收受者的新闻收受需求、新闻收受习惯（比如他们能够普遍认可、接受的新闻观念、新闻思维特征、新闻语言特点等）、新闻收受心理等，了解了这些东西，也就意味着传播者初步找到了接近目标收受者的通道。反过来说，国外的收受者，只有在一定程度上了解了中国对外新闻传播的特点，比如内容选择的方式、播报的方式方法，才能更有效地获取新闻信息，达到了解中国（人）的目的。但如上所说，对实现传收双方接近这一目标来说，传播者担负着更大的责任，传播者应该也必须主动寻求、发现那些能够使传收双方有效接近的手段。①

以上三条规律之间的具体关系是复杂的，在新闻传收实际中的表现一

---

① 比如，目前，在中国的一些地方出现了用方言播报新闻的现象（此处不对这种方式进行价值评价），并且受到人们的欢迎（亦有反对的），其中的原因可能有许多，但最重要的无疑是传播者选择了与收受者语言、思维和心理最接近的方式。又如，社会生活中一些流行语为什么会流行，即传播者创造的一些语言为什么会在广大受众中流行，其中一个重要的原因就是传播者选择了与收受者认知契合、心理一致、语言相同的方式，这是达到高度接近和亲和的必然选择。

定是丰富多彩的。我们上面的阐释还是初步的、粗糙的。事实上，新闻学界关于新闻传播规律问题的研究还处于初级阶段，还没有足够的人以足够的注意力来关注、考察、研究这一重大问题。因此，我想再次说明的是，我这里的看法是初步的，有些问题还远远没有厘清，还没有得到充分的阐释和论证，还需要继续进行深入认真的研究。

三、新闻传播规律的作用方式

新闻传播规律存在和作用于新闻传播过程之中，它对新闻传播与收受行为的作用有两种基本方式：一是自发作用方式；二是主体的自觉运用方式。自发作用是必然的，自觉运用是有条件的。认识新闻传播规律的目的是充分发挥传收主体的能动性，提高自觉运用新闻传播规律的水平，努力把对新闻传播规律的理论把握转化成为运用规律的方法，实现规律论与方法论的统一，最终提高新闻传播的效率。

（一）新闻传播规律的自发作用方式

人类的新闻活动是一种客观的社会活动，新闻传播规律也是客观的、不以任何人的主观意志为转移，它伴随新闻活动的出现而产生。因此，新闻传播规律对新闻传播活动最基本的作用方式就是自在、自发的作用方式。新闻传播规律的客观性，决定了它的自发作用能够形成对新闻活动主体的某种强制性。新闻活动主体是否认识到新闻传播规律的作用，是否愿意接受它的作用，都不可能消除它的实际作用的存在和发生。自发作用的客观性和强制性，就像斯密描述的那只"看不见的手"一样，使一切新闻传播行为、收受行为毫无例外地都处于新闻传播规律的约束之中。

如上所说，自发作用的核心含义是，不管新闻传播主体、收受主体是否意识到新闻传播规律的存在和作用，他们的传收行为都要受到新闻传播规律的支配。并且，只要有新闻传播活动存在，不管这种活动的水平如何、方式如何①，就有新闻传播规律存在，也就有规律自发作用的存在。进一步说，不管是在新闻传播活动成为人类的自觉活动之前还是之后，不管是在人类认识到新闻传播客观规律之前还是之后，不管是在新闻传播活动成为人类的一种专门的事业之前还是之后，新闻传播规律的自发作用在新闻传播过程中都是实际存在的，也是自在的。一句话，新闻传播规律的自发作用是伴随新闻传播现象永恒存在的，只有新闻活动不再发生，新闻传播规律及其自发作用才能消亡。

自发作用是客观的、自在的，传播者和收受者常常会以不知不觉的方式按照新闻传播规律从事新闻传收活动，这正如不知逻辑学为何物的人也会按照符合逻辑的方式思考，不懂语法是什么的人也会按照语法规则说话一样。然而，这必定是低水平的、不自觉的新闻活动方式，缺乏足够主体性的活动方式，是把传收活动的成功建立在偶然性之上的自在活动方式。当人类新闻传播整体上处于缺乏新闻意识的时代，新闻传播规律的主导作用方式一定是自发的。即使到了今天这样的信息时代，虽然人类具有了普遍的新闻意识，但是，如果传播者和收受者没有自觉的新闻传播规律意识，他们仍然不可能去自觉地运用新闻传播规律，只能依赖于、受制于规律的自发作用。

一般来说，传播者和收受者的一些传收行为，总会与新闻传播规律的客观要求发生一些背离，在这种情况下就可能受到规律的惩罚。新闻传播规律的自发作用方式，往往是以后果的形式呈现自己的实际存在与作用，

① 人类的新闻传播经历了不同的时代，每一时代都有不同水平的新闻传播；人类的新闻传播方式是一个不断进化、扬弃的过程，但不管在哪种类型、哪种方式的传播中，新闻传播过程的普遍规律都是一样的。

这也正是规律以其客观的力量对传播者和收受者的一种提醒和警示。这正像只有当生态灾难、环境灾难降临到人类面前时，人类才开始认识到自然生态、自然环境有其自身运行的客观规律一样。在新闻传播规律的自发作用方式中，传播者和收受者在规律面前是被动的，而非主动的，是规律用它客观的力量调整着新闻传播活动者的行为，而非活动者对规律的自觉运用。但新闻传播规律自发作用的结果，为传播者和收受者提供了反思的对象，因而成为规律由自发作用向自觉运用转化的中介。规律自身的客观作用促成了人们对它的认识。自发作用下的传播结果有可能是"良果"，也有可能是"恶果"。在前一种情况下，"成功是成功之母"的逻辑，累积为人们的新闻传播经验，促使传播者和收受者自觉到规律的存在和作用，从而逐步达到在一定程度上对规律的认知和把握，也使规律作用方式在一定程度上实现从自发到自觉的转变；在后一种情况下，"失败是成功之母"的逻辑，累积成人们的新闻传播教训，促使传播者和收受者反思、追问失败的原因，从而促进人们对新的传播方式、方法的探索，促进对新闻传播规律的发现和认知，也使规律发挥效用的方式有可能实现从自在到自觉的转变。

（二）新闻传播规律的自觉运用方式

如上所述，新闻传播规律的客观性决定了它会自然而然地发挥作用，影响新闻传收主体的新闻传播和收受行为，但这并不意味着人们的传收行为都会自然而然地遵循新闻传播规律。以自觉的方式在新闻传播活动中运用新闻传播规律，是一个需要做出多种艰苦努力的过程。新闻活动的双重主体只有正确认识了、准确把握了具体的新闻传播规律，并且找到了运用新闻传播规律的实际方法，才有可能自觉运用新闻传播规律，提高新闻传播的传播和收受效果。

恩格斯曾经讲过一段被人们反复引用的话，"在社会历史领域内进行活动的，是具有意识的、经过思虑或凭激情行动的、追求某种目的的人；任何事情的发生都不是没有自觉的意图，没有预期的目的的"①。合理的新闻传播活动的展开，应该是合规律性与合目的性的统一，然而历史的和现实的传播事实一再告诉我们，人们确实是在按照自己的目的从事新闻传播活动，但却并不能够始终按照新闻传播规律进行新闻传收活动，从而导致新闻传收活动的低效或失败，这就使自觉认识和运用新闻传播规律成为必要。"人们的活动确有合乎规律与违背规律之别，因而自觉地认识规律、遵循规律才成为必要。"② 自觉使人们不会成为规律的奴隶，掉进宿命的陷阱。

按照辩证唯物主义的认识论观点，新闻传播规律，像其他任何规律一样，是可知的，可把握的，可运用的，因而当人们认识到新闻传播规律是什么时，就应该能够以自觉的方式主动积极地运用它，去提高新闻传播和收受的效果、效率。新闻传播规律作为新闻传收主体从事新闻传收活动的实践规律，就存在于、作用于新闻传播过程之中，传收主体既可以体验到它的存在与作用，也可以把握和运用它的力量，新闻传播规律并不是纯粹的"看不见的手"，也不是什么神秘的、不可捉摸的东西。在规律面前，人们可以发挥能动的作用。

但需要明白的是，人们在一定的历史时空中，对新闻传播规律的认识也像对其他任何事物运动变化规律的认识一样，不可能达到绝对的把握，即不可能认识所有的新闻传播规律，更不可能对所有的规律都达到真理性的认识。认识能力的有限性与认识对象的无限性，决定了人们不可能成为全知、全能的"上帝"。因而，对新闻传播规律的认识和把握，是伴随新

---

① 马克思恩格斯全集：第 28 卷 [M]. 2 版. 北京：人民出版社，2018：356.
② 田心铭. 认识的反思 [M]. 北京：人民出版社，2000：234.

闻传播发展的永恒过程的（如果新闻传播能够永恒发展下去的话）。我们上面总结、概括出来的几条新闻传播规律，只是我们现在认识到的一些规律。事实上，还有我们没有认识到的规律，即使是这些所谓已经认识到的规律，也有可能包含着错误的因素。何况，对认识到的、正确把握到的新闻传播规律的运用，还需要各种各样的条件，而有些条件可能具备，有些条件只能在将来具备，因此，对新闻传播规律的运用不可能是完美无缺的，只能做到在一定程度上、一定水准上的自觉运用。在规律面前，不存在一劳永逸的美景。人类的新闻传播实践，与人类的其他实践活动一起，在不断发展变化，不断推陈出新，因此新闻传播规律的具体表现样式、客观的作用方式也会发生变化。新闻传播规律的历史性、变动性、特殊性等特征，要求人们必须实事求是、具体问题具体分析，"任何实践主体都应该依据时间、地点、性质等社会历史条件去认识和运用实践规律"①，新闻传播活动的实践者当然不能例外。

人们的新闻传播行为容易达到自觉的水平，但自觉地传播与收受和自觉地按新闻传播规律传播与收受不是一回事，达到后一种自觉需要自觉的努力，不论自觉到何种程度，都会直接影响传收效果。从理论原则上说，只有按照新闻传播规律进行的传播，才能叫作新闻传播，但自觉按照新闻传播规律进行新闻传播活动，在实践中并不容易。人们不难发现，按照新闻传播规律传播新闻的口号在现实中喊得非常响亮，可许许多多的新闻传播，连新闻传播的特征都难以保证，新闻传播的基本使命是告知人们环境的最新变动情况，最普通的方法是"让事实说话"②。然而，一些传播却在新闻传播的名义下大张旗鼓地"用事实""说话"，传递和张扬传播者的

---

① 田心铭. 认识的反思 [M]. 北京：人民出版社，2000：187.
② 杨保军. 着眼群众利益 尊重新闻事实 [M]. 人民日报，2003 - 12 - 04 (14).

观念①，与新闻传播的内在要求背道而驰。如此现象，实在太普遍了。看来，真正做到按新闻传播规律从事新闻传播活动，还有很长的路要走。

　　把握了新闻传播规律，在一定意义上也就等于把握了新闻传播的方法，实践规律与实践方法本质上是统一的。发现了一种新闻传播规律，就意味着人们懂得了应该如何去进行实际的新闻传播和收受，也就等于找到了合理传播与收受的方法，因此，新闻传播规律理论同时具有新闻传播方法论的意义，这也正是探讨新闻传播规律的实践价值之所在。但是，如何将认识到的新闻传播规律运用到新闻传播的实际之中，其间还有一系列的中介环节。并不是说认识到了规律的存在，就可以自觉地运用规律了。对规律的正确认识还属于理论理念，只有将其转化成为实践观念才能具体应用到新闻传播之中。事实上，事情的难度往往不在于能否发现、认识新闻传播规律，而在于人们难以正确地、合理地运用规律，因为从理论到实践需要诸多具体的、可行的操作程序和方法。作为理论，我们只能指出其中的道理，具体的方法设计还要通过实证的研究来获得。比如，如何自觉运用新闻传播选择律，真正操作起来是十分复杂的事情，只以其中的一个方面为例来说，传播者懂得要想实现有效传播，必须得有合理的收受者定位，即必须选择本媒体的目标收受者，而怎样才能合理确定本媒体的目标收受者，又需要具体的收受者市场调查方法。可见，即使发现了、把握了新闻传播规律，如果没有相应的运用规律的方法和途径，那么，对规律的认识也只能停留在理论理念的层面，无法转化成为真正的能对新闻传播实践发挥直接作用的实践理念、应用观念。

---

　　①　陈力丹．陈力丹自选集［M］．上海：复旦大学出版社，2004：72-75．

第八章　新闻活动的界限

自由的每一种形式都制约着另一种形式，正像身体的这一部分制约着另一部分一样。只要某一种自由成了问题，那么，整个自由都成问题。

——马克思

每个国家都保证本国人民享有表达思想的自由，然而各国都或多或少地对它的大众媒介加以控制，正如对它所有的社会机构加以控制一样。

——施拉姆

新闻业是一项讲究道德的事业，是在可证实真相和紧促的时间限制下，依靠诚实和勤奋工作的行业。

——门彻

新闻活动是人类的社会活动，展开在一定的社会环境之中。社会环境为新闻活动提供了自主的活动空间和活动条件，同时也对新闻活动提出了一定的要求和约束。因而，新闻活动始终是在自由与约束中进行的，是一种有界限的活动、有规范的活动。要理解新闻活动的界限，就得理解新闻自由的实质与内容，也得把握新闻控制的内涵与特征，以及作为职业新闻活动者——新闻传播主体——对自身的道德约束。因此，本章我们将围绕新闻自由、新闻控制和新闻道德展开论述。

一、新闻活动的自主范围——新闻自由

新闻活动是人类的信息交流活动、精神交往活动，是人类生存发展的本体性活动，是需要自主性的活动。新闻活动的自主性，就是新闻活动的自由性。这种自由性通过"新闻自由"这个范畴反映和表达出来。正是通过新闻自由这一概念，人们以理论的方式划定和描述了新闻活动的实际自由范围和界限。

（一）新闻自由的实质

新闻自由的实质是什么，这是讨论新闻自由时要面对的基本问题。我们可以在不同的学科范围内和思维向度上对新闻自由的实质做出说明，但面对现实社会，我以为，新闻自由主要是一种政治权利，是一种法律自由，是进行各种新闻活动的基本资格。新闻自由的内容是新闻自由实质的具体体现，是新闻自由的具体形式或具体权利形式。揭示新闻自由的实质，在形式上就是给新闻自由一个比较明确的界定，说明新闻自由到底是什么。但要理解新闻自由的实质，首先必须理解自由的实质。

1. 自由的实质

要回答自由是什么，实在是件不容易的事情。有人做过统计，至今至少有 200 种关于自由的定义。此处，我们不可能对自由问题展开十分细致

的探讨，主要是在有助于我们理解新闻自由的意义上来讨论一般自由的实质问题。

自由只存在于能够自由活动的动物之中，存在于能够受意识、意志支配的活动领域之中。人们通常言说的自由，只是人的自由，因而人用自己的意志支配，而不受外界力量强制的活动就是自由的活动。"从最一般的意义来说，能够按照自己的意志、自己的目的来行动，而不是按照外界的强制或限制来行动，就叫作自由。"①"自由是没有外在强制从而能够按照自己的意志进行的活动；不自由则是因有外在强制而不能按照自己的意志进行的活动。"②

"自由是人的本性的需要"③，自由实质上讲的是人的活动与外界的关系问题，当人的活动不受自己以外的任何力量的制约或限制时，行动就是自主的、自由的，当受到了制约或限制时，就是不自由的。而我们知道，人作为社会动物，其本质体现在相互联系、相互制约的社会关系之中，因此，不可能存在绝对的不受任何限制、仅受自我意志支配的活动自由。"自由，就它的本来的、原初的意义来说，确是由自我表现决定，不受限制。但是不受限制，只是自由的一种抽象的、理想化的性质。而在人的具体现实生活中，完全不受限制是不可能的。不在行动上做出一定的自觉的限制，就难免会在结果上被迫受到限制。"④ 自我限制，也即给自己的自由划出边界，乃是为了自己的自由和他人的自由的共同实现，这正是人作为理性动物的智慧高明之处，也正是自由作为一种社会自由的必然状态。即所谓为了自由，必须接受不自由，自由永远是不自由中的自由，如果能自主地接受不自由，那才是真正的自由，这也是自由的辩证法。

---

① 王海明. 新伦理学 [M]. 北京：商务印书馆，2001：409.
② 同①.
③ 夏勇. 中国民权哲学 [M]. 北京：三联书店，2004：211.
④ 沈晓阳. 自由层次论 [M]. 合肥：安徽大学出版社，1999：70.

自由是一个被人们广泛讨论的问题，而广为人知的是恩格斯曾经肯定黑格尔的一句话，"自由是对必然的认识"①，这是从哲学认识论意义上对自由的界说。它的实质含义是人们只有正确认识了对象，认识了对象的必然性（即本质和规律），才能够自由活动，因而自由在本质上体现为人的一种认识能力或理论理性。这里似乎暗含着这样一个结论：越有知识的人越自由。这显然是有问题的，因为仅就纯粹的认识而言，这是正确的，可一旦推及非认识的社会现象领域，则是不恰当的。因此，把自由理解为认识能力过于狭隘，并且存在一定的问题。有自由去做某事与有能力去做某事，不是等同的概念。有自由去做某事，是指没有外界的限制；而有能力去做某事，并不一定意味着有做某事的自由，同样，即使没有能力去做某事，也不意味着没有做某事的自由，只是说没有能力把自由实现出来。这时的自由也许对主体而言失去了实践意义，但它在道德上仍然是有意义的。

因而，在社会现象、社会活动领域，人们更多的是从道德、政治、法律、宗教等方面探讨自由的含义，而不是从认识论的意义上探讨自由的实质。因为人的自由集中在这些社会活动中，集中在个人与政府、个人与个人的各种关系中。这些领域的自由与认识论意义上的自由有很大的不同，认识论意义上的自由是与必然性相对应的范畴，是不能约定的，但道德自由、政治自由、法律自由、宗教自由等，实质上是人们的一种约定，是人们之间达成的一种协定，因而它们实质上是一些约定的自由。如果这种约定或协定是大家共同做出的，那么每个人在约定范围内都可以自主活动、按照自己的意志活动，即自由地活动。自由，在社会现象和社会生活中，是一种本体性的存在、实在性的存在，这是讨论自由问题时必须清楚的。

---

① 恩格斯.反杜林论［M］.北京：人民出版社，2018：120.

在现代文明社会的运作中，能够体现社会普遍意志或公共意志的最主要的约定便是法律，当然还有一种普遍的规范是道德，前者以硬约束的方式规定着自由的范围，后者则以软约束的方式规定着自由的限度。因此，所有具体的社会活动领域，在讨论具体的自由问题时（所有的自由都是具体的），都必须从法律的、道德的角度去思考。而当把自由作为一种现实的权利来对待时，人们一般只是在法律范围内来讨论。法律所规定的诸多自由——言论、出版、集会、结社、游行、示威自由等，大都属于宪法权利，这些权利基本属于政治自由的范畴，或者说是一些政治性权利。可见，在社会生活中，自由的实质是一种政治权利，一种法律规定的人们可以享有的权利、人们可以做某事的资格，这是我们理解新闻自由实质时必须时刻领会的重要前提。

那么，到底是谁在享有自由、享有权利，谁又是自由的对象、权利的对象，即承担义务的主体是谁，这是进一步理解自由实质时必须回答的问题。一种自由、一种权利一旦没有了相应的义务对象，这种自由、权利便会落空。① 人们一般认为，享有这些具体自由的主体，也就是享有这些权利的主体，"最终是个体，而不是集体；所有的集体概念——国家、民族、人民、社群或组织——最终都必须落实到个体头上"②，而这些权利的基本对象是政府，并不是个人或其他组织，"宪法权利通常仅针对政府，而并不针对私人或非政府组织"③。因此，当我们说某种政治自由不受限制或受限制时，主要指的是不受国家（政府）或受国家（政府）的限制。

2. 新闻自由的含义

如前所述，在最一般的意义上，自由的实质是指在约定的范围内人的

---

① "无论在哪一种情形下，权利和义务都是相辅相成、环环相扣的。若不存在相关的义务，便不可能有相关的权利。"参见夏勇．中国民权哲学［M］．北京：三联书店，2004：231。
② 张千帆．宪法学导论：原理与应用［M］．北京：法律出版社，2004：463.
③ 同②470.

自主的活动、不受限制的活动，按照自己的意志进行的活动。因此，新闻自由，在最一般的意义上就是指参与新闻活动的人的自主性和不受限制性，即如果能够按照自己的意志参与新闻活动，就是自由的新闻活动，如果相反，就是不自由的。恩格斯有一句话，可以很好地表明这一意思，他说："每个人都可以不受阻挠地和不经国家事先许可而发表自己的意见，这就是新闻出版自由。"①

　　新闻活动是一种社会活动，因而新闻自由是一种社会自由。新闻活动是一种具有多重属性的社会活动，因而它具有多重的自由含义。但新闻活动的属性主要表现在这样两个方面：第一，它是一种以新闻方式认识社会的活动，因而我们可以在一般认识论的意义上探讨新闻自由的含义；第二，新闻活动是一种属于上层建筑的活动，是政治性非常强的社会活动，因而理解新闻自由的实质时，应该主要将其放在政治自由的范围内加以讨论。

　　如果把新闻活动看作一种认识活动，即通过新闻传播与收受行为对客观世界进行认知的活动，这时的新闻自由就是一种认识的自由，讲的是传收双方与一定新闻事实对象之间的认知关系。因而，只有获得对事实的正确认识，传收双方才能获得自由。也就是说，传播者只有能够真实认知所反映的对象，他（或者说新闻媒体）所报道的新闻在本性上才会获得无障碍的传播，成为自由新闻，反过来说，只有能够创制出自由新闻的传播者才是自由的。对收受者来说，只有获得自由新闻，并且正确认知了它，新闻才能真正被转化成正确的理论理念，进而成为可能的实践理念，获得意志的自由。

　　但人们通常并不是在认识论的意义上来讨论新闻自由，而主要是在道

_____

　　① 马克思恩格斯全集：第 3 卷［M］. 2 版. 北京：人民出版社，2002：575.

德哲学、政治哲学、法学的意义上讨论新闻自由，是把新闻自由作为一种普遍的道德权利、具体的政治权利和法律权利来对待。因此，理解新闻自由的实质应该主要从这些方面出发。

作为一种道德权利，新闻自由应该是所有人平等地、共同地享有的一种自由权利，是一种天生的自然权利，是当今世界公认的一种基本人权。[①] 新闻媒体应该成为社会公器，"应该为所有公民所享用，而不是为政治统治者或商人谋取个人所得或利润"[②]。这既是一种道德理想，也是一种制定法律的道德原则，它要求人们在把新闻自由作为一种政治权利规定下来时，必须从所有人的自由出发、利益出发，而不是仅从一些人或个别人的自由与利益出发。这是新闻自由作为一种道德权利的实质。作为道德权利的新闻自由，是一种应然的目标，是社会永远应该追求的方向。

就现实的社会而言，新闻自由实质上是一种政治自由或政治权利。"政治自由，广义而言（包括通常所称的公民权利），指的是人们拥有的确定应该由什么人执政而且按什么原则来执政的机会。"[③] "政治权利指参加社会政治生活的权利，包括表达自由权利、集会和结社权利、选举的权利。"[④] 在诸多具体的政治自由、政治权利之中，新闻自由在总体上属于表达自由的权利范围，与言论自由、出版自由在本质上是一致的。人们通常认为，言论自由、出版自由是思想自由的体现，而新闻自由是言论自由、出版自由在新闻领域的实施和运用，也可以把新闻自由看作言论自由、出版自由通过新闻传播渠道的实现。事实上，人们越来越在同等的意

---

① 彭伯. 大众传媒法：第13版 [M]. 张金玺，赵刚，译. 北京：中国人民大学出版社，2005：译序 15 - 16.

② 基恩. 媒体与民主 [M]. 邰继红，刘士军，译. 北京：社会科学文献出版社，2003：4.

③ 森. 以自由看待发展 [M]. 任赜，于真，译. 北京：中国人民大学出版社，2002：32.

④ 杨宇冠. 人权法：《公民权利和政治权利国际公约》研究 [M]. 北京：中国人民公安大学出版社，2003：4.

义上使用这些概念。但从区别的意义上说，言论自由和出版自由的外延更宽一些，新闻自由有其特定的内涵，它主要指人们搜集、发布、传送和收受新闻的自由（我们在下面"新闻自由的基本内容"中会展开解释）。显然，新闻自由是人们实现知情权、议政权的重要通道，是其他具体民主权利能否有效实现的基础。

作为政治权利的新闻自由，并不是一种抽象的权利，而是一种具体的权利，体现在新闻传播与收受活动的整个过程之中。我们知道，政治自由所要解决的主要问题是，人在何种范围内有权按照自己的意志和理性来自由地行动，而这种范围在实践中需要通过法律来加以界定，作为一种政治权利的新闻自由自然也不例外，人们在新闻活动中到底有一些什么样具体的权利必须通过法律加以界定。马克思早就说过："**新闻出版法**就是**对新闻出版自由在法律上的认可**"，"没有关于新闻出版的立法就是从法律自由领域中取消新闻出版自由，因为法律上所承认的自由在一个国家中是以**法律**形式存在的。法律不是压制自由的措施，正如重力定律不是阻止运动的措施一样"①。因此，从直接的现实性上看，新闻自由是一种法律自由。新闻自由只有被规定成为法律上允许的自由，即成为一种法律权利，才是真正有意义的可施行的自由权利，否则，就只能停留在道德权利的范围内。

在法律自由的意义上理解新闻自由，具有特别的意义。先看看先哲们的慧识：荷兰哲学家斯宾诺莎认为，法律是实现自由的必要条件，只有在有法律的条件下自由才是可能的，与此同时，法律又必须是理性的，是"经过全民同意"的法律，即法律必须反映人民的意志，因此，只有"民主政治才是最自然、与个人自由最相合的政体"②。英国资产阶级革命时

---

① 马克思恩格斯全集：第 1 卷［M］. 2 版. 北京，人民出版社，1995：176.
② 斯宾诺莎. 神学政治论［M］. 温锡增，译. 北京：商务印书馆，1963：219.

期杰出的哲学家洛克认为，政治自由就是用法律所规定的自由。他说，"自由意味着不受他人的束缚和强暴，而哪里没有法律，哪里就不能有这种自由"①。法国启蒙思想家孟德斯鸠认为政治自由就是在法律所允许的范围内活动的权利，主要包括两方面的要求，一是不做法律禁止的事情，二是不被强迫去做法律没有规定要做的事情。法国启蒙思想家卢梭认为，"唯有服从人们自己为自己所规定的法律，才是自由"②。德国哲学家康德认为，"没有法律保护的自由是暂时的、不安全的"，"真正的自由是法律状态下的对于公民的外在自由的限定"③。显而易见，将新闻自由理解为法律自由，既有助于我们准确把握新闻自由的实际内涵，也有助于我们理解真实的新闻自由，不至于以幻想的方式、乌托邦的方式去对待新闻自由问题，新闻自由的实质就是相关的法律规定是新闻自由的范围和界限。

（二）新闻自由的基本内容

新闻自由实质的具体展开便是新闻自由的基本内容。新闻活动的实际构成情况、新闻活动与新闻活动环境的相互关系等将直接决定新闻自由基本内容的构成。作为新闻活动者的新闻源主体、新闻传播主体、新闻收受主体和新闻控制主体都是新闻自由主体。也就是说，一定社会中的所有成员，都应该享有新闻自由权利。如果把新闻活动划分为传播活动与收受活动两大部分，就可以把所有社会成员分为传播者和收受者，因而，也就可以将新闻自由从总体上分为传播的自由和收受的自由。

一些人曾经把新闻自由主要理解为新闻传播者的传播自由，比如，1951 年国际新闻学会（IPI）发表的文件指出，新闻自由的内容包含：（1）采

---

① 洛克. 政府论：下篇 [M]. 叶启芳，瞿菊农，译. 北京，商务印书馆，1964：36.
② 卢梭. 社会契约论 [M]. 何兆武，译. 北京：商务印书馆，1980：30.
③ 龚群. 当代西方道义论与功利主义研究 [M]. 北京：中国人民大学出版社，2002：107.

访自由（free access of news）；（2）传递自由（free transmission of news）；（3）出版自由（free publication of newspaper）；（4）表达自由（free expression of views）。又如，我国解放前出版的新闻学书籍《现代新闻学概论》把新闻自由的含义归纳为五项：（1）采访的自由；（2）传递的自由；（3）刊载的自由；（4）批评的自由；（5）发行的自由。[①] 如果新闻传播机构确实掌握在人民的手中，是人民利益的代表，那么，即使把新闻自由理解为传播自由也无大碍，但这种把直接权利变为间接权利的做法往往是危险的，因为谁也不能保证"代表"不会偏离被代表者的利益。因此，那种把新闻自由主要理解为传播者的自由或传播自由的做法是片面的，甚至是有害的，因为"某些新闻传播机构所具有的新闻传播自由，非但不能等于人民享有新闻自由，反而是对人民新闻自由权利的掠夺和限制"[②]，这种情形不是简单的理论推理，而是我们在各国新闻史和现实中看到的景象。因此，将新闻自由理解为、进而在法律上明确规定为传播自由和收受自由是比较有效的，并且把这种权利赋予所有人，而不是说传播者只有传播自由、收受者只有收受自由。

将新闻自由理解为人民的普遍权利，确定为每个人的基本权利（基本人权），已经成为人们的共识。1948年联合国新闻自由会议（有51个国家代表团参加，包括当时的中国代表团）通过的《国际新闻自由公约草案》（Draft Convention of International Freepress）约定："缔约各国为了希望其人民充分得到消息的权利得以行使，希望能由新闻及意见的自由传播而增进其人民间的互相了解起见，已决定缔结一项公约以达到这一目的。"缔约国同意"予本国人民及其他缔约国之人民在本国境内依法发表或收取各种新闻与意见之自由，不问其方式为口头、文字、出版品、图画

① 储玉坤. 现代新闻学概论 [M]. 上海：世界书局，1948：367.
② 黄旦. 新闻传播学：修订版 [M]. 2版. 杭州：浙江大学出版社，1997：101.

或其他合法运用之视觉或听觉的方法"①。很显然，"新闻及意见的自由传播"，便是公约对"新闻自由"的界定。《世界人权宣言》第 19 条规定："人人有权享有主张和发表意见的自由；此项权利包括持有主张而不受干涉的自由，和通过任何媒介和不论国界寻求、接受和传递消息和思想的自由。"《公民权利和政治权利国际公约》（中华人民共和国政府于 1998 年 10 月 5 日签署本公约）第 19 条第 2 款规定："人人有自由发表意见的权利；此项权利包括寻求、接受和传递各种消息和思想的自由，而不论国界，也不论口头的、书写的、印刷的、采取艺术形式的或通过他所选择的任何其他媒介。"我国学者在 20 世纪 80 年代就将新闻自由界定为："搜集、发布、传达和收受新闻的自由，包括报刊的出版自由、电台与电视台的播放自由、新闻采访与报道的自由，以及发表新闻评论的自由等，是言论、出版自由在新闻领域的具体运用。"②

上面关于新闻自由内容的描述总体上是比较原则的，还可以具体化为一些具体的权利，我国不少研究者已经做了这方面的工作，并且还在继续探讨。有人从传播者和收受者不同的角色出发，认为传播者必须具备的职业权利主要有知察权、编辑权、传播权、监督批评权、秘匿权、著作权和人身安全权；收受者则享有传播领域的公民权利、付酬阅听的消费者权利、机关媒介收受者的成员权利、信息传播收受者的终端权利。③ 有人则将传播者与收受者统一起来，将新闻自由的具体内容描述为创办新闻媒介权、发表权或报道权、编辑权、采访权、维护新闻来源权、使用传媒权、对新闻侵权的诉讼权，并且认为这些基本权利属于近代新闻自由的基本内容，而"现代新闻自由把关注的焦点部分地转向了收受者，强调收受者应

① 中国社会科学院新闻研究所，北京新闻学会. 各国新闻出版法选辑 [M]. 北京：人民日报出版社，1981：29.

② 余家宏，等. 新闻学词典 [M]. 杭州：浙江人民出版社，1988：72.

③ 童兵. 理论新闻传播学导论 [M]. 北京：中国人民大学出版社，2000：39 - 40，154 - 155.

享有新闻自由权"，包括知晓权与知情权、交流权与对话权、更正权与答辩权三种重要权利。[①] 其实，具体的新闻自由权利远不限于这些，但可以肯定的是，这些既有的认识和概括，包容了最重要的新闻自由权利。

（三）新闻自由的特征

认识了新闻自由的实质，把握了新闻自由的基本内容，就可以比较准确地概括出新闻自由的基本特征了。这也是在理论层面上对新闻自由本质的进一步揭示。新闻自由具有普遍的自由形式，但作为政治权利却有着强烈的政治性；新闻自由的实现方式是具体的，活动范围是有限的；新闻自由本身就是人类社会活动追求的目标之一，同时也是实现其他社会理想的重要手段。

1. 新闻自由是政治性的自由

新闻自由作为一种政治自由或政治权利，其政治性是不言自明的，但还是需要对政治性的内涵做出必要的解释。

在直接的、表面的和区别的意义上，政治性是说新闻自由是一种政治自由，不是其他形式的社会自由。但这并不是说它与其他形式的自由没有关系，新闻自由不仅与其他形式的政治自由密切相关，比如它与言论、出版、集会、结社、游行、示威的自由等都属于表达自由或见解自由[②]，而且与非政治性的自由也有紧密的关系，比如经济自由、人身自由等都会直接影响一个人新闻自由权利的行使和实现程度。事实上，所有的自由权利之间都是相关的，失去了一种自由，往往也意味着失去其他的自由，而作为所有自由中最重要的言论自由（内在包含新闻自由）的有无与限度，反映着一个国家民主政治的实际状况。

---

① 刘建明．当代新闻学原理［M］．北京：清华大学出版社，2003：372-380.
② 张千帆．宪法学导论：原理与应用［M］．北京：法律出版社，2004：510.

新闻自由政治性的深层意义在于新闻自由与政治制度的统一性。可以说，有什么样的政治制度，就有什么样的新闻自由。由于政治制度的核心是国家政权问题，因而通俗点讲，掌握国家政权的阶级不同，新闻自由的状况就会有所不同，这是新闻自由政治性的实质，也就是新闻自由的阶级性。在封建政治制度下，国家政权掌握在封建地主的手中，因而不可能有其他阶级的言论自由；在资本主义政治制度下，不管其采取什么样具体的政治制度类型，国家政权都掌握在资产阶级手中，因而其新闻自由从根本上说必然是资产阶级的新闻自由；在社会主义政治制度下，国家政权掌握在人民手中，因而其新闻自由从根本上说必然是人民的新闻自由。需要特别注意的是，历史已经证明，不管是在资本主义政治制度还是在社会主义政治制度下，都有可能产生封建式的集权统治、专制统治形式，因而新闻自由也就有可能蜕变为集权、专制统治者的自由，新闻媒体有可能变成集权者、专制者欺骗、撒谎甚至镇压人民的工具。

新闻自由的政治性表明，新闻自由实质上只能是统治阶级的自由，被统治者不可能享受到与统治者相同的自由。恩格斯曾经讲过这样的话，"在富人和穷人不平等的前提下的平等……就是简直把**不平等**叫做平等。这样，出版自由就仅仅是资产阶级的特权"[1]。列宁当年在批评有关社会主义出版自由的错误观点时指出："我们倒要弄弄清楚是**什么样的**出版自由？是干**什么**用的？是给**哪一个阶级**的？"[2] 确实，在现实社会中，一个阶级的自由就意味着另一个阶级的不自由。"阶级是横在新闻自由前面的一条分界线。"[3] 要使新闻自由真正成为所有人在实质上可以平等享受的自由权利，对资本主义和社会主义来说都还有漫长的路要走。因而，新闻

---

① 马克思恩格斯全集：第 2 卷 [M]. 北京：人民出版社，1957：648.
② 列宁全集：第 42 卷 [M]. 2 版（增订版）. 北京：人民出版社，2017：93.
③ 黄旦. 新闻传播学：修订版 [M]. 2 版. 杭州：浙江大学出版社，1997：107.

自由问题上的阶级分析、政治分析方法并没有过时，仍然有它真实、合理、科学的意义。把新闻自由设想为所有人无差别的自由权利，依旧是道德意义上的美好愿望。

2. 新闻自由是相对的自由

新闻自由作为人的一项基本权利，并不是绝对的，而是相对的，是一定范围、一定限度内的自由。新闻自由的相对性，实质上是指新闻自由的条件性，即新闻自由总是一定条件下的自由。这种条件性表现在以下几个方面：

第一，新闻自由具有历史性。新闻自由的历史性，大致包含两方面的意思：一方面是说新闻自由的含义本身具有历史性。新闻自由"是在社会演进过程中，民主政治的产品，它的意义是变动的，随时间、空间而各不相同"①。在不同历史时代、时期，人们理解的新闻自由是有所差别的，其历史内涵是有所不同的。另一方面是说，新闻自由的实践具有历史性。新闻自由，与人类所有具体的自由一样，是人类自身历史发展的产物，不是人类与生俱来的绝对权利（只有在道德权利的意义上，才能把新闻自由理解为绝对的权利、自然的权利）。新闻自由的历史性表现为，从新闻自由被看作人的自由权利的那天起，新闻自由就随着人类历史的演变而演变、起伏而起伏、发展而发展，在不同的历史阶段（既可表现在整个人类的历史进程中，也可具体表现在各个民族、国家的历史进程中），新闻自由的实质性范围、水平是不同的，这是由具体的历史环境、历史条件所决定的。需要我们注意的是，有人以我们的历史传统缺乏新闻自由为由否认新闻自由概念的合理性和新闻自由的必要性，这种貌似历史主义的观念恰好背离了历史主义的精神。我们的历史传统中缺乏新闻自由的思想和实

---

① 李瞻. 新闻学：新闻原理与制度之批评研究［M］. 台北：三民书局，1973：33.

践，是由我们传统的历史经验事实所决定的，当历史发展到今天，新闻自由已经成为人们的基本权利，我们当然要践行新闻自由。有位学者说得好，"引用传统并不能为广泛地压制新闻自由，或者压制一个公民与他人交流的权利提供理由"①。

第二，新闻自由的关系性。自由，其本身就是一种关系性的存在，作为一个概念，也是关系性概念。新闻自由，是人的自由，是在人与人的关系中实现的自由。认识的自由实现于人与客体对象的关系中，法律自由、道德自由实现于人与人、人与社会的各种具体的关系中。新闻自由是人的一种社会权利，是一种从自身出发，而又指向他人、指向社会的自由。相对思想自由的内向性来说，它是一种外向性的自由。作为社会的人，他对权利的运用或其权利的实现只能发生在社会关系之中，就是说，自由权利的实行，必然会关涉或影响到他人的物质利益或精神利益②，而涉及他人利益的自由，就要受到他人利益的限制，自由权利的运用者就要对他人负责，对社会负责。"真正的自由，是生活在文明社会中的人，带着其所有的约束与负担，通过从中发现必要的手段来发展他自己的道德个性，使自己不断从这种奴役状态中解放出来。"③ 新闻自由的关系性，决定了没有绝对的新闻自由，一个人的新闻自由权利必须和他人的权利相平衡，即任何人在行使自己的新闻自由权利时，也都有尊重他人同样权利的义务。他人的自由是自己自由的基本界限，新闻自由同样不能突破这一界限。

第三，新闻自由在现实社会中有着实际的界限。没有绝对的自由、没有纯粹的民主，自由不是为所欲为、不是无政府主义。即使是传统新闻自由主义者，也没有人承认过有绝对的新闻自由；即使在所谓新闻最自由的

① 森. 以自由看待发展 [M]. 任赜，于真，译. 北京：中国人民大学出版社，2002：24.
② 英国哲学家密尔说，"发表和刊发意见的自由"，"属于个人涉及他人那部分行为"，参见密尔. 论自由 [M]. 程崇华，译. 北京：商务印书馆，1959：13.
③ 拉吉罗. 欧洲自由主义史 [M]. 杨军，译. 长春：吉林人民出版社，2001：332-333.

国家，"没有人——即使是这个国家的奠基人，也从未认为新闻是完全自由的，也没有哪个有责任心和思维稳健的人希望新闻是完全自由的"①。只有那些天真幼稚的幻想家才会把新闻自由设想为不受任何约束和限制的。但是，新闻自由的界限不能随意设定，只有恶劣的界限是随意的，优良的界限必须反映公民的统一意志，并以国家意志的外化形式——法律规定下来。因而，法律就是自由的界限，孟德斯鸠说："如果公民能够做（法律）所禁止做的，他将不再拥有自由。"② 霍布豪斯说："自由和法律之间没有根本的对立。相反，法律对于自由是必不可少的。"③

3. 新闻自由形式的普遍性与内容的具体性

资产阶级早在两百多年前，就把新闻自由作为人人都应该享有的权利在法律中规定了下来，使其成为一种普遍的权利，成为普遍的形式自由。如今，在有宪法的国家中，不管它是怎样的社会制度，几乎都把新闻自由以直接或间接的方式规定为人人可以享有的普遍权利。因此，我们可以说，新闻自由对整个人类而言，已经是一种普遍的形式自由。

形式自由是与实质自由相对的一个概念。实质自由是指公民实际能够享有的自由，实际能够实现的自由权利；形式自由是指作为道德权利的自由，特别是作为法律规定的自由，即不管某种自由权利是否能够在实际中实现，它在法律形式上都是现实的、存在的，因而至少从理论上，每个人都拥有某种平等的自由权利。

从普遍的形式自由过渡到普遍的实质自由，对整个人类来说还有漫长的路要走。但在形式上规定和承认新闻自由的普遍性，毕竟使每个人在形式上具有了平等性，这与在形式上没有平等性相比是一个伟大的进步，它

---

① 丹尼斯，梅里尔.媒介论争：19个重大问题的正反方辩论 [M]. 王纬，等译. 北京：北京广播学院出版社，2004：9.

② 霍尔姆斯. 反自由主义剖析 [M]. 曦中，等译. 北京：中国社会科学出版社，2002：337.

③ 霍布豪斯. 自由主义 [M]. 朱曾汶，译. 北京：商务印书馆，1996：9.

毕竟设立了一个目标，为一定社会实现真正的新闻自由确立了基本的方向。更为重要的是，形式上的普遍权利反映了每个人的意志，使人们对法律的服从实质上成为对自己的服从，而这正是自由的本意。如果连这种形式上的自由权利都没有，实质性的新闻自由就更是无从谈起。形式上的普遍性，至少为人们行使新闻自由权利打开了合法性的大门。

从内容上看，新闻自由是具体的自由，不是抽象的自由。具体性主要是指，新闻自由作为一种公民权利，体现为一项项具体的、可行使的权利（具体的权利项目，可参阅前面关于新闻自由的叙述），而不只是看不见、摸不着的自由观念。新闻自由的具体性，使新闻自由的实现具有了可操作性。新闻自由作为一种宪法权利，往往是原则性的，只有落实在具体的法律规定或其他相关规范中，才具有更加实际的意义。"如果宪法规定了人民有新闻出版自由权，但并不规定享有的具体权利，这就把新闻自由局限于一般的抽象议论。"① 在此情形下，人民就有上当受骗的感觉，而这是非常危险的事情。"宪法和法律的承诺是必须要兑现的，不然国家就失去了信誉。"② 当然，对新闻活动中各种权利与义务的规定，并不是一部新闻法或者传媒法就能解决的问题。在所有国家，媒介法都不是采取单一的法律文件形式，至今没有一个国家制定过一部规范媒介活动中一切社会关系的法律或法典。各国的媒介法大都要涉及本国法的几乎所有门类，渗透到宪法的、民事的、刑事的、行政的、经济的各种法律部门。③

4. 新闻自由的目的性与手段性

任何一种自由都既是目的又是手段。当一种自由没有得到实现时，它就会主要被当作目标来对待，而当它得到普遍实现时，就会转化为实现其

---

① 刘建明. 当代新闻学原理［M］. 北京：清华大学出版社，2003：372.
② 张千帆. 宪法学导论：原理与应用［M］. 北京：法律出版社，2004：470.
③ 魏永征，张咏华，林琳. 西方传媒的法制、管理和自律［M］. 北京：中国人民大学出版社，2003：3.

他更高目标的手段，但它本身作为目标的存在依然需要维持。事实上，一种自由总是与其他种类的自由互相关联、互为条件地存在着、实现着，诚如马克思所说："自由的每一种形式都制约着另一种形式，正像身体的这一部分制约着另一部分一样。只要某一种自由成了问题，那么，整个自由都成问题。"①

新闻自由的目的性，是指把新闻自由本身作为目标去实现。马克思曾把是否存在新闻出版自由，作为衡量整个社会政治自由、经济自由的尺度，他说："没有新闻出版自由，其他一切自由都会成为泡影。"② 他还说过："发表意见的自由是一切自由中最神圣的，因为它是一切的基础。"③ 新闻自由本身就是社会应该追求的基本目标。世界著名经济学家、1998年诺贝尔经济学奖获得者阿马蒂亚·森说："对基本政治自由和公民权利的剥夺之所以是值得关心的问题，并不是因为它们能对发展的其他方面做贡献（例如在促进国民生产值增长和工业化方面），而是因为这些自由本身丰富了发展的过程"，"政治自由作为发展手段所起的工具性作用的重要性，丝毫不降低它在评价性方面作为发展目标的重要性"④。因此，作为目的的新闻自由，有其特殊的目标性价值，并不需要它作为实现其他目标的手段去证明，它本身就是人类文明社会追求的价值目标，本身就是政治文明的重要标志，本身就是人类的基本需要。作为政治权利的新闻自由，是人们评价社会发展水平、文明程度的重要尺度。一个高度民主、文明的社会，一定是一个新闻自由得到有效实现的社会。自由是人类理想的生存、发展状态与方式，新闻自由是人类自由的构成部分，因而对新闻自由的剥夺就意味着对人类自由生存与发展的某种剥夺，而不只是对实现更高

---

① 马克思恩格斯全集：第1卷 [M]. 2版. 北京：人民出版社，1995：201.
② 同①.
③ 陈力丹. 马克思主义新闻思想概论 [M]. 上海：复旦大学出版社，2003：71.
④ 森. 以自由看待发展 [M]. 任赜，于真，译. 北京：中国人民大学出版社，2002：30-31.

生活目标的手段的限制或剥夺。总而言之，新闻自由具有自足的价值，并不需要它的手段价值去证明。

新闻自由的手段性，是指把新闻自由作为实现其他社会目标的方法和途径，让其充当工具性的角色。"言论和新闻自由的珍贵性还在于它是首要的自由，是其他自由得到保障的先决条件。"① 我国台湾学者李瞻先生对新闻自由的工具性价值做出了精彩的概括，他说，"新闻自由是寻求真理的途径"，"新闻自由是人民权利的保障"，"新闻自由是民主政治的灵魂"，"新闻自由是社会进步的动力"，"新闻自由是世界和平的基础"②。我们在此基础上，对一些要点做出进一步的阐释。

首先，新闻自由，既是政治自由的表现，又是促进政治自由的手段，是民主制度正常运行的重要保障手段。美国独立战争期间的报人艾塞亚·托马斯说："一旦新闻自由被消灭，那些残存的无比珍贵的权利与特权也将与我们永别。"③ 联合国 1991 年在纳米比亚召开会议，讨论建立一个独立而多元的新闻媒介所必需的法律和经济条件，发表了《温得和克宣言》；1992 年又在哈萨克斯坦召开会议，会议坚决支持《温得和克宣言》并重申了发展自由而独立的言论手段是建设民主所必需的信念。联合国已经宣布 5 月 3 日——《温得和克宣言》发表纪念日——为"世界新闻自由日"。它每年都提醒人们，新闻媒介在促进和保护其他人权中起着关键作用。"没有言论自由和获得信息的自由，就无法参与有关政府经济的国事辩论或获得保护健康所必需的信息；没有言论自由，就不能对酷刑、失踪和法

---

① 彭伯. 大众传媒法：第 13 版 [M]. 张金玺，赵刚，译. 北京：中国人民大学出版社，2005：译序 14.

② 李瞻. 新闻学：新闻原理与制度之批评研究 [M]. 台北：三民书局，1973：36 - 37.

③ 同①.

院外的处决等侵权行为进行抨击。"① "没有言论自由、出版自由与结社自由，就不会出现民主政体，不会出现社会主义和民族主义，也不会出现任何其他无限多样的形式。"② 只有提供新闻自由和发表各种言论的自由，人们才能知情，人们才能有效参政议政，人们才能有效地监督政府，政府也才能真正听到人们发自内心的声音。法国著名作家阿尔贝·加缪曾说过一句回味无穷的话："毋庸置疑，新闻自由可能有好处，也可能有坏处，但如果没有自由，那就只有坏处，绝不会有好处。"③ 共产国际的创始人之一罗莎·卢森堡指出："没有自由的、不受限制的报刊，没有不受阻碍的结社和集会活动，广大人民群众的统治恰恰是完全不能设想的，这是一个彰明显著、无可辩驳的事实。"④ 有研究者指出："新闻自由不是因为它被规定为公民的基本权利而重要，而是因为它带来的制度效益而重要。一个自由的新闻界能够帮助公众及时了解公共事务，可以监督政府的运作，有助于推进决策民主化和科学化。它给社会带来的正面效益远远超过它给社会造成的负面影响。"⑤

其次，新闻自由是实现言论自由的重要途径。新闻媒介是言论得以传播和发挥影响的载体。在当今社会，言论的影响力主要依赖于新闻媒介的传播，言论自由的实现与否在很大程度上就是看能否通过新闻媒体来发表言论，而这首先依赖于新闻自由的实现程度。可以说，言论自由和新闻自由是一体化的。

再次，新闻自由是探寻真理的重要通道，是进行社会合作的有效桥

① 达比希尔．言论自由：民主的监察哨 [M] //张穗华．媒介的变迁．北京：中国对外翻译出版公司，2002：29．

② 拉吉罗．欧洲自由主义史 [M]．杨军，译．长春：吉林人民出版社，2001：407．

③ 张穗华．媒介的变迁 [M]．北京：中国对外翻译出版公司，2002：195．

④ 卢森堡．论俄国革命·书信集 [M]．贵阳：贵州人民出版社，2001：28．

⑤ 彭伯．大众传媒法：第13版 [M]．张金玺，赵刚，译．北京：中国人民大学出版社，2005：译序14．

梁。新闻自由，作为探寻真理的方法，在传统自由主义者那里，有数不清的精彩论述，我们摘录两段。弥尔顿（又译密尔顿）在《论出版自由》中写道："虽然各种学说流派可以随便在大地上传播，然而真理却已经亲自上阵；我们如果怀疑她的力量而实行许可制和查禁制，那就是伤害了她。让她和虚伪交手吧。谁又看见过真理在放胆地交手时吃过败仗呢？"① 杰斐逊曾就新闻自由对于探索真理的意义说过这样一句话："我们的第一个目标是给人们打开所有通向真理的道路。迄今为止，找到的最好的办法是新闻自由。"② 新闻自由是人们相互之间进行交流的通道，在当今世界，没有新闻自由，人们将失去一种最为有效的相互交流信息、意见的桥梁。马克思讲过这样几句话，他说，"自由报刊是人民精神的洞察一切的慧眼，是人民自我信任的体现，是把个人同国家和世界联结起来的有声的纽带"，"是人民用来观察自己的一面精神上的镜子"③。

　　最后，就新闻传播内部来说，新闻自由是实现真实新闻传播的条件。没有新闻自由的新闻传播，将失去新闻传播的实际意义，没有自由的传播环境或条件，意味着新闻媒体不能将真正的新闻事实报道反映出来，意味着新闻媒体无法或至少不能很好地实现自己监测环境的功能作用。美国著名报刊专栏作家李普曼说："人们失去对周遭现实的掌握，无可避免会成为骚动和煽动的牺牲品。只有在一个收受者被剥夺了接触资讯管道的社会里，江湖术士、好战分子和恐怖分子才会大行其道。当所有的消息都是二手消息、所有的证言都是不确定时，人们不会再对事实有所反应，只会随着意见起舞。人们所据以行动的世界不再是事实，而是由报道、谣言和揣测所架构出来的世界。我们思考的参考架构不是事实，而是别人所宣称的

① 密尔顿.论出版自由［M］.吴之椿，译.北京：商务印书馆，1958：46.
② 斯拉姆，等.报刊的四种理论［M］.北京：新华出版社，1980：54.
③ 马克思恩格斯全集：第1卷［M］.2版.北京：人民出版社，1995：179.

事实。"① 如果有新闻自由的保障，这种情况就会大大减少。

新闻自由，由于它是所有自由中最基本的自由，是人权之中最基本的人权，是民主政治的灵魂，因此，它的手段价值体现在所有的社会领域，我们不可能在此展开全面细致的分析。②

（四）新闻自由的实现

自从新闻自由观念提出后，世界各国人民就没有停止过对新闻自由的追求，它既成为人们奋斗的直接目标，也成为人们实现其他目标的有力手段或中介。有位学者说过："在人类活动的所有分支里，自由是发展和进步最重要的条件。"③ 新闻自由口号的提出已经有 360 多年的历史了，但面对今天的人类世界，它的实现仍然处于初级阶段。生活在不同社会形态、社会制度中的人们继续以各种各样的方式追求新闻自由、实现新闻自由，这在人类进入新的传播时代以后，表现得更加明显。新闻自由的实现需要一定的条件，新闻自由实现的程度和范围总是与社会提供的条件相适应的。而怎样才算实现了新闻自由，也是人们关注的重要问题。

1. 实现新闻自由的社会条件

人类新闻传播业发展史表明，新闻自由的实现，不是一件容易的事

---

① 舒德森. 探索新闻：美国报业社会史 [M]. 何颖怡，译. 台北：远流出版事业股份有限公司，1993：128.

② 比如，新闻自由对经济自由就具有极大的作用。对此，阿马蒂亚·森的论证，在我看来具有经典式的意义。他以自己对世界饥荒问题的长期研究为根据指出，政治自由和公民权利与避免经济灾难的自由之间具有紧密的关系（其实与避免其他方面的灾难也是紧密相关的），他说："饥荒不在一个民主国家中发生。事实上，从来没有任何重大饥荒曾经在一个民主国家中发生，不管它是多么贫困。这是因为如果政府致力于防止饥荒的话，饥荒是极其容易防止的，而在有选举和自由媒体的民主体制中，政府有强烈的政治激励因素去防止饥荒。这表明，政治自由，以民主制度的形式出现，有助于保障经济的自由和生存的自由。"阿马蒂亚·森进一步指出："对于民主提供的保障，当一个国家非常幸运地没有面临严重灾难时，当万事顺利时，不大会想起。但是，由于经济或其他境况的变化，或者由于未纠正的政策错误，丧失这种保障的危险可能就隐藏在看起来是升平的情况后。"参见森. 以自由看待发展 [M]. 任赜，于真，译. 北京：中国人民大学出版社，2002：42。

③ 拉吉罗. 欧洲自由主义史 [M]. 杨军，译. 长春：吉林人民出版社，2001：405.

情。资本主义新闻自由从提出到在法律上确立，经过了170多年。在新闻自由口号产生的故乡——英国，即使在资产阶级革命以后，人们也仍然与封建残余势力斗争了100多年，才真正确立了资本主义的新闻自由。在自称最为自由的今日美国，学者们是这样描述的，"新闻界为自由而斗争，并且时不时地收获一些碎片，但新闻和出版自由远非全方位地得到实现。新闻和出版自由或意义更为广泛的言论自由，在美国还不能说是一个已经解决了的问题"，"新闻和出版自由是一个遥远的梦想，恐怕永远也不能实现"①。无产阶级为了本阶级和广大人民群众的新闻自由已经奋斗了一百五六十年，其间的艰难曲折、流血牺牲、经验教训，早已铸成了永恒的历史篇章。就拿社会主义中国来说，在不到60年的历程中，新闻自由有过新中国成立初期的顺利发展，人民心情愉快、畅所欲言，"可是到了1957年，整个政策的失误也导致新闻自由的厄运"，而"'文化大革命'的十年……社会主义新闻自由荡然无存"②。只是到了改革开放以后，才真正迎来建设社会主义新闻自由的春天。世界上没有免费的午餐。对新闻自由而言，我们更可以说，没有免费的新闻自由。在现实社会中，新闻自由的获得和实现是有条件的，越是比较充分的自由权利的实现，越是需要比较完善的、充分的条件做保障。那么，怎样才能实现新闻自由？它需要哪些基本的社会条件？

经济基础是实现新闻自由的物质保证。任何一个社会的正常运转，依赖于一定的经济基础。作为上层建筑的新闻传播领域，作为政治权利的新闻自由，更是离不开一定经济基础的支撑。在历史的向度上看，"现代的自由和平等观念是以市场经济在全球的推广为前提的"，马克思认为新闻

---

① 丹尼斯，梅里尔．媒介论争：19个重大问题的正反方辩论［M］．王纬，等译．北京：北京广播学院出版社，2004：3.

② 孙旭培．新闻学新论［M］．北京：社会科学文献出版社，1993：42-43.

自由等政治自由观念"是现代市场经济的原则在观念和社会领域的反映或折射"①。在共时性上看，"民主、自由这样的政治概念和政治行为，作为上层建筑的构成部分，归根结底还是经济基础的反映，是维护经济政治制度的工具和手段"②。历史也一再告诉人们，在经济上占统治地位的阶级、阶层，在思想上也占据着统治地位，谁拥有自由的经济能力，谁就拥有思想自由、言论自由的权利。在资本主义社会，资产阶级之所以比其他阶级拥有更多的实质性自由，最关键的就是因为他们拥有足够的财富去保证自由权利的实现。总体上说，一个社会新闻自由的实现程度是与其经济发展水平相适应的。但对此不能做绝对的理解，因为新闻自由的实现程度还依赖于其他社会条件。

民主政治是实现新闻自由的政治前提。政治，用最简单的话来讲，就是围绕国家权力（政权）展开的一系列活动。因此，掌握国家政权，便成为政治活动的核心。所谓民主政治，就是人民当家作主的政治，就是人民拥有国家最高权力的政治。科恩说："民主即民治"，"民主是一种人民自治的制度"，"民主即人民自己管辖自己，人民即统治者"③。只有在民主政治制度下，人民才能获得政治自由，即只有在民主政治制度下，政治统治才能按照人民的意志实行。没有政治自由的人民，不可能有言论自由、出版自由、新闻自由，"政治自由决定其他社会自由，是实现其他社会自由的根本保障"④。萨托利说："政治自由不是心理、思想、道德、社会、经济或法律意义上的自由。它是这些自由的前提。"⑤ 而要保证人民的政治自由，唯有民主政体，唯有人民成为国家的主人，人民才能拥有政治自

① 陈力丹. 马克思主义新闻思想概论 [M]. 上海：复旦大学出版社，2003：70.
② 项德生，郑保卫. 新闻学概论 [M]. 武汉：武汉大学出版社，2000：143.
③ 科恩. 论民主 [M]. 聂崇信，朱秀贤，译. 北京，商务印书馆，1988：6，7.
④ 王海明. 新伦理学 [M]. 北京：商务印书馆，2001：426.
⑤ 萨托利. 民主新论 [M]. 东方出版社，1993：304.

由，"民主是实现政治自由从而保障实现其他一切社会自由的唯一政体"。
只有民主，才能保证宪法、法律反映人民的意志，才能规定出符合人民意
愿的各项自由权利，"只有民主才能保证法治符合人民的普遍利益——至
少是多数人的利益"①。显然，要想实现真正的新闻自由，必须得有民主
政治的前提。

　　法治社会是实现新闻自由的基本保障。新闻自由在现实性上只能是一
种法律自由，法律自由只能存在于法治社会，不可能存在于人治社会。因
此，新闻自由实现的根本条件之一就是法治社会的建立。如果一个社会不
是法治社会，那么谈论新闻自由无异于痴人说梦。一个社会的法治程度决
定其新闻自由的程度。霍布豪斯说："自由的第一步实际上正是法治……
自由统治的首要条件就是：不是由统治者独断独行，而是由明文规定的法
律实行统治。"② 当然，法治社会所依赖的法律必须是良法，既是公共意
志的体现，同时人人在法律面前都是平等的，人们享有同等的、法律上的
新闻自由权利（因而良好的法治社会必须是民主的法治社会，见上）。新
闻自由的实现，必须既要有法律的保障，还要有整个社会的普遍认可，
"言论自由、新闻自由和公众获得消息的权利等原则不仅应该是一个法律
问题，而且还应该被纳入习俗和惯例之中，这一点是非常重要的，如果要
使新闻自由不仅限于单纯的希望，那么就需要有最广义的政治意愿"③。

　　文化发展是实现新闻自由的精神支撑。一般而言，一个社会的文化发
达程度与它的新闻自由水平是成正比的，当一个社会的文化生产、精神生
产十分贫乏时，谈论普遍的人民的新闻自由是很滑稽的。即使文化发达，
也还有一个重要的前提，就是必须考虑文化的性质问题。因为新闻自由是

---

① 张千帆. 宪法学导论：原理与应用［M］. 北京：法律出版社，2004：52.
② 霍布豪斯. 自由主义［M］. 朱曾汶，译. 北京：商务印书馆，1996：9.
③ 威廉. 保护消息来源［M］//张穗华. 媒介的变迁. 北京：中国对外翻译出版公司，2002：12.

商品经济或市场经济的产物，所以，再发达的封建文化、专制文化也不可能产生出新闻自由的理念来，这也许是新闻自由思想未能发源于中国传统社会的重要原因。市场经济本质上是自由的经济，是通过市场机制配置资源的经济，是需要信息能够自由流动的经济，它既需要自由的文化理念作为支撑，也生产着自由的文化理念，正是在这种互相作用中，言论自由、新闻自由得以成为人们生存与发展的基本权利。

技术进步是实现新闻自由的有力杠杆。传播技术的进步为新闻自由的普遍实现提供了实际的可能，有力地推动了新闻自由的发展。"争取言论和新闻自由的斗争，不同于争取其他权利的斗争。它与技术进步的联系，同它与文化变革的联系一样密切：技术推动了自由事业的发展"①，比如，15 世纪 50 年代前期德国人古登堡的印刷术，就为信息的普遍传播带来了可能，而 19 世纪中叶电报的发明和通信手段的电气化，极大地提高了信息传播的能力，随着广播、电视、传真机、计算机和卫星通信的普及，特别是网络时代的到来，人们发表和收受思想与信息的自由达到了前所未有的高度，新闻自由有了技术上的保证。网络技术给人们自由传播新闻和收受新闻带来了技术上的可能，也在实际上冲破了种种政治上的限制。技术创造的自由，不仅开阔了人们的眼界，也打开了一系列的信息禁地，它在客观上以无法阻止的力量推进了言论自由和新闻自由的发展。这可以说是生产力的力量，科学技术作为第一生产力，必然要改变上层建筑思想意识形态的传统和现状。

要实现新闻自由，除必要的社会条件外，新闻自由的权利主体——公民，还需具备必要的主体条件，它直接关系到新闻自由实现的实际状况。社会可以为所有的公民提供新闻自由权利实现的条件或者环境，但落实在

---

① 达比希尔. 言论自由：民主的监察哨［M］//张穗华. 媒介的变迁. 北京：中国对外翻译出版公司，2002：28.

每个人身上，则更多地依赖于每个人的具体条件。"新闻自由作为一种政治权利，无疑是与人的政治、经济情况联系在一起的。这就是说，法律条文中的动听美妙的新闻自由，在现实社会里的实现程度，是与一个人在社会中的政治、经济地位成正比的。"① 除此之外，新闻自由的实际实现程度也与每个人的主体素质密切相关。实现自由必须要有追求自由的精神和灵魂，有追求自由的自觉意识和强烈愿望，这是自由得以实现的内在的主体动力，"看不到奴隶制的替代物的奴隶最终会崇拜他们的主人，而不会异想天开地抛弃他们的锁链"②。新闻自由权利的行使，要求主体必须具备一定的传播新闻和收受新闻的能力，没有一定智力支持的新闻自由实质上是不可能的。自由的一个内在属性就是能力，只有主体具备行使自由权利的能力，这种自由（权利）对他才有现实的意义和价值。

综上所述，就整个社会新闻自由的实现来说，需要社会从整体上提供实现新闻自由的条件，这些条件从宏观上包括社会的物质文明、精神文明、政治文明程度。新闻自由的程度总是与一个社会整体的文明程度相适应的，新闻自由的水平不可能超越社会发展的整体文明程度，"权利永远不能超出社会的经济结构以及由经济结构所制约的社会的文化发展"③。封建时代不可能有新闻自由，更不可能拥有资本主义时代的新闻自由，资本主义时代同样不可能拥有社会主义时代的新闻自由。社会主义初级阶段的新闻自由水平不可能超越它整体的社会发展水平。"根据历史的经验和教训，无产阶级的出版自由只能建立在资产阶级出版自由完善的基础上，建立在社会生产较为发达和精神产品相当丰富的基础之上，公众的文化素质达到一定水平，法治观念普及，新闻传播业的管理现代化。必须经过社

① 黄旦. 新闻传播学：修订版［M］. 2 版. 杭州：浙江大学出版社，1997：108.
② 霍尔姆斯. 反自由主义剖析［M］. 曦中，等译. 北京：中国社会科学出版社，2002：208.
③ 马克思恩格斯全集：第 19 卷［M］. 北京：人民出版社，1963：22.

会主义市场经济的历史发展阶段，才可能过渡到未来共产主义的自由状态。"①

2. 新闻自由实现的标志

新闻自由实现的标志，是指新闻活动主体（主要体现为传播主体和收受主体）在新闻活动中达到怎样的存在状态、活动状态，才算获得了新闻自由。虽然我们的描述是理想的，但它应该是人类追求的目标。如果理论缺乏理想性，只是与现实亦步亦趋，它就失去了召唤力，失去了存在的意义。

新闻活动者都是自主的活动者，在优良的法律、道德规范之外，不受任何其他力量的约束和限制，这就是新闻自由实现的最高标志，其实也是最基本的标志。达到这种标志的新闻自由，可能有许许多多具体的指标，这里，我们从宏观层面提出两个最基本的指标加以阐释，它们也是人们应该首先努力实现的具体目标。

第一，新闻媒体要有相对的独立性。独立是自主的前提，是按照自己意志活动的前提。新闻自由的一个重要方面，就是传播自由，而公民的传播自由主要以新闻媒体的传播自由来体现。因而，新闻媒体自主地进行新闻传播活动，是新闻自由实现的基本标志。媒体独立性的具体表现有很多，但最能体现其独立性的主要是经济上的独立和政治上的独立。

首先，新闻传播自由的实现，必须拥有一定的物质基础，具有经济上的独立性。新闻自由实现的首要条件是新闻传播机构在经济上具有较强的独立性。"自由的媒介有赖于经济上的稳固。"② 没有必要的经济资源，"非经济的权利必然是空洞的"③。如果缺乏经济上的实质性自由，那么作

---

① 陈力丹. 马克思主义新闻思想概论 [M]. 上海：复旦大学出版社，2003：199.
② 施拉姆，波特. 传播学概论 [M]. 陈亮，李启，周立方，译. 北京：新华出版社，1984：189.
③ 霍尔姆斯. 反自由主义剖析 [M]. 曦中，等译. 北京：中国社会科学出版社，2002：324.

为政治权利的新闻自由只能是空话，"如果政府控制了所有纸张和油墨的供应，那么新闻出版自由就是没有意义的"①。

其次，政治上的相对自主性。我们知道，新闻媒体的首要任务是发现、选择、确定、传播那些与收受主体密切相关的重要新闻，但要真正做到这一点，"就必须有一种社会的和政治的环境，不是以遵循政权当局强行规定的标准行事"②。更为重要的是，新闻自由是一种宪法权利，这种权利针对的主要对象是政府，而不是其他的个人或组织，因此，在所有新闻自由权利项目中，通常最难行使的权利就是对政府的监督批评权利，而新闻自由的基石之一就是在法律规定的范围内自由批评政府及其官员的权利。"从本质上看，新闻自由的核心问题是批评政府的自由，对各级官员的政治举动、道德表现进行监督，讨论国家的政治得失。"③ 但是，如果新闻媒体没有政治上的相对独立性，总是受到政府权力的干涉或左右，那么对政府的自由批评就不可能。"假如记者只依据官方消息，那么他们就降低到了官方代言人的地位，而这种新闻自由的概念就与公众有获得消息的权利相去甚远了"④，新闻自由因而也就在很大程度上失去了存在的意义。

第二，新闻媒体要成为社会公器。如上所言，新闻媒体具有相对的独立性是新闻自由实现的重要标志，但一个社会中具有相对独立的媒体并不意味着新闻自由的必然实现。如果新闻媒体只是为自己的利益而运作，那么它不仅不会成为公民新闻自由得以实现的通道，反而可能阻碍公民行使新闻自由的权利。马克思认为，出版最主要的自由就在于不要成为一种行

---

① 霍尔姆斯.反自由主义剖析 [M].曦中，等译.北京：中国社会科学出版社，2002：324.
② 芬比.个人隐私与公开曝光 [M] //张穗华.媒介的变迁.北京：中国对外翻译出版公司，2002：15.
③ 刘建明.当代新闻学原理 [M].北京：清华大学出版社，2003：368.
④ 威廉.保护消息来源 [M] //张穗华.媒介的变迁.北京：中国对外翻译出版公司，2002：10.

业。如果出版者仅仅是为了挣钱而出版，作家仅仅是为了挣钱而写作，那么出版自由就丧失了自己的"高贵天性"①。新闻自由本质上是公民的自由，"新闻自由属于人民"②。"出版自由就是**全体**公民可以自由发表一切意见。"③ 因此，只有每个公民都能够实现自己应有的新闻自由权利时，新闻自由才能够真正实现。但人们都知道，一个社会的公民不可能人人都有自己的新闻媒体，对绝大多数公民来说，他们只能通过非私人所有的新闻媒体来实现新闻自由权利，因此，只有在新闻媒体成为社会公器的条件下，公民才能自由接近和使用它们，才有可能把法律权利变成实际的可以行使的权利。新闻自由，与其他自由一样，不管是作为一种价值理想，还是作为一种实际的法律权利，只有在实现过程中才能获得实际的存在，产生实际的意义。意大利学者拉吉罗说："自由只有当其被行使时才是存在的。"④ 因此，只有当媒体成为公民新闻自由权利能够行使的通道时，新闻自由才能成为有意义的权利，可见，新闻媒体的社会"公器化"是新闻自由实现的重要标志。但如何"公器化"，也像如何具有相对独立性一样，是一个需要深入探讨的问题。

二、新闻活动的界限设定——新闻控制

人类是在复杂的各种社会关系中存在、生活、发展的，因而人类的社会活动必然会受到各种条件的限制和有关规范的约束，新闻活动当然不能例外。对新闻活动内容、方式的管理和调整，就是新闻控制。新闻控制本

① 郑保卫. 马克思恩格斯报刊活动与新闻思想研究：上 [M]. 北京：高等教育出版社，2003：381.
② 李良荣. 新闻学概论 [M]. 上海：复旦大学出版社，2001：171.
③ 列宁全集：第32卷 [M]. 2版（增订版）. 北京：人民出版社，2017：230.
④ 拉吉罗. 欧洲自由主义史 [M]. 杨军，译. 长春：吉林人民出版社，2001：407.333.

质上不是为了限制新闻自由，而是为了把新闻自由约束在合理的、正当的——不滥用新闻自由权利的——界限内。因而，新闻控制可以被看作划定新闻活动界限的一种方式。

（一）新闻控制的实质与途径

新闻控制的实质问题，就是要揭示新闻控制实际上在做什么，回答的是这样一些基本问题：谁在实行新闻控制？即控制主体是谁？新闻控制的一般对象是什么？控制的核心是什么？所谓新闻控制的途径或方法，需要回答的问题是：控制主体通过什么样的手段对控制对象进行调整和约束？

1. 新闻控制的实质

从一般意义上说，控制具有支配、调节、抑制、管理等含义，"从其本意上讲是指人类对客观事物的运动过程及运动结果进行调节、引导和管理的行为过程"[①]，而我们通常对控制的理解是：控制主要是以约束方式进行的一种管理、监督，目的在于维护和确保某种秩序的形成和延续，"限制各种偏差的累积，防止形成系统误差"[②]，以达到控制主体对控制对象预期的运转方式和目标指向。

相对一个目标系统来说，控制既可以来自外部环境，也可以来自系统内部。来自外部的控制叫"外控"或"他控"，来自内部的控制叫"自控"，人们通常所说的控制主要是指来自外部环境的控制，而把内部的控制称为自我规范、自我约束或自律（与"自律"相对，把"外控"或"他控"称为"他律"）。我们这里所说的新闻控制主要是指相对新闻活动（主要是职业活动者的新闻传播活动）系统而言的外部控制，即社会环境对新闻活动系统的控制。

---

① 郑杭生. 社会学概论新修 [M]. 3 版. 北京：中国人民大学出版社，2003：400.
② 张中华. 管理学通论 [M]. 北京：北京大学出版社，2005：139.

　　根据第二章"新闻活动主体"中对控制主体构成的分析，控制主体有两类："一是国家以法律形式确立的控制者（实际上就是国家主体），即有关法律赋予其控制新闻传播主体新闻报道活动的一定权力，这可以说是'标准'的、合法的新闻控制主体；二是那些有关法律没有赋予其控制权力，但却对新闻传播主体新闻报道活动实际产生着控制行为的控制者，这类控制者可以看作'准'新闻控制主体。"在这两类控制主体中，我们主要讨论前一类主体的新闻控制行为，因为后一类主体对新闻活动的控制是影响性的控制，并不是权力性的管理和调控（参阅第二章相关论述）。

　　新闻控制具有一定的层次性，首先，指的是对整个新闻传播业的宏观控制；其次，是指对新闻传播媒体的控制；最后，是指对新闻传播者新闻报道活动的控制。显而易见，新闻控制最终必须落实到第三个层次的控制上，才能真正起到新闻控制的作用。如果新闻控制的实质性对象是新闻报道活动，那么，控制者具体在控制什么？这种控制背后的实质又是什么？

　　对新闻传播者来说，新闻传播活动主要是采选新闻信息、创制新闻文本、播报传递新闻作品的活动，这其中最重要的是三个东西：获取新闻信息的方式、传播内容的选择和新闻的传递方式。因此，所谓新闻控制，最直接的意义就是，控制者通过各种方法和手段对新闻传播主体获取新闻、选择新闻和传递新闻的管理和约束。其中，最核心的是对新闻传播内容的控制。黄旦在他的《新闻传播学》中写道："新闻事业中的社会控制，实际上就是对新闻事业所传播的内容的限制和防范，以免对社会产生不良影响。这种控制既可以是宏观上的一些规定、限制，也可以是对某条具体新闻的制裁。"①

　　如上所说，对新闻传播内容和新闻传播方式的控制，主要是对新闻获

---

　　① 黄旦. 新闻传播学：修订版 [M]. 2版. 杭州：浙江大学出版社，1997：85.

取方式、传播内容和传播方式的约束与限制，这实质上就是对新闻自由中传播自由的约束和限制，从而也就形成了对新闻自由中收受自由的相应约束和限制。现在，我们可以简明扼要地说：新闻控制的实质就是控制新闻自由，就是通过对新闻获取方式的控制、传播内容的控制、传播方式的控制，把新闻自由限制在控制者认可的范围内。

2. 新闻控制的基本途径

如上所言，新闻控制主要是指对新闻传播活动的控制，控制者主要是组织性的政府、政党主体。由于在一个国家中政府拥有最大的政治权力（执政党的权力和政府的权力往往是一体化的，或者是统一的，在不同国家有不同的具体表现），它在一定程度上可以调动、分配政治权力资源，所以我们主要以政府的政治控制为例，来说明通常采用的控制途径。

首先，法律控制。法律控制是政府控制新闻传播最主要的也是最基本的方式。它是政府通过法律手段对新闻传播实行的控制。控制新闻传播活动的法律通常包括宪法、专门的新闻法，以及其他适用于新闻传播的相关法律。

其次，政策控制。政府一般都会制定长期的或临时的新闻政策。长期政策主要是对新闻传播业的总体发展战略、新闻传播的总体方针和原则以及新闻传播行为的准则或规范等做出规定；临时政策则主要根据国家当前面临的特殊情况，对新闻传播的原则、方针甚至方式方法等做出规定。所谓政策控制，就是用这些战略、原则、方针等控制新闻传播的行为。

最后，行政控制。行政控制就是政府对新闻传播业的行政管理。行政管理包括许多具体的行政措施，诸如制定行政管理条例，以准法律的形式强制新闻媒体照章办事；建立相关制度和机构，管理、检查、领导新闻传播业，如新办新闻媒体的审批、媒体违规行为的惩治等；利用行政权力，控制有关新闻信息的传播，如新闻发布会等；利用有关经济政策，对媒体经营活动进行税收管理；等等。政府还可以通过有关行政机构制定新闻职业道德规范，依靠社会舆论的力量对新闻媒体和从业人员进行监督，从而形成一种具有他律性质的伦理控制。

政府、政党和其他政治团体，经常通过直接兴办新闻媒体的方式、对一些新闻媒体进行经济补贴的方式（这实质上是一种政府经济控制的方式）来制约和调整新闻传播的整体局面（世界各国具体情况有所不同），政党或其他政治团体还经常使用组织控制、纪律控制甚至政党领袖个人控制的方式，约束和影响新闻传播活动，这在一党执政的国家表现比较明显。

（二）新闻控制的特征

人们可以从不同角度或不同层面对新闻控制的特征做出分析，此处，我们主要从政党、政府的新闻控制行为出发，来审视和概括新闻控制的基本特征。这些特征是对同一对象不同侧面的分析，因而它们之间有着内在的相关性。

1. 控制的普遍性和特殊性

无论从新闻传播的历史看，还是从新闻传播的现实状况出发，我们都会发现，对新闻传播进行各种各样的控制是普遍存在的，不管哪个国家，不管哪种社会制度，没有什么例外，"所有的制度都必然在某种程度上对它们的媒介加以管制和控制"①。诚如施拉姆和波特所说，"每个国家都保证本国人民享有表达思想的自由，然而各国都或多或少地对它的大众媒介加以控制，正如对它所有的社会机构加以控制一样"②。

---

① 施拉姆，波特．传播学概论［M］．陈亮，李启，周立方，译．北京：新华出版社，1984：183.
② 同①179.

新闻控制是普遍的，意思是说只要有新闻传播存在，就有新闻控制存在。作为一种事业的新闻传播业，始于欧洲封建社会末期和资本主义初期，随后扩散到世界各地，直到现在，一直处于各种各样的控制之中。尽管不同历史时期、不同国家和地区控制新闻的具体模式、方法可能会有一定的差别，但绝不存在不受控制的新闻传播业，并且新闻控制会伴随新闻传播业的发展而一直存在下去。

尽管新闻控制是必然的、普遍的，人类在不同历史时代、时期控制新闻传播的方式基本相同，不同国家控制新闻传播的方式也大致相似，但在这些控制方式基本相同、大致相似的情况下，由于时代的不同、国家或地区间的差异，控制新闻传播的具体手段、具体内容是有很大不同的，有些强调政治控制，有些强调经济控制，有些则各种手段多管齐下。

新闻控制的特殊性，与社会制度的关系尤为密切。如果从人类新闻传播历史发展来看，新闻控制具有不同的社会制度模式，我们可以宏观而笼统地说，封建主义社会有它的新闻控制模式，资本主义有它的新闻控制模式，同样，社会主义也有富有自己特色的新闻控制模式。当威尔伯·施拉姆、威廉·波特等人把世界不同历史时期的新闻体制及其相应的新闻思想概括为集权主义理论、自由主义理论、社会责任理论和苏联共产主义理论时，这四种理论实质指的是四种传播制度和新闻控制模式。新闻控制特殊性与社会制度之间的紧密关系，使这种特殊性常常表现出强烈的政治性和阶级性，反映了新闻控制的政治本质和特殊的利益追求，诚如有人所说，"虽然社会控制（当然包括新闻控制——引者注）往往以全社会的名义出现，似乎代表了全体社会成员的共同利益，但并不能掩盖其维护特定阶级利益和阶级统治的本质"①。

---

① 郑杭生. 社会学概论新修 [M]. 3 版. 北京：中国人民大学出版社，2003：402.

2. 控制的稳定性与灵活性

新闻控制的方式通常是比较稳定的，有关控制规则、规范等会保持长久不变，特别是以政府为主要控制者的政治控制规范，诸如宪法法律、行政法规、政策条例等一旦制定，在相当长时期都会保持基本稳定，至多做一些必要的补充和修改。即使是媒体内部的规章制度，一旦施行，也不可能朝令夕改。如果我们从广义上理解新闻控制，就会看到，那些最基本的新闻伦理道德律令更是长期稳定，其内在的伦理精神、道德精神甚至具有某种永恒的性质，比如，只要新闻传播存在，尊重事实、忠于事实，就应该成为每一个新闻媒体、新闻工作者永远的守则。

但是，新闻控制也有很强的灵活性。新闻传播自身的特殊性，即它作为社会神经系统的敏感性，与政治活动特有的接近性，又使新闻控制充满了灵活性。任何一个国家、地区的统治者，在遇到非常情况时，都会及时采取临时性的新闻政策，以确保国家利益、政党利益等不受或少受损害。我们看到，稳定的控制规范，比如新闻法或与新闻传播有关的法律规范，往往都会为根据实际情况的特殊变动而灵活采取新闻控制留出空间。

3. 控制方式的多样性与控制目标的多元性

通过前面的论述，我们已经知道，政府、政党控制新闻活动的手段是多样的。比如，在政府控制中，会有法律、政策、行政制度等手段；在政党控制中，会有纪律、人事等手段。而不管是政府还是政党，都会通过经济手段控制新闻传播者的新闻活动。

新闻控制的手段不同，实现的具体目标也有一定的差别。我们可以十分粗略地说：政治控制的目标主要是追求政治利益，使新闻传播活动至少展开在不损害政治权力利益的范围内；经济控制的目标是追求经济利益，使新闻传播活动能为经济组织、集团的经济利益服务；新闻伦理道德的自律性控制，本性上是为了确保新闻使命的实现，为普遍的社会利益服务。这些不同控制追求的利益目标充满各种各样的矛盾，往往很难统一，因而形成控制目标多元化的局面。而新闻传播业要得到顺利发展，新闻传播活动要健康进行，对整个社会来说，必须设法协调不同控制之间的利益矛盾，这本身就是新闻控制的最大难题之一。控制目标的一元化——为了社会的整体良性运行把新闻自由控制在适度的范围内，将永远是人们追求的理想目标。

（三）新闻控制的根据与限度

实行新闻控制的理由是什么？它的必要性、必然性体现在哪里？新闻传播业的发展为什么需要控制？一个社会系统为什么要对新闻传播活动采取各种各样的约束和限制？对这一系列问题的回答，就是对新闻控制存在根据的分析，同时也是对新闻控制目的的解释。然而，有根据、有目的的行为，并不都是合理的行为，这在新闻控制中表现得尤为明显。因此，认真考察新闻控制本身的合理性、控制的限度等问题就显得非常重要。

1. 新闻控制的根据

揭示新闻控制的根据，就是分析新闻控制存在的缘由，阐释新闻控制的必要性和必然性，在一定意义上，就是为新闻控制的合理性寻找理由。新闻传播业既是相对独立的社会子系统，又总是与社会大系统、其他社会子系统相依相存，新闻控制就是在这些客观存在的、不可缺少的关系中进行的，因此，考虑新闻控制的根据，应该从这些关系出发、从新闻自身相对的独立性出发。

首先，社会大系统运行的统一性，要求对作为子系统的新闻传播业进行必要的控制。"任何社会都要运用社会控制体系来推行统治阶级所确定的社会价值观，维系现存的社会秩序，使其达到预期的目标。"① 因此，社会大系统对社会每一个子系统的控制就是必然的。实际上，社会的现实存在方式是由所有的社会子系统构筑的，因而对社会的整体控制必然要通过对子系统的控制来实现，新闻传播业自然不能例外，这正如有的学者所言，"就像社会对其他社会组织、社会部门进行控制一样，社会也无可置疑地要求把新闻事业纳入总的轨道中去"②。而且，新闻传播业在社会大系统中有它独特的地位，对整个社会的变革发展有着重要的作用，它的运行秩序如何，对社会系统有着不可低估的影响，因此对它的控制也就显得尤为重要。

其次，新闻传播业与其他社会子系统的相互依赖性，特别是新闻传播业相对政治系统、经济系统的被支配性，决定了它受控制的必然性。相互依赖性是社会各个子系统之间的基本关系，而相互依赖的内涵，就是相互支持和相互制约，即互相提供资源和互相索取资源。因此，在普遍意义上说，社会子系统之间都有相互控制的关系。然而，不同的社会子系统在整个社会大系统中的地位与作用并不是完全等同的，有些子系统的地位与作用更根本一些、更基础一些、更重要一些，这是历史唯物主义的常识。作为上层建筑其中一个子系统的新闻传播业，其性质、功能必然受制于经济基础的性质；即使从产业的角度将新闻传播业看作经济基础的一部分，它的整体发展水平仍然要受制于社会整体的经济基础；作为意识形态的一个子系统，新闻传播业更是受制于一定社会的政治制度。因此，"从各系统之间的关系看，新闻事业又往往要受到政治、经济系统的支配。由此一来，在新闻事业中出现社会控制，乃至于新闻事业成为某一阶级、政党或

① 郑杭生. 社会学概论新修 [M]. 3 版. 北京：中国人民大学出版社，2003：400.
② 黄旦. 新闻传播学：修订版 [M]. 2 版. 杭州：浙江大学出版社，1997：87.

经济集团的工具，自是势所必然"①，这也使我们又一次感到我国著名新闻学家甘惜分先生当年把新闻界定为"报道或评述最新的重要事实以影响舆论的特殊手段"②的深刻。

最后，新闻传播业自身的健康发展，特别是新闻自由的合理运用与实现，要求必须进行一定的新闻控制。拥有一定的新闻自由是新闻传播业发展的基本条件之一，但是，新闻传播史已经证明，建立在天赋人权思想基础之上的传统新闻自由理念与实践，将新闻业看成与立法、司法、行政平行的"第四权力"的思想，尽管充满了召唤力，也确实在人类发展史上发挥过巨大的作用和影响，但将发现真理仅仅寄托在人的良心和理性之上的"观点的自由市场"理论，也富有幻想的色彩，那种"不加任何限制地发表自己的意见和了解别人的情况的做法，不可避免地要导致对新闻自由的滥用"③，那种排除政府对新闻自由一切限制的做法，必然导致媒体权力的滥用，最终也必然造成新闻传播业的畸形发展，这正是20世纪初在西方新闻界上演过的一幕，也正是社会责任理论得以产生的重要根源。即使在当前，在世界各国的新闻传播活动中，尽管我们可以说符合新闻精神的传播占据主导地位，但同时也存在着各种有害的新闻传播现象，比如有偿新闻、有偿不闻、虚假新闻等。因此，做一个全面的考虑，我们就会得出这样的判断："没有自由的传播是不正常的，同样，传播如果失去适当的有益的控制也是不可想象的。在某种意义上说，没有控制也就没有自由。"④

2. 新闻控制的限度

当我们明白了新闻控制的必要性、必然性之后，还有一个非常重要的

① 黄旦. 新闻传播学：修订版 [M]. 2版. 杭州：浙江大学出版社，1997：90.
② 甘惜分. 新闻理论基础 [M]. 北京：中国人民大学出版社，1982：50.
③ 项德生，郑保卫. 新闻学概论 [M]. 武汉：武汉大学出版社，2000：139.
④ 同①85.

问题，就是新闻控制自身的合理性问题、限度问题。如上所述，新闻控制是必要的、有根据的，但并不是所有的新闻控制都是天然合理的、正当的和应该的，有些控制本身可能就是邪恶的、不正当的、不应该的[①]，对这样的新闻控制应该进行约束和限制，即对新闻控制也要进行必要的控制，这就是我们这里所说的新闻控制的限度问题。

第一，新闻控制应该是有限度的控制。新闻控制，作为对新闻传播活动的一种支配、管理和"干涉"，作为对新闻自由的一种约束和限制，应该也必须有其自身的限度或界限。《公民权利和政治权利国际公约》第 19 条写道，思想自由是绝对的，不容干涉，但言论和新闻自由"带有特殊的义务和责任，因此得受某些限制，但这些限制只应由法律规定并为下列条件所必需：（甲）尊重他人的权利或名誉；（乙）保障国家安全或公共秩序，或公共卫生或道德"[②]。这里有一个很重要的思想就是，对新闻自由的控制是必要的，但必须在一定的限度内进行控制，超过一定的限度，新闻控制本身就会变成不合理的。新闻自由是有界限的，新闻控制也是有界限的。

新闻控制的限度在哪里？即适度控制应该是一种什么样的控制？这确实是一个非常难回答的问题。我们只能做一些原则性的论述。如前所述，新闻控制的实质是对新闻自由的控制，因此关于控制的限度问题，实质上考察的主要是新闻控制与新闻自由的关系问题。果真如此，新闻控制限度的理论含义就是：让新闻自由不要超出它不应超出的范围，防止新闻自由的滥用。因此，新闻控制的内在精神是保护新闻自由的实现，而不是缩小新闻自由的正当范围。而且，构筑新闻自由边界范围的"篱笆"，是具有

---

① 这样的例子在新闻史上实在是太多了，只要想想第二次世界大战期间的德国、日本、意大利，想想"文化大革命"期间的中国，读者就会一目了然。

② 杨宇冠. 人权法：《公民权利和政治权利国际公约》研究 [M]. 北京：中国人民公安大学出版社，2003：410.

权威性的法律规范，任何与法律相抵触的约束、限制、干涉都是不合理的控制，这就是现实的新闻控制限度的根本含义。可见，新闻控制的限度与新闻自由的范围在法律上是统一的，有什么样的新闻控制就有什么样的新闻自由。需要我们进一步深思的问题是：关于新闻自由（同时也是关于新闻控制）的法律规范本身也可能是不合理的，或包含着不合理的成分。这里既可能出现法律规定过宽，从而放纵新闻自由，也可能出现法律规定过严，从而限制了正当的新闻自由权利。因而作为学习者、研究者和实践者，既要以历史的态度看待新闻控制，也要以批判的眼光对待现实的法律规定，通过各种合法渠道和方法，尽力使有关法律规定本身尽可能达到合规律性与合目的性的统一，即使法律规定既合乎社会实际、合乎社会发展的规律，又合乎人民的意愿、合乎人民追求幸福生活的目标。

第二，防止新闻控制中的"欠度"与"过度"。如上所言，新闻控制是有限度的，当限度是合理的，新闻控制就是适度的。因而，当限度是不合理的，就有可能出现"欠度控制"或"过度控制"的现象，低于合理限度的控制属于欠度控制，高于合理限度的控制属于过度控制，它们都是不适度的控制。不适度的新闻控制有可能导致新闻传播业的畸形发展，社会功能的非正常发挥。比如，政治控制的不适度，可能直接损害新闻自由的正常实现，要么滥用，要么缺乏应有的新闻自由；经济控制的不适度，既可能使新闻传播活动成为赚钱的工具，成为经济逻辑的奴隶，也可能使新闻业失去生命之水或运行的血液。欠度控制容易导致混乱、秩序缺失；过度控制容易导致铁板一块、死水一潭。所以，两种现象都是应该极力避免的。就目前新闻控制的现实看，两种现象在全球各地都有，但过度控制在世界各国可能表现得更突出一些，人们在现实中看到的情形更多是，控制者，特别是政府，对新闻自由的限制往往超出了应当限制的界限或范围。对这种现象我们要特别注意，诚如我国一些社会学学者所说："过度控制即使有可能带来社会稳定的局面，但也只能是一种'万马齐喑究可哀'的局面，这种稳定局面只能是表面的、暂时的，稳定的背后必然蕴藏着深刻的社会危机。"① 这里讲的尽管是一般的社会控制，但道理完全适用于新闻控制现象。"历史经验已经表明，过度控制并不能带来长久的社会稳定、繁荣发展的社会运行，反而会引起巨大的社会动荡，陷入社会恶性运行状态。"②

　　第三，对新闻控制的合理性进行评价和监督。所有的控制者都可以为自己的新闻控制方法找到某种所谓合理的缘由和根据，但事实上，并不是所有的新闻控制都是应该的控制、善的控制。从理论上说，只有应该的控制、善的控制，才是真正合理的、有根据的控制。合理、适度控制的重要性，要求人们必须对新闻控制的限度或者说合理性进行评价和监督。然而，这是一个非常实证化、技术化的问题，我们不可能展开详细的探讨，只能提出一些原则性的看法。

　　首先，某种新闻控制的限度合理与否，关键要看这种控制是否符合新闻传播业发展的实际情况，我们认为，真正的"应该"正是"是"的必然，"是"所要求的就是最本质的要求，就是应该性的要求，"合乎理性的准则只能从事物的本性（在这里就是自由）中取得"③，应该并不总是理想的、等待未来去实现的东西，它就是当下应该去实现的东西。因而，只有那些有利于新闻传播业在一定历史条件下持续稳定发展的控制才是合理的控制；只有那些符合新闻传播规律，符合新闻传播业发展、运作规律的控制才是合理的控制；只有那些有利于新闻传播合理秩序的形成，即有利于规范行为的维持与扩展，而对失范行为又能够形成有效遏制和消除的控

　　① 郑杭生．社会学概论新修［M］．3版．北京：中国人民大学出版社，2003：411.
　　② 同①.
　　③ 马克思恩格斯全集：第1卷［M］．2版．北京：人民出版社，1995：177.

制才是合理的控制。其次，新闻控制的实质是对新闻自由的约束和限制，因此，一种控制是否合理，在最本质的层面上要看它是否有利于新闻自由度的不断提高、新闻自由范围的不断扩大、新闻自由水平的不断提升，是否有利于既有法律自由（新闻自由）的实现。同时，合理适度的新闻控制能够对滥用媒介权力、滥用新闻自由的现象做出限制。这里依赖的应该主要是制度化的控制方法，而非凭借主观意志可以随意更改的方法。最后，新闻传播业毕竟是整个社会大系统的一个子系统，因此，新闻控制的合理性，还要从宏观的社会层面上去评价，要看在某种控制下的新闻传播业是否有利于整个社会的稳定与进步，是否有利于人们新闻需求的满足、知情权的实现。

三、新闻活动的道德约束——新闻自律

对新闻活动中最主要的主体——新闻传播者——来说，还要通过新闻职业道德方式，为自己的新闻职业行为设定合理正当的界限。显然，这里有两个大的方面：一是职业道德规范的制定；二是，同时也更为关键的是，内在职业道德品质（或者说新闻职业美德）的培养和形成。没有职业道德品质，职业道德规范不过是虚设的框架。因此，从职业主体的角度看，能否在合理的界限内进行新闻活动，最关键的就是看能否实行新闻自律。

（一）新闻自律的基本结构

"律"作名词，含有"规则"之义，作动词，含有"约束"之义[①]，显

---

① 古汉语常用字字典［M］. 北京：商务印书馆，1979：164-165.

而易见，自律最基本的含义就是用一定的规则来自我约束。因而，新闻自律就是指新闻活动主体（主要指新闻职业工作者）用一定准则或规范来约束自我新闻活动的行为。根据这一基本理解，我们可以分析新闻自律的要素结构。

1. 新闻自律主体

要真正理解新闻自律的确切含义，就得将上述新闻自律基本含义中的各个要素加以解剖分析。我们先来看新闻自律主体。新闻传播中的自律者指哪些主体、哪些人？对此，人们的看法并不完全一致。有人认为，新闻道德规范只适用于记者、编辑，不适用于其他新闻活动者，甚至"不适用于拥有媒介集团和媒介的经营管理人员"[①]；有人认为，在新闻实践中，许多新闻报道的具体内容是资产所有者和管理者所决定的，更不要说宏观的新闻方针也是由这些人左右的，那么，如果这些人可以不受新闻道德规范的约束，新闻传播将会如何是可想而知的，因此，新闻道德规范的对象应该包括新闻作品形成过程中的每一个人[②]，这也就是说，凡是参与新闻活动的人，都应该是新闻自律的主体。上述看法都有一定的道理，但我以为前一种范围设定过狭，将一部分新闻工作者"挤出"了专业队伍的行列，后一种范围设定过宽，将一些非职业的新闻活动者"拉进"了专业队伍的行列。

从一般意义上说，所有参与新闻活动的主体——新闻传播主体、收受主体、新闻源主体、控制主体——都应该用新闻道德规范来约束自己的新闻活动行为，即都应该成为新闻自律的主体，但这几乎把所有的社会成员都包括在新闻自律主体的范围内了，显然有泛化之嫌。收受主体和控制主体并不是新闻职业工作者，他们没有责任和义务用新闻职业道德规范来约

---

① 史密斯. 新闻道德评价［M］. 李青藜，译. 北京：新华出版社，2001：26.
② 同①.

束自己的新闻活动行为，在新闻活动中，他们只要按照一般社会道德规范、按照他们所担当的社会角色来约束自己的行为就可以了。因此从严格意义上讲，由于我们讨论的是职业道德下的自律，而不是一般社会道德下的自律，因而把所有的社会成员都包含在新闻自律者的范畴中显然是失当的。职业的新闻工作者就是新闻传播主体，而新闻传播主体由高位主体和本位主体构成（参见第二章相关内容），因此新闻自律主体应该包括这两部分人。由于直接从事具体新闻传播活动的是本位主体，因而人们通常把新闻自律主体限定为记者和编辑，这在一般情况下是没有多大问题的。还有一种看法把新闻媒体组织本身当作组织性自律主体，而它显然是间接性的主体，因为媒体的自律必须通过在媒体中工作的人来实现，最终自律的仍然是一定的传播主体。把媒体本身当作自律主体的意义在于，要求媒体制定的，并要求其所有从业人员必须遵守的规范必须是道德的规范，即媒体规章制度是道德的、符合伦理要求的。

2. 新闻自律客体

所谓新闻自律客体，也就是新闻自律的对象，这个对象就是新闻传播活动，就是传播主体在新闻传播活动中的行为。新闻传播活动的展开过程，就是传播主体处理一系列关系、矛盾的过程，这一系列的关系、矛盾就是传播主体的自律对象。作为传播主体中的高位主体，其在新闻传播活动中面对的主要关系是与控制主体的关系、与本位主体的关系；作为传播主体中的本位主体，其在新闻传播活动中面对的主要关系是与新闻源主体的关系，与同行、同事的关系，与高位主体的关系；作为媒体，其整体面对的主要关系是与收受主体的关系、与其他新闻媒体的关系，前者主要落实在本位主体身上，后者主要落实在高位主体身上。看得出，新闻自律的客体或对象是相当复杂的。但简单而笼统一点讲：传播主体自律的对象有与收受主体的关系，与控制主体的关系，与新闻源主体的关系，与同行、同事的关系。新闻自律就是要求传播主体自觉地运用一定的道德规范来约束、限制自己，以道德的方式处理好这些关系。由于这些关系最终要体现在新闻报道活动中，因此，新闻自律的客体对象主要应该归结为本位主体的新闻传播行为。

3. 新闻自律的规范

新闻传播主体用什么去规范自己的新闻传播行为？要回答这一问题，首先需要回答新闻传播行为的性质。新闻传播活动是一种社会的、公共的活动行为，而不是私人行为[①]，更重要的是新闻传播活动是一种职业行为，而不是非职业的行为。因此，新闻自律的规范由两部分组成：一是一般的社会道德规范（所谓公共道德），这是生活在一定社会中的任何一个人在从事社会性或公共性活动时都应该遵守的规范，他应该以这样的规范自律言行；二是新闻职业特有的职业道德规范，这是用来规范新闻职业工作者的特定规范，也是一个新闻职业工作者用来自律的"工具"。顺便说一下，道德其实就是工具，它作为一种手段，就是要把一个人塑造成道德的人，把一种职业塑造成道德的职业，把一个社会塑造成道德的社会，把人类塑造成道德的人类，而这一切的最终目的不过是获得人类自己的最大利益和幸福。

另外，需要特别注意的是，自律的规范是道德规范，不是法律规范，也不是规律性的规范，法律和规律性的规范是必须遵守的，而道德规范是应该遵守的，这是在区别意义上对不同规范的理解。法律规范是道德规范的底线，是部分道德规范法律化的产物，因此也属于宽泛意义上的道德规范，因而人们常常说应该守法，这既是从道德层面上对法律的理解，也是道德与法的基本关系，这恐怕也是一些新闻职业道德规范把遵守宪法和法

---

① 注意，我们讨论的是组织化、规模化、大众化的新闻传播，而不是一般的人际或一定组织团体间的新闻传播。

律列入其中的原因。而规律属于事物自身的本性，因而它本质上与法律规范、道德规范无关，然而，主体一旦与其建立相互作用的关系，它便成为人们活动的基础，因此，无论制定什么样的人为规范，都不能违背规律的约束，这也正是人们说应该遵守规律的原因。总之，一个能够按照职业道德规范开展新闻活动的人，从原则上说一定能够按照法律规范行事，一定会努力按照规律性的准则去做，因为在这些规范之中，道德规范是一种更高要求。

现在，我们可以对新闻自律的含义做一个比较完整、准确的描述：新闻自律者是新闻传播主体，包括高位主体和本位主体，但主要是本位主体；自律的对象是新闻传播行为；做到了自律，是指传播主体按照一般社会道德规范，特别是新闻职业道德规范从事了新闻传播活动，没有做到自律，是指传播主体没有按照或没有完全按照一般社会道德规范，特别是新闻职业道德规范从事新闻传播活动。

（二）新闻职业道德规范的构成

新闻职业工作者用来自律的规范，核心是新闻职业道德规范，因此，要想把新闻自律的界限论说清楚，就得把新闻职业道德规范本身的构成说清楚。

关于新闻职业道德规范的构成问题，有两个大的方面：一是需要从理论上回答，新闻职业道德规范应该是什么样的规范，即合理的规范是怎样构成的；二是实际存在的、已经制定出来的、要求新闻工作者用以自律的规范是什么。

第一个问题，即合理的规范是怎样构成的，或者说什么样的新闻职业道德规范才是优良的，这是一个非常复杂的问题。人们知道，所有的新闻职业道德规范都是人们约定的、制定的，但是，"只有恶劣的道德规范才可以随意制定"①，优良的一般道德规范、职业道德规范是不能随意制定的，那么，依据什么原则、根据制定出来的新闻职业道德规范才是优良的，这确实既是理论上的难题，也是实践中的难题，我们只能做出尝试性的回答。

首先，一种道德规范是否优良，衡量它的第一标准是这种规范是否合乎规范对象的本性，因此，认识规范对象的本性是制定优良道德规范的重要前提。如果一种规范偏离或超越了对象的本性，那么该规范在本质上就是与对象不相关的，用不相关的规范约束对象，其结果可想而知。新闻职业道德规范约束、限制的是新闻传播主体的职业新闻传播行为，实质上是从道德层面约束传播主体的新闻自由度与范围，因而，正确认识传播行为是什么，是制定优良新闻职业道德规范的前提。我们知道，传播行为（活动）就是真实且有选择地、及时并且公开地传递收受者欲知、应知（应知的标准是法律规定，并假设相关法律是良法）而又未知的事实信息。因此，凡是有利于此种新闻传播行为的规范，就是良性的，凡是不利于此种新闻传播行为的规范，就是恶性的。任何一种社会力量，如果试图背离新闻传播自身的专业要求，把自己的意志强加到或转换为新闻职业道德规范，比如，把对传播者的政治要求道德化，或者把经济利益要求道德化，在我看来，都是不恰当的。

其次，新闻职业道德规范的优良与否依赖于人们对新闻职业道德目的的理解，如果不能正确认识新闻职业道德的目的，就不可能制定出优良的道德规范，反过来说，只有正确地认识了新闻职业道德的目的，才能制定出优良的新闻职业道德规范。道德规范是对人的某种行为的约束和限制，新闻职业道德规范，本质上是一种新闻自控规范。新闻自律的终极目的

① 王海明. 伦理学方法 [M]. 北京：商务印书馆，2003：自序 1.

（也就是新闻职业道德的目的）是确保新闻传播正面社会功能的发挥，以促进社会的良性发展、公众的幸福生活（这其中自然也给传播主体带来了利益）。因此，当某种新闻职业道德规范有害于新闻传播正面社会功能的发挥时，它也就背离了新闻职业道德的目的，因而一定是一种恶劣的职业道德规范；相反，当某种新闻职业道德规范有利于新闻传播正面社会功能的发挥时，它也就符合了新闻职业道德的目的，因而是一种优良的职业道德规范。

当然，这里存在许多具体而复杂的问题，新闻活动中存在着诸多具体的道德冲突和困境[①]，如何为突破、走出新闻道德困境制定合理的原则规范，至今人们的看法尚不一致，还需要进行专门、深入、细致的考察和研究。这样的工作，只能在专门的新闻伦理学或新闻道德论中具体展开。

第二个问题同样不好回答。新闻职业道德规范不仅仅具有不同的历史表现样式，更有共时性上的丰富多彩；既有共同认可的普遍性规范，又有依据不同历史、现实情况的特殊规范；既有主要针对高位主体（即主要针对媒体组织，高位主体是媒体组织的代表）的规范，又有主要针对本位主体的规范；既有从业者和一般大众都应该遵守的规范，又有特别指向专业新闻人的规范；等等。[②] 仅从横向来说，世界各国几乎都有某种新闻职业道德规范，我们不可能一一列举。为了方便，同时能使读者了解新闻职业道德的基本内容，我们选择三种规范，录列如下：

---

① 比如，为了获得真实信息，记者可以撒谎吗？为了真实再现采访对象的真实面目，能在新闻写作中直接引用采访对象的脏话吗？在采访和救人不能两全的情况下，记者应该先救人，还是应该先采访，先完成自己的职业任务？记者能否既介入新闻事件，又报道新闻事件？媒体报道自己策划的有益社会的新闻是正当的吗？媒体是否应该以及是否能够客观报道媒体自己的新闻？如果不付给新闻源主体一定的费用，就不可能获得新闻信息，这时媒体或者记者是否可以购买新闻信息？等等。

② 关于新闻职业道德规范的特点，可参阅黄瑚. 新闻法规与职业道德教程 [M]. 上海：复旦大学出版社，2003：222-225。

1. 联合国经济及社会理事会在 1954 年拟定的《国际报业道德规约》

（1）不得歪曲或隐瞒事实。

（2）不得自私、攻讦、诽谤、抄袭；不得将谣言当作事实；凡记载不确而损失名誉者，必须立即更正。

（3）不得为满足读者的好奇心而涉及私人秘密。

（4）若报道一个国家的状况，须先对这个国家有充分的认识，才能达到公正的程度。

（5）道德规约应由各国报人遵守，不是由各国政府执行。①

2. 美国报纸主编人协会制定的《报业信条》

1923 年美国报纸主编人协会制定的《报业信条》（有人译为《新闻规约》），主要内容有七条，摘其要者如下：

（1）责任。每一个报纸工作人员都应该有责任感，一个新闻工作者如果利用他的权力来达到其自私的或其他卑鄙的目的，则有负于这一崇高职守。

（2）新闻自由。要把新闻自由作为人类的一种极端重要的权利加以捍卫。

（3）独立性。除忠实于公众利益外，报纸不承担任何义务，这一点至关重要。

（4）真诚、真实、准确。对读者笃诚守信是一切新闻工作的基础。

（5）公正无私。健全的做法是把新闻报道与表明意见的文章明确区分开，新闻报道中不应含有任何表明见解之词或任何偏见。

（6）公平对待各方。报纸不应发表有损于一个人的声誉或道德品质的

---

① 余家宏，等. 新闻学词典 [M]. 杭州：浙江人民出版社，1988：178 - 179. 另外，1954 年 4 月国际新闻工作者联合会第二届代表大会通过的《记者行为准则宣言》（1986 年 6 月修订）也是一份重要的文献。有兴趣的读者可参阅黄瑚. 新闻法规与职业道德教程 [M]. 上海：复旦大学出版社，2003：350。

非官方指控而不给被控者进行辩解的机会。

（7）作风正派。如果一家报纸一方面侈谈其崇高目的，一方面却鼓励卑劣行为，如对犯罪活动和不道德行径做细节描写，那就难逃不诚的罪名。发表罪恶活动细节显然无益于公众。①

3. 《中国新闻工作者职业道德准则》

1991 年 1 月 19 日，中华全国新闻工作者协会第四届理事会第一次全体会议通过《中国新闻工作者职业道德准则》，此后分别于 1994 年 4 月、1997 年 1 月、2009 年 11 月和 2019 年 11 月对该准则进行过四次修订，最新版的基本规范如下：

（1）全心全意为人民服务。

（2）坚持正确舆论导向。

（3）坚持新闻真实性原则。

（4）发扬优良作风。

（5）坚持改进创新。

（6）遵守法律纪律。

（7）对外展示良好形象。②

（三）传播者应有的主要品质

新闻自律的根基在于新闻工作者的职业品质。有了规范不等于规范有用。只有具备了职业品质的人才能自觉遵守（自律）职业规范。因而，我们还得探究传播者应有的主要品质，这才是问题的关键。

一个合格的新闻职业工作者最基本的素质可以概括为两个主要方面：

---

① 童兵. 中西新闻比较论纲 [M]. 北京：新华出版社，1999：193 - 194.

② 《中国新闻工作者职业道德准则》全文参见中国新闻工作者职业道德准则 [EB/OL]. （2019 - 12 - 15）[2022 - 02 - 01]. http：//www.xinhuanet.com/politics/2019 - 12/15/c _ 1125348618.htm.

品质与知识。这是中外新闻学界、业界的共同看法。在我看来，对一个职业传播者来说，能否成为优秀的职业人，最为重要的因素乃是他是否具备职业道德品质。"新闻业是一项讲究道德的事业，是在可证实真相和紧促的时间限制下，依靠诚实和勤奋工作的行业。"① 只有那些在道德上愿意接受他律但更倚重自律的人，才能在新闻活动中自设合理的行为界限。如果把拥有知识本身也看作一种美德或品质（这其实也是最古老的看法），那么，我认为新闻传播者应有以下一些基本的品质。

1. 职业责任感

职业责任感是从业者对所从事的职业的一种总的认识和体悟，其中最为重要的是从业者对所从事职业的社会意义与社会价值的认知，这是一个人自觉做好某项事业的前提条件之一。只有深刻理解自己从事的职业的社会使命，才有可能努力做好所从事的职业。马克斯·韦伯在其著名的讲演《以政治为业》中说，有资格把手放在历史舵轮上的人，必须具备三种决定性的素质：激情、责任感和恰如其分的判断力。一个人对自己所从事的职业有了敬畏感、神圣感、自豪感，有了一种不怕困难、勇往直前、实现职业要求的稳定意愿，就标志着其职业感确立了。可见，责任感实质上是在对自己从事的职业的价值认知基础上，产生的一种从业的、工作的态度，是对自己从事的职业怀有的一种信念。

责任实质上是一种应该完成的任务、应尽的义务。完成了自己应该完成的任务才算尽到了责任。责任感是看不见、摸不着的一种精神状态、主观态度，但它可以体现在工作过程之中，可以凝结在工作结果之中。对当代社会科学和社会思想做出巨大贡献的德国学者马克斯·韦伯曾经指出，一个人的职业责任，是社会伦理的特有本质，是个人应当感知到的职业活

---

① 门彻. 新闻报道与写作：第 9 版［M］. 展江，译. 北京：华夏出版社，2003：69.

动的内容和任务。① 因而，总的来说，职业责任感主要是由职业使命感、职业荣誉感构成的。从事同一种职业的人们，对职业的认知可能是有差别的，但作为一种职业，它有着最基本的要求，所有的从业者都应该按照基本的要求进行实际的活动，应该具备共同的职业责任感。

职业责任感所产生的力量，是一种观念的力量，是一种精神的动力。它只有落实到职业行为之中才能发挥实际的作用，放射出闪亮的光芒。新闻媒体所承担的社会责任，是要通过从业者来承担的。从业者的使命、荣誉是在职业行为中实现的、铸就的。"新闻工作者的职业荣誉在于深刻地关注和记录社会上正在发生和形成的历史，正是基于这种关注和记录，新闻工作者的职业成果才能有效地融入影响社会发展进程的力量潮流中去。"②

新闻传播业是一种社会事业，新闻工作是一种特殊的社会职业，新闻工作者承担着特殊的社会责任，"新闻工作者需要具备的是非同一般的强烈的社会责任感"③。美国新闻史上的伟大报人普利策讲过一段被人们无数次引用的话："倘若一个国家是一条航行在大海上的船，新闻记者就是船头的瞭望者。他要在一望无际的海面上观察一切，审视海上的不测风云和浅滩暗礁，及时发出警告。"新闻传播者在社会大系统中承担着为人们提供信息服务，特别是新闻信息服务的任务。"记者是新闻人，更是公共信息负责任的传播者，必须努力揭示事物的真相、坚定地维护人民的利益，勇敢地揭露利己主义者制造的种种假象，彻底尽到新闻工作者的社会责任。"④

---

① 韦伯.文明的历史脚步：韦伯文集［M］.黄宪起，张晓玲，译.上海：上海三联书店，1988：139.

② 喻国明.解析传媒变局：来自中国传媒业第一现场的报告［M］.广州：南方日报出版社，2002：61.

③ 高钢.新闻写作精要［M］.北京：首都经济贸易大学出版社，2005：8.

④ 刘建明.新闻学前沿：新闻学关注的11个焦点［M］.北京：清华大学出版社，2005：244.

新闻职业是一种为社会提供公共服务的职业，正如《泰晤士报》前主编威克汉姆·斯蒂德所说："严格意义上的新闻记者乃是非官方的公仆，其宗旨是服务社会。"① 因而，它呼唤记者道德上的崇高，呼唤记者道德上的大公无私。童兵先生曾在一篇文章中写下过一段充满激情的话语，他说："新闻传播者对人民负有的崇高责任感和敬业精神，是其必备的重要素质。一个传播者对于人民的命运、疾苦、欢乐是不是时刻铭记在心，对于人民的事业进退、兴衰、成败是不是激动感奋，对于危害人民利益的坏人坏事坏作风坏行径能不能拍案而起大声疾呼，对于人民嘱托的任务能不能千方百计排除万难按时优质完成，总之，能不能在任何情况下做到'先天下之忧而忧，后天下之乐而乐'，无不显现一个传播者有无人文精神以及人文精神的强弱多寡。"② 高钢先生在自己的书中也写道："坚持真理，维护正义是新闻工作者的职业责任。在真理和正义面临威胁的时候，记者只能挺身而出，因为他们责无旁贷。"③

新闻传播媒体，作为社会公器，作为意见交流的平台，新闻传播者，作为大众的公仆，作为服务社会的守望者，承担着许多具体的社会责任事项。从原则上说，新闻传播具有的所有功能属性，能够实现的所有社会作用，都应该是新闻媒体及其从业者承担的责任。但报道新闻、传播信息，特别是报道真实的、有意义的新闻，乃是当今所有新闻媒体、新闻工作者高度共识的第一位的社会责任。④ 新闻职业首先是让事实说话，把世界的真相告知人们。"报纸能提供的最伟大的服务就是刊登真相，把所有的真

① 高钢. 新闻写作精要［M］. 北京：首都经济贸易大学出版社，2005：8.
② 童兵. 科学和人文的新闻观［M］//王文章，侯样祥. 中国学者心中的科学·人文：科学人文关系卷. 昆明：云南教育出版社，2002：548.
③ 同①.
④ 当然，不同性质、不同类型的新闻传播业对新闻传播、新闻工作者有不同的要求和期待。不同历史时代的新闻媒体、新闻工作者，承担和实现的社会责任也有一定的差别。不同时代、不同时期的新闻工作者，其责任感本身也是有所不同的。

相准确而完整地摊在读者面前，供他们对当天发生的事情做出判断。"①
美国著名报人、专栏作家李普曼更是一语中的，他说："新闻事业的最高
准则莫过于阐明真相而使魔鬼感到羞愧。"②《联合国国际新闻信条》第一
条是这样规定的："报业及所有其他新闻媒介的工作人员，应尽一切努力，
确保公众所接受的消息绝对正确。他们应该尽可能查证所有消息的内容，
不能任意歪曲事实，也不可以故意删除任何重要的事实。"③"不管怎样，
报纸的责任和任务是在获得新闻和出版新闻。如果这些新闻并不道地真实
的话，它的任务就不能算很好地完成，它对公众服务的责任也等于没有尽
到。"④"为公民提供高质量的新闻服务，这是一种不能逃避的总体性的社
会责任"⑤。日本新闻学家小野秀雄说："新闻是人们在创造未来生活中的
一种强有力的杠杆……它促使读者主动地判断问题。正因为它有这种职
能，所以绝对不能错误地引导读者，报道的内容一定要根据事实真相去编
写。"⑥ 如果我们翻开中国学者们的新闻学著作，同样可以看到极为相似
的表述。我们举几个具有代表性的例子。中国新闻学的开山祖徐宝璜先生
概括了报纸的六项职责："供给新闻、代表舆论、创造舆论、输灌智识、
提倡道德、振兴商业"，并指出前三者"尤为重要"，其中供给新闻列在第
一位。⑦ 童兵先生认为："报道新闻是新闻传播事业的基本功能……新闻
传播事业的最主要的功能，就是组织广泛而精干的新闻传播队伍，以高度
的新闻敏感，捕捉事实变动的信息，及时迅速地向社会做出真实、全面、

① 弗林特. 报纸的良知：新闻事业的原则和问题案例讲义 [M]. 萧严，译. 北京：中国人民大学出版社，2005：64.
② 高钢. 新闻写作精要 [M]. 北京：首都经济贸易大学出版社，2005：10.
③ 李良荣. 新闻学概论：修订本 [M]. 福州：福建人民出版社，1995：157.
④ 童兵. 比较新闻传播学 [M]. 北京：中国人民大学出版社，2002：86.
⑤ 新闻自由委员会. 一个自由而负责的新闻界 [M]. 展江，王征，王涛，译. 北京：中国人民大学出版社，2004：74.
⑥ 同④.
⑦ 徐宝璜. 新闻学 [M]. 北京：中国人民大学出版社，1994：4-9.

负责的报道。"① 李良荣先生说："人们接触新闻媒介，第一个目的是获得有用的信息，了解客观世界的变动……新闻媒介是依赖'沟通情况、提供信息'而生存的。不给社会提供有用的信息，新闻媒介就没有存在的理由。"② 郑保卫先生在他的《当代新闻理论》中写道："人们之所以需要新闻事业，最主要的目的是从中获得各种与自己利益相关的新闻信息。"③

2. 诚实

新闻是对客观事实的真实反映，是对事实信息的真实陈述。这一新闻传播的基本使命、基本前提，决定了新闻工作者的基本品质就是忠实地再现新闻事实，客观、全面地叙述事实信息。因而，不具备诚实品质的新闻工作者不可能完成其职业使命，也不配享有新闻记者的职业称呼。《中国新闻工作者职业道德准则》的第三条规定："坚持新闻真实性原则。把真实作为新闻的生命，努力到一线、到现场采访核实，坚持深入调查研究，报道做到真实、准确、全面、客观。"④ 美国报纸主编人协会在其制定的新闻规范中写道："对读者诚实是所有配称为新闻事业的柱石。从所有真诚的角度出发，报纸必须诚实。"⑤ 事实上，在世界各国、各个新闻机构制定的职业活动准则中，毫无例外地要求从业者真实地报道新闻。这也就是说，任何新闻工作者，都毫无例外地应该具备"诚实"的道德品质，它是支撑真实报道的人性基础。

诚实，可以说是新闻工作者最重要的职业道德品质，或者说，真实报道所诉求的最重要的道德品质就是诚实。约瑟夫·普利策的长子拉尔夫·

① 童兵. 理论新闻传播学导论 [M]. 北京：中国人民大学出版社，2000：127.
② 李良荣. 新闻学概论 [M]. 上海：复旦大学出版社，2001：115.
③ 郑保卫. 当代新闻理论 [M]. 北京：新华出版社，2003：208.
④ 中国新闻工作者职业道德规范准则 [EB/OL]. (2019 - 12 - 15) [2022 - 02 - 01]. http://www.xinhuanet.com/politics/2019 - 12/15/c_1125348618.htm.
⑤ 弗林特. 报纸的良知：新闻事业的原则和问题案例讲义 [M]. 萧严，译. 北京：中国人民大学出版社，2005：364.

普利策在一篇论述假新闻的文章中说，变成完全不负责任、胆大妄为和玩世不恭的记者的最后一步是诋毁诚实的人格。他认为，不诚实的记者，甚至不配去舔杀人犯的靴子，因为有些杀人犯比造假的记者更诚实。从最通俗的意义上说，诚实就是说真话，不说假话。诚实对新闻报道者来说，首先是新闻报道动机的真诚性，其次是新闻报道结果的可信性。尽管一个动机真诚的记者不一定能够每一次都为公众提供真实的报道（要使真诚的动机达到良好的目的——实现真实报道，还需要其他素质、品性的辅助），但一个报道动机不真诚的新闻工作者，不可能为公众提供真实的新闻。诚实的记者也可能上当受骗，也可能信假为真，从而可能为公众提供虚假不实的报道，但衡量一个记者是否诚实，主要是看其动机是否真诚，"是诚实还是欺骗并不取决于所传达的信息客观实际之真假，而取决于所传达的信息在传达者的主观动机中之真假"①。但作为新闻记者，要努力追求真诚动机与真实报道的统一，这才是诚实的最高境界。

3. 勇敢

社会变迁、人生经验都反复告诉人们，不管什么样的主体，大到一个民族和国家，小至一个团体和个人，如果要生存、发展，就必须面对各种艰难险阻，必须拥有战胜各种困难的毅力和勇气。"一个人要想有所作为，则不论是做学问还是干事业抑或求德行，其一生便注定充满艰难困苦伤害危险，如果没有勇敢精神，是绝不会成功的。"②

新闻传播者，特别是记者，是时时刻刻与一个新的世界、新的事物打交道的人。新，意味着新鲜，但也意味着陌生；新，充满了吸引，但也潜藏着不测；新，蕴含着成功的机会，但也面临着失败的危险……与任何新事物打交道，都需要勇气。新闻职业是一个需要勇敢品质的职业。曾有

---

① 王海明. 伦理学原理［M］. 北京：北京大学出版社，2001：274.
② 同①301.

25 年新闻记者经历、现为中国人民大学新闻学院教授的高钢先生说："新闻工作是勇敢者从事的职业，而不是怯懦者从事的职业。记者需要具有采访消息的不可动摇的信心！随时准备遭遇拒绝、遭遇冷遇、遭遇嘲弄、遭遇无礼、遭遇恫吓、遭遇威胁。记者要随时准备牺牲自己的时间、自己的财富，包括自己的自尊心和生命。"① 这里已经不是温文尔雅的学术论述，而是震撼人心的记者宣言。

最通俗地讲，勇敢就是不害怕。东方圣哲孔子说：勇者不惧。西方圣哲亚里士多德说：勇敢就是无畏地面对高尚的死亡，或生命的危险。勇敢，是相对胆怯或怯懦而言的一种心理或行为能力。中国著名伦理学者王海明说："勇敢是不畏惧可怕事物的行为；怯懦是畏惧可怕事物的行为。"②

作为优秀道德品质的勇敢，是一种勇敢有度的勇敢。在新闻传播活动中，人们并不是希望记者鲁莽、蛮干，而是希望他们英勇、智勇，用合乎法律规范、道德规范的手段，勇敢揭露那些损害大众利益、公共利益的丑恶行为，以力之可及、能之可达的方式，反映事实，报道新闻；对于那些值得报道的新闻事件，敢于冒着生命危险去发现真相、报道真相。毫无疑问，在激烈的新闻竞争中，也像在竞技场甚至是战场上一样，强者相遇勇者胜。而社会和大众需要的新闻职业勇敢是一种"义勇""智勇"。"义勇就是合乎道义的勇敢，是符合道德原则的勇敢，主要是有利于社会和他人的勇敢。"③ 智勇"是合乎智慧的而在其指导下的勇敢，是得胜于失的勇敢"④，是一种英勇。

---

① 高钢. 新闻写作精要 [M]. 北京：首都经济贸易大学出版社，2005：12.
② 王海明. 伦理学原理 [M]. 北京：北京大学出版社，2001：298.
③ 同②299.
④ 同②299.

4. 知识与智慧

除我们上面论及的一些品质之外，一个好的新闻职业工作者，还需要其他的品质，特别是知识和智慧。在挖掘事实真相的过程中，只有诚实、勇敢、坚毅、忍耐等品质是不够的，还特别需要知识和智慧的支持。强烈的责任感，同样需要知识和智慧的支持，这样责任感才能现实化，才能变成为社会服务的真实能量，不然只能是空有满腔热情，心有余而力不足。知识与智慧划定的界限，是新闻职业工作者的能力界限。那么，怎样的传播者才算是有知识、有智慧的传播者？我认为，这包括两个大的方面：一是既有的知识资本或知识素养；二是不断获取新知的素养或能力，也就是不断学习的能力。

（1）基本知识素养。

新闻传播者到底应该具备怎样的知识素养，才算是具有良好的知识素养，我以为可以将其大致分为两个方面：

第一，比较宽广的普通知识素养。"宽广""普通"都是比较模糊的概念，但人们可以大致把握它们的内涵——常识层次的知识。宽广、普通，就是要求传播者具有他所处时代基本知识领域的一般知识，包括自然、社会、人文以及生活常识领域的一般知识。美国新闻教育者门彻在他的《新闻报道与写作》中说："人们认为，新闻记者应该全知全能，犯下一个错误、错过一个事实或出现一个解释错误会令人无法原谅。这个要求似乎有些过分，但这正是这种职业所固有的永恒不变的要求。"① 有位出色的新闻主编，在回答怎样成为一个优秀的记者时说："他无所不知。他知道的不仅仅是今天世界上发生了什么，而且他的头脑是一个储藏了多年智慧的宝库。"② 美国著名记者杰克·海敦说："新闻专业的学生应该像哲学家培

---

① 门彻. 新闻报道与写作：第9版［M］. 展江，译. 北京：华夏出版社，2003：324.
② 同①35－36.

根一样，把一切知识都当作自己的领域。""新闻记者应该是具有各方面知识的通才。"① 记得马克思说过这样的话，只有音乐才能激起人的音乐感，但对没有音乐感的耳朵来说，最美的音乐也变得毫无意义。② 我们可以想象，一件事实再有新闻价值，如果碰上一双不能发现它的眼睛，它的潜在的新闻价值就难以转换成现实的新闻价值。有位艺术家说过，这个世界不缺乏美，缺乏的是发现美的眼睛。同样，这个世界不缺乏新闻事实，缺乏的是发现新闻事实的眼睛。而支持能够发现新闻事实的眼睛的是一个人的知识和智慧——丰富的知识和高超的智慧。

第二，较高水平的专业知识素养。这里的"较高水平"，主要包括三个方面的要求：第一是"系统"，即对相关专业或社会知识领域有比较全面、系统的学习和把握；第二是"深入"，即对相关专业或社会知识领域有比较深刻的认知，且有一定专门性的研究；第三是一定的"前沿"性，即对相关领域的最新发展状况有实质性的了解和研究，其基本标志是记者或编辑对一定专业领域和社会领域的发展变化相当熟悉，甚至被看作相关专业领域或社会领域的专家或学者，也就是人们平常所说的"专家型"或"学者型"的记者、编辑。专业知识包括两个大的方面：一是新闻专业知识；二是一定社会领域、学科领域的专业知识。

（2）改进知识素养的能力。

新闻传播业发展到今天这样的规模和水平，人们对它的期待早已超出了简单的事实信息是什么的层次，他们更期望新闻传播者能够以新闻的方式告知社会，事实为什么会这样，会给未来的发展带来什么样的影响。因此，一个记者的认识能力、认识水平，如果仅仅停留在一般的观察层次上显然已经无法应对社会对新闻传播的要求了。门彻在其《新闻报道与写

---

① 高钢. 新闻写作精要［M］. 北京：首都经济贸易大学出版社，2005：17.
② 马克思恩格斯文集：第1卷［M］. 北京：人民出版社，2009：191.

作》中文版前言中就说："一个负责任的记者应懂得把事件放在特定的社会背景中来思考、来发现其原因和结果的重要性。这意味着，记者不仅要不断发展采访报道的技巧，还要扩展对人的理解，对记者所处的文化和社会的理解。"① 对记者认识能力上、知识素养上的这些要求，恰好说明做一个好记者的艰难、进行真实报道的艰苦。今天，对传播者的要求，不仅是具有基本的知识素养，还应该有足够的新闻智慧②，即充分地进行新闻认知的能力。而新闻传播者的知识素养不可能一劳永逸地获得，而是一个不断获取、不断更新的过程，是一个终身的过程、"活到老学到老"的过程。美国著名作家马克·吐温曾说，记者的知识库应该堆得满满的，并且经常要更新。因此，对新闻传播者来说，具有不断追求新识、不断提高知识水平的素养本身就是更为重要的素养，具有改进知识素养的能力就是更为重要的能力。

"人的'力量'，最为重要的是'智力'。"③ 这对从事主要依赖脑力而非体力工作的精神生产者来说，更是如此。新闻传播者能否充分发挥自己的智力，即能否充分运用自己的观察能力、思维能力、想象能力、直觉能力和记忆能力，是能否做好新闻工作、真实报道新闻的关键。所有这些能力只有少部分来自天资，绝大部分来自后天的学习和实践。因此，只有通过后天持续的学习和实践，先天的潜质才能转变成不断丰富、不断升华的能力和素养。如今的时代是学习的时代，如今的社会是学习的社会，如今

---

① 门彻. 新闻报道与写作：第9版 [M]. 展江，译. 北京：华夏出版社，2003：中文版前言.

② 所谓智慧，"就是指思考事物、分析事物、理解事物的能力"。参见福泽谕吉. 文明论概略 [M]. 北京编译社，译. 北京：商务印书馆，1959：73。"智慧是相对完善的认知能力，更通俗地说，是相对完善的精神活动能力，是相对完善的思想活动能力。"参见王海明. 伦理学原理 [M]. 北京：北京大学出版社，2001：288。因而，所谓新闻智慧，就是指一个人具有比较完备的发现新闻、认知新闻、评价新闻的能力，它既包括一个人的新闻敏感性，也包括一个人对新闻资源进行充分发掘的能力。

③ 孙正聿. 超越意识 [M]. 长春：吉林教育出版社，2001：45.

的组织必须是学习的组织，如今的个人必须是学习的个人。缺乏学习能力、缺乏学习毅力的社会、组织和个人，都将被历史淘汰，这就是当今人类面对的现实。对天天都在和新事物、新事实、新人物、新现象打交道的新闻传播者来说，具有改进知识素养的能力显得更为重要和必要。

作为一名追求成长、成熟，追求为社会、为大众提供良好新闻信息服务的新闻工作者，怎样才能算作具有改进知识素养的能力或素养？我以为必须具备这样几点：第一，不满现状、不断追求的精神态度。有句俗语说，人们能否把想做的事情做成功，关键要看态度，所谓"态度决定一切"。一名记者、编辑能否不断提高自己的知识素养，关键要看他是否具有不断追求、勇于上进的精神态度。新闻职业的自身特点①，为从业者的学习提供了广阔的天地，只要不耻下问、处处留心，就可以从时时事事中找到提高知识素养的机会。除了专门的书本学习，每一次采访、每一次写作、每一次编辑等，都是获取新知识、新经验、新能力的机会。第二，脚踏实地，积极运用新方法、新知识的习惯或作风。新闻职业是一份实践性极强的职业。新闻实践过程不仅是出真知的过程，也是新闻工作者运用真知的过程。正是在出真知、用真知的过程中，记者、编辑才能提高自己实际的工作能力和知识素养。只有形成积极运用新知识、新方法的习惯，才能创造出实践与学习良性互动的美好境界。第三，眼界开阔、高瞻远瞩的胸怀。当今世界是一个开放的世界，一体化或全球化的世界，信息传播、新闻传播正是造成这样一个新世界的重要力量，其本身也处于全球交流的开启状态。在这样一个世界里从事新闻工作，我以为从业者必须具有开阔的视野，能够以宽阔的胸怀学习、吸收不同国家、民族创造的新闻文化成

---

① 比如，与社会各个领域最新变化接触的紧密性，与各种社会成员联系的广泛性，处于信息前沿阵地、优势地位的敏感性，特有的政治性和公共性等。关于新闻职业的一般特征，有兴趣的读者可参阅郑保卫. 当代新闻理论 [M]. 北京：新华出版社，2003：583 - 585。

果，这不是谁与谁接轨的问题，而是相互学习的问题。第四，对新闻工作者来说，具有改进、提高自身知识素养的能力或素养，还特别表现在能够积极学习当代科学，特别是人文社会科学的最新成果上。新闻学毕竟是一门年轻的学科，新闻工作者需要更多地向其他学科学习知识和方法。

（四）实现新闻自律的主体方法

新闻自律是新闻道德规范实现的途径，因而新闻自律的实现与新闻道德的实现是统一的。如果传播者按照新闻道德规范自觉地约束、限制了自己的新闻活动行为，为自己的职业行为划定了一定的界限，那么他就自律了，新闻道德的要求就实现了。但问题的关键在于新闻传播者怎样才能做到自律，需要什么样的条件，即传播者是凭借自己的什么进行自律的。只有找到实现自律的途径，我们才能不断砥砺它、锤炼它、塑造它，使新闻自律有所依托。

1. 内化法

毫无疑问，实现新闻自律最直接的动力应该来自传播主体内部，其最基本的方法表现为相辅相成的两种：内化法和外化法。

所谓内化法，就是传播主体将新闻职业道德规范内化为自己的新闻道德观念，形成职业良心、职业荣誉心和职业品德。内化新闻职业道德规范的过程，本质上是对新闻职业道德规范认知、评价的过程，是在内心确立新闻道德观念的过程。这一过程并不仅仅是纯粹的精神认识、评价活动，也依赖新闻传播实践。内化新闻职业道德规范的结果，可能是认可接受一定的道德规范，也可能是不认可或不完全认可和接受一定的道德规范。原因既可能是道德规范本身不合理，也可能是传播者未能正确认知道德规范的价值，当然还可能存在其他非认知的原因。但不管由于何种原因，某种道德规范一旦得不到传播主体的内心认可，未内化为他自己的新闻道德意识、观念，其作用就会在新闻传播行为的自律中大打折扣，传播主体对行为的自律就不会成为一种自觉，而只能迫于某种压力。[①] 因而有两方面的问题应该受到重视，其一是制定的新闻职业道德规范一定要有历史的、现实的合理性，其二是传播主体要在职业活动中不断内化优良的道德规范，使其成为自己职业精神的有机构成部分。

新闻职业道德规范是否得到了内化，从逻辑上可以有两个标准：一是传播者是否培养、形成了前文所述的基本职业品质；二是传播者在新闻实践中是否真正能够按照新闻职业道德规范来指导、约束自己的职业行为。在现实性上，检验的标准是唯一的：新闻行为是否合乎新闻职业道德规范。

新闻职业道德规范一旦内化为传播主体的道德观念，就意味着传播主体获得了评价自我职业动机和行为的标准，也就形成了传播主体的职业良心，它反过来又成为"调节新闻道德的力量"[②]。职业良心就是一个职业者做好的职业人的愿望，而好的职业人就是遵守职业道德规范的人（我们暂且假定职业道德规范本身是善的、正义的规范）。遵守职业道德规范的人就是在一定职业中能够自律的人，而这样的新闻职业者，也必然是具有新闻职业美德或品德的人，也是对自己从事的新闻传播活动具有荣誉心的人。如果自己的某种新闻传播行为与自己的职业良心相抵牾，传播主体就会受到良心的谴责；如果相符合，传播主体就会感到职业良心的满足。可见，只有那些具有新闻职业良心、职业品德、职业荣誉心的新闻工作者，才能成为真正的新闻自律者。"良心具有使人遵守道德的巨大作用：事前，它通过做一个好人的需要和目的而推动每个人遵守道德；事后则

---

① 自律往往是通过他律的途径形成的。参见杨保军. 新闻理论教程［M］. 北京：中国人民大学出版社，2005：385-387。

② 刘建明. 当代新闻学原理［M］. 北京：清华大学出版社，2003：394.

通过良心满足的快乐和良心谴责的痛苦而使人继续遵守道德或改过迁善、归依道德。"① 因此可以说，新闻职业良心、职业品德、职业荣誉心是遵守新闻职业道德规范最大的力量，从而也是实现新闻自律最主要的主体途径。

新闻职业道德规范的内化，或者说塑造新闻职业良心、形成新闻职业品德、树立新闻职业荣誉心，是一个长期的、艰难的过程，需要从一点一滴入手，需要不断地认知和实践。古希腊伦理学大师亚里士多德讲得非常透彻，他说："德性则由于先做一个一个简单行为，而后形成的。这和技艺的获得一样。当我们学习过了一种技艺时，我们愿意去做这种技艺，于是去做。就由于这样去做，而学成了一种技艺。我们由于从事建筑而变成建筑师，由于奏竖琴而变成竖琴演奏者。同样，由于实行公正而变成公正的人，由于实行节制和勇敢而变成节制的、勇敢的人。"② 新闻传播主体要想成为运用新闻职业道德规范自觉约束和限制自己传播行为的人，就得在新闻传播实践中、在对新闻传播价值的认知中，不断反省、纠错，不断将优良的新闻职业道德规范内化为自己的职业精神。实际上，任何一个新闻传播者的职业良心、职业品德、职业荣誉心既有稳定的一面，也有不断变动的一面。因为新闻职业的实际状况在不断地发生变化、职业道德的内容也在变化，同时，每个新闻工作者自己也在社会的发展变化中不断地改变着自己。

2. 外化法

所谓外化法，就是传播主体用内化了的职业道德观念自觉地指导自己的新闻传播活动，就是用职业良心、职业荣誉心和职业品德支配自己的传播活动。留在观念范围内的新闻道德还仅仅是传播者的职业品性，并不能

---

① 王海明. 新伦理学 [M]. 北京：商务印书馆，2001：573.
② 周辅成. 西方伦理学名著选辑：上卷 [M]. 北京：商务印书馆，1964：292.

实际地产生什么效用，只有这种内在的品质转化成支配客观传播行为的力量，自律才能得到最终的实现。

外化法，就是新闻职业实践的过程，职业道德只能在职业行为中真正形成，正像只有下水游泳的人才能真正成为会游泳的人一样。职业新闻人，只有在新闻实践中才能碰到真正的道德难题和道德困境，面临真正的职业道德考验。每一次道德冲突，每一次道德抉择，都是锤炼职业道德品质的过程。道德永远是实践的道德，职业道德永远是职业实践中的道德。离开行为、离开职业行为谈论道德、职业道德是很滑稽的事情。

新闻自律在传播行为中的外在实现，为人们提供了可检验的行为结果，人们既可以检验新闻职业道德规范本身的善恶，也可以检验新闻传播者自律的程度和境界的高低。每一次新闻报道活动，都在一定程度上检验着一个职业新闻人的职业道德水平、自律的程度。检验一个人道德素质的优劣、自律水平的高低，并不存在什么关键时刻，事实上，在我看来，每一时刻，并且越是常态的、平淡的时刻，越能检验一个人的品质。

在实现新闻自律的内化法与外化法之间，存在着相辅相成的关系。传播主体如果内化了合理的新闻职业道德规范，那么他在精神、意识层面就达到了自律，也可以说自律在新闻道德观念层面得到了实现，"道德只有由社会外在规范转化为人们的内在品德，才算是真正得到了实现"①。传播主体如果能够用新闻职业道德规范来约束和限制自己的传播行为，他就在行为层面达到了自律。精神自律是行为自律的前提。一个不能在精神层面约束自己的传播者，却能在行为层面自觉自律是很难想象的。"新闻职业道德只有通过新闻从业人员的精神自律即精神上的自我约束才能起作

① 王海明．新伦理学［M］．北京：商务印书馆，2001：597.

用。"① 在精神层面没有自律的传播者也有可能在行为层面约束和限制自己的行为，这可能是迫于外界的压力，但即使在这种情况下，他也得首先认识到压力的存在，暂时在精神层面约束自己，以不情愿的自我限制方式去指导自己的传播行为。

---

① 黄瑚. 利益冲突、两难抉择与精神自律：谈新闻职业道德规范及其建设问题 [J]. 新闻纵横，2004（3）：10.

第九章　新闻活动环境

　　一个阶级是社会上占统治地位的物质力量，同时也是社会上占统治地位的精神力量。支配着物质生产资料的阶级，同时也支配着精神生产的资料……占统治地位的思想不过是占统治地位的物质关系在观念上的表现，不过是表现为思想的占统治地位的物质关系。

——马克思、恩格斯

　　社会生态环境的改变迫使包括大众传媒在内的社会各子系统进行或快或慢、或大或小的调整、变革以适应新的社会生态环境。无论从世界新闻史还是中国新闻史看，传媒业始终处于不断或强或弱、或大或小的变革中，这是因为传媒业的社会生态环境处在不停的变动中。由此，我们可以说，大众传媒业变革的原动力来自外部即社会生态环境的变动。

——李良荣

　　任何新闻（报业）制度，均为政治制度之一环。换言之，一个社会的政治哲学决定它的新闻哲学；而新闻哲学又直接决定它的新闻政策、新闻制度与新闻观念价值的标准。所以任何国家的新闻事业，必须服务它所依附的政治制度及其生存社会的价值标准，此乃一项必然的逻辑。

——李瞻

新闻活动的实体机构、组织是新闻媒体，新闻媒体之间相互联系、相互作用，形成了统一的媒介生态系统，共同塑造着所有媒体演化、发展的媒介生态环境，因此，媒介生态是我们研究新闻活动环境时必须观照的重大问题。新闻活动总是发生在一定的宏观社会系统之中，这个系统就是它的社会活动环境。[①] 新闻活动（主要讨论的是新闻传播活动）必然要与环境产生相互关系，发生相互作用，因而，新闻活动与社会系统及其主要子系统之间的关系，也是新闻理论必须关注的重要问题。本章我们将把这两方面的问题结合起来加以讨论。

一、新闻活动环境解剖

环境概念实质上是个关系性概念，它描述的是中心事物与周围事物之间的一种关系。如果中心事物是某种活动的主体，那么围绕它的事物便构成了它进行活动的环境。以此推之，新闻活动环境就应该是存在于新闻活动周围的诸多条件的总和。这里，我们将以传播者的职业性新闻活动为核心对象，来分析它的环境构成。

（一）新闻传播的内环境

新闻传播业是一个相对独立的社会子系统，在这个系统中，有大量的

---

① 媒介生态环境与社会环境共同构成传播生态（环境）。因此，新闻传播环境与媒介生态环境并不是同一概念。媒介生态环境侧重于媒介之间的相互关系，传播生态环境侧重于媒介生态系统与社会系统之间的关系。传播生态系统是由媒介生态系统和其他社会系统共同构成的。

媒介组织或媒体，它们之中有些不断发展繁荣，有些逐渐衰败消亡，有些和平相处，有些龙争虎斗，以各种方式日日不息地相互作用，共同营造着新闻传播业的内部生态结构或者内部环境。这种内部环境也就是所有媒体新闻传播活动赖以进行的内环境。对具体的新闻传播活动来说，最贴近的环境是一定的媒体内环境（简称个媒体环境），然后才是由所有媒体相互作用形成的媒体内环境（简称媒体环境）。

1. 个媒体环境

任何新闻传播总是首先产生于具体的新闻媒体之中，因此能对新闻传播形成最直接影响的乃是具体的媒体环境。如果把一个具体的媒体机构或组织看作一个相对独立的系统，那么由其内部各个要素相互作用所产生的整体氛围就是个媒体（内）环境。

新闻媒体不管大小如何，媒介形态如何，其内部结构基本相同或相似，因而在内部环境构成形式上没有大的差别，但在环境内容、质量上会有所不同，甚至有很大的差异，从而使不同的新闻媒体显示出不同的面貌，表现出不同的社会影响力。

我们可以从不同角度出发，利用不同的划分标准，来反映个媒体的内部环境构成情况。此处，主要从硬环境和软环境的视角来描述个媒体环境的构成。"所谓硬环境，是指由传播活动所需要的那些物质条件、有形条件之和构筑而成的环境。所谓软环境，是指由传播活动所需要的那些非物质条件、无形条件之和构筑而成的环境。"[1] 硬环境和软环境都是由一系列的环境要素及其相互关系构成的，硬环境要素一般包括媒体所处的地理环境，区域位置，办公硬件设施，物理工作场所，实际收入、福利待遇，等等；软环境要素一般包括媒体自身的管理水平，上下左右的信息沟通与

---

① 邵培仁. 传播学 [M]. 北京：高等教育出版社，2000：238.

和谐程度，整体的工作态度与精神面貌等。硬环境可见可触，软环境可感可觉，它们在有形与无形之间共同构筑着个媒体的新闻传播环境。

对个媒体来说，它的硬环境与软环境有可能是统一的，也有可能是不统一的，即硬环境质量与软环境质量之间既可能两全其美，也可能优劣不一、处于不和谐的状态。人们有时会看到，有的媒体的硬件设施、办公条件、区域环境并不很好，但它的职工精神面貌良好，团队意识强烈，上下级关系平等和谐，工作井然有序，作风朴素扎实，整个媒体有一种朝气蓬勃、积极向上的气息，可以说有一种充满希望、催人奋进的高质量的媒体文化。不少媒体在创业阶段、转折时期常常会在软硬环境上有如此差别。相反，人们也会看到，有的媒体硬件设施一流、办公环境优美、区域环境得天独厚，但它的职工精神面貌懒散，团队意识淡薄，上下关系紧张冷淡，工作作风敷衍了事，整个媒体给人一种金玉其外、败絮其中的感觉。不少媒体在由盛而衰、江河日下之时，其软硬环境会表现出如此巨大的差异。在常态情况下，硬环境与软环境的质量是统一的，硬环境留身，软环境留心，因此，任何一个新闻媒体，要想获得高质量的新闻传播，必须塑造高质量的统一的传播环境。

2. 媒体环境

作为内环境的媒体环境（也有人称之为"媒体内生态"），就是媒体间相互作用形成的环境①，即由新闻传播媒体之间的竞争与制衡所形成的一种结构体系。人们通常讨论的媒体或媒介生态内环境指的就是我们此处讨论的媒体环境，它也是媒介生态学研究的主要对象。讨论媒体环境实质上是以生态学的观点和方法对新闻传播业做出的一种新的审视，其用意和价值在于促使人们以整体的、联系的、可持续发展的观念，思考个媒体各要

---

① 许永. 媒体内生态中的个体与群体行为 [J]. 当代传播，2003（1）：22.

素之间，特别是不同媒体之间以及整个新闻业与社会系统之间的关系问题，这可以在一定程度上纠正或弥补我们以往注重媒体实体、忽视媒体关系，注重传播本身、忽视环境影响的研究缺陷与不足。目的在于使媒体和整个新闻传播业获得良性发展的思路，使新闻传播业与社会系统处于一种互相促进、共同发展的和谐运行状态之中。

媒体之间的相互作用所营造的媒体环境对整体的新闻传播理念、规范、习惯、方式、风格、潮流等有着重要的影响，所有的新闻传播行为都要依赖媒体环境的状况而进行，超越环境（包括下面将要讨论的社会大环境）的新闻传播行为是不存在的，区别只在于有些新闻传播是适应媒体环境的，有些则可能是不适应媒体环境的。那么，媒体环境到底是如何构筑的？

首先，创造或者营造媒体环境的主体是所有的新闻媒体（有人形象地称之为"媒介生物"，我们之所以限定为新闻媒体，是因为我们的研究对象是新闻传播环境）。"在媒介生态中，媒体是运行的主体，离开了媒体，离开了媒体的行为，就谈不上媒体生态。"① 就当前新闻传播业的实际情况而言，媒体环境主体主要有报社、广播电台、电视台、新闻通讯社、新闻网站、新闻杂志社等。新闻通讯社作为专门搜集和发布新闻的通讯机构，以不间断的方式为所有新闻传播媒体提供各种形式的新闻资源，因而也是非常重要的媒体环境主体。

直接从事新闻传播的媒体当然是媒体环境主体中的主角，但还有一些主体，也是塑造媒体环境的重要角色，它们的角色常常是双重性或多重性的，需要具体问题具体分析。比如，新闻教育、科研机构和新闻管理机构，很难说它们是媒体环境主体，但它们的一些行为与媒体的传播行为或

---

① 许永 . 媒体内生态中的个体与群体行为［J］. 当代传播，2003（1）：22.

经营活动是一体化的，这时它们便充当起准媒体要件的角色。还有一些从事一般通讯业务的电讯部门，由于也进行某些新闻性的传播活动，因此，在必要时也得作为媒体环境主体来对待。但人们一般不把它们看作媒体环境主体，而是看作社会环境中一些比较靠近媒体环境主体的角色。

其次，媒体环境是由媒体之间的相互作用构筑的。新闻媒体之间的相互作用，形成了大致可以分为两个圈层的媒体环境结构：其一，由媒介形态相同的媒体相互作用构筑的媒体环境圈层，比如，由所有生产报纸的报社相互作用构筑而成的报纸媒介环境，由所有广播媒体相互作用构筑而成的广播媒介环境，等等；其二，由所有新闻媒体或者说由不同媒介形态类别的媒体相互作用构筑的媒体环境圈层。对媒体环境做这样的圈层划分，其根据在于报纸媒介、广播媒介、电视媒介、网络媒介之间有着客观的差别；其实际意义在于一个媒体的诞生或消亡、繁荣或衰败，往往首先影响的是同媒介形态的媒体，然后才会波及整个媒体内生态中的异态媒介的媒体，比如，在一般情况下，一家新报纸的诞生，首先影响的是其他报纸媒体，然后才会影响广播媒体、电视媒体等；其理论意义在于帮助人们对媒体环境的内部结构有一个比较清晰的认知。

新闻媒体之间相互作用形成的常态关系之一是共生关系。在现实的媒体生态圈中，不同媒介形态的媒体是由历史发展累积而成的，它们能够在共同的时空中生存发展，本身就说明，人类社会在客观上需要它们有差别的功能和有差异的形式，这在根本上是由人的需求的多样性、个性的多样性所决定的，只要人与人之间还存在着需求的差异、个性的差异，依赖不同媒介形态的多样性媒体就有存在和发展的理由。马克思就曾讲过这样的话："需要是同满足需要的手段一同发展的，并且是依靠这些手段发展的。"[1]

---

[1] 马克思恩格斯全集：第42卷 [M]. 2版. 北京：人民出版社，2016：526.

依赖整合媒介形态的媒体不过是一种复合型的媒体，至多是媒体中的一种，并不是所有的人都需要和乐于接受复合型的媒体，单一媒介形态的媒体依然有它的生存基础，传统的新闻传播媒体以历史积淀的方式塑造的人们的信息传收习惯，短期内是不可能彻底改变的。如此看来，媒体之间的客观差异性意味着媒体间的必然互补性，意味着在媒体环境中，不同媒体之间的存在是一种互补的、共生的关系，它们共同塑造着媒介的整体生态结构。

新闻媒体之间的另一种常态关系是竞争关系。现有的新闻媒体是一种多样性的存在，各种性质、各种类型的媒体都在根据自己的利益追求和发展目标，依据本媒体的特点和条件，进行新闻传播活动和其他活动，而新闻传播总资源（包括媒体内环境和外环境提供的各种资源，其中最主要的和最直接的是收受者资源、广告资源、人才资源、技术资源等）在一定时空范围内总是有限的，这就决定了媒体之间必然展开各种各样的竞争，形成竞争关系，在竞争中共同塑造富有活力的媒体生态环境。竞争关系使不同的媒体在媒体环境中获得了不同的地位（按照生态学的术语，可以叫作媒体生态位），于是人们看到，在传媒生物的构成中，不同媒体间的关系在法律上、道义上是平等的，但就实际对社会和大众的影响力、作用力而言是有很大差别的。有些新闻媒体充当着媒体的媒体，不仅是主流媒体，而且可能是媒体中的"舆论领袖"，可能对整个新闻报道、舆论环境起着一种导引和支配的作用，可能对一定时空范围内的新闻报道内容、方式定下某种特有的基调、潮流和风格，其他一些媒体则只有"跟上"或者"跟进"的机会。在媒体的竞争关系中，与在自然的生态环境中相似，总有新的"媒介生物"（媒体）在诞生，也总有一些老的"媒介生物"（媒体）在消亡，生与死都会给既有的媒体环境带来影响。新媒体，特别是运用新媒介而成的新媒体的诞生，对原有的媒介环境常常会造成较大的甚至是地震式的影响，结果是在一定程度上甚至会在根本上打破原有的媒体生态平衡关系，这种情景剧在人类新闻传播的历史舞台上一次又一次地上演过。最近的、依然正在进行的一次就是网络技术带来的网络媒体的诞生，它已经使传统的新闻媒体面临严峻的挑战，各种媒体重新寻找媒体生态位的话剧高潮迭起。

媒体之间的相互作用，诸如合作、竞争、学习、交流等，会在一定历史时空中形成共同认可的新闻传播理念、传播原则、传播风格；会形成共同的专业精神、职业道德、行业规范；会形成一种"似乎难以说清，却能感受得到"的业内氛围。当然，不同新闻媒体还会有自身的一些独特精神气质和风格面貌。这些东西从总体上看，无形为主，有形为辅，也是媒体环境的重要体现。

最后，媒体环境应该处于动态的平衡中。显然，这里重点讲的不是事实，而是一种价值诉求，是人们对媒体环境应有状态的一种期望。实际上，媒体环境永远是由所有媒体通过上述共生、竞争关系建构的动态环境，即不断变化的环境。但在一定时空条件下，媒体环境是相对稳定的（关于媒体环境的特征问题，将在下面详细讨论），那么，怎样一种相对比较稳定的媒体环境才是质量比较高的媒体环境？也就是说，在相对优良的媒体环境中，媒体间的关系应该是什么样的？我以为在总体上是一句话：所有媒体适得其所，基本处于良性共生与竞争之中。适得其所是理论上的理想状态，就是让处于媒体环境中的所有媒体，都能较好地发挥它能够和应该发挥的作用；良性共生与竞争关系，就是让所有媒体能够比较合理地共享社会大系统提供的新闻传播资源，能够比较合理地共享媒体生态创造的各种营养。为了达到这样的环境状态，必须保持多样性的媒介生物（媒体）与合理的媒体密度。媒体的多样性，依赖社会需求的多样性，表现为媒体性质的多样性、类型的多样性、层次的多级性；表现为媒介形态的多样性，新闻传播内容、方式、风格等的多样性。媒体密度，是用来描述一定时空范围内媒体分布情况、数量多少的概念。密度过高，必然产生媒体拥挤，媒体拥挤必然导致媒体之间激烈竞争。竞争的方式和结果是多种多样的，有些媒体通过向外伸展，求得新的生存方式与发展环境，为自己争取新的相对比较宽松的空间；有些媒体则在竞争中达成合作，从而减轻拥挤度，降低媒体存在的密度；有的则可能在拥挤中倒闭，或被践踏得遍体鳞伤。密度过高，使媒体产生拥挤感，往往可能更易于导致一些媒体采用非理智的方法与对手展开恶性竞争，从而浪费或破坏传播资源，造成恶性媒体环境，对整个新闻业产生消极影响。媒体密度过高，超过一定的客观需要，往往会造成信息重复和信息过剩现象，从而对社会产生信息压力，甚至导致信息恐惧症，结果是人们不再愿意主动地接触媒介，或面对拥挤的媒介、泛滥的信息洪流时感到无所适从。媒体密度过低，则可能出现另一种现象，"如果过低了，媒体获得资源过于轻松，这样会破坏媒体的竞争环境，反而使媒体降低适应能力，不利于媒体发展"①。因此，媒体密度适中，是理想的境界，只有适中的密度才有利于新闻传播，有利于促进新闻业的整体发展。人们将生态学的观念和方法引入新闻学研究，核心用意之一就是解决媒体密度这一难题。媒体环境研究特别注重新闻传媒的整体结构关系，即在一定的传播资源下，在一定的可控时空中，多样性的媒体怎样结构才是合理的，也就是不同新闻媒体大致形成一种什么样的数量比例关系、结构关系，才更有利于绝大多数媒体的生存和发展，才有利于整个新闻传播业的发展。我们看到，一些学者对一定地域范围内新闻媒体整体结构现状的分析、评估，对其未来发展的预测等，背后就有媒体生态观念的支持；而有关媒体整顿、调整等政府、行业行为，实质上也是试图

---

① 许永. 媒体内生态中的个体与群体行为［J］. 当代传播，2003（1）：24.

重新构筑媒体环境的行为。

自然生态系统有其自身客观的调节方式，如果人类不去破坏，它就会自行调节，而人类现在之所以要通过各种措施保护自然生态环境，是因为人类自己的活动破坏了它。以人类实践活动为主导的任何社会系统也有其自身的环境演变规律，但其环境质量的改善和提高，不能仅仅依赖宿命论式的规律作用，更要充分发挥主体的主观能动性，自觉地、有意识地去创造比较合理的媒体环境。当前，世界范围内媒体"巨无霸"的出现，是否有利于媒介生态的平衡，是否有利于一定范围内以至全球范围新闻传播合理秩序的建立，是否有利于新闻传播正面社会功能的发挥[①]，如此等等问题，既需要理论的思辨，更需要实证的研究。

（二）新闻传播的外环境

新闻传播业运行于其中的自然系统，特别是社会大系统，就是新闻传播业的外环境，也就是新闻传播活动的外环境。社会大环境构成了社会各个子系统的宏观运行环境，当我们以某一个子系统为考察对象时，其他子系统便是构成社会大系统的要素。因此，所谓新闻传播的外环境，就是由内环境以外的所有社会子系统相互作用构筑的一种传播条件和氛围。

构成新闻传播外环境的要素很多，但对新闻传播活动有较大影响的要素是有限的。我们可以根据这些环境要素与新闻传播活动相关的直接程度（直接程度并不完全等同于对新闻传播影响的大小和强弱程度），将新闻传播的外环境粗略地分为两个圈层：第一圈层是由与新闻传播直接相关的一些要素构筑的，主要包括新闻收受者、媒体控制者、广告资源拥有者、新闻产品流通渠道等，它们共同构造着新闻传播直接面对的外环境。第二圈

---

① 比如，是否有利于民主社会的建设，是否有利于个体的合理社会化成长，是否有利于各种社会组织对社会信息资源相对比较平等的利用，等等。

层是由与新闻传播间接相关的一些要素构筑的，主要包括政治、经济、文化、法治、技术、社会心理、人口素质等要素，它们共同构造着新闻传播最外围的宏观环境。[1]

在这两个圈层中，每一圈层内的各环境要素之间具有更密切的关系。比如，在第一圈层中，新闻收受者、媒体控制者、广告资源拥有者等，它们都与媒体有着直接的关系，并通过媒体的新闻传播行为紧密联系为一体。媒体控制者的行为常常会直接影响新闻收受者能够收受到什么，新闻收受者的收受行为会在很大程度上影响到广告商的广告投放行为……面对这些关系，当我们反过来思考时，就会发现，圈层内的诸多要素具有潜在的统一性和相互制约性，它们共同决定着第一圈层的环境状况，并对新闻传播构成影响。在第二圈层中，政治、经济、文化、社会心理、人口素质等要素之间同样有着直接的关系，每一环境要素的素质都会影响其他要素的素质。这已属于常识问题，不必赘言。

在两个环境圈层之间，一方面，二者有着千丝万缕的内在关系，我们只不过是从研究新闻传播环境的角度，将它们区分成了不同的圈层和圈层要素，在客观实际中，它们往往是统一的要素。因而需要说明的是，尽管这种圈层划分有一定的客观根据（这也正是它的合理之处），但在实际中有时很难清楚区分哪些因素是直接的、哪些因素是间接的，有些因素本身就是一体化的，因此直接与间接的区分具有一定的相对性，是为了在理论研究中的方便而区分的。另一方面，两个圈层对新闻传播的影响方式却有所不同。一般来说，第二圈层中的环境要素是通过对第一圈层中环境要素的影响，进而影响具体新闻传播活动的，比如，政治、法律等间接要素可

---

① 中国人民大学新闻学院的蔡雯教授在讨论媒介定位的客观依据时，曾经针对个媒体描绘了一幅媒介生存环境要素图，与我们这里提出的新闻传播外环境圈层结构图有一定的相似性，有兴趣的读者可参阅蔡雯. 新闻传播的策划与组织 [M]. 北京：新华出版社，2001：93-103。如果把新闻传播活动的自然环境作为一个环境构成层次，就可以说外环境由三个层次构成。

以通过媒体控制者要素发挥作用；人口素质要素、经济要素、社会心理要素、文化要素等可以通过新闻收受者要素发挥作用。

关于新闻传播的外环境，还有一个空间范围的问题，不同空间范围内的新闻传播活动，具有不同的外环境。在信息化、区域化、全球化的时代大背景下，外环境的空间延伸有着非常重要的意义，因为新闻传播或一般文化传播的跨地区性、跨区域性和跨国性已经越来越普遍，地区之间、区域之间、国家之间的各种合作与竞争早已成为事实，任何一个地区、区域、国家的新闻传播，原则上都是国际传播的有机构成部分，必然要受到国际传播大环境的影响。因此，国际政治、全球经济、国际文化交流、国际人员往来等一系列要素，都会对一定范围的新闻传播形成不同程度的影响。各国之间展开的国际新闻传播合作与竞争都是在国际大环境中进行的，国际环境的变化，特别是国际政治环境和经济环境的变化，会给国际新闻传播，甚至国内新闻传播的内容和方式、理念和规范等，带来重大的影响。

根据上面的描述和阐释，如果以个媒体的新闻传播活动为对象，我们就可以画出新闻活动环境的逻辑圈层结构图（见图 9-1）。之所以称之为逻辑结构图，是因为在现实世界中，新闻传播环境是以弥漫状态存在的。新闻传播活动的内环境和外环境，共同构成了新闻传播生态环境。

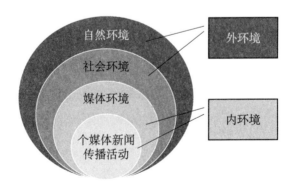

图 9-1　新闻传播活动环境的逻辑圈层结构图

（三）新闻传播内外环境的关系

从总体上说，新闻传播内外环境之间的关系是一种互动关系，既有良性的互动，也有恶性的互动。但在这种总体的互动关系中，外环境决定着内环境的整体态势，"社会生态环境的改变迫使包括大众传媒在内的社会各子系统进行或快或慢、或大或小的调整、变革以适应新的社会生态环境。无论从世界新闻史还是中国新闻史看，传媒业始终处于不断或强或弱、或大或小的变革中，这是因为传媒业的社会生态环境处在不停的变动中。由此，我们可以说，大众传媒业变革的原动力来自外部即社会生态环境的变动"①。同时，我们也不应忘记，中外新闻史也为我们提供了媒体内环境可以输出导致外环境发生剧烈变动的信息，尽管产生信息的源头可能并不是媒体环境，但如果没有某种适宜的媒体内环境，一些改变外环境的重要信息是不可能输出的。

新闻传播的内外环境是相对独立的不同环境系统，内环境主要是所有新闻媒体之间相互作用的产物，外环境则是各个社会子系统之间相互作用的产物。但是，内外环境在客观实际中是互相渗透的，不像我们在理论逻辑上分得那么清楚，它们浑然一体，弥漫一片。新闻传播的内外环境是相互依存的共时存在系统，之间有着十分复杂多变的相互作用和影响；同样，新闻传播的内外环境也是相互依存的历时演变系统，之间有着持续不断的相互输出与输入关系。如果从具体层面来看，新闻传播内外环境之间的关系可以大致从以下几个方面理解。

第一，新闻传播外环境为内环境提供了孕育、生长、发展的场所，当然也提供了衰败、消亡的时空。对任何一个社会子系统及其行为来说，社

---

① 李良荣.李良荣自选集：新闻改革的探索［M］.上海：复旦大学出版社，2004：27.

会大环境都是它的栖息地和归宿处。外环境以从不间断的方式给内环境输入物质、能量和信息，培育着内环境中的媒介生物（媒体），滋养着其以新闻传播为主的各种活动；当然，外环境也有可能输入导致内环境出现恶变的物质、能量和信息，从而使内外环境之间出现矛盾或恶性的互动，这种情况在中外新闻史上都出现过。

第二，新闻传播内环境为外环境不断生产、提供促使其良性运作的信息，当然也会不断给外环境输出一些导致其恶性变化的噪声。内环境主要以不断给外环境输出新闻信息的方式，为外环境提供一定的"营养品"，这些营养品实质上是媒体对外环境提供的最新信息资源进行加工后的产物，正是在这种内外环境的信息交流中，内环境发挥着它检测外环境质量的功能，并以相对外环境而言的反馈方式、中介方式调整着外环境的运作；另一种可能情况是，内环境输出到外环境的不是营养品，而是腐蚀剂或传染性信息病毒（这里的叙述是以现有外环境的优良性为假设），诸如有意或无意制造的政治、经济、军事、宗教等方面的假新闻、假信息，还有有偿性新闻等，这些新闻信息一旦输出到外环境之中，往往会导致外环境发生混乱，失去正常的运行秩序，甚至造成环境面貌的彻底改变。社会，其实是由传播组织起来的社会，由传播以中介桥梁方式编织起来的社会，当然，这里的传播不限于新闻传播，但新闻传播发挥着重要的作用和影响。

第三，新闻传播的内外环境相互作用，在总体上总是同步、同质变化发展。同步是说内外环境的变化发展是共时性的，但构成新闻传播内环境的主体——新闻媒体——的意识形态本性，使得内环境的变化从本源上依赖于社会环境的变化。社会环境变了，媒体环境必然会发生变化，但在源流成形之后，不能在内外环境的互动中死守外环境变化必然在先、内环境变化必然在后的因果逻辑。同质是说内外环境的质量优劣高低是基本一致的，这实质上是说，有什么样的外环境，就有什么样的内环境，历史和现实都证明了这一点。当然，这是一种总体性的判断，不排除偶然的例外。

关于内外环境之间的相互关系，我们在下面讨论新闻活动环境的特征时，还会从不同角度进行一些更为细致的讨论。

二、新闻活动环境的特征

所有的新闻传播活动都要在一定的传播环境中展开，因而环境对新闻传播有着必然的影响。把握环境特征既有利于进一步认清环境对新闻传播的作用，也可以为改善新闻传播环境提供一些思路。这里，我们将主要以统一环境（不再明确区分内外环境）为对象，分析新闻传播环境的一些主要特征。

（一）存在形态的有形与无形

新闻传播环境的存在是客观的，但作为一种客观存在，不管是内环境还是外环境，都是由两类基本形态的要素构成的。一类要素是有形的、具体的，是看得见、摸得着的物质性和物理性的形态要素，由这类要素构成的环境通常被人们称作硬环境；另一类要素是无形的、弥漫的，是看不见但却可以感受得到的精神形态的要素，由这类要素构成的环境通常被人们称作软环境。

有形的硬环境和无形的软环境构成了影响新闻传播的统一环境，很难说哪种形态的环境要素对新闻传播更重要、影响更大，因为说到底，环境对新闻传播的影响最终要落实到从事新闻传播的主体身上，而主体是一种能动性的存在，对待环境的态度和反应各有不同，有些人更注重硬环境要素，有些人更注重软环境要素。但毫无疑问的是，所有的正常人都既想有优美的硬环境，也渴望和谐的软环境。

有形的硬环境对新闻传播的影响也是有形的、具体的、明确的、直感的。比如主要依赖铅与火、纸与笔的传播环境与主要依赖电与光、电脑与网络的传播环境对新闻传播效率的影响就有很大的不同；高楼大厦、窗明几净与平房矮屋、嘈杂凌乱的办公环境对人的工作情绪的影响一定有所不同。硬环境的有形性，易于被人们发现和重视，易于通过物化的方式、有形的结果进行改善。无形的软环境对新闻传播的影响常常表现在有形与无形之间，不怎么具体，也不怎么明确，看得见又看不十分清楚，日积月累，才会有一种明显的累积效应。因此，软环境建设往往得不到及时的重视。

有形环境要素与无形环境要素作为构成新闻传播统一环境的不同单元，对传播环境质量的高低具有同等的重要性，因而硬环境需要不断地改善，软环境更需要长久持续地塑造。一个媒体，如果具有优美的、高质量的硬环境，就比较容易营造良好的媒体文化氛围；反过来，一个媒体，如果有良好的软环境，就能够比较快地创造财富，改善自己的硬环境。但若要一个媒体长盛不衰，无形的、内在的精神是更重要的。一般来说，有形与无形之间是互相影响的互动关系，二者在本质上是统一的。

（二）边界形式的封闭与开放

新闻传播环境具有一定的边界形式，尽管人们看不到实际的、有形的边界线，但边界形式的存在是客观的，边界以内是一种环境，边界以外是另一种环境。对具体的新闻传播来说，如前所述，它的环境是多层次的圈层结构；对整体的新闻传播业态来说，即把新闻业界的所有新闻传播作为一个整体看待，仍然有一个媒体内生态环境与社会大环境的分界。

有了环境边界，也就有了环境的封闭性，也正是环境的封闭性、相对独立性，才能使不同环境的存在成为可能。环境的封闭性是由一定系统的相对独立性所决定的，每一个系统都有自己独立的构成要素，这些要素间的相互作用就构成了自身的内部环境体系。

环境的封闭性使不同环境具有自己的标识，具有自己相对独立的运行机制，因而我们才能把新闻传播环境分为个媒体环境、媒体环境和社会环境（还可以包括自然环境）。环境的封闭性使塑造良好的小环境成为可能，任何小环境都处于一定的大环境之中，比如，个媒体环境就处于由所有媒体相互作用构筑而成的媒体环境之中，而媒体环境又处于社会环境之中。[1] 每一相对而言的小环境，都由自己相对独立的环境要素构成，如果一个小系统中的要素素质及其相互关系的和谐程度高于大环境，那么，良好的小环境就可能存在于并不优良的大环境之中，这种情况我们在现实中经常可以发现。当然，相反的情况在实际中也存在。

当我们看到环境的封闭性时，同时就要考虑到环境的开放性问题。环境的边界是无形的，它不是实际的万里长城似的围墙，不是实际的国界线式的存在，那些边界线、圈层结构线是依赖人的思维、想象画出来的。客观存在的环境是开放的，即使人为地为一定的新闻传播环境设防，也是困难的，对目前高技术支持下的新闻传播来说，任何被动的设防都几乎是徒劳的。从原则上说，任何新闻传播的环境边界都是弥漫的、无限的。环境的开放性，意味着不同的环境之间会不断进行物质、能量、信息的交换和交流。新闻传播的个媒体环境不仅对媒体环境是开放的，对社会环境更是开放的，当然，每一相对的大环境对相应的小环境而言也是开放的，因而这种开放性是互相的，具有"通透性"[2]，可以称之为"互开性"。

---

① 可以发现，针对的对象越小，它的环境圈层结构就越多。因而，越是小的事物、弱的事物，其生存与发展越容易受到环境的左右和影响。这是环境与对象关系的一条重要规则。

② 邵培仁.传播学 [M].北京：高等教育出版社，2000：237.

环境的开放性决定了大小环境之间互相影响的必然性。一方面，环境的开放性使内外环境之间或者说大小环境之间互相吸取营养成为可能，小环境有时能够以扩散效应方式改变大环境的面貌，或者大环境通过同化效应方式改善小环境的质量，其重要的根据之一就在于环境自身的开放性；另一方面，环境的开放性也可能造成内外环境之间的"恶染"，小环境的污浊空气可能污染大环境的清洁，同样，大环境的污浊空气可能使小环境的清新难以保持。新闻界的一些人习惯把媒体环境的不洁归罪于社会环境的不良，但不要忘记，媒体环境的腐败气息也会迅速浸染社会环境的健康肌体。也许在本源意义上社会环境对媒体环境的影响更大，但在导引环境改善方面，媒体环境有着特殊的意义，因为媒体在现代社会被看作"社会公器"，其最基本的功能是监测环境、守望社会。

从上面的阐释中可以看出，新闻传播环境的封闭性是开放性中的封闭性，因而开放是绝对的，封闭是相对的，开放与封闭统一在开放性的基础之上。

（三）表现样式的独立与融合

新闻传播环境的封闭性，决定了它的独立性。新闻传播环境的表现样式千差万别，我们不可能找到完全相同的个媒体环境，它们都有自己独立的表现样式和一定的个性特点。针对不同的新闻传播，我们也不可能找到完全相同的传播环境，即每一具体的新闻传播都有它独立的传播环境。也许对不同的、具体的、在同一时空下的新闻传播来说，有着大致相同的外环境、媒体环境和个媒体环境，但如果针对每一条具体的新闻报道去分析它的传播环境构成时，我们立刻可以发现，在微观层面上，它们的传播环境是不一样的，比如，刊登在同一版面上的两条新闻，实质上拥有不同的微观传播环境，它们在版面上的位置不可能相同，阅读它们的读者可能拥有不同的收受环境、心理环境，等等。因此，不同新闻传播所拥有的环境的差异性是绝对的，同一性是相对的，所有的新闻传播都有它相对独立的传播环境。

尽管新闻传播环境的表现样式具有独立性，可以分为不同的圈层环境，可以分为不同的具体的传播环境，但任何相对具体的新闻传播，其所处的环境又是融合的、整体性的，不同圈层的环境要素，并不是以清晰可分的方式影响新闻传播的。对整体的新闻传播来说，社会环境中的诸多要素同样不是以泾渭分明的方式产生影响的。在新闻传播实际中，内外环境以融合的方式，以相互贯通、互相渗透的方式，同时作用于新闻传播。传播环境的这种融合性、整体性才是它更为真实的表现样式。

（四）生存方式的稳定与变化

新闻传播环境是具有生命的东西，有自己的生存发展方式。依据内外环境实际的演变情况，可以概括出这样两个突出特点。

其一，生存方式的稳定性。稳定性的核心，是指在一定的时空范围内，内外环境的基本状况不会发生大的改变，保持一定的基本面貌。任何传播环境的形成都有一个过程，可一种传播环境的体系一旦形成，总会保持一段时间，甚至相当长的时期。

新闻传播环境生存方式的稳定性，主要源于环境要素的渐变性和环境边界的封闭性。任何事物的发展变化都遵循着量变质变规律，构成传播环境的要素，不管是硬环境要素还是软环境要素，不可能一夜之间、三日之内，发生翻天覆地的变化。硬环境要素还有可能在短期内发生突击改变，然而软环境要素的改变具有绝对的渐变性，只能累积，不能突变，因而从总体上说，传播环境在客观上必然具有稳定性。传播环境的相对封闭性，使一定环境在面临其他环境的一般作用时，能够保持自己的常态，即使遇到其他环境的强烈影响，也可以延缓冲击作用的效应，使环境能够在一定时期内继续保持原有的基本状态。

环境的稳定性是环境生存方式的一种惯性，它对日日常新的新闻传播既有可能产生积极影响，也有可能产生消极影响。因此，对主体来说，必须根据实际情况，以自觉的能动性、积极的创造性，或者维护既有的环境状态，或者加快改变既有的环境面貌。

其二，生存方式的变化性。变化性的核心，是指在一定的时空范围内，新闻传播的内外环境总处在一定的变化之中，不断更新着环境的面貌。

传播环境的变化性是由事物运动变化的绝对性所决定的，构成环境的不同要素在变，要素之间的关系在变，环境当然不可能不变。传播环境绝对的开放性，使一定的传播环境不断受到其他环境的影响和作用，物质、能量、信息在不同环境之间的相互输出与输入，自然使所有的环境都处于动态的变化之中。

新闻传播史的经验告诉人们，传播环境的变化有渐变和突变两种具体方式。渐变是一种不明显的变化方式，而突变则是一种剧烈的变动方式。渐变是从不停歇的变动，突变则是偶尔有之的变动。新闻传播媒体内环境的突变，动力根源通常来自社会大环境，特别表现在政治环境的变动上。新闻传播业与政治系统之间关系的密切性，使得政治系统一旦跌宕起伏，媒体环境就会立即潮起潮落。

传播环境的变化方向，有时可能走向优良，有时可能走向恶劣。但就整个人类新闻传播环境的变化发展趋势来看，我们可以持乐观主义的态度，我们有理由相信总体环境会趋向优良。对此，人类新闻传播发展史已经做了证明，当前的传播实际也让人们充满希望。比如，构成新闻传播社会环境的诸多主要要素，它们的素质都在不断优化和提高：经济发展为新

闻传播提供着坚实的物质后盾；政治文明的进步为新闻传播创造着越来越
自由宽松的环境；文化进步为新闻传播塑造着素质越来越高的新闻收受
者；技术的日新月异，更是为新闻传播内在本质要求（比如自由、快速、
新鲜、广泛等）的实现创造着前所未有的条件……

　　在传播环境的稳定性与变动性之间，稳定性是相对的，变化性是绝对
的，稳定是变化发展中的稳定，是一定条件下、一定时空中的稳定。如上
所述，新闻传播环境的开放性特征，决定了每一圈层环境之间的"互开
性"和相互作用的绝对性，这种绝对性决定了环境变化、发展的绝对性。

三、新闻活动与环境系统的关系

　　新闻活动与环境系统，特别是与社会环境系统的关系，实质上就是新
闻业与社会的关系，因此，我们将从新闻业与社会关系的角度，论述新闻
活动与社会环境的关系。新闻传播业不是一个孤立的社会子系统，它的演
变与发展也不是一个纯粹的自组织过程。作为以传播信息、沟通情况、监
测环境、监督社会、传承文化、服务大众为主要社会功能的新闻传播业，
与社会整体及其他子系统有着千丝万缕的关系，它与政治系统、经济系
统、文化系统、技术系统等一起，共同构筑着社会整体的演变与发展。实
际上，本书在不同地方，从不同角度、不同侧面都论述过新闻业与整个社
会、与其他社会子系统的关系，因此，这里只是在总体上加以总结和
概括。

（一）新闻业与社会整体环境的基本关系

　　新闻传播系统与社会整体环境（也即社会统一体）具有非常复杂的历
史关系和现实关系，我们以当代新闻传播业与社会系统的实际状况为参

照，来描述它们之间的基本关系。

第一，相对独立与绝对统一的关系。自从新闻业诞生以来，新闻传播系统就具有相对的独立性，在社会有机系统中发挥着相对独立的功能作用。并且，从宏观趋势上看，新闻业一直在争取它在社会系统中相对的政治独立性和经济独立性。从 19 世纪三四十年代开始，西方国家的新闻媒体就逐渐开始追求并在一定程度上获得了自己相对的独立地位。新闻媒体的独立性，从根本上说是相对的，因为新闻传播系统不过是社会有机整体的一部分，它的存在和发展依赖于社会整体的政治、经济、文化、技术等状况。李良荣先生认为，"大众传媒是社会的一个子系统，它的生存、变化、发展依赖于、受制于社会总系统"①。一旦离开社会系统这个大系统，新闻业就像离开人体的眼睛一样，无论原来如何漂亮美丽，都将变得恐怖且毫无意义，因而新闻业与社会系统的统一性是绝对的。不可能存在超越政治、经济、文化、技术等社会条件的新闻传播活动。

第二，相互作用关系。新闻业与社会系统永远处于相互作用的状态之中。尽管新闻业的意识形态性质，决定了它整体上必然受制于社会的物质系统，但它对社会的反作用、能动作用无论在历史上还是在现实中都是巨大的，并且伴随着信息时代、知识社会步伐的不断加快，新闻业对整个社会运作、社会生活的影响会越来越大，越来越不可低估。新闻传播业与社会系统的相互作用关系主要有两种表现形式：其一，良性互动，即新闻业与社会系统之间形成了互相促进、共同发展的良好局面。20 世纪中后期兴起的发展新闻学，一个重要内容就是探索新闻业如何与社会发展之间形成良性的相互作用关系。其二，恶性互动，新闻业与社会系统之间有时会形成相互制约、恶性互动的关系，导致两败俱伤、社会混乱甚至倒退。这

① 李良荣. 李良荣自选集：新闻改革的探索 [M]. 上海：复旦大学出版社，2004：27.

种事实在历史上一再出现，给人民群众带来了巨大的灾难。需要注意的是，新闻业与社会系统的恶性互动，往往是以二者步调一致的面目出现的，这在新闻业缺乏相对独立性的体制下尤为突出。

第三，同步变化关系。这实质上是对相互作用关系的总体描述，即良性互动、恶性互动导致的结果与新闻业和社会系统的变化是同步的。我们在描述新闻业发展的特点时已经说过：从宏观上考察新闻传播业与社会系统的整体关系，特别是从人类历史发展的总体趋势上观察，我们不难发现，新闻传播业的变化、发展轨迹与社会系统整体变化、发展的轨迹是基本相同的。只要社会系统在整体上是良性发展的，那么，新闻传播业也就会良性发展，反之亦然。

（二）新闻活动与社会主要子系统的关系

若要比较细致考察新闻传播活动与社会环境之间的关系，就得进一步分析构成社会环境的主要子环境（要素）系统与新闻传播活动的关系。当我们分析新闻传播活动与社会环境的关系时，实际上要讨论的问题是它与政治、经济、文化、技术等系统的具体关系。新闻传播活动与社会环境的实质性关系是通过这些具体关系表现出来的。从原则上说，新闻传播活动与社会有机体的每一个子系统都处于密切的互动关系之中，但我们在这里不可能一一展开论述，只是简要说明一下它与几个主要社会子系统，特别是与政治系统的关系，因为新闻传播活动与政治系统有着紧密的关系。

1. 与政治系统的关系

新闻传播与政治的关系一直是新闻学关注的重要问题，这是因为自从新闻传播业诞生以来，在整个社会系统运行中，政治与新闻的关系都非常紧密，新闻传播往往成为政治活动的一部分或政治活动的前沿阵地。尽管在不同社会形态、社会制度下，在不同的历史时代、时期中，政治与新闻传播关系的具体表现有所不同，但二者之间的相互作用、相互影响却是始终存在的。

从总体上看，历史与现实提供的事实是：政治对新闻传播有着决定性的影响。这主要表现在以下几个方面。

第一，在制度层面上，新闻制度受制于政治制度。新闻制度几乎总是政治制度的附庸，至多是政治制度的一部分或延伸物。因而，有什么样的政治制度，就有什么样的新闻制度。政治制度总是决定着一定社会中主流新闻传播的总体方向。中国台湾学者李瞻先生在其《新闻学》中写道："任何新闻（报业）制度，均为政治制度之一环。换言之，一个社会的政治哲学决定它的新闻哲学；而新闻哲学又直接决定它的新闻政策、新闻制度与新闻观念价值的标准。所以任何国家的新闻事业，必须服务它所依附的政治制度及其生存社会的价值标准，此乃一项必然的逻辑。"[①] "在新闻媒体的政治性和阶级性归属上，一个国家的政治制度和统治阶级的阶级立场具有决定性的影响。"[②] 世界上不存在反对本国政治利益的新闻媒体，即使真的存在，它在一定的政治环境中，也不会生存太久。政治权力为新闻媒体、新闻传播设定的最宽边界是不反对政治权力的合法性和合理性，而不管一种政治权力本身是否合法合理，这就是现实的政治逻辑。文明的政治会主动追求和增强自己的合法性和合理性，会把新闻传播作为促进政治文明的手段。

第二，在政治意识形态方面，新闻传播不仅具有政治意识形态的属性，而且本身就是重要的意识形态机构或组织，以直接或间接的方式维护或反对、颂扬或批评现有的意识形态。但总体上说，现实社会中的主流新闻媒体大都维护主流的意识形态，通过媒介的选择手段表示对政治意识形

① 李瞻. 新闻学：新闻原理与制度之批评研究 [M]. 台北：三民书局，1973：自序4.
② 刘华蓉. 大众传媒与政治 [M]. 北京：北京大学出版社，2001：40-41.

态的青睐。有人经过研究认为："在美国，媒体是政治运作的一部分……总结美国媒体与政治的关系，我们不难看出，媒体也是为政治服务的。虽然政府不直接控制媒体，但由于美国的政治经济制度，媒体是由一小部分与政府关系密切的人和组织控制的，其报道内容、价值取向都受到政治经济制度的影响。总之，美国媒体是为美国的资本主义制度，为美国在世界的强权地位服务的。"① 这种服务，当然只能是意识形态的服务，通过新闻方式进行的服务。同样，在社会主义中国，政府和政党把新闻媒体作为自己的耳目喉舌，使其成为有力的"新闻宣传"工具②，为自己代表人民利益的政治统治服务。

第三，新闻传播始终是政治活动的重要工具，也是政治活动的一部分。在资产阶级革命斗争和资本主义政权初期的政党斗争中，新闻媒体就是政治斗争的机构，新闻传播基本上是政治斗争的工具。当时，作为大众传媒意义上的报纸实质上充当着政治斗争的工具，报纸等大众传媒的存在与发展实际上基本依附于政治组织和政治力量，报道传播的内容与形式同样具有鲜明的政治倾向性。"书籍和报纸与18世纪欧洲启蒙运动是联系在一起的。报纸和政治小册子参与17世纪、18世纪所有的政治运动和人民革命。"③ 因此，人们说这时期的媒体（主要是报纸）"基本上是政治媒体"④。商业化媒体兴起后，尽管极力追求政治上的独立性，但这种独立性仍然是一定政治统治下的独立性，不可能超越政治统治的权力界限。在中国，政治性媒体从近代以来一直占据着绝对的主导地位，始终是各种政

---

① 俞燕敏，鄢利群 . 无冕之王与金钱：美国媒体与美国社会［M］. 北京：中国社会科学出版社，2000：85.

② 新闻宣传，是作为政治家的江泽民在1989年开始使用的一个概念，不是指新闻传播和宣传，而是指通过新闻传播媒体进行的宣传工作。陈力丹 . 马克思主义新闻思想概论［M］. 上海：复旦大学出版社，2003：327.

③ 施拉姆，波特 . 传播学概论［M］. 陈亮，李启，周立方，译 . 北京：新华出版社，1984：18.

④ 唐海江，吴高福 . 西方政治媒体化评析［J］. 国际新闻界，2003（2）：17.

治力量进行政治斗争和政治宣传的工具。到今天，在我国，坚持中国共产党的党性原则，依然是新闻媒体开展工作的最重要的原则。

新闻媒体在政治舞台上，不仅是国内政治的工具，也是国际政治的武器，是各国之间展开政治交往的有效平台和进行政治斗争的有力手段。在每一次重要的国际政治事件中，甚至是带有政治味道的其他事件中，人们都能看到，相关国家的主流媒体，斗智斗勇，互不相让，都在为本国的政治利益、经济利益、文化利益等服务。没有政治偏向的媒体在今天的世界上是不存在的，这是事实，不是承认不承认的问题。

第四，在具体的操作层面上，政治活动内容（主要表现为政治新闻）始终是主流媒体新闻传播的核心部分。"在大众传媒报道的内容上，政治是大众传媒重要的消息来源和报道内容，由于会对人们的生活和社会发展带来巨大影响，大众传媒特别是综合性的有影响的大众传媒必须对政治领域的状况进行报道。"① 政治性内容之所以能够成为新闻媒介的重要内容，是因为以下两点：一是政治权力本身的诉求，政治权力面对的总是一定的社会人群和组织，它需要社会能够看到自己的形象，听到自己的声音，了解自己的意志。当然，反过来看，社会大众对政治权力、政治权威的政治行为也比较关心，因为这关系到他们的利益和命运。二是政治权力在社会运行中的特殊地位与作用，使得新闻媒体不得不关注它的一举一动。因而，新闻媒体对政府消息源的依赖是司空见惯的事情。越是重大的新闻，越是事关社会大众利益的事情，越是具有重大新闻价值的事情，政府实际拥有的新闻资源、新闻控制权力就越大。在大多数情况下，不管在哪种社会制度下，不管在哪个国家，新闻媒体与政府都是合作者，它们会把新闻媒介当作共同的塑造社会秩序的中介工具。政治逻辑有时会与媒介逻辑十

---

① 刘华蓉. 大众传媒与政治 [M]. 北京：北京大学出版社，2001：41.

分巧妙地合拍运转。在西方社会，政治逻辑需要与媒介逻辑协商，以求得实质上的和谐一致；在中国，政治逻辑与媒介逻辑本身就是一个逻辑。综合言之，在操作层面上，媒介逻辑同样必须服从政治逻辑。

当然，我们必须看到，新闻传播对政治活动尽管不具有决定性的作用，但却具有巨大的、能动的反作用，这在新闻传播真正进入大众传播时代、在人类社会进入媒介时代后表现得尤为显著。在大众化报纸兴起和发展的初期阶段，报纸取得了经济、政治地位上的相对独立性，具有了一定的"社会公器"的性质，传播的内容和形式与大众的需求更加契合，客观、公正原则成为新闻传播的基本准则。在这样的大背景下，新闻传播业主要以商业的逻辑运作，受到政治的制约性相对减弱，可以说在形式上新闻媒体与政治权力处于一种比较平等的、分立的关系。随着西方新闻传播媒体私有化的程度不断提高，媒介产业在整个社会中的地位不断提升，特别是在西方社会整体上已经步入信息社会、媒介时代的宏观背景下，在媒介集团的经济力量越来越强大的情况下，新闻传播对整个社会和民众的影响力也越来越大，对社会各个系统的作用已经到了无孔不入的地步，因而新闻与政治的关系也呈现出了新的景象，这就是新闻传播已经在某种程度上表现出主导政治活动的情况，媒体与政治的整体关系也被描述为"政治媒体化"的关系①，具体表现为"媒体议程主导政府议程"，"媒体报道主导政治事件的产生、发展和结局"，"媒体主导政治人物的命运"②，等等。这种描述、判断未必完全符合实际，无疑有些夸张，但新闻传播对西方社会政治系统的运作确实起到不可低估的作用和影响，政治媒体化的倾向也是十分明显的事实。美国一些政治学者也认为，"在美国政治中，大众传

---

① 唐海江，吴高福．西方政治媒体化评析［J］．国际新闻界，2003（2）：17.
② 同①18.

媒总是显得颇为突出"，"今天，大众传媒是美国政治中举足轻重的组成部分"①，政治变成了镜头和灯光下的政治，"一些批评家认为，只要有足够的钱，候选人在实质上可以通过电视买到官职"②。新闻媒介已经成为展现政治活动的舞台，"政治权力的行使愈来愈多地发生在一个可视的世界舞台上"③。"电视政治"，或者宽泛点说，"媒介政治"已经拉开大幕并且不断上演。比如，战争，血淋淋的战争——政治斗争最集中的表现，甚至成了"完美"的电视表演，成为政治逻辑与媒介逻辑合谋下的产物和罪恶。④

在中国，新闻传播对政治的能动作用同样是巨大的，尽管作用的方式和表现与西方有所不同。"大跃进"时期和"文革"时期，从反面充分反映了新闻传播、新闻宣传对政治活动的巨大影响。改革开放以来的历次思想解放运动，比如关于"实践是检验真理的唯一标准"的全国性大讨论，关于市场经济到底"姓社姓资"的争论，以及政治民主进程的加快，则充分证明了新闻传播、新闻宣传推动政治变革的巨大作用。

2. 与经济系统的关系

新闻活动与社会的经济活动、经济系统、经济环境有着深刻关系、不解之缘。新闻传播的发展过程，不可能离开经济系统的支持。新闻业——作为事业和产业——在根本上也不得不按照其他一般企业的方式运作，不得不遵守经济运行的一般规律。在客观上，新闻业已经成为经济系统的有机构成部分，并且通过新闻传播活动为整个社会经济系统的运作发挥着重

---

① 罗斯金，等. 政治学与生活［M］. 林震，等译. 北京：华夏出版社，2002：130－131.
② 同①136.
③ 史蒂文森. 认识媒介文化：社会理论与大众传播［M］. 王文斌，译. 北京：商务印书馆，2001：218.
④ 阿什德. 传播生态学：控制的文化范式［M］. 邵志择，译. 北京：华夏出版社，2003：161－194.

要的信息作用。因而，我们将从两个方面理解二者的关系。

第一方面，社会经济系统对新闻业发展总体上的决定作用。首先，人类的新闻活动史表明，正是近代早期资本主义市场经济的孕育和发展，从根本上促成了近代新闻业的诞生（当然，经济原因并不是近代新闻业诞生的唯一根源）。从此之后，不管在什么时间，也不管在什么地方，人们发现有一个总的现象，即只要市场经济得到了发展，新闻业就会得到发展，市场经济的步伐放慢、停滞、扭曲，新闻业的发展就会放慢、停滞、扭曲（离开它传播新闻的本性）。市场经济始终是新闻业发展的基本动力源泉，"它顽强地为现代新闻传播业的发展开辟着道路"①。其次，正如我们多处讲过的，一定社会的主导性经济制度（核心是资产所有制形式）决定着新闻业的主导资产所有制形式，至今没有例外，以后可能也不会有例外。与经济制度相适应的政治制度，不会允许新闻资产制度的"特殊化"，因为那会威胁政治制度的安全性。但不管是从理论上还是从实践上，与非主导的社会经济制度相适应，也会存在非主导的新闻资产所有制形式。当一种经济所有制形式发展到、强大到一定的程度，就会要求自己的发言权，就会争取自己的言论渠道，这也是一条客观规律。再次，人们看到，新闻业不只是上层建筑的意识形态系统，也是社会经济系统的有机构成部分，"主要由新闻传播业的构成单位新闻传媒和其服务对象所形成的传媒市场，是整个大市场的一个有机组成部分"②。人们看到，媒介产业（包括新闻产业）在一些国家已经或正在成为重要的经济支柱。但是，作为经济实体的新闻业的发展规模、发展速度和发展水平，从根本上说还是有赖于社会经济发展的整体态势，如果第一、第二产业没有得到很好的发展，新闻业的发展就会缺乏足够的资源动力和相应的需求动力。最后，新闻传播业越

---

① 陈力丹. 世界新闻传播史 [M]. 上海：上海交通大学出版社，2002：18.
② 丁柏铨. 加入WTO以后我国新闻传播业发展的基本立足点 [J]. 新闻知识，2003（3）：13.

来越受到经济逻辑支配的现象，一方面给新闻业带来了高速发展的基础和力量，但另一方面也使新闻传播的职业理念受到了重大的冲击，新闻精神遭受到剧烈的扭曲。国际新闻工作者联合会前秘书长艾丹·怀特指出："媒体的大联合和媒体内容的商业化使新闻工作的水准下降，思想和文化内涵减少。就连媒体界内部的一些著名人士也抱怨媒体越来越自我、庸俗、偏狭、恶毒。报纸电视从未如此唯利是图，新闻报道的攻击性太强，不求准确，空洞无物，夸大事实，传播来源不明的信息。"① 其实，这种矛盾是必然的，只能在发展中解决。

第二方面，新闻业通过信息传播对社会经济发展的作用。新闻媒体通过新闻报道、其他信息传播具有的经济功能，也是显而易见的事实。比较重要的有这样几点：第一，媒体通过各种信息传播活动，可以对社会公众进行经济教育②，不仅使人们能够获得经济知识，了解世界经济、国家经济、地方经济的发展情况，认识经济活动的本质及其重要性，更为重要的是，在此基础上引发经济行为。施拉姆等人在《传播学概论》中论及大众传播的功能时，列举的第二条就是经济功能，所指的就是大众传播媒介通过对经济信息的收集、提供和解释，能够开创经济行为。第二，最直接、最明显也最容易理解的是，媒体通过广告或对其他经济服务信息的传播，既可以对人们的一般经济活动形成服务，也可以沟通生产与需求之间的关系，促进产销的顺利进行。各种经济信息编织着整个社会经济活动的网络，塑造着社会经济环境的形象。普通百姓对世界经济，特别是对国内

---

① 怀特. 新媒体，新问题［M］//张穗华. 媒介的变迁. 北京：中国对外翻译出版公司，2002：129.

② 列宁当年曾经把报刊作为对人民进行经济教育的工具，使其成为实现"伟大过渡"——从政治斗争为主向建设社会主义经济基础过渡——的工具。可参阅童兵. 马克思主义新闻思想史稿［M］. 北京：中国人民大学出版社，1989：270-290。新中国成立初期和改革开放以来，将经济报道作为新闻业活动的核心，对社会经济发展起到了巨大作用。

经济、本地经济的了解，大都是通过媒介的新闻报道获得的。普通百姓的经济信心一方面是由自身的经济活动建立的，另一方面就是通过各种媒介建立的。第三，新闻传播合理的宣传功能，可以塑造企业的良好形象，扩大品牌的社会影响力；而新闻传播的监督功能，则能够促进企业和经济建设的健康发展。如果一家企业在媒介上形成了正面形象，赢得了人们的信赖，它的发展一般说来都是比较兴旺的；相反，如果一家企业总是被揭露、曝光，它的日子一定不会好过。新闻媒介的力量是舆论的力量、信息的力量，它影响的是人们的心灵和信念，因而，凭借信誉生存发展的任何经济实体都不敢轻视媒体的报道。当然，关于新闻传播活动与经济活动的内在关系，不是我们这样做一些简单的定性论述就能完全说清楚的，还需要细致的实证研究。

3. 与文化系统的关系

我们在前面已经说过，在近代以来的人类发展中，在文化学的视野中，新闻活动是影响最为广泛的一种社会文化活动。新闻活动所依赖的新闻媒介既是整个社会文化系统的一部分，同时，作为传播媒介，又是人类所有其他精神文化产品得以传播的重要载体和通道之一，更是信息时代各种不同文化进行跨国、跨地区、跨民族交流的有效桥梁和最大平台。具体来讲，新闻活动与社会文化系统的关系主要表现在以下几个方面。

其一，作为社会精神文化的载体和传播通道，新闻业直接影响着社会文化系统，特别是大众文化系统的整体发展状况。自从近代新闻业，特别是大众化报刊诞生以来，新闻业就成为与社会大众接触最密切、最普遍、最及时的文化媒介，因而大众文化的实际发展规模、速度和水平，与新闻业的发展密切相关。新闻业的每一次革命性变革，可以说同时给大众文化的发展带来了革命性变革，新闻业的每一次进步，都给更多的人带来了享受所处时代文化成果的机会和可能。新闻传播的优势，使新闻媒介成为传承社会文化、播撒文化成果的最佳渠道之一，成为高级文化、精英文化走向民间，实现平民化或大众化的通道之一，使新闻业成为影响社会文化发展最为重要的事业之一。

其二，新闻业，作为大众传媒产业的主要部分，其各种新闻机构本身就是创制大众文化产品，特别是新闻文化产品的文化实体。它们进行的生产与传播活动，直接构筑着社会文化的宏观体系，塑造着社会的文化环境。新闻业以它自身特有的手段，使自己成为反映和传播各种文化的窗口，成为文化普及、文化教育的媒介。新闻媒介常常被人们称为百科全书、知识的海洋。新闻媒介与其他大众传媒一起构筑着每个人走入社会的文化通道，经过媒介文化的不断洗礼，每个人逐渐成为社会人、文化人。对于现代社会，人的媒介化过程就是人的社会化过程，而这些本质上都是文化过程。新闻媒体，是整个社会文化生态中的重要文化生物，它以自己特有的传播方式穿针引线，编织着最新的大众文化之网。

其三，新闻业是倡导一定社会主流文化、维护一定社会主导价值观念的文化工具。有学者指出："电影、广播电视节目、书籍、新闻报道等随处可见的文化产品或服务，它们所提供的并不仅仅是消息和娱乐，同时也是传播社会价值或政治观点的工具；最终，它们会对全社会的精神结构产生深刻的影响。"① 由于在特定社会里，新闻业总是掌握在统治阶级的手中，为了维护社会的统一性和稳定性，统治者会充分利用新闻媒介的各种优势，倡导、宣扬统治阶级的政治、法律、文学、艺术、道德等各种文化观念，因而新闻业必然是一定社会主导意识形态和政治文化的扩音器或放大器，是建构社会主流文化和主导价值观念的核心手段。

其四，新闻文化与社会各种类型文化之间是互动的。从总体上说，社

---

① 郭庆光. 传播学教程［M］. 北京：中国人民大学出版社，1999：253.

会文化环境①与新闻文化环境是同质的。作为大众文化的新闻文化，对社会大众文化环境质量既有提升的作用，有时也存在污染的影响。新闻文化既有它的普及性和通俗性，同时也难以避免它的庸俗性和低俗性，因而它对社会文化系统的健康发展、对社会精神文明的不断提升难免有一定的腐蚀性。因而，健康的新闻文化，对于塑造一个美好的文明社会是必不可少的。反过来看也一样，比如，良好的社会道德文化、政治文化，有利于良好媒介环境、新闻文化的形成，对于塑造新闻工作者诚实、勇敢的品质，以及敢于负责的精神，都能起到积极的作用。

其五，由新闻传播业造就的媒介文化，在全球化背景下，伴随着跨国媒介的全球性扩张，在国际文化传播中带来了新的所谓"文化殖民""文化侵略""文化霸权""文化帝国主义"的问题，造成了不同国家、民族之间新的文化冲突。尽管文化，特别是处于文化中心的观念文化（其内核是一种文化具有的价值观念），很难由于外来文化的作用和影响而迅速改变，但最终能够改变是客观事实。文化霸权的存在给人类文化的多元性、丰富性带来了一定的威胁，这种对文化生态的新调整（破坏）到底会对人类的整体发展产生什么样的影响，是人们当前关注的重要问题之一。

4. 与技术系统的关系

新闻传播活动与传播技术的关系，当然是最令人关注的问题，也是令一些人迷醉的问题，因为技术进步不仅改变着新闻传播的时代特征，也在改变着新闻传播与社会生活各个方面的关系。说到底，技术，特别是当代的信息技术已经和正在改变着人们的生产、生活方式，改变着人们接触现实世界、理解事实世界的方式。信息技术被运用到新闻传播领域之后，让

---

① 比如整个社会的文明程度、文化成果积累，人们普遍的受教育程度和文化水平，社会大众的宗教信仰、风俗习惯、审美心理等，人们的价值追求、价值观念等，这些要素共同构筑着一定社会的基本文化环境。

人类的世界变得越来越小（所谓的"地球村"），人们坐在沙发上打开电视、坐在电脑前进入互联网，世界的面貌便呈现在他们面前。信息技术作为媒介，架起了外在世界与人们内在世界之间的桥梁。然而，人们在信息技术塑造的世界里，能够真实理解这个世界吗？世界就是人们看到的样子吗？对这些问题，我们在本书多处已经做过论述，故不再单列论题进行阐释。就国内新闻学界来说，关于技术对传播的影响，特别是信息传播技术对社会的影响，人们的讨论还比较肤浅，因而，这也是一个重要的有待深入开发的学术领域。

参考文献

一、中文文献（著作类）

艾丰．新闻写作方法论 ［M］．北京：人民日报出版社，1994.

蔡雯．新闻传播的策划与组织 ［M］．北京：新华出版社，2001.

陈富清．江泽民舆论导向思想研究 ［M］．北京：新华出版社，2003.

陈力丹．陈力丹自选集 ［M］．上海：复旦大学出版社，2004.

陈力丹．马克思主义新闻思想概论 ［M］．上海：复旦大学出版社，2003.

陈力丹．马克思主义新闻学词典 ［M］．北京：中国广播电视出版社，2002.

陈力丹．世界新闻传播史 ［M］．上海：上海交通大学出版社，2002.

陈力丹．舆论学：舆论导向研究 ［M］．北京：中国广播电视出版社，1999.

陈卫星．传播的观念 ［M］．北京：人民出版社，2004.

陈绚．数字化时代的新闻理论与实践 ［M］．北京：新华出版社，2002.

陈原．社会语言学 ［M］．上海：学林出版社，1983.

陈作平．新闻报道新思路：新闻报道认识论原理及应用 ［M］．北京：中国广播电视出版社，2000.

成美，童兵．新闻理论教程 ［M］．北京：中国人民大学出版社，1993.

崔保国．媒介变革与社会发展［M］．南京：南京师范大学出版社，1999.

崔文华．全能语言的文化时代［M］．北京：北京师范大学出版社，1998.

邓利平．审美视野中的新闻传播［M］．北京：新华出版社，2002.

丁柏铨．中国当代理论新闻学［M］．上海：复旦大学出版社，2002.

丁淦林．丁淦林文集［M］．上海：复旦大学出版社，2005.

杜骏飞．网络新闻学［M］．北京：中国广播电视出版社，2001.

方汉奇．中国新闻事业通史：第1卷［M］．北京：中国人民大学出版社，1992.

复旦大学新闻系新闻理论教研室．新闻学概论［M］．福州：福建人民出版社，1985.

甘惜分．新闻理论基础［M］．北京：中国人民大学出版社，1982.

甘惜分．新闻学大辞典［M］．郑州：河南人民出版社，1993.

高钢．新闻写作精要［M］．北京：首都经济贸易大学出版社，2005.

高兆明．伦理学理论与方法［M］．北京：人民出版社，2005.

龚群．当代西方道义论与功利主义研究［M］．北京：中国人民大学出版社，2002.

郭庆光．传播学教程［M］．北京：中国人民大学出版社，1999.

郭湛．主体性哲学：人的存在及其意义［M］．昆明：云南人民出版社，2002.

何梓华，成美．新闻理论教程［M］．北京：高等教育出版社，1999.

胡钰．新闻传播导论［M］．北京：中国广播电视出版社，1997.

黄旦．新闻传播学：修订版［M］．2版．杭州：浙江大学出版社，1997.

黄瑚．新闻法规与职业道德教程［M］．上海：复旦大学出版社，2003.

黄匡宇．电视新闻语言学［M］．北京：中国广播电视出版社，2000.

黄小寒．"自然之书"读解：科学诠释学［M］．上海：上海译文出版社，2002.

蒋亚平，官健文，林荣强．新闻失实论［M］．北京：中国新闻出版社，1986.

金元浦．文学解释学［M］．长春：东北师范大学出版社，1997.

匡文波．网络传播技术［M］．北京：高等教育出版社，2003.

蓝鸿文．新闻伦理学简明教程［M］．北京：中国人民大学出版社，2001.

李彬．传播学引论［M］．北京：新华出版社，1993.

李建盛．理解事件与文本意义：文学诠释学［M］．上海：上海译文出版社，2002.

李良荣．当代世界新闻事业［M］．北京：中国人民大学出版社，2002.

李良荣．李良荣自选集：新闻改革的探索 [M]．上海：复旦大学出版社，2004.

李良荣．新闻学导论 [M]．北京：高等教育出版社，1999.

李良荣．新闻学概论 [M]．上海：复旦大学出版社，2001.

李希光，孙静惟．下一代媒体：来自清华园的思想交锋 [M]．广州：南方日报出版社，2002.

李秀林，王于，李淮春．辩证唯物主义和历史唯物主义原理 [M]．5 版．北京：中国人民大学出版社，2004.

李元授．新闻信息概论 [M]．武汉：武汉大学出版社，1994.

李元授，白丁．新闻语言学 [M]．北京：新华出版社，2001.

李瞻．新闻学：新闻原理与制度之批评研究 [M]．台北：三民书局，1973.

刘华蓉．大众传媒与政治 [M]．北京：北京大学出版社，2001.

刘建明．当代新闻学原理 [M]．北京：清华大学出版社，2003.

刘建明．宏观新闻学 [M]．北京：中国人民大学出版社，1991.

刘建明．现代新闻理论 [M]．北京：民族出版社，1999.

刘建明．新闻学前沿：新闻学关注的 11 个焦点 [M]．北京：清华大学出版社，2005.

刘建明．宣传舆论学大辞典 [M]．北京：经济日报出版社，1992.

刘明华，徐泓，张征．新闻写作教程 [M]．北京：中国人民大学出版社，2002.

刘晓红，卜卫．大众传播心理研究 [M]．北京：中国广播电视出版社，2001.

刘永富．胡塞尔现象学·海德格尔本是学引论：从所知学的角度重新解读胡塞尔和海德格尔 [M]．西安：西北大学出版社，2000.

罗钢．叙事学导论 [M]．昆明：云南人民出版社，1994.

罗国杰．马克思主义伦理学 [M]．北京：人民出版社，1982.

苗东升．系统科学辩证法 [M]．济南：山东教育出版社，1998.

苗东升．系统科学精要 [M]．北京：中国人民大学出版社，1998.

彭菊华．时代的艺术：新闻作品研究 [M]．长沙：湖南文艺出版社，1998.

彭兰．网络传播概论 [M]．北京：中国人民大学出版社，2001.

彭兰．网络新闻学原理与应用 [M]．北京：新华出版社，2003.

沙莲香．社会心理学 [M]．北京：中国人民大学出版社，1987.

邵培仁. 传播学 [M]. 北京：高等教育出版社，2000.

沈晓阳. 自由层次论 [M]. 合肥：安徽大学出版社，1999.

盛宁. 人文困惑与反思：西方后现代主义思潮批判 [M]. 北京：三联书店，1997.

舒炜光. 科学认识论：第 3 卷：科学认识形成论 [M]. 长春：吉林人民出版社，1990.

孙旭培. 新闻学新论 [M]. 北京：社会科学文献出版社，1993.

孙正聿. 超越意识 [M]. 长春：吉林教育出版社，2001.

汤书昆. 表意学原理 [M]. 合肥：中国科学技术大学出版社，1992.

唐绪军. 报业经济与报业经营 [M]. 北京：新华出版社，1999.

陶东风. 文体演变及其文化意味 [M]. 昆明：云南人民出版社，1994.

陶富源. 实践主导论：哲学的前沿探索 [M]. 合肥：安徽人民出版社，2001.

田心铭. 认识的反思 [M]. 北京：人民出版社，2000.

童兵. 比较新闻传播学 [M]. 北京：中国人民大学出版社，2002.

童兵. 理论新闻传播学导论 [M]. 北京：中国人民大学出版社，2000.

童兵. 马克思主义新闻经典教程 [M]. 上海：复旦大学出版社，2002.

童兵. 马克思主义新闻思想史稿 [M]. 北京：中国人民大学出版社，1989.

童兵. 童兵自选集 [M]. 上海：复旦大学出版社，2004.

童兵. 中西新闻比较论纲 [M]. 北京：新华出版社，1999.

童兵. 主体与喉舌 [M]. 郑州：河南人民出版社，1994.

童兵，林涵. 20 世纪中国新闻学与传播学 [M]. 上海：复旦大学出版社，2001.

万俊人. 寻求普世伦理 [M]. 北京：商务印书馆，2001.

王大珩，于光远. 论科学精神 [M]. 北京：中央编译出版社，2001.

王海明. 伦理学方法 [M]. 北京：商务印书馆，2003.

王海明. 人性论 [M]. 北京：商务印书馆，2005.

王海明. 新伦理学 [M]. 北京：商务印书馆，2001.

王纬. 镜头里的"第四势力"：美国电视新闻节目 [M]. 北京：北京广播学院出版社，1999.

王文章，侯样祥. 中国学者心中的科学·人文：科学人文关系卷 [M]. 昆明：云南教育出版社，2002.

王玉樑. 价值哲学新探 [M]. 西安：陕西人民教育出版社，1993.

王玉樑，岩崎允胤. 价值与发展：《中日价值哲学新论》续集 [M]. 西安：陕西人民教育出版社，1999.

魏永征. 新闻传播法教程 [M]. 北京：中国人民大学出版社，2002.

魏永征，张咏华，林琳. 西方传媒的法制、管理和自律 [M]. 北京：中国人民大学出版社，2003.

夏甄陶. 认识的主-客体相关原理 [M]. 武汉：湖北教育出版社，1996.

夏勇. 中国民权哲学 [M]. 北京：三联书店，2004.

项德生，郑保卫. 新闻学概论 [M]. 武汉：武汉大学出版社，2000.

肖前，李淮春，杨耕. 实践唯物主义研究 [M]. 北京：中国人民大学出版社，1996.

新闻传播学术报告会论文集 [M]. 北京：中国人民大学出版社，1997.

徐宝璜. 新闻学 [M]. 北京：中国人民大学出版社，1994.

徐耀魁. 西方新闻理论评析 [M]. 北京：新华出版社，1998.

薛中军. 中美新闻传媒比较：生态・产业・实务 [M]. 上海：复旦大学出版社，2005.

严存生. 论法与正义 [M]. 西安：陕西人民出版社，1997.

杨保军. 新闻价值论 [M]. 北京：中国人民大学出版社，2003.

杨保军. 新闻理论教程 [M]. 北京：中国人民大学出版社，2005.

杨保军. 新闻事实论 [M]. 北京：新华出版社，2001.

杨宇冠. 人权法：《公民权利和政治权利国际公约》研究 [M]. 北京：中国人民公安大学出版社，2003.

阳作华，黄金南. 唯物辩证法范畴研究 [M]. 武昌：华中工学院出版社，1984.

姚福申. 新时期中国新闻传播评述 [M]. 上海：复旦大学出版社，2002.

姚纪纲. 交往的世界：当代交往理论探索 [M]. 北京：人民出版社，2002.

姚新中. 道德活动论 [M]. 北京：中国人民大学出版社，1990.

喻国明. 传媒影响力 [M]. 广州：南方日报出版社，2003.

喻国明. 解析传媒变局：来自中国传媒业第一现场的报告. 广州：南方日报出版社，2002.

喻国明. 嬗变的轨迹：社会变革中的中国新闻传播与新闻理论 [M]. 北京：中央编

译出版社，1996.

余家宏，等．新闻学词典 [M]．杭州：浙江人民出版社，1988.

松本君平，休曼，徐宝璜，等．新闻文存 [M]．北京：中国新闻出版社，1987.

俞燕敏，鄢利群．无冕之王与金钱：美国媒体与美国社会 [M]．北京：中国社会科学出版社，2000.

袁贵仁．价值学引论 [M]．北京：北京师范大学出版社，1991.

张国良．传播学原理 [M]．上海：复旦大学出版社，1995.

张千帆．宪法学导论：原理与应用 [M]．北京：法律出版社，2004.

张穗华．媒介的变迁 [M]．北京：中国对外翻译出版公司，2002.

张威．比较新闻学・方法与考证 [M]．广州：南方日报出版社，2003.

张维义．当代"老新闻" [M]．北京：中国广播电视出版社，1994.

张玉堂．利益论：关于利益冲突与协调问题的研究 [M]．武汉：武汉大学出版社，2001.

张中华．管理学通论 [M]．北京：北京大学出版社，2005.

郑保卫．当代新闻理论 [M]．北京：新华出版社，2003.

郑超然，程曼丽，王泰玄．外国新闻传播史 [M]．北京：中国人民大学出版社，2000.

郑杭生．社会学概论新修 [M]．3 版．北京：中国人民大学出版社，2003.

郑兴东．报纸编辑 [M]．武汉：武汉大学出版社，2000.

郑兴东．受众心理与传媒引导 [M]．北京：新华出版社，1999.

郑兴东，陈仁风，蔡雯．报纸编辑学教程 [M]．北京：中国人民大学出版社，2001.

周辅成．西方伦理学名著选辑：上卷 [M]．北京：商务印书馆，1964.

周文彰．狡黠的心灵：主体认识图式概论 [M]．北京：中国人民大学出版社，1991.

周有光．世界文字发展史 [M]．上海：上海教育出版社，2003.

邹广文．当代中国大众文化论 [M]．沈阳：辽宁大学出版社，2000.

二、中文文献（期刊类）

陈力丹．发现"府报"：我国古代报纸的历史前推 800 年 [J]．当代传播，2004

（1）：27.

丁柏铨．加入 WTO 以后我国新闻传播业发展的基本立足点［J］．新闻知识，2003
（3）：12 - 16.

郭镇之．"客观新闻学"［J］．新闻与传播研究，1998（4）：58 - 66.

黄瑚．利益冲突、两难抉择与精神自律：谈新闻职业道德规范及其建设问题［J］．新
闻纵横，2004（3）：10.

黄元才．坚持"三贴近"原则努力办好党报［J］．当代传播，2004（4）：16 - 19.

刘小燕，费杨生，张红玲，等．春风桃李七千树 群贤毕至论新闻：中国人民大学新
闻学院 50 周年庆典暨"首届新闻传播学院院长国际论坛""新闻与社会发展论坛"综述
［J］．国际新闻界，2005（6）：5 - 12.

单波．重建新闻客观性原理［J］．现代传播（北京广播学院学报），1999（1）：28 - 35.

唐海江，吴高福．西方政治媒体化评析［J］．国际新闻界，2003（2）：17 - 22.

屠忠俊．中国新闻业技术改造的总体态势：之八［J］．当代传播，2000（2）：15 - 18.

吴飞．西方新闻报道方式变革的内在动力［J］．现代传播（北京广播学院学报），
1999（2）：5 - 10.

吴敬琏．论作为资源配置方式的计划与市场［J］．中国社会科学，1991（6）：125 - 144.

徐培汀．新闻事实倾向性［J］．新闻界，1999（3）：9 - 10.

许永．媒体内生态中的个体与群体行为［J］．当代传播，2003（1）：22 - 24.

杨保军．简论话语新闻及其真实性［J］．今传媒，2005（7）：18 - 19.

杨保军．负面新闻价值实现特征及其启示［J］．新闻前哨，1999（8）：7 - 8.

姚福申．关于新闻本体的探索［J］．新闻大学，1998（2）：5 - 9.

张岚．媒介语境：为受众设置的界面［J］．国际新闻界，2004（2）：61 - 64.

张允若．对"第四媒介说"的再质疑［J］．当代传播，2005（5）：28 - 30.

张允若．对传播学几个基本概念的辨析［J］．杭州大学学报，1998（1）：103 - 108.

郑保卫．试论我国新闻学的学科地位及学科发展［J］．中国人民大学学报，2005
（2）：129 - 136.

朱羽君．电视新闻评论的发展趋势［J］．现代传播（北京广播学院学报），1999（4）：
44 - 46.

三、翻译文献（包含著作与论文）

埃默里 M，埃默里 E．美国新闻史：大众传播媒介解释史：第 8 版 ［M］．展江，殷文，主译．北京：新华出版社，2001.

阿什德．传播生态学：控制的文化范式 ［M］．邵志择，译．北京：华夏出版社，2003.

阿特休尔．权力的媒介 ［M］．黄煜，裘志康，译．北京：华夏出版社，1989.

丹尼斯，梅里尔．媒介论争：19 个重大问题的正反方辩论 ［M］．王纬，等译．北京：北京广播学院出版社，2004.

德弗勒，鲍尔-洛基奇．大众传播学诸论 ［M］．杜力平，译．北京：新华出版社，1990.

杜威．人的问题 ［M］．傅统先，邱椿，译．上海：上海人民出版社，1965.

菲德勒．媒介形态变化：认识新媒介 ［M］．明安香，译．北京：华夏出版社，2000.

弗林特．报纸的良知：新闻事业的原则和问题案例讲义 ［M］．萧严，译．北京：中国人民大学出版社，2005.

富勒．信息时代的新闻价值观 ［M］．展江，译．北京：新华出版社，1999.

海德格尔．诗·语言·思 ［M］．彭富春，译．北京：文化艺术出版社，1991.

霍布豪斯．自由主义 ［M］．朱曾汶，译．北京：商务印书馆，1996.

霍布斯鲍姆．极端的年代：1914—1991 ［M］．郑明萱，译．南京：江苏人民出版社，1998.

基恩．媒体与民主 ［M］．邵继红，刘士军，译．北京：社会科学文献出版社，2003.

拉吉罗．欧洲自由主义史 ［M］．杨军，译．长春：吉林人民出版社，2001.

莱斯特．视觉传播：形象载动信息 ［M］．霍文利，史雪云，译．北京：北京广播学院出版社，2003.

雷维尔，罗德里克．新闻实践指南 ［M］．王非，戴小华，译．北京：中国新闻出版社，1987.

李普曼．舆论学 ［M］．林珊，译．北京：华夏出版社，1989.

里奇．新闻写作与报道训练教程：第 3 版 ［M］．钟新，译．北京：中国人民大学出版社，2004.

卢梭．社会契约论［M］．何兆武，译．北京：商务印书馆，1980．

罗杰斯．传播学史：一种传记式的方法［M］．殷晓蓉，译．上海：上海译文出版社，2002．

罗斯金，等．政治学与生活［M］．林震，等译．北京：华夏出版社，2002．

麦金太尔．伦理学简史［M］．龚群，译．北京：商务印书馆，2003

麦克高希．世界文明史：观察世界的新视角［M］．北京：新华出版社，2003．

麦克卢汉，秦格龙．麦克卢汉精粹［M］．何道宽，译．南京：南京大学出版社，2000．

麦克切斯尼．富媒体 穷民主［M］．谢岳，译．北京：新华出版社，2004．

梅罗维茨．消失的地域：电子媒介对社会行为的影响［M］．肖志军，译．北京：清华大学出版社，2002．

密尔顿．论出版自由［M］．吴之椿，译．北京：商务印书馆，1958．

密尔．论自由［M］．程崇华，译．北京：商务印书馆，1959

莫斯可．传播政治经济学［M］．胡正荣，张磊，段鹏，等译．北京：华夏出版社，2000．

莫藤森．跨文化传播学：东方的视角［M］．关世杰，胡兴，译．北京：中国社会科学出版社，1999．

尼葛洛庞帝．数字化生存［M］．胡泳，范海燕，译．海口：海南出版社，1997．

庞德．通过法律的社会控制［M］．沈宗灵，译．北京：商务印书馆，1984：102．

切特罗姆．传播媒介与美国人的思想：从莫尔斯到麦克卢汉［M］．曹静生，黄艾禾，译．北京：中国广播电视出版社，1991．

赛弗林，坦卡特．传播学的起源、研究与应用［M］．陈韵昭，译．福州：福建人民出版社，1985．

森．以自由看待发展［M］．任赜，于真，译．北京：中国人民大学出版社，2002．

施拉姆，波特．传播学概论［M］．陈亮，李启，周立方，译．北京：新华出版社，1984．

史蒂文森．认识媒介文化：社会理论与大众传播［M］．王文斌，译．北京：商务印书馆，2001．

舒德森．探索新闻：美国报业社会史［M］．何颖怡，译．台北：远流出版事业股份有限公司，1993.

霍尔姆斯. 反自由主义剖析［M］. 曦中，等译. 北京：中国社会科学出版社，2002.

史密斯. 新闻道德评价［M］. 李青藜，译. 北京：新华出版社，2001.

斯旺伯格. 普利策传［M］. 陆志宝，俞再林，译. 北京：新华出版社，1989.

图加林诺夫. 论生活和文化的价值［M］. 北京：三联书店，1964.

瓦耶纳. 当代新闻学［M］. 丁雪英，连燕堂，译. 北京：新华出版社，1986.

韦伯. 文明的历史脚步：韦伯文集［M］. 黄宪起，张晓玲，译. 上海：上海三联书店，1988.

斯拉姆，等. 报刊的四种理论［M］. 北京：新华出版社，1980.

小唐尼，凯泽. 美国人和他们的新闻［M］. 党生翠，金梅，郭青，译. 沈阳：辽宁教育出版社，2003.

新闻自由委员会. 一个自由而负责的新闻界［M］. 展江，王征，王涛，译. 北京：中国人民大学出版社，2004.

彭伯. 大众传媒法：第 13 版［M］. 张金玺，赵刚，译. 北京：中国人民大学出版社，2005.

四、外文文献

METZLER K. Creative interviewing: the writer's guide to gathering information by asking questions: third edition［M］. 影印本. 北京：中国人民大学出版社，2003.

MAYNARD N. Mega media: how market forces are transforming news［M］. New York: Maynard Partners Incorporated，2000.

The Missouri Group. News reporting and writing［M］. 8th ed. Boston: Bedford/ St. Martin's，2005.

后 记

说老实话，这是在非常状态下撰写的一本著作，其中的犯难、尴尬只有身在其中的人才能感受得到。但不管怎样，我还是以我一贯的风格，全心全意、尽力而为，尽可能地排除了各种"干扰"，在有限的规定时间内拿出了一些新的思考，对过去的一些"成果"进行了必要的"修剪"和"深化"，但愿读者多少还能读到一些新的内容。

这本书的写作、整合，对我来说，最大的收获是发现了一些新的问题，引发了诸多新的思考，似乎为自己学术研究的可持续性发展找到了新的问题领域，这可能是比拿出这本书本身更大的收获。

我要深深感谢远在家乡的父母。他们又一次只是在电话里听到儿子祝福新年的声音，却没有见到我回家看看的身影。

我要深深感谢我的爱人成茹，我的每一部著作背后都有她付出的辛劳。

这本著作能够以现在的方式完成，我还要特别感谢中国人民大学新闻学院前常务副院长高钢教授，要是没有他的体谅，没有他的许多担待，我是很难按时完成写作任务的。

　　同样，我还要特别感谢中国人民大学出版社人文分社对我的一贯关心和支持。本书的责任编辑尽心尽力，一丝不苟，纠正了书中不少差错，在此亦表深深的谢意。

　　一如既往，感谢所有帮助过我、关心着我的朋友们。

杨保军

2006 年 2 月 28 日

于中国人民大学林园 9 楼

图书在版编目（CIP）数据

新闻活动论 / 杨保军著 . -- 2 版 . -- 北京：中国
人民大学出版社，2024.1
中国新闻传播学自主知识体系建设工程
ISBN 978-7-300-32333-6

Ⅰ.①新… Ⅱ.①杨… Ⅲ.①新闻学－理论研究
Ⅳ.①G210

中国国家版本馆 CIP 数据核字（2023）第 218076 号

中国新闻传播学自主知识体系建设工程
当代中国新闻理论研究

新闻活动论（新修版）

杨保军　著
Xinwen Huodonglun

出版发行	中国人民大学出版社				
社　　址	北京中关村大街 31 号		**邮政编码**	100080	
电　　话	010 - 62511242（总编室）		010 - 62511770（质管部）		
	010 - 82501766（邮购部）		010 - 62514148（门市部）		
	010 - 62515195（发行公司）		010 - 62515275（盗版举报）		
网　　址	http://www.crup.com.cn				
经　　销	新华书店				
印　　刷	中煤（北京）印务有限公司		**版　　次**	2006 年 5 月第 1 版	
开　　本	720 mm×1000 mm　1/16			2024 年 1 月第 2 版	
印　　张	37.5 插页 3		**印　　次**	2024 年 1 月第 1 次印刷	
字　　数	479 000		**定　　价**	169.00 元